언리얼 엔진 5로 개발하는 절차적 콘텐츠 생성

PCG로 디자인하는 AAA급 게임 세계

언리얼 엔진 5로 개발하는 절차적 콘텐츠 생성

폴 마틴 엘리아스 지음 이진오 옮김

에이콘

에이콘출판의 기틀을 마련하신 故 정완재 선생님 (1935-2004)

이 책을 만드는 데 오랜 시간이 걸렸다.
계속되는 여정 동안 변함없는 지지와 격려를 보내준
사랑하는 가족과 친구들에게 깊은 감사를 표한다.
나에 대한 그들의 믿음은 끊임없는 동기 부여의 원천이었으며,
덕분에 스스로가 롤 모델이 되기 위해 노력할 수 있었다.
어떤 어려움 속에서도 내가 큰일을 추구하고 소중한 목표를 향해 나아갈 수 있도록
많은 영감과 함께 지도를 아끼지 않으신 부모님께 특별한 감사를 드린다.

— 폴 마틴 엘리아스

지은이 소개

폴 마틴 엘리아스 Paul Martin Eliasz

12년간 3D CGI 및 실시간 게임 엔진 분야에서 전문 지식을 쌓아온 숙련된 선임 테크니컬 아티스트이자 교육자이며 컨설턴트다. 웹 스트리밍(픽셀 스트리밍), VR, 버추얼 프로덕션, XR 및 다양한 컴퓨터 플랫폼에 맞춘 게임 개발과 3D 게임화 애플리케이션을 전문으로 하는 스튜디오를 이끌고 있다. 경력 전반에 걸쳐 넷플릭스Netflix, 벤틀리Bentley와 같은 저명한 고객사를 위한 여러 프로젝트에 기여했으며 아우터넷 글로벌Outernet Global, PureWeb 등의 다양한 기업과 스튜디오에 컨설팅 서비스를 제공했다. 현재는 CG Spectrum, 마스터드Mastered, CAVE Academy, 시메트리Symetri, 벤틀리, 다이슨, 에픽게임즈 EMEA의 멘토링과 교육 활동에 활발히 참여하고 있다. 또한 유럽과 아시아 전역의 대학에서 교육 세션을 진행하며 게임, 애니메이션, 자동차, 버추얼 프로덕션 분야에서 일하고자 하는 언리얼 아티스트와 테크니컬 아티스트를 위한 맞춤형 교육 콘텐츠를 제작하기도 한다.

기술 감수자 소개

플로리안 베케로 Florian Becquereau

언리얼 전문가가 되기 위해 노력하는 언리얼 개발자다. 게임 개발자를 꿈꾸면서 직접 게임 엔진을 개발해오다가, 대형 비디오 게임 회사들에서 6년 동안 QA와 로컬라이제이션 업무를 담당했다. 지난 3년 동안은 〈포트나이트Fortnite〉용 언리얼 엔진과 언리얼 에디터에 모든 에너지를 쏟고 있다. 사람들을 가르치고 힘을 실어주는 것을 즐기며, 어려운 주제를 이해하기 쉽게 풀어내는 것을 좋아한다.

셰카 발라케르티 Shekar Vallakeerthy

지난 15년 동안 픽셀로이드 스튜디오(인도)에서 시니어 3D 제너럴리스트 및 시니어 교수진 전문가로 일해왔으며, 2023년에 언리얼 월드 빌드 펠로우십Unreal World Building Fellowship을 수료했다. 에픽게임즈와 오토데스크Autodesk 개발자 커뮤니티의 회원으로, 콘셉트부터 최종 결과물까지 시각 효과와 게임 파이프라인에 대한 풍부한 지식을 갖추고 있다. 또한 오토데스크 마야Autodesk Maya와 언리얼 엔진의 인증을 받았으며, 탄탄한 학문적 배경을 바탕으로 전문적 경험을 보유하고 있다. 마야 및 언리얼 웨비나에 참여해 젊은 지망생들을 위한 최신 트렌드와 기술 개발 관련 정보를 제공하고 있으며, 수년 동안 인도에서 5,000명 이상의 학생들을 교육했다.

나의 VFX 여정에 특별한 도움을 준 라지 포툴라Raj Potula, 나임 악타르Nayeem Akthar, 발라 샹카르 본투Bala Shankar Bonthu, 차달라와다 찬드라세카르 라오Chadalawada Chandrasekhar Rao에게 진심으로 감사한다. 이들의 창의성, 기술 전문성, 헌신은 우리 팀이 새로운 기준을 세우고 고품질의 결과물을 내놓는 데 결정적인 역할을 했다.

술바 자다브 Sulbha Jadhav

언리얼 엔진 5 공인 강사이며 유명 대학의 몰입형 미디어 디자인학과에서 겸임 교수로 재직하고 있다. 블루프린트 스크립팅, 레벨 디자인, 3D 모듈, AR/VR 기술 분야에서 탁월한 역량을 발휘하고 있으며, 폭넓은 경험을 바탕으로 대학에서 지식을 전수하고 영향력 있는 언리얼 엔진 5 교육 부트캠프를 진행하는 데 중추적인 역할을 담당하고 있다. 3D QA 전문가로서 컴퓨터 비전을 위한 중요한 합성 데이터를 테스트해 시각적 AI를 발전시키는 일을 전문으로 하며, 업계 발전을 위해 헌신하면서 3D 디자인과 새로운 기술에 크게 기여하고 있다. 루도비코 팔메리Ludovico Palmeri의 『언리얼 엔진 5를 사용한 건축 시각화』(에이콘, 2024)를 감수했다.

언리얼 엔진 5 책의 기술 감수자로서 끊임없이 진화하는 이 분야의 데이터를 연구하고 테스트하는 데 상당한 시간을 할애했다. 이 여정을 가능하게 해준 딸과 절친한 친구들에게 깊은 감사를 표한다. 어려운 순간에 나를 믿고 이해해준 그들의 지지와 격려야말로 내게 큰 힘이 됐을 뿐 아니라 이 여정 내내 든든한 버팀목으로 작용했다.

주바이나 닐라 Zubaida Nila

버추얼 프로덕션 엔지니어이자 언리얼 테크니컬 아티스트, 언리얼 엔진 공인 강사 파트너다. 기술 전문성과 인카메라 비주얼 이펙트ICVFX, In-Camera Visual Effects 분야의 학술 연구를 결합해 넷플릭스 아시아, PUBG, 페트로나스Petronas 등 유명 TVC 및 영화 포스트 프로덕션 프로젝트를 감독하고 있다. 버추얼 프로덕션과 시각 효과의 발전에 초점을 맞춰 조만간 기술 서적을 저술할 계획이며, 현재 팩트출판사의 언리얼 엔진 전문가를 위한 기술 자문위원회 위원으로도 활동 중이다.

옮긴이 소개

이진오(jinolee.dev@gmail.com)

게임 개발에 대한 모든 것을 좋아해서 20년이 넘는 업계 생활 동안 단 한 번도 지겹다고 느낀 적이 없는 사람. 대부분의 여가는 게임으로 채우고 있지만, 틈틈이 게임 개발 기술 서적을 번역하면서 시간을 보내고 있다.

| 옮긴이의 말 |

게임의 수준이 올라갈수록 우리가 그 속에서 마주하는 세계는 날이 갈수록 거대해지고 정교해지고 있다. 게임의 배경이 되는 광활한 대지가 모니터 너머에 펼쳐지고, 플레이어는 그 속에서 현실감 있는 새로운 세상을 탐험하면서 몰입감을 느낄 수 있다. 특히 AA급 이상의 타이틀, 나아가 AAA급 대작이라면 이러한 3D 게임 환경의 구현은 이제 선택이 아닌 필수불가결한 요소가 된 지 오래다.

3D 월드를 구성하는 데 있어 기획자가 의도한 게임플레이 동선을 설계하는 것은 게임의 뼈대를 세우는 것과 같다. 하지만 뼈대만으로는 생명력을 가질 수 없듯이, 플레이어가 바라보는 레벨의 환경environment을 디자인하는 것 또한 그에 못지않은 무게를 지닌다. 특히 게임의 배경이 대자연이라면, 무작위로 자라 있는 나무와 풀, 불규칙하게 흐트러진 바위, 흐르는 물줄기 등 현실 세계의 복잡성을 그대로 담아낸 환경 묘사가 무엇보다 중요하다.

문제는 이러한 고품질의 방대한 환경을 인간의 손으로 일일이 빚어내는 데는 물리적인 한계가 따른다는 점이다. 장인 정신을 발휘해 모든 오브젝트를 수작업으로 배치하는 것은 이상적일 수 있지만, 여기에는 천문학적인 시간과 비용이 소요된다. 더군다나 개발해야 하는 게임이 광활한 대지 위에 끝없는 탐험을 제공해야 하는 '오픈 월드open-world' 게임이라면, 그 안을 오로지 수작업만으로 채우는 것은 사실상 불가능에 가까운 일이다.

이러한 난관을 타개하고 개발의 효율성을 극대화하기 위해 등장한 개념이 바로 '절차적 콘텐츠 생성PCG, Procedural Content Generation'이다.

이 책은 현재 게임 개발 현장에서 수준급 게임을 개발할 때 표준이나 다름없는 언리얼 엔진 5를 기반으로, 절차적 생성 기술을 어떻게 구현하고 활용할 것인지를 심도 있게 다룬다. 독자가 절차적 생성의 개념을 쉽게 이해하고 적용할 수 있도록 체계적으로 구성돼 있으며, 언리얼 엔진의 블루프린트를 활용한 기초적인 생성 기법에서 출발해 점차 복잡하고 정교한 테크닉으로 나아간다. 이 책에서는 단순히 오브젝트를 무작위로 뿌리는 것을 넘어서 나무, 바위, 강과 같은 자연물은 물론 도심 속의 빌딩 숲까지 절차적으로 구축하는 구체적인 방법론을 제시한다. 또한 방대한 월드를 구현할 때 반드시 수반돼야 할 그래픽 에셋의 최적화 기법까지 놓치지 않고 다루므로 실무적인 가치가 매우 높다.

이 책은 예제를 통해 다양한 기법을 소개하고 구현하지만, 번역 과정에서 얻은 가장 큰 수확은 바로 기반이 되는 논리 구조였다. 이 책을 진행하다 보면, 독자가 게임 환경을 절차적으로 생성할 때 필요한 다양한 테크닉을 익히고 본인의 프로젝트 성격에 맞는 환경을 스스로 설계할 수 있도록 단단한 지식의 토대가 마련될 것이다.

자신이 만들고자 하는 게임이 광활한 환경을 필요로 하거나, 혹은 그러한 대작 게임을 개발하고 있는 스튜디오에 몸담고 있는 개발자라면, 이 책은 더할 나위 없는 훌륭한 길잡이가 될 것이다. 이 책이 독자 여러분이 반복적인 작업의 굴레에서 벗어나 더욱 창의적이고 효율적으로 자신만의 세계를 창조해 나가는 데 큰 도움이 되길 바란다.

끝으로, 훌륭한 원서를 집필해준 저자와 번역 과정에서 많은 도움을 주신 에이콘출판사 관계자 분들께 깊은 감사의 마음을 전한다.

| 차례 |

2장 첫 번째 숲을 만들어보자! 061

3장 PCG 컴포넌트로 블루프린트 제작하기 113

4장 절차적 콘텐츠 생성 도구 개발 및 최적화하기 167

2부 — 언리얼 엔진 5에서 PCG의 강력한 기능 활용하기

5장 PCG 그래프를 사용한 Spline 컨트롤러 구성하기 201

8장 바이옴 구성하기: 풍부한 환경을 위한 PCG 마스터하기 371

9장 PCG로 역동적인 애니메이션 군중 만들기 409

3부 — 최적화 마스터하기 및 PCG 환경 개선하기

10장 최적화, 디버깅 및 성능 도구 살펴보기 453

들어가며

이 책은 언리얼 엔진 5UE5, Unreal Engine 5에 대한 기초적인 기술 지식을 갖춘 3D 아티스트나 게임 디자이너가 게임 환경, 레벨 디자인, 심지어 동적 콘텐츠 시스템을 위한 툴셋 개발 기술을 습득할 수 있도록 돕기 위해 만들어졌다. 블루프린트를 어느 정도 이해하고 있고 간단한 게임을 제작하거나 환경을 디자인해본 경험이 있다면, 이 책을 통해 PCG 프레임워크의 이점을 극대화하고 전문성을 키울 수 있다.

이 책의 대상 독자

언리얼 엔진을 이미 경험해본 언리얼 아티스트라면 이 책을 통해 PCG 툴로 월드 빌딩world-building에 대한 새로운 관점을 발견할 수 있다. 이 책은 PCG 프레임워크와 기타 요소를 활용해 절차적 생성 환경을 구성하는 새로운 접근 방식을 소개하며, 블루프린트 노드를 구성할 때 특정 노드를 전략적으로 사용하는 방법을 알려준다. 이 가이드를 통해 아티스트는 언리얼 엔진의 기술을 향상시키고 절차적으로 생성된 역동적인 월드를 제작할 수 있는 혁신적인 기법을 살펴볼 수 있다.

이 책이 대상으로 하는 세 가지 주요 직군은 다음과 같다.

- **레벨 및 환경 아티스트**: 게임, 애니메이션, 버추얼 프로덕션을 위한 오픈 월드 환경 구축을 목표로 하는 아티스트
- **테크 아티스트 지망생**: 환경 툴을 개발해 다른 아티스트가 좀 더 효율적으로 결과물을 얻을 수 있도록 지원하고자 하는 개인
- **게임 개발자**: PCG 프레임워크를 이해하고 게임 및 인터랙티브 애플리케이션을 직접

설계하려는 개발자

이 책에서 다루는 내용

1장. 절차적 콘텐츠 생성 소개 절차적 생성의 이론과 실제 적용 사례를 살펴본다. 워크플로로 들어가기 전에 절차적 콘텐츠 생성의 개념과 기원을 설명하고, 실제 게임 개발 및 애플리케이션 프로젝트의 모범 사례를 소개한다.

2장. 첫 번째 숲을 만들어보자! 게임이나 애니메이션을 위해 절차적으로 생성된 숲forest을 만드는 방법을 보여준다. 사실적인 나무와 풀로 숲을 디자인하고 폴리지 메시foliage mesh를 유연하게 수정할 수 있다. 단일 PCG 그래프에서 노드 구조를 통합 및 병합하고, 나무를 결합하고, 다양한 풀, 덤불, 돌을 랜드스케이프에 추가하는 방법을 다룬다.

3장. PCG 컴포넌트로 블루프린트 제작하기 커스텀 PCG 블루프린트를 제작하고 PCG 컴포넌트와 통합하는 방법을 살펴본다. 포인트 루프를 사용해 스태틱 메시를 스폰하고 패턴을 결합해 독특한 배열을 만드는 방법을 알아본다. 이 튜토리얼에서는 언리얼 에디터에서 고유한 PCG 컴포넌트를 위한 독립적인 블루프린트를 제작하고, PCG 블루프린트 내에서 자신만의 알고리듬을 개발해 직접 실험해보는 방법을 다룬다.

4장. 절차적 콘텐츠 생성 도구 개발 및 최적화하기 노드를 추가해 PCG 그래프를 개선함으로써 PCG 액터 블루프린트를 개선하는 방법을 중점적으로 다룬다. 액터 블루프린트 내에 새로운 변수를 도입해 기능과 활용성을 확장하는 방법을 소개한다. 또한 블루프린트와 직접 통신할 수 있는 변수를 적용해 언리얼 엔진 내에서 더 많은 상호작용이 가능하도록 하는 방법도 배운다.

5장. PCG 그래프를 사용한 Spline 컨트롤러 구성하기 언리얼 엔진 워터 플러그인을 사용해 강이 있는 숲을 만들고, 강을 조작하고, 다양한 PCG 그래프를 하나로 결합하는 방법을 보여준다. 이를 액터 블루프린트에 통합해 언리얼 엔진의 월드 빌드 기술을 향상시킬 수 있다. 폴리지, 포레스트 액터 블루프린트, PCG 그래프를 만들고 더 나은 결과를 위해 조정하는 방법도 다룬다.

6장. 랜드스케이프 머티리얼로 PCG 그래프 만들기 구조물과 강 주변에 식물을 무작위로 배치하고 폴리지를 생성하는 툴을 만드는 방법을 살펴본다. 랜드스케이프 머티리얼을 사용해 스태틱 메시 배치를 가이드하고 Spline 컴포넌트를 통합함으로써 랜드스케이프에 적응하는 동적 PCG 시스템을 만드는 방법을 소개한다.

7장. PCG Spline 컨트롤러를 사용해 빌딩 만들기 창문 틈새가 있는 벽과 다층 구조 등 PCG를 사용해 건물을 만드는 방법을 보여준다. 도시 건물을 생성하는 절차적 방법을 살펴보고 건물 특징을 제어하기 위해 PCG 그래프에서 알고리듬을 개발한다. 간단한 큐브를 사용해 벽을 만드는 데 중점을 두고, 모든 작업을 PCG 그래프와 액터 블루프린트 내에서 통합해 진행한다.

8장. 바이옴 구성하기: 풍부한 환경을 위한 PCG 마스터하기 PCG Biome 플러그인을 사용해 다양하고 역동적인 바이옴biome을 만들고 절차적 기법으로 다양한 랜드스케이프를 디자인하는 방법을 다룬다. 데이터 세트와 텍스처 정보를 사용해 지형과 폴리지를 생성하는 방법과 PCG 그래프 이외의 요소를 커스터마이징하는 방법을 배운다. 이 장에서는 사실적이고 몰입감 있는 바이옴을 구축하기 위한 폴리지 배치와 새로운 PCG 기법을 중점적으로 다룬다.

9장. PCG로 역동적인 애니메이션 군중 만들기 PCG 플러그인을 사용해 군중을 스폰하고 애니메이션을 적용하는 방법을 보여준다. 액터 블루프린트를 설정하고, PCG 컴포넌트를 통합하고, 캐릭터 설정을 위한 PCG 그래프를 생성한다. Mixamo 모델을 사용해 스플라인 루프spline loop에서 캐릭터를 스폰하고 기본 AI로 독립적으로 걸을 수 있도록 한다. 이 장에서는 사실적인 군중 시뮬레이션을 위한 고급 PCG 기능에 대한 실습 경험을 제공한다.

10장. 최적화, 디버깅 및 성능 도구 살펴보기 유동성과 성능 향상에 중점을 두고 프로젝트에 맞게 PCG 도구를 최적화하는 방법을 알려준다. PCG를 사용해 프로젝트를 시작하고 성능 문제 없이 인상적인 환경을 만드는 방법을 배우게 된다. 프로젝트 효율성을 높이고 절차적 생성을 위한 에셋을 관리하는 방법과 예시를 다룬다.

11장. 치트 시트, 추가 팁 및 바로 가기 시각적 예제를 통해 PCG 노드와 그 기능을 이해하는 데 필요한 팁을 제공한다. 노드 구성을 살펴보고, 샘플 메시를 사용하고, 디버그 모드를 활성화해 개념을 설명한다. 다양한 PCG 구조의 구성에 대한 지식을 얻고 PCG 볼륨과 스플라인의 적용 사례를 비교해볼 수 있다. 이러한 요소는 절차적 생성에서 에셋 배치와 동작을 정밀하게 제어하는 데 매우 중요하다.

이 책을 최대한 활용하는 방법

이 책에서 다루는 소프트웨어/하드웨어	운영체제 요구 사항
언리얼 엔진 5 (최소 5.4 버전)	윈도우
GPU(NVIDIA RTX, 8GB 이상의 VRAM을 갖춘 AMD Radeon RX)와 최소 16GB의 RAM. 자세한 정보는 에픽게임즈 공식 웹 사이트(https://dev.epicgames.com/documentation/en-us/unreal-engine/hardware-and-software-specifications-for-unrealengine?application_version=5.4)에서 확인할 수 있다.	

이 책의 디지털 버전을 사용하는 경우 코드를 직접 입력하거나 깃허브GitHub 리포지터리(다음 절에서 링크를 제공한다)를 통해 코드에 접근하는 것이 좋다. 이렇게 하면 코드 복사 및 붙여 넣기와 관련된 잠재적인 오류를 방지하는 데 도움이 된다.

예제 코드 파일 다운로드

이 책의 예제 코드 파일은 깃허브(https://github.com/PacktPublishing/Procedural-Content-Generation-with-Unreal-Engine-5)에서 다운로드할 수 있다. 코드에 대한 업데이트가 있을 경우 기존 깃허브 리포지터리에 반영된다.

또한 에이콘출판사의 도서정보 페이지(http://www.acornpub.co.kr/book/9791161757568)에서도 동일한 파일을 다운로드할 수 있다.

코드 실행 보기

코드가 실행되는 모습을 담은 동영상은 웹 사이트(https://packt.link/0ZQQD)에서 볼 수 있다.

편집 규약

이해를 돕고자 다루는 정보에 따라 글꼴 스타일을 다르게 적용했다. 이러한 스타일의 예와 의미는 다음과 같다.

텍스트 내 코드: 텍스트에서 코드 단어와 사용자 입력 등은 다음과 같이 표기한다. '그래프에서 마우스 오른쪽 버튼을 클릭하고 `Get Actor Location` 및 `GetRandomReachablePointInRadius` 함수를 검색한다.'

고딕: 화면상에 표시되는 메뉴나 버튼 등은 다음과 같이 표기한다. '드롭다운 상자에서 **Import** 설정을 **Nanite**로 변경하면 나중에 에셋을 최적화할 때 많은 시간을 절약할 수 있다.'

NOTE

> 팁이나 중요한 참고 사항은 이와 같이 나타낸다.

고객 지원

독자로부터의 피드백은 언제나 환영한다.

문의: 이 책과 관련해 문의 사항이 있다면 메일 제목에 책명을 적어서 customercare@packtpub.com으로 이메일을 보내주길 바란다. 한국어판에 관한 질문은 이 책의 옮긴이나 에이콘출판사 편집 팀(editor@acornpub.co.kr)으로 문의할 수 있다.

정오표: 내용을 정확하게 전달하고자 최선을 다했지만, 그럼에도 실수가 있을 수 있다. 이 책에서 문제점을 발견했다면 팩트출판사 웹 사이트(www.packtpub.com/support/errata)에서 해당 양식을 작성해 알려주길 바란다. 한국어판의 정오표는 에이콘출판사의 도서정보 페이지(http://

www.acornpub.co.kr/book/9791161757568)에서 찾아볼 수 있다.

저작권 침해: 인터넷에서 어떤 형태로든 팩트출판사 서적의 불법 복제물을 발견하면 해당 주소나 웹 사이트의 이름을 알려주길 바란다. 의심되는 불법 복제물의 링크를 copyright@packtpub.com으로 보내주면 된다.

1부

절차적 콘텐츠 생성의 기본

1부에서는 절차적 콘텐츠 생성PCG, Procedural Content Generation 예제부터 시작해, 절차적 생성의 기본 이론과 실제 적용 방법을 살펴본다. 이를 위해 PCG를 심층적으로 이해하고, 이 프레임워크를 사용해 환경을 구성하는 방법을 배우게 된다. 또한 환경의 향상과 지속적인 개선을 위해 보완적인 구성 요소를 적용하는 모범 사례도 다룬다.

1부는 다음과 같은 장들로 구성돼 있다.

- 1장. 절차적 콘텐츠 생성 소개
- 2장. 첫 번째 숲을 만들어보자!
- 3장. PCG 컴포넌트로 블루프린트 제작하기
- 4장. 절차적 콘텐츠 생성 도구 개발 및 최적화하기

01

절차적 콘텐츠 생성 소개

언리얼 엔진 5를 사용한 절차적 콘텐츠 생성의 세계로 떠나는 짜릿한 여정에 온 것을 환영한다!

게임 프로젝트와 VFX 및 영화 세트의 실시간 시각화 등 3D 콘텐츠의 영역과 절차적 생성 기능을 탐구할 준비를 하는 여러분의 설렘이 느껴진다. 실제 적용 과정을 살펴보기 전에 먼저 절차적 생성과 다양한 사용 사례에 대해 더 깊이 이해해야 한다.

이 장에서는 절차적 콘텐츠 생성의 기본 개념을 살펴본 다음, 기존 절차적 생성 방식과 언리얼 엔진 5의 절차적 콘텐츠 생성PCG 플러그인이 제공하는 향상된 기능 간의 차이점을 알아본다.

이 과정을 통해 가장 적합한 접근 방식을 파악할 수 있다.

그런 다음, 프로젝트에서 PCG 툴을 실제로 구현하는 과정을 알아보고 특정 작업에 맞게 조정하는 방법을 보여줄 것이다. 그다음에는 언리얼 엔진 5에서 PCG를 사용해보고 프로젝트 내에서 이를 조정하는 방법을 배운다.

NOTE

최신 언리얼 엔진 5, 특히 5.4 버전 사용자를 위한 주의 사항이 있다. 5.4로 넘어오면서 특정 노드가 더 이상 사용되지 않고 새로운 PCG 노드로 대체됐음을 알아두자. 이러한 변경 사항으로 인해 우리는 언리얼 엔진 5의 5.4 버전을 활용할 예정이며, 이와 관련된 추가적인 설명은 필요할 때마다 제공할 것이다.

이 장에서 다루는 주요 주제는 다음과 같다.

- PCG란 무엇인가?
- PCG 도구의 사용 위치 및 방법
- PCG 프레임워크 이해
- 첫 번째 PCG 도구 구성

이 장을 마치고 나면 PCG를 이해하고 사용 방법을 확실히 알게 될 것이다. 또한 PCG의 기본 사항, 사용 방법, 기존 절차적 콘텐츠 생성 방법과의 비교에 대해서도 배우게 된다. 이 주제는 가장 많은 정보를 담고 있으므로 앞으로도 매우 유용할 것이다.

기술적 요구 사항

이 장을 완료하려면, PCG 프레임워크 플러그인을 실행할 수 있고 다음 하드웨어와 소프트웨어를 설치할 수 있는 좋은 컴퓨터가 필요하다.

- 최신 운영체제(윈도우 10 또는 윈도우 11)를 사용하자.

  이 책은 윈도우 사용자 전용으로 제작됐으며 맥OS macOS는 지원하지 않는다.

- GPU(8GB 이상의 VRAM이 장착된 NVIDIA RTX 또는 AMD Radeon RX)와 16GB 이상의 RAM이 필요하다. 자세한 내용은 에픽게임즈 공식 웹 사이트(https://dev.epicgames.com/documentation/en-us/unreal-engine/hardware-and-softwarespecifications-for-unreal-engine?application_version=5.4)에서 확인하면 된다.
- 이 책은 언리얼 엔진 5.4 기반으로 제작됐으므로 최신 버전의 언리얼 엔진 5.4를 설치

해야 한다. 언리얼 엔진 5.4를 설치하는 방법은 웹 사이트(https://dev.epicgames.com/documentation/en-us/unreal-engine/installingunreal-engine)를 참조하면 된다. 이 요구 사항이 필요한 이유는 최신 PCG 프레임워크에 새로운 노드가 포함돼 있고 버전 5.2에 있던 일부 노드가 제거됐기 때문이다.

이 장의 코드 파일은 깃허브(https://github.com/PacktPublishing/Procedural-Content-Generation-with-Unreal-Engine-5)에 있다.

이 장의 코드가 실행되는 모습을 보여주는 동영상은 웹 사이트(https://packt.link/GClp8)에서 확인할 수 있다.

PCG란 무엇인가?

컴퓨팅에서 절차적 생성procedural generation은 데이터를 수동으로 만드는 것이 아니라 알고리듬을 적용해 자동으로 생성하는 기법이다. 이 방법은 일반적으로 사람이 제작한 에셋과 컴퓨터가 생성한 난수 및 계산 기능을 사용하는 알고리듬의 조합을 동시에 사용하는 것이다.

지난 20년 동안 지형, 캐릭터, 아이템 등 게임 제작의 모든 요소를 아우르는 게임 콘텐츠는 일반적으로 다음 두 가지 주요 접근 방식을 사용해 제작됐다.

첫 번째는 아티스트가 3D 에셋을 직접 제작해 게임 환경 내에 필요에 따라 배치하는 수동 콘텐츠 제작이다. 다음은 언리얼 엔진의 표준 폴리지foliage[1] 툴을 사용해 제작한 몇 가지 나무의 예시다.

1 나무와 풀 등의 자연물을 통칭하는 표현이다. – 옮긴이

그림 1.1 언리얼 폴리지 툴 예제

다음 이미지는 레벨 내에서 환경을 생성할 수 있는 PCG의 예시다.

그림 1.2 PCG 프레임워크로 구성한 언리얼 환경의 예시

다음은 그림 1.2에 표시된 숲을 생성하는 데 사용된 PCG 노드 구조를 보여주는 PCG 그래프다.

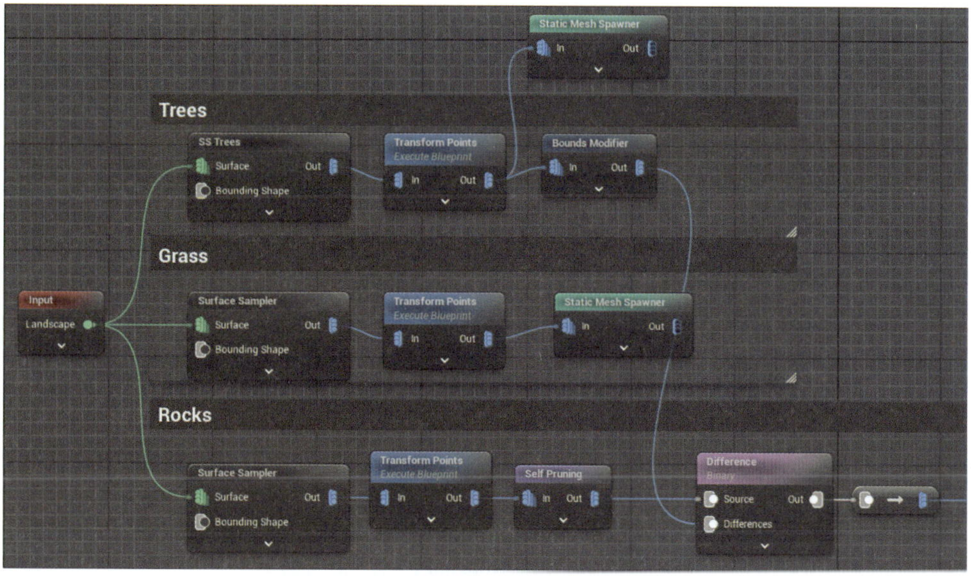

그림 1.3 완전한 숲 환경을 생성하는 PCG 그래프 노드

두 번째 접근 방식은 레벨을 시작하기 전이나 게임 런타임 내내 알고리듬이 동적으로 콘텐츠를 자율적으로 생성하는 PCG이다. 이는 방대한 환경의 오픈 월드 레벨이 포함된 게임을 제작할 때 매우 유용하다. 환경에 대량의 고품질 폴리지 인스턴스가 포함된 경우라면 레벨 스트리밍 기능이 크게 향상된다. 이 방법의 장점은 파일 크기가 줄어들고 콘텐츠의 범위가 넓어지며 레벨과 환경을 좀 더 효율적으로 구성할 수 있다는 점이다.

그림 1.4 PCG 프레임워크로 빌드한 언리얼 환경의 예시

다음 절에서는 언리얼 엔진 5의 PCG 툴이 갖고 있는 다양한 유형의 절차적 생성에 대해 살펴보자.

PCG 도구의 사용 위치 및 방법

게임 산업은, 그 안에서도 특히 아트와 광고 분야는 개발자와 아티스트가 혁신을 추구할 수 있는 독특한 환경을 제공한다. 이 분야에서 그들은 레벨 곳곳에 흩어져 있는 기술적이고 창의적인 3D 에셋을 제작하고 관리해야 하는 복잡한 문제를 PCG로 해결할 수 있다.

이런 이점 덕분에 이 방법은 최근 몇 년 동안 기하급수적으로 실시간 게임 엔진 영역에서 발전해왔다.

또한 분야에 따라 PCG 툴의 사용은 게임 개발에만 국한되지 않는다는 점도 주목할 필요가 있다. 예를 들어 영화 산업에서는 시각 효과VFX, Visual Effects 분야에서 PCG 툴이 유용하게 활용되고 있다. 오랜 기간 PCG에 익숙해져온 영화 업계는 오랫동안 널리 사용돼온 Houdini

와 같은 소프트웨어를 사용해왔다. 아티스트가 노드 기반 워크플로workflow를 사용해 복잡한 환경을 제작할 수 있는 절차적 생성 기능을 가진 Houdini는 오늘날에도 VFX 업계에서 표준 툴로 사용되고 있다.

언리얼 엔진은 PCG 처리에 탁월해 복잡하고 역동적인 환경을 자동으로 생성할 수 있다. 이러한 접근 방식은 시각적 다양성을 향상하고 수작업의 양을 줄여 크고 디테일한 랜드스케이프landscape[2]를 빠르게 생성할 수 있다.

플러그인으로 제공되는 언리얼 엔진의 PCG 툴은 이 과정을 더욱 간소화할 수 있다. 아티스트와 레벨 디자이너는 직관적인 노드 기반 워크플로를 통해 에셋 배치 규칙을 쉽게 설정해 숲을 채우거나 도시 경관을 배치하는 등의 작업을 자동화할 수 있다. 이를 통해 크리에이터는 창의력에 집중해 몰입도 높고 디테일이 풍부한 환경을 제작하고 개발 파이프라인을 더욱 효율적으로 관리할 수 있다.

언리얼 엔진 PCG 플러그인 소개

PCG 플러그인은 계층형 인스턴스드 스태틱 메시HISM, Hierarchical Instanced Static Mesh라는 컴포넌트를 사용해 작동한다. 이 HISM 컴포넌트를 사용하면 표면 전체에 걸쳐 광범위한 스태틱 메시를 생성할 수 있다. PCG는 이 정보를 활용해 랜드스케이프와 같은 표면에 인스턴스의 스폰 위치를 PCG 볼륨PCG volume의 형태로 적용한다. 인스턴스화된 스태틱 메시ISM, Instanced Static Mesh를 사용할 수도 있지만, HISM은 성능 저하 없이 한 번의 드로우 콜draw call로 여러 스태틱 메시를 렌더링할 수 있는 효율적이고 편리한 기능 덕분에 널리 선호되는 컴포넌트다.

요약하자면, HISM과 ISM은 절차적 생성 시스템에서 흔히 발생하는 대량의 인스턴스 렌더링을 최적화하는 강력한 컴포넌트다. 이를 통해 랜드스케이프와 같은 표면 전체에 인스턴스를 효율적으로 배포하고 렌더링하는 동시에 동적 조정이라는 유연성도 제공할 수 있다.

하지만 몇 가지 중요한 차이점도 있다.

2 '넓은 지형'을 뜻하는 단어로, 게임 제작에서는 레벨 내에 펼쳐져 있는 지형 전체를 의미한다. – 옮긴이

- **일반 ISM**

  ISM의 각 인스턴스는 독립적으로 처리되며 자체 트랜스폼, 머티리얼 속성 등을 가질 수 있다. ISM 컴포넌트는 공통적인 특성을 공유하지 않지만, 모습만은 동일하거나 거의 동일한 스태틱 메시가 많아 각 인스턴스를 개별적으로 처리하고 싶은 경우에 적합하다.

  ISM 컴포넌트는 기본적인 레벨 오브 디테일LOD, Level of Detail을 지원하지만, 각 인스턴스는 카메라와의 거리에 따라 서로 다른 LOD 메시로 전환할 수 있다. 이렇게 하면 멀리 떨어진 인스턴스의 디테일을 줄여 성능을 유지하는 데 도움이 된다.

  HISM과 달리 ISM은 계층적 컬링culling을 지원하지 않는다. 하지만 인스턴스 렌더링과 기본 LOD 전환을 사용해 드로우 콜을 줄이고 성능을 개선할 수 있는 이점이 있다.

- **HISM**

  HISM 컴포넌트는 공통적인 특성을 공유하면서도 계층적으로 그룹화할 수 있는 다수의 인스턴스가 있는 상황을 위해 설계됐다.

  - HISM 컴포넌트의 인스턴스는 동일한 머티리얼 속성 및 기타 특성을 계층적 구조로 구성한다. 즉, 계층 구조의 전체 브랜치branch가 시각적으로 보일 필요가 없는 경우 효율적인 컬링을 통해 렌더링 비용을 줄일 수 있다.
  - HISM 컴포넌트는 폴리지 시스템과 같이 같은 유형의 메시(예: 나무, 풀, 덤불) 인스턴스를 여러 개 그룹으로 묶을 수 있는 경우에 특히 유용하다.
  - HISM 컴포넌트를 사용하면 카메라로부터의 인스턴스 거리에 따라 동적 LOD를 관리할 수 있다. 가까운 인스턴스는 더 높은 디테일로 렌더링되고, 먼 인스턴스는 더 낮은 디테일의 메시를 사용해 렌더링 작업량을 줄인다.
  - HISM 컴포넌트는 계층적 컬링을 지원하므로 인스턴스 그룹이 카메라 뷰 밖에 있거나 특정 거리를 벗어난 경우 렌더링하지 않고 컬링(보이지 않는 부분을 렌더링하지 않는 기능)을 통해 성능을 더욱 최적화할 수 있다.

다음 파트에서는 각각의 성능과 차이점을 중심으로 ISM과 PCG 도구를 살펴보고 비교해 보자.

ISM 및 HISM 살펴보기

다음은 ISM 및 HISM 사용의 몇 가지 예다. 여기서는 Starter Content 폴더의 SM_Rock 에셋을 사용했다.

그림 1.5 Starter Content 폴더의 바위

다음 예제는 액터 블루프린트로 만든 것으로, 계층형 인스턴스드 스태틱 메시[HISM]와 인스턴스드 스태틱 메시[ISM] 컴포넌트를 각각 사용해 25,000개의 바위를 생성하는 두 가지 경우의 결과다.

그림 1.6 레벨 전체에 채워진 25,000개의 바위 메시

이 예제의 블루프린트 코드는 다음과 같다.

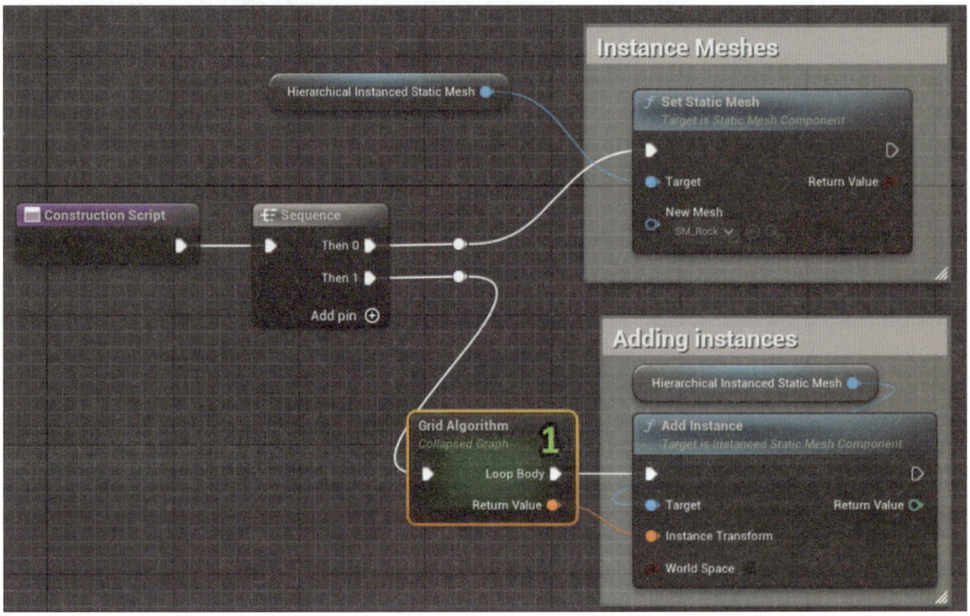

그림 1.7 액터 블루프린트 안에서 이뤄진 절차적 생성 예제

다음은 그리드 알고리듬Grid Algorithm을 보여주는 그래프로, 레벨 전체에 스태틱 메시를 X축 및 Y축의 행과 열로 배치한다.

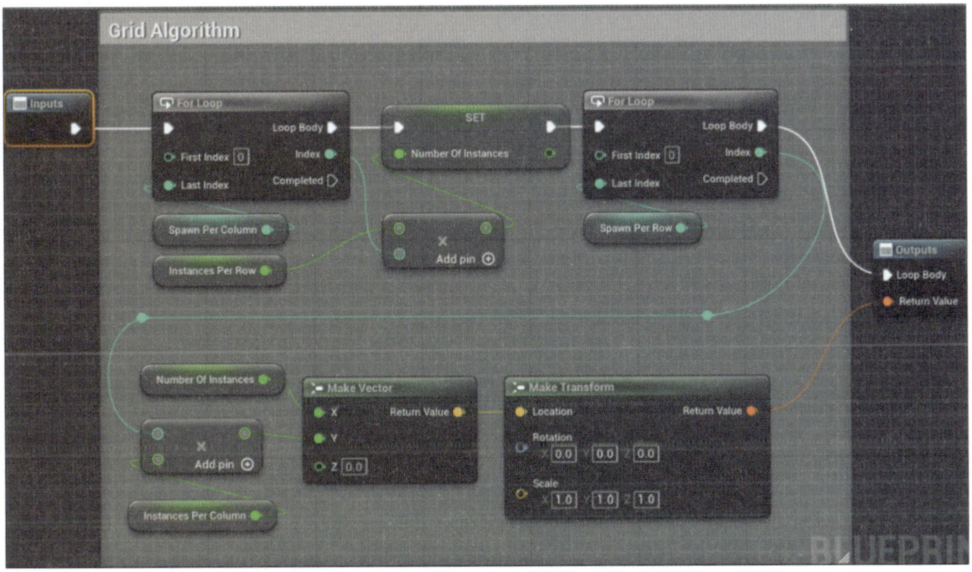

그림 1.8 레벨 전체에 스태틱 메시를 배치하는 그리드 알고리듬

그리드의 크기에 따라 모든 인스턴스를 불러오는 데 시간이 걸릴 수 있다. 실제로 이 모든 과정은 CPU에서 이뤄지며, 그 후 모든 데이터가 GPU로 전송돼 최종 결과를 뷰포트에 렌더링한다.

이 예제를 확인하려면, 깃허브(https://github.com/PacktPublishing/Procedural-Content-Generationwith-Unreal-Engine-5/tree/main/Chapter_1/UE5_PCG_Chapter_01)에서 이 프로젝트를 다운로드할 수 있다.

HISM과 ISM의 진단 및 성능

다음 스크린샷은 두 액터 블루프린트를 비교한 것으로, 하나는 HISM을 사용한 것이고 다른 하나는 ISM을 사용한 것이다. 이 실험을 위해 언리얼 4와 언리얼 5에서 모두 사용할 수 있는 언리얼 인사이트Unreal Insights도 사용했다.

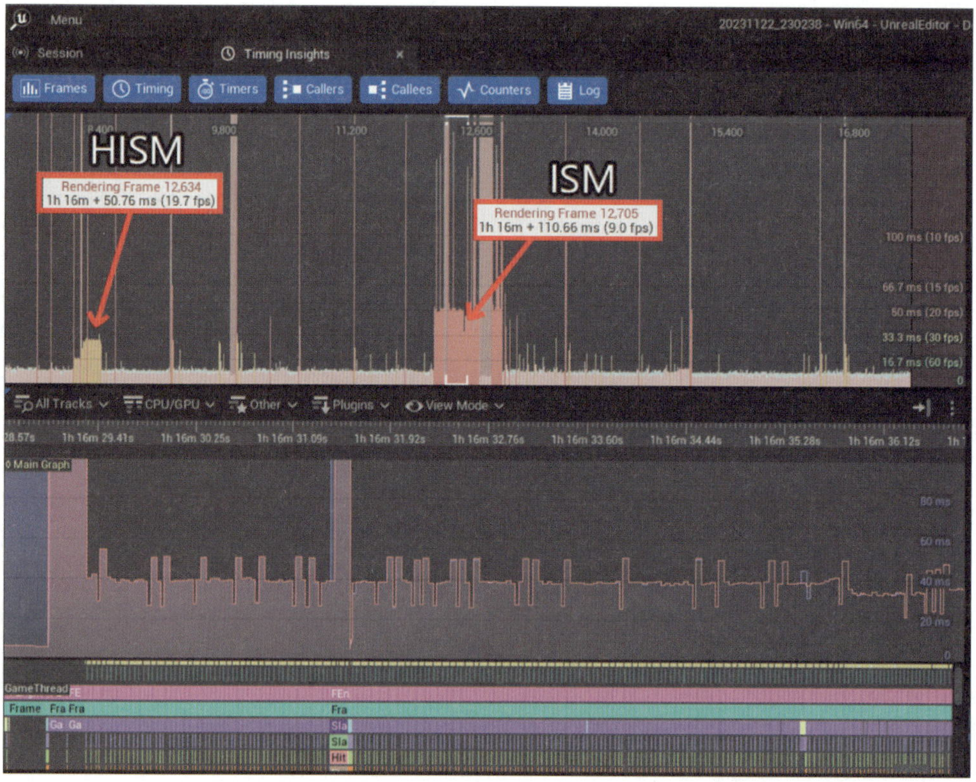

그림 1.9 언리얼 엔진 5에서 언리얼을 사용한 ISM과 HISM의 성능 비교

NOTE

> 타이밍 인사이트(Timing Insights) 사용법을 배우고 싶다면 언리얼 문서 웹 사이트(https://docs.unrealengine.com/5.3/en-US/timing-insights-in-unreal-engine-5/)를 방문해 자세한 정보를 확인하면 된다.
>
> 이 데모는 16GB RAM이 장착된 RTX 3080과 24GB RAM이 장착된 RTX 4090, 32GB 및 64GB RAM이 장착된 AMD Ryzen 9 7950x에서 테스트됐다.

렌더링과 최적화 프로세스 측면에서 어느 쪽이 더 나은지 명확하게 알 수 있다. 두 예시 모두 25,000개의 바위 메시 에셋에 대해 나나이트(https://dev.epicgames.com/documentation/en-us/unreal-engine/nanite-virtualized-geometry-in-unreal-engine)를 활성화하지 않은 상태로 실행했다.

NOTE

나나이트는 언리얼 엔진 5의 가상화 지오메트리 시스템으로, 새로운 내부 메시 포맷과 렌더링 기술을 사용해 픽셀 스케일의 디테일과 많은 오브젝트 수를 렌더링한다.

다음 절에서는 레벨의 샘플 콘텐츠 메시 중 하나를 테스트해 PCG 플러그인의 퍼포먼스를 살펴본다.

작동 중인 PCG

ISM과 HISM을 좀 더 효과적으로 비교하기 위해 PCG 도구를 사용해 동일한 예제를 실행해보자. 보다시피 바위의 규모가 훨씬 커져 약 25만 개의 바위가 생성된다. 그러나 기본 코드는 훨씬 더 간단하고 고도로 최적화돼 있다.

그림 1.10 성능 부하 없이 10배 더 많은 바위를 생성하는 PCG의 성능을 보여주는 좋은 예

다음 그래프는 위의 결과를 생성하는 데 필요한 구성이다.

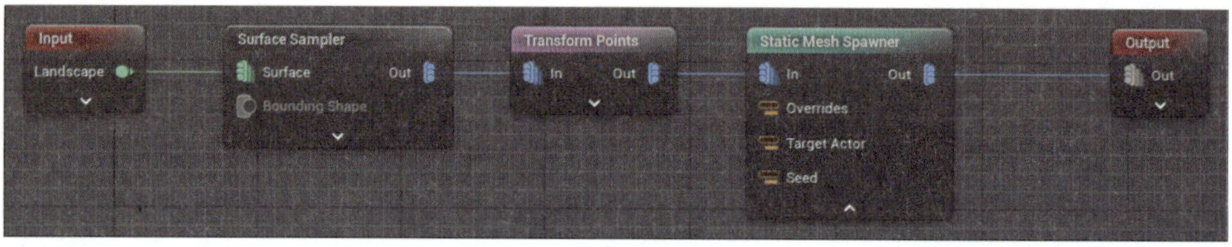

그림 1.11 PCG는 단순한 결과를 생성하는 데 몇 개의 노드만 필요하다.

명확하고 직관적인 블루프린트 코드가 PCG 그래프에 적용됐다. 이를 통해 원하는 결과를 생성하는 노드를 정확히 찾아낼 수 있다. PCG는 여전히 HISM 또는 ISM 컴포넌트에 의존하고 있지만, 좀 더 체계적이고 최적화된 방식으로 세분화된다는 점을 기억하자.

다음은 PCG 볼륨에서만 실행되던 바위의 성능이다.

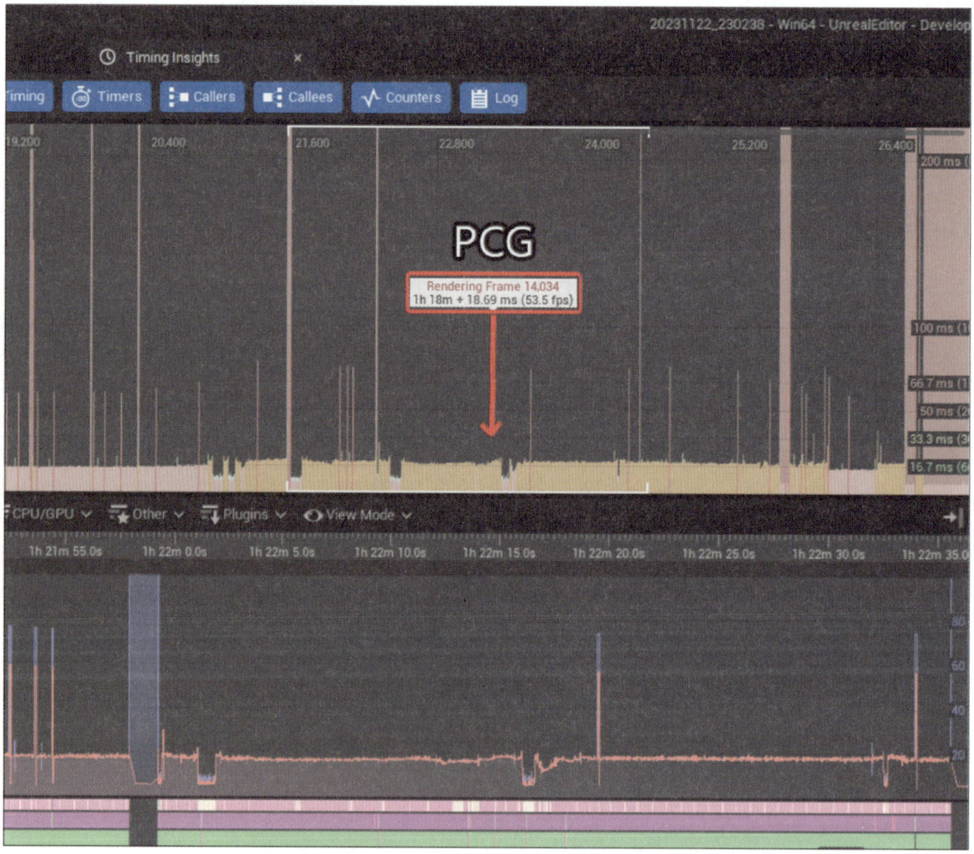

그림 1.12 PCG를 사용해도 성능에 큰 영향을 미치지는 않지만, 약간의 최적화가 필요하다.

보다시피 결과물이 훨씬 빠르고 GPU와 CPU 사용량도 적다. 이 PCG 볼륨에는 아직 나나이트가 사용되지 않았는데, 이 바위 스태틱 메시에서 나나이트를 활성화하면 성능이 얼마나 향상될지 상상해보라. 활성화 방법은 이 책의 10장에서 설명하겠다! 이 절에서는 다양한 절차적 생성 기법을 살펴보고 새로운 PCG 툴과 비교했다.

다음 절에서는 PCG 프레임워크에 대해 자세히 알아보고 첫 번째 PCG 도구를 만들어보자!

PCG 프레임워크 살펴보기

이 책은 PCG 프레임워크를 사용해 PCG 그래프를 만드는 첫 단계를 소개한다. 이 절에서는 PCG 노드와 PCG 그래프의 기본 구조에 대한 기본적인 설명을 제공한다. 또한 도구를 구성하는 데 필수적인 주요 구성 요소를 알아보는 방법도 다룰 것이다.

PCG 사용자 인터페이스

PCG 프레임워크 구성을 시작하려면 먼저 프로젝트 내에서 플러그인을 활성화해야 한다. 구성 과정을 알아보자.

1. 뷰포트의 왼쪽 상단에서 **Edit ➤ Plugins**로 이동한다. **Plugins** 메뉴에서 `PCG Content Generation Framework (PCG)`를 검색한다. 체크박스를 선택해 플러그인을 활성화한 다음, 프로젝트를 다시 시작한다.

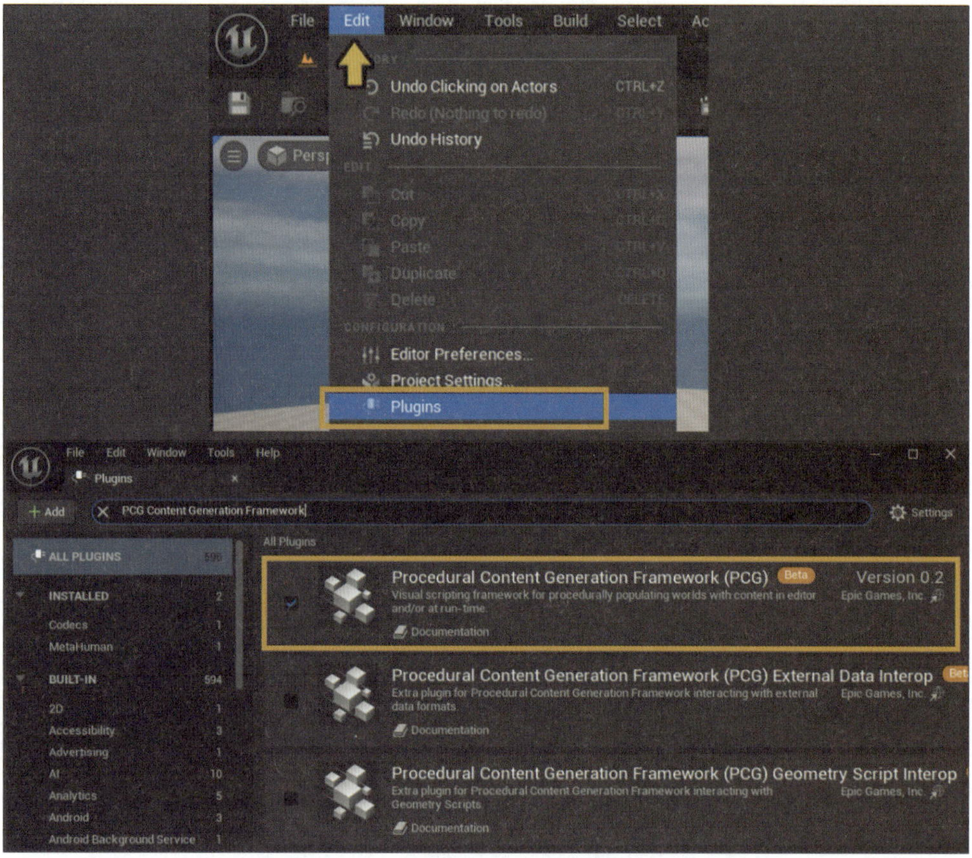

그림 1.13 PCG 프레임워크 플러그인 활성화하기

2. 이 예제에서는 언리얼 엔진 프로젝트의 숨겨진 폴더에 위치한, 플러그인의 Content 폴더에 있는 모델을 사용할 것이다. 이 폴더에 접근하려면 **Ctrl** + **스페이스바**를 눌러 Content Drawer에 접근해야 한다. Content Drawer에서 오른쪽 상단으로 이동하고 **Settings** 버튼을 클릭해 메뉴에 접근한다.

그림 1.14 Settings 패널 내 숨겨진 폴더에 접근하기

3. 메뉴가 열리면 **Show Engine Content** 및 **Show Plugin Content** 체크박스를 검색해 선택한다. Content Browser에 Engine 폴더가 보이고, Engine 폴더 안에 Plugins 폴더가 있다.

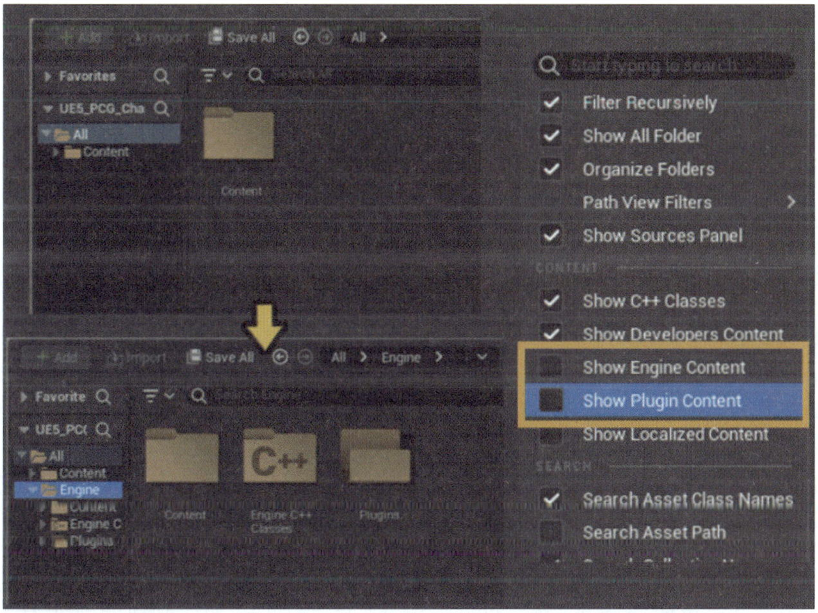

그림 1.15 Show Engine Content 및 Show Plugin Content 활성화

4. Plugins 폴더로 이동해 `Procedural Content Generation Framework (PCG) Content/SampleContent/SimpleForest/Meshes`를 검색한다. 이 폴더에서 예제에 사용할 에셋인 `PCG_Tree_01` 스태틱 메시를 찾을 수 있다.

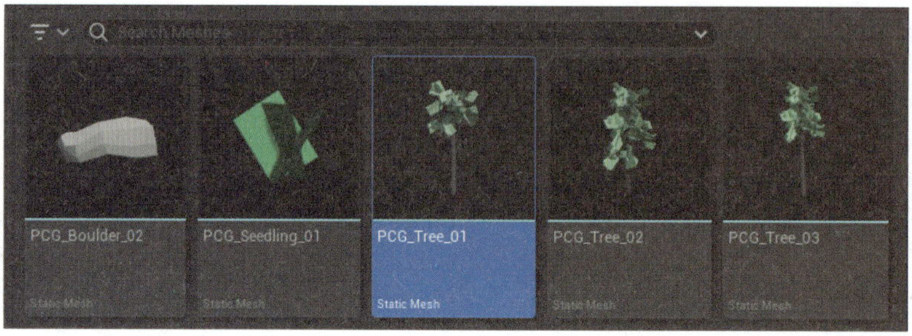

그림 1.16 Plugins 폴더에서 PCG_Tree_01 찾기

다음 절에서는 PCG 그래프 유저 인터페이스의 구조와 언리얼 엔진 5에서 작동하는 방식에 대해 알아본다.

또한 PCG 그래프를 만드는 데 필요한 모든 요소를 세분화해 설명한다.

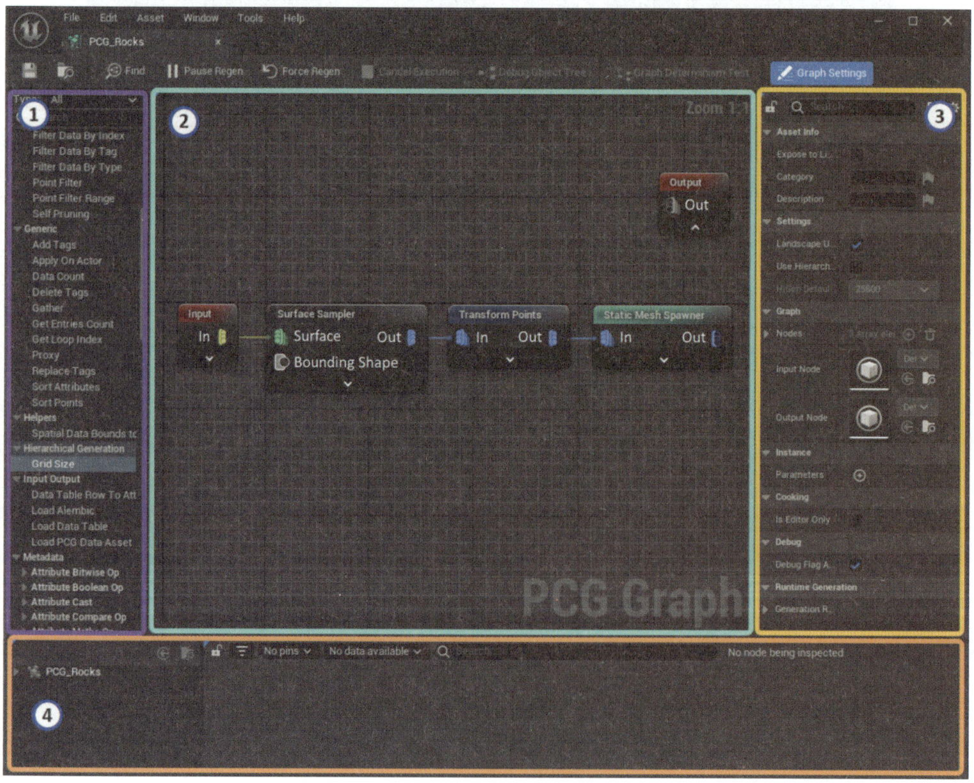

그림 1.17 PCG 그래프 도구의 구조

위의 스크린샷에서 번호가 매겨진 영역은 PCG 그래프 사용자 인터페이스의 여러 부분을 표시하고 있으며, 그 각각을 설명하면 다음과 같다.

- **1. 노드 팔레트**Node Pallet: PCG 그래프를 작성할 노드를 선택할 수 있는 옵션이 있는 곳이다. 이곳을 써도 편리하지만, PCG 그래프 그리드 공간을 마우스 오른쪽 버튼으로 클릭해 동일한 노드를 찾을 수도 있다. 노드는 입력과 출력 사이의 네트워크 그래프를 구성하는 함수를 말하며, 이는 환경을 채우는 결과를 생성하는 데 중요하다.

  이러한 각 노드는 결과에 기여하는 특정 작업을 수행하며, 그 내용은 다음과 같다.

  - **블루프린트**Blueprint: PCGBlueprintElement에서 파생된 사용자 블루프린트의 실행을 위한 노드를 담고 있다.
  - **제어 흐름 카테고리**Control Flow Category: PCG 그래프 내에서 PCG 노드의 실행 순서를 결정하는 노드로, 절차적 시스템이 콘텐츠를 생성하는 방법을 지시한다.
  - **디버그**Debug: 이 섹션에는 디버깅 프로세스를 지원하도록 설계된 노드가 있다.
  - **밀도**Density: 여기에 있는 노드는 포인트 밀도에 영향을 미친다.
  - **필터**Filter: 이 섹션의 노드는 지정된 기준 또는 포인트 단위로 데이터를 필터링한다.
  - **일반**Generic: 이 노드는 포인트 데이터 계산, 태그 추가 또는 제거, PCG 그래프 내 속성 정렬과 같은 기본 작업을 수행하도록 설계됐다.
  - **헬퍼**Helpers: 이 노드는 공간 데이터를 기반으로 포인트를 생성하는 서브그래프 역할을 한다.
  - **계층적 생성**Hierarchical Generation: 이 노드를 사용하면 여러 그리드 레벨에서 단일 그래프를 실행해 다양한 규모의 절차적 생성을 수행할 수 있다.
  - **IO**: 이 섹션은 외부 데이터와의 상호작용을 관리하는 노드로 구성된다.
  - **메타데이터**Metadata: 이 카테고리의 노드는 수학 표현식을 사용해 포인트 또는 속성 세트 내에서 속성과 상호작용한다.

- **파라미터**Param: 이 섹션에는 액터 데이터 세트 또는 속성에서 파라미터 검색을 제어하는 노드가 포함된다.
- **포인트 운영 카테고리**Point Ops Category: 이 카테고리에서는 다양한 구성으로 포인트를 배포하는 데 필요한 다양한 작업을 결합, 복제, 분할, 복사 및 수행해 포인트 데이터 조작을 처리한다.
- **샘플러**Sampler: 이 카테고리의 노드는 볼륨, 표면, 메시와 같은 공간 데이터 소스에서 포인트를 생성한다.
- **공간**Spatial: 여기에 있는 노드는 데이터 간의 공간 관계를 생성하거나, 내부 공간 데이터를 변경하거나, 데이터를 불러온다.
- **스포너**Spawner: 이 섹션의 노드는 새 데이터를 생성하거나 지정된 포인트 위치에 액터를 배치하는 역할을 한다.
- **서브그래프**Subgraphs: 이 카테고리의 노드는 서브그래프 사용을 처리해 메인 PCG 그래프에 추가 PCG 그래프를 통합할 수 있다.

- **2. PCG 그래프 에디터**: PCG 에디터의 기본 그래프로, 노드를 사용해 PCG 구조를 시각적으로 스크립팅할 수 있게 해준다. 여기서 노드를 끌어다 놓아 레벨에 환경을 생성하는 PCG 로직 구조를 만들 수 있다.
- **3. 세부 정보**Details **패널**: 선택한 각 노드에 대한 세부 정보를 제공한다. 이 정보를 활용해 선택한 노드와 관련된 값 및 파라미터를 조정할 수 있다.
- **4. 속성**Attributes **목록**: 스폰된 각 메시의 성능에 대한 심층적인 정보를 제공하는 중요한 섹션이다. 스폰된 스태틱 메시의 크기, 스케일, 색상, 위치, 밀도 등의 세부 정보를 설정한다.

PCG 프레임워크에 대한 이론적 소개를 마쳤으니 이제 실무적인 측면으로 넘어가보자. 이 단계에서는 여러분만의 PCG 도구를 개발할 수 있는 기회를 가질 것이다.

첫 번째 PCG 그래프 만들기

이전 절들에서는 HISM/ISM을 사용하는 기존의 절차적 생성 기법과 PCG라는 혁신적인 도구의 차이점에 대해 자세히 살펴봤다. 또한 노드의 기본 정의와 각각의 기능에 대해서도 설명했다. 이제 첫 번째 PCG 그래프의 구성을 시작해보자.

PCG 그래프 만들기

이번에는 나만의 기본적인 PCG 그래프를 만들어보자. 먼저 PCG 워크플로에 익숙해지는 것부터 시작해보자.

1. Content Browser에서 새 폴더를 생성하고 이름을 PCG로 지정한다.

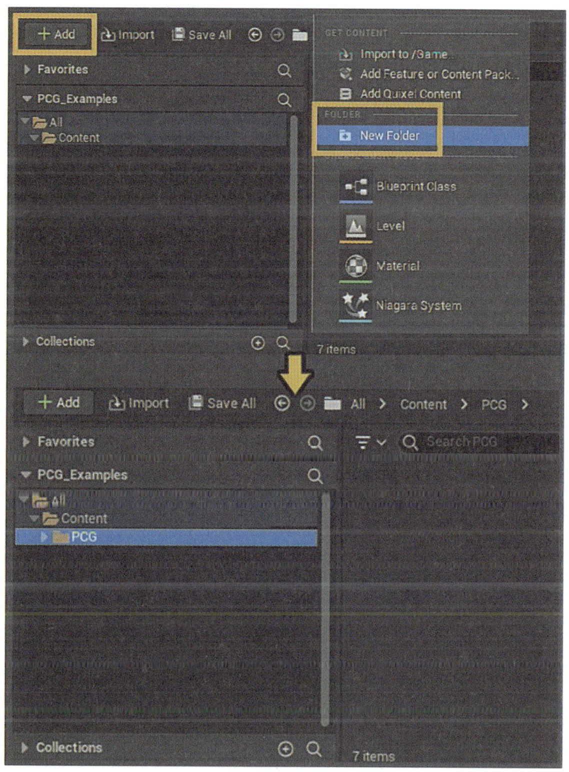

그림 1.18 Content Browser에서 PCG 폴더 생성하기

2. PCG 폴더에서 마우스 오른쪽 버튼을 클릭하고 **PCG > PCG Graph**를 찾는다. 이름을 `PCG_Trees`로 변경한다.

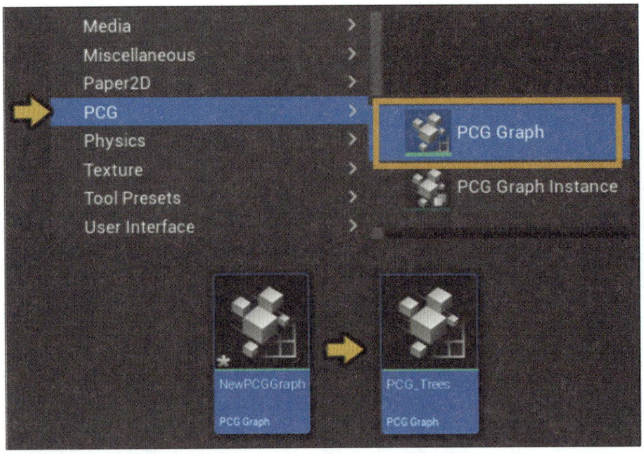

그림 1.19 PCG 폴더에 PCG Graph를 생성하고 이름을 PCG_Trees로 변경한다.

3. 다음은 PCG 그래프를 더블 클릭해 연다. 메인 PCG 그래프 뷰포트가 눈앞에 보일 것이다. 이번에는 뷰포트에서 마우스 오른쪽 버튼을 클릭하고 `Surface Sampler`를 검색해 추가한다.

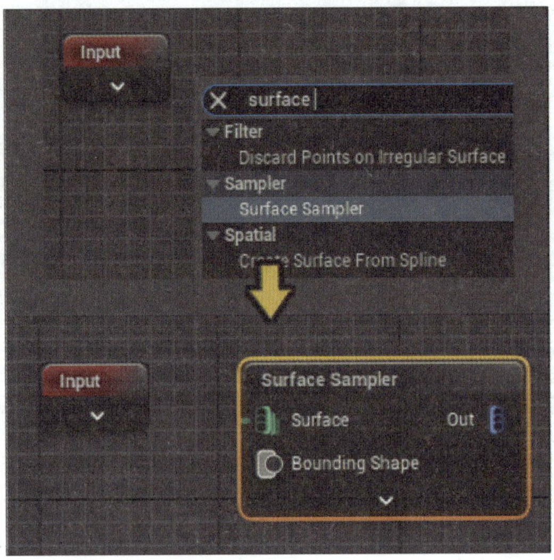

그림 1.20 PCG 툴 작동을 위해 Landscape Input 노드와 Surface Sampler를 연결하기

4. **Input** 노드를 선택한 상태에서 **Allowed Types**를 **Landscape**로 전환한다. 전환하는 이유는 PCG 그래프가 씬의 **Landscape** 액터와 함께 작동하도록 하기 위해서다. 오른쪽의 **Settings** 패널에서 **Index[0]** 옆의 화살표를 클릭하고 **Allowed Types**를 **Spatial**에서 **Landscape**로 변경한다.

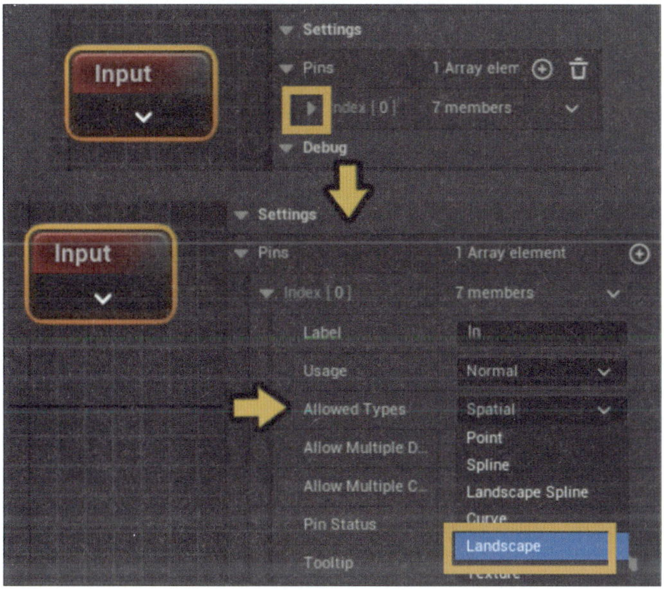

그림 1.21 핀을 Spatial에서 Landscape로 전환하기

다음 단계로 넘어가기 전에 도구를 테스트하고 주요 기능을 확인할 수 있다. **D** 키를 눌러 디버깅 모드를 활성화하거나 **Surface Sampler** 노드를 선택한 상태에서 **Details** 패널로 이동한다.

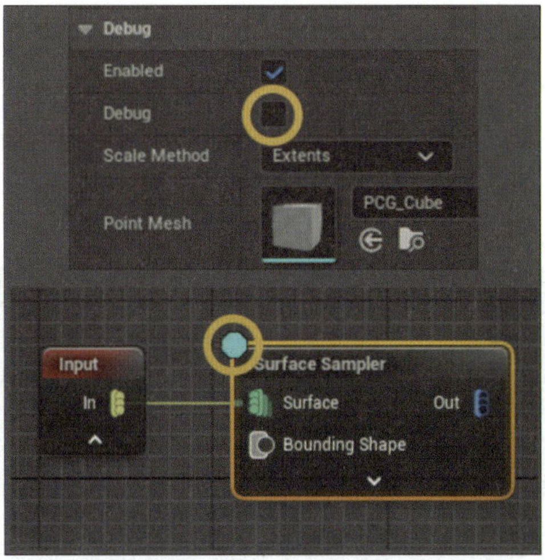

그림 1.22 디버그 활성화 방법 예시

5. **Surface Sampler** 위의 파란색 육각형은 해당 특정 노드에서 디버깅 모드가 활성화돼 있음을 나타낸다. 메인 뷰포트로 돌아가보자.

6. PCG 그래프를 뷰포트 씬으로 끌어온다. 흰색에서 검은색까지 다양한 큐브들이 랜드스케이프 표면landscape surface에 흩어져 있는 것을 볼 수 있다.

   디버그 모드는 다음 그림에서 확인할 수 있다.

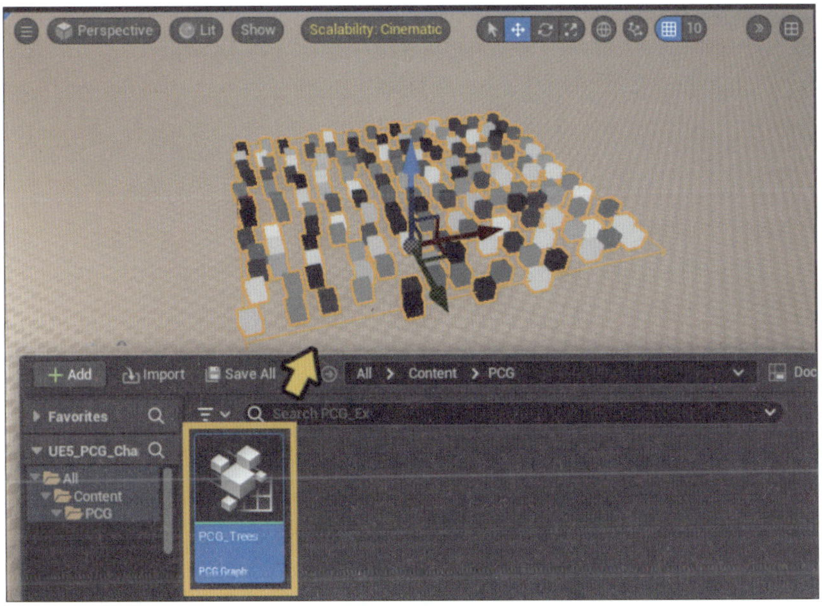

그림 1.23 디버그 모드에서는 모든 메시 스폰에 사용되는 포인트를 확인할 수 있다.

그림 1.23은 회색으로 칠해진 큐브를 사용해 지형 표면에 투영될 스태틱 메시의 위치를 보여준다.

7. PCG 그래프로 돌아가보자. PCG 그래프에서 마우스 오른쪽 버튼을 클릭하고 **Transform Points** 노드를 검색해 그래프에 추가한다. **Surface Sampler**의 출력(Out)을 트랜스폼 포인트 입력(In) 핀에 연결한다.

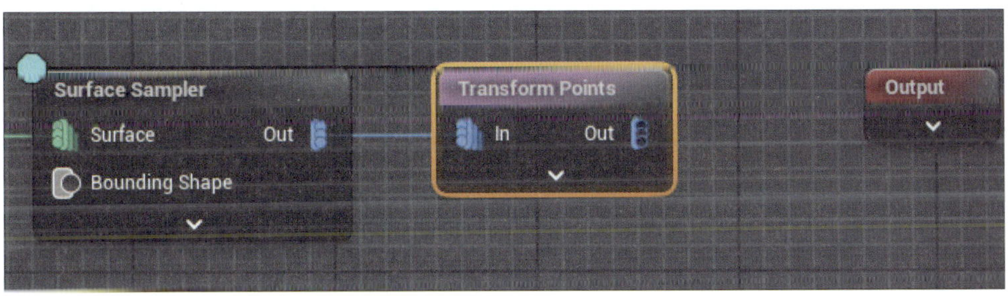

그림 1.24 PCG 그래프에 Transform Points 노드 추가하기

이제 트랜스폼 정보가 표시되는 창 설정은 다음과 같다.

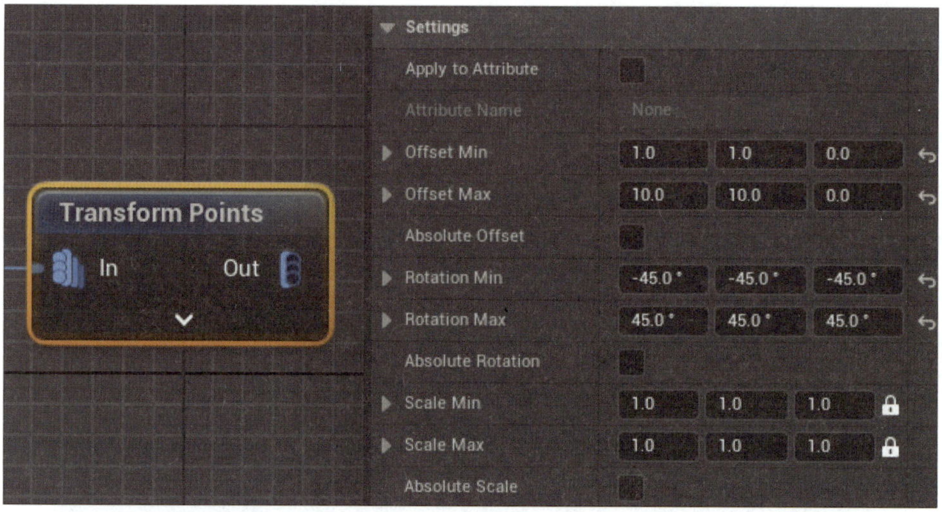

그림 1.25 Details 패널의 Transform Points 노드 설정

8. **Transform Points** 노드를 선택하면 오른쪽의 **Details** 패널을 쉽게 확인하고 값을 조정할 수 있다.

    - **Offset Min** `1.0`, `1.0`, `0.0`
    - **Offset Max** `10.0`, `10.0`, `0.0`
    - **Rotation Min** `-45.0`, `-45.0`, `-45.0`
    - **Rotation Max** `45.0`, `45.0`, `45.0`

    이 트랜스폼에 대한 포인트의 현재 배율을 유지해보자. **D** 키를 눌러 **Surface Sampler** 노드에서 디버그 모드를 비활성화한다. 그런 다음, **Transform Points** 노드를 선택하고 **D** 키를 눌러 디버그 모드를 활성화한다.

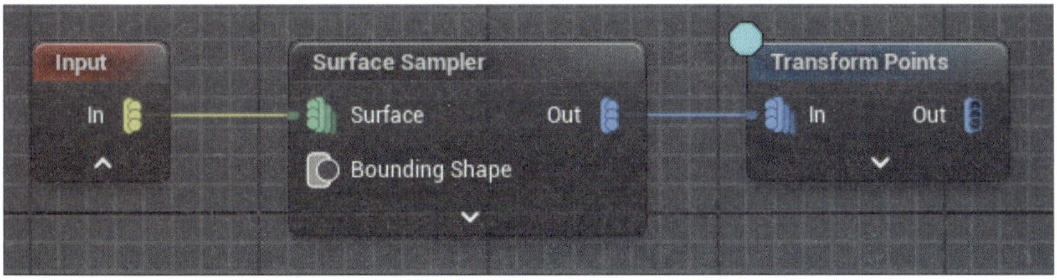

그림 1.26 Transform Points 디버깅을 통한 포인트 분포 테스트

NOTE

단축키는 PCG 그래프 안에서 작업할 때 매우 유용하다. 디버그 모드에서 노드를 검토하려면 언제든지 키보드의 D 키를 누르면 된다. 이렇게 하면 노드에서 발생한 변경 사항을 시각화할 수 있다.

다른 모양의 결과가 나오기 시작하고 모든 큐브는 x 및 y 위치 내에서 무작위로 변형된다.

그림 1.27 스태틱 메시를 스폰하기 전에 랜덤 트랜스폼 포인트를 디버깅하기

9. 마지막으로 **Static Mesh Spawner** 노드다. 이 노드는 랜드스케이프 표면에 스태틱 메시 지오메트리를 스폰하는 곳이므로 그래프 구성의 주요 부분이다. **Transform Points**

노드에서 D 키를 눌러 디버깅 모드를 끄고, 뷰포트에 우클릭한 후 Static Mesh Spawner를 검색해 새 노드를 선택한다.

그림 1.28 Static Mesh Spawner 노드를 선택한다.

10. 노드를 선택한 상태에서 오른쪽의 **Details** 패널로 이동한다. 그럼 **Mesh Entities**라는 탭을 찾을 수 있다. 여기서 노드에 새 요소를 추가할 것이다.

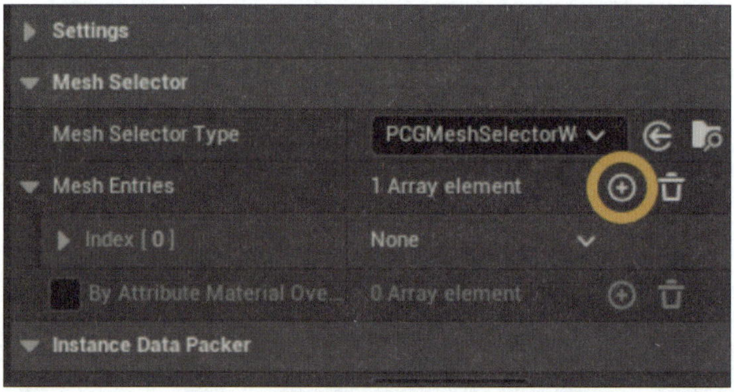

그림 1.29 더하기 기호를 눌러 배열 요소를 추가한다.

11. 보다시피 새 **Index[0]**에는 인덱스 배열에 추가하려는 스태틱 메시와 관련된 많은 정보가 들어 있다. 물론 이 노드에 인덱스를 더 추가할 수 있지만, 이 예제에서는 하나의 메시 항목만 사용할 것이다. 다행히 PCG 플러그인에는 몇 가지 예제가 제공되며, 여기서는 스태틱 메시 지오메트리 중 하나를 인덱스 목록에 추가할 수 있다. PCG_Tree_01을 검색해보자.

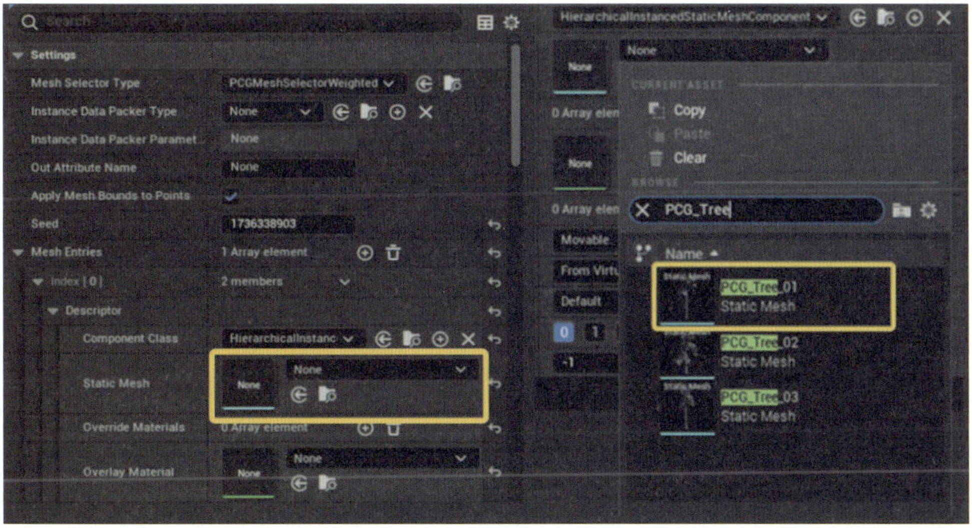

그림 1.30 Mesh Entries 배열에 PCG_Tree_01 추가하기

12. **Static Mesh Spawner**를 **Transform Points**의 **Out** 핀에 연결해보자.

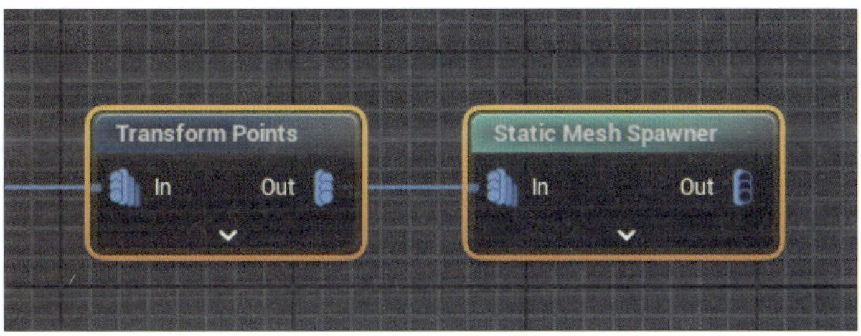

그림 1.31 Static Mesh Spawner 노드와 Transform Points 노드 연결하기

설정이 완료되면 메인 뷰포트에서 결과를 확인할 수 있다.

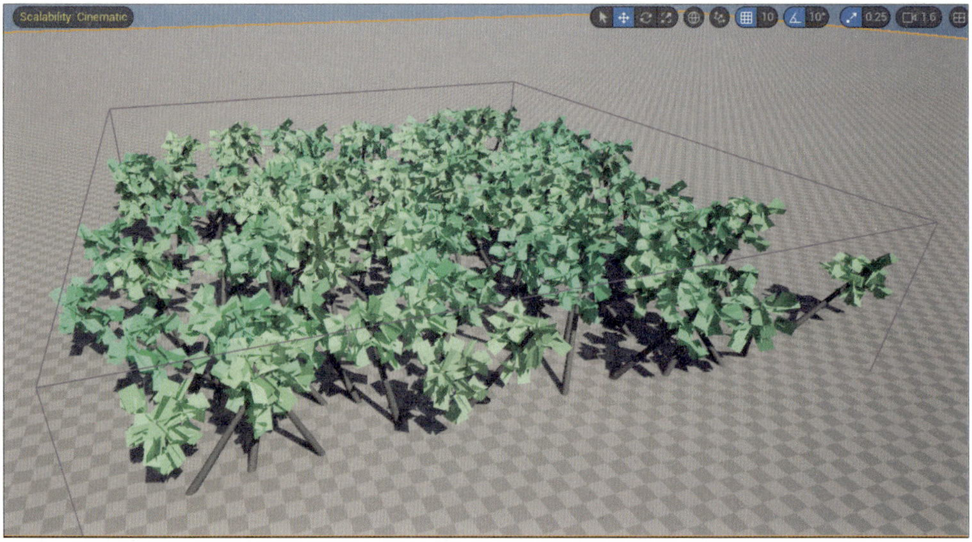

그림 1.32 랜드스케이프에 메시를 스폰한 결과

이제 첫 번째 PCG 그래프를 구성하는 방법을 알게 됐다. 이 지식은 나중에 PCG 그래프의 다른 부분을 탐색할 때 매우 유용할 것이다. 다음 절에서는 PCG 플러그인이 제공하는 다른 설정에 대해 살펴보자.

속성 목록

노드의 속성을 분석하고 속성 출력 로그[Attributes Output Log]에 인쇄되는 값을 관찰하고 싶을 때 PCG 그래프 에디터[PCG Graph editor]가 매우 유용하다. 이는 일반적으로 지오메트리, 스폰되는 메시의 수, 메시의 위치에 대한 정보를 제공한다.

활성화하는 방법은 그리 어렵지 않다. **A** 키를 누르거나 그래프 내의 노드를 마우스 오른쪽 버튼으로 클릭하고 **Inspect**로 이동하기만 하면 된다.

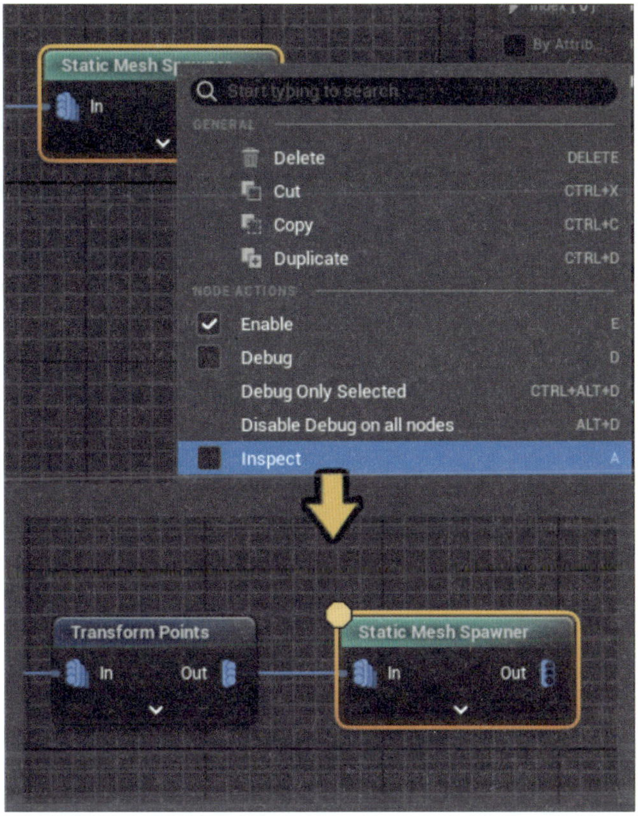

그림 1.33 Inspect 모드는 랜드스케이프 전체에 스폰된 메시의 모든 디테일을 표시하고 표시하도록 설계된다.

노드 위에 노란색 육각형이 표시된다. 이는 **Inspect** 모드가 활성화됐다는 사실을 나타낸다.

속성 출력 로그는 뷰포트 하단에서 PCG 컴포넌트가 있는 왼쪽 패널을 클릭하면 확인할 수 있으며, `PCG_Trees` 그래프가 표시된다.

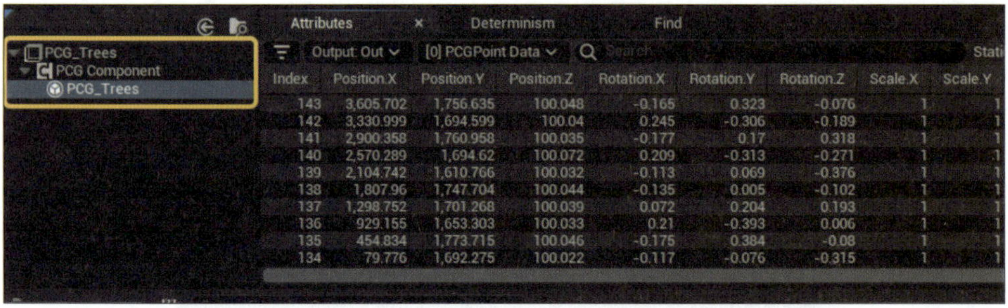

Index	Position.X	Position.Y	Position.Z	Rotation.X	Rotation.Y	Rotation.Z	Scale.X	Scale.Y
143	3,605.702	1,756.635	100.048	-0.165	0.323	-0.076	1	1
142	3,330.999	1,694.599	100.04	0.245	-0.306	-0.189	1	1
141	2,900.358	1,760.958	100.035	-0.177	0.17	0.318	1	1
140	2,570.289	1,694.62	100.072	0.209	-0.313	-0.271	1	1
139	2,104.742	1,610.766	100.032	-0.113	0.069	-0.376	1	1
138	1,807.96	1,747.704	100.044	-0.135	0.005	-0.102	1	1
137	1,298.752	1,701.268	100.039	0.072	0.204	0.193	1	1
136	929.155	1,653.303	100.033	0.21	-0.393	0.006	1	1
135	454.834	1,773.715	100.046	-0.175	0.384	-0.08	1	1
134	79.776	1,692.275	100.022	-0.117	-0.076	-0.315	1	1

그림 1.34 PCG 컴포넌트 내 모든 메시 정보가 포함된 속성(Attributes) 창

PCG Volume 공간 내에 많은 수의 인덱스가 있음을 알 수 있는데, 이는 씬의 볼륨 크기에 따라 결정된다. 간단히 말해, 볼륨의 규모가 클수록 PCG 볼륨 내에 더 많은 인덱스가 저장된다.

요약

이 장에서는 PCG 툴의 존재 가치를 살펴보고, 기존 기법(HISM/ISM)과 언리얼 엔진 5.2와 함께 제공된 새로운 PCG 툴 간의 차이점에 대해 배웠다.

또한 기존의 절차적 생성 방식과 퍼포먼스가 어떻게 다른지, 새로운 툴이 방대한 양의 데이터를 처리하고 레벨의 전반적인 퍼포먼스를 안정화하는 데 어떻게 도움이 되는지를 알아봤다.

무엇보다, 간단하지만 강력한 노드들을 사용해 PCG 그래프를 만드는 방법을 배워서 첫 번째 PCG 그래프를 만들었다는 점이 중요하다.

2장에서는 좀 더 고급 주제를 다룰 것이다. 보다 다양한 숲을 생성하는 복잡한 PCG 그래프를 만드는 방법을 살펴보고, 해당 워크플로에 어떤 이점이 있는지 알아보자.

02

첫 번째 숲을 만들어보자!

1장에서는 PCG 프레임워크의 기초부터 구성하는 방법을 살펴봤다. 블루프린트를 통해 기존 계층형 인스턴스드 스태틱 메시HISM와 인스턴스드 스태틱 메시ISM의 차이점을 살펴보고, 혁신적인 PCG 툴과의 성능 차이를 알아봤다.

이 정보를 통해 더 복잡하고 다양한 환경과 구조를 구성하는 데 있어 PCG 도구가 지닌 잠재력을 알아볼 수 있었고, 실제 적용에 대해 추가적으로 배우는 토대를 마련할 수 있었다.

이 튜토리얼에서는 게임이나 애니메이션을 위한 나만의 숲 환경을 만드는 방법을 보여줄 것이다. 이 프로젝트에서는 사실적인 나무와 초목으로 채워진 절차적으로 생성된 숲을 만들 것이다. 이 접근 방식을 사용하면 다양한 폴리지 스태틱 메시를 원하는 대로 수정하고 조정하는 유연성을 확보할 수 있다.

이 장에서는 단일 PCG 그래프 내에서 노드 구조를 통합하는 기술을 익히게 된다. 이 튜토리얼에서는 여러 나무를 적용하는 동시에 다양한 풀, 덤불, 돌을 랜드스케이프에 배치하게 된다. 또한 퀵셀과 언리얼 엔진 마켓플레이스Marketplace에서 무료로 제공되는 메가스캔 에셋을 사용할 예정이다.

이후에는 이러한 모든 에셋을 하나의 통합 PCG 그래프로 결합해 원하는 대로 밀도를 조정하는 방법을 배우게 된다.

이 장에서 다루는 주요 주제는 다음과 같다.

- 메가스캔 모델 수집 및 최적화
- PCG 그래프 구조 구성
- PCG 그래프에서 노드 결합 및 병합하기
- 통합 PCG 그래프 완성하기

이 튜토리얼을 마치면 PCG 워크플로와 툴 구성에 대해 더 깊이 이해할 수 있다. 이 지식은 언리얼 엔진 내에서 환경과 레벨을 디자인하는 나만의 PCG 툴을 만드는 데 도움이 될 것이다. 이제 이 튜토리얼에서 다룰 내용을 알아봤으니, 다운로드할 수 있도록 준비한 언리얼 프로젝트를 살펴보자.

기술적 요구 사항

이 장을 완료하려면 다음 하드웨어와 소프트웨어가 필요하다.

- 언리얼 엔진 5 이상의 버전에서 기본 프로젝트를 실행할 수 있는 컴퓨터
- 언리얼 엔진에 설치된 최신 퀵셀 플러그인. 자세한 내용은 웹 문서(https://docs.unrealengine.com/5.0/en-US/quixel-bridge-plugin-for-unrealengine/)에서 확인할 수 있다.

이 장에서 사용하는 언리얼 엔진은 UE 5.4 버전이다. PCG 툴은 언리얼 엔진 5.2에서 도입됐지만, 언리얼 엔진 5.4에서는 더 이상 사용되지 않는 노드가 있으므로 이 장에서는 최신 버전의 언리얼 엔진을 사용하는 것이 좋다.

이 프로젝트는 깃허브(https://github.com/PacktPublishing/Procedural-Content-Generationwith-Unreal-Engine-5)에서

다운로드할 수 있다.

이 장의 코드가 실행되는 모습을 보여주는 동영상은 웹 사이트(https://packt.link/OKjQk)에서 확인할 수 있다.

퀵셀에서 에셋 다운로드하기

시작하기 전에 튜토리얼에 필요한 작업 파일들을 살펴보자. 해당 파일들은 언리얼 엔진 마켓플레이스에서 추가해야 한다. 모든 에셋은 무료이며, 에픽게임즈 계정을 사용해 에픽 런처에 로그인하기만 하면 된다.

퀵셀 브리지Quixel Bridge는 언리얼 엔진용 플러그인으로, 레벨 에디터 내에서 메가스캔Megascan 라이브러리에 대한 모든 기능을 이용할 수 있다. 컬렉션을 탐색하고, 특정 에셋을 검색하고, 언리얼 엔진 프로젝트에 에셋을 추가할 수 있다.

1. 에픽 런처를 열고 **Marketplace** 탭으로 이동한 다음, `Megascans Trees: European Beech`를 검색한 후(그림 2.1 참조) 프로젝트에 추가한다.
2. **Megascans Trees: European Beech**는 마켓플레이스에서 우리가 필요한 에셋이며, 크기는 약 6.9GB이다.

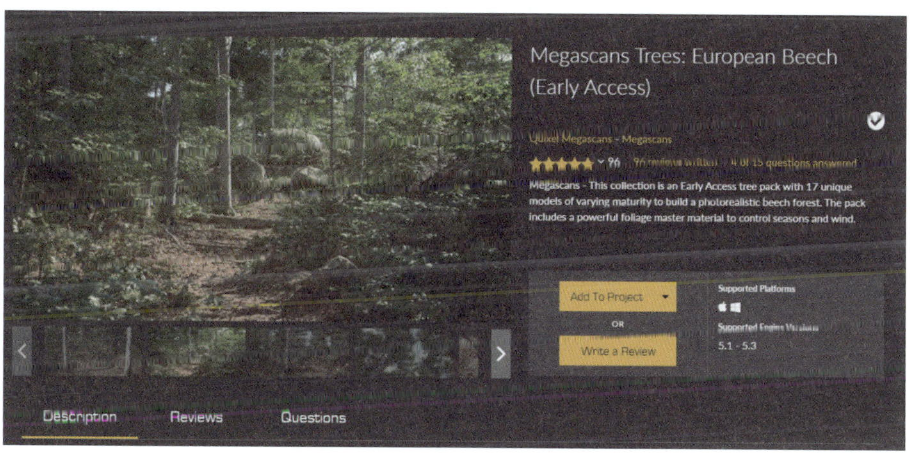

그림 2.1 마켓플레이스에서 에셋 추가하기

NOTE

현재 퀵셀 메가스캔 트리는 언리얼 엔진 5.4와 호환되지 않지만 곧 지원될 예정이다. 때문에 Megascans Trees: European Beech를 마이그레이션하는 방법에 대한 튜토리얼을 준비했다. 자세한 내용은 유튜브(https://www.youtube.com/channel/UC-WefInHnQJkcxfEYQJHCew)에서 확인하면 된다.

3. 다음 단계는 다른 에셋을 다운로드하는 것이다. 퀵셀 브리지에 포함돼 있는 바위를 Bridge 플러그인을 통해 프로젝트에 가져오자. 뷰포트 상단에서 + 버튼을 클릭한 다음, **Quixel Bridge**를 클릭한다.

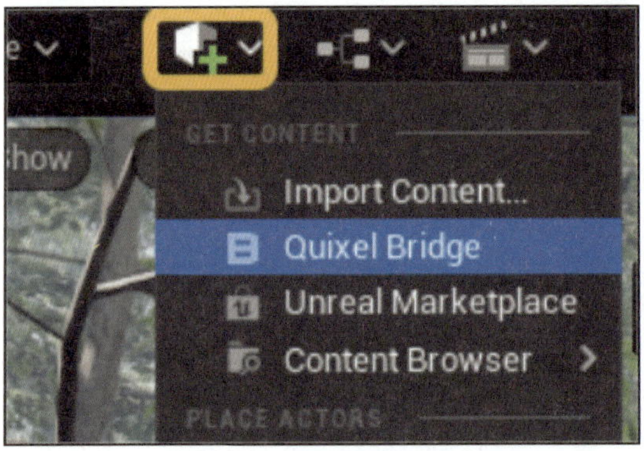

그림 2.2 Quixel Bridge 옵션

4. 퀵셀 브리지 내 검색창에서 rock 키워드를 검색한 다음, 작업할 바위 에셋을 선택한다. 나는 **NORDIC FOREST CLUSTER ROCK LARGE**를 선택했다.

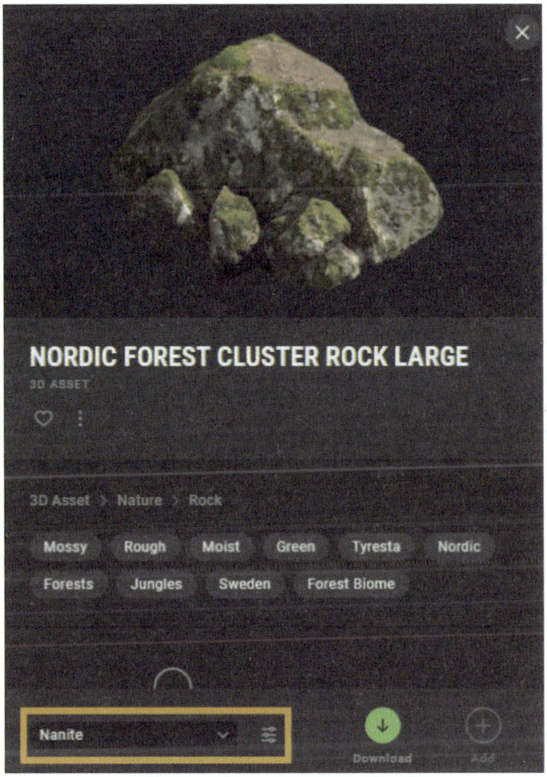

그림 2.3 Nanite로 가져오기 설정하기

드롭다운 상자에서 **Import** 설정을 **Nanite**로 변경하면 나중에 에셋 최적화를 할 때 많은 시간을 절약할 수 있다!

프로젝트에 모든 에셋을 다운로드한 후에는 튜토리얼의 다음 부분인 메시 데이터 준비 및 최적화로 넘어간다.

PCG 사용을 위한 데이터 최적화

프로젝트에 모든 에셋이 준비됐다면, 메시 데이터를 미리 설정해 추후에 일어날 수 있는 성능 병목 현상을 방지하는 것이 중요하다. 이 경우, 다음 체크리스트를 사용해 랜드스케이프 전체에 스태틱 메시를 스폰하는 동안 문제가 발생하지 않는지를 확인할 것이다.

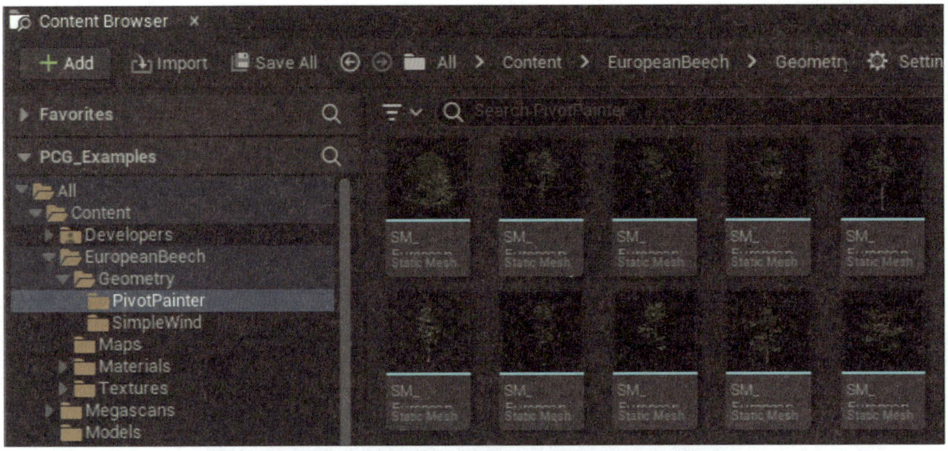

그림 2.4 PivotPainter 폴더 내 트리 모델 위치

1. Content Browser에서 **EuropeanBeech ➤ Geometry ➤ PivotPainter**로 이동한다.

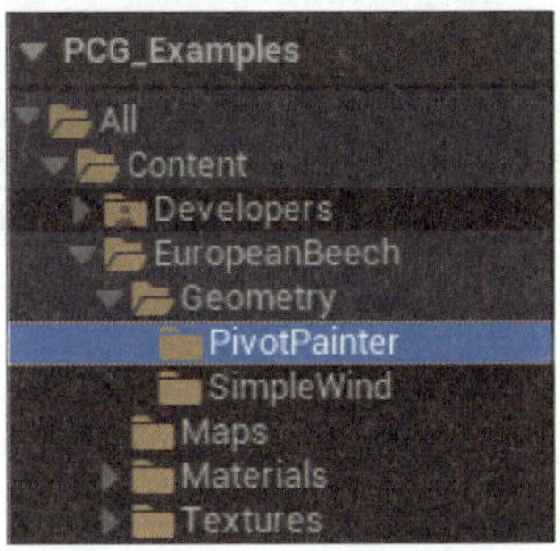

그림 2.5 PivotPainter 옵션으로 이동하기

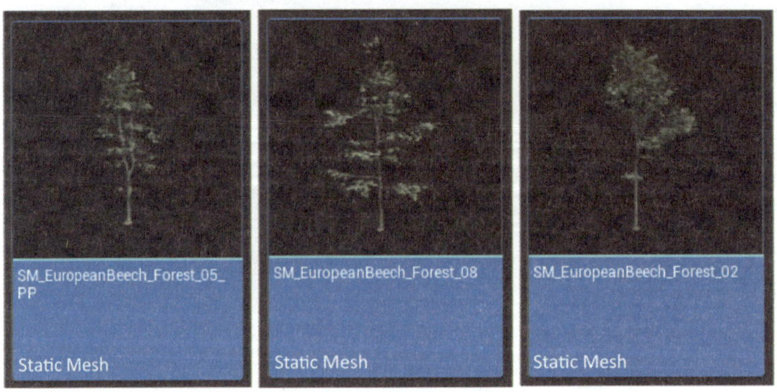

그림 2.6 예제에 사용할 트리 모델

2. 본인이 원하는 트리 메시를 선택해도 되지만, 내 경우에는 위의 스크린샷에 표시된 트리를 선택했다.

3. PivotPainter 폴더에서 3개의 트리 모델을 선택한 상태에서 마우스 오른쪽 버튼을 클릭하고 **Nanite**를 선택한다.

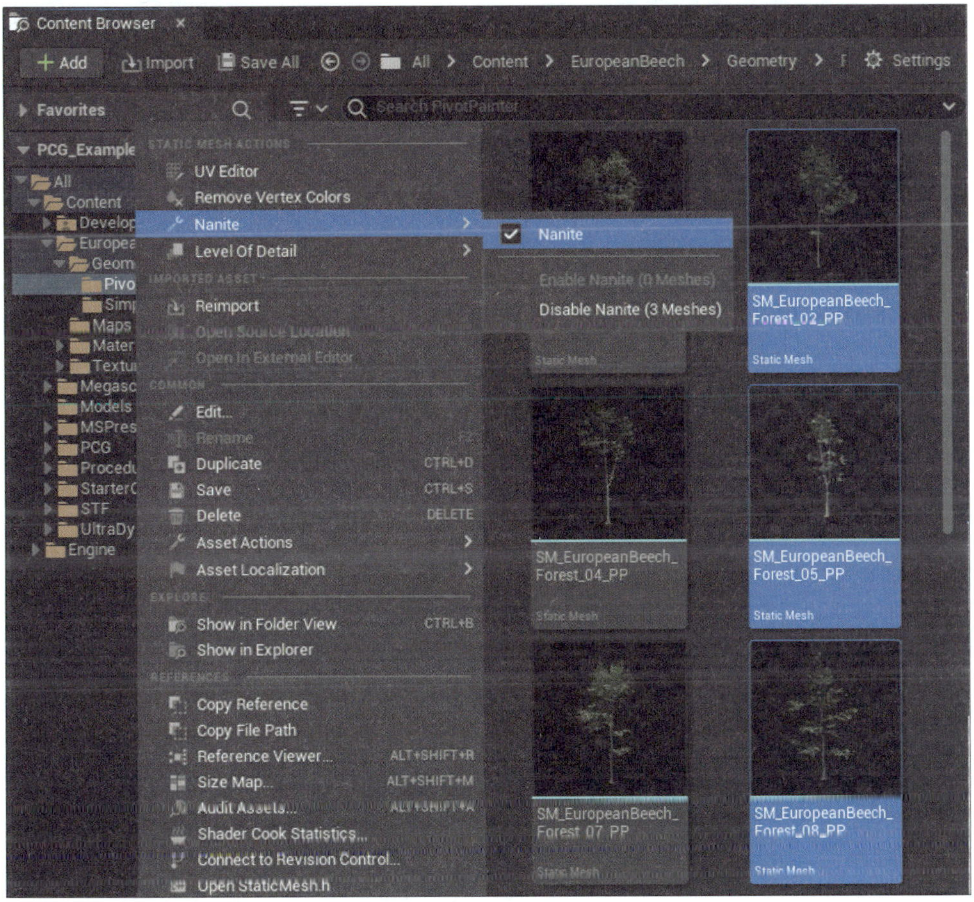

그림 2.7 나무에 Nanite 켜기

4. 다음 단계는 폴리지의 영역을 보존하며 설정을 향상시켜 멀리서도 훨씬 선명하고 잘 보이도록 하는 것이다. 작업할 나무를 더블 클릭한 다음, **Details** 패널로 이동한다. 메시 에디터에서 **Nanite Settings**로 이동해 **Preserve Area** 박스를 체크한다.

그림 2.8 SM_EuropeanBeech_Forest_02를 열고 살펴보기

모델 내에서 이러한 설정을 활성화하면 사용하는 동안 안정적인 성능을 유지할 수 있다.

NOTE

> 퀵셀 메가스캔 트리는 나나이트를 활성화하더라도 저사양 컴퓨터에서 실행하기에는 너무 무거울 수 있다! 이 경우에는 마켓플레이스에서 다운로드할 수 있는 대체 트리 모델을 사용하는 것이 좋다. 이 주제는 이 장의 뒷부분에 있는 '마켓플레이스의 더 많은 무료 에셋' 절에서 자세히 설명한다.

5. 모든 트리에 대해 동일한 과정을 반복한다.
6. 마지막으로, 트리 메가스캔 패키지에서 가장 작은 에셋인 `SM_EuropeanBeech_Seedling_04_PP`는 이 튜토리얼의 뒷부분에 있는 'PCG 그래프 시작하기' 절에서 잔디 스포너와 함께 사용할 것이다.

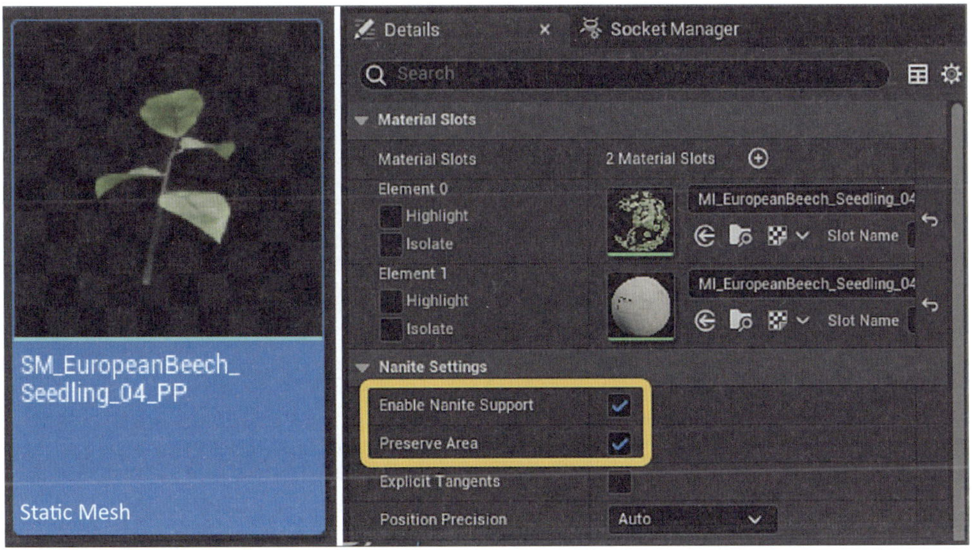

그림 2.9 SM_EuropeanBeech Seedling_04_PP에 Enable Nanite Support와 Preserve Area 체크하기

7. 메시 설정에서 **Enable Nanite Support**와 **Preserve Area**를 체크한다.

앞으로 언리얼 엔진 내 절차적 콘텐츠 생성PCG 기능을 사용한다면, 언제나 꺼내 올 수 있는 리소스 보물 상자를 알아두는 것이 중요하다.

마켓플레이스의 더 많은 무료 에셋

놀랍게도 언리얼 마켓플레이스Unreal Marketplace에는 무료로 얻을 수 있는 멋진 에셋이 많이 있다. 그중 하나가 바로 Landscape Pro 2.0 Auto-Generated Material이다. 이 에셋은 멋진 폴리지 메시로 구성돼 있으며, PCG 숲PCG forest 환경에 사용할 수 있다.

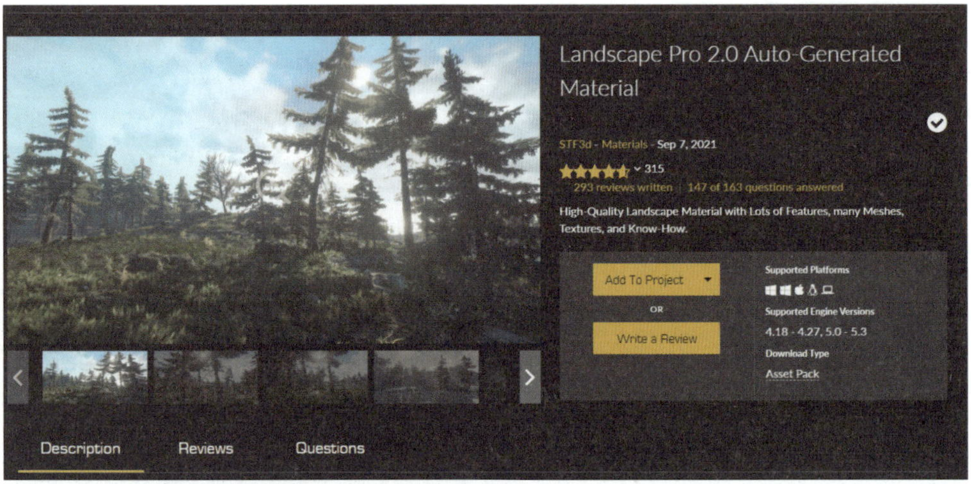

그림 2.10 Landscape Pro 2.0 Auto-Generated Material 패키지를 프로젝트에 추가하기

언리얼 엔진 마켓플레이스의 방대한 리소스를 탐색하고 프로젝트에 사용할 Landscape Pro 2.0 Auto-Generated Material을 선택했으니, 다음 단계는 이 강력한 라이브러리를 우리 환경에 적용하는 것이다.

1. Landscape Pro 2.0 Auto-Generated Material을 프로젝트에 추가한 다음, Content Browser 내의 **STF ➤ Pack03-LandscapePro ➤ Environment ➤ Foliage ➤ GrassBush** 아래에서 `SM_grass_bush04_lod00`을 검색한다.

그림 2.11 SM_grass_bush04_lod00 에셋 사용

2. 해당 에셋을 더블 클릭하고 이전 트리 모델에서 했던 것처럼 **Enable Nanite Support**와 **Preserve Area**를 체크하는 과정을 반복한다.

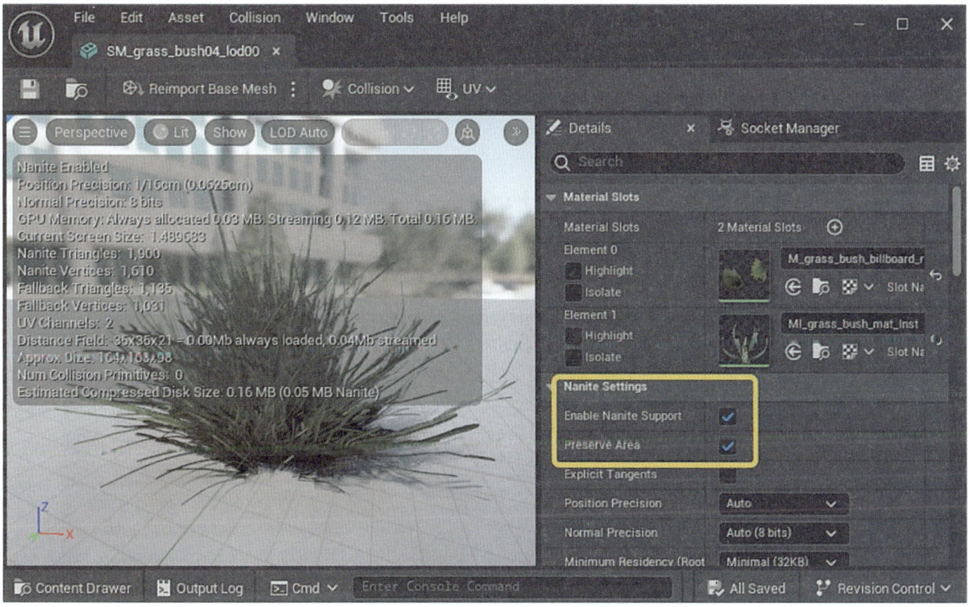

그림 2.12 SM_grass_bush04_lod00의 Enable Nanite Support 및 Preserve Area 활성화하기

퀵셀 트리는 PC 성능에 부담을 줄 수 있으므로 진행하기 전에 몇 가지 대체 에셋을 준비해 두는 것이 좋다. 여기서는 잔디 에셋을 사용하기 위해 다운로드한 Landscape Pro 2.0 Auto-Generated Material의 나무 에셋을 사용해보자.

그림 2.13 Landscape Pro 2.0 Auto-Generated Material에서 나무 선택하기

다음 절에서는 PCG가 동작하는 데 필요한 랜드스케이프를 구성한다.

랜드스케이프 설정

씬 내에서 PCG 볼륨이 작동하는 데 필요한 매우 간단한 랜드스케이프를 추가해보자.

1. 뷰포트의 왼쪽 상단에서 **Selection Mode**를 클릭하고 Landscape를 검색한다. 그런 다음, **Landscape** 모드를 선택한다.

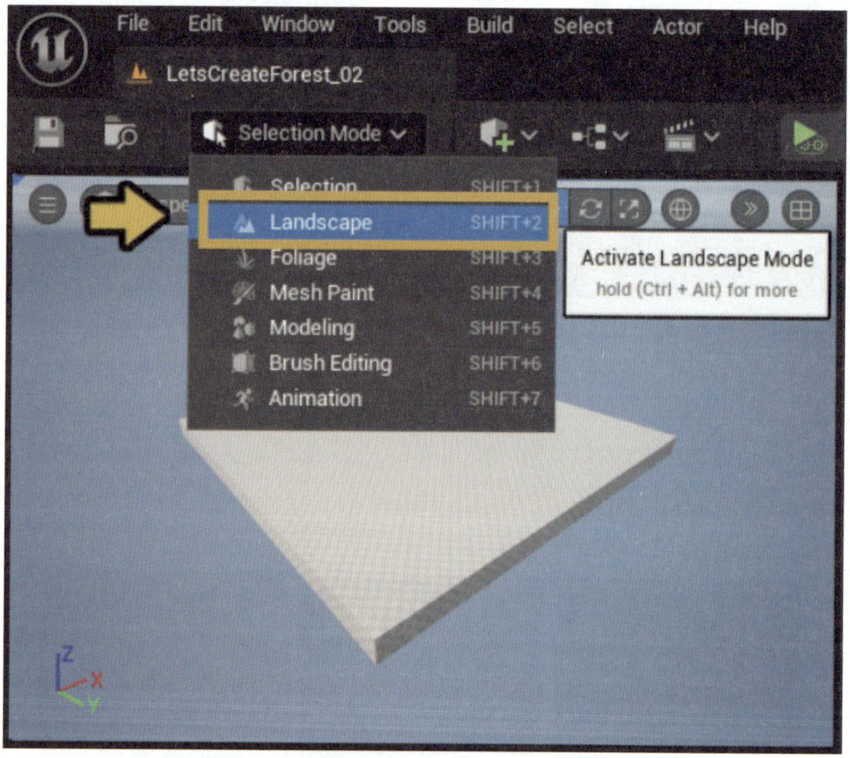

그림 2.14 Landscape 툴 선택하기

2. 랜드스케이프 툴의 **Manage** 탭에서 아래쪽으로 스크롤해 **Create** 버튼을 클릭한다. 그러면 새로운 기본 랜드스케이프 액터가 생성된다.

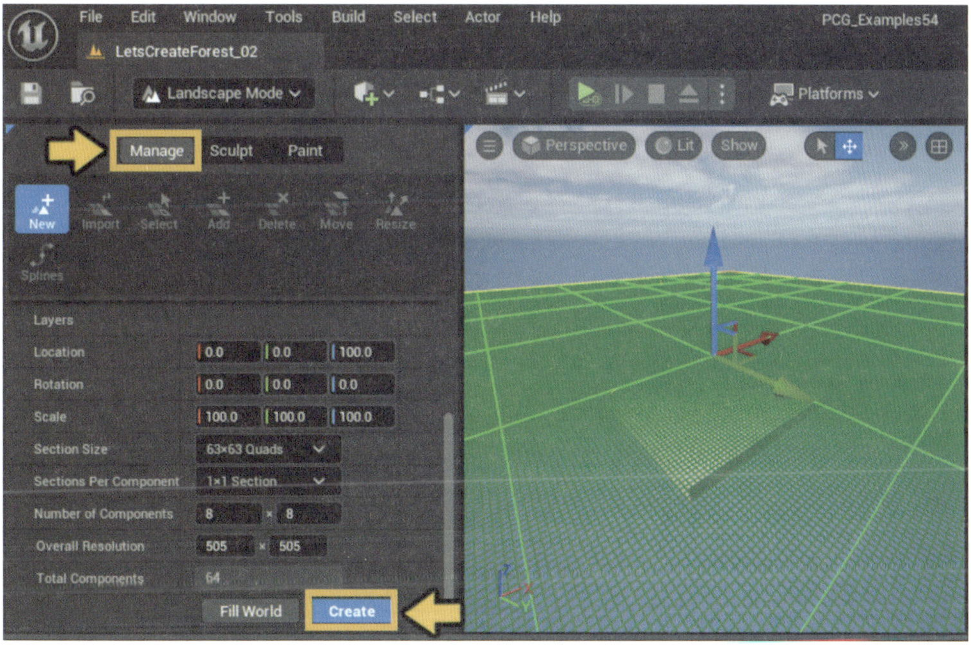

그림 2.15 랜드스케이프 액터 만들기

3. 아웃라이너[outliner]에서 새 랜드스케이프 액터를 선택한다. **Details** 패널에서 `Landscape Material`을 검색하고 **Landscape Material** 슬롯에 **M_Ground_Moss** 머티리얼을 추가한다.

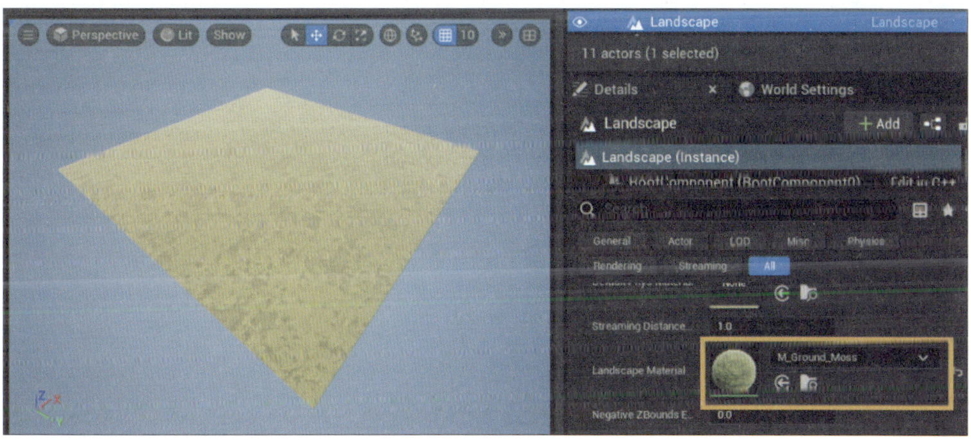

그림 2.16 랜드스케이프 액터에 M_Ground_Moss 머티리얼 할당하기

프로젝트의 랜드스케이프 설정을 완료했다. 다음 절에서는 원하는 숲을 만드는 데 도움이 될 첫 번째 PCG 그래프 구성을 시작해본다.

PCG 그래프 시작하기

튜토리얼에 필요한 모든 에셋을 최적화했으며, 이제 PCG 툴을 만들 준비가 됐다.

이 예제에서는 튜토리얼을 위해 깃허브 리포지터리(https://github.com/PacktPublishing/Procedural-Content-Generation-with-Unreal-Engine-5)에 준비된 랜드스케이프 레벨을 사용할 것이다!

1. 이제 튜토리얼을 단계별로 살펴보자.
2. 먼저 Content 폴더 내의 폴더 공간을 마우스 오른쪽 버튼으로 클릭하고 **PCG > PCG Graph**를 찾는다. 키보드에서 **F2** 키를 누르고 PC 그래프의 이름을 `PCG_Forest`로 바꾼다. 보다시피 나는 이 책의 장 구조에 따라 폴더를 정리했다. 여러분은 자유롭게 해도 좋다.

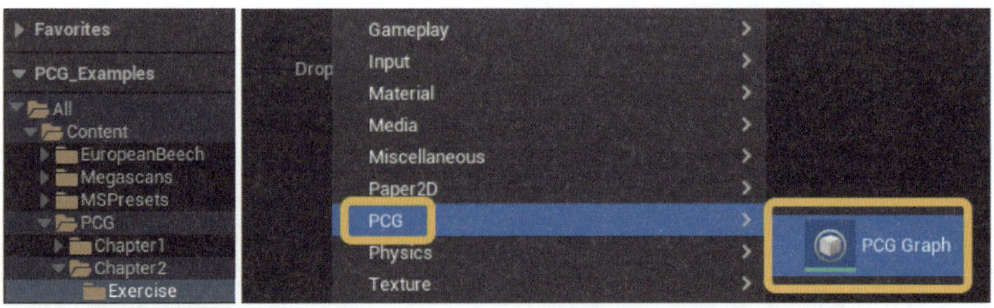

그림 2.17 Content > PCG > Chapter2 > Exercise 폴더에서 PCG 그래프 생성하기

3. 새로 생성한 PCG 그래프를 더블 클릭하고 그래프에 몇 가지 요소를 추가하자. 지금은 각 그래프에 대한 코멘트를 생성한 다음, 랜드스케이프에 배치되는 각 메시를 담당하는 서브그래프를 나타내는 영역 표시로 사용하겠다.

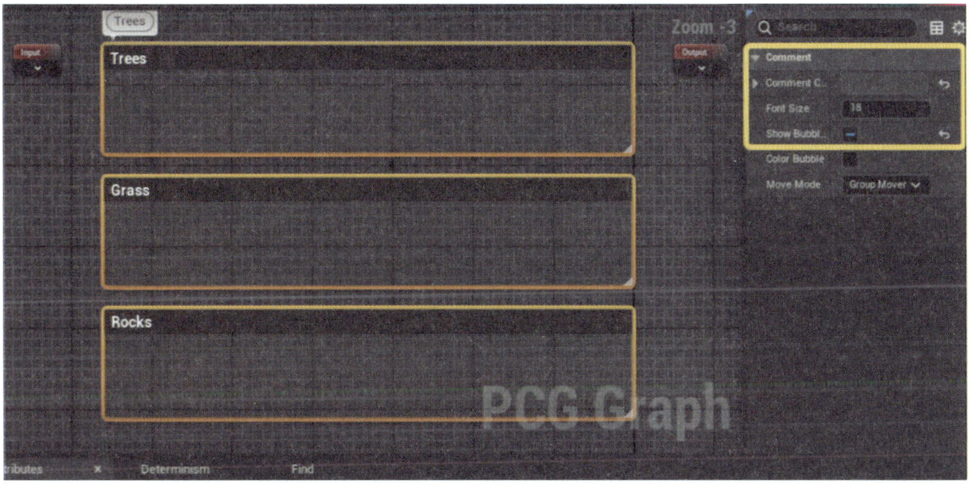

그림 2.18 각 폴리지 스포너의 PCG 그래프를 구성하도록 지정된 영역 표시하기

4. 그래프에서 **C** 키를 눌러 새 코멘트를 만들고 각각 `Trees`, `Rocks`, `Grass`로 이름을 바꾼다. 오른쪽의 **Details** 패널로 이동해 코멘트의 색상을 원하는 색상으로 변경할 수 있다.

5. 빈 공간에서 마우스 오른쪽 버튼을 클릭하고 `Surface Sampler`를 검색한다. **Ctrl + D** 키를 사용해 세 번 복제하거나, 노드를 마우스 오른쪽 버튼으로 클릭하고 **Duplicate** 명령을 선택한다.

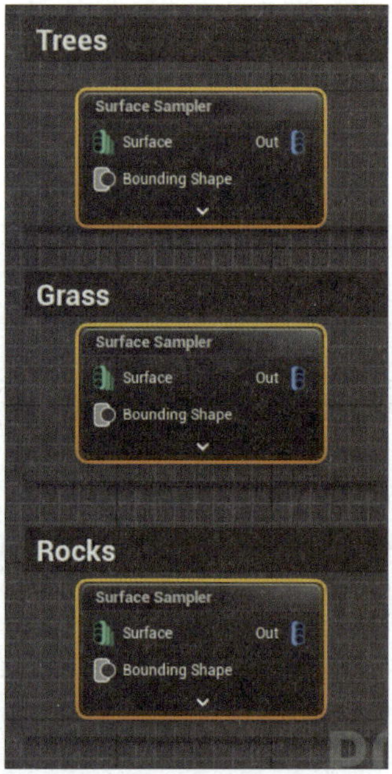

그림 2.19 각 지정된 영역에 Surface Sampler 추가하기

Surface Sampler의 이름을 다른 이름으로 변경하는 것은 매우 쉽다! 노드가 선택돼 있는지 먼저 확인한다.

그림 2.20 Surface Sampler 이름 바꾸기

6. 노드를 다시 한번 클릭하면 선택한 노드가 이름 바꾸기 모드로 전환된다. 나는 노드의 이름을 Surface Sample Trees의 약자인 `SS Trees`로 지정했다.

NOTE

원한다면 다른 노드에 대해서도 동일한 프로세스를 반복할 수 있지만, 이는 꼭 필요한 것은 아니며 사용자의 선택에 달려 있다.

7. 그래프에 **Transform Points**를 추가하고 각 **Surface Sampler** 옆에 배치해보자. **Transform Points** 노드는 씬 내에서 절차적으로 생성된 각 스태틱 메시의 트랜스폼 위치를 커스터마이징하는 데 사용된다.

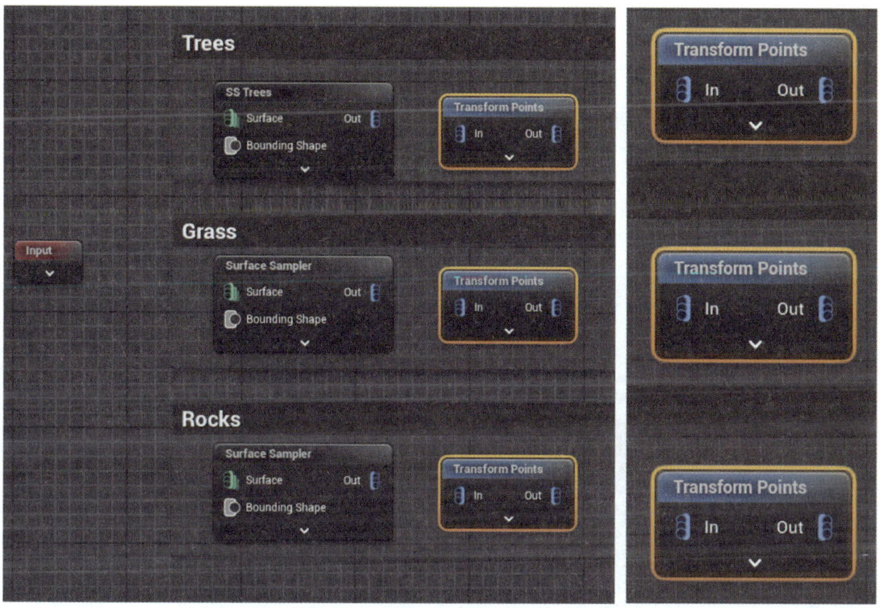

그림 2.21 각 지정된 영역에 Surface Sampler 추가하기

8. 지금은 **Trees** 그래프에 몇 가지 새로운 노드를 추가하는 데 집중해보자. 하지만 그 전에 **Static Mesh Spawner**를 추가하고 **Transform Points** 노드에 연결해보자. **Static Mesh Spawner** 노드를 사용하면 **Transform Points** 노드의 포인트로 정의된 위치에 스태틱 메시를 스폰할 수 있다.

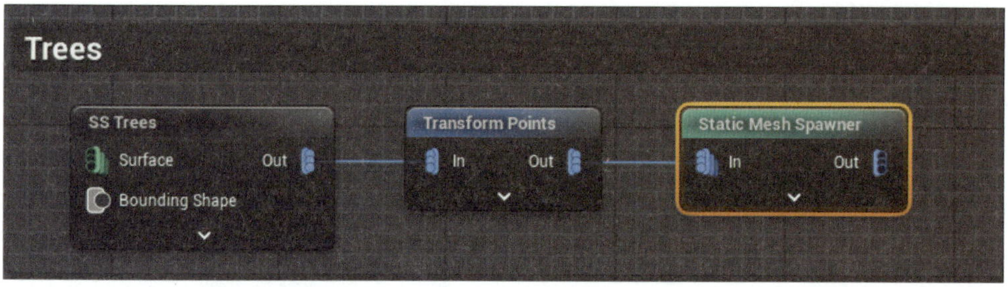

그림 2.22 Static Mesh Spawner를 PCG 그래프에 연결하기

9. **Input** 노드를 **Surface Sampler**에 직접 연결하기에 앞서, 랜드스케이프 표면에 메시 생성을 활성화하기 위해 입력 핀을 추가해야 한다. 이를 위해 **Input** 노드를 선택한 후 오른쪽에 있는 **Settings** 패널로 이동한다. 새 인덱스 배열index array을 추가하고 **Allowed Type**을 **Surface**로 설정한 다음, 이름을 `Landscape`로 변경한다. 그러면 **Input** 노드에 **Landscape**가 녹색 입력 핀으로 표시된다.

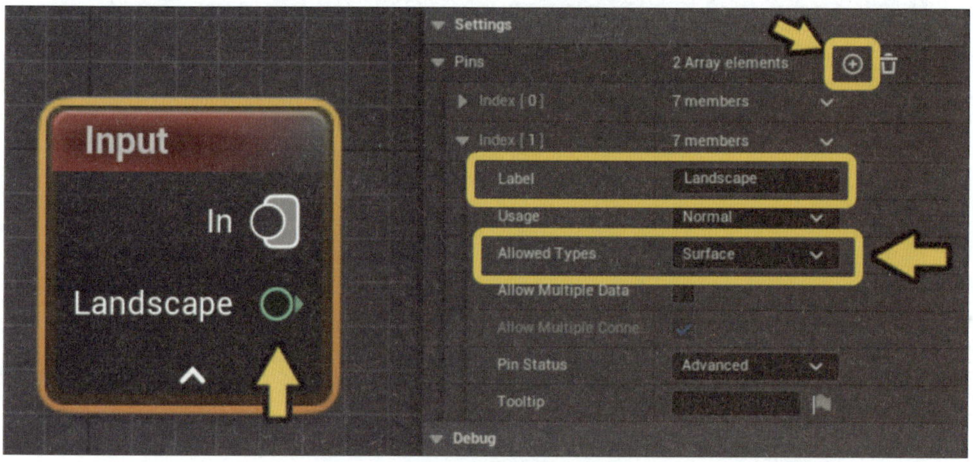

그림 2.23 Input 노드에 Surface 입력을 추가하고 이름을 Landscape로 변경하기

10. 이제 첫 번째 결과물을 테스트해보자. **Input** 노드를 **SS Tree** 노드에 연결하고 **D** 키 버튼을 눌러 트리 서브그래프용 **Static Mesh Spawner**를 디버그해보자. 디버그 모드는 PCG 그래프의 연산과 출력에 대한 시각적이고 때로는 정량적인 피드백을 제공한다.

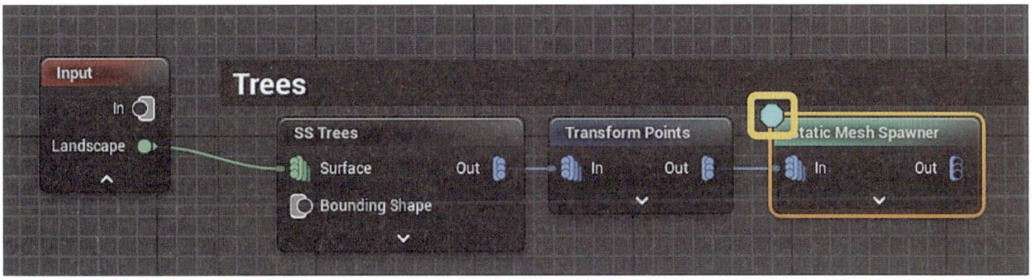

그림 2.24 Static Mesh Spawner에 디버그 모드 활성화하기

11. PCG_Forest 그래프를 씬에 끌어다 놓고 결과를 테스트해보자. 제작한 그래프는 디버그 모드에서 렌더링되는 포인트를 생성하므로, 씬 전체에 흑백 큐브가 흩어져 있는 것을 볼 수 있다.

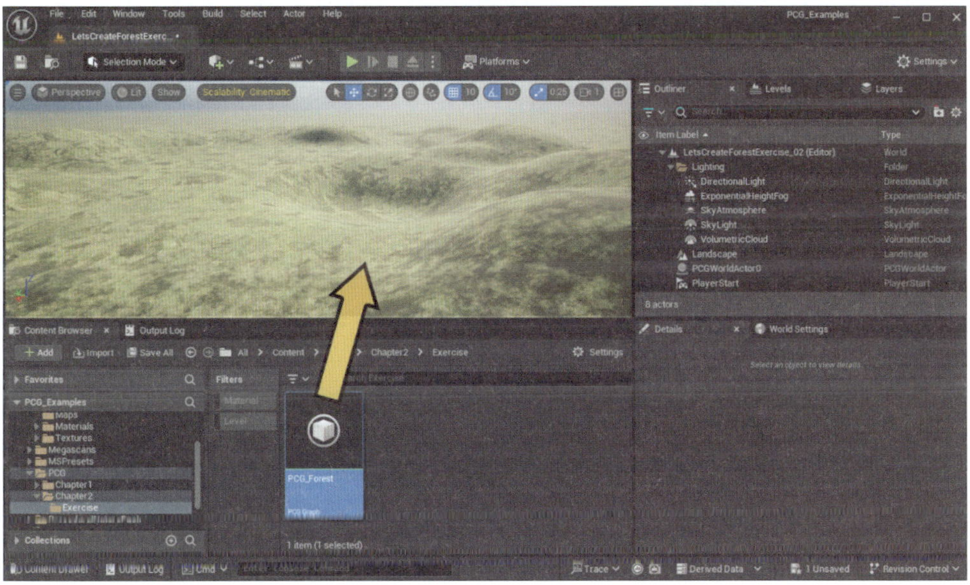

그림 2.25 PCG 그래프를 끌어다 놓아 씬에서 테스트하기

12. 보다시피 상자가 회색, 검은색, 흰색으로 나타난다! 이는 **Debug** 모드가 활성화된 예시이며, 랜드스케이프 전체에 걸쳐 PCG 포인트의 배열과 분포를 보여준다.

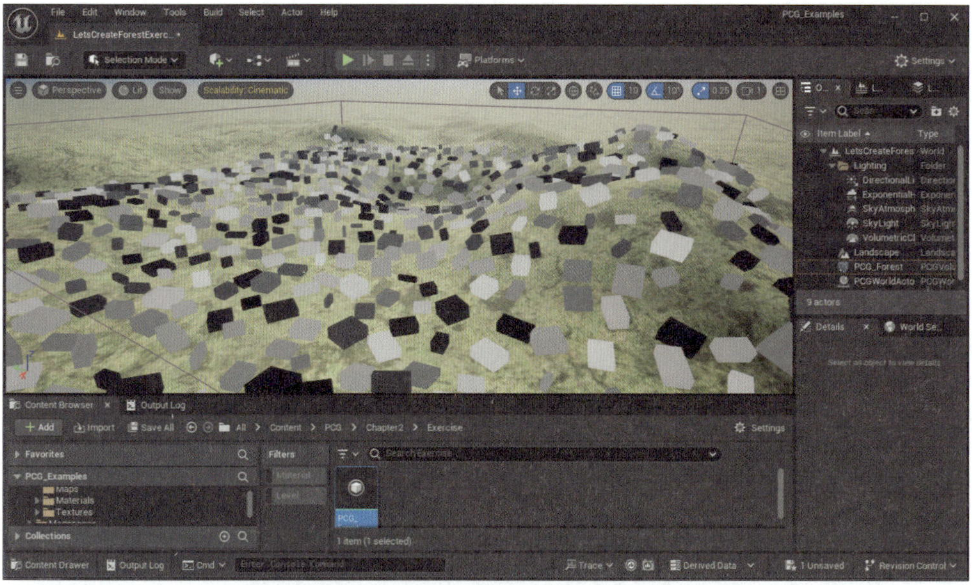

그림 2.26 씬에서 Static Mesh Spawner 디버깅하기

13. 더 나은 뷰를 위해 선택한 PCG 볼륨의 크기를 약간 조정해 랜드스케이프 전체에 걸친 PCG 분포를 더 잘 볼 수 있도록 해보자.

14. PCG 볼륨에 대해 내가 선택한 값은 다음과 같다. 원한다면, 약간 더 크게 만들어도 좋다.

그림 2.27 Details 패널에서 PCG 볼륨 크기 조정하기

NOTE

> 이 프로젝트는 이 장의 시작 부분에서 알려준 깃허브 링크에서 다운로드할 수 있는 프로젝트와 동일하며, 매우 간단한 랜드스케이프 설정과 Starter Content 폴더의 랜드스케이프 머티리얼로 구성돼 있다. 이 정도면 연습용으로 충분하며, 원하는 대로 랜드스케이프를 수정하거나 다시 디자인할 수 있다.

다음 절에서는 준비된 모델을 적용해 **Static Mesh Spawner** 노드를 개선하는 방법에 대해 자세히 알아보자.

Static Mesh Spawner 수정하기

지금까지 중요한 노드를 그래프에 적용해 노드 네트워크를 통해 랜드스케이프 전체의 분포를 디버깅하고 관찰할 수 있도록 했다. 이제 트리의 스태틱 메시를 **Static Mesh Spawner**에 통합해보자.

PCG 그래프(특히 Static Mesh Spawner)를 다시 살펴본 후 다음 단계를 준비할 수 있는 몇 가지 중요한 요소를 추가해보자.

1. PCG 그래프로 돌아가서 **Static Mesh Spawner** 노드에서 **Debug** 모드를 끈다. **Static Mesh Spawner**를 다시 선택하고 오른쪽에 있는 **Mesh Entries**로 이동한 다음, **Mesh Entries** 오른쪽 상단에 있는 **+** 버튼을 클릭해 배열 요소 3개를 추가한다.

그림 2.28 Static Mesh Spawner 내의 각 배열에 Mesh Entries 추가하기

2. 이렇게 하면 세 가지 다른 나무를 무작위로 지정해 랜드스케이프에 다양성을 추가할 수 있다.

3. 각 항목을 열고 위에서 최적화한 트리를 추가해보자.

- 먼저 각 **Mesh Entries** 배열에 메가스캔 트리 모델을 추가하는 방법을 살펴보자.

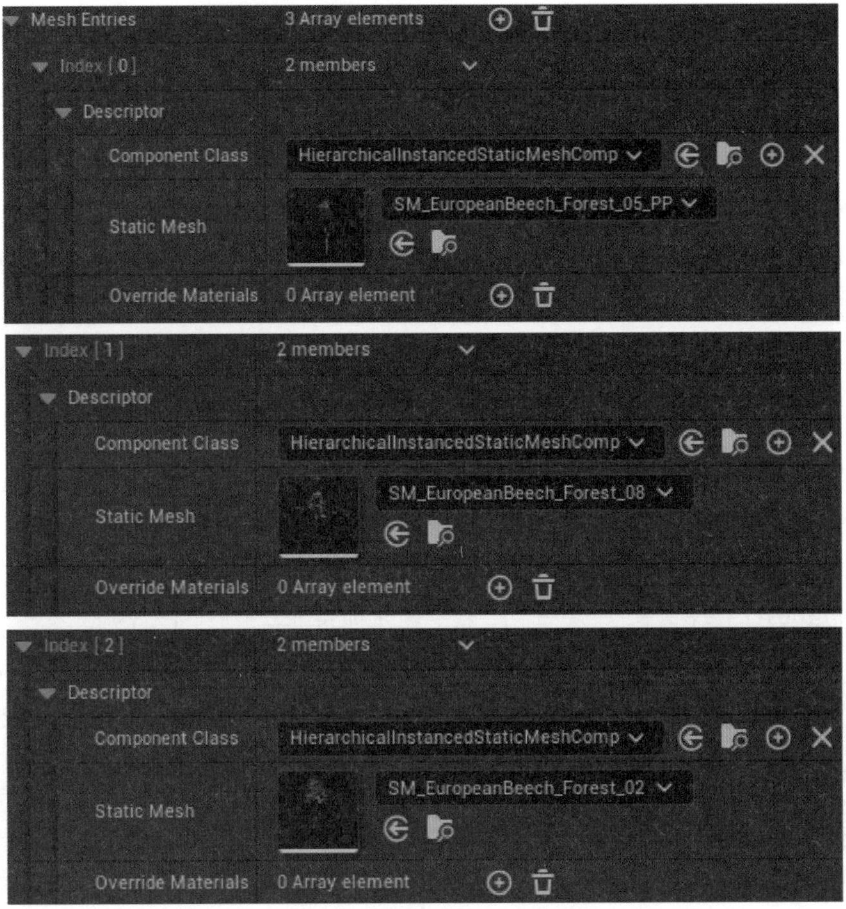

그림 2.29 메가스캔 트리 추가하기

- 프로젝트에 메가스캔 트리를 적용하면 CPU와 RAM 메모리를 소모해 PC 성능에 상당한 영향을 미칠 수 있다. 문제가 될 경우, Landscape Pro 2.0 Auto-Generated Material 패키지에서 제공하는 최적화된 트리를 사용하면 효율성이 향상된다.

- 이제 대체할 트리를 추가하는 방법을 살펴보자.

그림 2.30 Landscape Pro 2.0 Auto-Generated Material 패키지에서 트리 추가하기

4. Landscape Pro 2.0 Auto-Generated Material 패키지의 트리를 사용하면 씬에서 스폰할 수 있는 에셋의 수를 조정하거나 확장할 수 있다. 메가스캔 트리 에셋을 사용할 때와 비교했을 때 성능이 눈에 띄게 향상됐기 때문이다.

NOTE

> 보다시피 **Descriptor** 탭에서 트리의 각 **Index[]** 배열을 선택하면 스태틱 메시를 커스터마이징하거나 추가적으로 조정할 수 있는 기능을 제공한다. 이 옵션은 그림자나 라이팅 품질을 낮추는 대신 프로젝트 성능을 향상시키려는 경우에 특히 유용하다

5. 메인 뷰포트로 돌아가면 화면에 결과가 표시된다!

그림 2.31 PCG 볼륨 내에 스폰된 트리

하지만 너무 빽빽해서 뭔가 잘못된 것처럼 보인다. 이 경우에는 PCG 볼륨 크기를 조정해도 도움이 되지 않으므로 그래프로 돌아가서 수정해보자.

6. PCG 그래프에서 트리에 대한 **Surface Sampler**(SS Tree)를 선택한 다음, **Point Extents**의 **X**축과 **Y**축 값은 늘리고 **Z**는 **100**으로 유지한다. **X**와 **Y** 값을 `100.0`에서 `200.0`으로 늘린다.

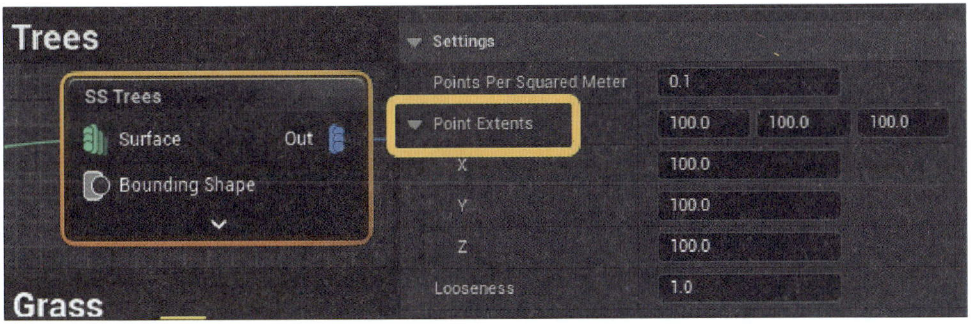

그림 2.32 Surface Sampler의 Point Extents 값 늘리기

7. 이제 밀도가 낮아지면서 트리가 고르게 분포된 것을 볼 수 있다!

그림 2.33 Point Extents 값을 높이면 트리의 위치 간격이 더 넓어진다.

NOTE

> PCG는 레벨 디자인에 이상적인 솔루션이지만, 성능을 고려한다면 지속적인 관리가 필요하다! 최적의 프레임 속도를 유지하면서 멋진 결과물을 얻으려면 **Point Extents** 값을 늘리는 것이 좋다.

나무가 땅의 모양에 따라 배치돼 뿌리가 돌출되는 경우가 있으므로 다소 이상하게 보인다.

그림 2.34 잘못된 각도로 스폰되는 트리

이 경우 회전 설정을 **Absolute Rotation**으로 설정한다. PCG 그래프로 돌아가서 **Transform Points** 노드를 선택한다. 선택한 상태에서 오른쪽으로 이동해 **Absolute Rotation** 상자를 선택한다.

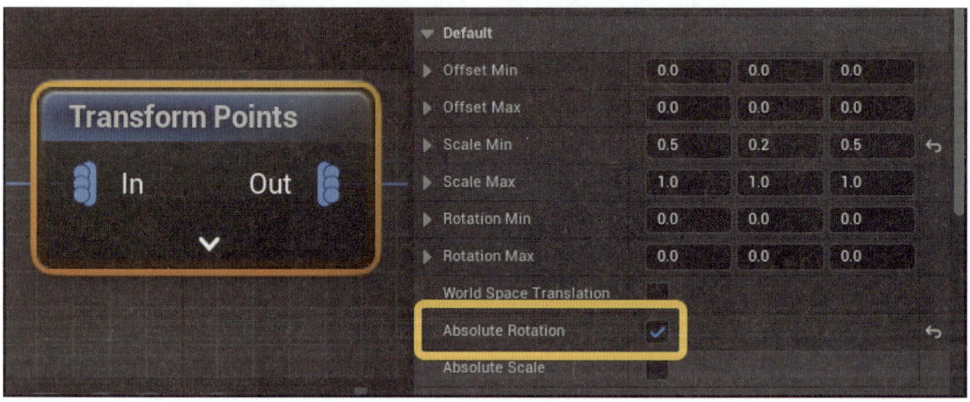

그림 2.35 Transform Points 내부에서 Absolute Rotation 활성화하기

문제를 해결했으며, 이제 트리의 트랜스폼 범위와 오프셋 위치를 수정할 수 있다.

그림 2.36 트리의 각도 회전 수정하기

Transform Points에 따라오는 각 속성의 정의와 기능을 살펴보자.

- Offset: 이것을 수정하면, 각 트리의 위치가 지정된 Min 및 Max 범위 내의 임의의 값으로 설정되게 할 수 있다. 랜드스케이프에 따라 X 및 Y 값이 높을수록 나무 사이의 간격이 더 가깝게 또는 더 멀게 결정된다. Z 값은 각 트리가 바닥을 기준으로 더 낮게 또는 더 높게 배치되는지 여부를 결정한다.
- Scale: 이 설정을 사용하면 랜드스케이프 전체에 걸쳐 나무의 X, Y, Z 스케일 값을 임의로 변경할 수 있다. 다양한 종류의 식물과 초목이 있을 때 특히 유용하다
- Rotation: 스폰된 메시의 회전 설정이다. 이 설정은 Rotation Min 및 Rotation Max 설정과 함께 제공된다. 너무 과하게 조정하지 말고 X축과 Y축 모두 -10~10도 범위 내에서만 값을 설정하는 것이 좋다. Z축의 경우 더 넓은 범위를 고려해 최소값을 -180도, 최대값을 180도로 설정하는 것이 이상적이다. 이 설정은 트리에 Y축을 따라 무작위 회전을 적용한다.

Transform Points 노드 설정을 완료했다. 다음 절에서는 다양한 폴리지 스태틱 메시를 숲 환경에 적용하는 작업을 시작해본다.

숲에 다양한 초목 추가하기

앞선 예제에서 트리 네트워크를 구현했고, 그에 따라 노드를 관리하는 방법을 배웠으므로 이제 첫 번째 숲을 만들 수 있다. 하지만 숲은 나무로만 구성되지 않는다. 이제 풀과 바위 같은 다른 에셋을 숲에 추가하는 것으로 방향을 전환해보자. 먼저 잔디를 추가하는 것으로 시작한다.

숲에 잔디 추가하기

이 장의 시작 부분인 '퀵셀에서 에셋 다운로드하기' 절에서 일부 잔디를 최적화했으므로, 이를 사용해 새 에셋을 **Static Mesh Spawner** 노드에 적용함으로써 PCG 그래프 네트워크를 구현할 수 있다.

메시 항목에 잔디 메시를 추가해보자.

1. PCG 그래프 뷰포트에서 마우스 오른쪽 버튼을 클릭한다. `Static Mesh Spawner`를 검색한 다음, 그래프에 추가한다.
2. **Static Mesh Spawner**를 선택한 상태에서 오른쪽의 **Details** 패널로 이동해 **Mesh Entries** 2개를 추가한다.

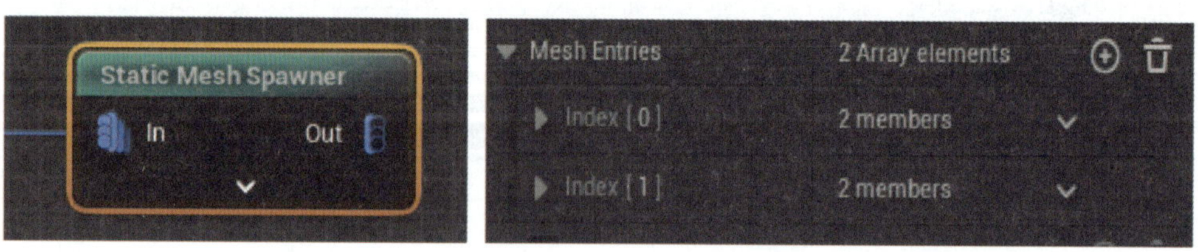

그림 2.37 Static Mesh Spawner 노드에 Mesh Entries 2개 추가하기

3. 이전에 준비했던 SM_grass_bush04_lod00과 SM_EuropeanBeech_Seedling_04_PP를 다음과 같이 찾는다.

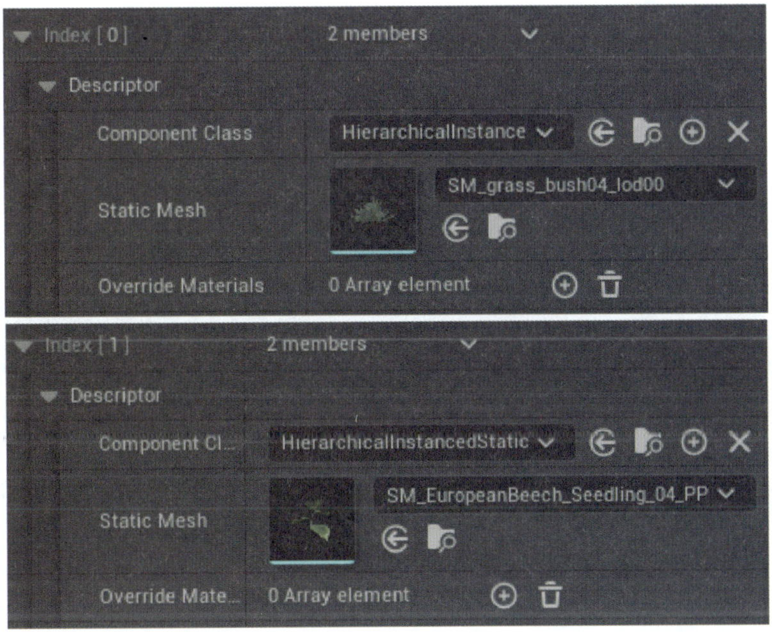

그림 2.38 각 배열에 SM_grass_bush04_lod00 및 SM_EuropeanBeech_Seedling_04_PP 추가하기

4. 다음과 같이 **Input** 노드를 각 기존 노드에 연결한다.

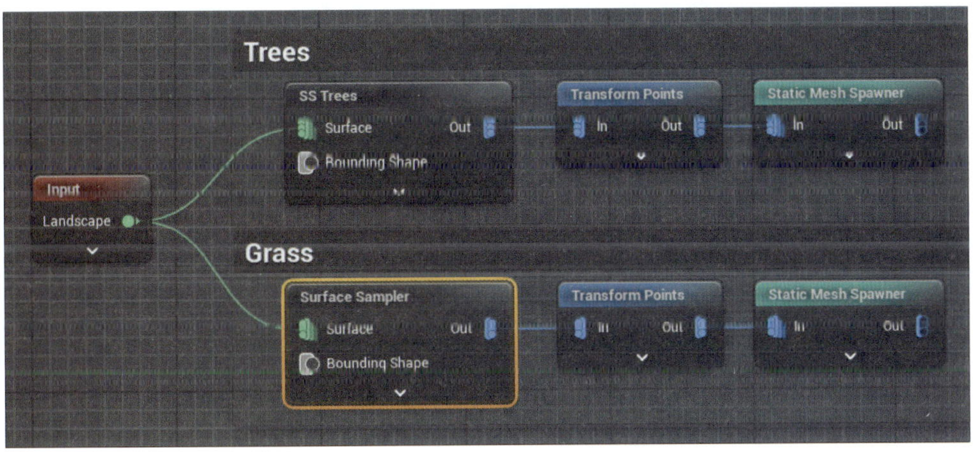

그림 2.39 PCG 그래프의 각 기존 노드에 입력 연결하기

이제 메인 뷰포트로 돌아가서 결과를 확인해보자!

그림 2.40 스폰된 잔디 분포 결과 테스트하기

현재 랜드스케이프에 잔디가 약간만 퍼져 있는데, 이는 **Surface Sampler** 노드 내부의 **Points Extents**에서 분포 조정이 필요하기 때문에 발생되는 현상이다. PCG 그래프로 돌아가서 **Surface Sampler**, **Transform Points**, **Static Mesh Spawner** 노드 내부의 **Points Extents** 및 **Transformation** 설정을 변경해보자.

Surface Sampler 설정

잔디가 무성한 풍경을 얻으려면 지형에 생성되는 각 잔디의 간격을 줄여야 한다. 가장 간단한 방법은 **X**, **Y**, **Z** 값을 줄이고 평방미터당 밀도를 변경하는 것이다. PCG 그래프로 돌아가서 해당 설정을 조정해보자.

Points Extents

PCG 그래프 뷰포트에서 **Surface Sampler** 노드를 선택하고 오른쪽의 **Settings**로 이동한다. **X**, **Y**, **Z** 값을 `100.0`에서 `20.0`으로 변경한다.

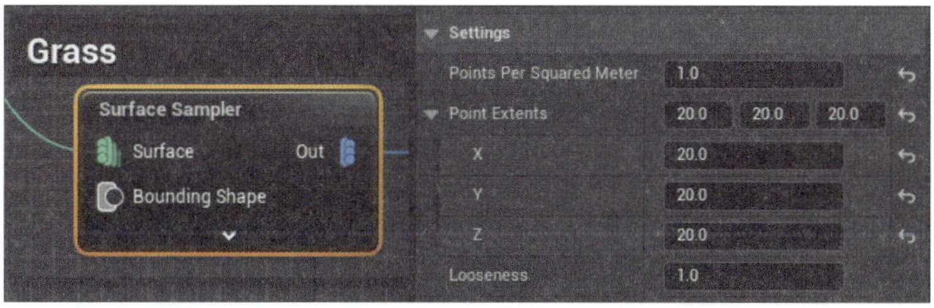

그림 2.41 Point Extents 값을 낮춰 랜드스케이프 전체에 잔디 분포 확대하기

Points Per Squared Meter 값이 `0.1`에서 `1.0` 사이로 설정돼 있는지 잘 확인한다.

그림 2.42 잔디 밀도가 10배 증가했다.

이제 잔디가 더 넓게 퍼져 있다.

Transform Points 설정

상황이 개선되고 있지만, 아직 할 것이 더 남아 있다. 여러 노드에 몇 가지 설정을 더 추가해 보자. 다음 스크린샷에서 볼 수 있듯이 일부 위치에서는 잔디가 서로 평행하게 스폰되고 있는데, 이는 포인트에 무작위 트랜스폼이 적용되고 있지 않다는 의미다.

그림 2.43 잔디 회전 문제 살펴보기

해결을 위해 랜드스케이프 지형의 각 포인트에 스폰된 잔디를 살펴보자.

1. 더 사실적인 잔디 분포를 위해 트랜스폼 값을 변경할 **Transform Points** 노드로 이동한다.
2. **Transform Points**를 선택하고 오른쪽의 **Settings**를 확인한다. 여기서 포인트 트랜스폼에 필요한 값을 추가할 수 있다.

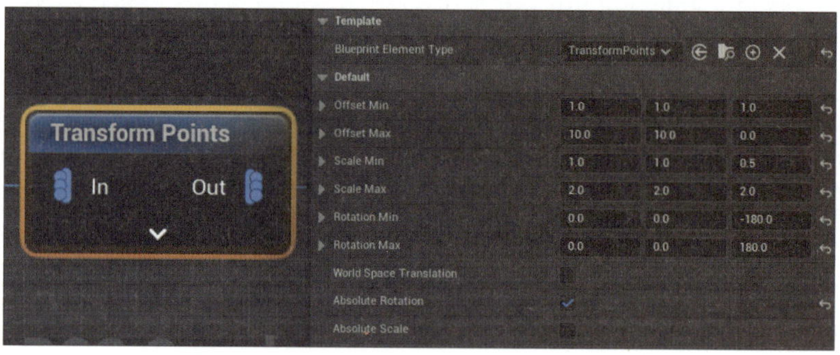

그림 2.44 Transform Points 노드에 회전 값 설정하기

3. 위의 스크린샷에 있는 값을 더 잘 볼 수 있도록 표를 만들었다.

표 2.1 Transform Points와 X, Y, Z축의 값

Transform Points	X	Y	Z
Offset Min	1.0	1.0	1.0
Offset Max	10.0	10.0	0.0
Scale Min	1.0	1.0	0.5
Scale Max	2.0	2.0	2.0
Rotation Min	0.0	0.0	−180.0
Rotation Max	0.0	0.0	180.0

4. 마지막으로, 트랜스폼 설정 아래에 있는 **Absolute Rotation**을 체크한다(그림 2.44 참조).

이제 결과를 확인해보자! 잔디가 고르게 분포된 것을 볼 수 있다.

그림 2.45 수정된 잔디 회전

이 절에서는 **Transform Points**를 사용해 스폰 분포를 설정하고 지형에 대한 분포 품질을 개선하기 위해 값을 설정했다. 이제 마지막 노드인 **Static Mesh Spawner**를 살펴보고, 잔디 스태틱 메시의 **Mesh Entries** 아래에 있는 **Weight** 설정을 변경해보자!

Static Mesh Spawner 설정

가중치[weight] 설정은 랜드스케이프의 포인트 분포에 따라 균등하게 스폰할 메시 수를 계산하는 설정이다. 우리의 경우 지형에 두 가지 유형의 잔디가 동시에 스폰되지만, 한 잔디 유형이 다른 잔디 유형보다 밀도가 높아서 랜드스케이프 전체에 불균등하게 분포된다. 두 잔디 스태틱 메시의 가중치를 변경하면 이 문제를 해결할 수 있다.

2개의 잔디 스태틱 메시의 가중치를 변경하는 과정을 살펴보자.

1. **Static Mesh Spawner** 노드를 선택한 상태에서 오른쪽으로 이동해 **Mesh Entries** 패널을 찾는다. 여기서 **Weight**는 기본적으로 1로 설정돼 있다.

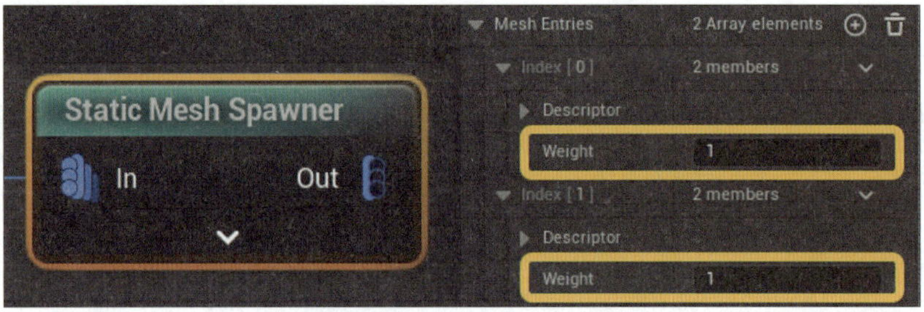

그림 2.46 각 메시 항목의 Weight 위치

2. 각 메시 항목의 숫자를 임의로 변경해보자. 이 경우, 한 종류의 잔디를 다른 잔디보다 더 많이 채우고 싶다면 각 **Weight** 필드에 `200`과 `100`의 값을 입력하면 된다.

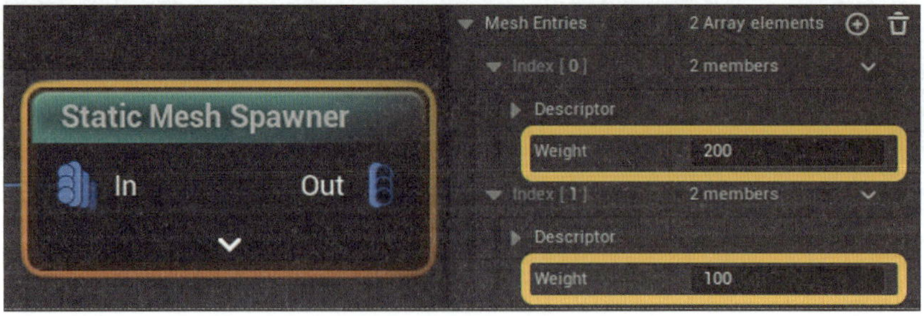

그림 2.47 각 메시 항목의 Weight를 늘려 랜드스케이프의 폴리지를 균등하게 분산시키기

3. 다음 스크린샷에서 볼 수 있듯이, 한 가지 유형의 잔디는 보이지만 다른 유형의 잔디는 잘 보이지 않는다. 이 문제를 해결하려면 **Weight** 설정을 다시 조정하고 잔디 유형의 균형을 조정하면 된다.

그림 2.48 Weight 값을 늘린 후의 결과

4. 값을 바꾸면 어떻게 되는지 살펴보자.

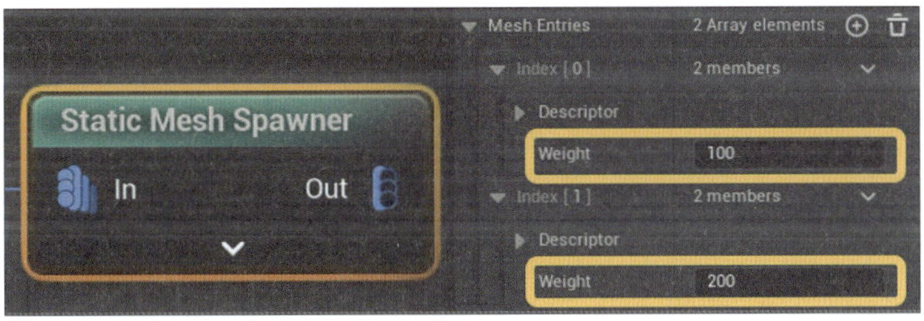

그림 2.49 Weight 값 변경을 통해 다양한 결과 테스트하기

이제 지형 전체에 좀 더 무작위로 잔디가 생겨서 한 가지 종류의 숲이 아닌 매우 다양한 느낌의 숲을 만들 수 있다.

그림 2.50 잔디 분포 결과

지금까지 각 노드에 적합한 설정을 적용하는 방법을 익혔으며, 이러한 지식을 사용해 절차적으로 생성된 숲을 만들었다. 마지막 단계는 앞에서 다룬 기술을 사용해 랜드스케이프 전체에 바위를 배치하는 것이다.

숲에 바위 추가하기

이제 지형에 바위를 추가해 숲 풍경을 더 다양하게 만들어보자. 이를 위해 PCG 그래프를 다시 한번 살펴보고 노드를 추가해본다.

1. PCG 그래프 뷰포트 공간을 우클릭하고 `Static Mesh Spawner`를 검색해 이전과 동일한 과정을 다시 한번 수행해보자.
2. 이 노드를 **Transform Points** 노드에 연결해 테스트할 수 있도록 준비한다. **Mesh Entries** 아래에 하나의 항목만 추가한다.

그림 2.51 Static Mesh Spawner에 Mesh Entries 추가하기

3. 이 예제에서는 다음 스크린샷에 나오는 바위를 사용할 것이다. **Mesh Entries** 배열을 확장하고 `S_Mossy_Boulder_xetmcci_high_Var1` 바위 에셋을 검색한다.

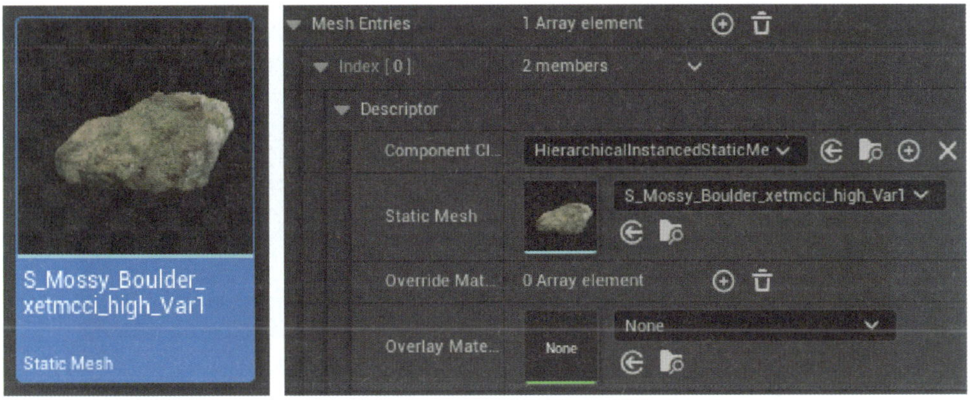

그림 2.52 Mesh Entries 배열에 S_Mossy_Boulder_xetmcci_high_Var1 추가하기

4. 마지막 단계로 넘어가기 전에 **Surface Sampler** 노드에서 **Point Extents** 값을 변경한다. 다음 스크린샷은 내가 바위 분포에 적당하다고 생각하는 숫자를 보여준다. 숫자가 높을수록 바위가 더 많이 분산돼 자연스러운 분포가 만들어진다.

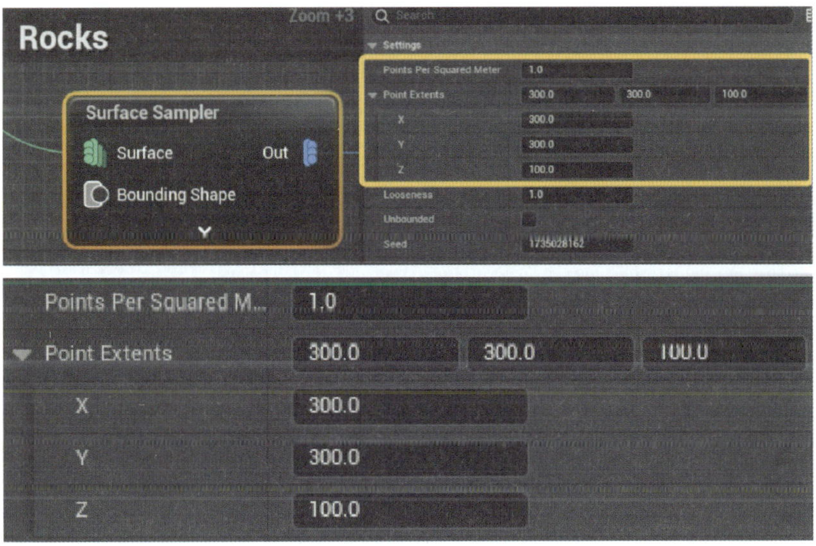

그림 2.53 바위 분포의 Point Extents 수정하기

5. 마지막 단계는 **Transform Points** 설정을 변경하고 **Absolute Rotation**을 활성화하는 것이다.

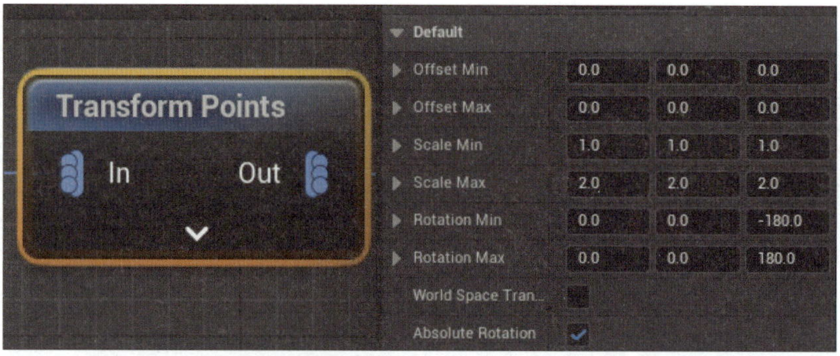

그림 2.54 더 나은 바위 형성을 위해 Transform Points에 값을 추가하고 수정하기

6. 가독성을 위해 이 예제에 사용한 값을 다음 표로 만들었다. 이 값을 복사해 **Transform Points** 노드에 붙여 넣어도 좋다.

표 2.2 Transform Points와 X, Y, Z축의 해당 값

Transform Points	X	Y	Z
Offset Min	0.0	0.0	0.0
Offset Max	0.0	0.0	0.0
Scale Min	1.0	1.0	1.0
Scale Max	2.0	2.0	2.0
Rotation Min	0.0	0.0	−180.0
Rotation Max	0.0	0.0	180.0

이제 PCG 그래프를 테스트하고 메인 뷰포트에서 그 결과를 확인해보자.

그림 2.55 바위 형성 결과 데스트

보다시피 바위 분포와 관련해 흥미로운 결과를 얻기 시작했으며, 이 튜토리얼을 마무리하기 위해 다른 기능을 추가할 수 있는지 살펴보는 것도 재미있을 것이다. 바위 위에 잔디/이끼를 추가하는 것은 어떨까? 이전 절들의 잔디를 재사용해보자.

숲 PCG 툴 개선

이전 스크린샷에서 봤듯이 현재 구성에서는 나무가 고르게 퍼지지만, 이로 인해 바위가 다른 것들과 겹치는 문제가 발생한다. 해결책은 랜드스케이프 전체에 걸쳐 스폰된 나무 배치의 편차를 줄이는 구성을 추가해 빈 공간을 스태틱 메시 바위로 채우는 것이다. 이 솔루션은 PCG 툴을 사용하기에 좋은 시나리오다. 다음과 같이 몇 가지 추가 노드가 필요하다.

- **Self Pruning**: 이 노드는 스폰 도중에 지형과 상호작용할 때 다른 스태틱 메시의 배치를 방해하는 겹치는 지점을 제거하는 데 유용하다.

그림 2.56 Self Pruning 노드

- **Difference**: 이 노드는 나무를 관장하는 다른 세트의 포인트를 제거한 후 정리된 순서로 재배치하는 데 도움이 된다. 즉, 지형 위에 생성하는 스태틱 메시를 기준으로 포인트의 위치를 차별화한다.

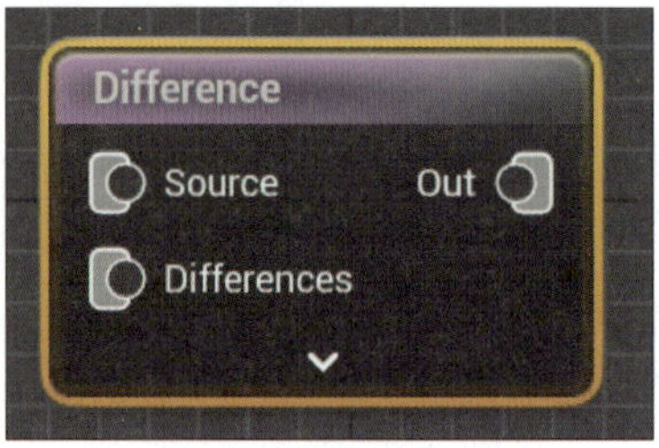

그림 2.57 Difference 노드

- **Bounds Modifier**: 포인트 분포와 그 경계에 변경 사항을 적용하는 매우 유용한 노드다. 이 노드를 사용하면 경계 제한을 설정하고 포인트의 면적 범위를 조정할 수 있다.

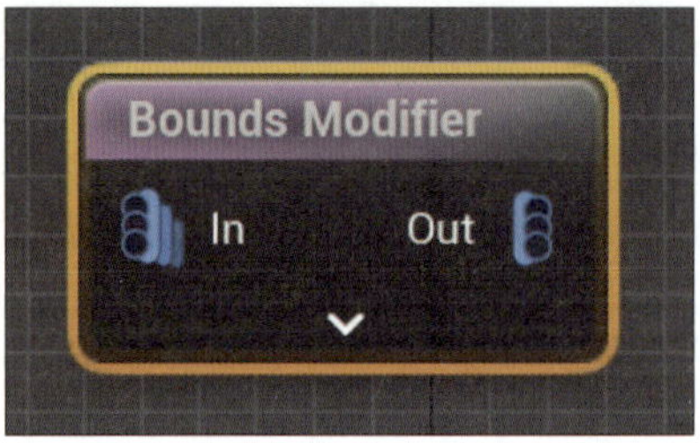

그림 2.58 Bounds Modifier 노드

다음 단계에서는 PCG 그래프 내에 추가 노드를 구성해 숲을 다양화한다.

PCG 그래프 내에서 노드 설정하기

새 노드들을 올바른 순서로 연결해보자.

1. PCG 그래프에서 **Rocks** 네트워크 그래프로 이동해 마우스 오른쪽 버튼을 클릭한 다음, `Self Pruning`을 검색한다. **Transform Points** 노드를 **Self Pruning** 노드에 직접 연결한다. 이 노드에는 우리가 사용할 설정이 모두 포함돼 있으므로 아무것도 변경할 필요가 없다.

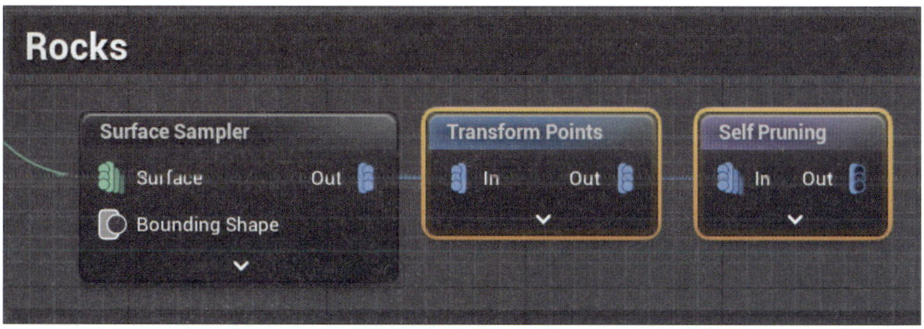

그림 2.59 Rocks PCG 그래프에 Self Pruning 노드 추가하기

다시 뷰포트 공간에서 마우스 오른쪽 버튼을 클릭하고 이번에는 `Difference`를 검색한다. 다음 스크린샷과 같이 **Self Pruning** 노드를 **Difference** 노드에 연결한다. **Source** 출력에 연결돼 있는지 꼭 확인하자.

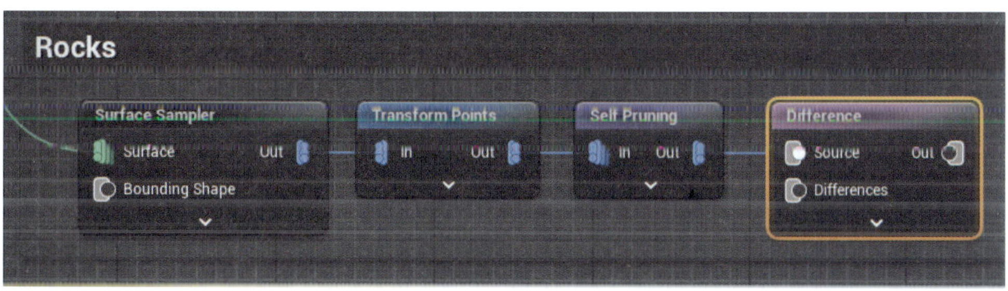

그림 2.60 Rocks PCG 그래프에 Difference 노드 추가하기

이제 이 노드를 약간 조정해보자. **Difference** 노드를 선택한 상태에서 오른쪽의 **Details** 패널로 이동한 다음, **Density Function** 아래에서 **Binary**를 선택한다.

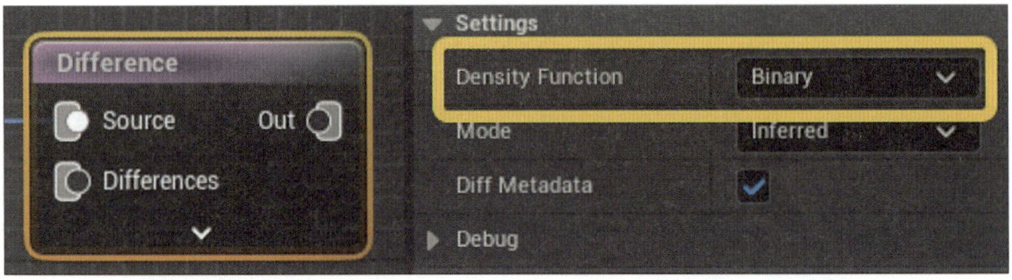

그림 2.61 Difference 노드를 수정하고 Density Function을 Binary로 설정하기

2. 잠시 **Rocks** 그래프 네트워크는 놔두고 **Trees** 그래프를 보자. **Trees** 그래프 네트워크로 이동해 마우스 오른쪽 버튼을 클릭하고 `Bounds Modifier`를 검색한다.

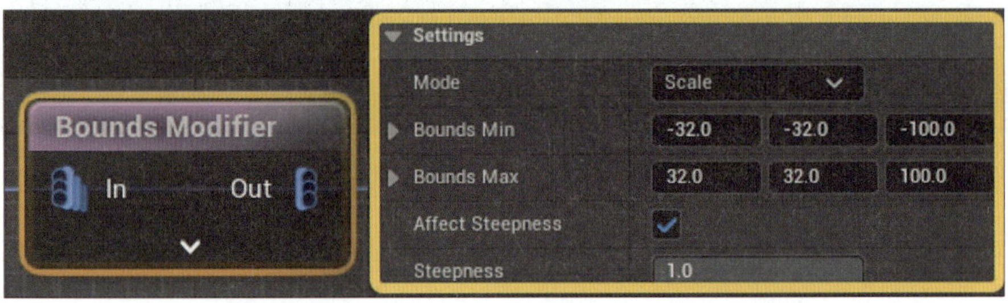

그림 2.62 Bounds Modifier 노드 내에서 값 수정하기

NOTE

다른 값을 선택할 수 있지만, 이 예제에서는 일단 이 값을 사용하자.

3. **Transform Points** 노드를 **Bounds Modifier** 노드 입력에 연결한다.

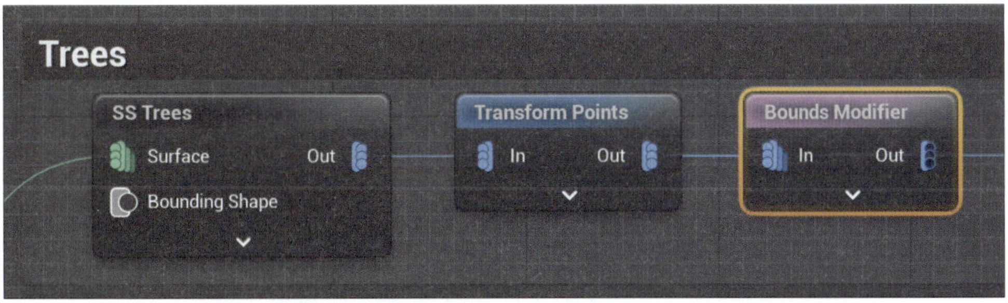

그림 2.63 Bounds Modifier 노드를 Transform Points 노드에 연결하기

4. 이제 다음 스크린샷과 같이 **Bounds Modifier** 노드의 출력을 **Difference** 노드의 **Differences** 입력에 연결한다.

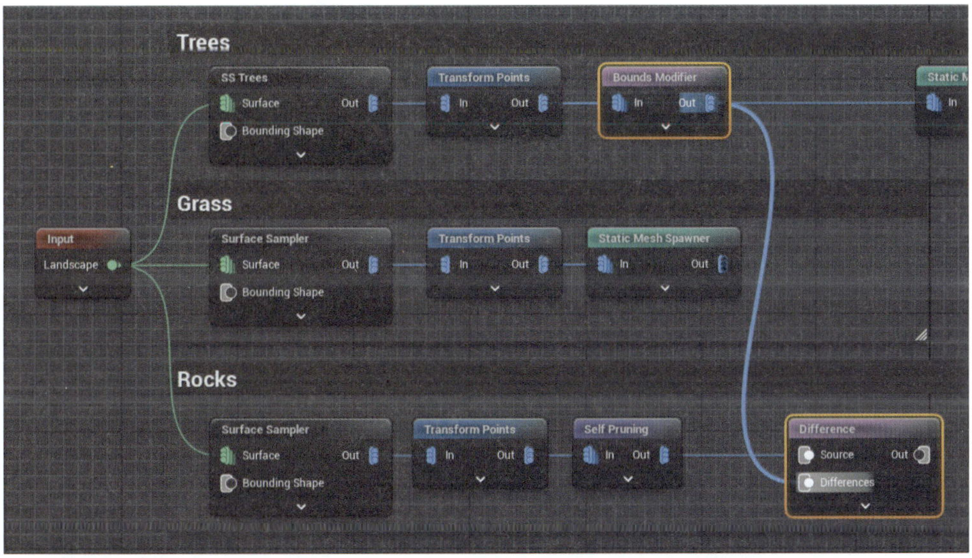

그림 2.64 Bounds Modifier 노드를 Difference 노드에 연결하기

5. **Static Mesh Spawner**를 **Transform Points** 노드에 연결한다. 그리고 **Transform Points**, **Bounds Modifier**, **Static Mesh Spawner** 노드 사이의 연결을 살펴보자. 연결된 모습은 다음과 같다.

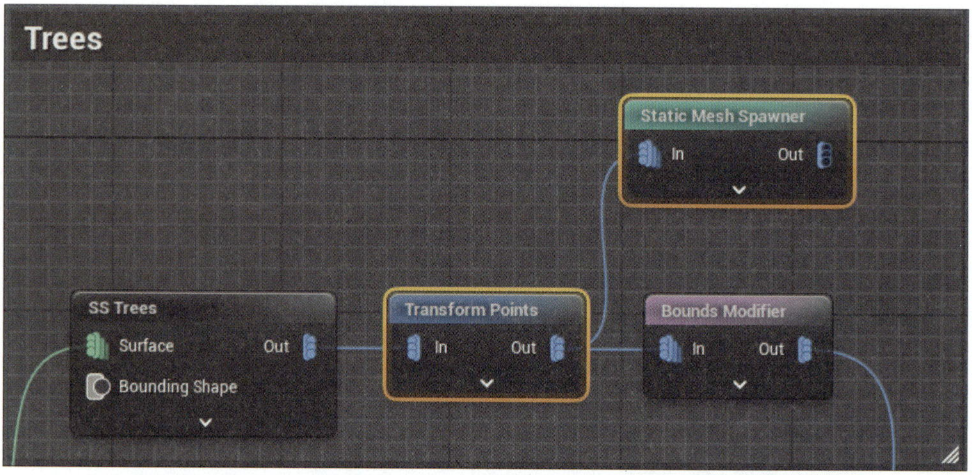

그림 2.65 Static Mesh Spawner 노드를 Trees PCG 그래프의 Transform Points에 연결하기

6. 마지막 단계는 **Difference** 노드 출력을 **Rocks** 그래프 네트워크의 **Static Mesh Spawner** 노드 입력에 연결하는 것이다. 이 과정에서 메인 노드들 사이를 연결하는 새 노드가 나타난 것이 보인다. 이 노드는 언리얼이 노드 간의 연결 유형이 다를 경우 링크를 변환하는 방식이다.

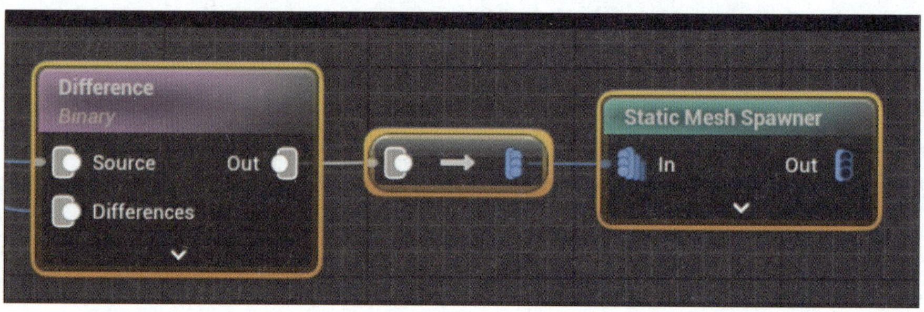

그림 2.66 To Point 연결 노드 링크를 통해 Static Mesh Spawner에 Difference 노드 연결하기

결과를 확인할 준비가 됐으니, 메인 뷰포트로 이동하고 PCG 볼륨을 실행함으로써 이 노드를 테스트해보자.

그림 2.67 바위와 나무의 분포 결과

바위와 나무의 분포가 지형에 고르게 분포돼 있다는 점에 주목하자! 이것은 복잡한 숲의 모습을 원하는 사람들에게 중요한 부분이다. 지금까지 작업한 PCG 그래프 전체 모양은 다음과 같을 것이다.

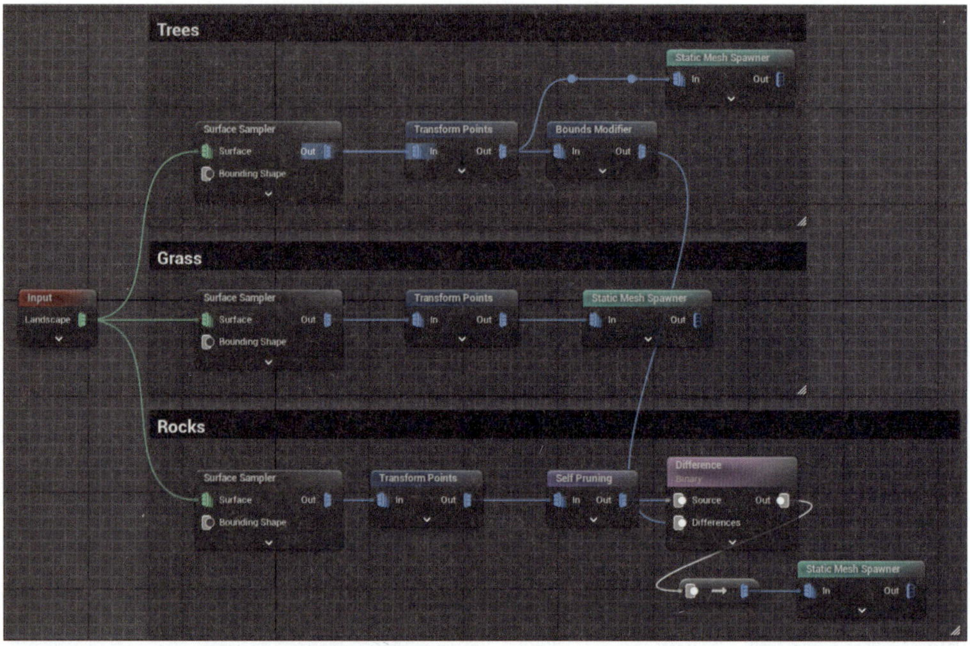

그림 2.68 PCG 그래프 네트워크의 최종 레이아웃

다음 절에서는 PCG 그래프의 성능을 향상시킬 수 있는 몇 가지 추가 옵션과 PCG 볼륨을 최적화하는 방법에 대해 자세히 알아보자.

최적화 및 성능 조언

고성능 PC나 저사양 PC 또는 노트북을 사용하는지 여부에 관계없이 PCG 도구를 최적화하는 것은 매우 중요하다. PCG 툴로 작업해 조밀한 폴리지를 생성할 때 주의해야 할 사항을 알아두자.

지오메트리 분포

사진을 스캔한 지오메트리geometry(우리의 경우 메가스캔 트리)로 작업하는 경우, PCG 툴에서 **Surface Sampler** 내부의 **Points Extents** 값을 줄이면 성능에 안 좋은 영향을 미칠 수 있다.

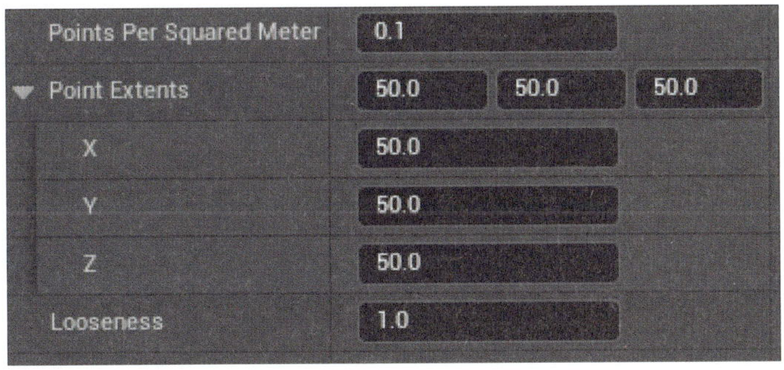

그림 2.69 메가스캔 트리에 대한 Surface Sampler 내부의 Points Extents 값 줄이기

예를 들어, **Point Extents** 값을 낮추면 트리 분포 결과가 멋져 보이지만 PCG 볼륨에 비해 퍼포먼스 부하가 매우 크다.

그림 2.70 가까운 트리 스폰이 컴퓨터 성능에 미치는 영향

프레임 속도가 30fps나 떨어졌다! 이렇게 하면 원활한 게임플레이 경험에 대한 기대치가 낮아질 수 있다. 나나이트Nanite를 활성화하면 어느 정도 도움이 될 수 있지만, 여전히 CPU와 RAM 사용량에 많은 부담을 주기 때문에 한계가 있다.

모범 사례

이전 절에서 설명한 것처럼, **Surface Sampler** 노드 내에서 **Points Extents** 값을 늘려 최적화된 스태틱 메시를 목표로 하는 것이 좋다.

다음은 이러한 값으로 랜드스케이프의 큰 나무들을 배치하는 예시다.

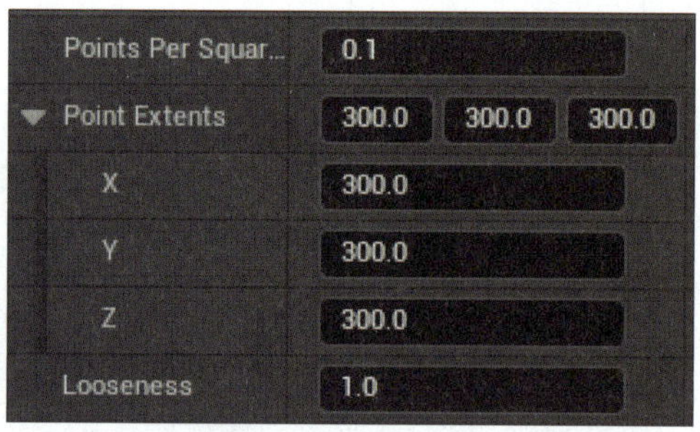

그림 2.71 PCG 볼륨의 성능을 개선하기 위해 Point Extents 값 늘리기

그림 2.72에서 지형 위 분포 구성의 결과를 확인할 수 있다. 이렇게 하면 지형에 어느 에셋을 더 많이 또는 덜 배포할지 우선순위를 정할 수 있다!

그림 2.72 랜드스케이프 전체에 잔디 분포를 개선하기 위해 Point Extents 값을 낮추기

앞의 그림은 잔디의 포인트 분포에 사용한 설정을 보여준다. 지형에 스폰되는 스태틱 메시의 양을 활용하면 그 차이를 쉽게 확인할 수 있다.

PCG 볼륨 크기 조정하기

Transform 설정은 PCG 볼륨의 크기를 조정해 성능을 향상시키는 데 사용할 수 있다. 기본적으로 스케일 크기가 작을수록 씬 내 효율성과 성능이 향상된다.

뷰포트에서 PCG 볼륨을 너무 많이 스케일링하면 성능 문제가 발생할 수 있으므로, 과하게 하지 않도록 유의하자. 또한 PCG 볼륨을 스케일링하기 전에 먼저 노드 설정을 최적화하는 것이 좋다.

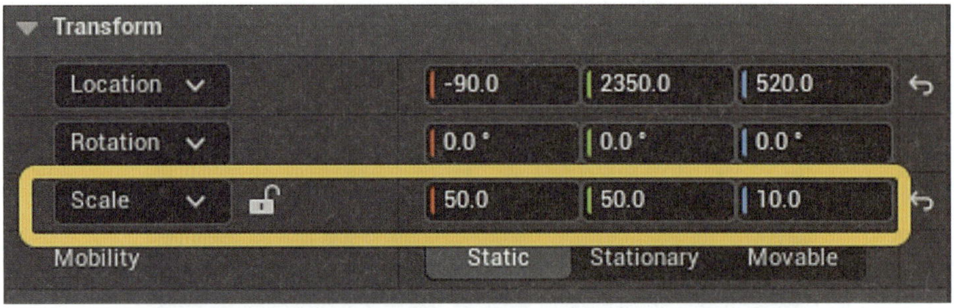

그림 2.73 성능 향상을 위한 PCG 볼륨 크기 줄이기

언리얼 엔진 5는 트랜스폼 모드에서 스케일이 커지면 뷰포트 화면에 렌더링할 데이터가 훨씬 더 많이 생성되므로, PCG 볼륨을 불러오는 데 시간이 걸린다. 이로 인해 RAM과 CPU 사용량이 엄청 높아진다.

그림 2.74 트리 구성이 성능에 미치는 영향을 나란히 비교하기
– 60fps로 실행되는 X: 50, Y: 50 유닛(왼쪽)과 30fps로 실행되는 X: 100, Y: 100 유닛(오른쪽)

PCG 볼륨 예제(그림 2.74 참조)에서 작은 숲 크기와 큰 숲 크기를 비교할 수 있다. 이는 스케일링의 중요성과 스케일링이 성능에 미치는 영향, 특히 런타임에 많은 수의 스태틱 메시를 배포하는 작업을 PCG 볼륨에 맡긴 경우의 중요성을 보여준다. 이 비교의 목적은 크기를 조정한 후 성능 결과를 평가해 PCG 볼륨 내부의 PCG 그래프를 미세 조정하는 것이다.

이제 이 장이 끝났다. 숲을 절차적으로 생성하는 첫 번째 PCG 툴을 개발했다!

요약

이 장에서는 숲을 절차적으로 생성하는 첫 번째 PCG 툴을 만드는 방법을 배웠다! 또한 지형에 다양한 유형의 폴리지를 생성하는 데 가장 많이 사용되는 노드와 구조를 구성하고, 랜드스케이프에 스폰된 스태틱 메시의 선택을 다양화하는 데 도움이 되는 **Self Pruning**, **Bounds Modifier**, **Difference** 같은 다양한 노드에 대해 자세히 알아봤다.

또한 지정된 PCG 그래프의 성능 안정성을 최적화하고 향상시키는 기술과 PCG 볼륨의 성능을 향상시키는 방법을 숙지했다. 이러한 지식은 PCG 그래프의 품질을 평가하고 절차적으로 생성된 시스템의 효율성을 개선하는 데 도움이 될 것이다.

다음 장에서는 블루프린트를 사용해 더 복잡하고 재미있는 PCG 그래프를 만드는 방법을 배우고, 추가적인 최적화에 대해 살펴보고, PCG 그래프 컴포넌트를 블루프린트에 적용하는 방법을 알아보자.

03

PCG 컴포넌트로 블루프린트 제작하기

2장에서는 랜드스케이프에 퍼져 있는 PCG 볼륨에 다양한 스태틱 메시를 적용해 자신만의 절차적 콘텐츠 생성PCG 그래프를 제작하는 방법을 배웠다. 이 장에서는 커스텀 PCG 블루프린트를 제작하고 이를 PCG 컴포넌트와 통합하는 데 초점을 맞춘다.

여기서는 포인트 루프Point Loop 함수를 활용해 스태틱 메시를 스폰하는 PCG 블루프린트를 만드는 방법을 알아볼 것이다. 다양한 오버라이드Override 함수를 사용하는 방법을 소개하며, 스태틱 메시의 고유한 스폰 배열을 생성해 PCG 볼륨 전체에 고르게 분포되도록 하는 방법을 배우게 된다.

첫 튜토리얼은 언리얼 에디터의 레벨 맵과 호환되는 PCG 컴포넌트를 개발하려는 사람들에게 필수적인 기술인 독립된 블루프린트 제작을 마스터하는 내용을 담는다. 이는 커스텀 PCG 컴포넌트를 구성하는 방법에 대한 지식을 제공한다.

나만의 PCG 블루프린트를 생성하고 다른 노드와 함께 PCG 그래프에서 PCG 블루프린트 요소를 구현하는 방법을 배울 것이다. 이 예제는 단순히 블루프린트 변수를 수정하는 방법을 넘어 PCG 블루프린트를 더 깊이 이해하는 데 매우 중요하다.

하지만 좀 더 가이드된 방식을 선호하는 경우를 고려해, 내가 직접 제작한 PCG 그래프 내의 PCG 컴포넌트를 구현할 수 있는 단계별 방법도 제공하고 있다. 관심이 있다면, 이 장의 '기술적 요구 사항' 절에 있는 깃허브 링크를 통해 자세한 튜토리얼을 다운로드할 수 있다.

이 장에서는 PCG 그래프부터 시작해 PCG 블루프린트를 살펴본다. 그런 다음, 나만의 PCG 블루프린트를 만들고 블루프린트 노드 로직을 사용해 랜드스케이프에 스폰된 스태틱 메시를 무작위로 변환하는 방법을 배운다. 이어서 이 커스텀 블루프린트를 PCG 그래프에 통합해 다른 노드와 원활하게 연결한다.

이 장에서 다루는 주요 주제는 다음과 같다.

- PCG 블루프린트 프로그래밍 소개
- PCG 데이터 구성
- 포인트 루프 함수 만들기
- 커스텀 PCG 블루프린트를 액터 블루프린트로 구현하기

PCG 블루프린트 튜토리얼을 따라 하기 위해 이전 장에서 모은 에셋을 활용해본다.

커스텀 PCG 블루프린트 제작 튜토리얼을 완료하고 나면 이 장을 다시 살펴볼 것을 권장한다. 단, 두 번째 시도에서는 자신만의 모델과 설정을 사용하며 진행해보자. 이 장의 주요 목표는 나만의 PCG 블루프린트를 제작하고 그 기본 기술을 이해하는 데 필요한 지식을 습득하는 것이다. 이 장이 끝나면, 간단한 커스텀 노드를 디자인하고 PCG 그래프 내의 다양한 노드 및 설정과 통합하는 등 나만의 PCG 블루프린트를 만드는 경험을 쌓을 수 있다.

그럼 중요한 변수와 함수를 포함한 블루프린트 그래프의 기본적인 측면을 다루는 PCG 블루프린트를 소개하는 것부터 시작해본다.

기술적 요구 사항

이 장을 완료하려면 다음과 같은 준비가 필요하다.

- 다음 사양을 갖춘 PCG를 실행할 수 있는 컴퓨터가 필요하다.
  - 고성능 멀티코어 CPU(AMD Ryzen 7/9, Intel i7/i9)
  - GPU(8GB 이상의 VRAM이 탑재된 NVIDIA RTX 혹은 AMD Radeon RX)
  - 최소 16GB의 RAM
- 언리얼 엔진 5의 블루프린트 제작에 대한 기본 지식. 이 장은 블루프린트 개발에 대한 기본적인 이해만 있어도 쉽게 접근할 수 있도록 구성돼 있다.

이 장의 파일들은 깃허브 링크(https://github.com/PacktPublishing/Procedural-Content-Generation-with-Unreal-Engine-5/tree/main/Chapter_3/UE5_PCG_Chapter_03)에서 찾을 수 있다.

2장에서는 PCG 노드를 사용해 나만의 PCG 도구를 만드는 실용적인 부분을 배웠다. 이제는 앞으로의 예제에서 만들 PCG 블루프린트와 결합할 것이다.

해당 장의 코드 파일은 웹 사이트(https://packt.link/PPMwK)에서 확인할 수 있다.

PCG 그래프 준비

PCG 블루프린트로 넘어가기에 앞서, 추후에 사용할 PCG 그래프를 먼저 만들어보자. 이는 나중에 블루프린트 내에서 플레이스홀더placeholder[1]로 사용될 것이다. PCG 그래프를 만들려면 다음 과정을 따른다.

1. PC 그래프를 생성하고 이름을 `PCG_Generator`로 변경한다. 그래프를 열고 나중에 사용

1 문자나 이미지 등이 들어갈 자리에 임시로 채워놓는 내용물을 말한다. – 옮긴이

할 몇 가지 노드를 추가해보자.

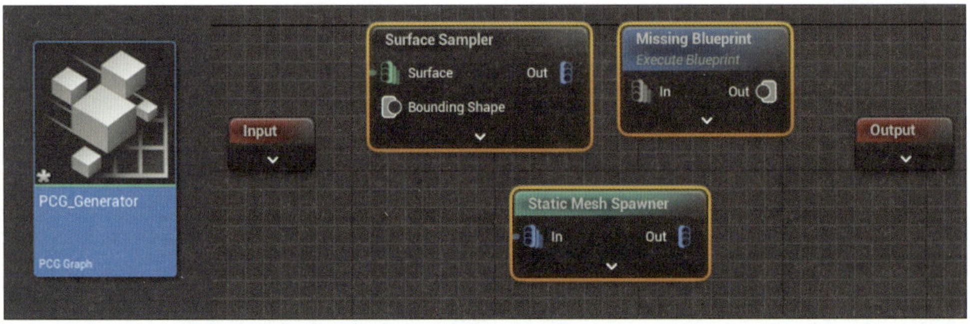

그림 3.1 새 PCG 그래프를 생성하고 그래프에 해당 노드들을 추가한다.

2. 노드 구성을 진행하면서 우리가 만들 **Execute Blueprint** 노드의 실행 목적을 먼저 살펴보고 설명하면 유용할 것이다.

그림 3.2 Execute Blueprint 노드

이 노드는 아마도 꽤 생소해 보일 텐데, 이 장의 뒷부분에서 PCG 블루프린트를 실행하는 데 사용할 **Execute Blueprint** 노드다. 이 노드를 사용하면 PCG 블루프린트에 정의된 커스텀 로직 및 연산을 PCG 그래프와 결합해 절차적 요소를 생성하고 조작하는 방법을 좀 더 유연하게 제어할 수 있다.

이 정도로만 설명해도 시작하기에는 충분할 것이므로, 이제 자신만의 PCG 블루프린트를 만드는 주요 부분으로 넘어가본다. 이 부분은 어려울 수 있으며, 완전히 이해하려면 시간이 더 필요할 수 있다. 따라서 천천히 개념을 이해하고 자신의 속도에 맞춰 연습해보자.

PCG 블루프린트 만들기

이전 절에서는 PCG 그래프를 만들었고, 다음 단계에서는 PCG 블루프린트를 만들어본다. 이는 매우 흥미로운 연습일 수 있으며, 다른 블루프린트를 만드는 방법과 매우 유사하다. 다음 과정을 따라 해보자.

1. 이 연습을 시작하려면 **Content Browser ➤ PCG**로 가서 PCG 폴더 공간을 마우스 오른쪽 버튼으로 클릭하고 **Blueprint Class**를 검색한다.

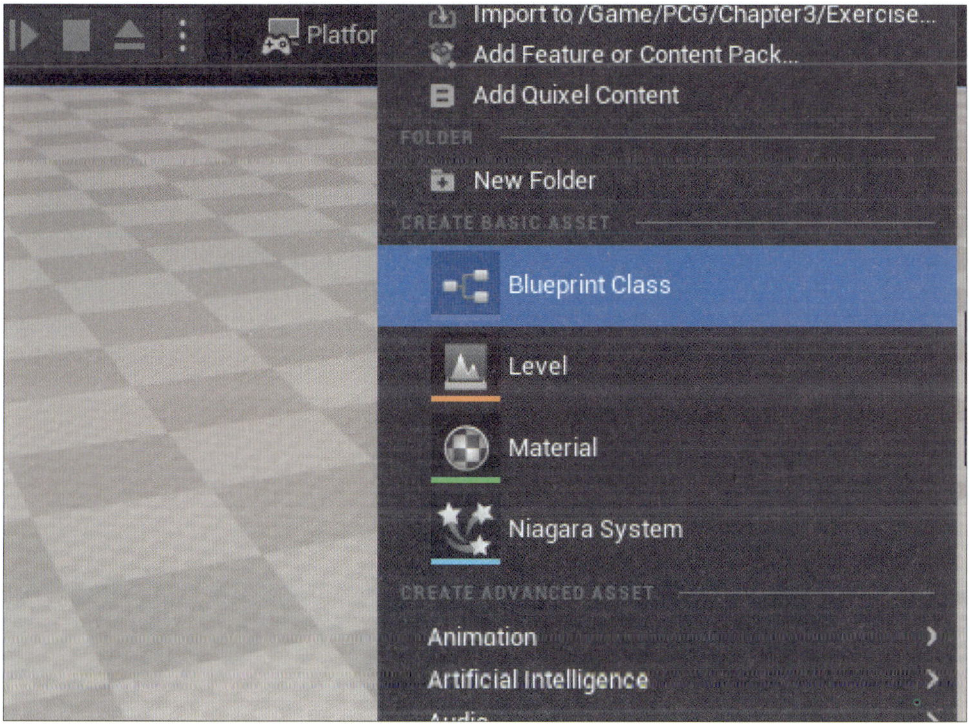

그림 3.3 Blueprint Class 선택

2. **Blueprint Class** 선택 창이 열린 상태로 **ALL CLASSES**라고 표시된 아래 검색창에서 `PCGBlueprintElement`를 검색한다. 이를 선택하고 PCGBlueprintElement를 생성한 다음, 이름을 `BPPointGenerator`로 변경한다.

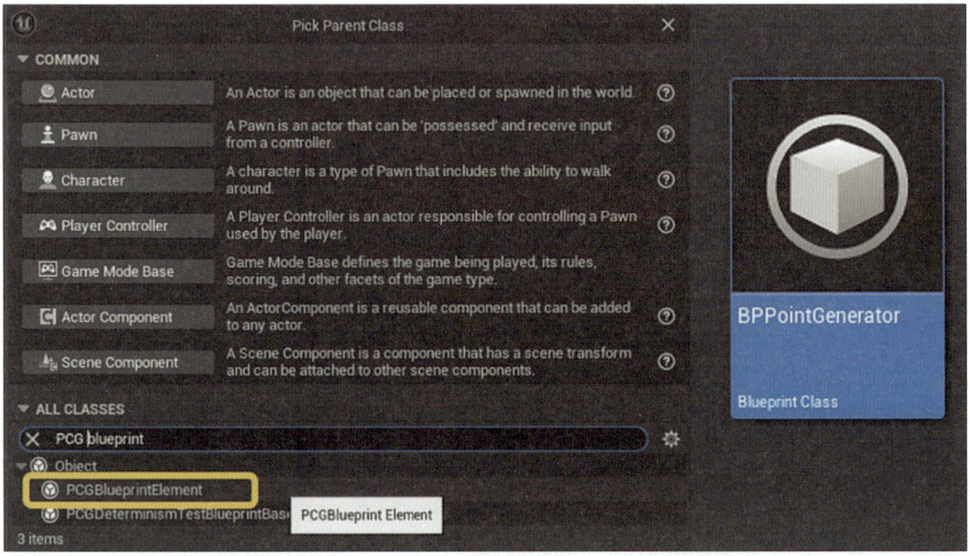

그림 3.4 ALL CLASSES에서 PCGBlueprintElement 검색하기

블루프린트 제작에 들어가기에 앞서 일반적인 블루프린트와 이 예제에 사용할 블루프린트의 차이점을 이해하는 것이 중요하다. 일반적인 블루프린트 제작 방법과 유사한 방법으로 구현하겠지만, 여기서는 주로 PCG 블루프린트 내 요소를 작동시키는 주요 메커니즘인 함수를 만드는 데 중점을 둘 것이다.

언리얼 PCG 툴은 블루프린트 구조에 따르는 템플릿 함수를 제공해 그 안에서 특정 기능을 개발하는 데 도움을 준다.

오버라이드 함수 구성

이 장에서는 오버라이드Override 함수의 기능을 자세히 알아볼 것이다. 이 강력한 기능을 사용하면 런타임 중에 PCG 그래프 내의 섹션을 수정하거나 교체할 수 있다. 오버라이드 함수는 노드 내에서 복잡한 계산을 실행한 다음 더 큰 PCG 그래프에 적용하는 데 특히 유용하다. 이를 통해 실시간 입력 또는 조건에 따라 절차적 콘텐츠를 동적으로 변경하고 개선할 수 있다.

Execute with Context

이 연습의 핵심은 포인트 분배를 위한 기본 로직을 생성하고 이를 활용해 PCG 데이터 내에서 포인트를 수정하는 것이다. 이전에는 **Point Loop Body** 함수에 집중했지만 이번 과제는 새로운 함수를 개발하는 것이며, 이 함수는 **FUNCTIONS** 탭의 **Override** 섹션 아래에 있다.

1. **FUNCTIONS** 탭의 **Override** 패널로 이동해 `Execute with Context`를 검색한다. **Execute with Context**를 클릭해 새 함수를 만든다.

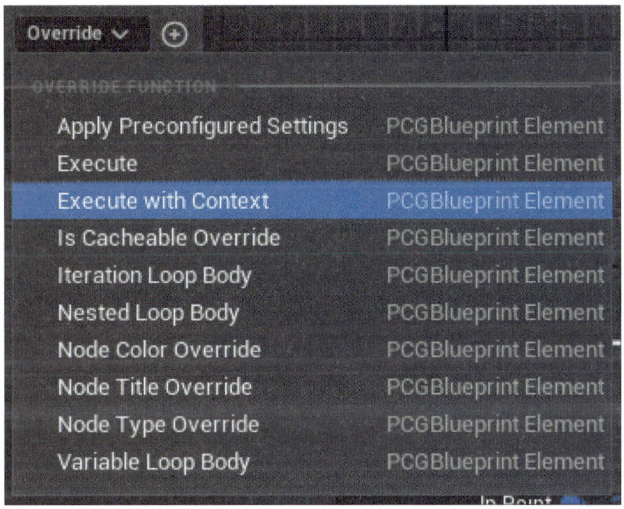

그림 3.5 Override 기능 창

2. 눈치챘겠지만, 예제에서 사용할 수 있는 새 함수가 중심 콘텍스트를 처리하기 때문에 이를 중심으로 구성할 것이다. **Execute with Context**의 **In Context**에서 핀을 끌어온 후 **Promote to variable**을 선택한다.

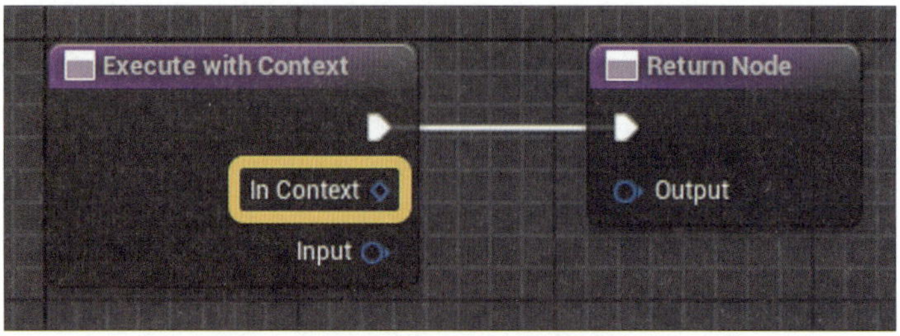

그림 3.6 Execute with Context 함수 내부

3. 그림 3.6은 **Execute with Context** 함수의 스크린샷을 보여주며, 그림 3.7은 **Promote to variable**을 선택하는 방법을 보여준다.

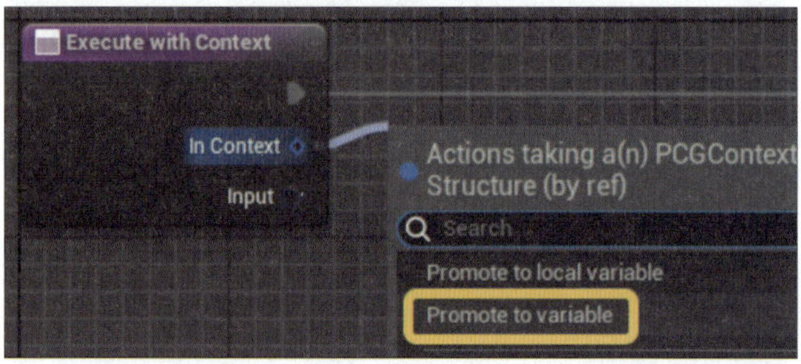

그림 3.7 Promote to variable을 사용해 Context 변수 만들기

4. 이 부분에서 콘텍스트 요소를 저장하는 변수를 설정해 동일한 데이터에서 실행되도록 한다.

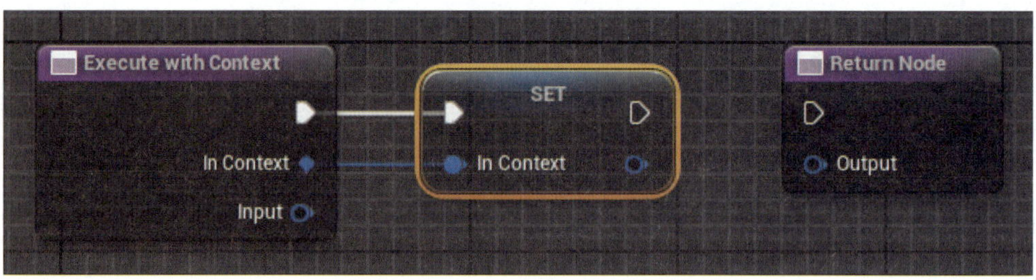

그림 3.8 In Context 변수 연결하기

5. 다음 단계는 입력이 `PCGDataCollection`을 사용하는지 확인하는 것으로, 여기서는

Break PCGDataCollection 함수를 사용해 `TaggedData` 입력에 접근할 것이다. 이렇게 하면 `PCGDataCollection` 내에서 사용 가능한 데이터 포인트를 검색하고 루핑looping할 수 있다.

그림 3.9 그래프에 Break PCGDataCollection 노드 추가하기

6. 이어서 **Break PCGDataCollection** 노드를 적용하고, 이를 **Execute with the Context** 노드의 **Input**에 연결한다.

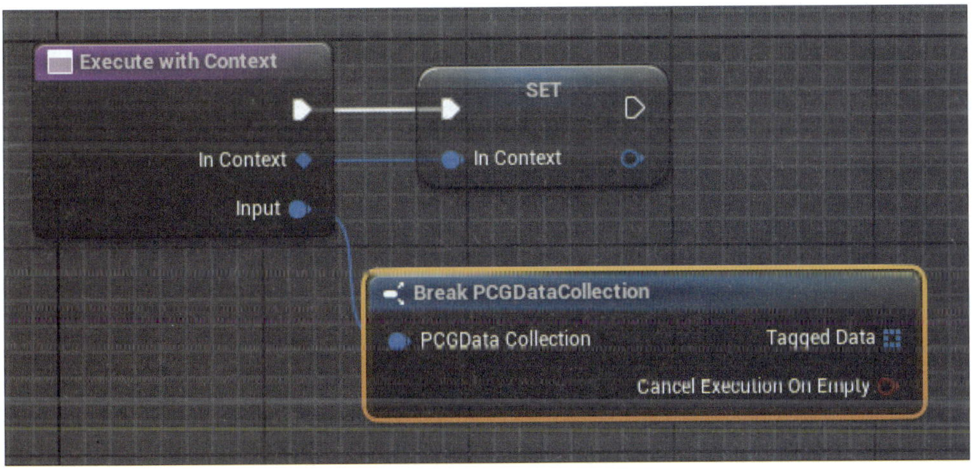

그림 3.10 Break PCGDataCollection 연결하기

7. 다음 단계는 **For Each Loop** 노드를 통해 `PCGDataCollection`의 배열 요소를 실행하는

것이다. 이 작업을 수행하기 전에 **Break PCGDataCollection** 노드 내부의 **Tagged Data** 입력에서 노드를 끌어온다.

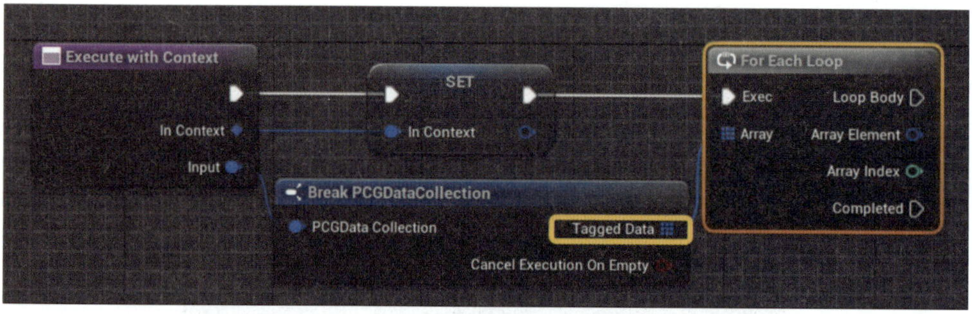

그림 3.11 Tagged Data를 For Each Loop 노드에 연결하기

NOTE

> 언리얼 엔진 5의 PCG 프레임워크에서 `PCGDataCollection`은 다양한 데이터 유형과 구조를 처리하기 위한 다용도 툴이다. 주요 목적은 PCG에 필요한 데이터를 수집하고 구성하고 관리해 개발자가 복잡하고 역동적인 게임 월드를 더 쉽게 제작할 수 있도록 하는 것이다.

다음 작업은 `PCGDataCollection`에 접근해 태그가 지정된 데이터를 분석하는 것이다. 이를 통해 데이터를 검색하고 `PCGSpatialData`로 변환할 수 있다.

`PCGSpatialData`는 3D 공간 내의 포인트, 부피, 면적을 나타내는 광범위한 정보를 가진 강력한 클래스다. 우리의 예제에서는 이 클래스를 레벨 디자인과 통합하는 데 활용한다.

PCG 및 포인트 루프 통합

이 절에서는 이전 예제에서 중단한 부분부터 다시 시작해 나머지 요소를 블루프린트 그래프에 적용하는 작업을 진행해본다. 데이터 포인트를 활용하고 특정 요구 사항에 맞게 확장하는 데 중점을 둘 것이다.

1. **For Each Loop** 노드에서 **Array Element**를 끌어온 후 **Break PCGTaggedData** 노드를 검색한다.

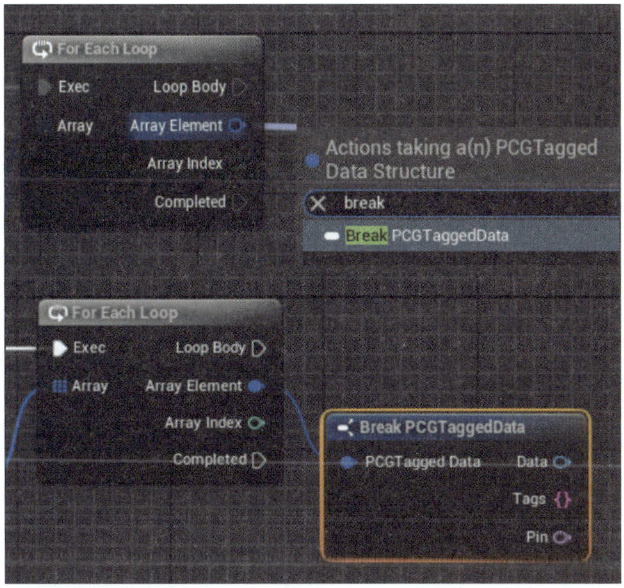

그림 3.12 Array Element에 Break PCGTaggedData 연결하기

튜토리얼의 현재 단계에서는 블루프린트가 이렇게 보여야 한다.

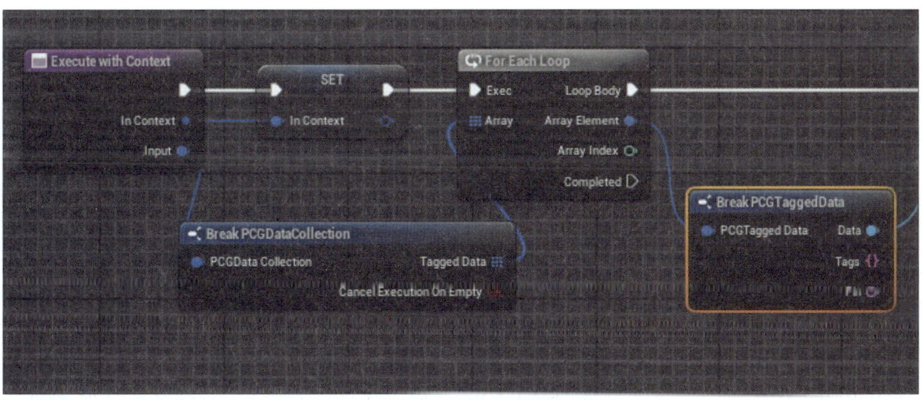

그림 3.13 현재 단계의 연결된 노드 모습

NOTE

PCGTaggedData는 PCG와 관련된 정보를 저장하는 데이터 구조체다. 여기에는 벡터, 숫자, 게임 월드 내 다른 오브젝트나 엔티티에 대한 참조 등 다양한 유형의 데이터가 포함될 수 있다.

2. 다음 단계에서는 `PCGSpatialData`로 캐스팅casting[2]할 것이다. **Break PCGTaggedData**의 **Data** 입력에서 커넥터를 끌어와 **Cast To PCGSpatialData**로 연결한다.

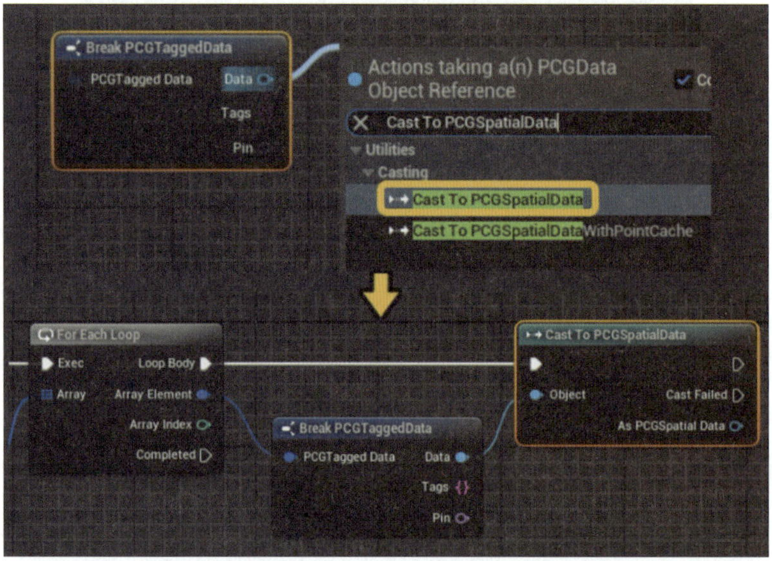

그림 3.14 그래프에 Cast To PCGSpatialData 노드 연결하기

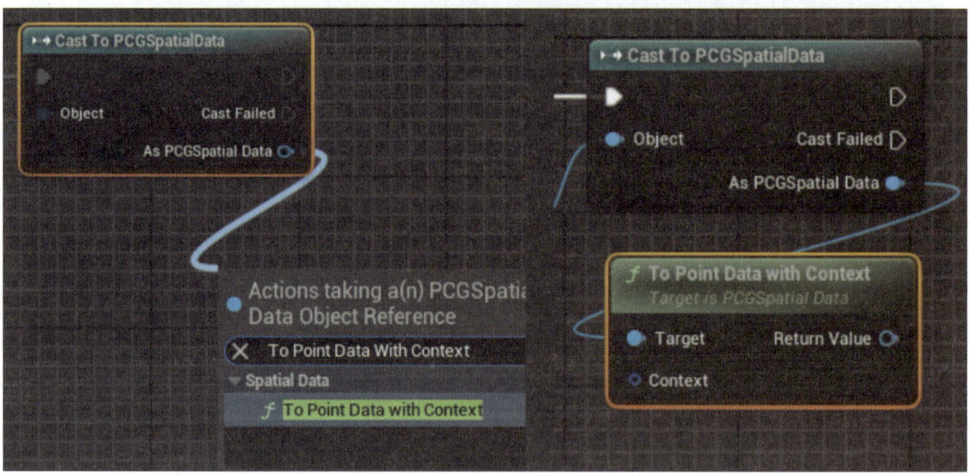

그림 3.15 To Point Data with Context에 연결 및 추가하기

2 데이터를 필요에 맞게 변환하는 작업을 말한다. – 옮긴이

3. 커넥터를 **To Point Data with Context** 함수에 연결한다. 이 함수를 사용하면 이 예제에 필요한 포인트 데이터 모듈이 있는 기존 **In Context** 변수에 연결할 수 있다.

4. 앞에서 설명한 것처럼 이제 **In Context** 변수를 끌어와 **To Point Data with Context** 함수 노드에 연결할 수 있다.

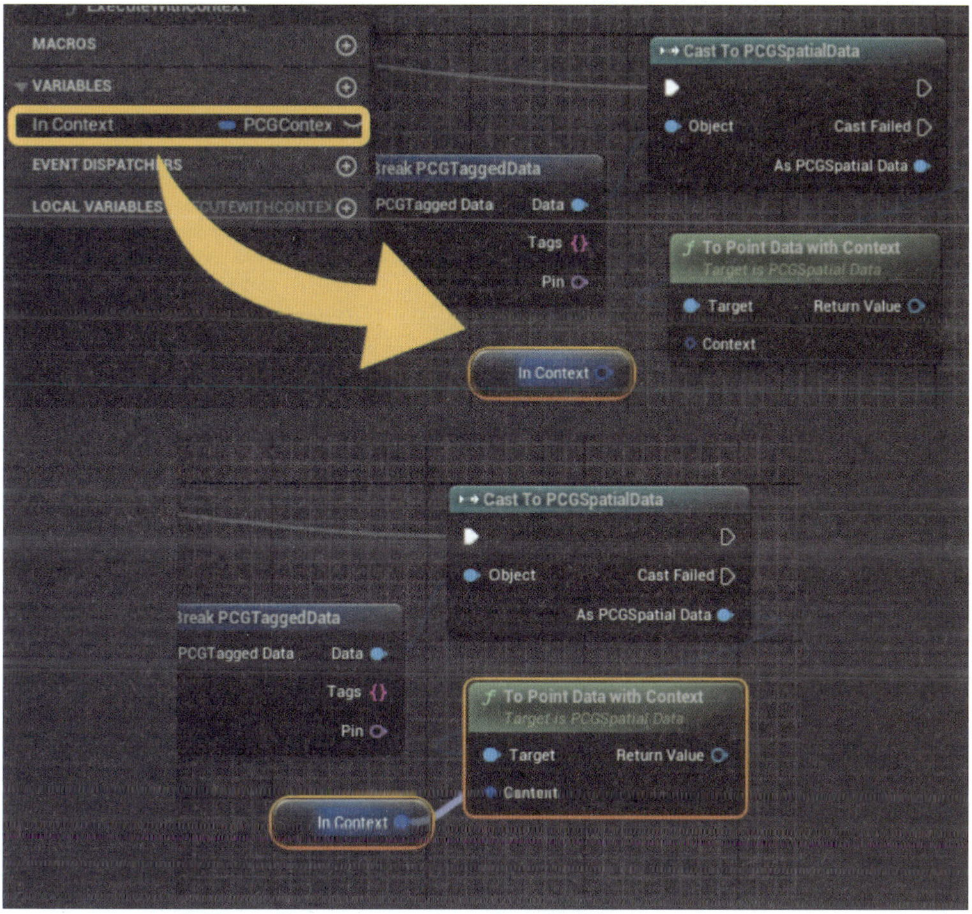

그림 3.16 In Context 변수를 To Point Data with Context 노드에 연결하기

이제는 **Point Loop** 기능으로 넘어가보자.

다음 절에서는 **Return Node**를 검색할 예정이다. 이 노드는 루핑 액션을 통해 채워진 포인트를 실행하고 생성하는 데 사용된다. **Return Value** 입력을 끌어와 `PointLoop` 함수에 연결한다.

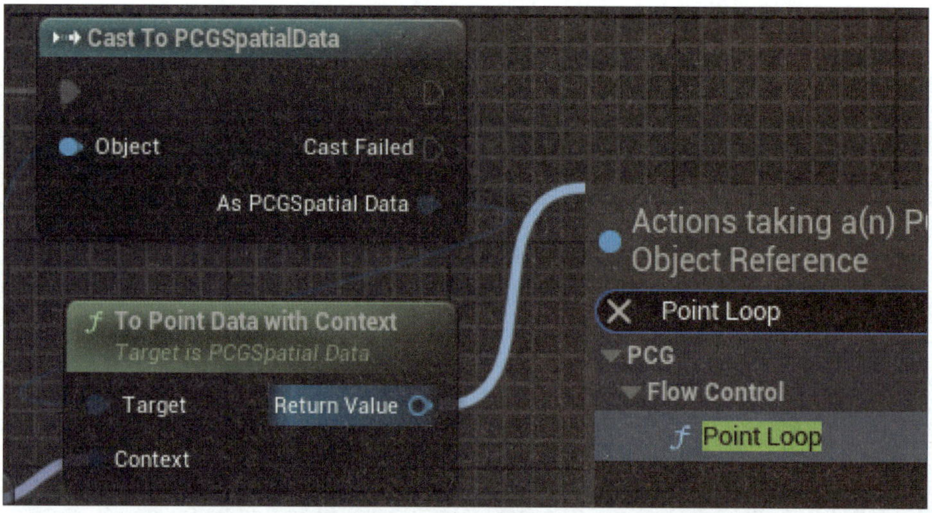

그림 3.17 Point Loop 기능 추가 및 연결

5. 여기서는 **To Point Data with Context** 함수의 반환 값에 `PointLoop` 함수를 연결했다.

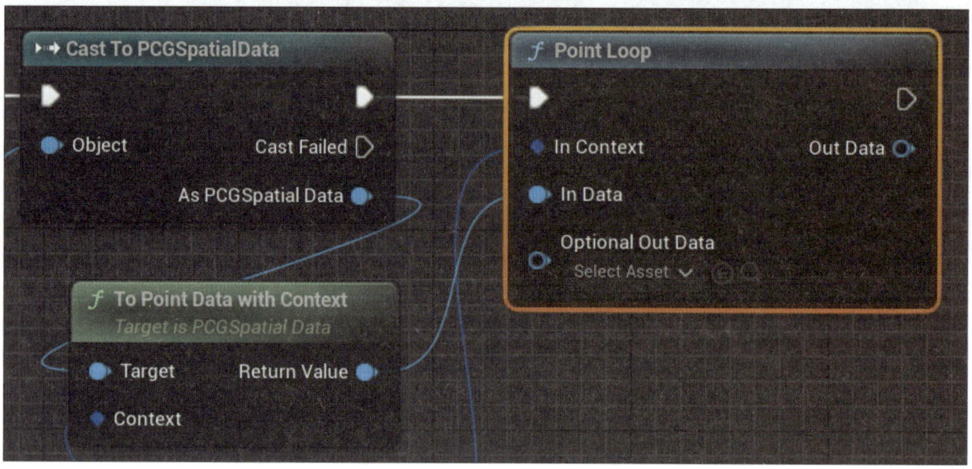

그림 3.18 Point Loop 함수 모습

6. 그래프에 `PointLoop` 함수를 추가했다면, 생성한 **In Context** 변수를 `PointLoop` 함수에 연결한다. **In Context**의 개념은 PCG 그래프에 적용될 현재 구성을 제공하는 것이다.

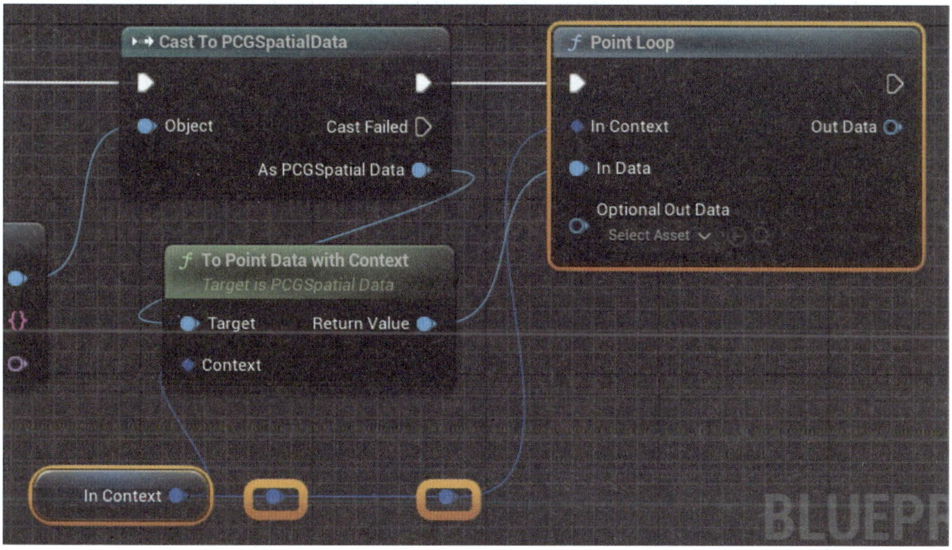

그림 3.19 그래프 정리

7. 일반적으로는 새 **Return Node**를 **Cast To PCGSpatialData** 노드의 **Cast Failed** 출력 노드에 연결한다. 이렇게 하면 특정 유형의 객체(이 경우 PCGTaggedData)를 공간 데이터에서 다른 유형으로 변환했는지 테스트할 수 있다.

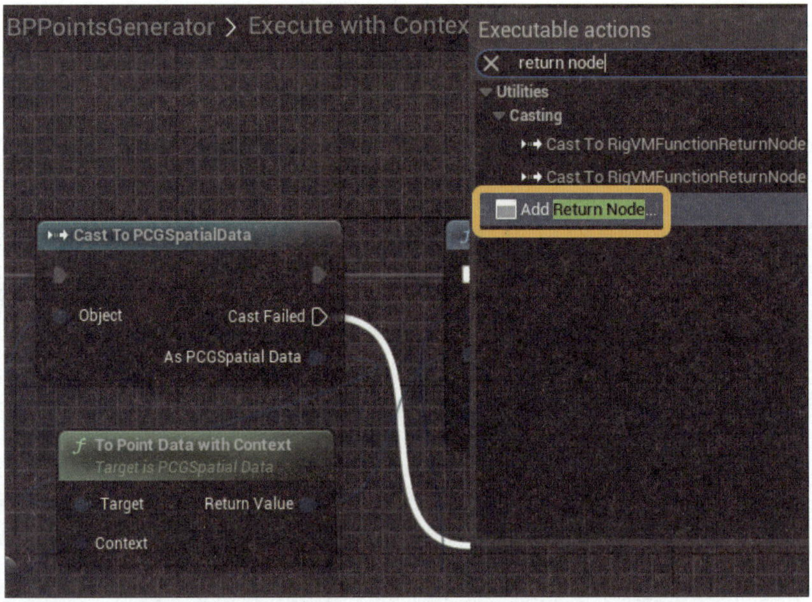

그림 3.20 Return Node 추가하기

Return Node를 추가하고 **Cast Failed** 출력에 연결해보자. `PointLoop` 함수가 작동하지 않을 경우 반환 값으로 작동한다.

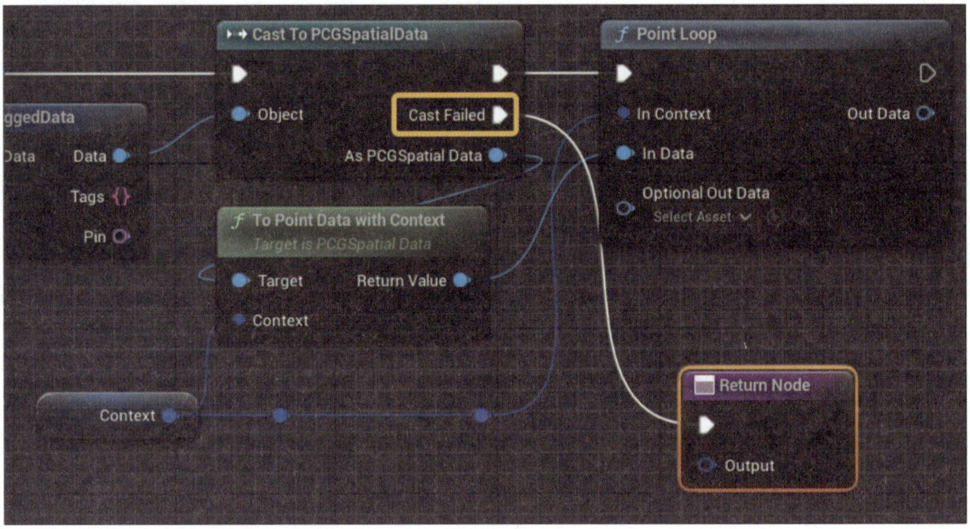

그림 3.21 PointLoop 함수가 작동하지 않을 경우 반환되는 Cast Failed 입력 노드에 연결된 Return Node

여기서 잠시 멈추고 그래프를 다시 검토해보자. 그래프의 나머지 부분을 계속 작성하기 전에 기존 구조의 품질을 검사하는 것이 중요하다. **Execute with Context Override** 함수의 경우 `PointLoop` 함수로 이어지는 모든 필수 노드를 연결했다. 앞으로는 기존 `PCGDataCollection`을 반환해 **Return Node** 출력으로 만드는 작업을 진행할 것이다.

다음 파트에서는 `PCGTaggedData`에 접근해 `PointLoop`와 함께 작동하도록 만들겠다.

1. `PointLoop` 함수의 **Out Data** 출력에서 끌어내야 하는 **Make PCGTaggedData** 노드의 **Array Element**를 사용해 접근하는 것으로 시작해보자.

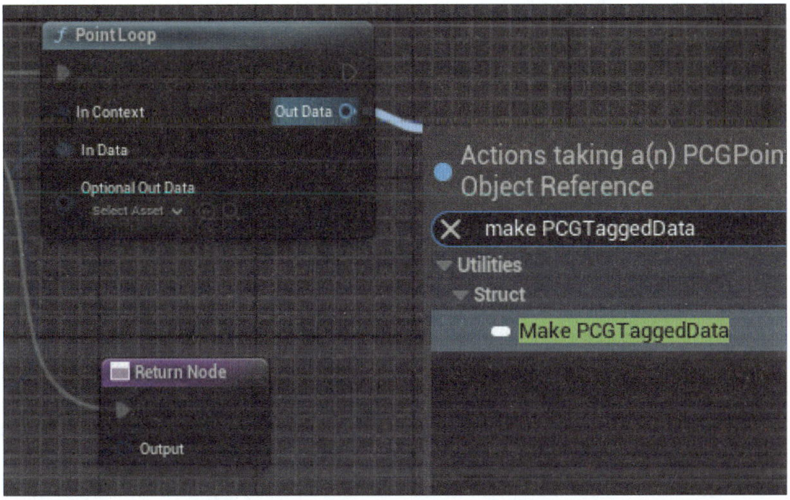

그림 3.22 Make PCGTaggedData 노드 추가하기

그래프에 **Make PCGTaggedData** 노드를 추가하고 `PointLoop`의 **Out Data** 출력 노드에 연결해보자.

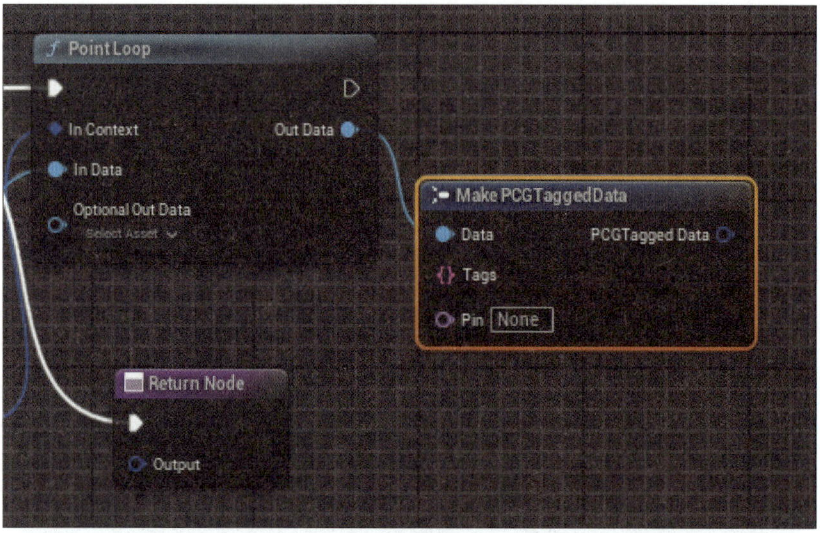

그림 3.23 PointLoop의 Out Data에 Make PCGTaggedData 노드 연결하기

2. **Out Data**에 **Make PCGTaggedData**를 연결한 후 나머지 그래프를 연결할 수 있다.
3. 현재 단계에서 PCG 블루프린트 섹션은 다음과 같아야 한다.

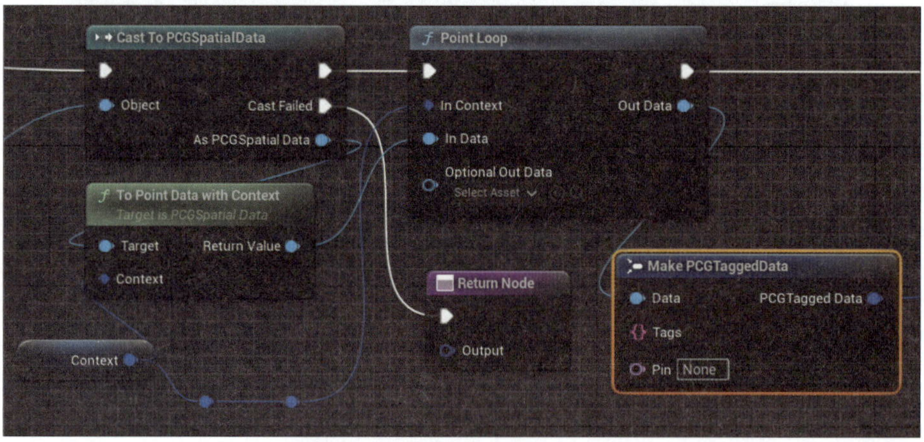

그림 3.24 현재 단계의 연결된 노드 모습

이 **Make PCGTaggedData** 노드와 함께 필수 태그 데이터에 접근하기 위해 배열을 만들어야 한다. `PCGTaggedData` 출력에서 커넥터를 끌어다 놓고 `Make Array`를 검색한 다

음, **Make Array**를 메인 노드에 연결한다.

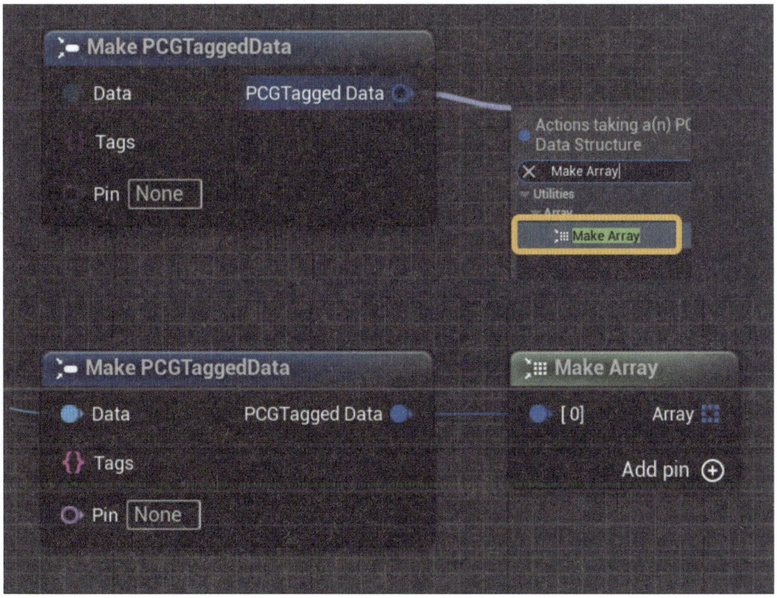

그림 3.25 Make Array를 PCGTaggedData 출력에 연결하기

4. 다음 단계는 `TaggedData`를 참조할 때 사용될 새 변수를 생성하는 것이다. 이 변수는 `PCGDataCollection` 리포지터리의 데이터 포인트를 저장하고 활용하는 데 사용된다.

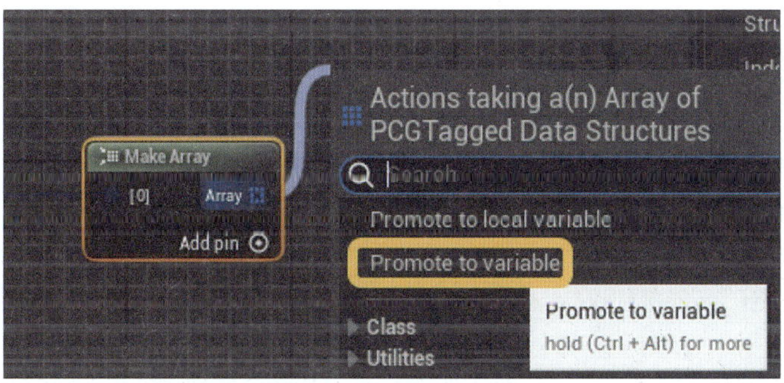

그림 3.26 TaggedData의 변수 승격하기

5. 새 변수의 이름을 `TaggedData`로 변경해 **Make Array** 노드에 직접 연결되도록 한다. 이제 노드를 연결해 그래프를 더 발전시켜보자.

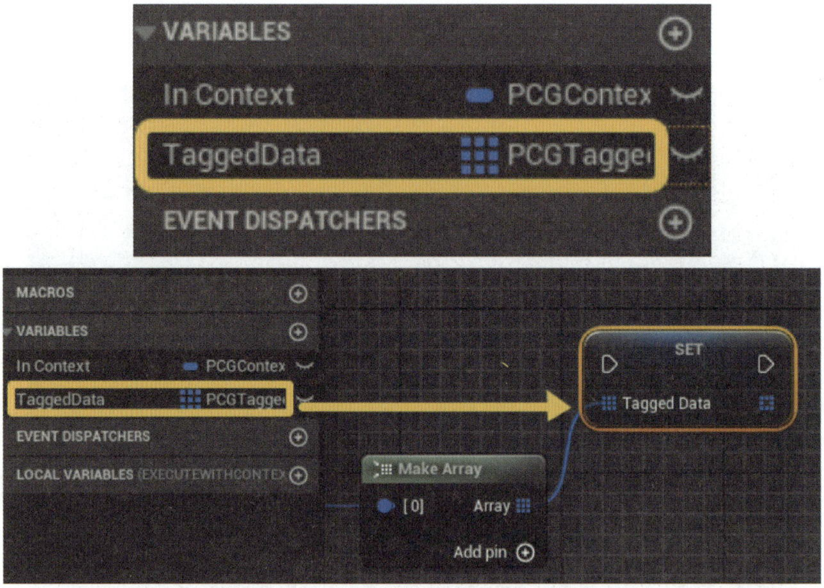

그림 3.27 TaggedData를 참조 노드로 설정하기

6. `TaggedData` 변수가 설정됐으므로, 이제 **Make Array**에 연결해 PCG 블루프린트 그래프의 연속적인 흐름을 만들 수 있다.

7. 블루프린트 그래프 공간에 우클릭하고 **Make PCGDataCollection**을 검색한다. 이는 `TaggedData` 참조를 연결하고 **Return Node** 내부의 출력에 연결하는 데 사용될 것이다.

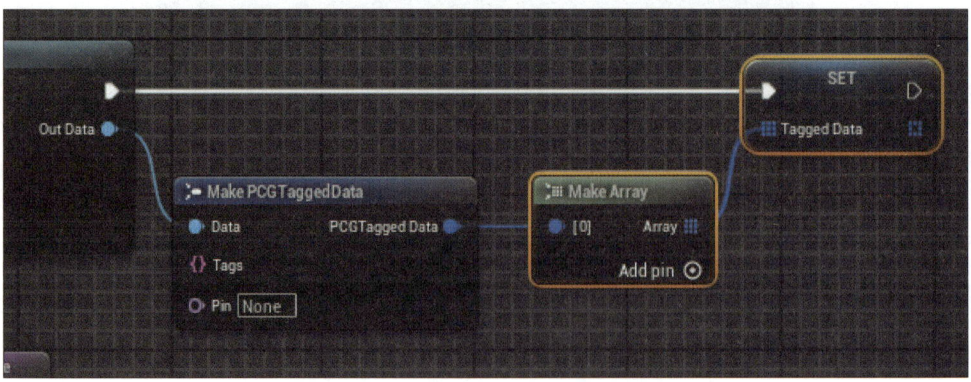

그림 3.28 TaggedData 참조를 PointLoop 함수에 연결하기

8. **Tagged Data** 변수에서 핀을 끌어온 다음, **Make PCGDataCollection** 노드를 검색해보자. 두 노드가 모두 연결돼 있는지 확인한다.

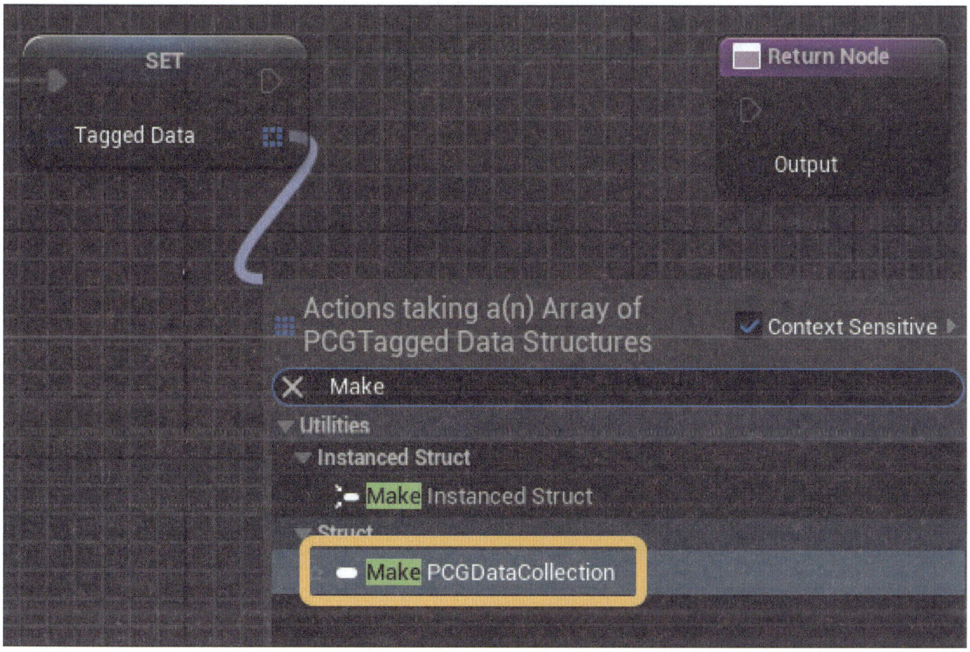

그림 3.29 Make PCGDataCollection 추가하기

9. 이제 **Make PCGDataCollection** 노드를 **Return Node**의 출력에 연결해 그래프의 구조를 완성한다.

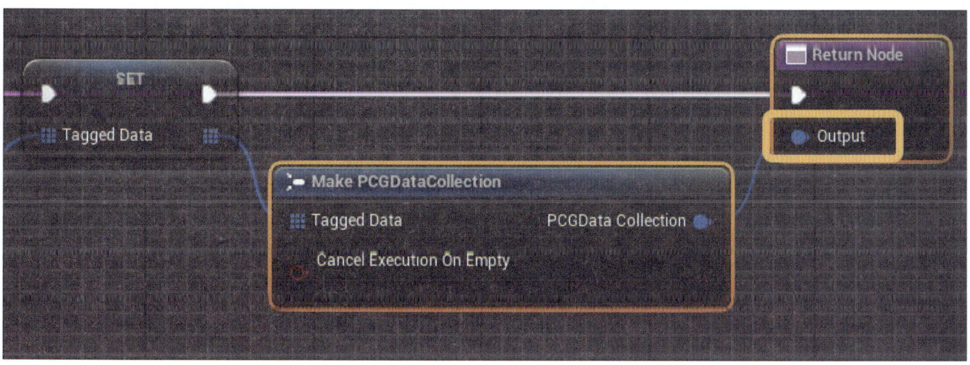

그림 3.30 Return Node의 출력에 Make PCGDataCollection 연결하기

마지막 부분은 다음과 같다. **Return Node**에서 끝나는 모든 노드를 연결했다.

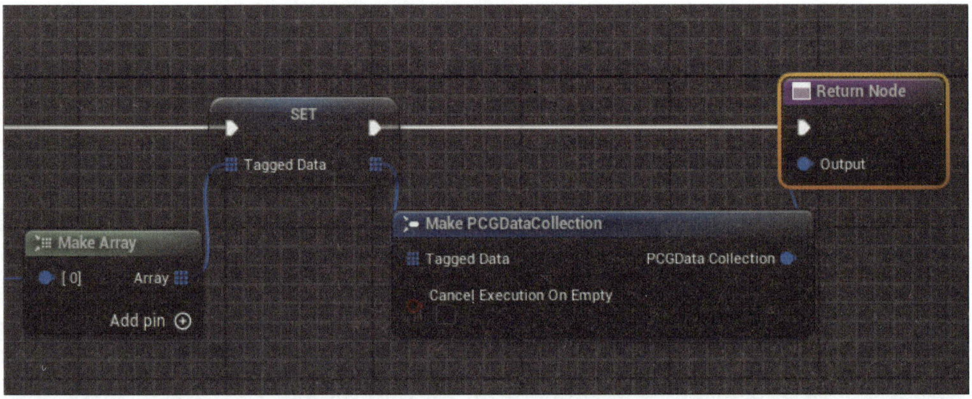

그림 3.31 현재 단계에서 연결된 노드 모습

드디어 PCG 블루프린트에서 **Execution with Context** 블루프린트를 만드는 과정을 마쳤다. 다음 절로 넘어가기 전에 지금까지 배운 내용과 이 연습을 통해 일반적인 언리얼 엔진 PCG 워크플로에서 **Execution with Context**부터 `PointLoop` 함수까지의 과정을 구성하는 방법을 공유하고자 한다.

- Execution with Context
  - **설명**: 프로세스의 시작점이다. **Execution with Context**는 PCG 로직이 작동하는 현재 상태 또는 환경을 나타낸다. 여기에는 현재 레벨, 플레이어 데이터 또는 기타 관련 환경 요인에 대한 정보가 포함될 수 있다.
  - **목적**: PCG 프로세스에 필요한 초기 데이터와 조건을 제공한다.
- Break PCGDataCollection
  - **설명**: `PCGDataCollection`은 다양한 PCG 데이터 요소를 담고 있는 구조 혹은 컬렉션이다. Break 연산은 이 컬렉션을 개별 구성 요소로 분해한다.
  - **목적**: PCG 프로세스에서 추가 작업에 필요한 특정 데이터에 접근한다.

- For Each Loop
    - **설명**: 이 루프는 컬렉션의 각 요소를 반복한다. PCG 환경에서는 일반적으로 PCGDataCollection에서 얻은 요소에 대한 루프가 된다.
    - **목적**: 특정 PCG 규칙 또는 수정 사항을 적용하는 데 필수적인 각 데이터를 개별적으로 처리한다.
- Break PCGTaggedData
    - **설명**: PCGTaggedData는 일반적으로 태그가 지정되거나 분류된 정보를 포함하는 컬렉션의 일부다. 이를 세분화하면 특정 태그 및 관련 데이터에 접근하는 데 도움이 된다.
    - **목적**: 절차적 생성을 좀 더 정교하게 제어하기 위해 태그 정보를 활용한다.
- Cast To PCGSpatialData
    - **설명**: 일반적이거나 덜 구체적인 데이터 유형을 PCG 콘텍스트에서 좀 더 구체적이고 공간 속성과 관련이 있을 가능성이 높은 PCGSpatialData로 처리하기 위해 시도하는 캐스팅 작업이다.
    - **목적**: 게임 월드의 위치, 부피, 면적 등 PCG 프로세스에 필요한 공간 속성에 접근한다.
- PointLoop
    - **설명**: PointLoop 함수는 일련의 포인트 또는 공간 데이터를 처리하는 PCG 프로세스의 일부일 수 있다.
    - **목적**: 각 포인트 또는 공간 요소에 특정한 절차적 생성 규칙 또는 수정을 적용함으로써 이전의 모든 데이터 조작 및 캐스팅 작업을 통합한다.

다음 절에서는 **Point Loop Body** 오버라이드 함수를 개발할 것이다. 이 함수는 TaggedData에 대한 PointLoop를 완성하는 데 필수적이다. 이 과정에서 스태틱 메시를 랜드스케이프 전체에 무작위로 배포할 수 있는 공식을 구성할 것이며, 여기에는 스폰된 스태틱 메시의 위치, 회전 및 스케일을 변경하는 기능도 포함된다!

포인트 루프 바디

PCGBlueprint 요소를 열면 일반적인 PCG 블루프린트와의 많은 유사점을 발견할 수 있다. 우리의 경우 유일한 차이점은 내부의 그래프 구성이다. 따라서 현재 예제의 구조를 만드는 데 사용되는 단계별 흐름을 보여주겠다.

1. PCG 블루프린트를 열면 왼쪽에 **FUNCTIONS**라는 탭이 있다. 해당 탭에 마우스 커서를 가져가면 **Override**가 표시된다.

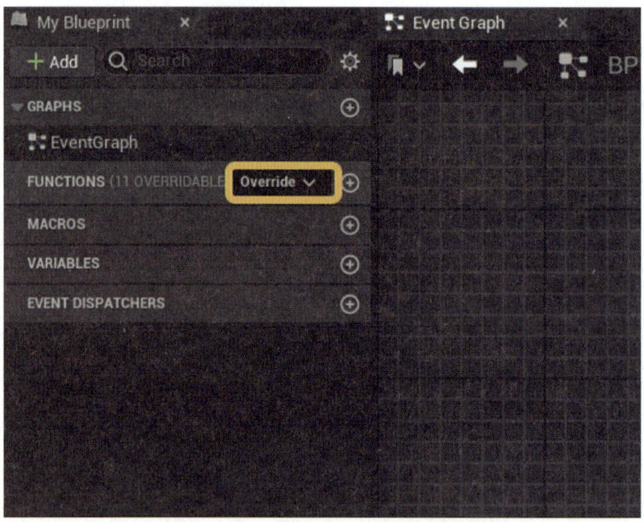

그림 3.32 Override 기능의 위치

2. **Override**를 클릭하고 목록에서 `Point Loop Body`를 검색한다. 그러면 함수 메뉴 탭 안에 새 함수가 생성된다.

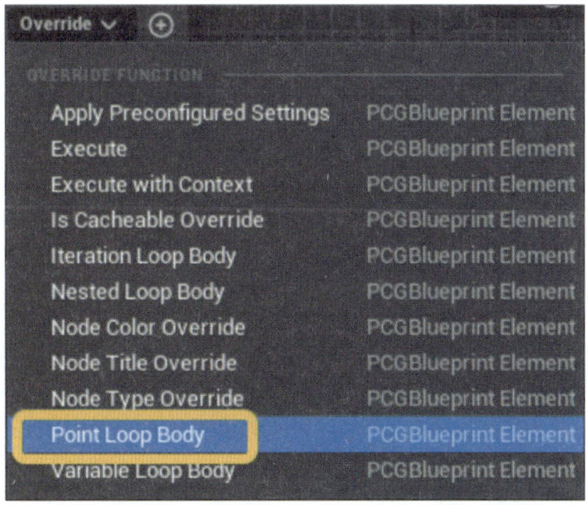

그림 3.33 Point Loop Body 함수 추가하기

3. **Point Loop Body**는 그래프의 모든 포인트에 대해 반복하는 데 필요한 콘텍스트와 데이터에 대한 모든 접근을 제공하는 초기 입력 노드다.

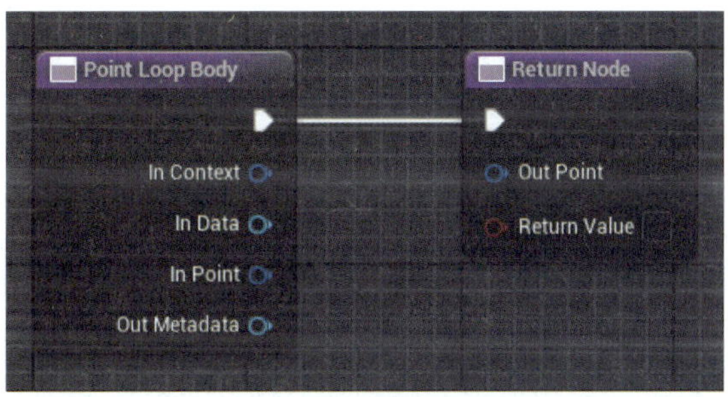

그림 3.34 새로 생성된 Point Loop Body 오버라이드 함수

`PointLoopBody` 함수는 `PCGPoint` 구조 내의 모든 포인트를 루핑하며 PCG 그래프를 통해 수학적 방식으로 스태틱 메시를 스폰하는 로직 알고리듬으로 사용된다. 이 과정은 루프 함수를 **Return Node** 내부의 **Out Point** 노드로 반환한다.

4. **In Point** 입력에서 `Set members in PCGPoint`를 검색해보자. 이 노드는 `PCGPoint` 라이브러리에 접근하고 **Transform**과 **Density** 같은 정보를 수정하는 데 도움이 된다. 이 장의 뒷부분에서 관련 내용을 자세히 다룬다.

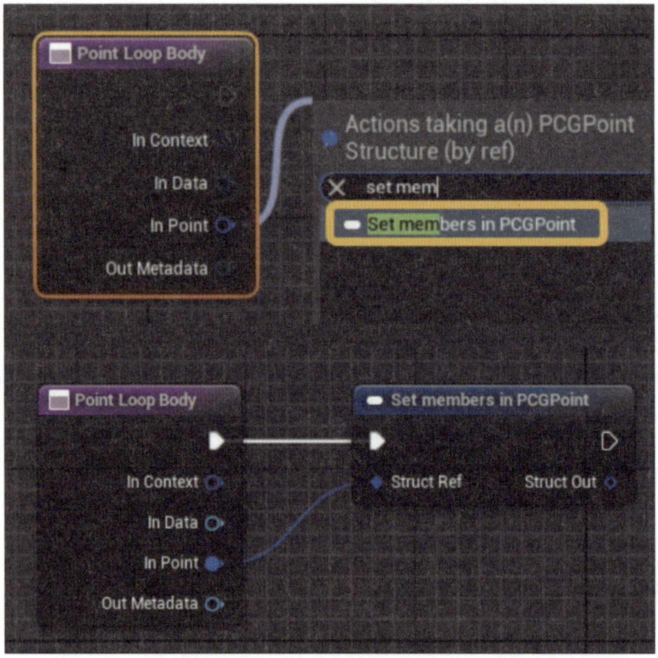

그림 3.35 PCGPoint 노드에 Set 멤버를 추가하고 In Point에 연결하기

5. 준비됐으니 이제 모든 노드를 연결해본다. 다음 그래프와 같이 연결하자!

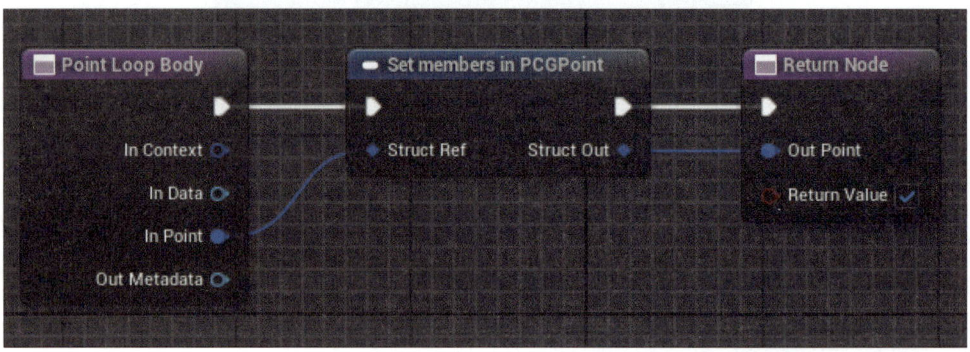

그림 3.36 Return Node의 In Point에서 Struct Ref로, Struct Out에서 Out Point로 연결한다.

6. 잊어버리지 말고 **Return Value** 상자를 체크하자! 이렇게 하면 나중에 루프 패턴을 생성할 수 있다.

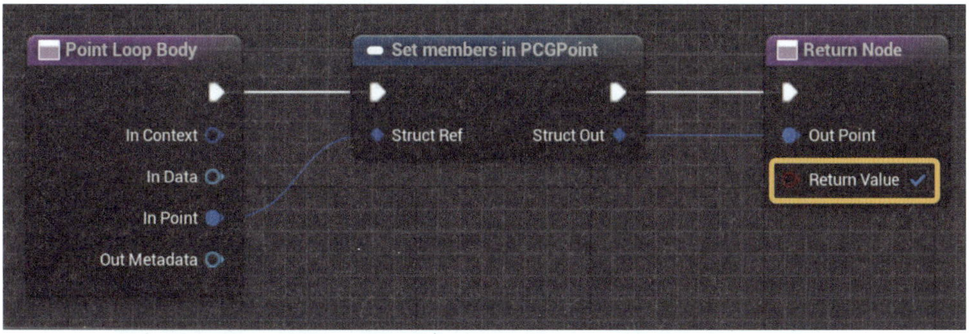

그림 3.37 Return Node에서 Return Value 활성화

연습을 위한 다음 절에서는 세부 사항에 주의를 기울여야 한다. 몇 가지 수학 방정식을 사용하고 이를 특정 노드에 연결할 것이다. 이 노드는 공간에서 각 스폰 지점의 트랜스폼 transform 위치를 조정하는 데 필수적인 역할을 한다. 그런 다음, 이 설정을 활용해 각 메시의 위치를 다르게 해서 랜드스케이프 전체에 스태틱 메시를 무작위로 스폰한다.

변환 노드와 임의 벡터 변수

먼저 벡터 노드를 추가해야 한다. 이 노드는 공간에 오브젝트를 임의의 위치, 회전 및 스케일로 스폰하는 데 사용된다!

1. 왼쪽 패널의 **VARIABLES** 탭에서 + 기호 버튼을 눌러 변수를 추가한다. 변수를 **Vector**로 변환하고 `RandomPosition`, `RandomRotation`, `RandomScale` 순서로 이름을 지정한다. 눈 아이콘을 클릭해 변수를 퍼블릭public(공개)으로 만든다.

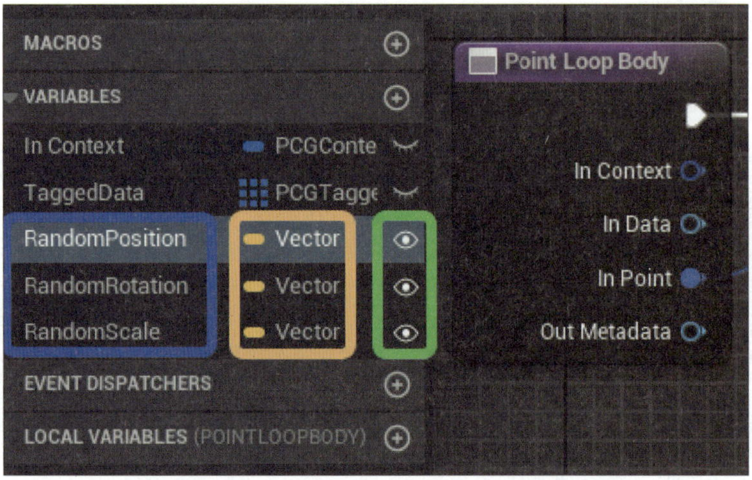

그림 3.38 Point Loop Body에 벡터 변수 추가하기

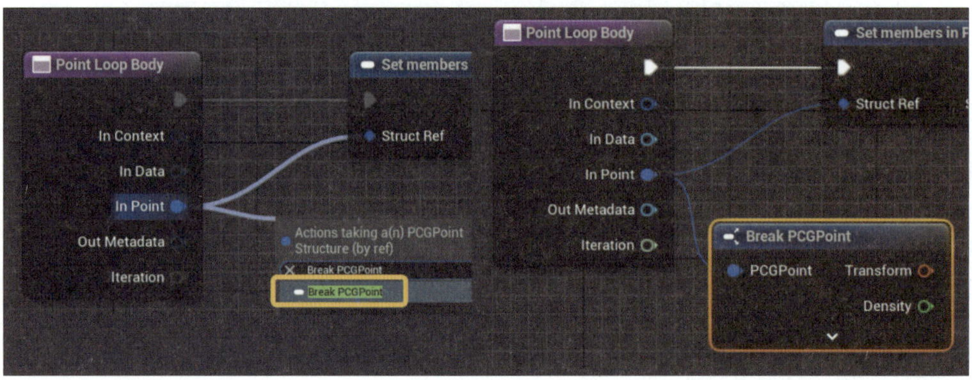

그림 3.39 Break PCGPoint 노드 추가 및 연결

2. **Point Loop Body** 입력에서 **In Point** 출력의 커넥터를 끌어내어 **Break PCGPoint** 노드를 추가한다.

3. 보다시피 **Break PCGPoint** 노드에 트랜스폼 입력과 함께 **Density** 입력 노드가 추가됐다. 이 예제에서는 PCG 그래프의 볼륨 포인트 수를 변경하지 않을 것이므로 **Density** 입력은 비활성화할 수 있다. 이 기능을 끄려면 **Break PCGPoint** 노드를 선택하고 오른쪽의 **Details** 패널에서 **Transform** 입력을 제외한 모든 속성을 선택 해제하자!

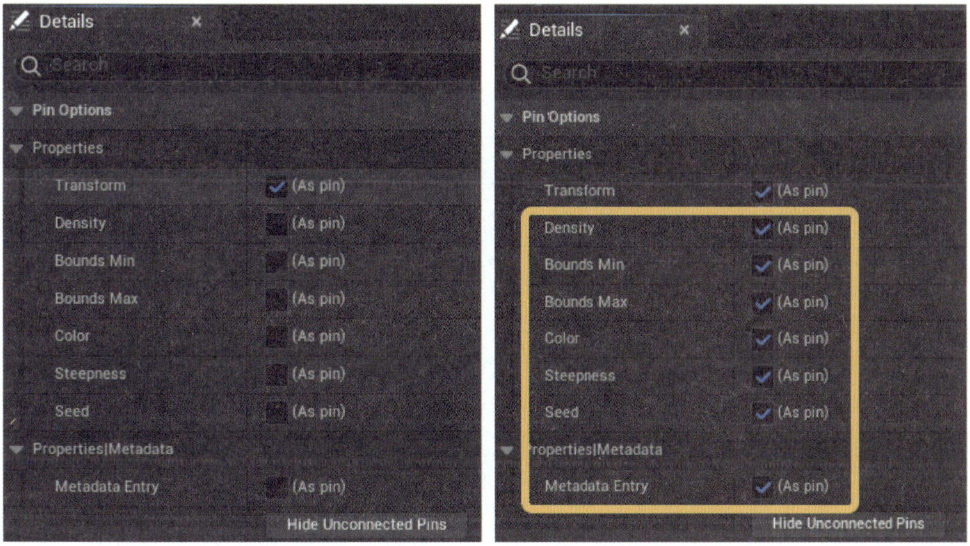

그림 3.40 속성을 비활성화하고 Transform 속성 값 노출하기

4. 이제 **Transform** 노드를 만들고 새로 만든 벡터 변수를 방정식에 연결하는 데 집중해 보자! **Break PCGPoint** 아래의 **Transform** 입력에서 핀을 끌어내 `Break Transform`을 검색한다.

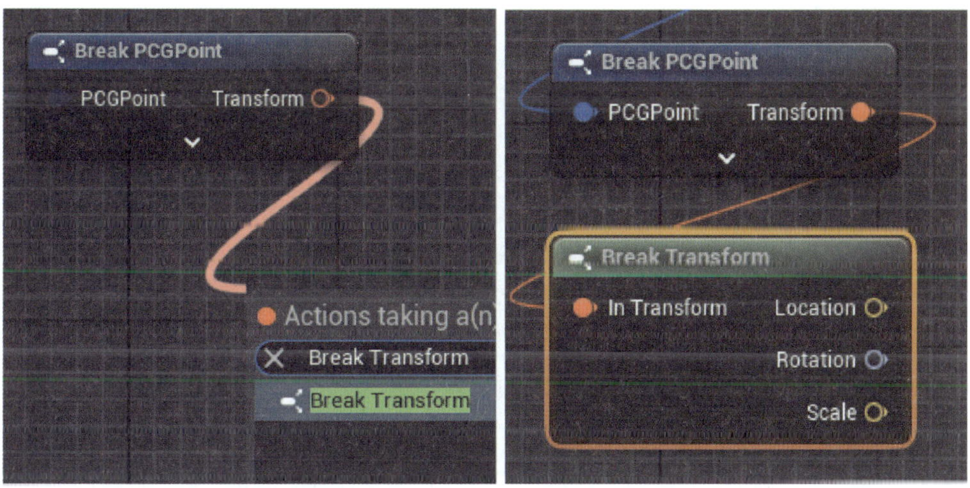

그림 3.41 벡터 변수로 작업하기 위한 Break Transform 노드 준비하기

VARIABLES 탭에서 `RandomPosition` 벡터를 끌어다 놓는다.

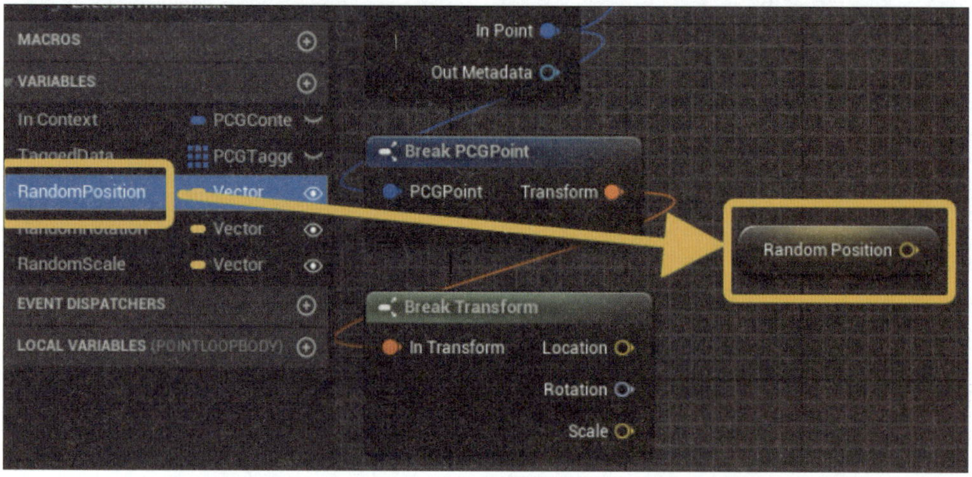

그림 3.42 VARIABLES 탭에서 RandomPosition 벡터 변수를 끌어다 놓기

5. 블루프린트 스페이스에 우클릭하고 `Multiply` 연산자operator를 검색한다. 위치를 곱하면 월드 위치의 스태틱 메시를 PCG 볼륨 전체에 걸쳐 균일하게 배치하는 데 사용된다.

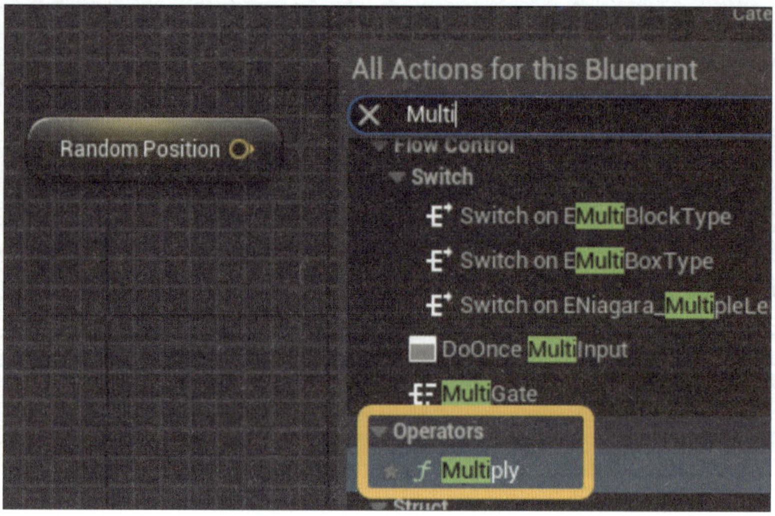

그림 3.43 그래프에 Multiply 노드 추가하기

6. 이 모든 것을 **Break Transform** 노드에 연결한다.

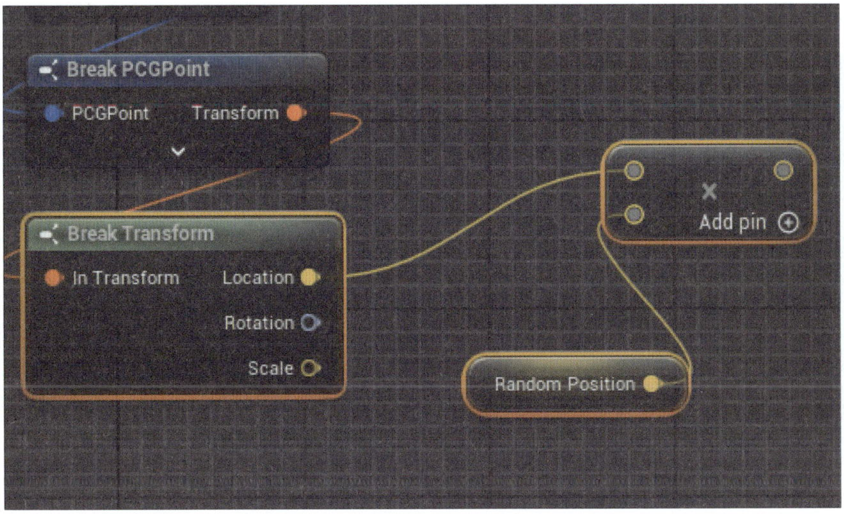

그림 3.44 Random Position 노드와 Break Transform 위치 노드 곱하기

7. 다음 단계는 우리 구성에 **Make Transform** 노드를 도입하는 것이다. 이 노드는 예제에서 사용한 변수들의 통합을 용이하게 해서 결국 하나의 기능적인 알고리듬으로 만들어준다.

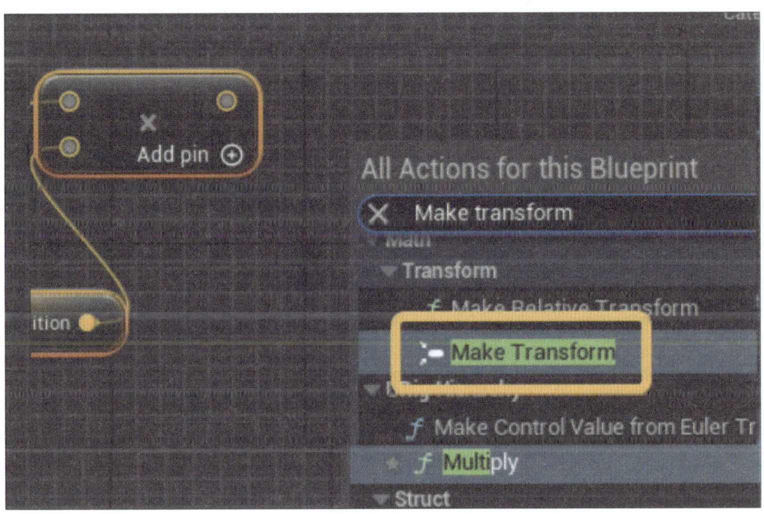

그림 3.45 Make Transform 추가하기

Make Transform 노드를 선택한 상태에서 **Random Position** 벡터의 `Multiply` 연산자에 노드를 연결한다.

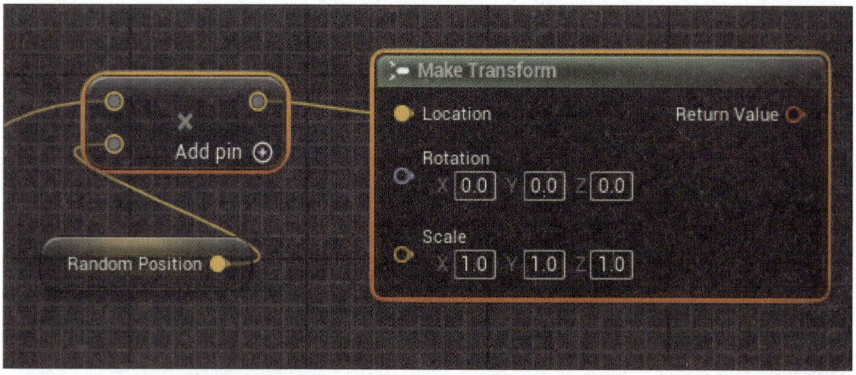

그림 3.46 Make Transform 노드 위치로 연결하기

다음으로, 튜토리얼의 첫 번째 파트에서 소개한 **Set members in PCGPoint** 노드에 집중해보자. 해당 노드 내에서 **Transform** 핀을 활성화하는 것이 중요하다. 똑같아 보일 수도 있지만, 이 노드는 **Point Loop Body** 오버라이드 함수 내에서 `PCGPoint`의 데이터가 효과적으로 작동하기 위해 다시 연결해야 하는 중요한 노드다. 다음 과정에 따라 작업을 수행해보자.

1. **Set members in PCGPoint** 노드를 선택한 상태에서 오른쪽의 **Details** 패널에 마우스 커서를 가져간다. **Transform** 속성을 활성화하고 **Transform** 속성을 사용해 **Make Transform** 노드를 **Set members in PCGPoint**에 연결한다.

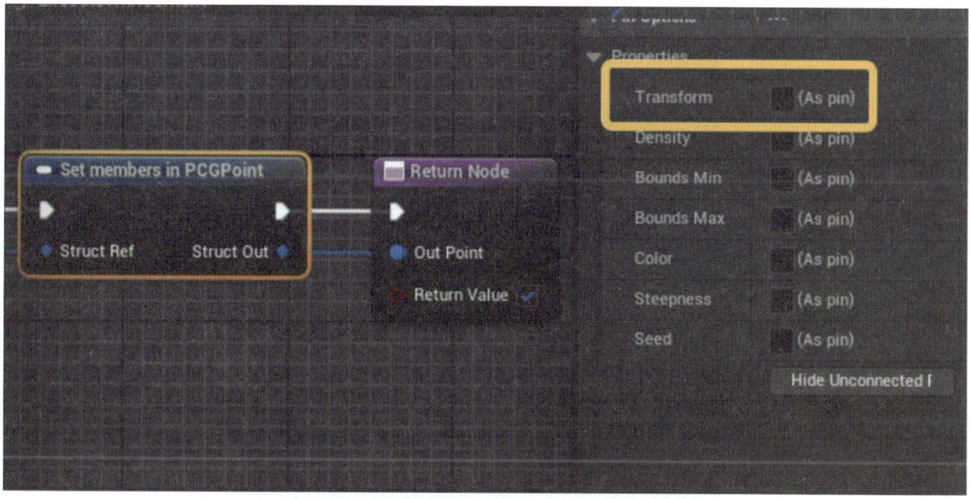

그림 3.47 Set members in PCGPoint 내부에 Transform 노드 추가하기

2. 이 부분에서는 **Make Transform** 노드를 **Set members in PCGPoint**에 연결한다.

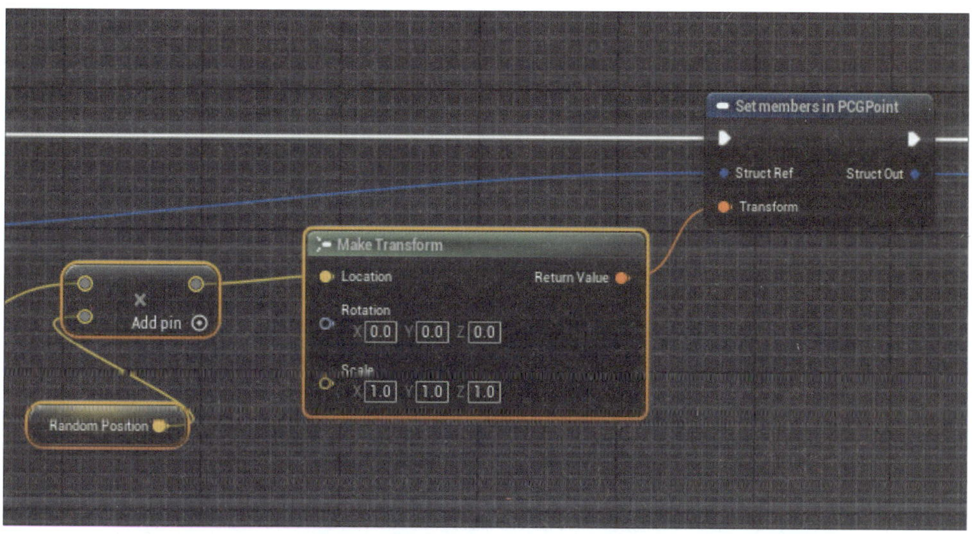

그림 3.48 Set member in PCGPoint Transform과 Make Transform 연결하기

3. **Make Transform** 노드에서 **Rotation**을 마우스 오른쪽 버튼으로 클릭한 나음, **Split Struct Pin**을 클릭한다. 이 예제에서는 X와 Y 값만 사용하기 위해서다.

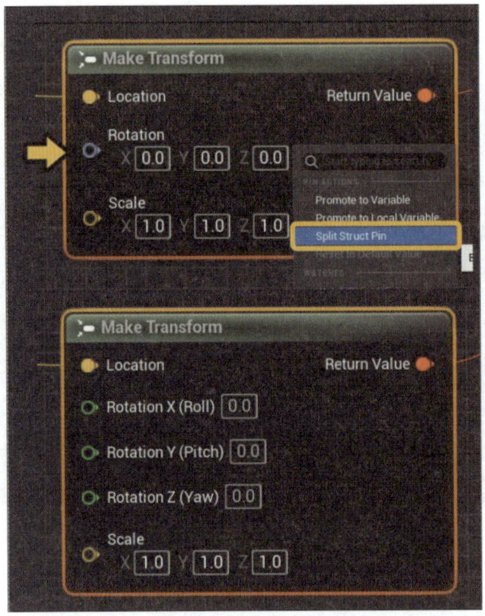

그림 3.49 Split Struct Pin으로 Rotation 값 노출하기

4. 그래프를 마우스 오른쪽 버튼으로 클릭하고 **Random Float** 및 **Random Float in Range** 노드를 검색한다. 앞서 **Random Position** 변수를 연결한 것과 비슷한 방식으로 이 노드를 **Random Rotation** 변수에 연결한다. 그림 3.50을 참고하자!

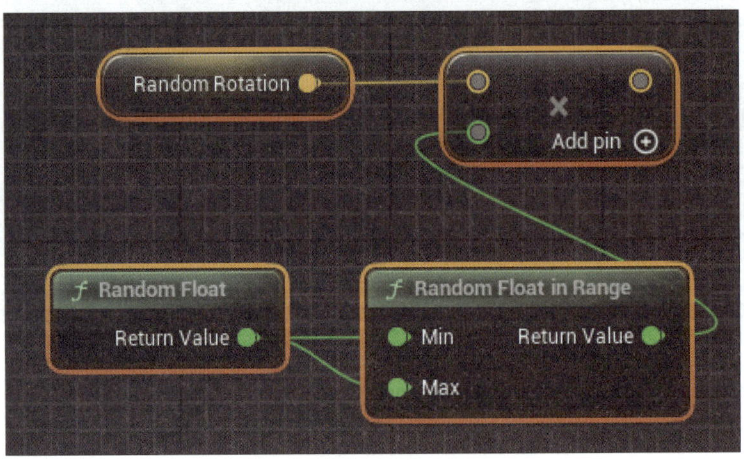

그림 3.50 Random Rotation을 위한 공식 만들기

5. 동일한 작업을 수행하되 **Random Scale** 변수를 사용한다.

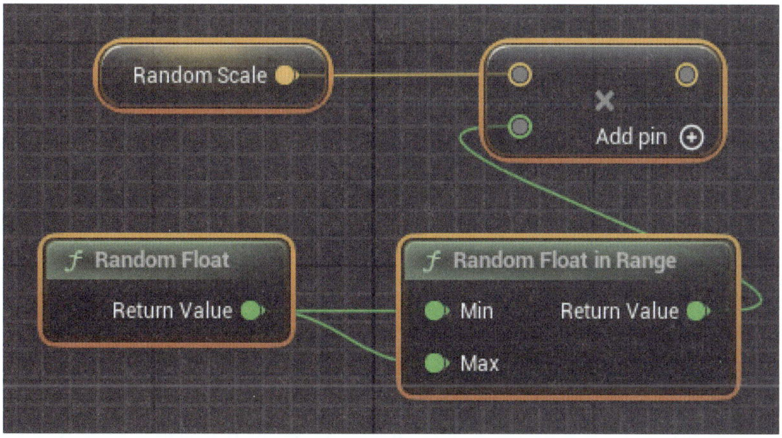

그림 3.51 Random Scale을 위한 공식 만들기

6. **Random Rotation**의 경우 마우스 오른쪽 버튼을 클릭하고 **Break Vector** 노드를 검색한 다음, 그림 3.52와 같이 연결한다.

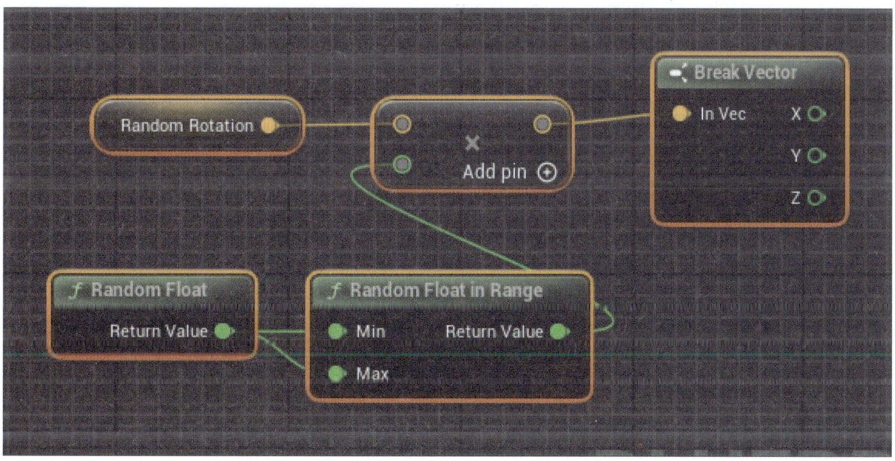

그림 3.52 Random Rotation 공식에 Break Vector 추가 및 연결하기

7. 이제 **Random Rotation** 공식을 X 및 Y 값에 대한 **Make Transform** 노드에 연결할 수 있다.

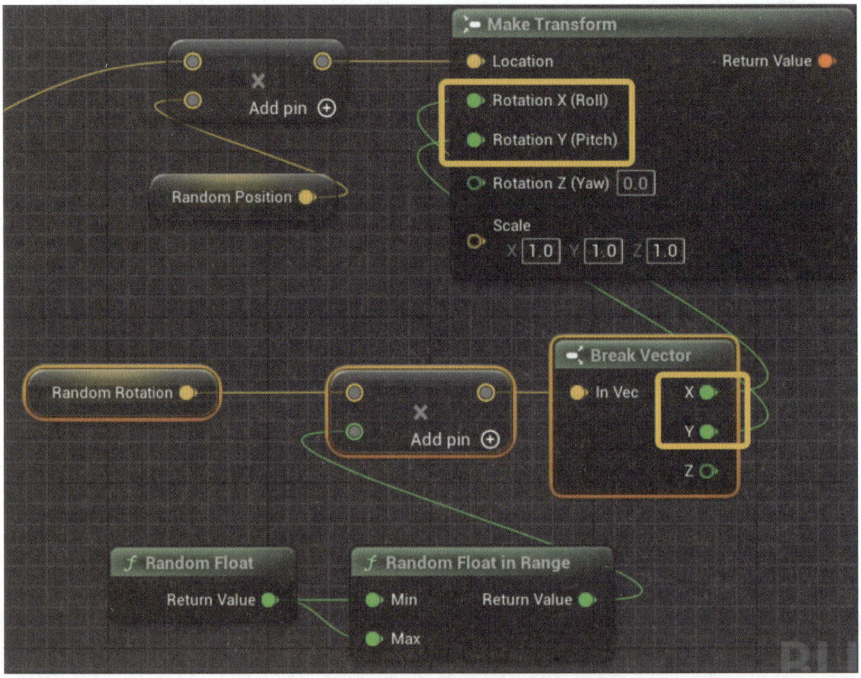

그림 3.53 Break Vector를 사용해 Random Rotation 노드와 Make Transform 연결하기

8. 마지막은 **Random Scale** 공식을 **Make Transform** 노드에 연결하는 것이다. 이 경우 스케일이 균일하게 작동하길 원하므로 Break를 사용할 필요가 없다.

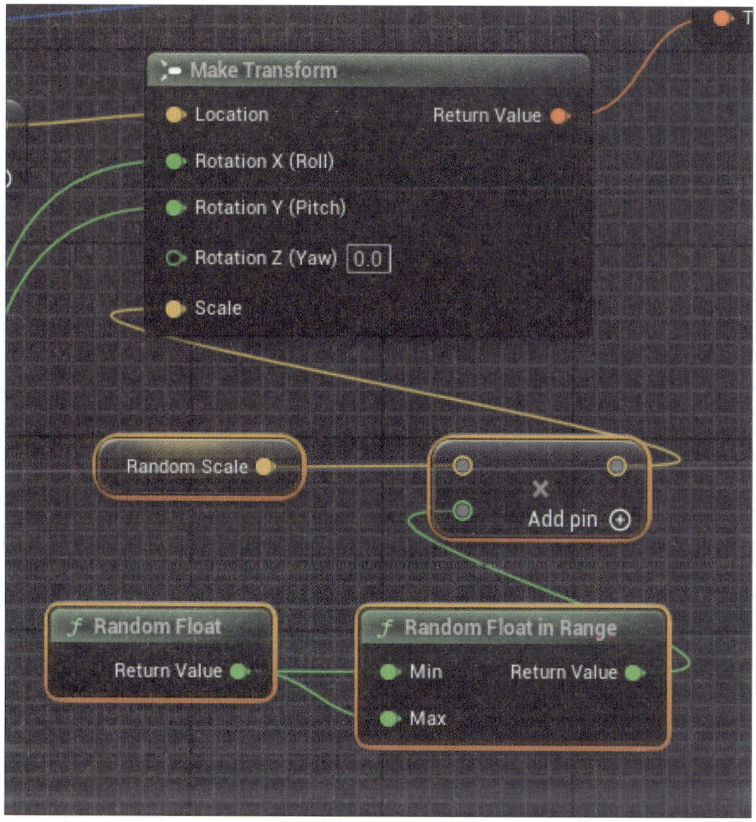

그림 3.54 Random Scale 노드를 Make Transform Scale 노드에 연결하기

이제 PCG 블루프린트의 **Point Loop Body** 그래프가 다음 그림과 비슷한 모습으로 조립됐을 것이다. 모든 설정이 올바르게 완료되면 PCG 블루프린트를 컴파일하고 저장하는 것을 잊지 말자!

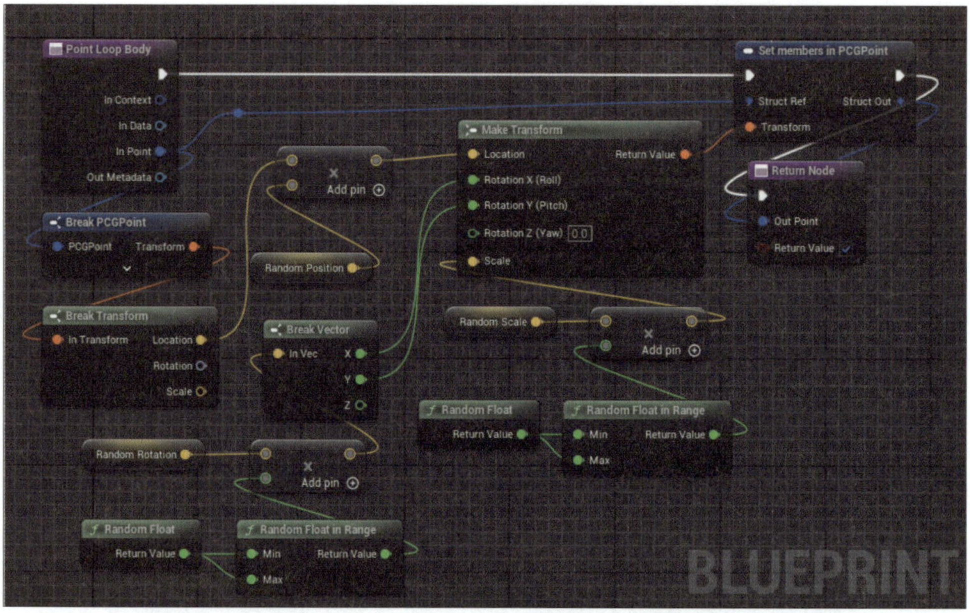

그림 3.55 Point Loop 오버라이드 함수의 모습 및 연결 방법

드디어 커스텀 PCG 블루프린트를 성공적으로 구성하고, 절차적 생성 콘텐츠를 위한 PCG 블루프린트 제작 기술을 습득했다. 다음 튜토리얼에서는 액터 블루프린트 개발과 PCG 컴포넌트 적용에 집중해보자. 그다음에는 PCG 그래프를 다시 살펴보고 PCG 블루프린트로 테스트를 진행할 것이다.

액터 블루프린트 빌드

이제 앞서 개발한 블루프린트를 실행에 옮길 수 있는 단계에 도달했다. 하지만 그 전에 액터 블루프린트Actor Blueprint를 추가하고, 여기에 PCG 컴포넌트를 통합할 것이다. 먼저 액터 블루프린트를 Content Browser의 폴더에 추가하면서 시작하자.

1. PCG 블루프린트를 저장한 폴더에서 마우스 오른쪽 버튼을 클릭하고 **Blueprint Class**로 이동한 다음, 새 액터 블루프린트를 검색한다. 이어서 이 액터 블루프린트의 이름을 `BP_MeshGenerator`라고 지정한다.

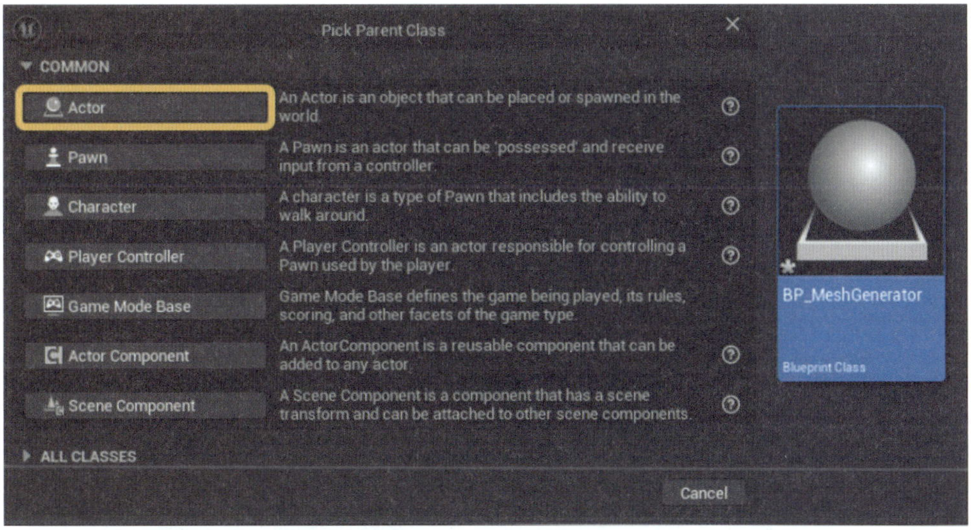

그림 3.56 새 액터 블루프린트를 생성하고 이름을 BP_MeshGenerator로 변경하기

2. 새 블루프린트를 열고 이 예제를 위한 변수를 추가하자. 모든 변수는 벡터여야 한다. 벡터의 이름을 `RandomPosition`, `RandomRotation`, `RandomScale`과 같이 변경해보자. 닫힌 눈 아이콘을 클릭해 모든 파라미터가 퍼블릭으로 설정돼 있는지 확인한다.

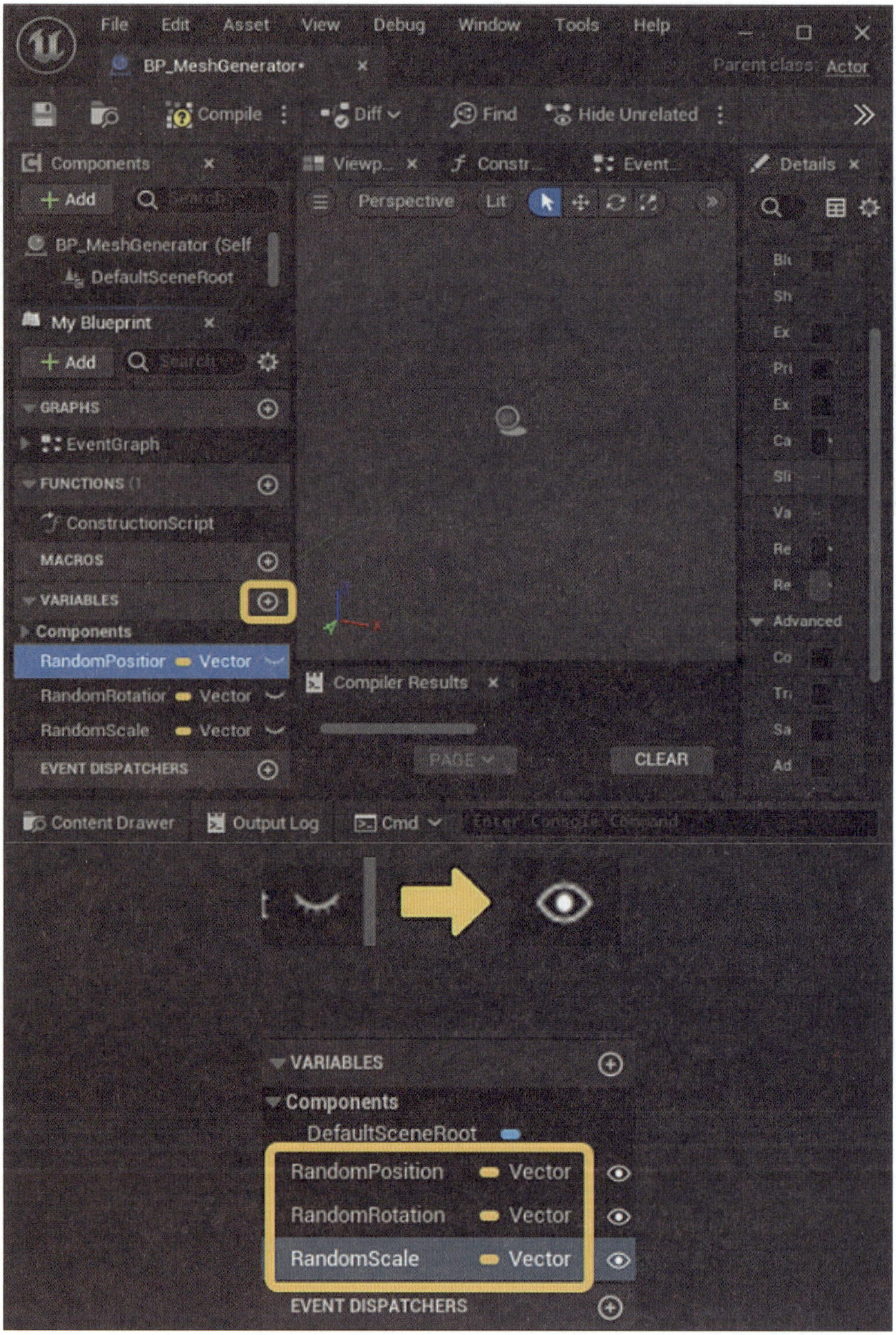

그림 3.57 액터 블루프린트에 벡터 추가하기

3. 모든 설정이 끝나면 다음 단계는 컴포넌트 창에 **Box Collision** 컴포넌트를 추가하는 것이다. PCG 컴포넌트는 매우 지능적으로 작동해 모든 충돌[collision]을 PCG 볼륨 공간으로 활용한다. **Box Collision** 컴포넌트는 이 공간 안에 스태틱 메시를 채우는 데 사용된다!

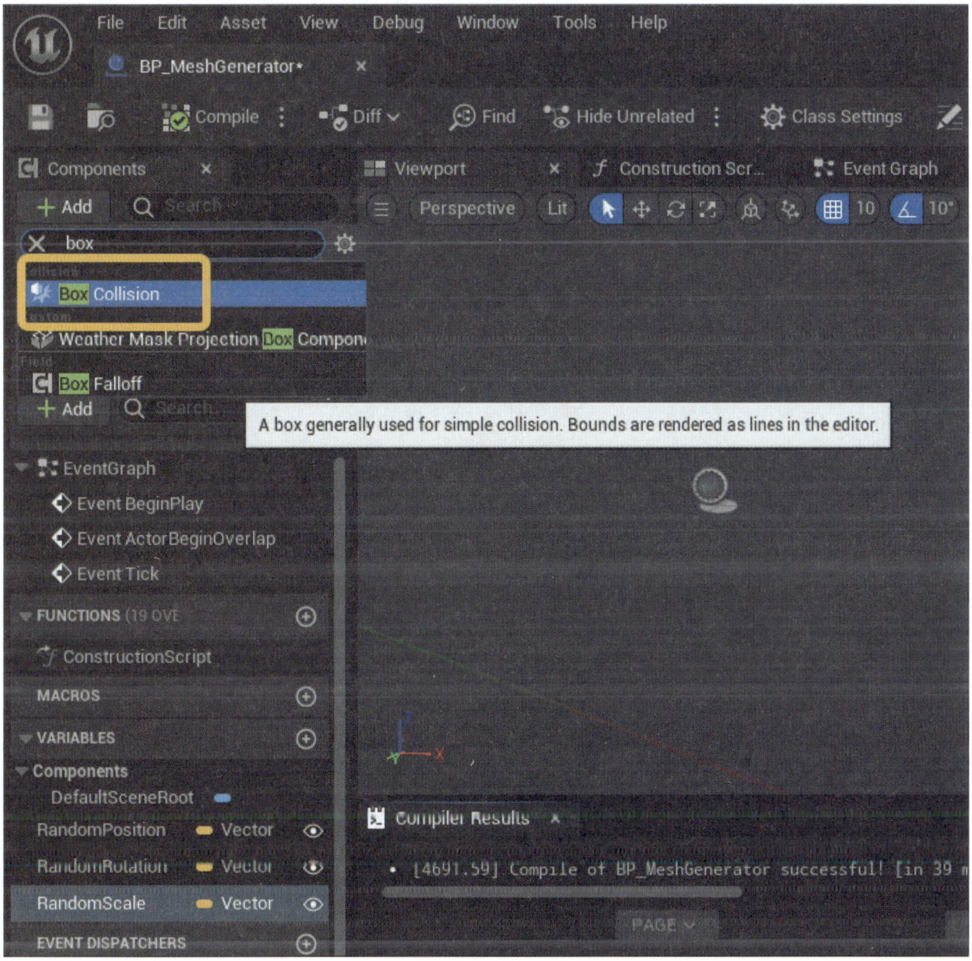

그림 3.58 액터 블루프린트 안에 Box Collision 컴포넌트 추가하기

4. 액터 블루프린트 작업은 거의 끝났지만, 결과를 더 잘 보이게 하려면 **Box Collision** 컴포넌트의 **Box Extent** 스케일을 X 값은 `2000.0`, Y 값은 `2000.0`, Z 값은 `100.0`으로 늘려야 한다!

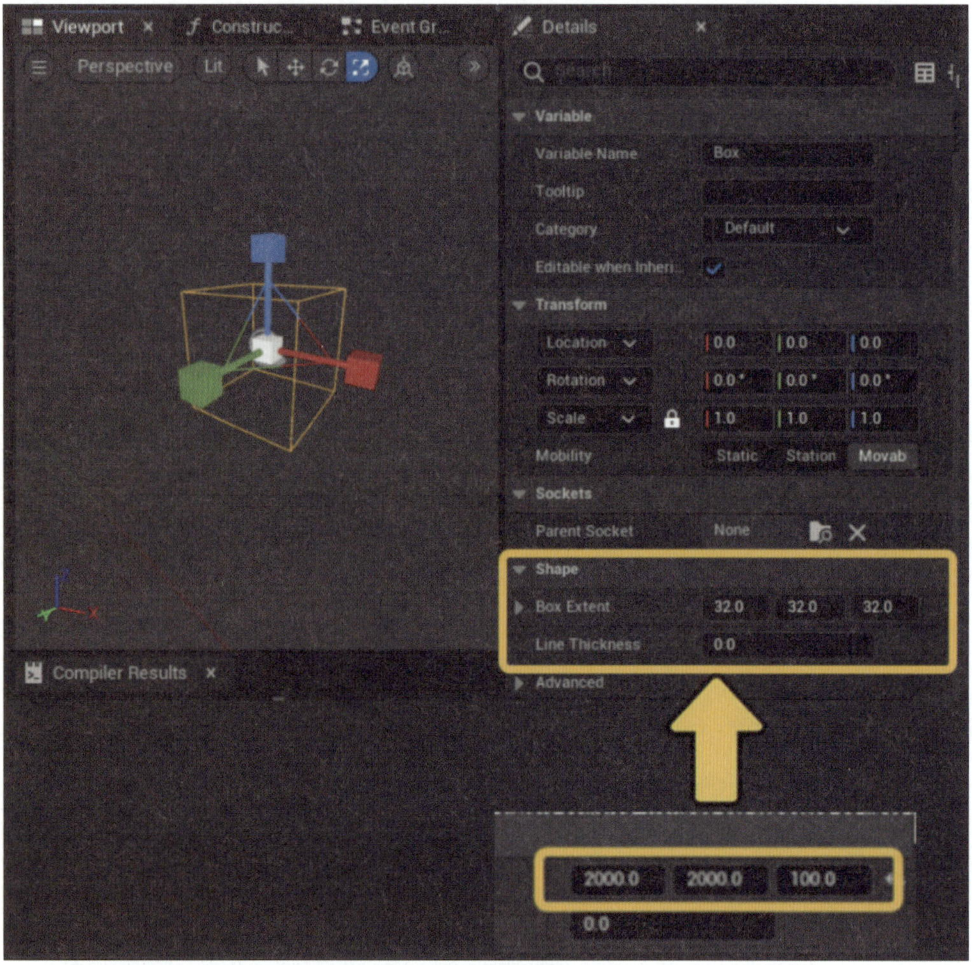

그림 3.59 액터 블루프린트 내 Box Collision 컴포넌트의 Box Extent 크기 조절하기

Box Collision 컴포넌트는 해당 영역 내 모든 스태틱 메시를 포함하려면 꽤 커야 하며, 액터 블루프린트 안에 내장된 PCG 그래프 컴포넌트를 활용해 크게 만들 수 있다.

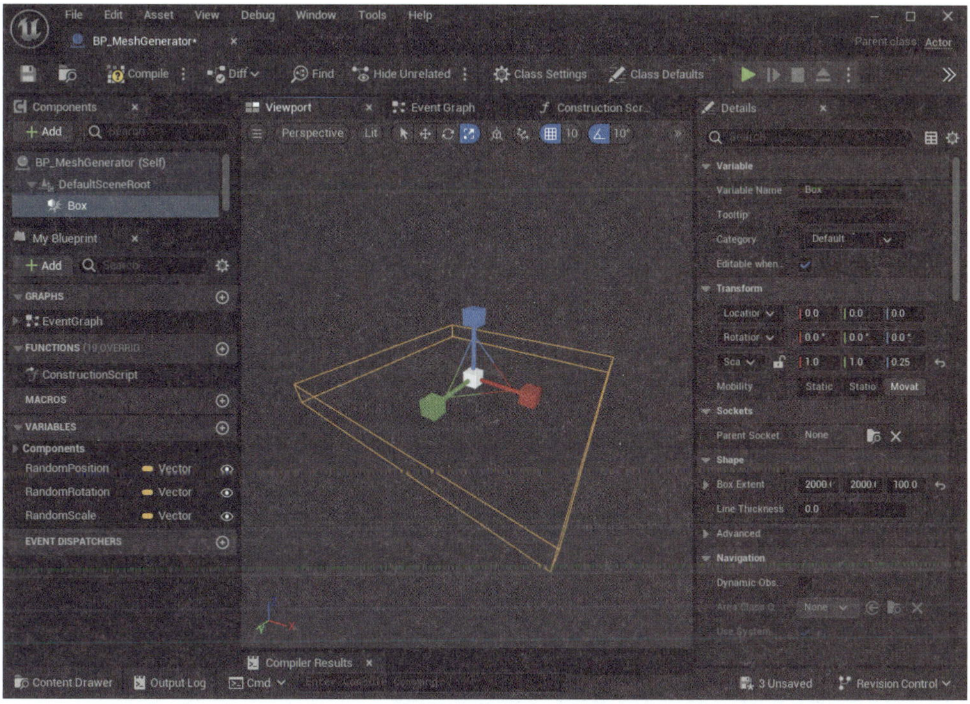

그림 3.60 몇 가지 수정 사항을 추가한 후의 Box Collision 컴포넌트 모습

5. 마지막으로, 이 액터 블루프린트에 PCG 컴포넌트를 추가한다. **Add** 버튼을 클릭하고 PCG를 검색한다.

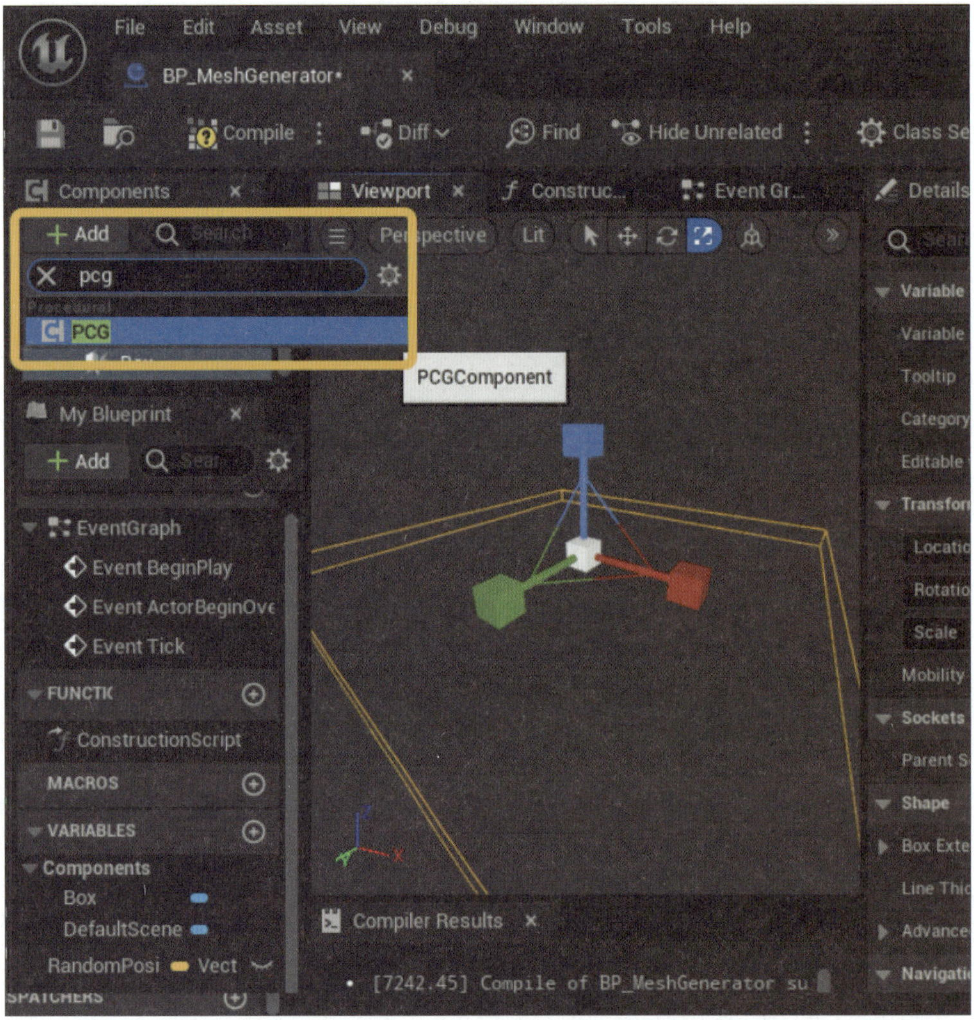

그림 3.61 액터 블루프린트 안에 PCG 컴포넌트 추가하기

6. **PCG** 컴포넌트를 선택한 상태로 이 장의 시작 부분에서 생성한 PCG 그래프 `PCG_Generator`를 검색한다. 그런 다음, 액터 블루프린트를 닫는다.

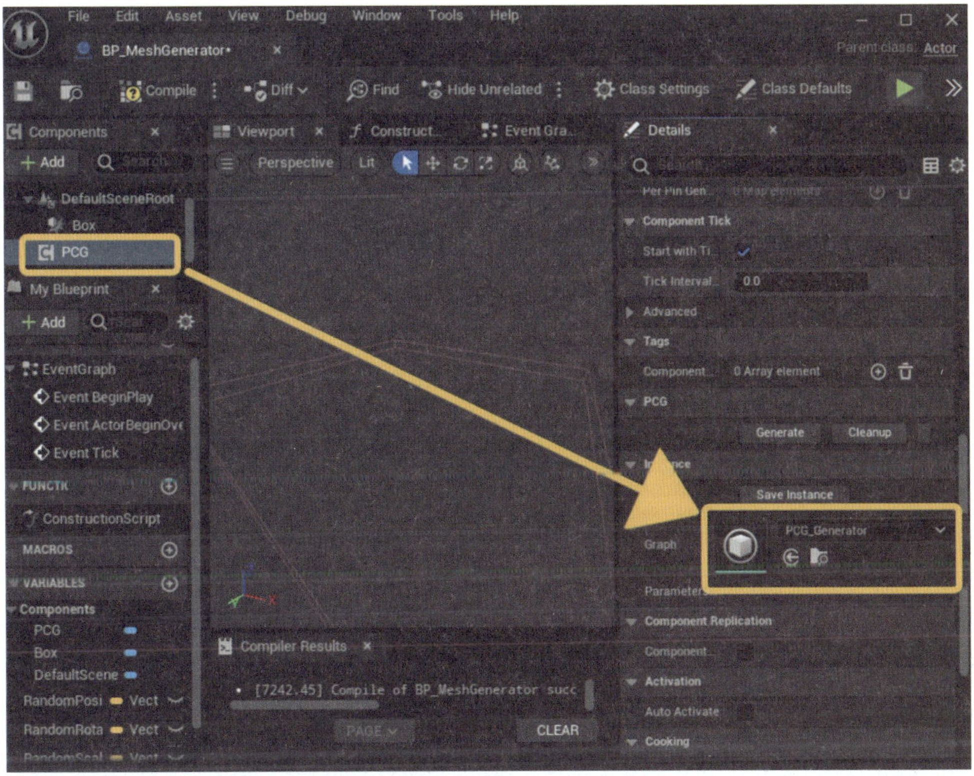

그림 3.62 PCG 컴포넌트에 PCG_Generator 그래프 추가하기

방금 기존 PCG 블루프린트를 포함할 수 있는 다른 블루프린트를 준비하는 방법을 배웠다. 액터 블루프린트는 프로젝트 작업 중에 수정이 가능한 PCG 컴포넌트를 저장하는 플레이스홀더[3]로 작동한다. 이제 액터 블루프린트를 컴파일하고 닫은 후, `BP_MeshGenerator` 액터 블루프린트를 씬에 끌어온다.

---

3 특정 작업을 위해 임의로 생성한 장소, 변수, 객체 등을 통칭하는 표현이다. – 옮긴이

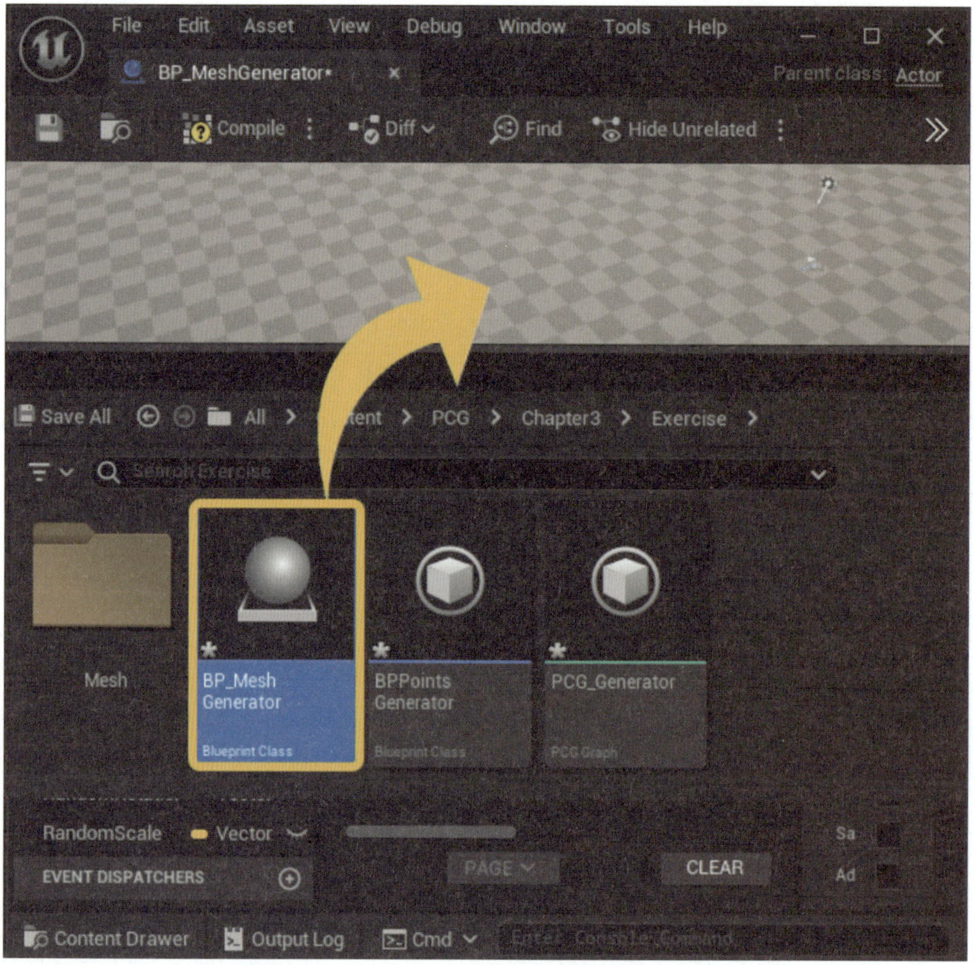

그림 3.63 BP_MeshGenerator 액터 블루프린트를 씬에 끌어오기

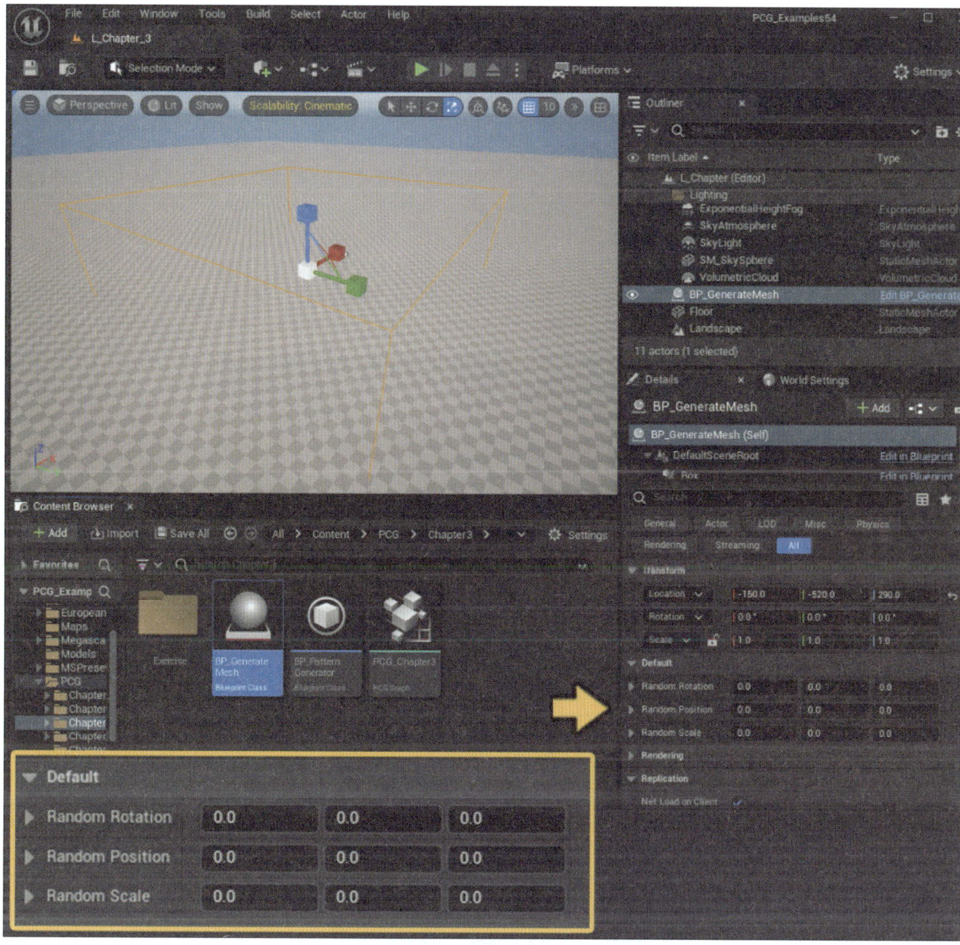

그림 3.64 노출된 벡터 변수 값과 함께 BP_MeshGenerator 액터 블루프린트 보여주기

아직은 PCG 그래프에 노드를 설정하지 않았으므로 아무것도 스폰되지 않는다. 다음 단계에서 이 문제를 해결하겠지만, 지금은 씬에 `BP_MeshGenerator` 액터 블루프린트를 놔두자. 또한 앞서 액터 블루프린트 튜토리얼에서 생성한 벡터 변수가 노출된 것을 볼 수 있는데, 이 변수는 이 연습의 후반부에 유용하게 사용된다!

다음으로, PCG 그래프 안에 PCG 블루프린트를 통합해 랜드스케이프에서 `BP_MeshGenerator` 액터 블루프린트를 제어하는 데 필요한 변수에 접근할 수 있도록 하자.

PCG 그래프에서 노드 연결하기

이 장의 마지막 절에서는 그래프를 구성하는 데 필요한 노드를 분석하고 그래프에 PCG 블루프린트를 도입해본다. `PCG_Generator` PCG 그래프를 열고 그 안에 몇 개의 노드를 추가하는 것으로 이 연습을 시작해보자.

1. PCG 그래프를 마우스 오른쪽 버튼으로 클릭하고 **Get Actor Data** 노드를 검색한다.

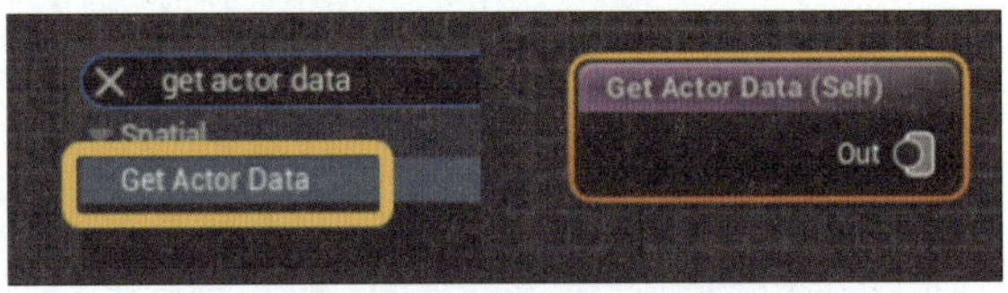

그림 3.65 PCG 그래프 안에 Get Actor Data 추가하기

2. 그래프 내부를 마우스 오른쪽 버튼으로 클릭하고 **Get Actor Property**를 검색한다. 이 노드를 두 번 복제해 총 3개의 노드를 만든다!

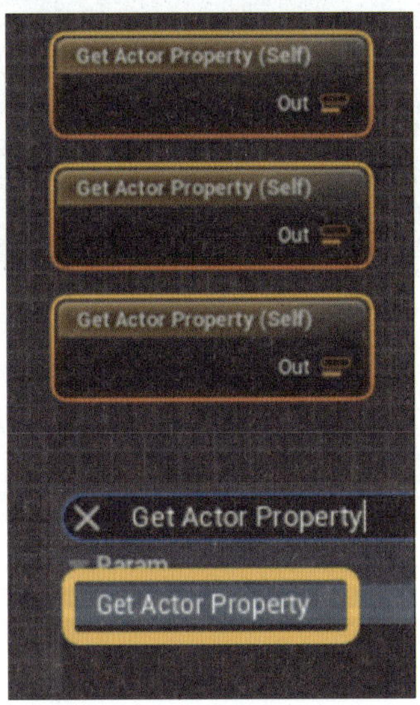

그림 3.66 PCG 그래프 안에 Get Actor Property를 세 번 추가하기

NOTE

이 노드들은 PCG와 액터 블루프린트 안에 이미 생성된 변수를 나타낸다. 그러면 이 변수와 블루프린트 내부의 변수가 노출되며 연결되도록 PCG 그래프가 구성된다.

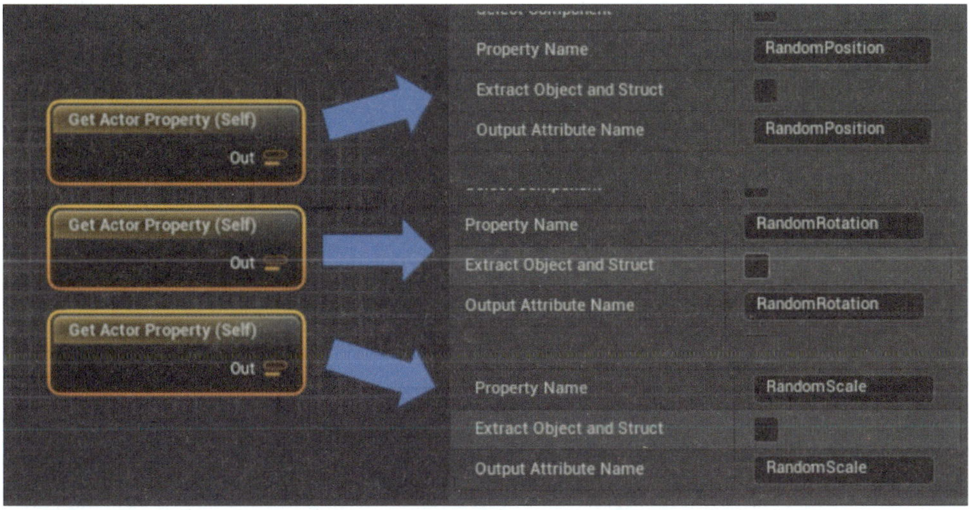

그림 3.67 각 Get Actor Property에 속성 이름 추가하기

3. 각 노드를 선택한 상태에서 **Settings** 패널로 이동해 해당 **Property Name** 및 **Output Attribute Name** 필드를 벡터 변수에 맞게 변경한다(RandomPosition, RandomRotation, RandomScale).

NOTE

각 **Get Actor Property** 노드 아래의 변수 이름이 벡터 변수의 이름과 정확히 일치하는지 확인한다!

4. **Input** 노드를 **Surface Sampler**에 연결하기 전에 랜드스케이프 표면에서 메시 생성을 활성화할 수 있도록 입력 핀을 추가해야 한다. **Input** 노드를 선택한 후 오른쪽에 있는 **Settings** 패널로 이동한다. 새 인덱스 배열을 추가하고 **Allowed Type**을 **Surface**로 설정한 다음, 이름을 Landscape로 변경한다. 그러면 **Input** 노드에 **Landscape**가 녹색 입력 핀으로 표시된다

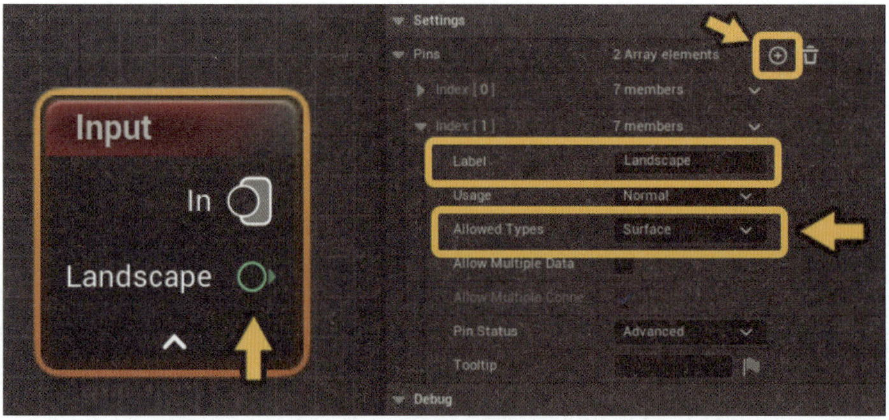

그림 3.68 랜드스케이프 표면에서 메시 생성을 활성화하기 위한 입력 핀 추가

5. 다음 그림과 같은 방식으로 그래프를 연결해보자.

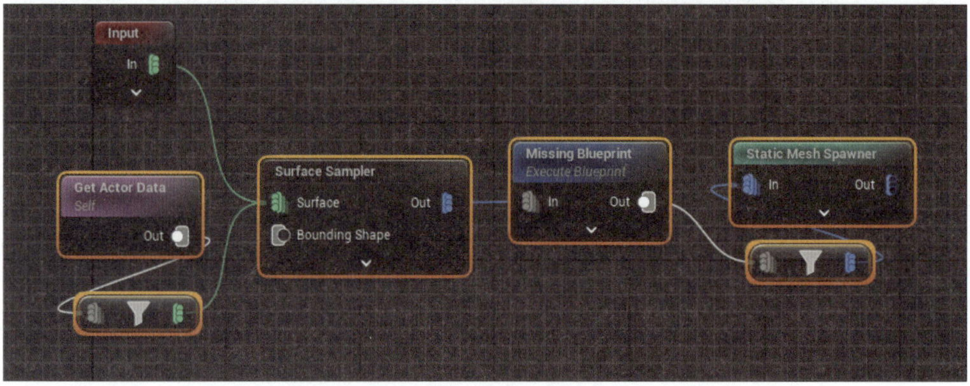

그림 3.69 PCG 그래프 구조

6. **Execute Blueprint** 노드를 선택하고 오른쪽의 **Blueprint Element Type** 아래에서 `BPPointsGenerator` PCG 블루프린트를 검색한다.

그림 3.70 Execute Blueprint 노드 안에 BPPoints Generator PCG 블루프린트 추가하기

7. 블루프린트 노드를 선택한 상태에서 아래쪽 화살표를 클릭해 추후 **Get Actor Property** 노드를 연결하는 데 필요한 숨어 있는 요소들을 펼친다. 그러면 벡터 변수가 노출될 것이다.

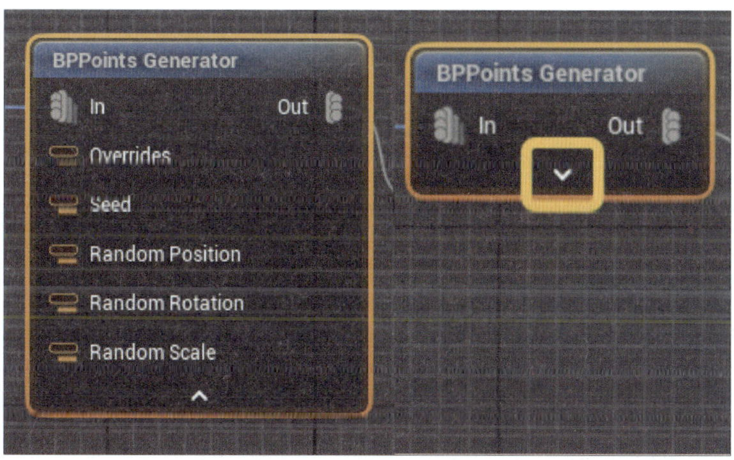

그림 3.71 노드들 표시하기

8. 다음 단계는 **BPPoints Generator** 노드의 각 입력에 **Get Actor Property** 노드를 연결하는 것이다.

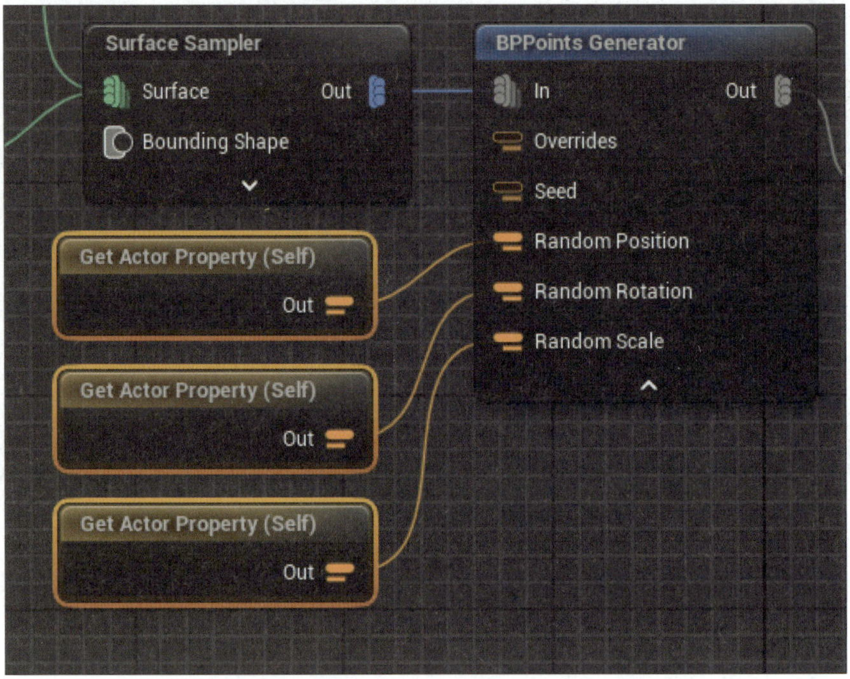

그림 3.72 Get Actor Property 노드를 PCG 블루프린트 노드에 연결하기

9. 마지막으로, **Static Mesh Spawner** 노드에 메시를 추가해야 한다. 이를 위해 `S_Mossy_Rock_Assembly_plFhY_lod3` 스태틱 메시를 사용하며, 이 에셋은 퀵셀 브리지에서 찾을 수 있다.

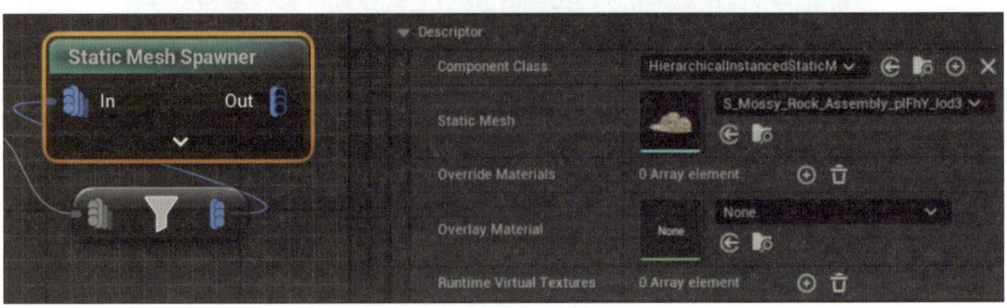

그림 3.73 Static Mesh Spawner에 S_Mossy_Rock_Assembly_plFhY_lod3 스태틱 메시 추가하기

PCG 그래프 안에 모든 노드가 연결된 최종 그래프의 모습은 다음과 같다.

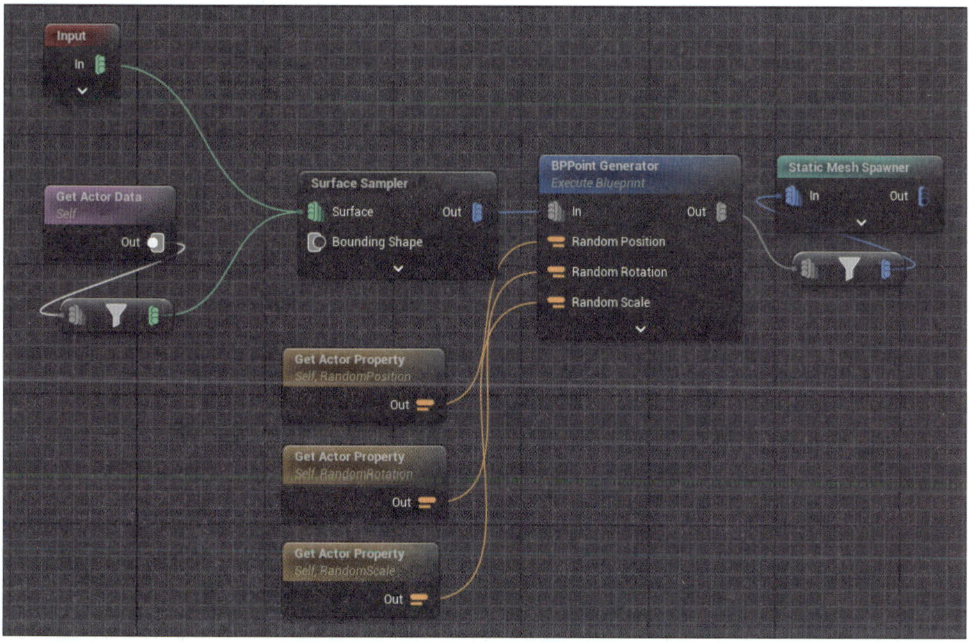

그림 3.74 모든 노드가 연결된 PCG 그래프 모습

이 연습의 마지막 단계는 PCG 블루프린트를 테스트하고 어떤 결과를 가져오는지 확인하는 것이다. `BP_MeshGenerator`를 선택한 상태에서 오른쪽에 있는 값을 조작해 스태틱 메시 오브젝트의 위치, 회전 및 스케일을 변경할 수 있다! 이는 궁극적으로 커스텀으로 제작한 PCG 컴포넌트를 제어하는 방법을 보여준다.

그림 3.75 랜드스케이프 전체에 무작위로 생성된 바위의 결과물

요약

이 장에서는 액터 블루프린트와 PCG 그래프를 활용해 커스텀 PCG 블루프린트를 만드는 과정에 대해 배웠다. 이 과정은 고유한 PCG 그래프를 제작하는 데 필요한 기술을 갖추게 해주는 중요한 부분이다. 이 기능은 랜드스케이프 위에 콘텐츠를 원하는 대로 생성하고 제어하며 모양을 만드는 데 필수적이다. 다음 장에서는 효율적이고 상호작용이 가능한 폴리지 툴을 개발하는 데 중점을 두면서 현재의 블루프린트를 개선하는 방법을 살펴보자.

04

절차적 콘텐츠 생성 도구 개발 및 최적화하기

3장에서는 자신의 PCG 블루프린트 제작을 마스터함으로써 절차적 콘텐츠 생성[PCG] 툴 개발의 중요한 목표를 달성했다. 이러한 지식은 기존 PCG 라이브러리에 특정 요구 사항을 만족하는 노드가 부족한 경우, 툴을 커스터마이징하고 개선할 수 있는 능력을 습득하게 한다.

이 장에서는 이전 장에서 다진 기초를 바탕으로, 액터 블루프린트를 중심으로 노드를 추가하면서 PCG 그래프를 개선해 PCG 액터 블루프린트를 다듬는 데 중점을 두겠다. 이 과정을 통해 PCG 툴을 요구 사항에 맞게 좀 더 효과적으로 조정하고 최적화할 수 있다. 이 장의 후반부에서는 PCG 그래프에 반드시 필요할 액터 블루프린트에 추가 변수를 도입할 예정이다.

처음에는 액터 블루프린트와 함께 툴에 새로운 기능을 도입해 기존 PCG 그래프를 개선하는 데 집중할 것이다. 이는 PCG 툴의 기능과 활용성을 확장하기 위함이다.

블루프린트와 직접 소통하는 적절한 변수를 만들어내는 기술을 익히게 될 것이며, 언리얼 엔진 내 레벨에서 상호작용이 가능한 사항을 구현할 때 유용하게 활용할 수 있다.

이 장에서 다루는 주요 주제는 다음과 같다.

- 액터 블루프린트에 추가 변수 적용하기
- PCG 그래프 다듬기
- PCG 도구의 효율성 최적화하기

PCG 블루프린트 튜토리얼을 따라 하기 위해 이전 장에서 사용한 에셋을 활용할 것이다.

이전 장의 작업을 기반으로 시작해, 처음에는 액터 블루프린트에 초점을 맞춘 다음 PCG 그래프의 상위 레벨로 진행해보자.

기술적 요구 사항

이 장을 완료하려면 다음과 같은 준비가 필요하다.

- PCG를 실행할 수 있는 좋은 컴퓨터
  - 고성능 멀티코어 CPU(AMD Ryzen 7/9, Intel i7/i9) 및 GPU(NVIDIA RTX, 8GB 이상의 VRAM을 갖춘 AMD Radeon RX), 최소 16GB의 RAM을 사용하자.
- 언리얼 엔진 5의 블루프린트 제작에 대한 기본 지식. 이 장은 블루프린트 개발에 대한 기초적인 지식만 갖추고 있어도 쉽게 접근할 수 있도록 구성돼 있다.

이 장의 코드 파일은 깃허브(https://github.com/PacktPublishing/Procedural-Content-Generation-with-Unreal-Engine-5)에 있다.

이 장의 코드가 실행되는 모습을 보여주는 동영상은 웹 사이트(https://packt.link/ChXoU)에서 확인할 수 있다.

모델에 익숙해지기

이 장에서는 메가스캔 라이브러리의 기존 에셋을 활용해본다. Content ➤ Megascan 폴더에서 잔디 모델을 선택할 것이다.

1. STF > Pack03-LandscapePro > Environment > Foliage > Grass로 이동하고, 잔디 모델을 검색한다.

그림 4.1 SM_PlantGroup01 스태틱 메시 찾기

2. 다음은 각 메시의 나나이트[Nanite] 모드를 켜는 것이다. 모델을 선택한 상태에서 모델 중 하나를 우클릭하고 메뉴 상단의 **Nanite** 모드를 선택한다.

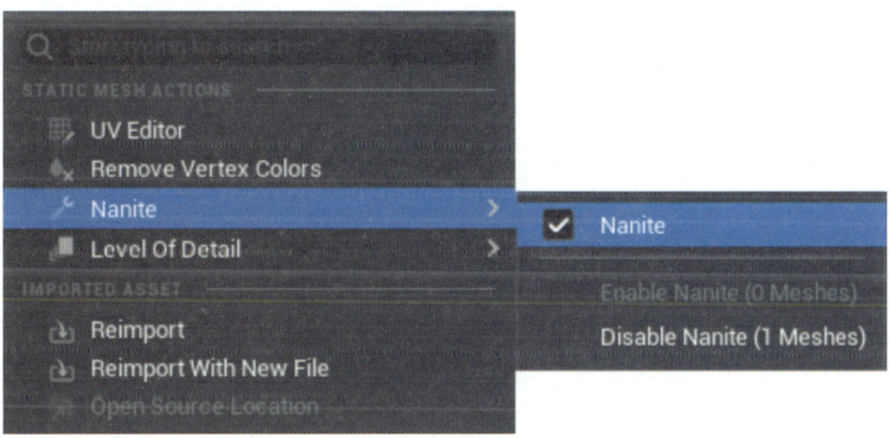

그림 4.2 나나이트 지원 활성화하기

이 절은 여기서 마치고, 이제 좀 더 실용적인 내용으로 넘어가보자. 다음 절에서는 액터 블루프린트 안에 변수를 추가하고 변수와 박스 콜리전Box collision 컴포넌트를 설정해보자.

액터 블루프린트 안에 변수 추가하기

PCG 그래프에 대한 수정을 계속하려면 액터 블루프린트 안에 변수를 몇 개 더 추가해야 한다. 이 변수들은 PCG 그래프 노드 내에서 직접 통신하는 데 사용될 것이다.

변수 및 박스 콜리전 컴포넌트 설정하기

변수 세트를 추가할 예정이며, 가장 중요한 것은 박스 콜리전 컴포넌트의 크기를 조절하는 기능으로서 PCG의 크기를 늘리거나 줄이는 데 필수적인 부분이다.

1. 이전 장에서 만든 액터 블루프린트(BP_MeshGenerator)를 열고 새 변수를 추가해보자.

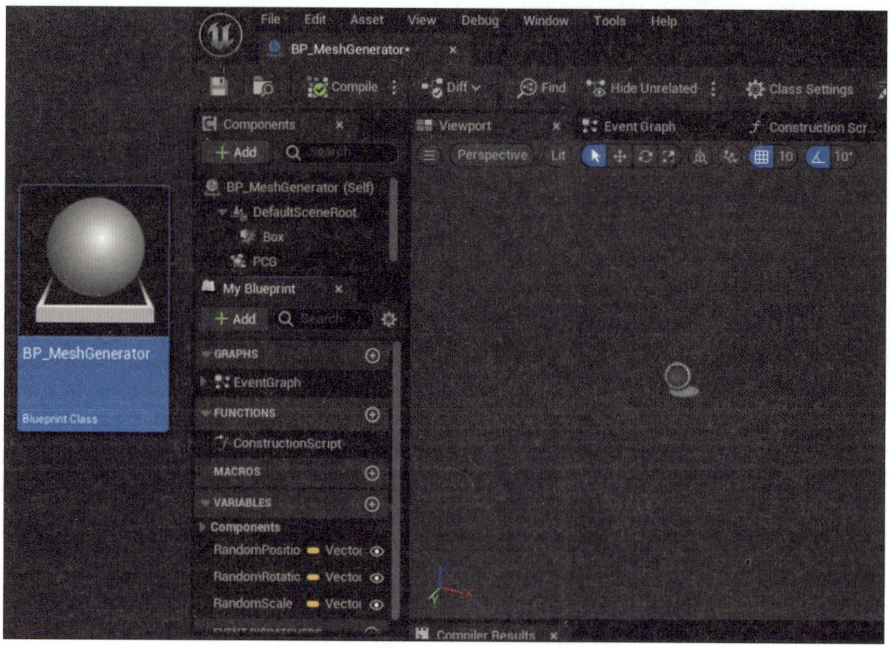

그림 4.3 BP_MeshGenerator에 접근하기

2. 그림 4.4와 같이 **VARIABLES** 섹션 옆의 더하기 아이콘을 클릭하고 새 변수를 추가하기 시작한다. **Box Extent** 벡터 변수를 퍼블릭으로 설정한다.

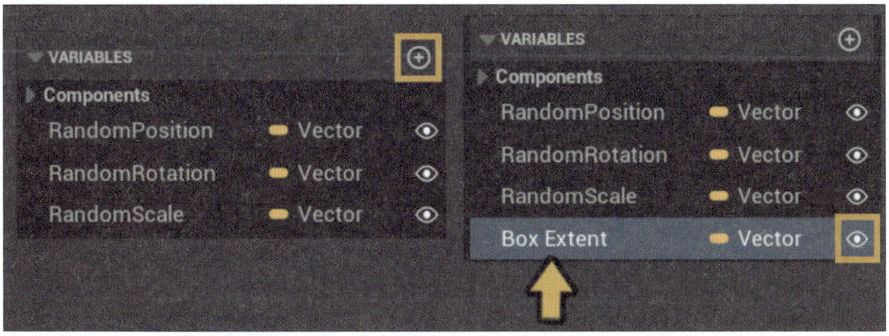

그림 4.4 새 변수를 추가하고 퍼블릭으로 설정하기

NOTE

각 변수를 항상 퍼블릭(public)으로 설정하는 것을 잊지 말자. 이렇게 하면 파라미터가 노출돼, 수정하기 위해 액터 블루프린트로 반복해서 돌아가지 않고도 아웃라이너의 **Details** 패널을 통해 PCG 툴을 동적으로 조정할 수 있기 때문이다.

Construction Script는 메시 제너레이터의 크기와 모양을 테스트할 때 유용하게 사용할 수 있는 기능이다. 여기서는 **Construction Script** 그래프 안에 함수를 추가해본다. **Box** 컴포넌트에서 마우스 오른쪽 버튼을 클릭하고 `Set Box Extent function`을 검색한다.

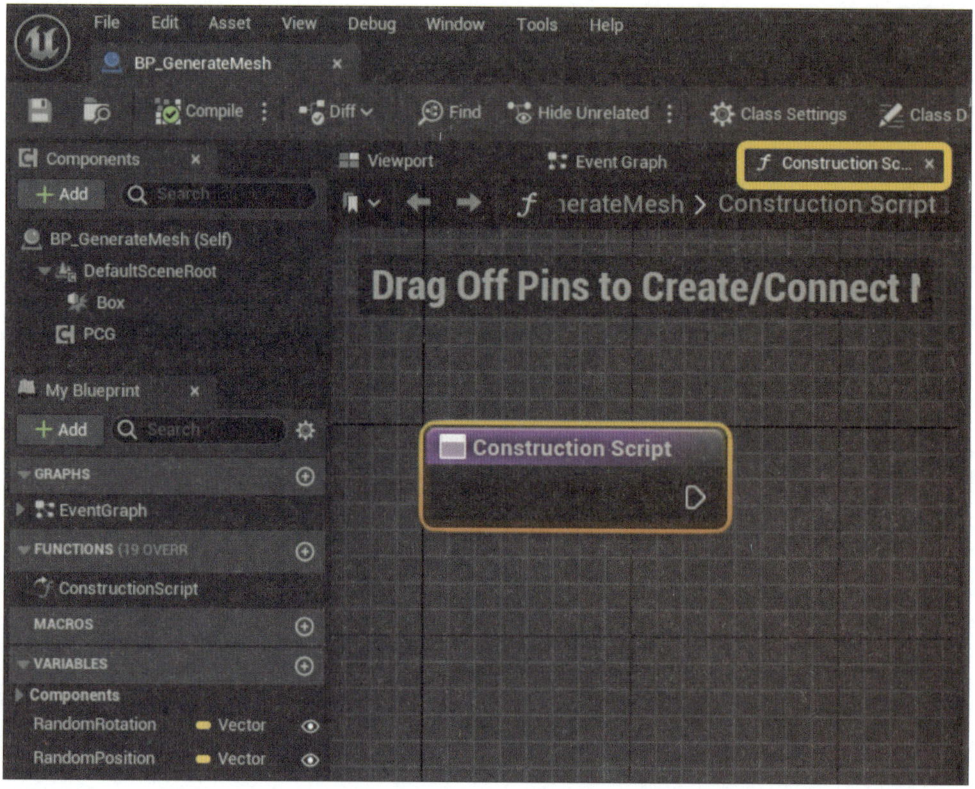

그림 4.5 Construction Script 편집기 그래프 메뉴

NOTE

> **Construction Script**는 에디터에서 블루프린트 인스턴스를 생성하거나 수정할 때마다 자동으로 실행되는 커스텀 로직을 제작하는 기능을 갖고 있다.

3. 선택한 **Set Box Extent (Box)** 함수를 **Construction Script** 그래프에 추가한다.

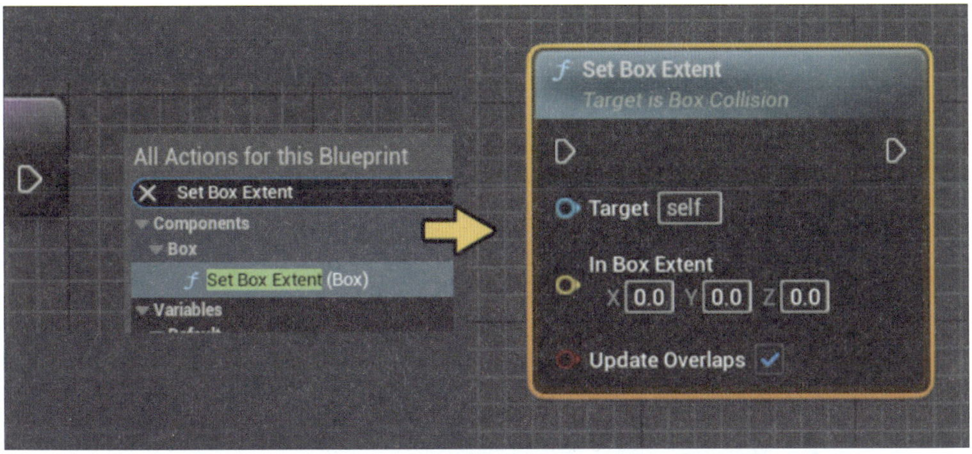

그림 4.6 Construction Script 그래프에 Set Box Extent 함수 추가하기

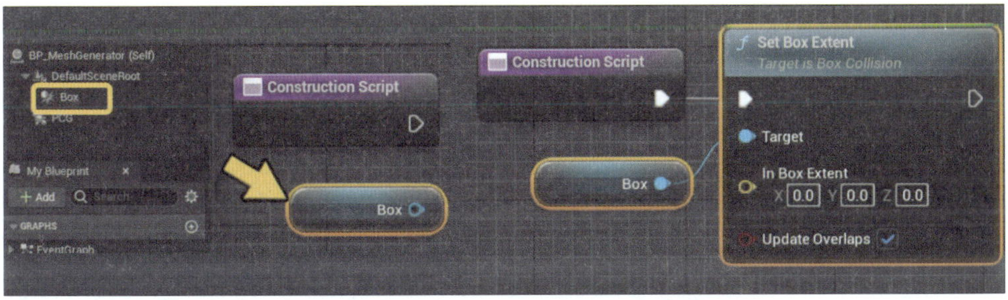

그림 4.7 그래프에 Box 컴포넌트 추가 및 연결하기

4. 모든 점을 연결하기 전에 **Components** 탭에서 **Box** 콜리전 컴포넌트를 끌어와 보자. **Box** 컴포넌트를 **Set Box Extent** 함수에 연결한 다음, **Construction Script**를 같은 함수에 연결한다.

5. **Box Extent** 벡터 변수를 **VARIABLES** 섹션에서 끌어와 **Set Box Extent**의 **Target** 입력에 연결한다.

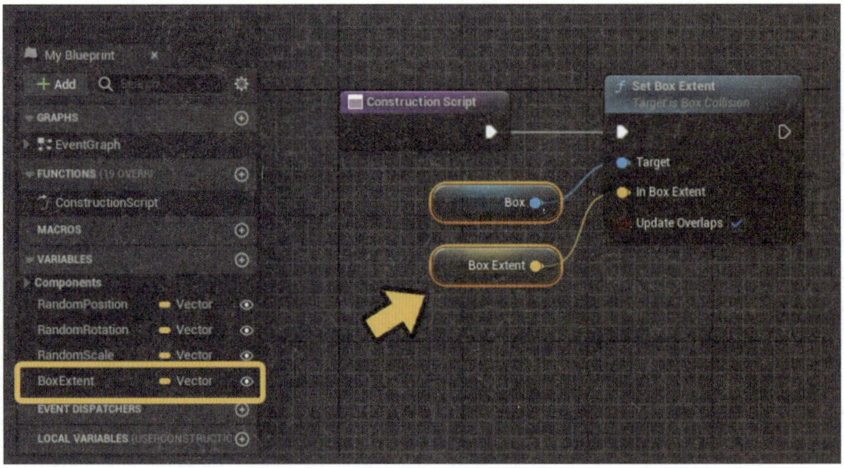

그림 4.8 Box Extent 벡터 변수를 Box Extent 입력에 연결한다.

6. 툴을 테스트하면서 액터 블루프린트의 스케일 속성을 확인하는 것이 좋다. 이제 **Compile** 버튼(그림 4.9)을 누르면 BP_MeshGenerator 블루프린트를 닫을 수 있다.

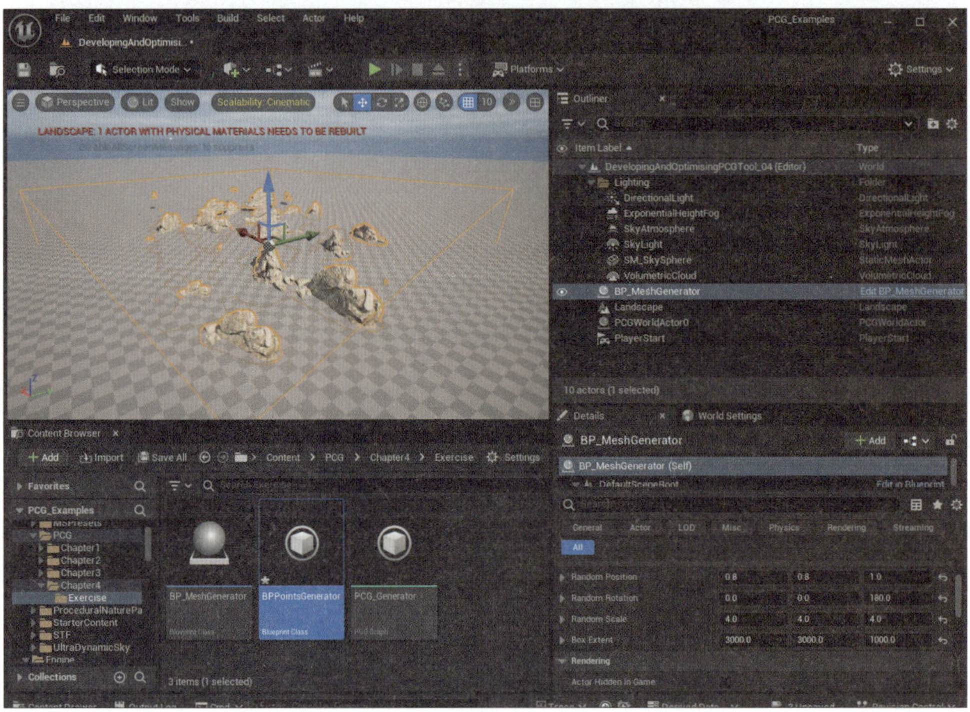

그림 4.9 레벨 에디터 내부에서 BP_MeshGenerator 테스트하기

7. **Box Extent** 변수를 표시되도록 설정하는 것을 잊지 말자! 에디터 패널에서 스케일scale 속성을 사용해 볼륨의 크기를 조정할 수 있으며, 이로써 두 가지 방법으로 PCG 볼륨을 확대할 수 있다.

그림 4.10 Box Extent Settings 패널에서 볼륨 변경하기

이제 액터 블루프린트 안에 변수를 추가했다. 다음으로는 이전 장에서 구성한 PCG 그래프를 수정하고 노드를 추가하는 방법을 살펴보자.

PCG 그래프 개선 및 수정하기

이 절에서는 PCG 그래프에 대해 자세히 살펴보고 PCG 도구의 전반적인 효율성을 개선하기 위해 몇 가지 노드를 추가하고 조정하는 데 중점을 둔다.

이 예제에서는 `Pack03-LandscapePro` 에셋을 추가해본다. 이번에는 바위 위에 절차적으로 스폰되는 잔디 모습의 에셋이 될 것이다.

1. 이 에셋을 찾으려면 **UE5_PCG_Chapter_04 ➤ STF ➤ Pack03-LandscapePro ➤ Environment ➤ Foliage ➤ Grass**로 이동해 `SM PlantGroup01`을 검색한다

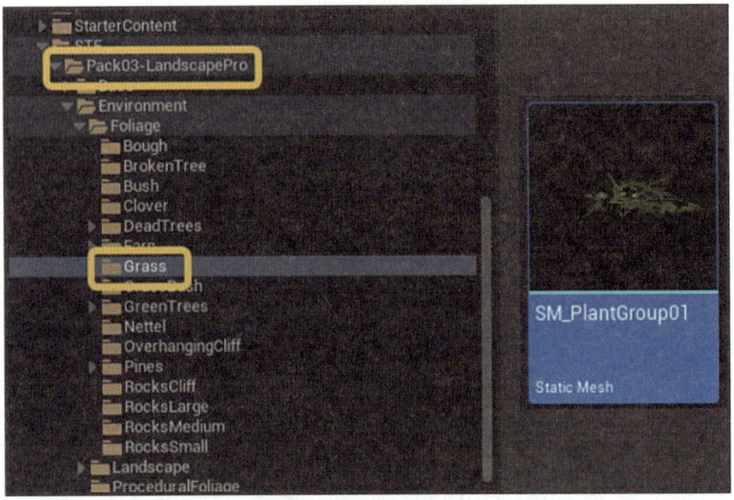

그림 4.11 Grass 폴더에서 SM_PlantGroup01 잔디 폴리지 에셋 찾기

2. 예제에 필요한 모든 것이 준비됐으니 플랜트 스태틱 메시의 에셋 메뉴는 닫아도 된다. Content Browser에서 `PCG_Generator` 그래프를 열어 시작해보자. 이제 구조를 살펴보고 이 예제에 필요한 노드를 적용해본다.

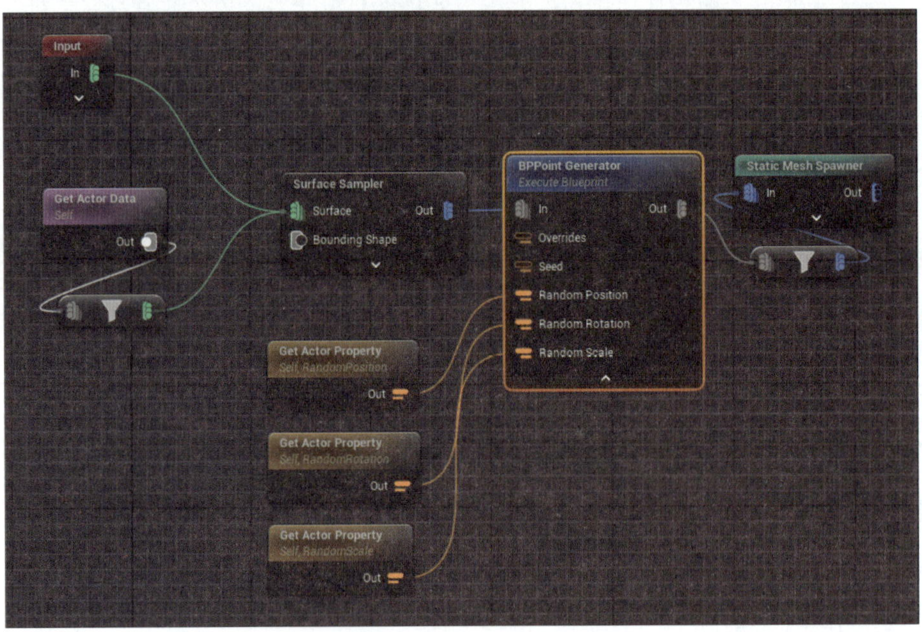

그림 4.12 PCG_Generator PCG 그래프 열기

3. PCG_Generator를 열고 이전 장에서 작업한 것과 동일한 그래프가 표시되는지 확인한다.

PCG 그래프 최종 조정하기

다음은 **BPPoints Generator**의 노드를 새로 생성된 노드 구조에 연결하는 것이다.

1. 노이즈를 관리하고 **Transform Points**와 함께 밀도를 조정하는 노드를 추가로 적용한다. 이 과정은 풍경과 바위 주변에 생성되는 바위의 양을 제어하는 데 중요하다. 그런 다음, 마지막으로 잔디 식물을 추가해 환경을 더욱 아름답게 꾸민다. PCG 그래프의 마지막 부분에서 **Static Mesh Spawner**를 **BPPoints Generator** 노드에서 분리한다.

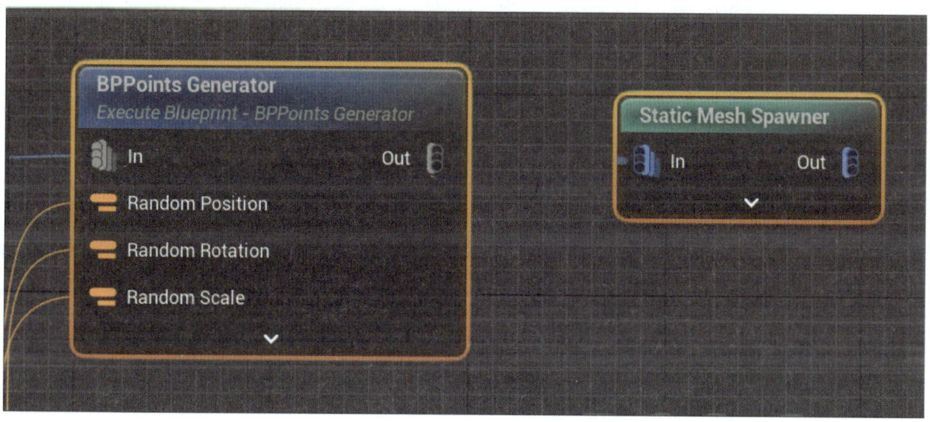

그림 4.13 BBPoints Generator에서 Static Mesh Spawner 노드 연결 끊기

2. PCG 그래프 공간에서 그래프에 **Attribute Noise** 노드를 추가해보자. **Attribute Noise** 노드는 생성된 콘텐츠의 특정 속성에 무작위성 또는 변형을 도입하는 기능 또는 노드다. 이는 좀 더 자연스럽고 다양한 절차적 환경을 만드는 데 유용하다.

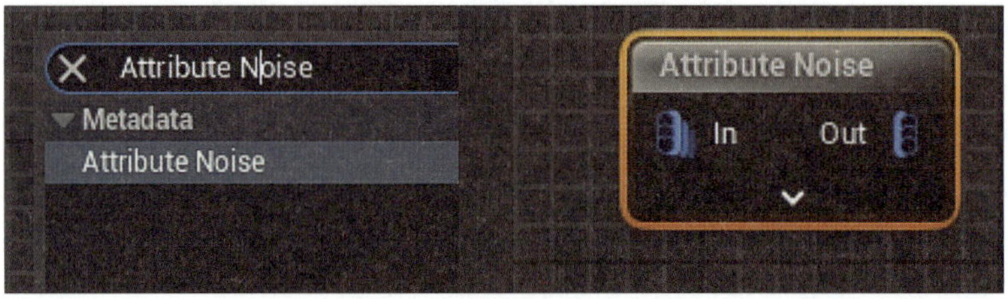

그림 4.14 그래프에 Attribute Noise 노드 추가하기

3. **Attribute Noise**를 선택한 상태로 오른쪽의 **Settings** 패널 아래에서 **+** 아이콘을 누르고 **Input Source**를 **@Last**에서 **Density**로 변경한다.

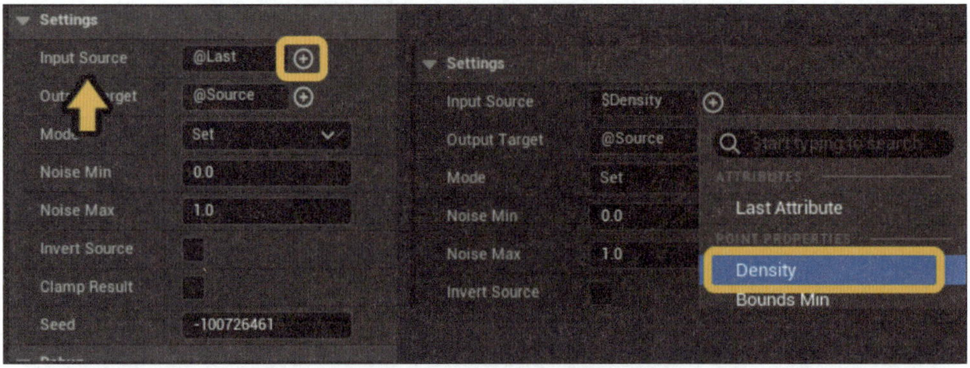

그림 4.15 Input Source를 Density로 변경하기

4. **Attribute Noise** 노드를 선택한 상태에서 오른쪽 패널로 이동해 **Noise Min** 및 **Noise Max** 값을 각각 `0.2`와 `1.0`으로 변경한다. 이 설정은 절차적으로 스폰된 바위의 확산을 조절하는 데 도움이 된다. **Clamp Result** 박스를 체크해 해당 값을 고정해보자.

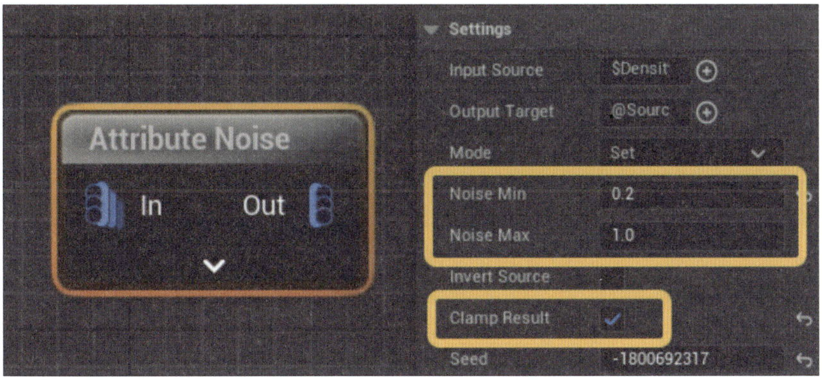

그림 4.16 Attribute Noise 설정 편집하기

5. **BPPoints Generator**와 **Attribute Noise** 노드를 연결해보자.

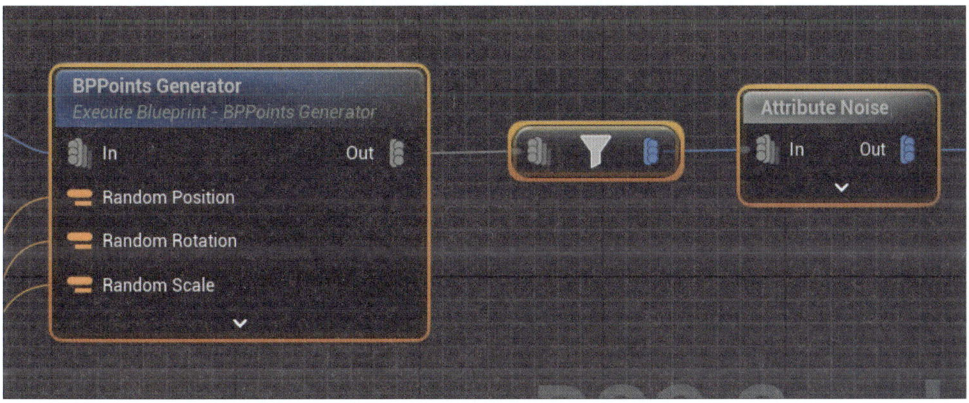

그림 4.17 Attribute Noise 노드를 BPPoints Generator 노드에 연결하기

6. **Density Filter** 노드를 적용해 스폰된 오브젝트의 노이즈 변화를 개선하자. 이 접근 방식을 사용하면 **Attribute Noise** 노드에서 조정한 것보다 더 정밀하게 `0`에서 `1` 사이의 값으로 노이즈 경계를 제어할 수 있다. 이 방법은 정밀도가 높으며, 불필요한 가장자리 포인트들을 제거한다. 우리 설정을 위해 **Lower Bound**를 `0.3`으로 설정한다.

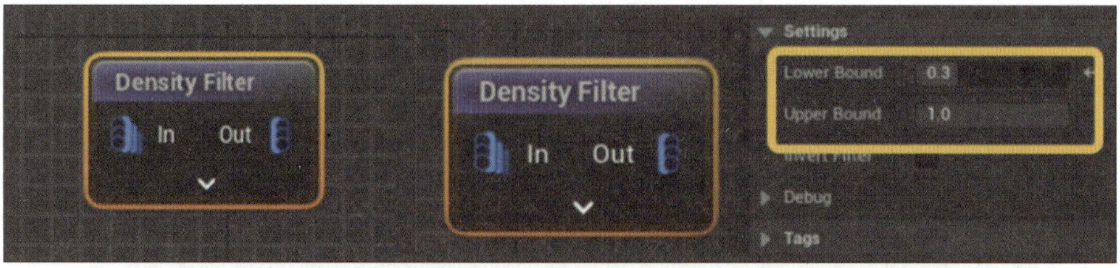

그림 4.18 Density Filter의 Lower Bound 및 Upper Bound 설정 편집하기

7. 이제 이 노드를 **Attribute Noise** 노드에 연결해 연속적인 PCG 그래프 체인을 형성해 보자.

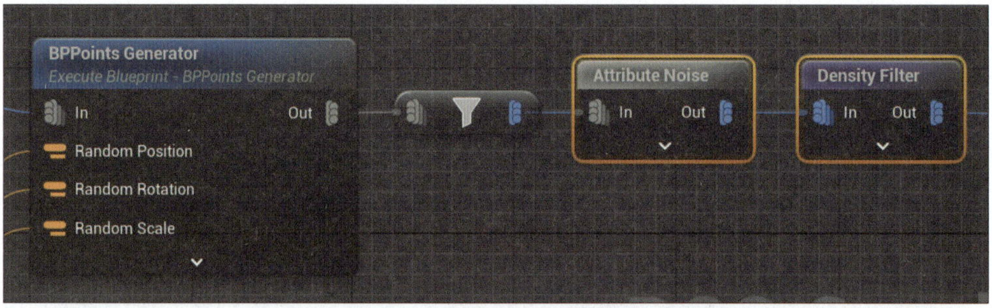

그림 4.19 Attribute Noise 및 Density Filter 노드를 BPPointsGenerator 노드에 연결하기

8. PCG 그래프를 마우스 오른쪽 버튼으로 클릭하고 **Normal To Density** 노드를 검색하면 노멀 벡터 정보를 밀도 값으로 변환한다.

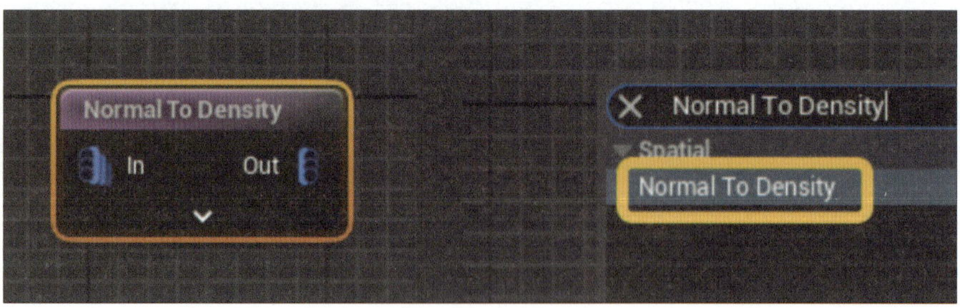

그림 4.20 PCG 그래프에 Normal To Density 노드 추가하기

9. 설정의 기본값을 동일하게 유지한다. 유일하게 변경해야 할 사항은 **Density Mode** 설정을 **Set**에서 **Add**로 변경하는 것이다. 이 변경을 통해 일반 벡터가 밀도에 미치는 영향을 활성화해 이 효과가 다양한 축에 영향을 미치는 방식을 조정할 수 있다.

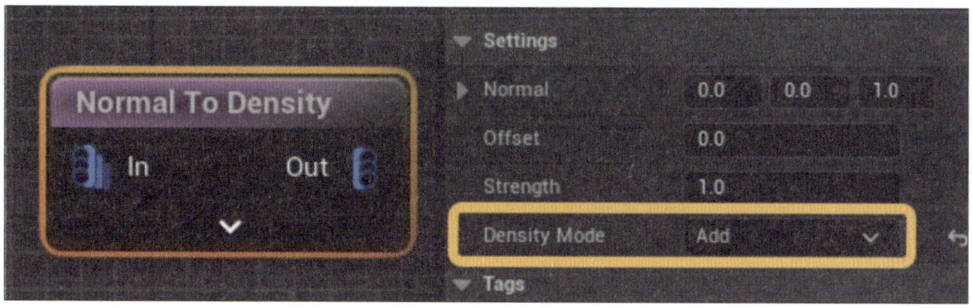

그림 4.21 Normal To Density 노드의 Density Mode를 Add로 설정하기

그림 4.22 PCG 그래프에 Transform Points 노드 추가하기

10. 이번에는 이전에 추가한 노드를 고려해 스태틱 메시의 포인트 배치를 정리해본다. PCG 설정에 **Transform Points** 노드를 포함시켜보자.

11. **Transform Points** 노드를 선택한 상태에서 약간의 조정과 함께 값을 추가해 **Transform** 속성을 무작위로 지정해보자. 체크박스를 눌러 **Absolute Rotation** 기능을 활성화한다.

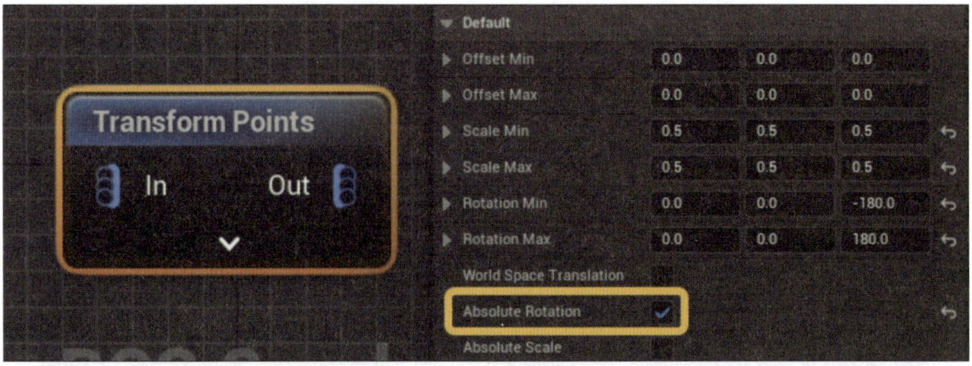

그림 4.23 Absolute Rotation을 활성화하고 Transform Points 노드 내 각 파라미터에 대한 설정을 수정하기

가독성을 위해 **Transform Points** 값을 표로 만들었다.

표 4.1 Transform Points 값

Transform Points	X	Y	Z
Offset Min	0.0	0.0	0.0
Offset Max	0.0	0.0	0.0
Scale Min	0.5	0.5	0.5
Scale Max	0.5	0.5	0.5
Rotation Min	0.0	0.0	−180.0
Rotation Max	0.0	0.0	180.0

NOTE

위 값은 튜토리얼을 위한 것이므로, 취향에 따라 **Transform Points** 노드에 자신의 값을 자유롭게 적용해 보자.

12. 마지막으로 **Static Mesh Spawner** 노드를 다시 연결한다. 그러고 나서 그래프에 다시 연결해보자.

그림 4.24 Normal To Density 노드와 Static Mesh Spawner 노드 사이에 Transform Points 연결하기

13. 모든 노드가 설정됐으면, 이제 순차적으로 하나의 체인으로 연결할 차례다.

14. 이제 이 모두를 **Attribute Noise** 노드에 연결하면 전체 PCG 기능을 완성하게 된다.

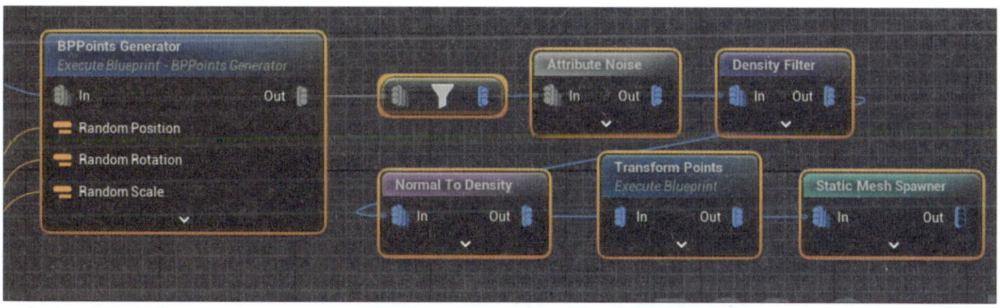

그림 4.25 PCG 그래프의 최종 모습

15. 이 장의 시작 부분에서 잔디 모델을 준비했으니 이제 바위 주위에 잔디를 스폰해보자. PCG 그래프 안에 **Static Mesh Spawner** 노드를 추가한다.

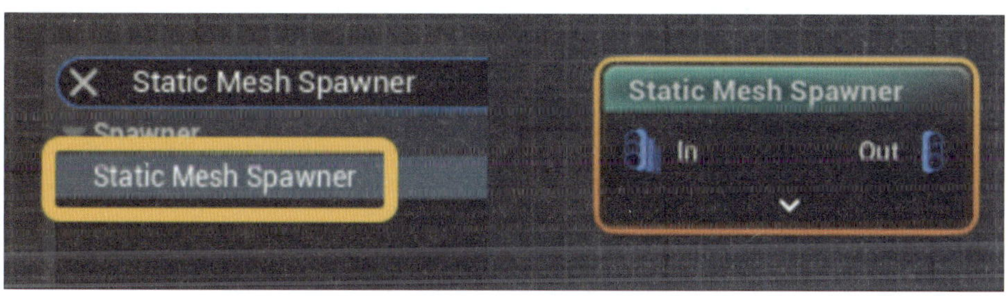

그림 4.26 PCG 그래프에 Static Mesh Spawner 추가하기

16. **Static Mesh Spawner** 노드를 선택한 상태로 오른쪽의 **Mesh Entries** 아래에서 + 기호 버튼을 눌러 **Array Element**를 하나 추가한다.

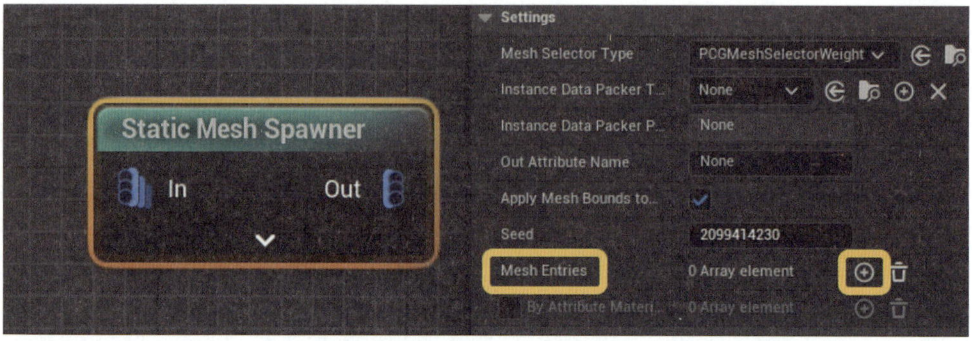

그림 4.27 Mesh Entries 배열 추가하기

17. **Static Mesh Entries** 배열에 `SM_PlantGroup01` 식물 모델을 추가한다.

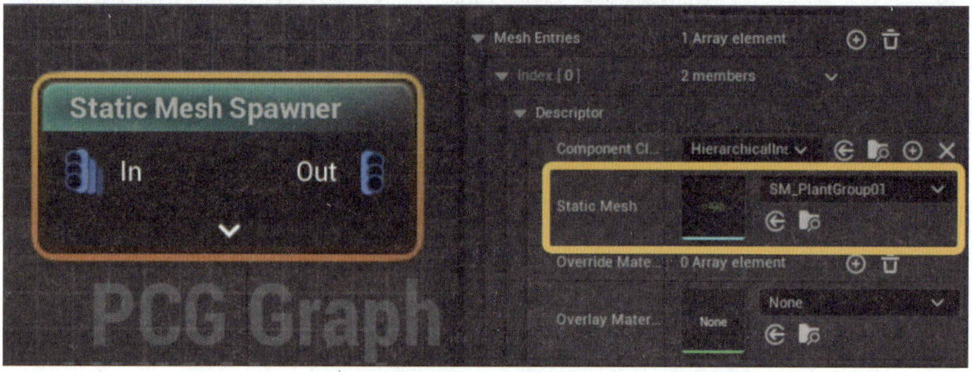

그림 4.28 Mesh Entries 배열에 SM_PlantGroup01 스태틱 메시 추가하기

18. 다음 그림과 같이 **Static Mesh Spawner** 노드를 **BBPoints Generator** 노드에 연결한다.

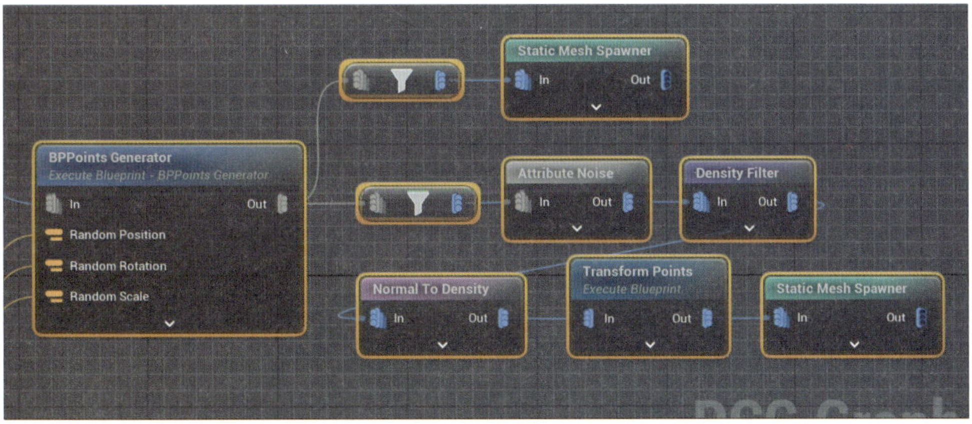

그림 4.29 완성된 PCG 그래프의 최종 모습

이제 이 연습의 마지막 단계에 이르렀으며, 지금까지 적용한 수정 사항이 어떤 차이를 만들어내는지 확인해보자. PCG 그래프를 컴파일하고 씬에서 결과를 확인한다.

그림 4.30 씬에서 BP_MeshGenerator의 최종 결과 보기

보다시피 스폰된 각 바위 주변에는 식물이 자라고 있다. 모습을 개선하려면 액터 블루프린트에서 노출된 값을 조정하면 된다. 또한 PCG 그래프 내의 **Get Actor Property** 노드를 활용해 더 세밀하게 조정할 수 있다. 이 조합을 사용하면 에디터 씬을 통해 값을 좀 더 역동적

으로 변경할 수 있다.

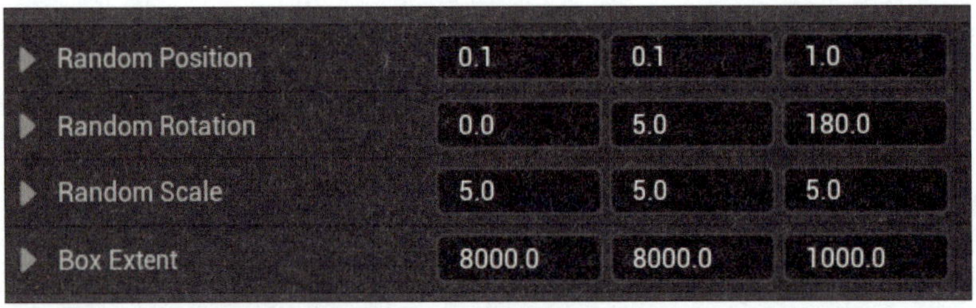

그림 4.31 BP_MeshGenerator의 현재 설정에 사용되는 값

연습을 성공적으로 완료했다. 이 장의 다음 절에서는 최적화 기법을 살펴보고 PCG 도구의 효율성을 향상시키는 방법에 대해 논의한다. 그 과정에서 도구를 특정 요구 사항에 맞게 더 효과적이면서 리소스 효율적으로 사용하는 방법도 함께 다룬다.

PCG 도구 최적화 및 개선

이 절은 이 장의 다른 절들만큼이나 중요한데, 사용한 기술을 이해하면서 PCG 도구의 성능과 품질을 개선하는 데 필요한 추가적인 최적화 정보를 제공하기 때문이다.

여기서는 PCG 볼륨 내에서 스태틱 메시를 절차적으로 생성하는 PCG 그래프의 각 섹션을 살펴본다.

폴리지

폴리지foliage[1]는 게임 개발과 VFX/버추얼 프로덕션 환경에서 퍼포먼스를 저하시키는 주요 요인으로 잘 알려져 있기 때문에 이 섹션은 매우 중요하다. 따라서 PCG의 효율성을 높이기 위한 추가 팁과 기술을 제공하는 것이 필수적이다. 폴리지와 기타 절차적 요소를 최적화하면 성능 저하 없이 원활한 게임플레이를 보장할 수 있다. 향후 콘텐츠에서는 이러한 최적화

1 잔디와 풀, 작은 나무 등 사이즈가 작은 자연물을 통칭하는 말이다. – 옮긴이

전략에 초점을 맞춰 게임이나 씬의 플레이 가능성과 효율성을 유지하면서 고품질 비주얼을 유지할 수 있도록 할 것이다.

우선 최적화가 추가적으로 필요한 씬의 특정 영역을 보여주는 데 도움이 되는 몇 가지 설정을 살펴보자.

1. 화면 왼쪽 상단에서 켜져 있는 **Lit** 모드를 찾아 누르고 **Virtual Shadow Map ➤ Cached Page**를 선택한다.

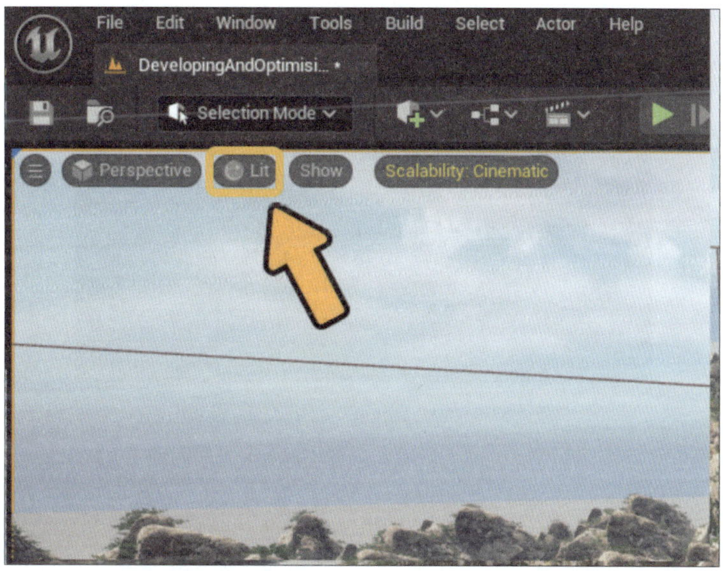

그림 4.32 View 모드 위치

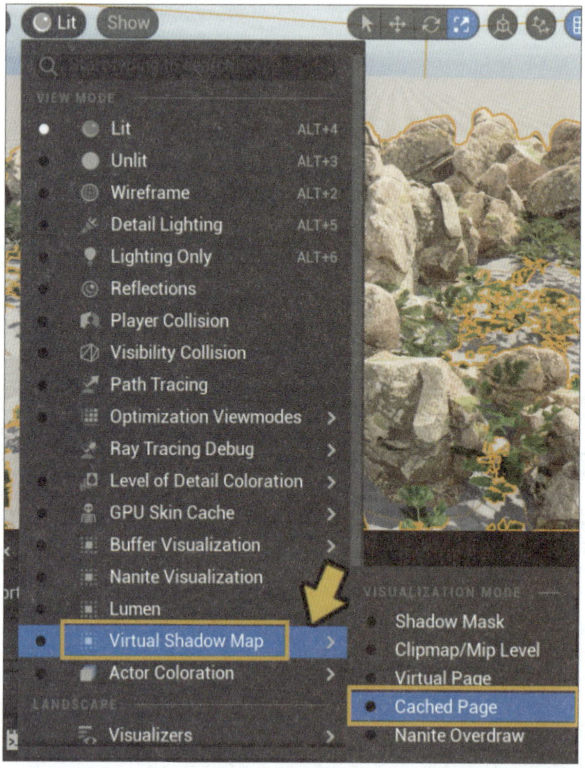

그림 4.33 Lit에서 Cached Page 모드로 변경하기

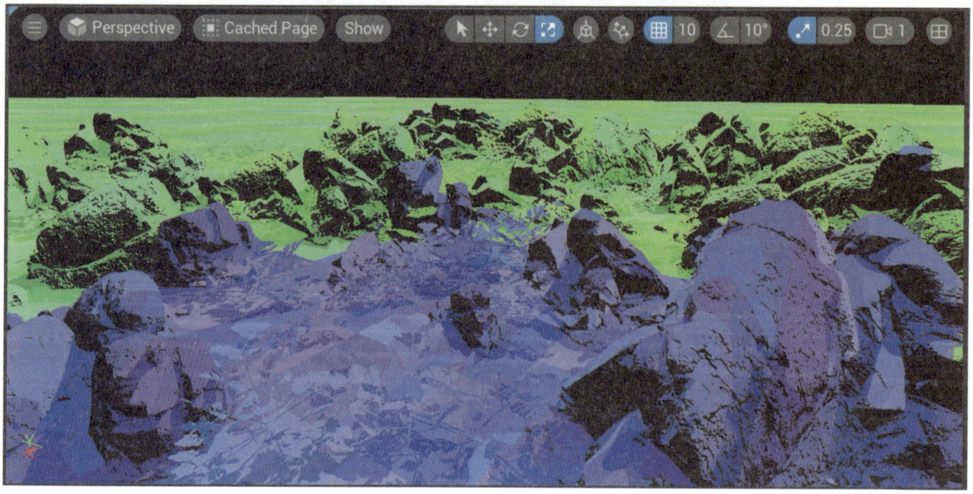

그림 4.34 Cached Page 모드 결과

2. 해당 설정을 적용하면 이제 씬에서 VSM[Virtual Shadow Map]의 전체 모습을 확인할 수 있다. 파란색으로 표시된 부분이 우리의 관심 영역으로, 향후 최적화 프로세스에서 초점을 맞추게 될 것이다.

NOTE

> 언리얼 엔진 5의 VSM은 섀도 렌더링 기술의 획기적인 발전을 보여준다. 언리얼 엔진의 루멘(Lumen)은 리얼타임 렌더링에서 높은 수준의 사실성과 시각적 충실도를 달성하도록 설계된 완전한 동적 글로벌 일루미네이션 및 리플렉션 시스템이다. 여기에는 고해상도 섀도, 확장성, 다이내믹 라이팅, 루멘 연동, 소프트 섀도, 퍼포먼스 최적화가 포함된다.
>
> 자세한 내용은 언리얼 엔진 5 웹 사이트 문서(https://docs.unrealengine.com/5.4/en-US/virtual-shadow-mapsin-unreal-engine/)에서 확인할 수 있다.

3. 폴리지는 식물의 움직임을 담당하는 머티리얼 노드와 함께 제공된다. 이는 셰이더를 통해 런타임에 메시의 버텍스[vertex]를 변환할 수 있는 WPO[World Position Offset] 속성 때문이다. 이 기술은 지상에 많은 폴리지가 있는 경우 성능 측면에서 상당한 비용이 들 수 있다. 따라서 복잡성을 줄이기 위해 PCG 그래프를 열고 **Static Mesh Spawner** 노드를 선택해보자.

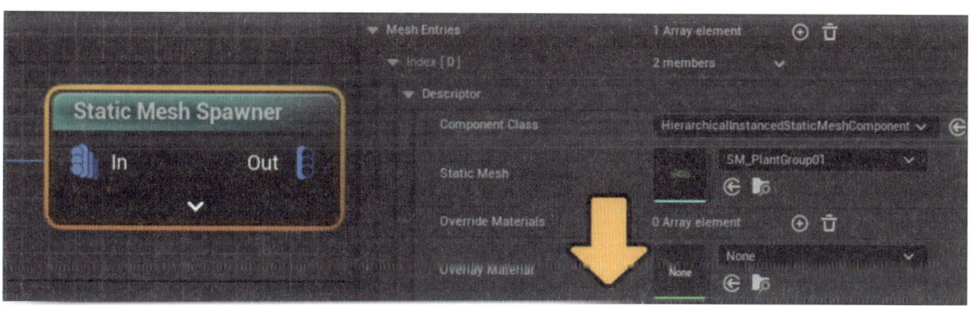

그림 4.35 World Position Offset Disable Distance 설정 찾기

4. 그림 4.36과 같이 **Mesh Entries** 탭에서 **World Position Offset Disable Distance**라는 섹션을 찾을 때까지 아래로 이동한다.

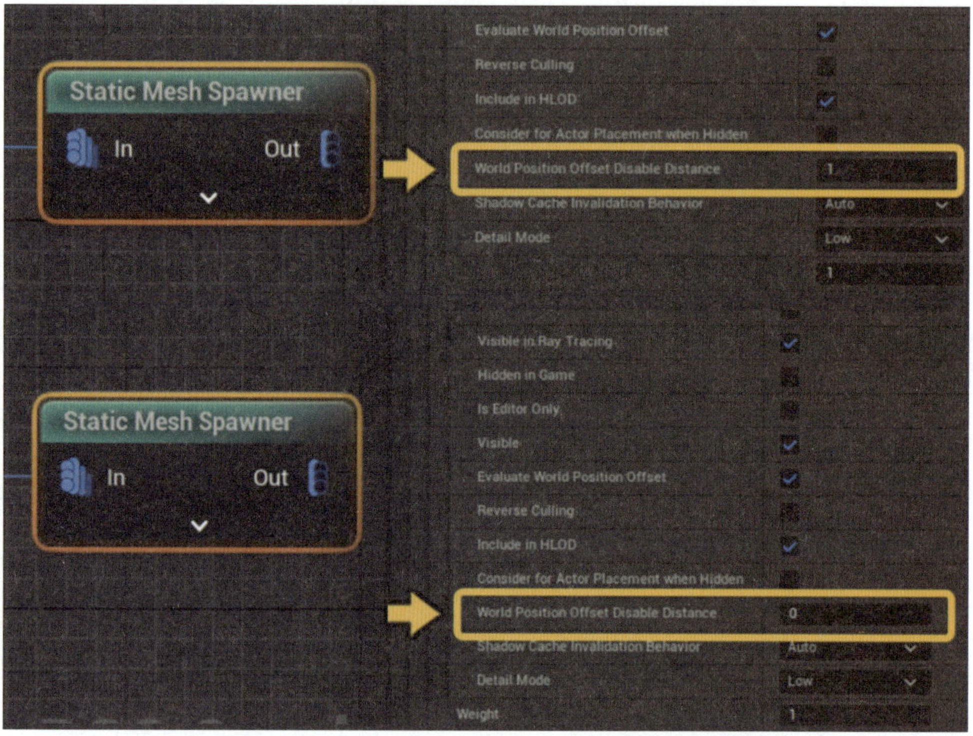

그림 4.36 World Position Offset Disable Distance 값 변경하기

5. 현재 설정은 `0`으로, 기본 거리를 나타낸다. 즉, 전체 씬에서 카메라로 보이는 모든 곳을 렌더링하도록 WPO가 구성돼 있다. 값을 `1`로 변경하면 1cm 거리에 해당하는 1 언리얼 유닛 내에서만 WPO를 렌더링한다는 뜻이다. 한번 변경해보고 테스트해보자!

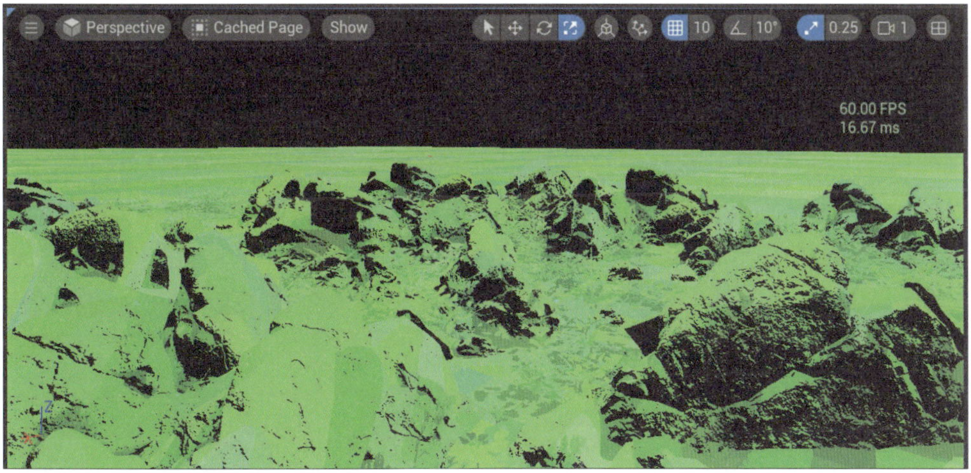

그림 4.37 World Position Offset Disable Distance 값을 1로 변경한 결과

6. 메인 에디터 씬으로 돌아가서 씬에 무슨 일이 일어났는지 확인해보자. 이제 모든 WPO가 1cm 거리에서만 렌더링되도록 축소됐기 때문에 모든 것이 녹색으로 표시됐다.

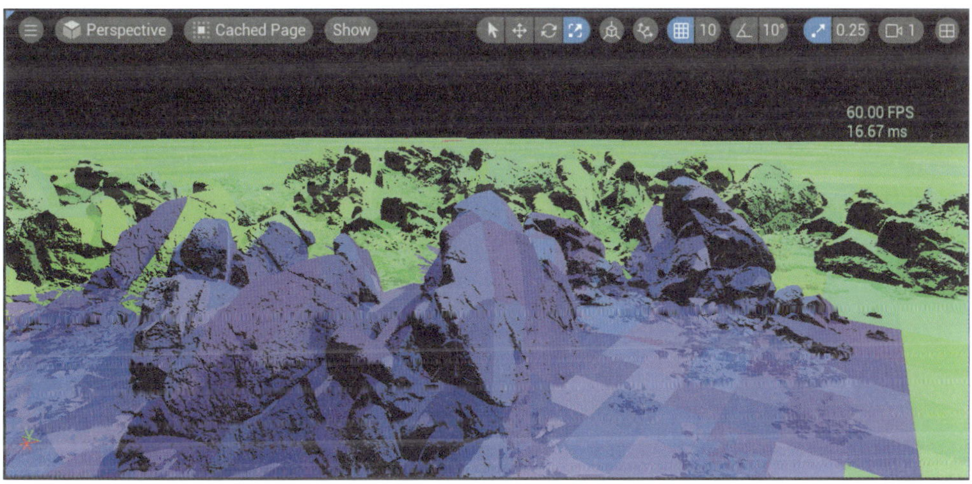

그림 4.38 World Position Offset Disable Distance 값을 300으로 변경하기

7. 이번에는 거리를 300cm로 늘려보자. 이제 300cm 거리 범위 내에서 WPO가 렌더링 되는 것을 볼 수 있다!

이제 폴리지 스태틱 메시 최적화를 마쳤다. 다음 절에서는 액터 블루프린트에 추가 변수를 연결하기 위한 다른 기법에 대해 알아보자. 이 방법은 PCG 그래프에 과도한 부담을 주지 않으면서 빠르고 간단하게 조정할 수 있는 효율적인 기법이다. 이러한 전략을 살펴봄으로써 퍼포먼스와 시간 효율을 모두 고려한 방식으로 PCG 설정을 개선하는 방법에 대한 지식을 얻을 수 있다.

PCG 도구의 추가 변수

이 절에서는 액터 블루프린트와 PCG 그래프 안에 변수를 추가하는 방법에 대해 알아보자. 여기서는 PCG 툴의 외부 기능을 향상시키는 데 중요한 몇 가지 주요 변수를 추가하는 데 중점을 둘 것이다. 이러한 변수를 적용하면, PCG 툴의 기능을 확장해 절차적 콘텐츠 제작에 더 큰 유연성과 제어 기능을 제공할 수 있다. 이 접근 방식은 다양한 시나리오와 요구 사항에 맞춰 PCG 도구를 더욱 역동적이고 적응력 있게 만든다.

1. `BP_MeshGenerator` 액터 블루프린트를 열고 **Boolean** 변수를 추가한 다음, 이름을 `Absolute Rotation`으로 변경한다. 이어서 **Vector** 변수를 추가하고 이름을 `OffsetMin`과 `OffsetMax`로 변경한다. 항상 각 변수를 퍼블릭으로 만드는 것을 잊지 말자. 컴파일 후 PCG 그래프로 돌아간다.

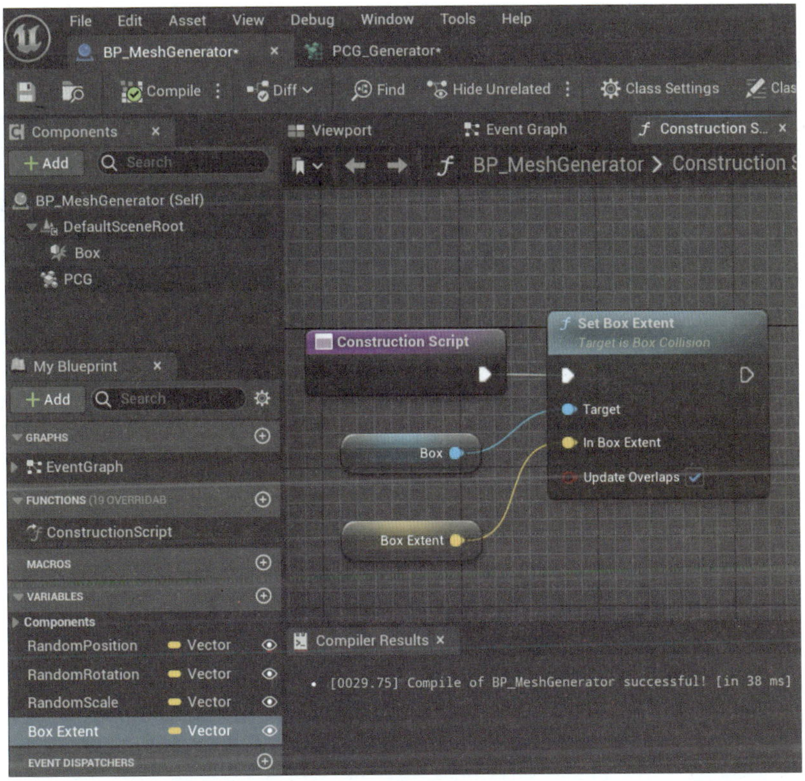

그림 4.39 VARIABLES 패널 창

그림 4.40 VARIABLES 패널 창에 변수 추가하기

2. PCG 그래프 안에 해당 변수를 노출해야 하므로 PCG 그래프에 **Get Actor Property** 노드를 추가해보자.

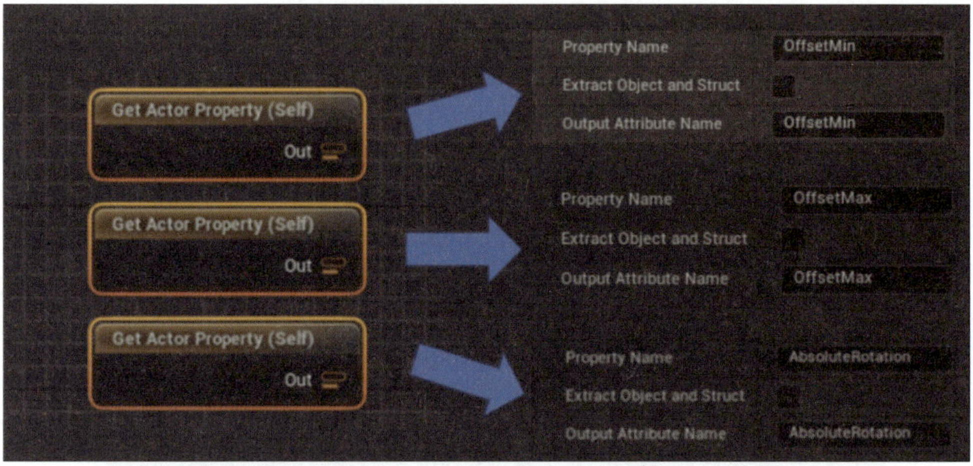

그림 4.41 Get Actor Property 파라미터 이름 바꾸기

3. 각 **Get Actor Property** 노드가 변수가 될 준비가 됐으니, 이제 바위 위에 스폰된 각 풀의 트랜스폼을 조작하는 데 사용할 **Transform Points** 노드에 연결할 수 있다. 화살표를 클릭해 **Transform Points** 노드를 확장한다.

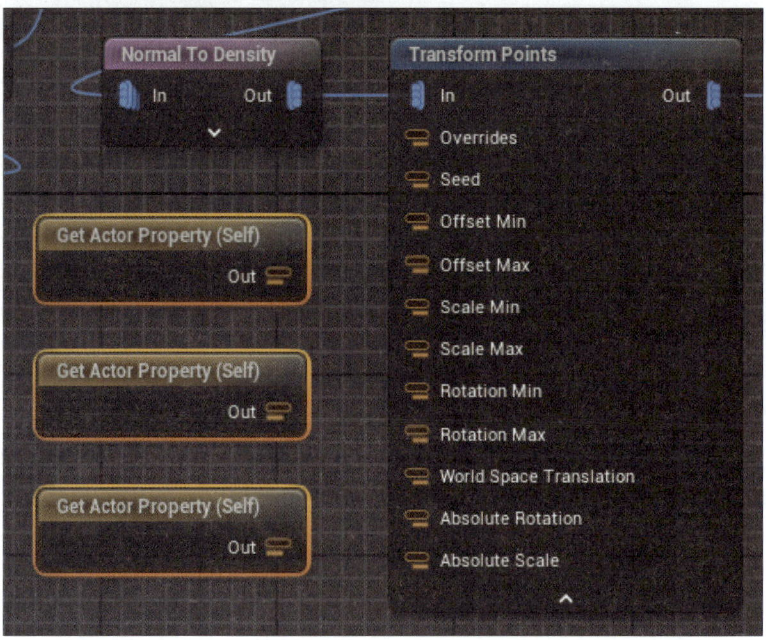

그림 4.42 Transform Points 노드에 대한 Get Actor Property 파라미터 설정

다음은 확장된 **Transform Points** 노드로, 여기서 **Get Actor Property** 노드를 적절한 입력 속성에 연결할 수 있다.

4. 각 변수 이름과 일치하도록 각 **Get Actor Property** 노드를 연결한다.

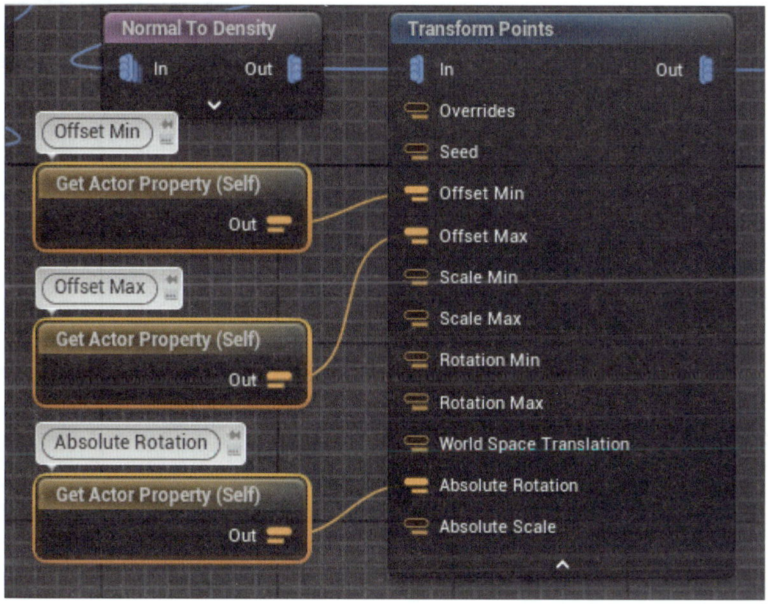

그림 4.43 Get Actor Property 파라미터 연결하기

이 부분이 완료되면 PCG 그래프를 저장하고 씬에서 테스트해보자. 이제는 PCG 그래프를 중단하지 않고 에디터 씬에서 값을 조정할 수 있다. 눈치챘겠지만, PCG 그래프 안에서 액터 블루프린트로 노출하고 연결한 변수는 세 가지다.

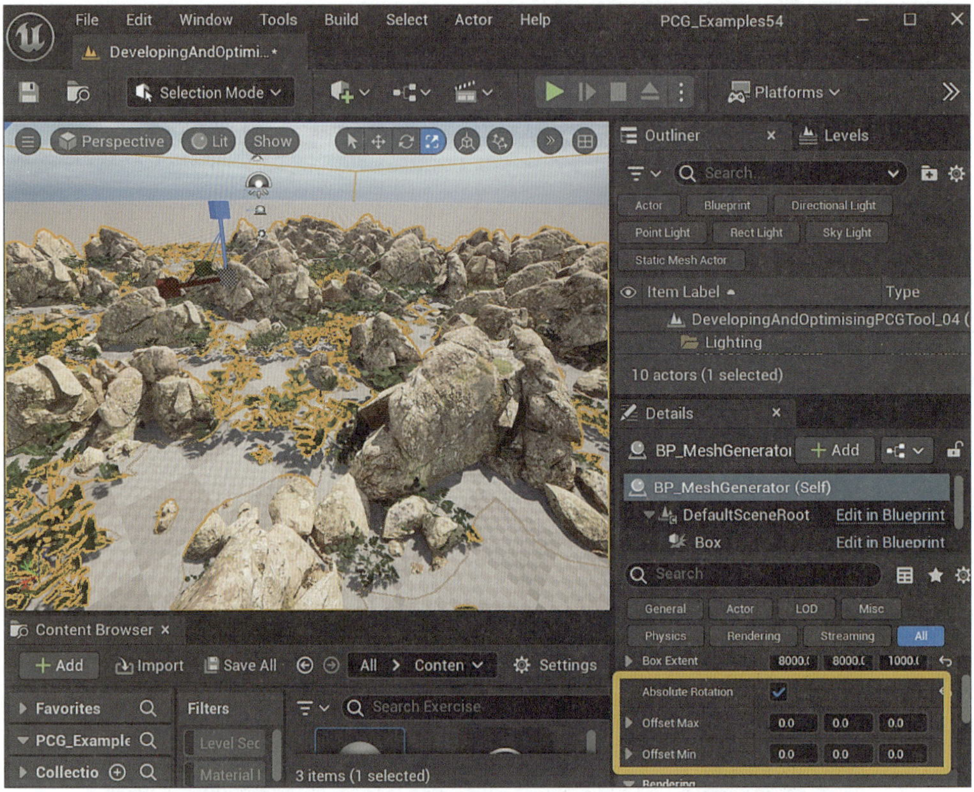

그림 4.44 레벨 에디터 내 BP_MeshGenerator Details 패널의 최종 조정 사항

이제 이 장의 마지막에 도달했다. 값을 미세하게 조정할 수 있는 추가적인 최적화와 속성을 포함하는 매우 유용한 PCG 도구의 개발에 관한 지식을 습득했고, PCG 도구의 전반적인 품질을 향상시켰다. 이는 PCG를 더 잘 이해하고, 상호작용이 가능하게 하고, 편리하게 수정할 수 있도록 만드는 데 중요한 부분이다.

요약

이 장에서는 사용자 지정 PCG 도구를 개선함으로써 얻을 수 있는 중요한 이점과 관련된 귀중한 지식을 얻었다. 특히 프로젝트 개발 과정에서 이 도구를 활용하고 최적화해 작업과정에 맞게 조정하는 방법을 배웠다. 이 예제에서는 PCG 블루프린트와 PCG 그래프의 적용을 개선하는 방법을 배웠고, PCG 툴의 워크플로를 개선하는 데 도움이 되는 여러 변수를 추가했다! 또한 랜드스케이프에 스폰된 스태틱 메시의 렌더링 속도를 개선하는 데 도움이 되는 PCG 그래프와 그 노드에서 사용할 수 있는 최적화 툴에 대해서도 다뤘다. 이 지식은 더 복잡한 절차적 생성 콘텐츠를 제작할 때 PCG 툴을 더욱 개선하는 데 도움이 되므로 매우 중요하다.

PCG 도구를 만들고 미세 조정하는 이 튜토리얼을 마친 후에는 이전 장들과 현재 장을 다시 한번 복습하는 것이 좋다. 이번에는 자신만의 모델과 구성을 사용해 배운 내용을 적용해보자. 이 장의 주요 목표는 PCG 도구의 성능을 향상시키는 데 필요한 지식과 기술을 갖추도록 하는 것이다. 이제는 기본 사용자 지정 노드를 디자인하고 다양한 노드와 설정으로 PCG 그래프에 적용하는 등 자신만의 PCG 도구를 만드는 경험을 쌓았을 것이다.

다음 장에서는 Spline 컨트롤러를 사용하는 PCG 도구의 생성과 활용에 초점을 맞추겠다. 이를 위해 PCG 도구에서 스플라인[spline] 기반 접근 방식을 사용할 때의 주요 이점을 살펴볼 것이다. 이 방법은 절차적 콘텐츠의 배치와 조작에 있어 향상된 제어와 정밀도를 제공하므로, 특정 유형의 프로젝트와 디자인에 매우 유용한 기법이다.

2부

언리얼 엔진 5에서 PCG의 강력한 기능 활용하기

2부에서는 Spline 컨트롤러를 사용해 역동적 PCG 환경을 제작하는 방법을 살펴보고, Spline 컴포넌트를 사용해 구조물 적용을 비롯한 다양한 랜드스케이프를 제작하는 고급 기법을 소개한다. PCG에 대한 깊은 이해를 바탕으로 액터 블루프린트 내에서 컴포넌트를 활용해 PCG 프레임워크를 향상시키는 방법을 알아볼 것이다. 학습이 진행됨에 따라 군중 시뮬레이션과 같은 더욱 흥미로운 예제를 다루며 기술을 더욱 확장할 예정이다.

2부는 다음과 같은 장들로 구성돼 있다.

- 5장. PCG 그래프를 사용한 Spline 컨트롤러 구성하기
- 6장. 랜드스케이프 머티리얼로 PCG 그래프 만들기
- 7장. PCG Spline 컨트롤러를 사용해 빌딩 만들기
- 8장. 바이옴 구성하기: 풍부한 환경을 위한 PCG 마스터하기
- 9장. PCG로 역동적인 애니메이션 군중 만들기

05

PCG 그래프를 사용한 Spline 컨트롤러 구성하기

3장과 4장에서는 자신만의 절차적 콘텐츠 생성PCG 블루프린트를 활용하는 방법을 마스터함으로써 괄목할 만한 진전을 이뤘다. 이 기술을 통해 PCG 컴포넌트를 커스터마이징해 스태틱 메시 에셋 최적화에 도움이 되는 기법을 포함한 나만의 PCG 툴을 구성할 수 있다.

5장에서는 PCG에 대한 특별한 접근 방식을 제시해 PCG 도구를 더 깊이 이해할 수 있는 흥미로운 기회를 제공한다. 이번에는 Spline 컨트롤러를 사용해 2장과 3장 등 이전 장들에서 살펴본 것과 유사한 결과를 얻을 수 있다. 이 책에서는 Spline 컨트롤러를 활용해 PCG 툴을 포괄적이고 유연하게 제어하는 방법을 중점적으로 다룬다.

이 장에서는 강물이 흐르는 작은 숲을 제작하는 방법을 소개한다. 또한 언리얼 엔진 워터 플러그인을 적용해 강을 생성하고 언리얼 엔진 5에서 강을 조작하는 방법을 알아본다.

이 장은 다양한 PCG 그래프에 초점을 맞춘 절로 나뉘어져 있으며, 이후 단일 PCG 그래프로 통합할 것이다. 그다음에는 적용된 PCG 그래프 내에서 필요한 나머지 구성을 완료하고 단일 액터 블루프린트로 구성해본다.

이로써 언리얼 엔진 내에서 월드를 빌드하는 데 적합한 툴을 좀 더 능숙하게 선택할 수 있게 되고, 씬 내에서 더 복잡한 월드와 레벨을 직접 제작할 수 있는 능력을 향상시키게 된다.

이 장에서 다루는 주요 주제는 다음과 같다.

- 폴리지 만들기
- 숲 액터 블루프린트 생성
- PCG 그래프
- 더 나은 결과를 위해 조정하기

이 장이 끝나면, Spline 컨트롤러를 사용해 제어할 수 있는 PCG 툴을 만드는 새로운 기술과 매우 유용한 지식을 습득하게 될 것이다! 이 튜토리얼을 마친 후에는 PCG 볼륨의 모양을 제어하고 커스터마이징하고 랜드스케이프에서 모든 모델을 절차적으로 생성할 수 있다.

기술적 요구 사항

이 장을 완료하려면 다음과 같은 하드웨어 및 소프트웨어와 관련 지식이 필요하다.

- PCG를 실행할 수 있는 다음과 같은 사양의 컴퓨터가 반드시 필요하다.
  - 고성능 멀티코어 CPU(AMD Ryzen 7/9, Intel i7/i9)
  - GPU(NVIDIA RTX, 8+GB VRAM이 탑재된 AMD Radeon RX)
  - 최소 16GB의 RAM

  언리얼 엔진 5의 블루프린트 생성(https://dev.epicgames.com/documentation/en-us/unreal-engine/blueprint-basic-user-guidein-unreal-engine)에 대한 기본 지식이 있어야 한다. 이는 특히 블루프린트 제작을 처음 접하는 경우라면 매우 중요하다. 이 장은 블루프린트 개발에 대한 기초적인 지식만 갖춘 사람들도 쉽게 접근할 수 있도록 설계됐다.

  템플릿 프로젝트에는 오두막을 제외한 다른 에셋들은 포함돼 있지 않다. 따라서 메가스캔 트리를 반드시 다운로드해야 한다. Megascans Trees: European Beech와 Landscape Pro 2.0 Auto-Generated Material 파일을 언리얼 마켓플레이스(https://www.unrealengine.com/marketplace/en-US/product/landscape-pro-auto-generatedmaterial?sessionInvalidated=true)에서 다운로드하자. 모든 에셋은 무료다.

- 이 장에서 사용된 언리얼 엔진 버전은 UE 5.4 버전이다. PCG 툴은 언리얼 엔진 5.2에서 도입됐지만 언리얼 엔진 5.4에서는 더 이상 사용되지 않는 노드가 몇 가지 있으므로, 이 장에서는 언리얼 엔진의 최신 버전이 가장 유용하다.

이 장에서는 깃허브 리포지터리[1]에서 사용할 수 있는 템플릿 프로젝트를 사용한다. 템플릿은 깃허브(https://github.com/PacktPublishing/ProceduralContent-Generation-with-Unreal-Engine-5)에서 다운로드할 수 있다.

NOTE

> 깃허브 리포지터리에는 마켓플레이스의 모델이 포함돼 있지 않으므로, 별도로 프로젝트에 에셋을 다운로드한다.

이 장의 코드가 실행되는 모습을 보여주는 동영상은 웹 사이트(https://packt.link/H1Bxh)에서 확인할 수 있다.

폴리지 및 포레스트 액터 블루프린트 만들기

다음 절에서는 이 장의 필수 에셋을 준비하는 방법을 안내한다. 먼저 식물과 나무 모델을 고르고 커스터마이징하는 등 폴리지를 생성하는 것부터 시작해보자. 다음으로, 숲의 동작과 모양을 정의하는 포레스트 액터 블루프린트forest actor blueprint를 설정하는 단계로 넘어갈 것이다. 이 절이 끝나면, PCG 포레스트 환경 작업을 시작할 수 있는 완전한 에셋 세트와 기능적 블루프린트를 갖추게 된다.

1 버전 컨트롤 기능을 가진 저장소다. – 옮긴이

폴리지 만들기

이 예제에서는 Megascans Trees: European Beech 패키지를 사용한다. 하지만 이번에는 나무를 좀 더 다양화해 PCG 그래프 액터 블루프린트를 만들 것이다. 풀은 이전 장에서 이미 사용한 마켓플레이스의 Landscape Pro 2.0 Auto-Generated Material에서 가져온 것을 사용하겠다. Content 폴더에 있는 기존 트리 라이브러리에서 몇 가지 모델을 선택해 보자.

1. **EuropeanBeech ➤ Geometry ➤ PivotPainter**로 이동해 `SM_EuropeanBeech_Field_01_PP`와 `SM_EuropeanBeech_Forest_03_PP`라는 두 가지 트리 모델을 검색한다.

그림 5.1 퀵셀 메가스캔 트리 모델

2. **STF ➤ Pack03-LandscapePro ➤ Environment ➤ Foliage ➤ GrassBush**로 이동해 `SM_grass_bush04_lod00`을 검색한다.

그림 5.2 Pack03-LandscapePro 식물 에셋

3. 다음 단계는 각 메시의 **Nanite** 모드를 켜는 것이다. 모델들을 선택한 상태에서 모델 중 하나를 우클릭하고 메뉴 상단에서 **Nanite** 모드를 선택한다.

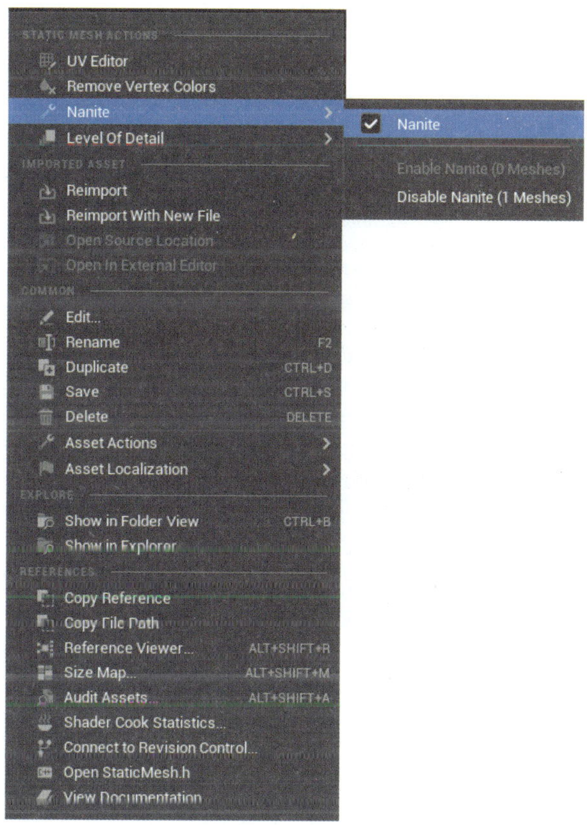

그림 5.3 각 스태틱 메시에서 Nanite 모드 활성화하기

다음 절에서는 액터 블루프린트 제작에 대해 자세히 알아보면서 PCG 포레스트 폴리지에 대한 액터 블루프린트를 준비해본다.

포레스트 액터 블루프린트 생성

이 장의 튜토리얼에서는 액터 블루프린트를 만드는 데 시간을 할애한다. 이는 3장과 4장에서 이미 수행한 것과 마찬가지로 PCG 컴포넌트를 기반으로 숲을 제어하고 절차적으로 생성하는 데 사용된다.

먼저 프로젝트 내에서 첫 번째 액터 블루프린트를 만들고 나중에 제어할 컴포넌트를 PCG 그래프 내에서 준비해보자.

1. Blueprints 폴더 내에서 Content Browser 공간을 마우스 오른쪽 버튼으로 클릭하고 **Blueprint Class**를 검색한다.

그림 5.4 Blueprint Class 선택

2. **Blueprint Class**를 선택한 상태로 메뉴에서 **Actor** 클래스를 선택하고, 이름을 `BP_Forest`로 변경한다.

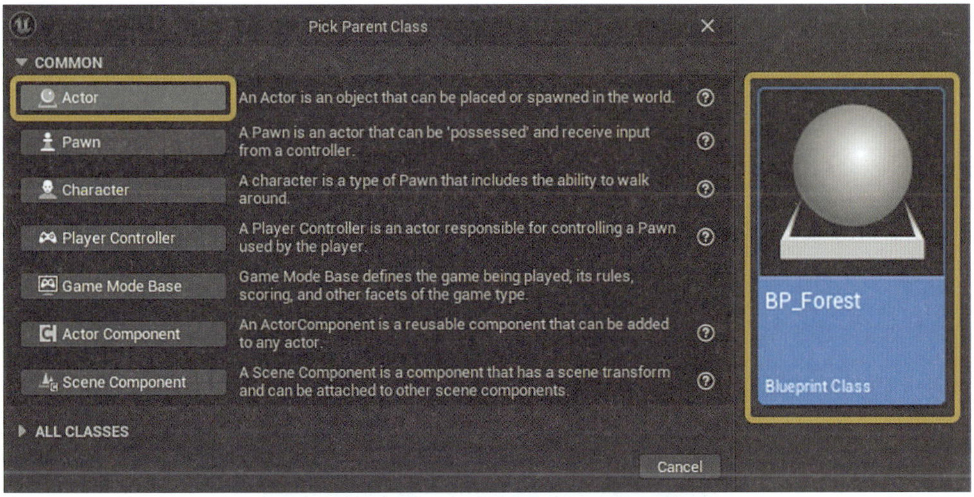

그림 5.5 액터 블루프린트 이름을 BP_Forest로 변경하기

3. 이제 새로 생성한 `BP_Forest` 액터 블루프린트를 더블 클릭한 다음, **+Add** 메뉴에서 **Spline** 및 **PCG** 컴포넌트를 추가한다.

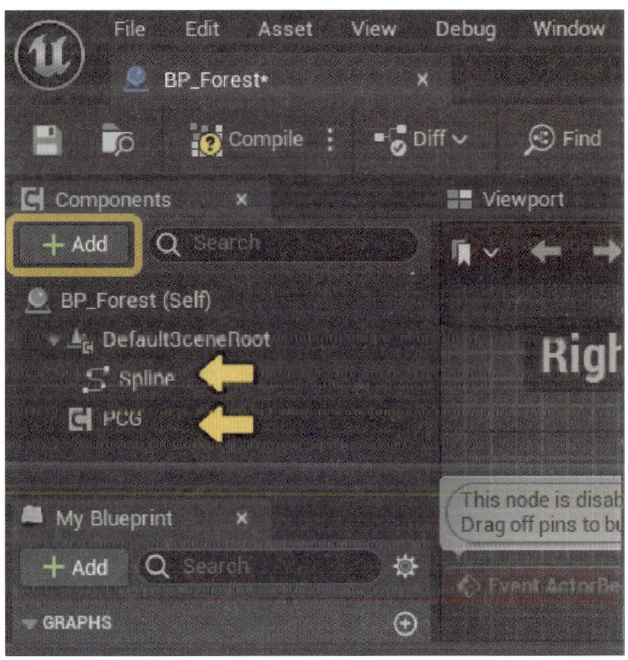

그림 5.6 BP_Forest 액터 블루프린트에 Spline 및 PCG 컴포넌트 추가하기

4. 다음 단계는 PCG 볼륨 내에서 스폰되는 폴리지의 양에 영향을 미치는 PCG 그래프의 구성 요소를 제어하고 관리하는 데 사용되므로 매우 중요하다. 따라서 **Trees**와 **Grass**라는 2개의 **Float** 변수를 만들어보자. 이 두 변수가 모두 퍼블릭public으로 설정돼 있는지 확인하려면 각 변수의 오른쪽에 있는 보이는 눈 아이콘을 켜면 된다.

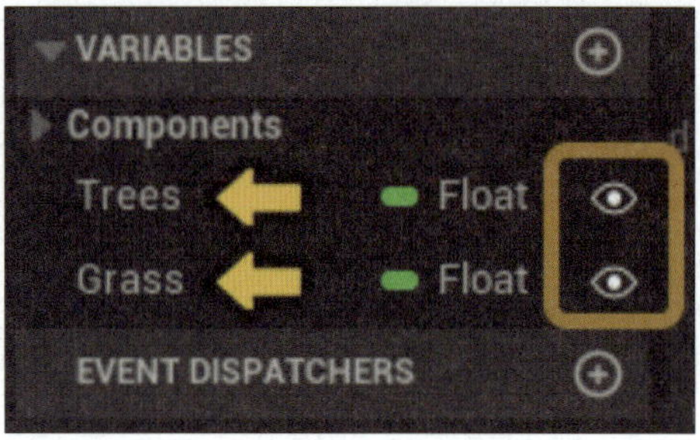

그림 5.7 변수를 생성하고 준비하기

5. 이 변수들을 설정함으로써 필요한 것은 다 만들었다. 하지만 아직 한 가지 더 해야 할 일이 있는데, 바로 생성된 각 변수의 값을 변경하는 것이다. 일단 각 변수의 값을 `1000`으로 설정해보자. 이 값을 사용하는 이유는 액터 블루프린트를 테스트하는 동안 성능에 관련한 문제가 생기지 않게 하기 위해서다.

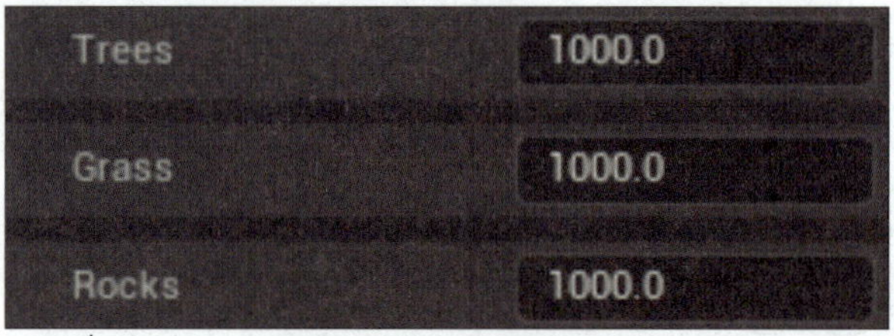

그림 5.8 각 변수의 값 조정하기

6. Spline 컴포넌트를 선택하고 그림 5.9와 같은 스플라인 커브 루프를 만들어보자. 먼저 커브 끝에 있는 작은 핀을 선택한다. 왼쪽 **Alt** 버튼을 누른 상태에서 마우스 왼쪽 버튼을 사용해 스플라인을 따라 커브에 포인트를 더 추가한다.

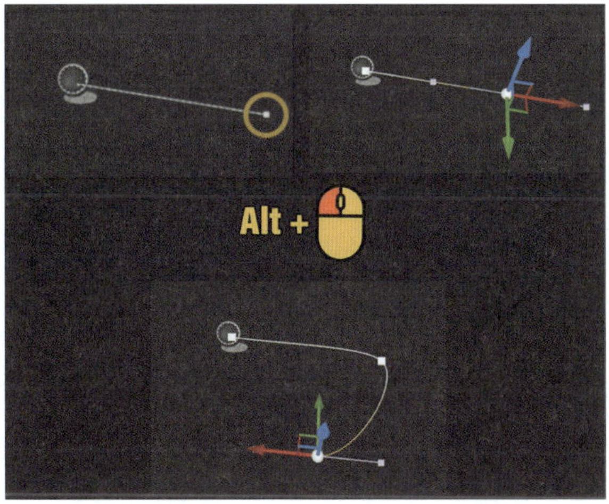

그림 5.9 Spline 컴포넌트를 사용해 스플라인 루프 만들기

7. 원형 루프 모양이 만들어질 때까지 커브에 스플라인 점을 계속 추가한다.

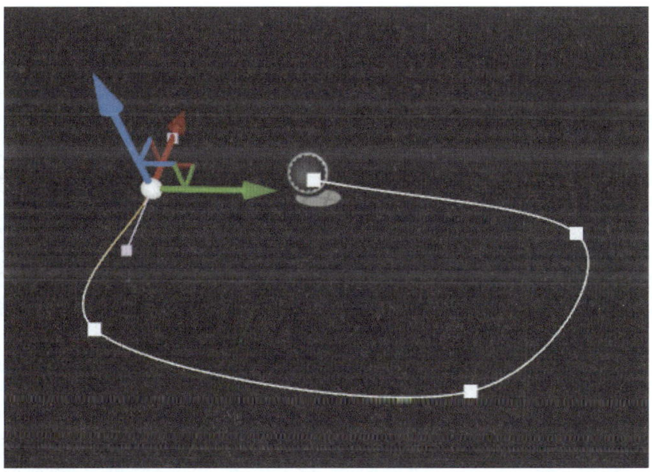

그림 5.10 스플라인 루프에 더 많은 스플라인 포인트 추가하기

8. 스플라인 커브 준비가 끝나면, **Spline Details** 패널에서 **Closed Loop** 상자를 체크해 루프를 완성한다.

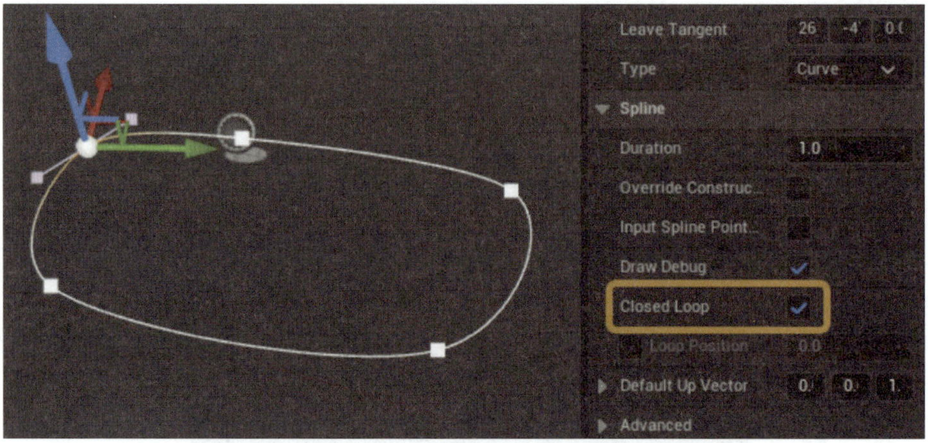

그림 5.11 Spline 컴포넌트에서 루프 완성하기

9. 이제 BP_Forest 액터 블루프린트를 닫을 수 있다. 이 기회에 블루프린트를 씬에 끌어와 보자.

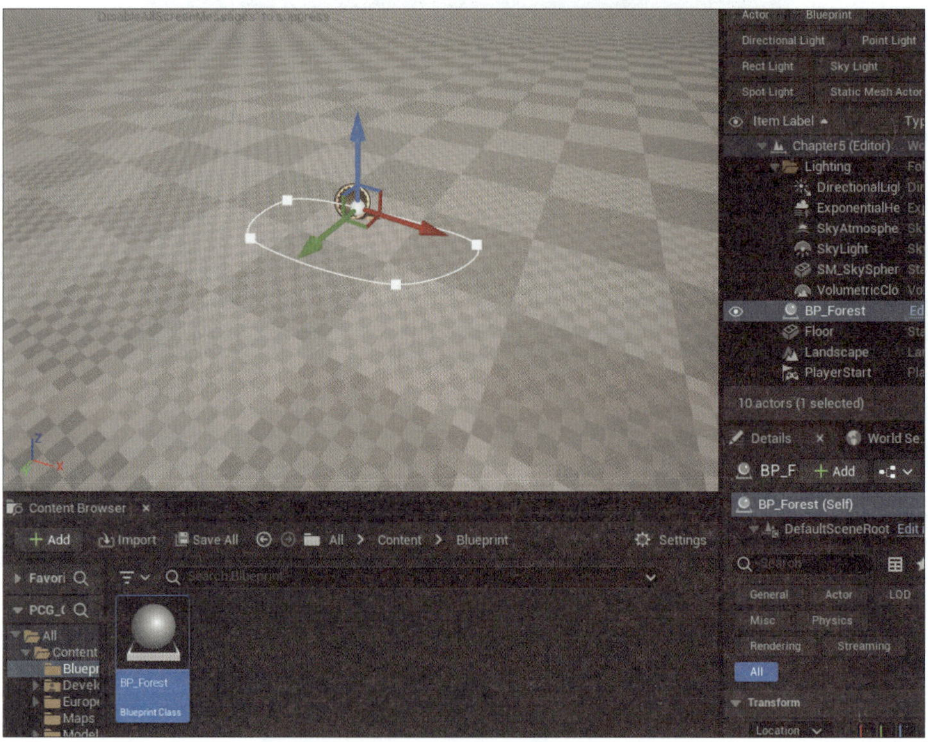

그림 5.12 레벨 씬에 BP_Forest 액터 블루프린트 추가하기

다음 절에서는 여러 PCG 그래프를 만드는 방법과 이들을 서로 적용하는 방법을 살펴보자.

PCG 그래프 만들기

이 예제에서는 여러 개의 PCG 그래프를 제작하고 연결해 하나의 메인 PCG 그래프를 이루는 네트워크 체인을 만든다. 이 과정은 여러 개의 PCG 그래프를 결합해 좀 더 깔끔하게 보이는 것의 중요성을 강조하고자 고안됐다.

연습을 시작하기 위해 PCG 폴더에 몇 개의 PCG 그래프를 추가해보자.

Content ➤ PCG 폴더 공간에서 마우스 오른쪽 버튼을 클릭하고 새 PCG 그래프를 만든다. PCG 그래프를 복제하고 그래프에 개별적으로 PCG_Foliage와 PCG_Forest라는 이름을 지정한다.

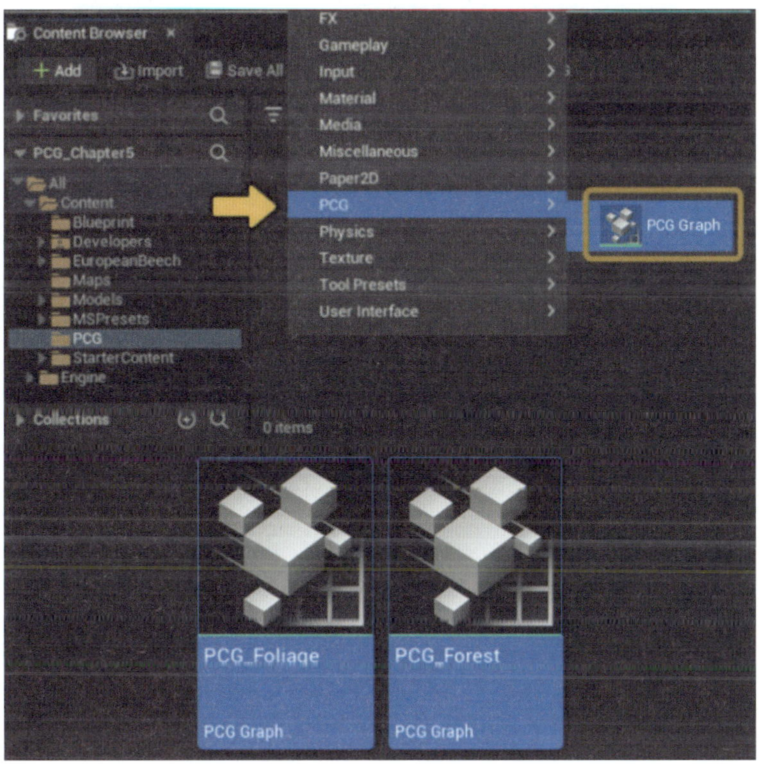

그림 5.13 2개의 PCG 그래프 만들기 – PCG_Foliage와 PCG_Forest

2개를 하나의 PCG 그래프로 결합할 준비가 될 때까지 하나씩 개별적으로 작업하고 테스트해보자. 첫 번째 그래프인 `PCG_Foliage`부터 시작한다.

PCG_Foliage

이 절에서는 `PCG_Foliage`용 PCG 노드를 생성하고, 위치와 장애물을 기반으로 랜드스케이프 전체에 폴리지를 스폰하는 로직을 개발해본다. 다음 과정에서는 스플라인 노드 및 스폰된 스태틱 메시와 지형을 따라 마주치는 장애물 사이의 거리를 계산하는 노드를 추가한다.

1. `PCG_Foliage` 그래프를 열고 그래프 공간에 주요 컴포넌트들을 추가해보자. 마우스 오른쪽 버튼을 클릭하고 `Get Actor Data`를 검색한다.

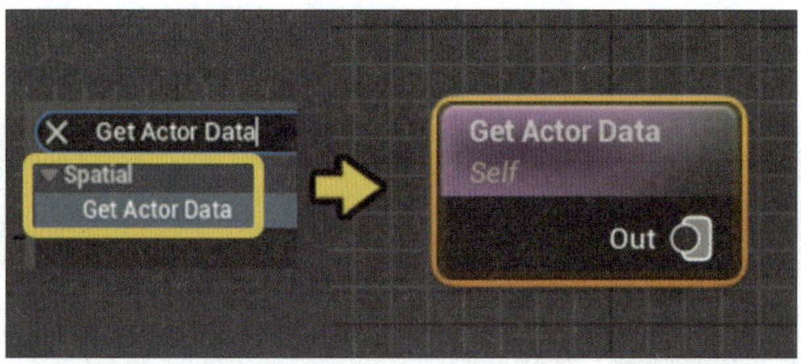

그림 5.14 PCG 그래프 안에 Get Actor Data 추가하기

2. 다음으로, 그래프에 **Spline Sampler** 노드 2개를 추가한다. 각 노드를 다른 세팅으로 구성해 씬에 절차적으로 생성된 스태틱 메시의 품질을 향상시킬 것이다.

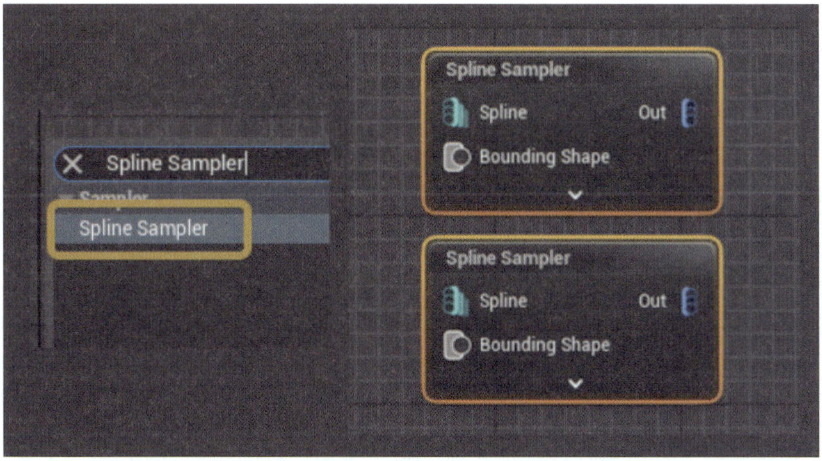

그림 5.15 PCG 그래프에 Spline Sampler 노드 2개 추가하기

3. 맨 위에 있는 **Spline Sampler** 노드를 선택한다. **Settings** 패널에서 몇 가지 조정을 해 보자. 이 샘플러의 경우 **Dimension**을 **On Interior**로 설정한다. 이렇게 수정하면 스태틱 메시가 루프 외부가 아닌 내부에서 스폰된다. **Unbounded** 옵션을 활성화하지 않으면 스태틱 메시가 올바르게 스폰되지 않으므로, **Unbounded** 옵션을 체크하는 것을 잊지 말자.

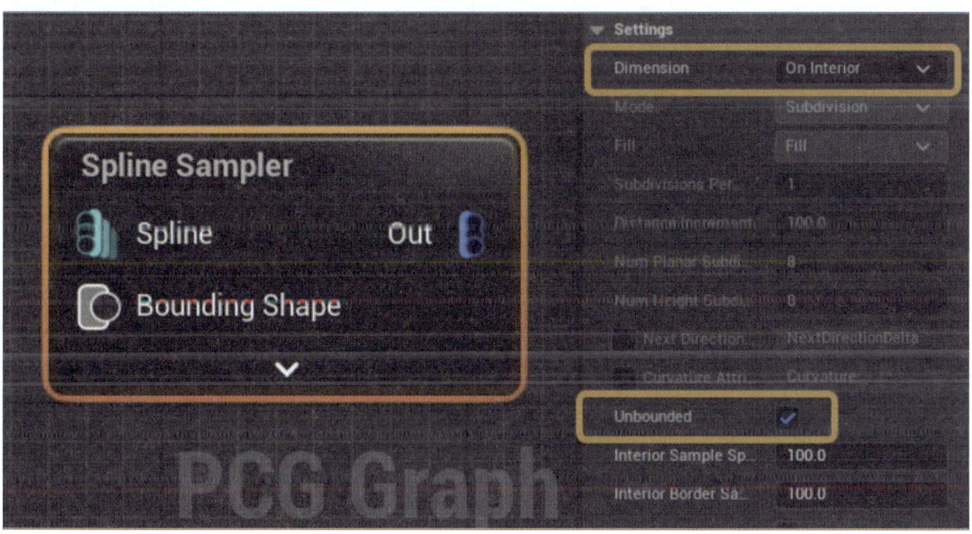

그림 5.16 Spline Sampler 노드에 Dimension 및 Unbounded 설정 활성화

4. 이제 다른 **Spline Sampler** 노드를 선택하고 설정을 수정한다. 이번에는 첫 번째와 반대로 작동하므로, 스태틱 메시가 스플라인 커브의 외부에 스폰된다. **Dimension**을 **On Spline**으로 변경하고 **Unbounded** 상자가 선택돼 있는지 확인한다.

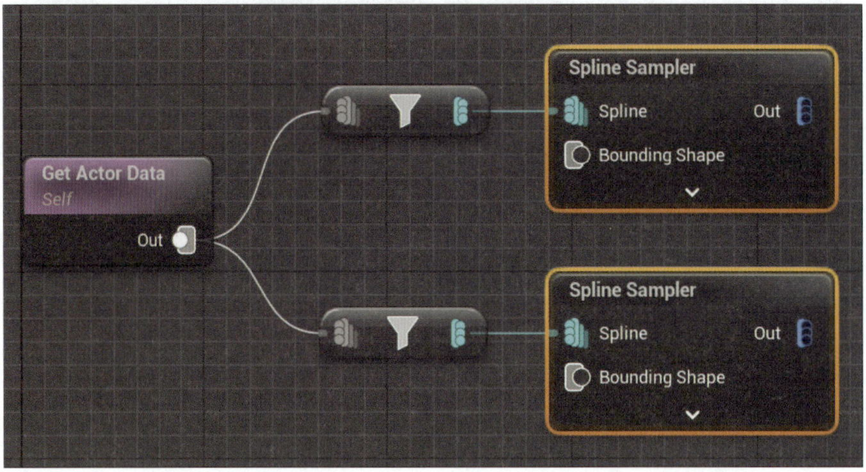

그림 5.17 2개의 Spline Sampler 노드를 Get Actor Data 노드에 연결하기

5. 두 **Spline Sampler** 노드를 **Get Actor Data** 노드와 함께 연결해보자.

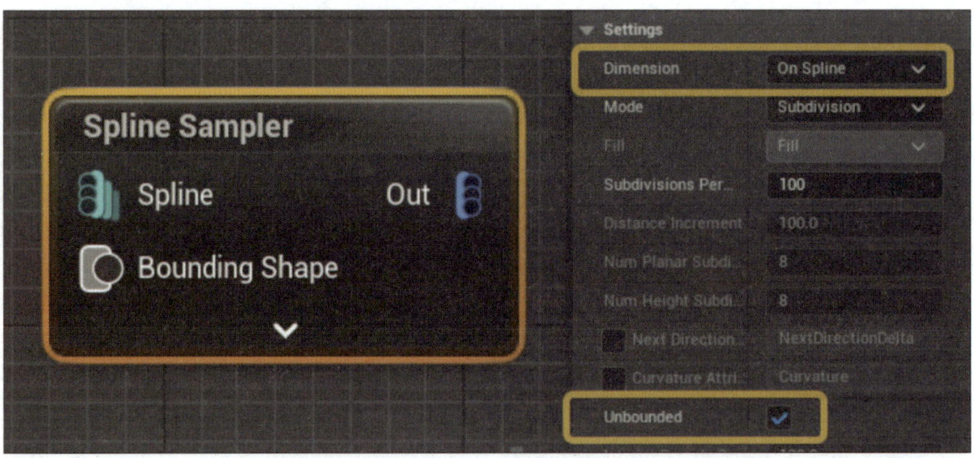

그림 5.18 두 번째 Spline Sampler 설정에 On Spline 설정하기

6. 메인 노드 사이에 연결된 **Filter – Spline** 노드를 모두 선택하고 오른쪽 **Settings** 패널에서 **Target Type**을 **Curve**에서 **Spline** 모드로 변경한다. 이렇게 하면 **Get Actor Data** 노드가 **Spline Sampler** 노드와 함께 작동한다.

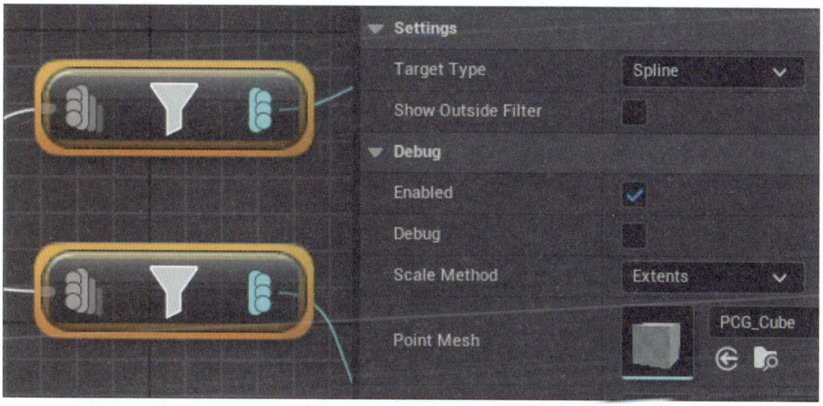

그림 5.19 Target Type 설정을 Spline으로 변경하기

7. PCG 그래프에 새로운 요소인 **Distance** 노드를 소개해본다. 이 노드는 PCG 메커니즘에서 특별한 역할을 하는데, 각 소스[source] 포인트에 거리 속성을 계산하고 첨부하는 작업을 수행한다. 이 계산은 소스 포인트와 가장 가까운 목표[target] 포인트 사이에서 수행된다.

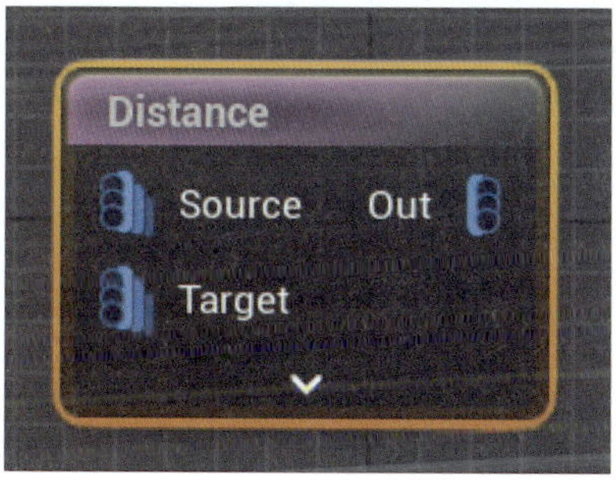

그림 5.20 Distance 노드 구성 요소

8. **Distance** 노드가 구성됐으므로 **Settings** 패널에서 변경할 필요는 없다. 이제 **Spline Sampler** 노드의 상단 노드는 **Source** 입력에 연결하고 하단 노드는 **Target** 입력에 연

결해보자.

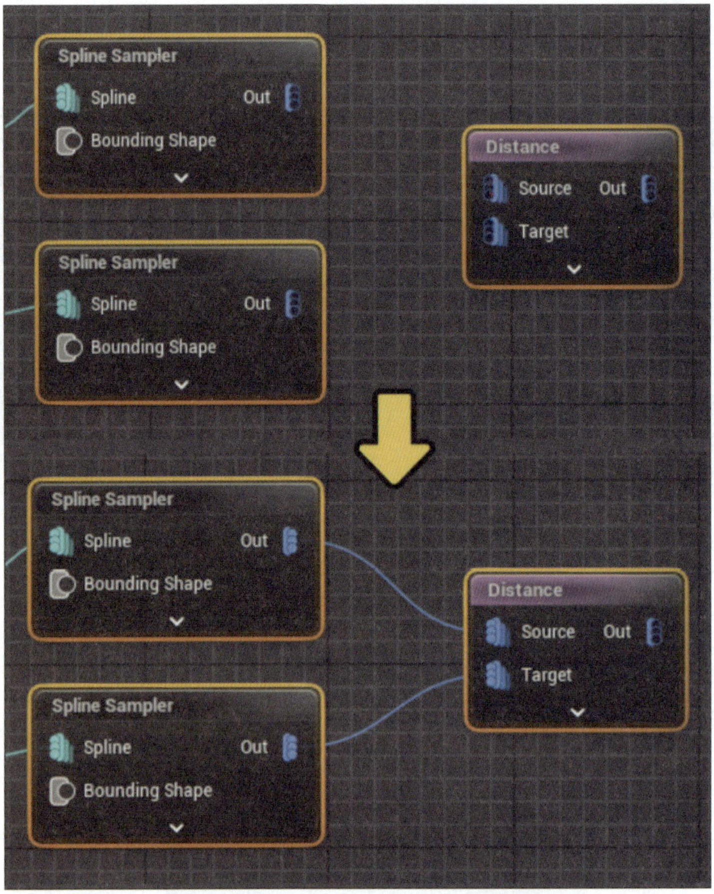

그림 5.21 2개의 Spline Sampler 노드를 Distance 노드에 연결하기

9. 이제 그래프를 계속 진행해보자. **Transform Points**를 추가하고 **Distance** 노드에 연결한다.

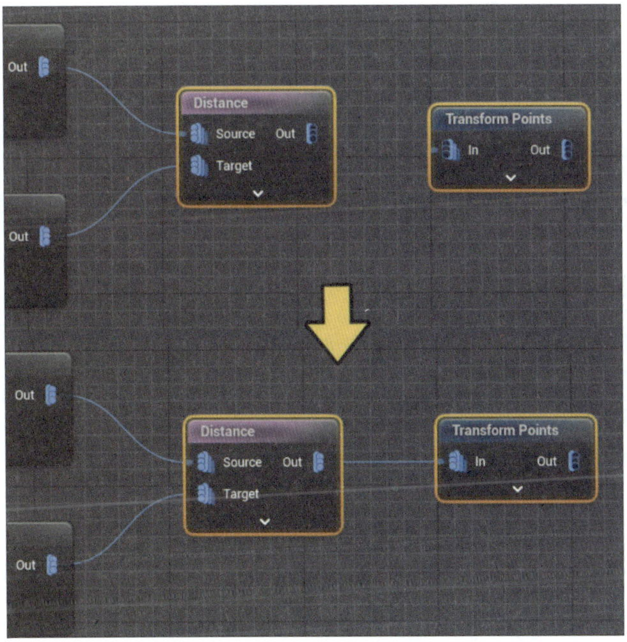

그림 5.22 Distance 노드를 Transform Points 노드에 연결하기

10. 다음은 단계 1~10을 반복하되, **Spline Sampler** 노드 하나만 활용한다는 점에서 큰 차이가 있다. 그래프에 **Get Actor Data** 노드를 다시 추가해보자. 그런 다음, **Spline Sampler** 노드를 추가하고 연결한다.

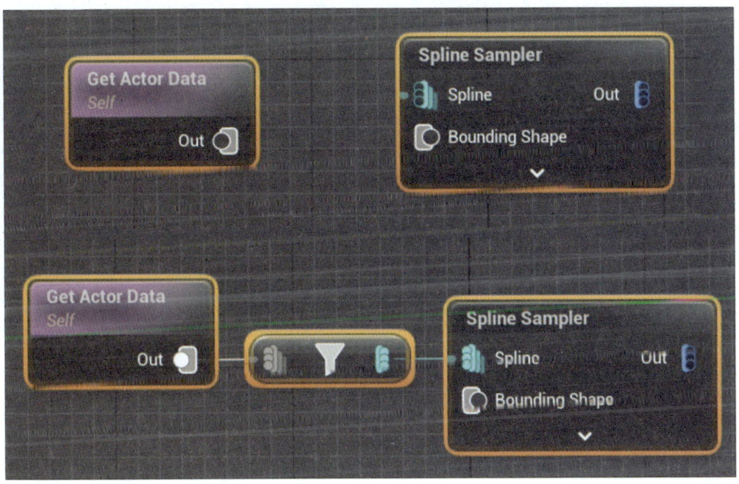

그림 5.23 Get Actor Data 노드를 Spline Sampler 노드에 연결하기

11. 노드를 더 추가하기 전에 몇 가지 설정을 해야 한다. **Filter** 내부 타깃 유형을 **Spline** 유형으로 변경해보자.

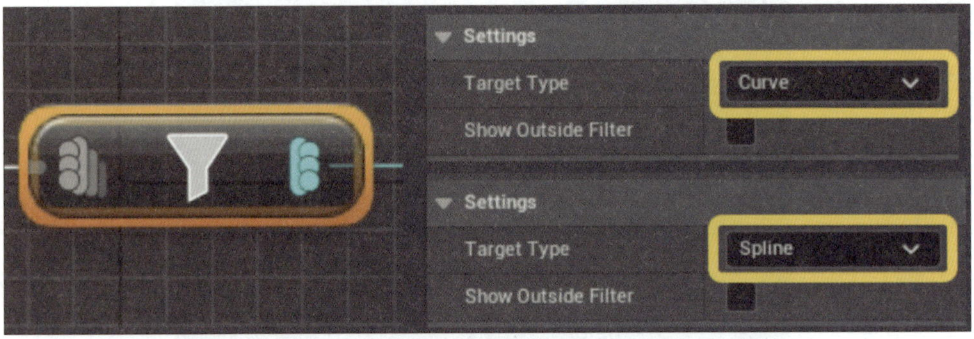

그림 5.24 타깃 유형을 Curve에서 Spline으로 변경하기

12. **Spline Sampler** 노드를 선택하고 **Dimension** 설정을 **On Interior**로 변경한다. **Unbounded** 상자를 선택한다.

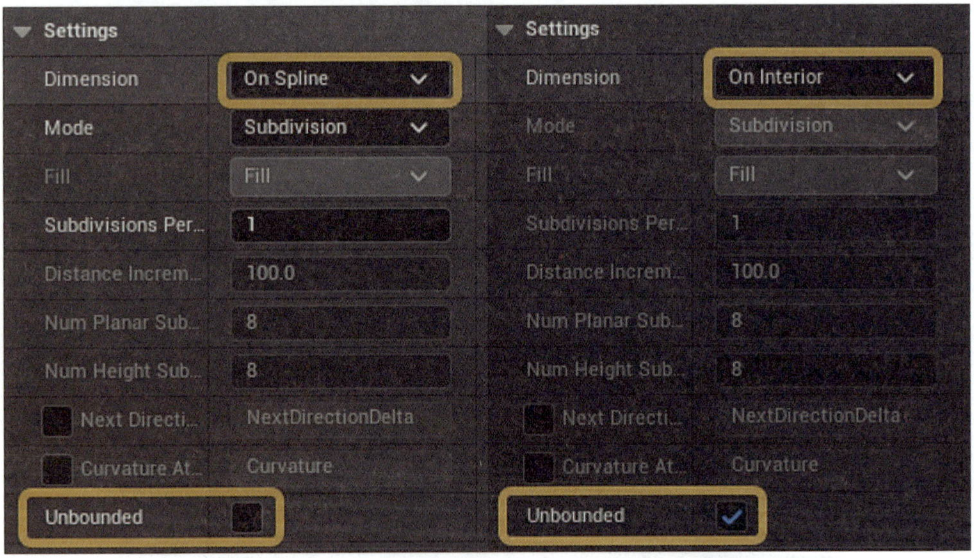

그림 5.25 Spline Sampler 설정 메뉴에서 Unbounded 설정 활성화하기

13. 노드 설정이 끝났으면, **Transform Points**를 추가하고 **Spline Sampler** 노드를 연결해 보자.

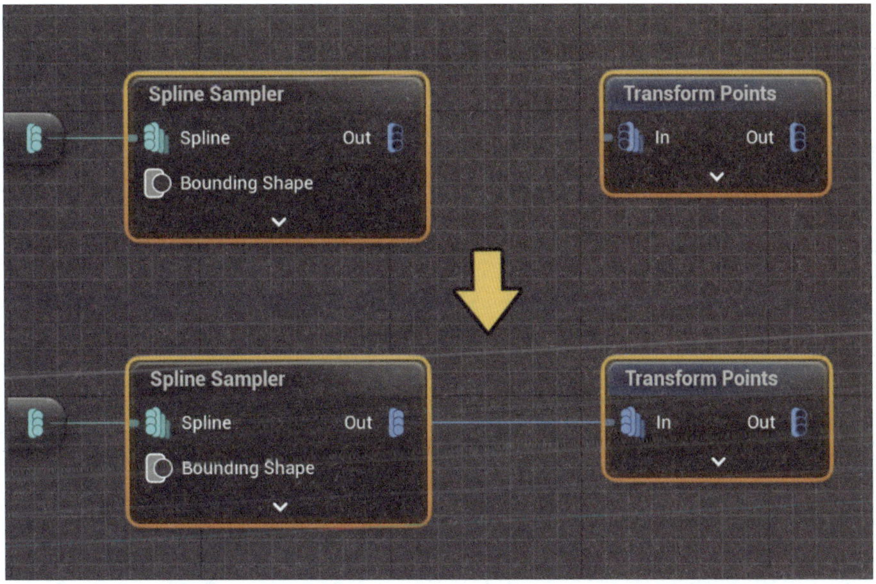

그림 5.26 Spline Sampler 노드와 Transform Points 노드 연결하기

14. 다음 단계는 이 노드들을 **Output** 노드와 연결하는 중요한 부분이지만, 이를 위해 **Output** 노드 내부에 **Output** 핀을 추가해야 한다. PCG 그래프에서 **Output** 노드를 검색해보면 상단 근처에 있을 것이다. 그런 다음, 아래로 끌어와 새로 만든 노드 옆에 배치한다.

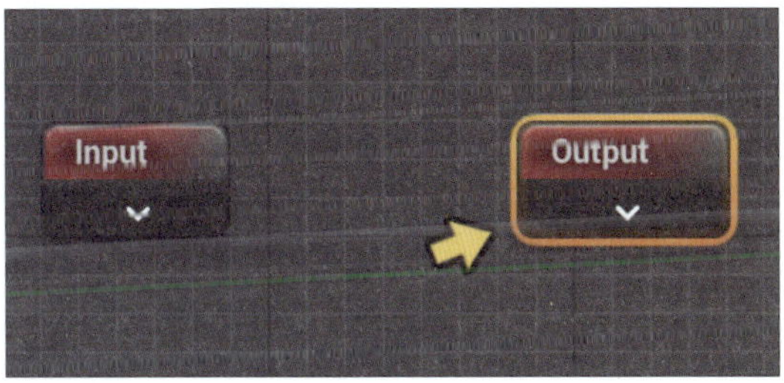

그림 5.27 Output 노드를 메인 그래프에 가깝게 이동하기

15. **Output** 노드를 모든 노드가 있는 메인 그래프에 가깝게 끌어왔다면, 이제 새 핀으로 **Output** 노드를 커스터마이징할 수 있다.

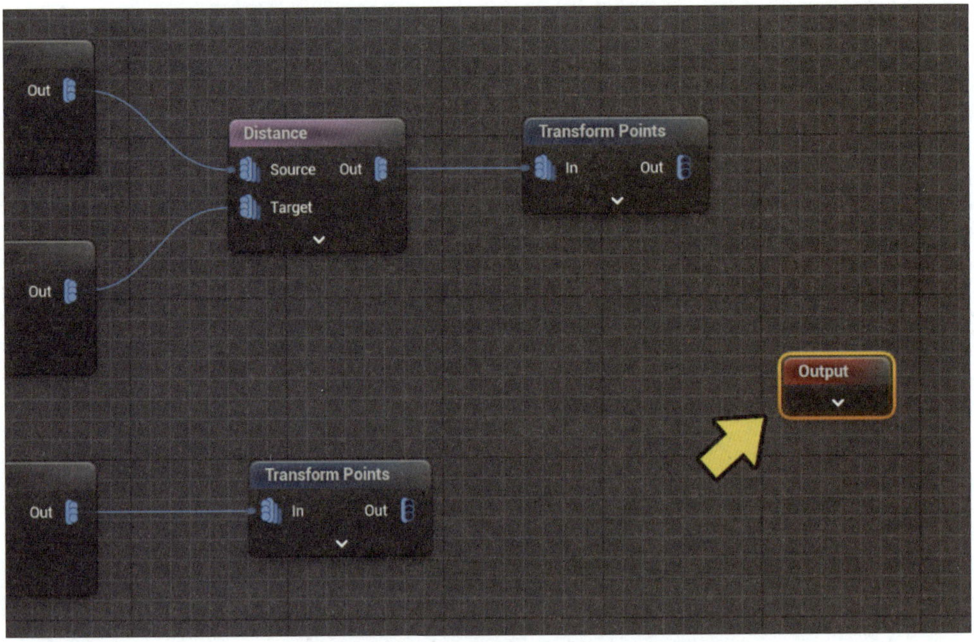

그림 5.28 기존 노드 옆에 Output 노드 배치하기

16. **Output** 노드는 핀의 특정 기능에 맞는 **Output** 핀을 추가할 수 있는 뛰어난 유연성을 제공한다. 이 예제에서는 이 노드를 사용해 **Output** 타입을 연결하고, 다른 PCG 그래프 내부에 생성된 포인트와 맞춰지도록 해본다. 일단 지금은 **Input** 설정에 2개의 커스텀 핀을 추가해보자.

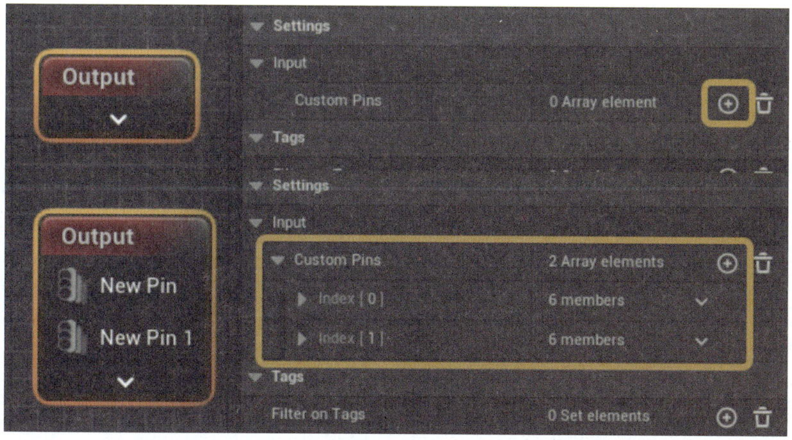

그림 5.29 Output 노드에 핀 2개 추가하기

17. 새 핀을 각각 열고 각 핀의 이름을 `Trees`와 `Grass`로 변경한다.

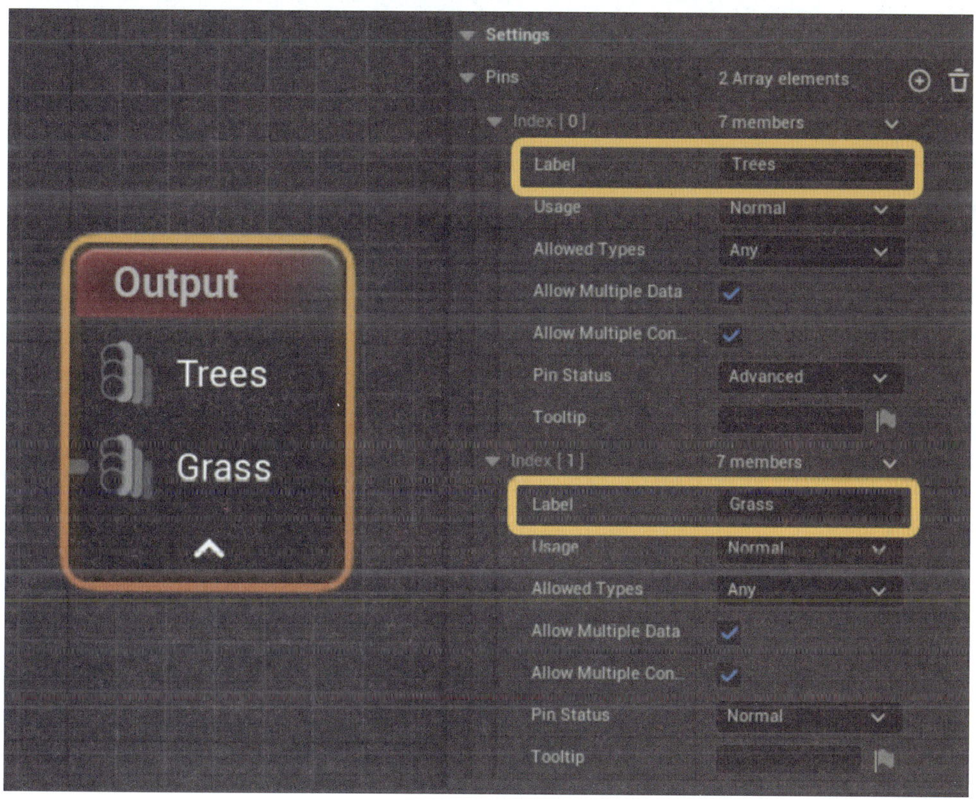

그림 5.30 Output 핀의 Label 변경하기

18. **Allowed Types**를 각각 **Any**에서 **Point**로 설정한다. **Output** 노드에서 핀의 색상이 파란색으로 변경되는 것을 볼 수 있다!

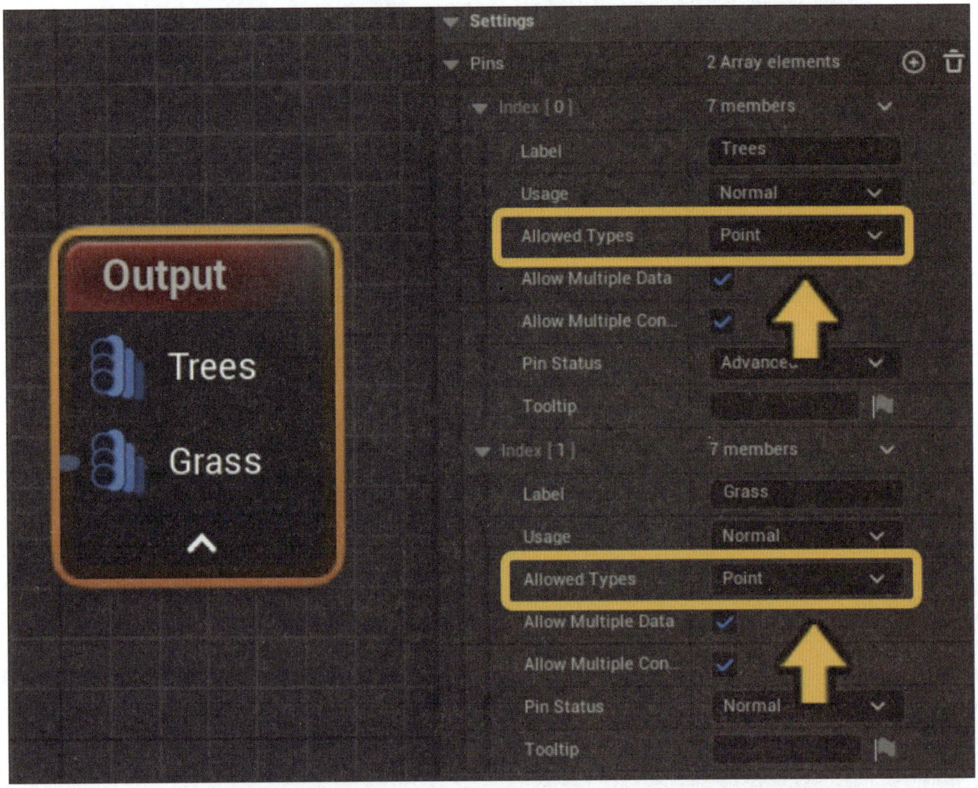

그림 5.31 각 핀의 Allowed Types 설정을 Point 타입으로 변경하기

19. 필요한 모든 노드를 추가했으며 폴리지 PCG 그래프를 마무리해보자. 이제 각 그래프를 **Output** 노드와 연결할 수 있다.

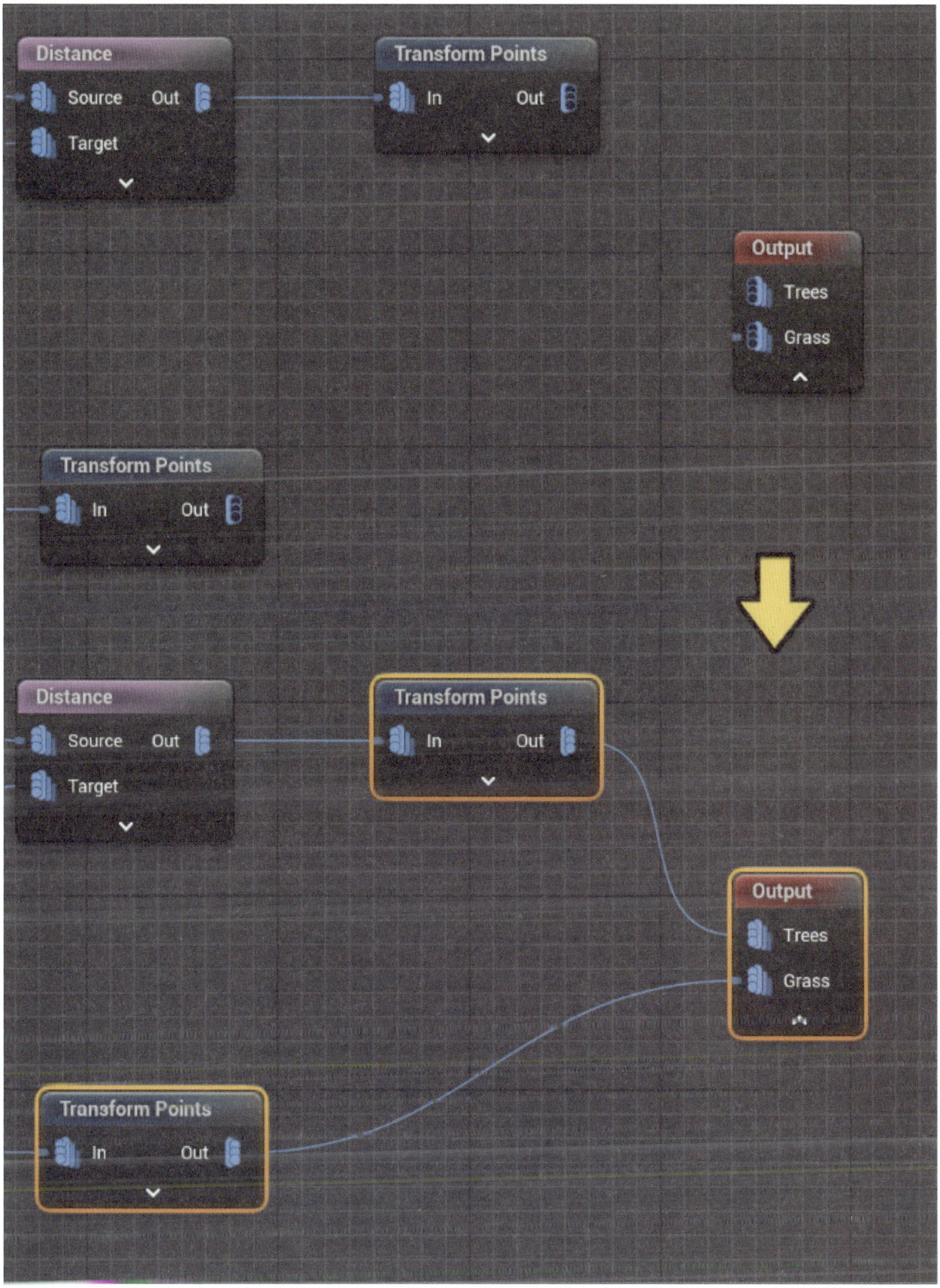

그림 5.32 Transform Points 노드를 Output 노드에 연결하기

20. 폴리지 PCG 그래프가 거의 완성됐지만, 이 절을 마무리하려면 아직 몇 개의 노드가 더 남아 있다. 이를 위해 그림 5.33에 따라 PCG 그래프의 각 **Spline Sampler** 노드 위에 **Get Actor Property** 노드를 배치한다. 이 노드를 사용하는 목적은 씬의 액터 블루프린트를 통해 PCG 그래프를 더 잘 제어하기 위한 것이다.

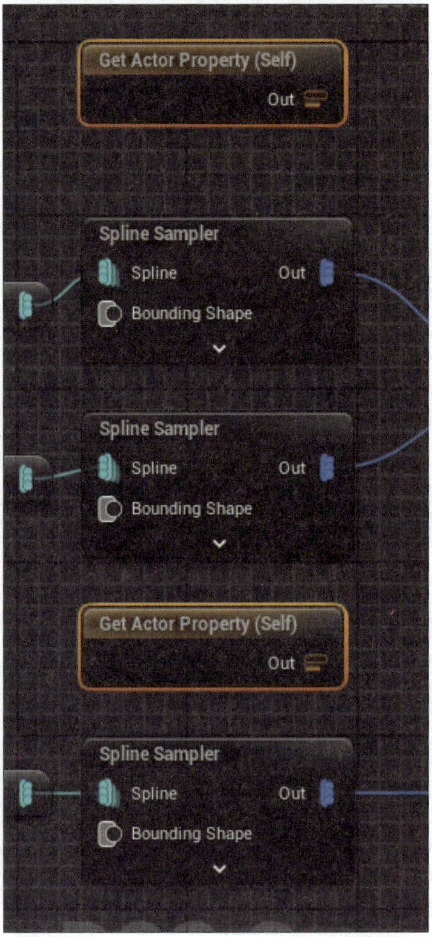

그림 5.33 Spline Sampler 노드 위에 Get Actor Property 노드 추가하기

21. 다음 단계에서는 각 노드 그래프의 속성 이름을 각각 `Trees`와 `Grass`에 맞게 조정해야 한다. `Trees`에는 `1`, `Grass`에는 `2`로 지정된 각 **Spline Sampler** 노드는 이 장의 초반에 액터 블루프린트에서 정의된 변수를 반영하도록 구성한다.

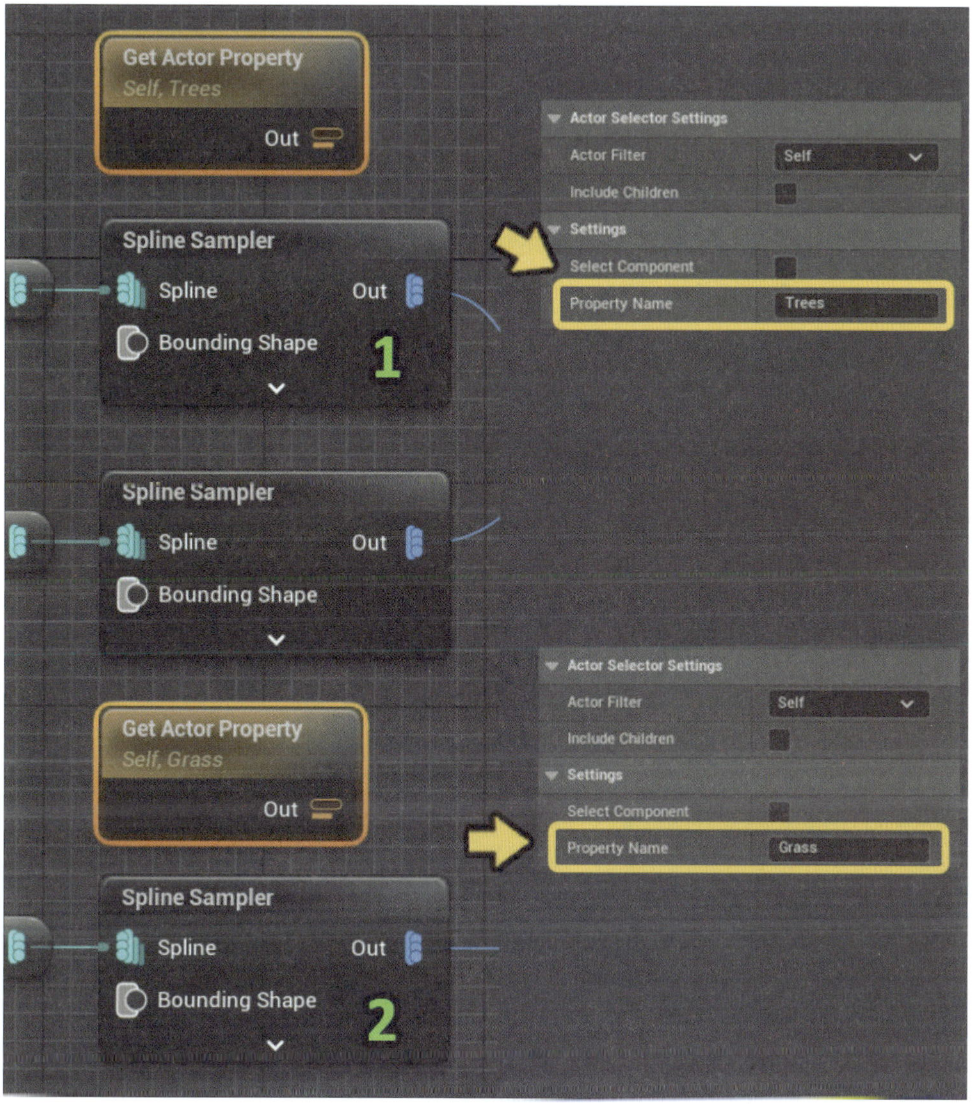

그림 5.34 Trees와 Grass 변수에 대한 Property Name 값 변경하기

22. 이제 **Get Actor Property** 노드를 **Spline Sampler** 노드에 있는 적합한 속성 함수에 연결한다. 우리가 타깃으로 삼는 특정 함수의 이름은 **Interior Sample Spacing**이다. 이 함수는 포인트가 고르게 분포되도록 해서 그 사이에 스태딕 메시를 스폰할 수 있는 공간을 제공한다.

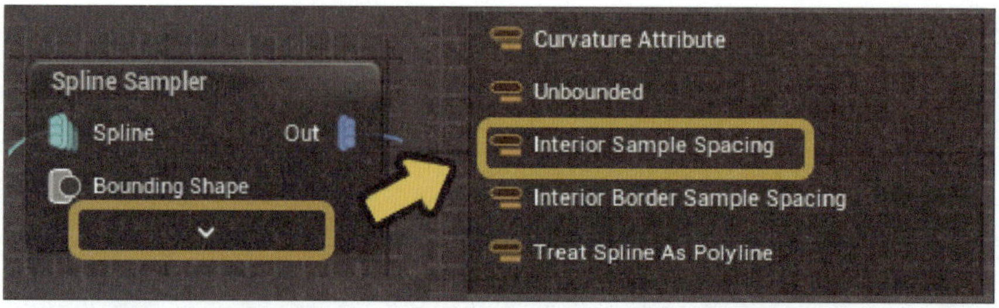

그림 5.35 Spline Sampler 노드를 확장해 Interior Sample Spacing 입력 찾기

23. 해당 노드를 확장한 상태에서 **Get Actor Property** 노드를 이 함수에 연결할 수 있다.

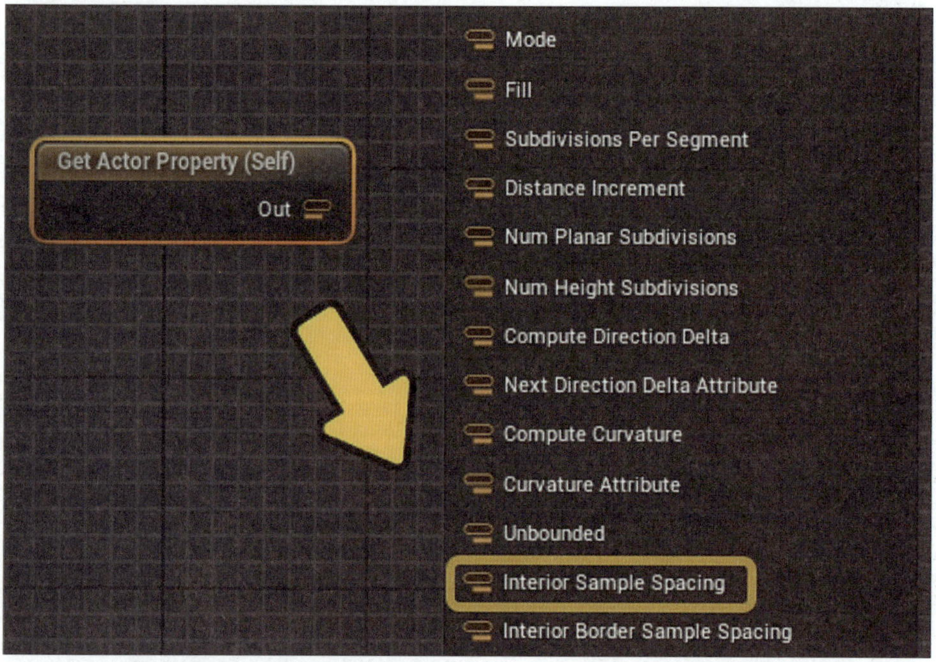

그림 5.36 Get Actor Property를 Interior Sample Spacing 입력에 연결하기

24. **Spline Sampler** 노드 하단의 위쪽을 가리키는 화살표를 눌러 노드를 최소화하고 닫는다.

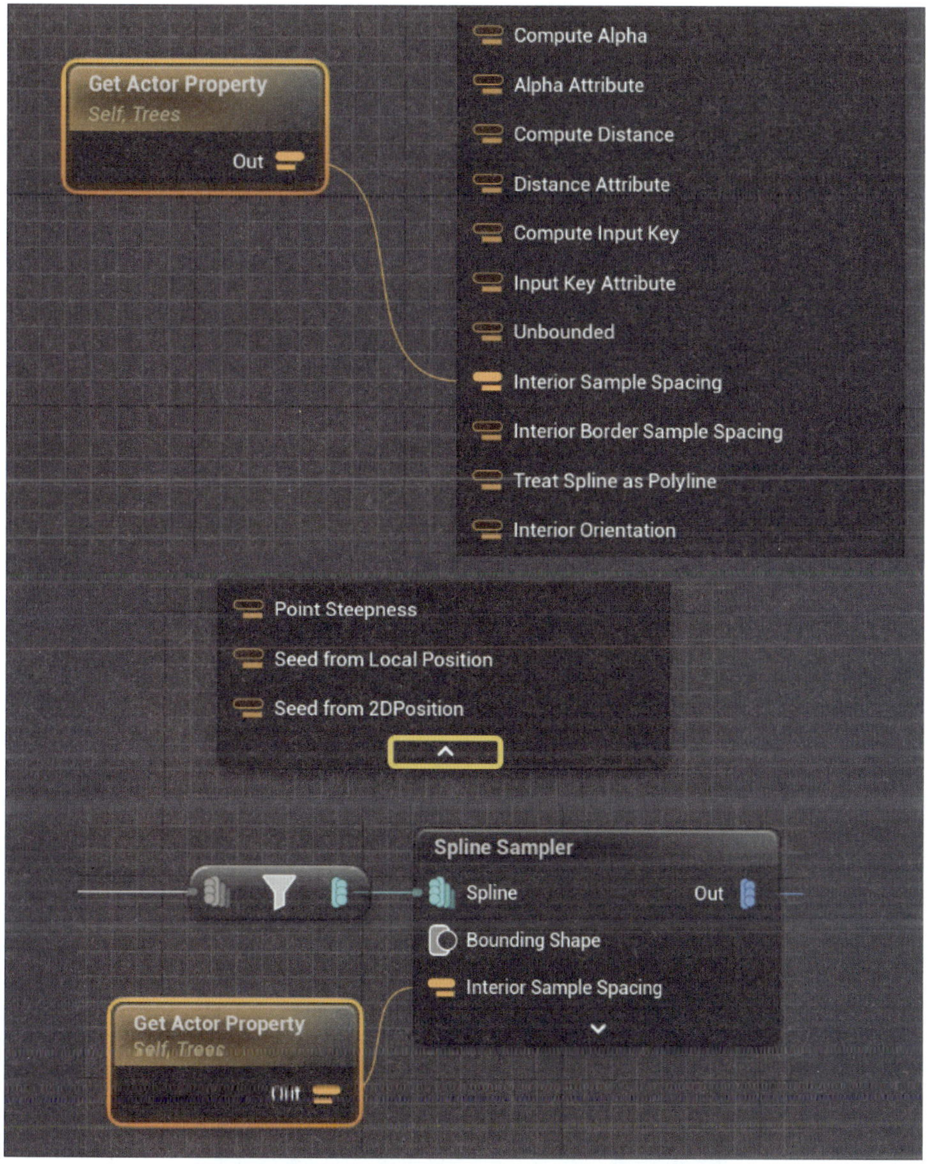

그림 5.37 그래프에서 Spline Sampler 노드를 최소화하고 크기 줄이기

25. 다른 **Spline Sampler** 노드에도 동일한 과정을 반복해보자. 이번에는 `Grass` 기능에 **Get Actor Property** 노드를 연결한다.

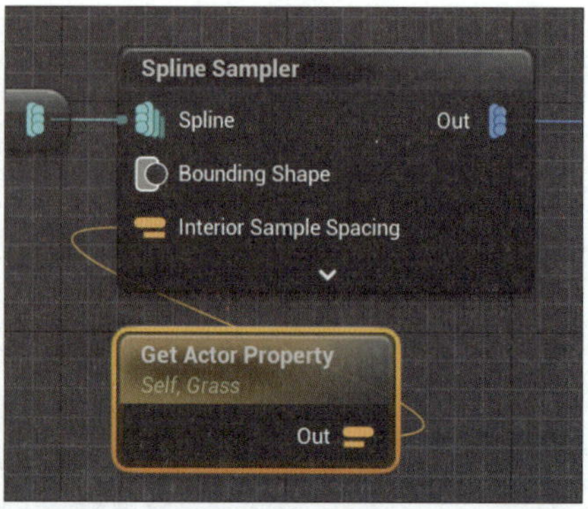

그림 5.38 Spline Sampler 노드와 연결된 Get Actor Property 노드

모든 노드를 올바른 위치에 연결한 그래프의 모습은 다음과 같아야 한다(그림 5.39). 1은 `Trees`, 2는 `Grass`이다.

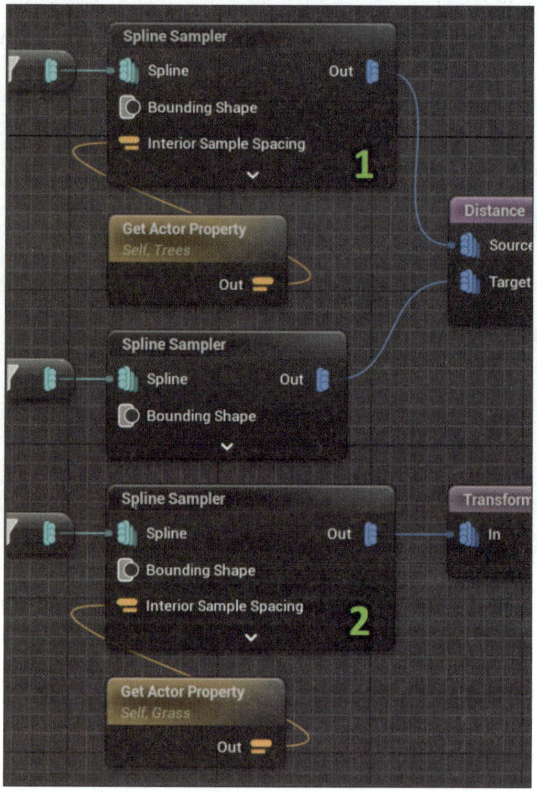

그림 5.39 잔디(Grass)와 나무(Trees)의 양을 제어하기 위한 2개의 Spline Sampler 노드

26. 다음은 PCG 그래프의 최종 모습이다. 모든 노드를 매우 가깝게 배치해 더 잘 볼 수 있도록 했다(그림 5.40).

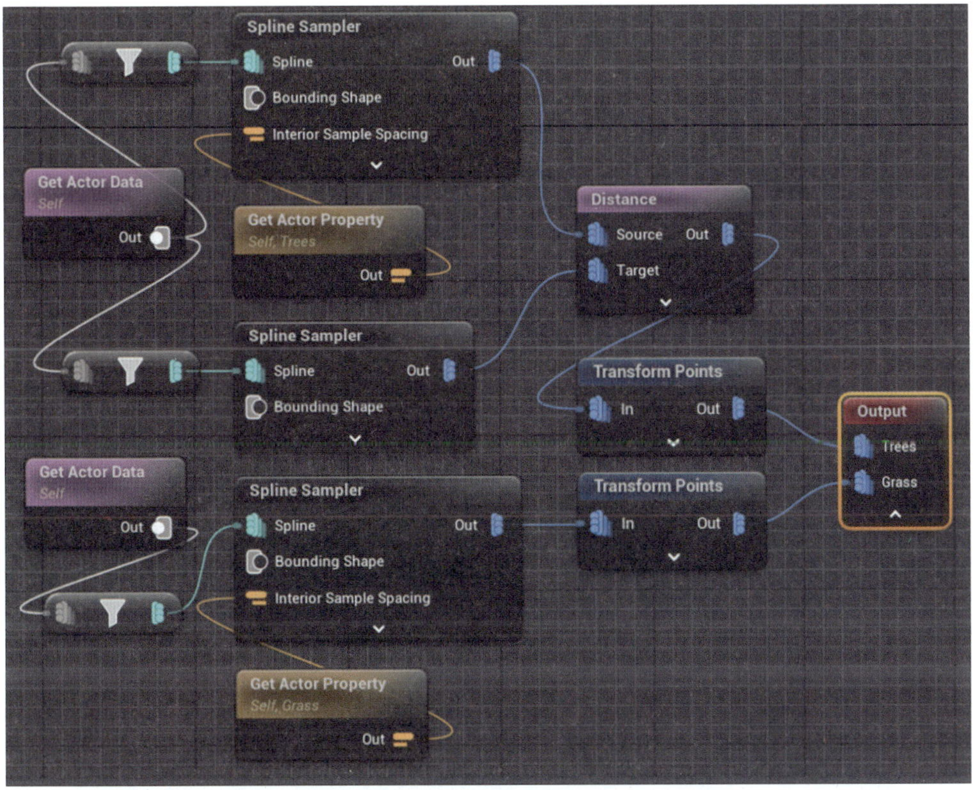

그림 5.40 이번 절에서 구성한 로직을 시각적으로 보기

이제 **Spline Sampler** 로직 개발의 기초를 이용한 폴리지 PCG 그래프 만들기에 관한 절을 마친다. 전체를 완성하려면 아직 몇 가지 PCG 그래프가 남아 있지만, 이제 다른 PCG 그래프, 특히 `PCG_Forest`의 구성을 시작할 수 있는 단계에 이르렀다. 다음으로는 `PCG_Forest` 그래프를 활용해 `PCG_Foliage`의 테스트 단계에 들어가본다.

PCG Foliage 테스트

`PCG_Forest` 그래프를 열어 `PCG_Foliage` 그래프와 병합하는 것으로 시작해보자. 이는 서로

다른 PCG 그래프가 얼마나 잘 적용될 수 있는지 살펴보는 흥미로운 테스트가 될 것이다.

먼저 PCG_Forest 그래프를 찾는 것부터 시작하자.

1. 폴리지 PCG 그래프 설정을 테스트해보자. 이를 위해 PCG_Forest 그래프에 PCG_Foliage 그래프를 적용하겠다. PCG 폴더에서 PCG_Forest 그래프를 열어보자.

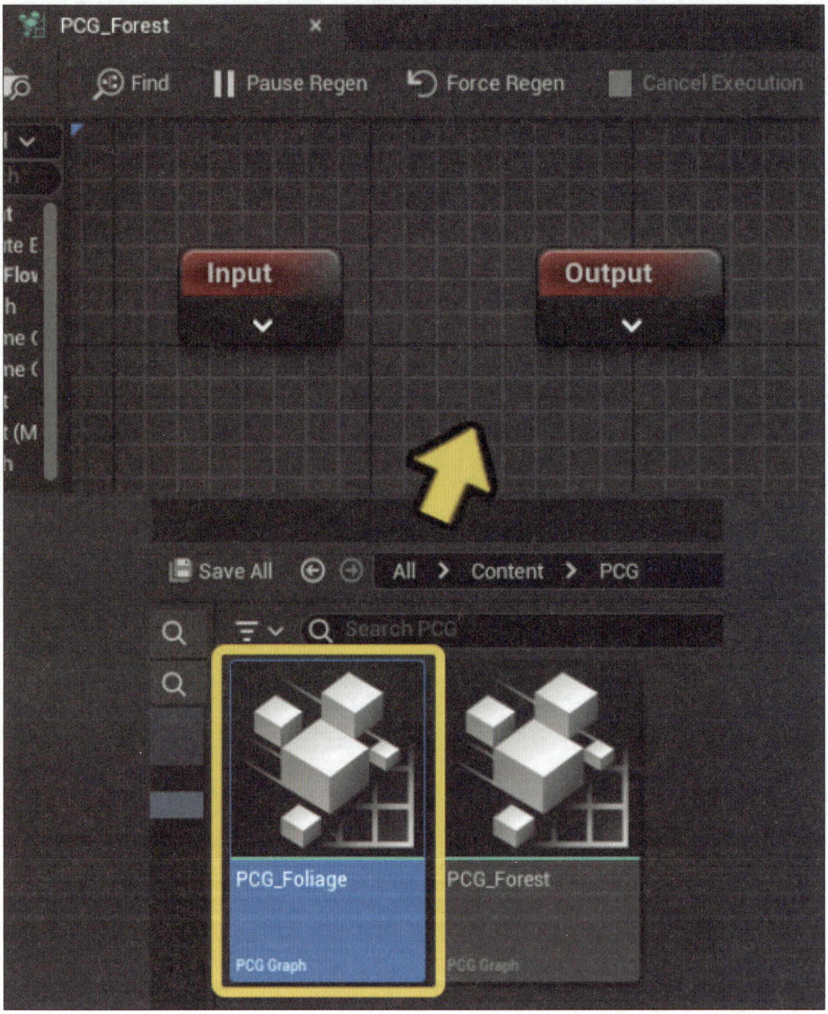

그림 5.41 PCG_Foliage를 PCG_Forest 그래프로 끌어다 놓기

2. 그림 5.42와 같이 `PCG_Forest` 그래프를 연 상태에서 `PCG_Foliage` 그래프를 `PCG_Forest` 그래프 공간으로 끌어온다.

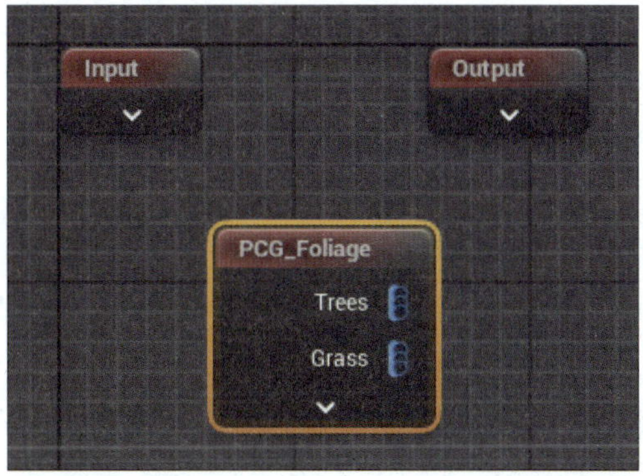

그림 5.42 PCG_Forest 그래프 내부에 위치한 PCG_Foliage 그래프

3. 이 시점에서 `PCG_Foliage` 그래프의 기능을 테스트해보자. 이를 위해 **Static Mesh Spawner** 노드 2개를 추가하고 **PCG_Foliage** 노드 옆에 배치할 것이다. 각 노드를 이름에 맞게 연결해보자.

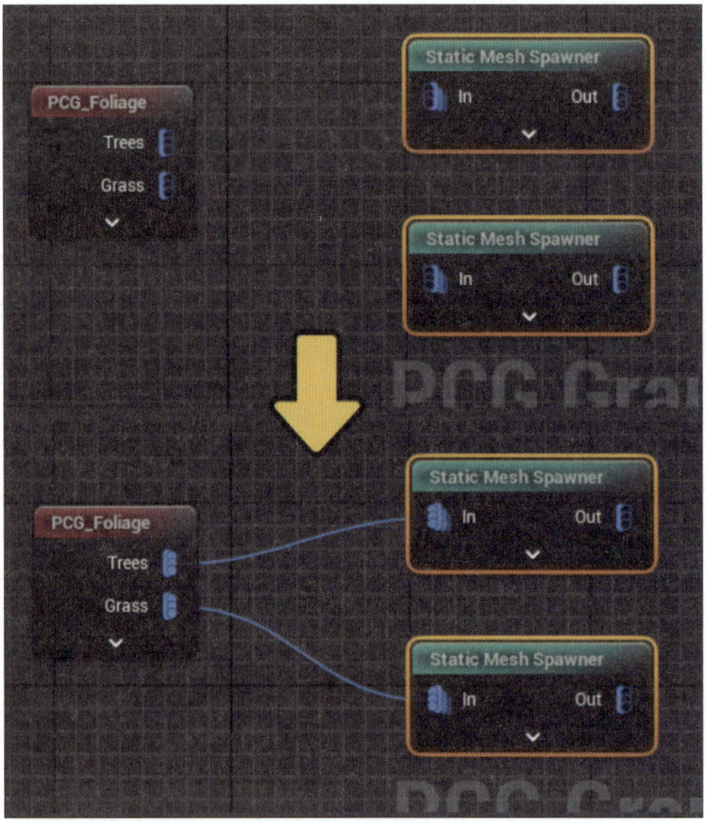

그림 5.43 두 Static Mesh Spawner 노드를 PCG_Foliage 노드에 연결하기

4. 현재로서는 아직 해당 노드에 스태틱 메시를 할당하지 않았으므로 큰 의미가 없다. 첫 번째 상단 **Static Mesh Spawner** 노드부터 시작해 2개의 **Mesh Entries** 배열을 추가해 보자.

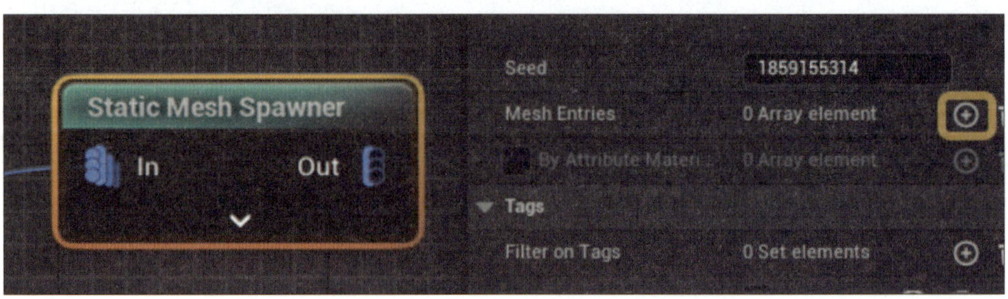

그림 5.44 Static Mesh Spawner 노드에 Mesh Entries 추가하기

5. **Static Mesh Spawner** 노드에서는 이 장을 시작할 때 준비한 2개의 **Trees** 모델인 SM_EuropeanBeech_Field_01_PP와 SM_EuropeanBeech_Forest_03_PP를 선택할 것이다.

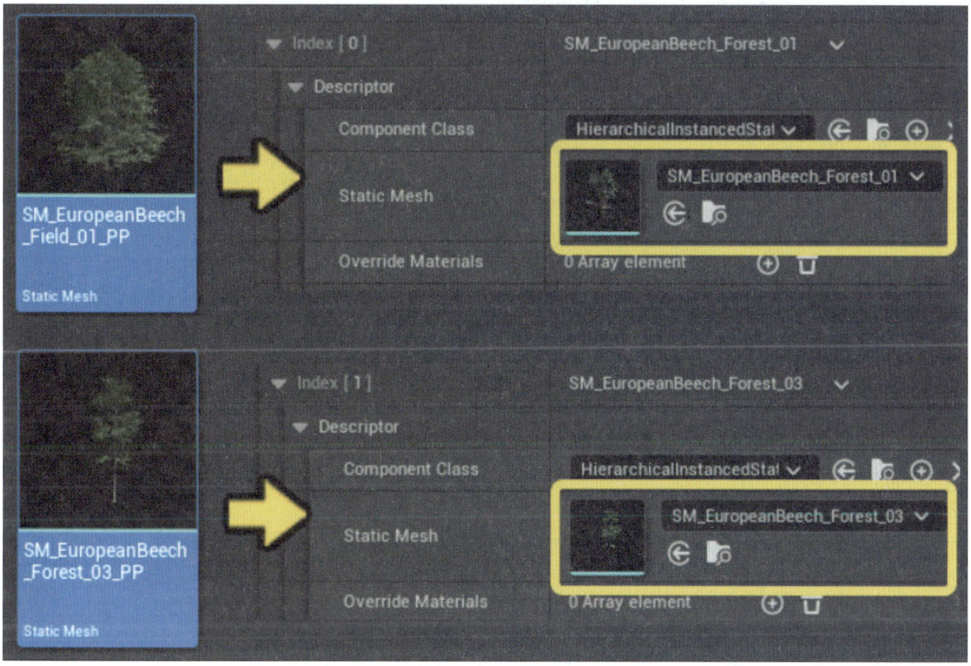

그림 5.45 각 Mesh Entries에 2개의 트리 스태틱 메시 추가하기

6. 다른 **Static Mesh Spawner** 노드에서도 동일한 과정을 반복해보자. 하지만 이번에는 Grass 스태틱 메시를 사용할 것이다.

그림 5.46 Static Mesh Spawner 노드에 Mesh Entries 추가하기

7. 이 책의 모든 장에서 사용한 표준 잔디인 `SM_grass_bush04_lod00`을 추가한다.

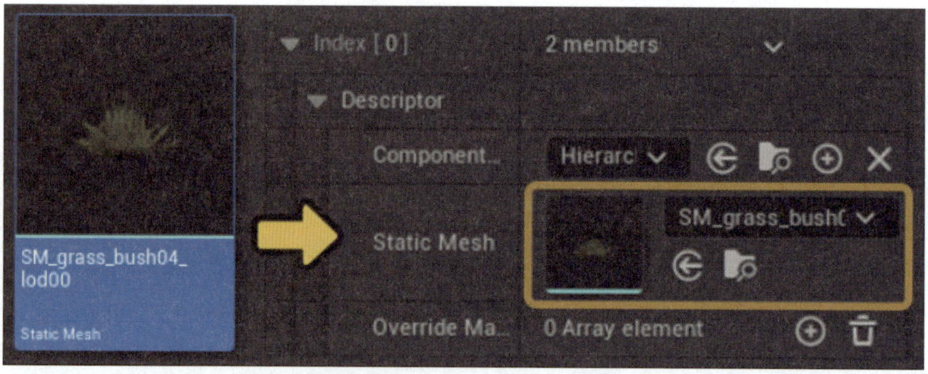

그림 5.47 Static Mesh Spawner 노드 내부의 Mesh Entries에 식물 스태틱 메시 추가하기

`PCG_Forest` 그래프 안에 **Static Mesh Spawner** 노드를 구현하는 것을 마쳤다. 이제 다음 테스트 단계로 넘어가서 `BP_Forest` 액터 블루프린트를 열어야 한다.

이를 염두에 두고 `BP_Forest` 액터 블루프린트로 돌아가서 `PCG_Forest`를 PCG 컴포넌트에 추가해보자.

8. Content Browser에서 `BP_Forest` 액터 블루프린트를 연다.

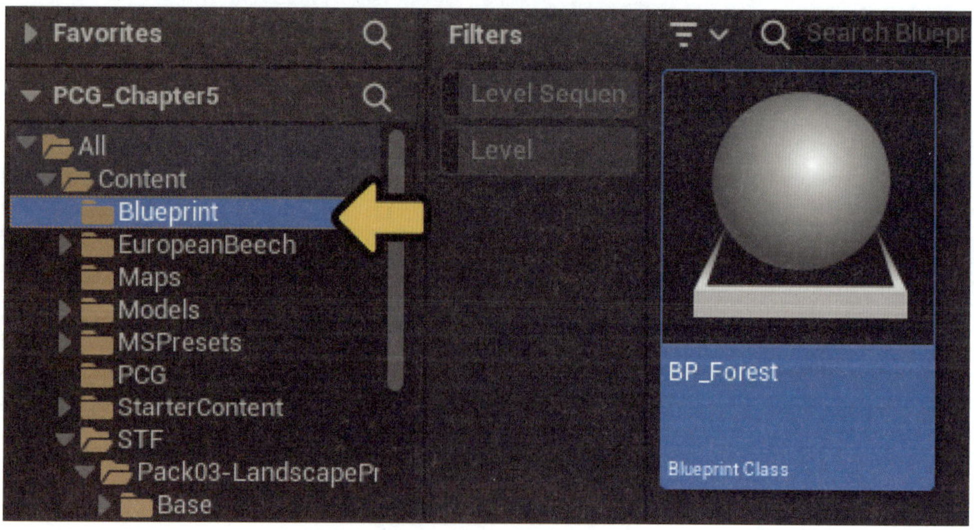

그림 5.48 Blueprints 폴더에서 BP_Forest 찾기

9. 액터 블루프린트의 **Components** 패널에서 PCG 컴포넌트를 선택하고 **Details** 패널의 오른쪽에 있는 **PCG Graph** 슬롯에 `PCG_Forest` 그래프를 추가한다.

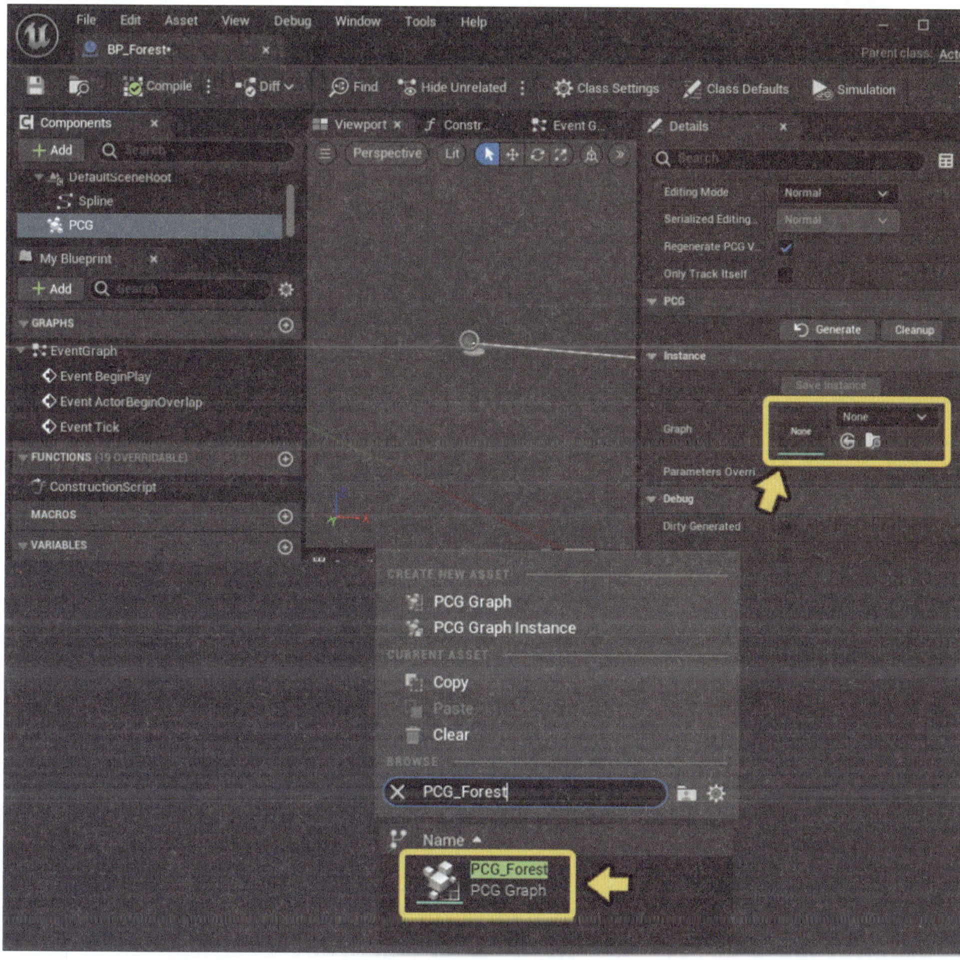

그림 5.49 PCG 컴포넌트를 선택하고 Details 패널에서 PCG 그래프 추가하기

10. 완료되면, 액터 블루프린트를 컴파일한다. 그런 다음, 뷰포트로 돌아가서 PCG 스플라인 툴을 테스트해보자. **Spline Points**를 사용해 랜드스케이프 표면을 따라 변화하는 스플라인 커브를 확장해보자.

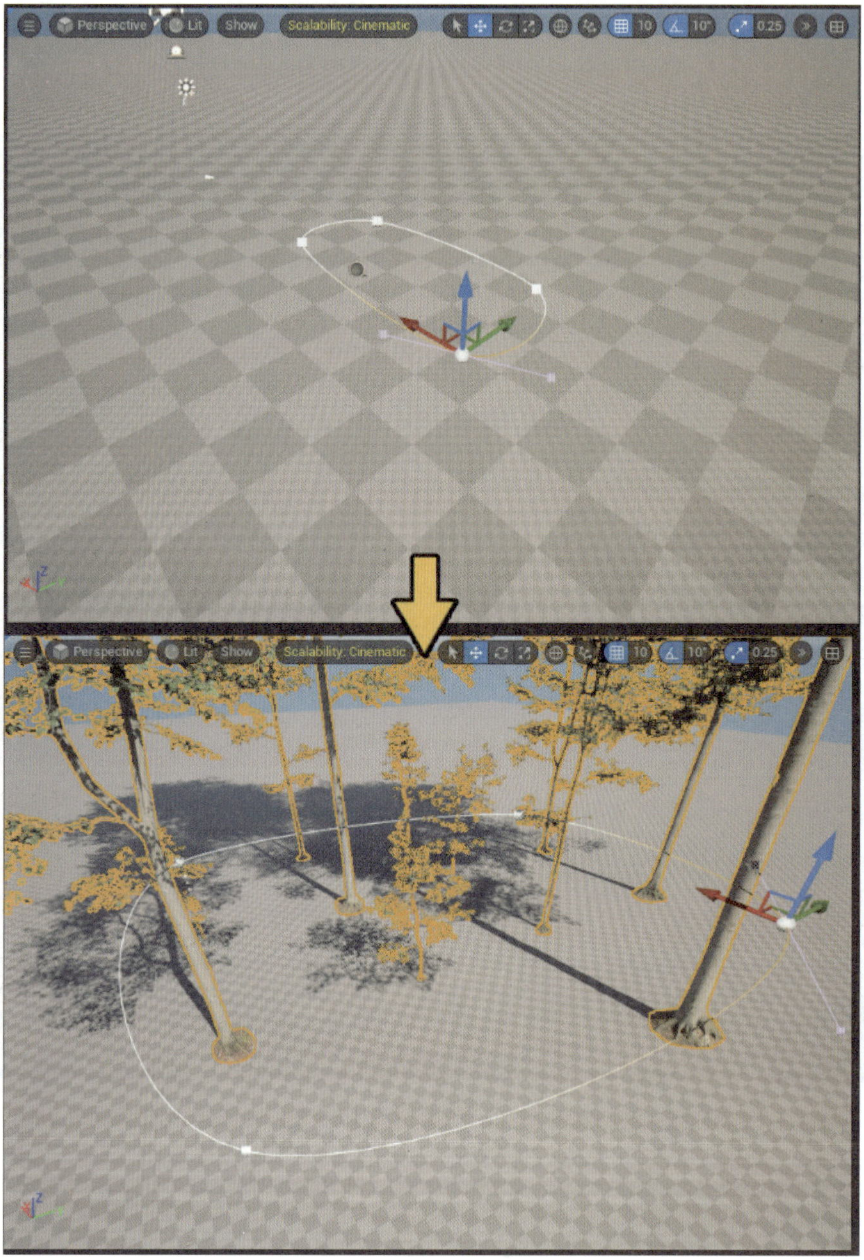

그림 5.50 BP_Forest 스플라인 액터 블루프린트 테스트

11. 현재도 좋지만, 스폰된 폴리지의 양을 개선할 여지가 남아 있다. 아웃라이너에서 `BP_Forest` 액터 블루프린트를 선택한 다음, 오른쪽의 **Details** 패널에서 설정을 변경해보자. 나무 수는 그대로 두고 **Grass** 값을 `100`으로 수정한다.

그림 5.51 Grass 값을 줄여 잔디 스태틱 메시를 서로 가깝게 스폰하기

좀 더 생동감 있는 결과가 나왔다. 하지만 잔디의 방향이 너무 균일하게 보이기 때문에 약간의 조정이 필요하다. 이 장의 후반에서는 다른 노드들을 함께 살펴보면서 좀 더 자연스럽고 다양한 모양을 만들어보자.

그림 5.52 BP_Forest 액터 블루프린트 내부의 잔디

이어서 프로젝트에 Water 플러그인을 추가해보자. 여러 가지 물의 형태 중에서 강을 표현할 예정이다. 그런 다음, 강이 숲 사이로 흐르도록 PCG 그래프에 적용하는 방법을 보여줄 것이다.

PCG 물

이 부분은 이전에 **Get Spline Data** 노드를 사용한 연습과 매우 유사하다. 하지만 이번에는 먼저 플러그인을 활성화한 다음, 태그 값을 설정해 `PCG_Graph` 에디터 내에서 제대로 작동하는지 확인할 것이다.

1. 언리얼 엔진에서 **Plugin** 탭을 열고 **Edit ➤ Plugins**로 이동한다. **Plugins** 창에서 `Water`를 검색하고, 모든 Water 플러그인을 활성화한다. 재시작하라는 메시지가 표시되면 **Restart** 버튼을 눌러 언리얼 엔진을 재시작한다.

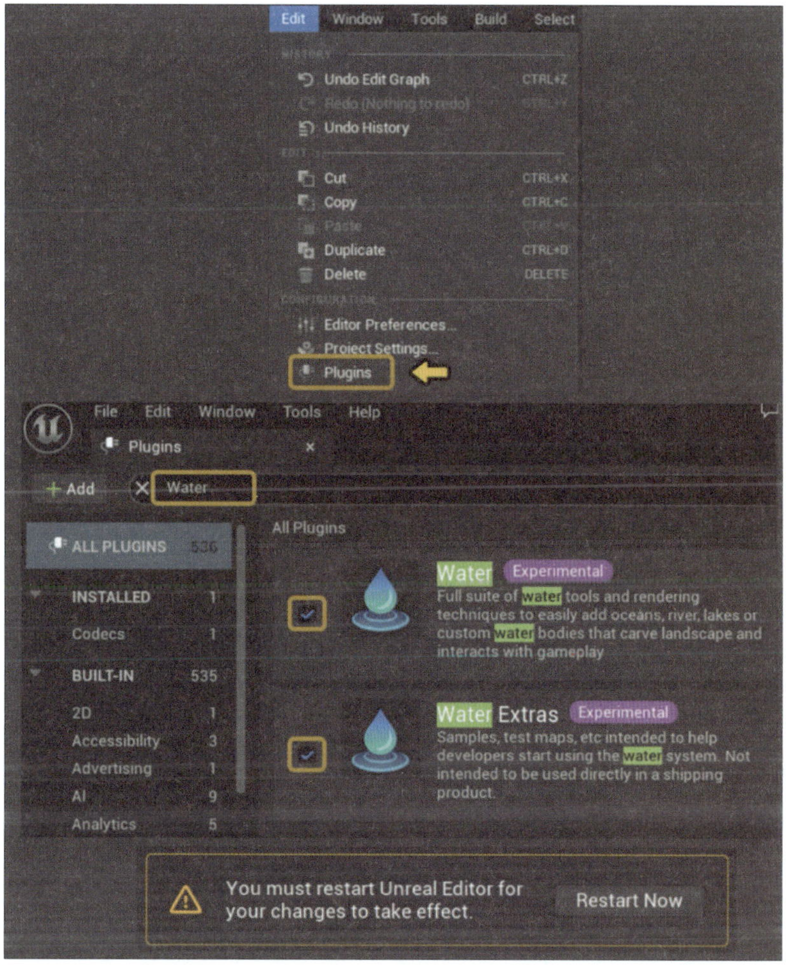

그림 5.53 Edit 메뉴에서 Plugins를 검색하고 Water 플러그인 활성화하기

2. Water 플러그인이 작동하는지 확인하기 위해 플러그인에서 물 에셋을 테스트해보자. 이 튜토리얼에서는 **Water Body River** 에셋을 사용할 것이다. 메인 **Viewport** 메뉴에서 + 기호가 있는 아이콘을 클릭하고 **Place Actors Panel** 탭을 클릭한다.

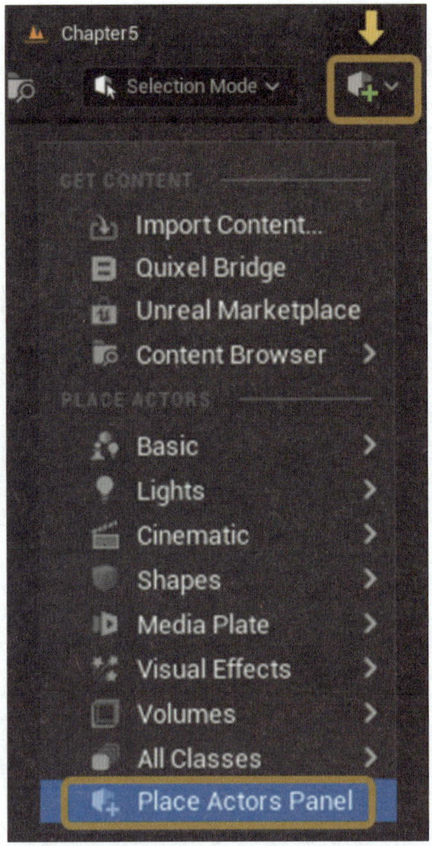

그림 5.54 Place Actors Panel에 접근하기

3. 왼쪽의 **Place Actors Panel**에서 `Water Body River`를 입력한다. **Water Body River**를 선택하고 나서 씬에 끌어다 놓자. 이제 원하는 대로 테스트하고 수정할 수 있으며, 이 에셋은 나중에 이 연습을 진행하면서 사용할 것이다.

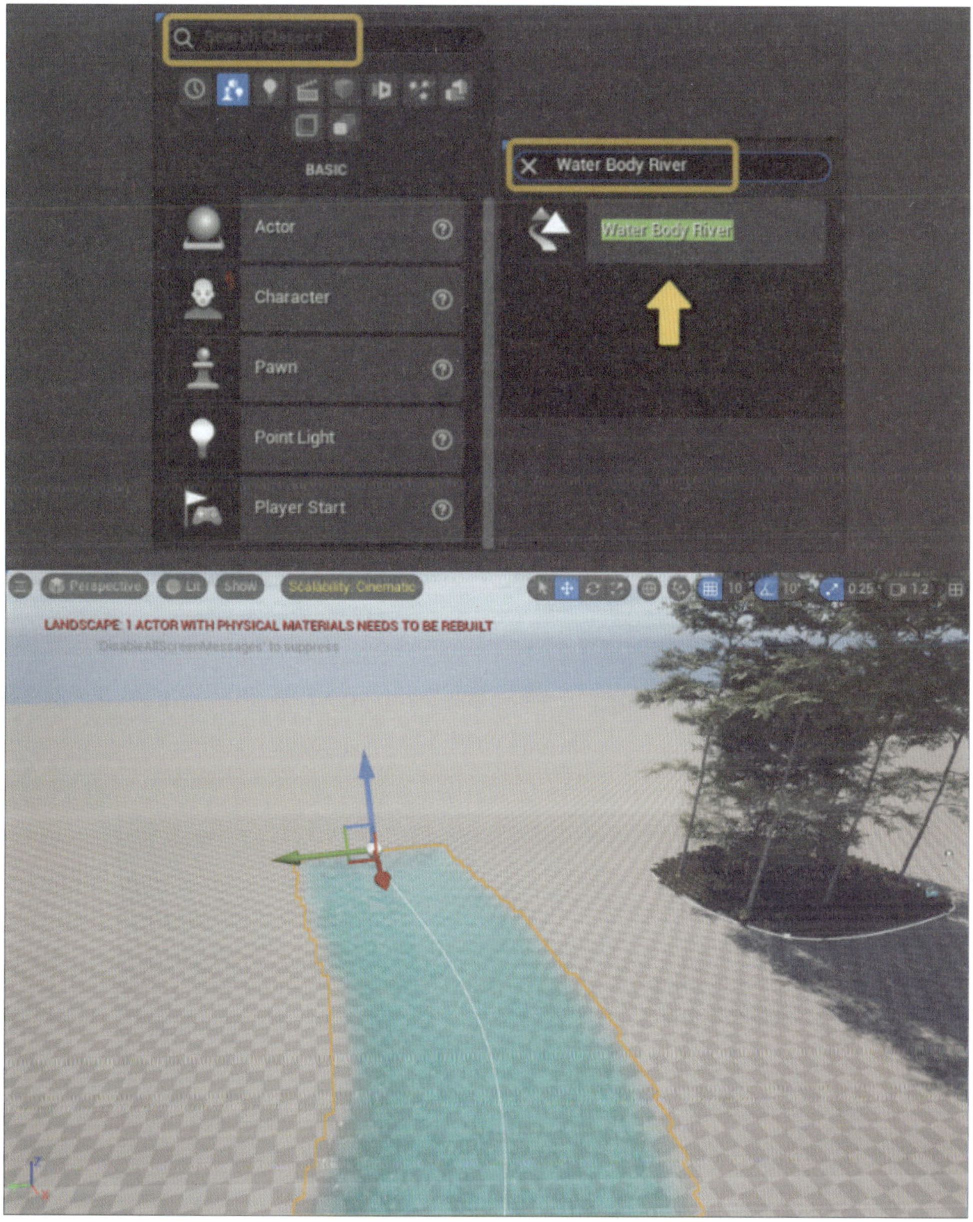

그림 5.55 Water Body River 액터 검색하기

4. PCG 폴더에 PCG 그래프를 추가하고 `PCG_Water`라는 이름을 지정한다. 이 예제에 필요한 노드를 추가할 수 있도록 그래프를 연다.

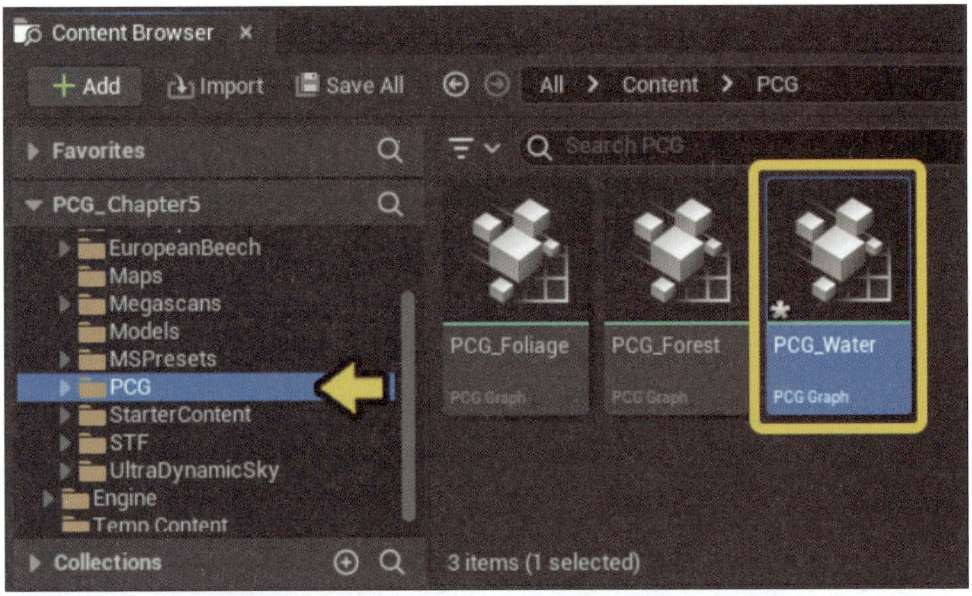

그림 5.56 새 PCG 그래프를 추가하고 PCG_Water로 이름 변경하기

5. 이 예제에는 **Get Spline Data** 노드와 **Spline Sampler** 노드만 필요하다. 두 노드를 나란히 놓는다.

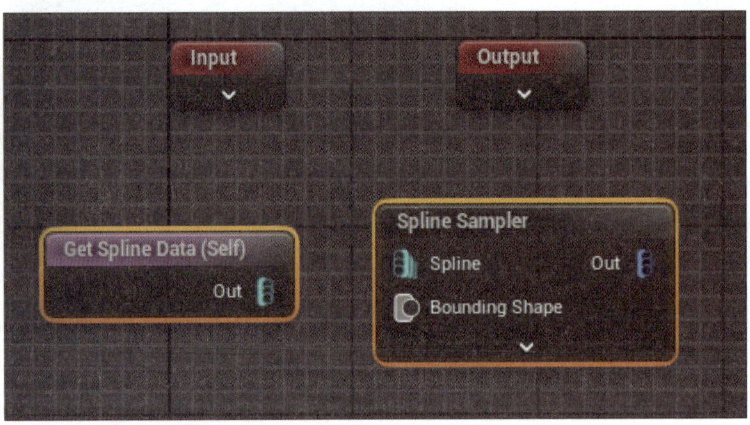

그림 5.57 Get Spline Data 및 Spline Sampler 노드 추가하기

6. **Spline Sampler** 노드를 선택한다. **Settings** 패널에서 **Mode**를 **Subdivision**에서 **Distance**로 변경한다. 이어서 **Unbounded** 속성을 켠다.

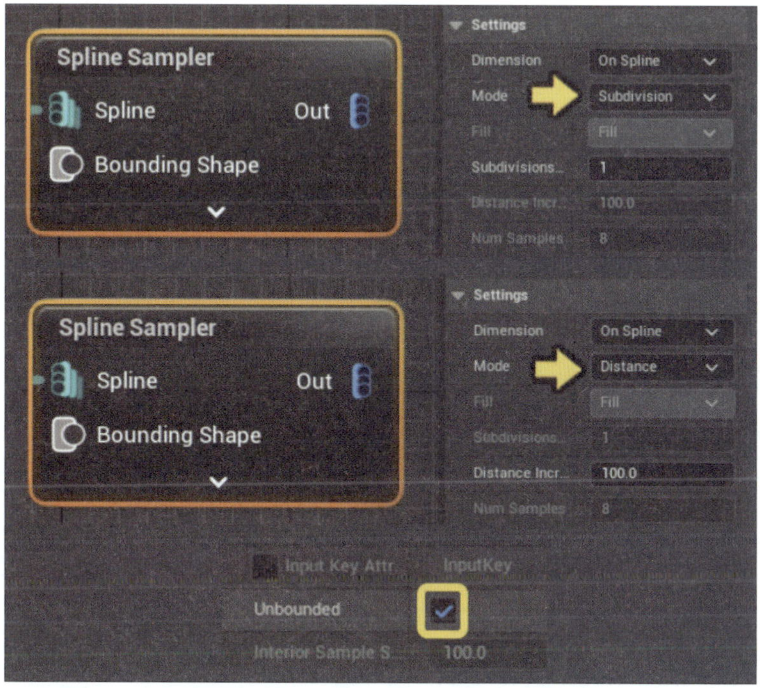

그림 5.58 Spline Sampler의 모드를 Distance로 변경하고 Unbounded 활성화하기

7. **Get Spline Data** 노드를 선택하고 **Settings** 패널로 이동한다. **Actor Filter** 옵션을 **All World Actor**로 설정한다.

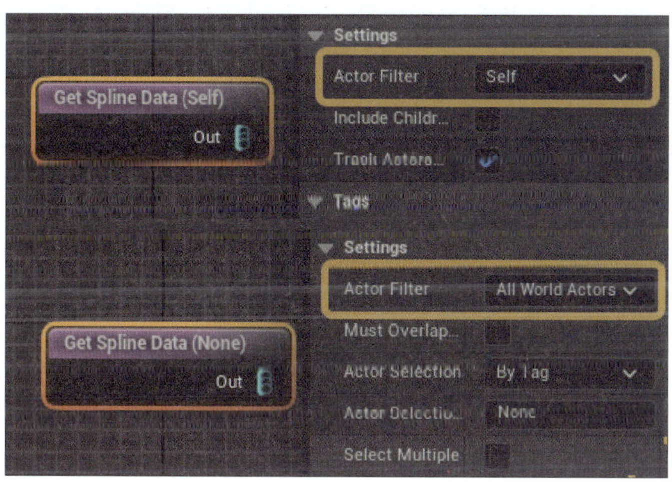

그림 5.59 Actor Filter를 All World Actor로 변경하기

8. 다음 단계는 **Actor Selection**을 사용하는 것이다. 하지만 **By Tag**는 사용하지 않고 대신 **By Class**를 사용한다. Water 플러그인은 내장 플러그인이므로 기존 클래스를 통해서만 접근할 수 있다. **Actor Selection Class** 탭에서 **Water Body River**를 선택한다.

그림 5.60 Actor Selection을 By Class로 변경하기

9. 물 PCG 설정을 마무리하기 위해 마지막에 **Output** 노드를 포함한 모든 노드를 연결해보자.

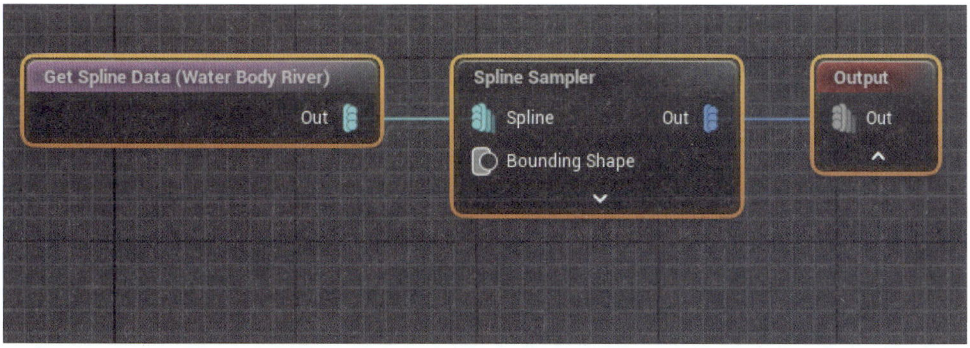

그림 5.61 모든 노드를 연결하기

10. Water 플러그인과 함께 작동하도록 **Output** 노드를 설정해야 한다. **Output** 노드를 선택하고, 오른쪽의 **Input** 탭이 있는 **Settings** 패널에서 + 버튼을 클릭해 **Index** 배열 요소를 추가한다.

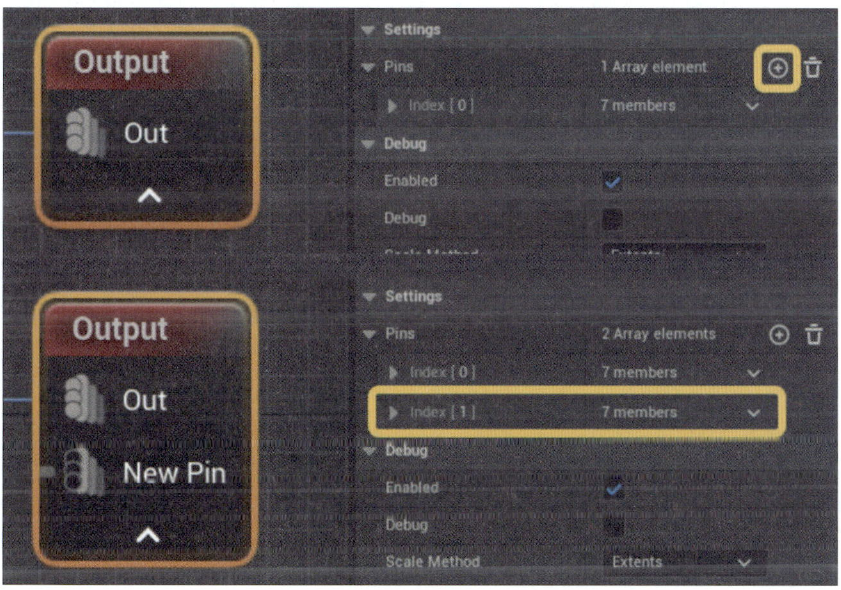

그림 5.62 Output 노드에 Index 배열 추가하기

11. 새 핀 인덱스 배열의 이름을 `Water`로 변경하고 **Allowed Types**를 **Any**에서 **Point**로 변경한다. 핀의 색상이 회색에서 하늘색으로 변경된 것을 확인할 수 있다.

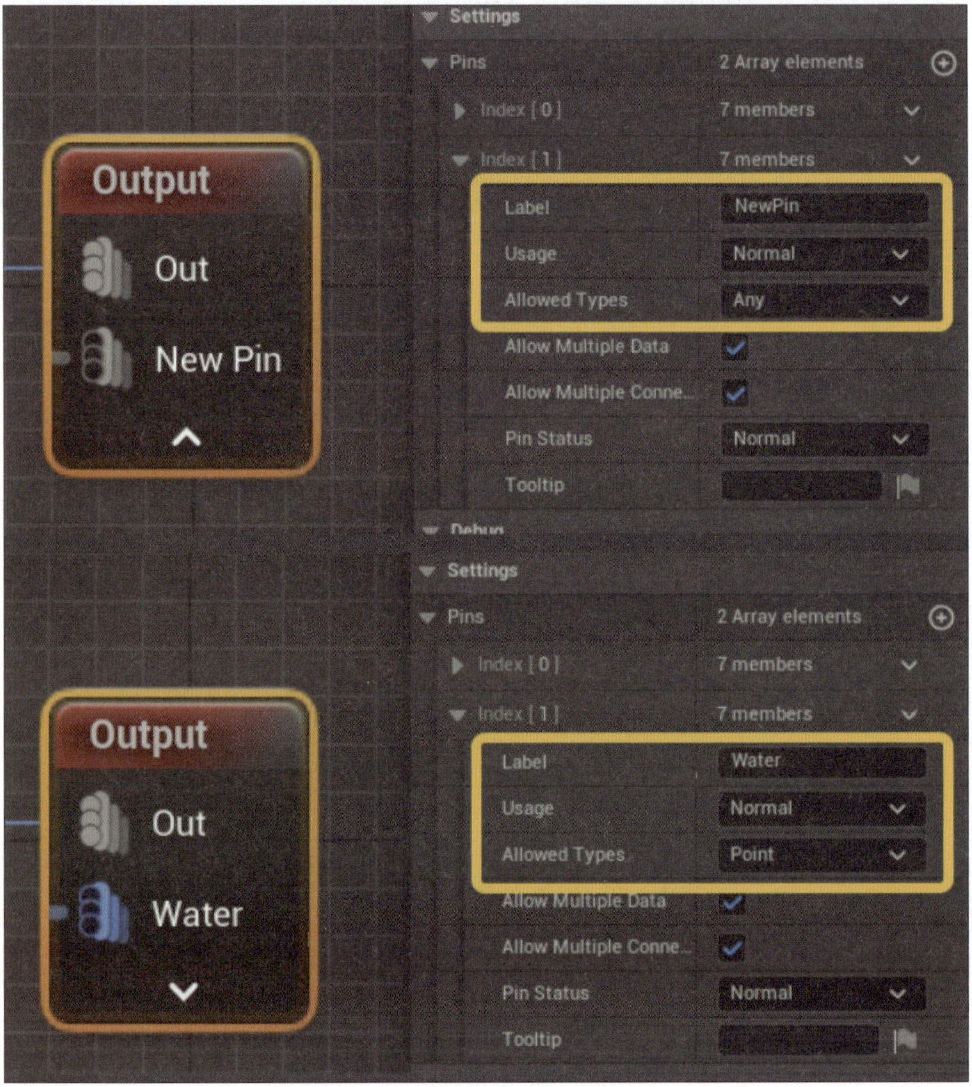

그림 5.63 출력 타입의 Label 지정 및 변환

12. 이제 **Out** 출력에서 **Water** 출력으로 연결을 변경하자.

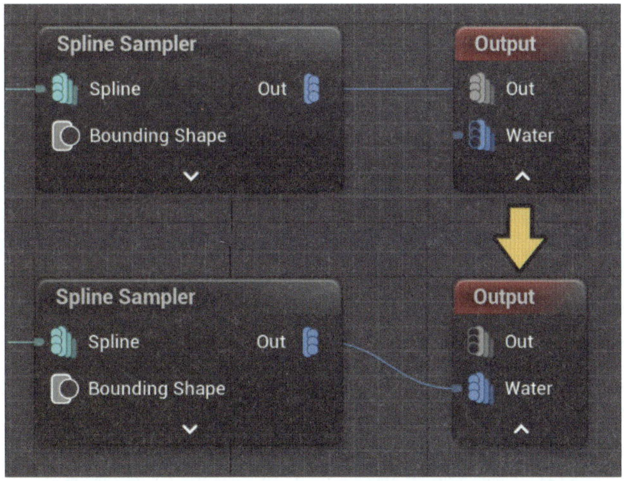

그림 5.64 Out에서 Water로 전환하기

이제 강물의 흐름에 대한 PCG 그래프 제작을 성공적으로 마쳤다. 또한 블루프린트 요소와 함께 언리얼 라이브러리에서 클래스를 지정하고 사용하는 지식을 습득해 모든 PCG 그래프에 적용할 수 있게 됐다.

이 PCG 그래프의 역할은 지형을 가로지르는 강의 자연스러운 흐름을 만들면서 동시에 다른 PCG 시스템과 충돌하지 않도록 하는 것이다. 이 기능은 숲이 우거진 환경을 매끄럽게 가로지르는 물길을 만드는 데 핵심적인 역할을 한다.

여기까지 했으니 이제 `PCG_Water` 그래프를 닫아도 된다. 다음 절에서는 `PCG_Forest` 그래프로 돌아가서 새로운 PCG 그래프를 추가해보자.

PCG 숲에 통합하기

이 절은 예제의 핵심 구성 요소로, 모든 PCG 그래프를 하나의 포괄적인 PCG 그래프인 PCG 숲으로 통합하는 데 중점을 둔다. 지금까지 우리는 다양한 애플리케이션에 결합하고 활용할 수 있는 PCG 그래프 기능들을 구성했다.

이제 모든 그래프를 배치하고 적절한 노드를 사용해 PCG 그래프 간의 연결을 구성할 것이다.

1. PCG_Forest를 연다. PCG 폴더 안의 Content 폴더에서 `PCG_Water`를 선택한 다음, `PCG_Water` 그래프를 `PCG_Forest` 그래프 에디터 공간에 끌어다 놓는다.

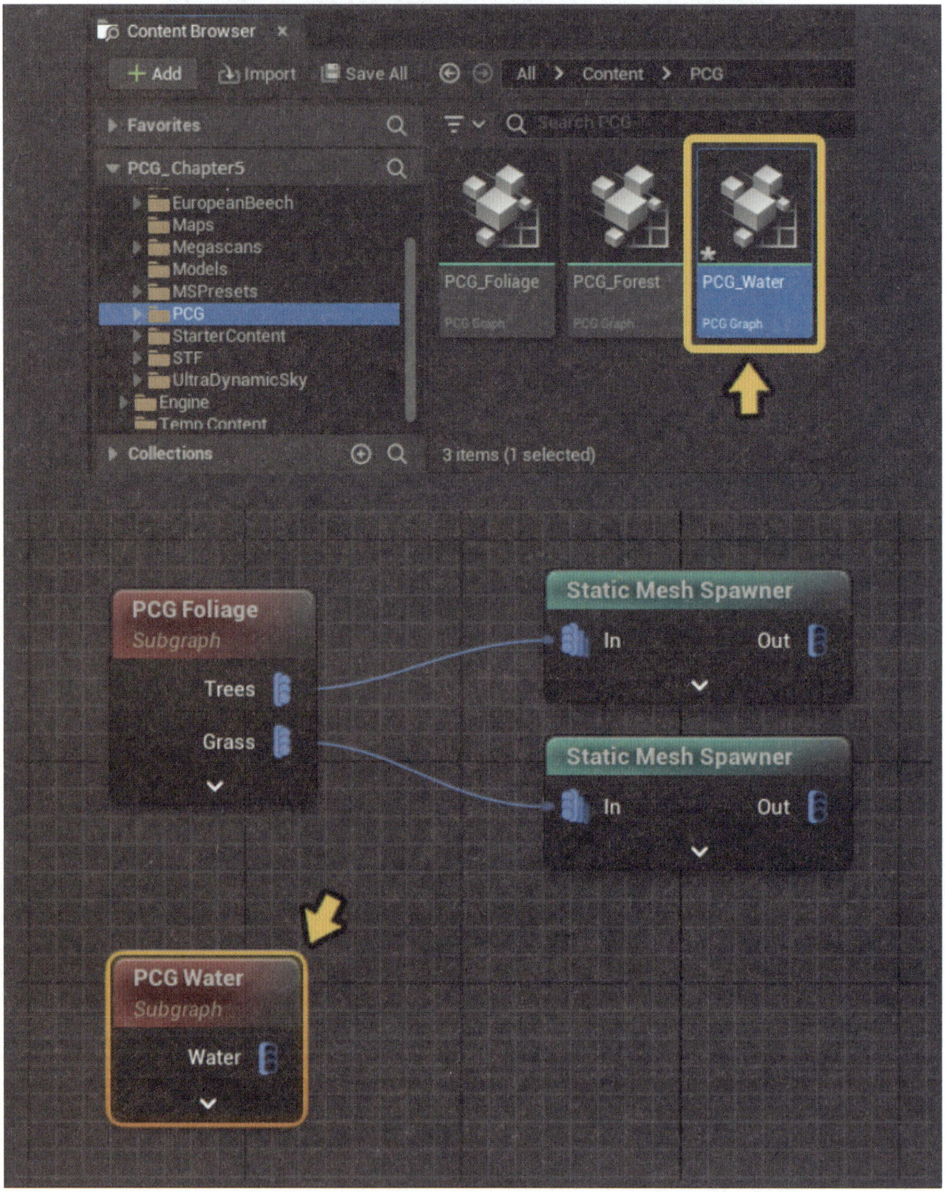

그림 5.65 PCG_Forest 그래프에 PCG_Water 그래프 추가하기

2. 이 튜토리얼의 흥미로운 부분은 노드들을 사용해 하나의 PCG 그래프를 다른 하나의 그래프에 연결하는 것이다. 이번 경우에는 **Difference** 노드를 추가하고 `PCG_Water`를 **Difference** 입력과 연결한다(그림 5.66).

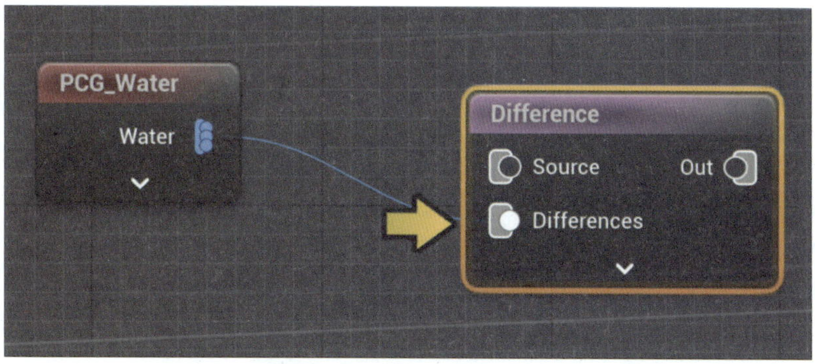

그림 5.66 PCG_Water 그래프를 Difference 노드에 연결하기

3. **Difference** 노드를 추가하는 목적은 강이 폴리지를 통과하도록 하는 것이다. 이렇게 해서 강이 랜드스케이프를 가로지를 수 있는 공간을 확보하기 위해 잔디를 움직인다. 따라서 `PCG_Foliage`의 **Grass**를 **Difference** 노드 내부의 **Source** 입력에 연결해보자.

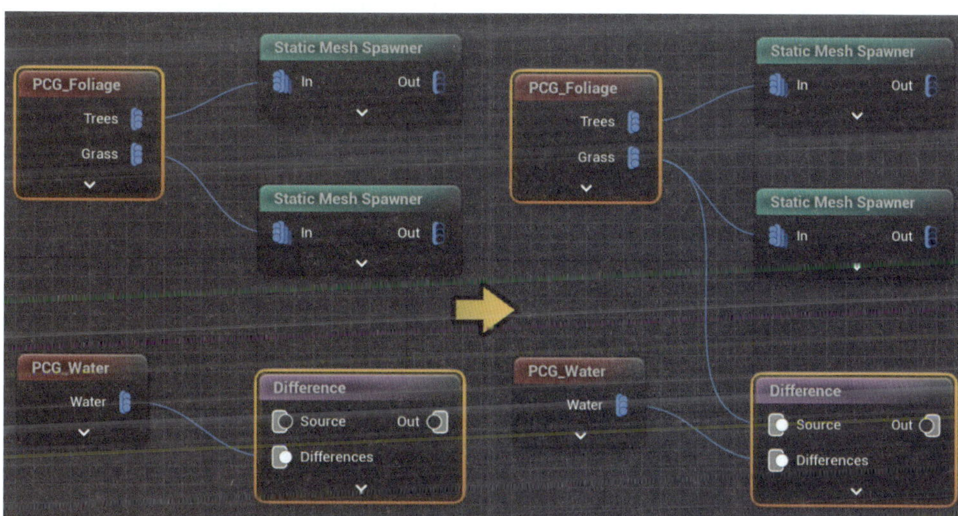

그림 5.67 Grass 출력을 Difference Source 노드에 연결하기

4. 현재로서는 잔디가 바라는 대로 스폰되지 않는다. 이 부분을 해결하기 위해 **Static Mesh Spawner** 노드를 **Grass** 입력에서 분리하고, **Difference** 노드 출력을 **Static Mesh Spawner** 노드에 연결해보자.

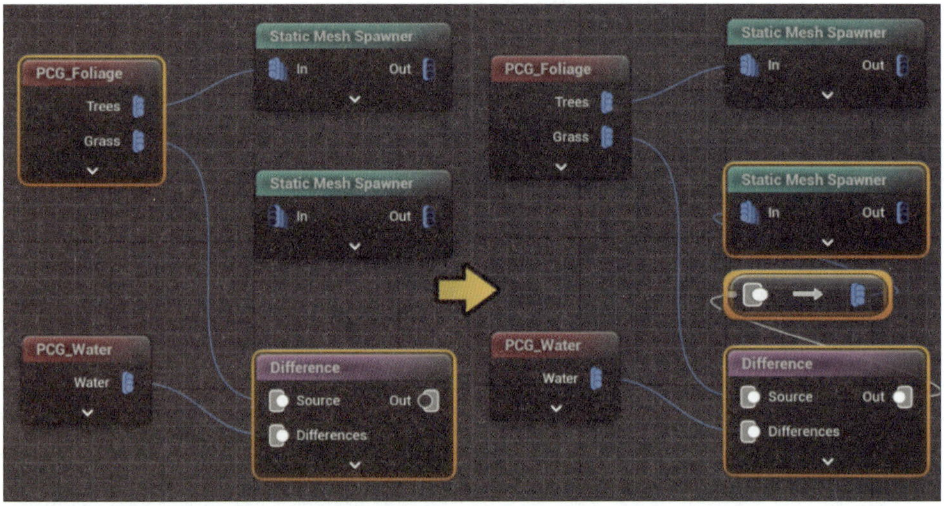

그림 5.68 Static Mesh Spawner 노드에 Difference 노드 연결하기

5. **Difference** 노드를 선택한 상태에서 오른쪽의 **Settings** 패널로 이동해 **Density Function** 값을 **Minimum**에서 **Binary**로 변경한다. 이렇게 하면 잔디 사이를 통과하는 경로를 비어 있게 만들어 강이 랜드스케이프 사이로 원활하게 흐르도록 한다.

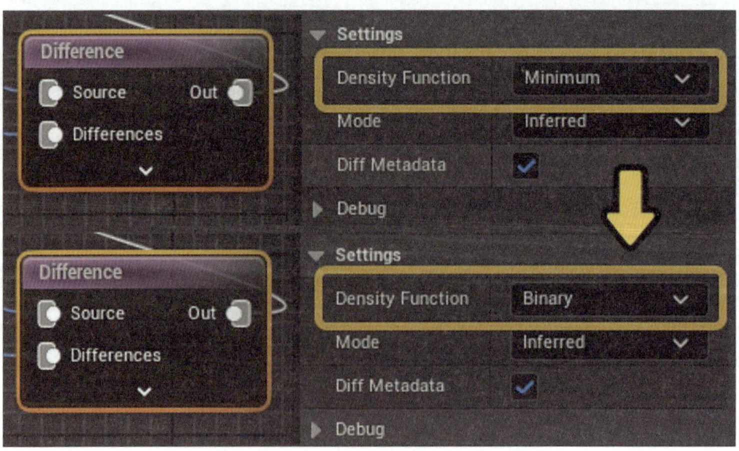

그림 5.69 Difference의 Density Function 값을 Minimum에서 Binary로 변경하기

6. 뷰포트로 돌아가서 어떤 변화가 있는지 살펴보자. 강을 이동해 잔디 위에 놓고 어떤 일이 일어나는지 확인해본다. 잔디밭에 작은 통로가 만들어진 것을 볼 수 있다. 이제는 좀 더 크게 만들어보자.

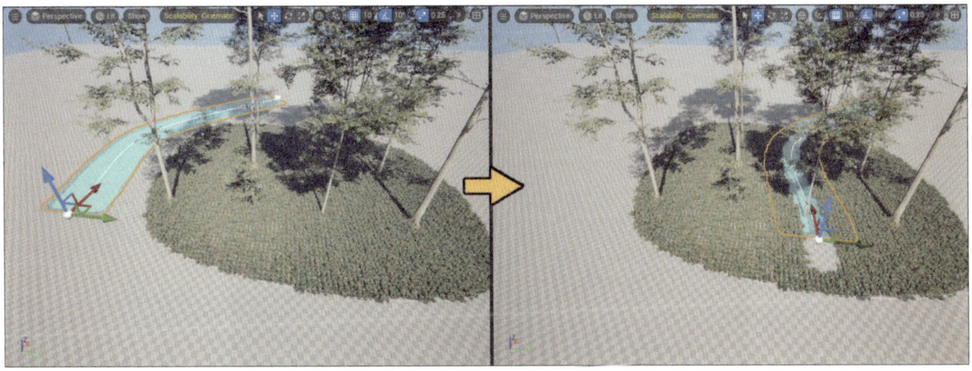

그림 5.70 BP_Forest를 사용한 각 테스트

7. **PCG_Water** 노드와 **Difference** 노드 사이에 **Bounds Modifier** 노드를 추가하고 연결한다.

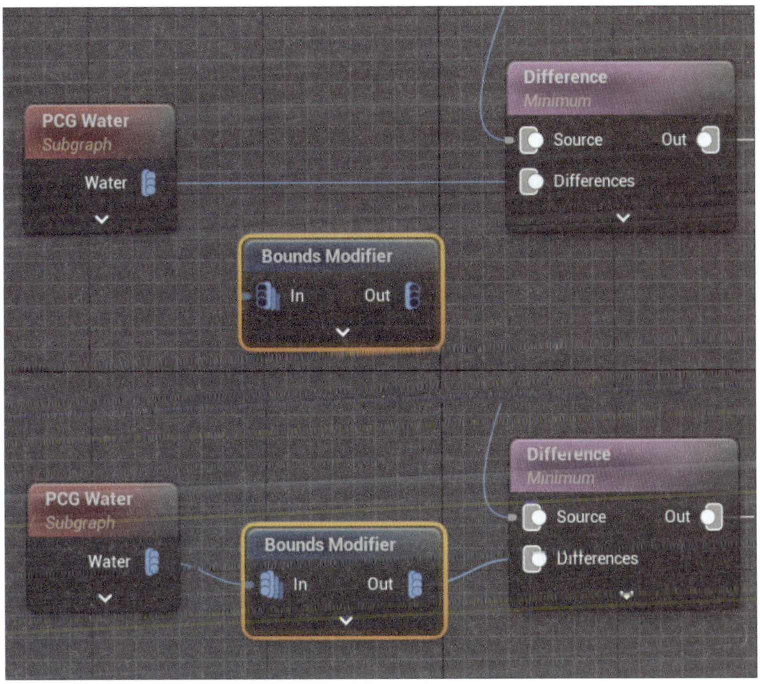

그림 5.71 Bounds Modifier를 PCG_Water 및 Difference 노드에 연결하기

8. **Bounds Modifier** 노드를 선택한 상태에서 그림 5.72와 같이 오른쪽의 **Minimum** 값과 **Maximum** 값을 변경한다. 이렇게 하면 잔디가 움직여 강이 흐를 수 있는 공간이 더 많이 생긴다.

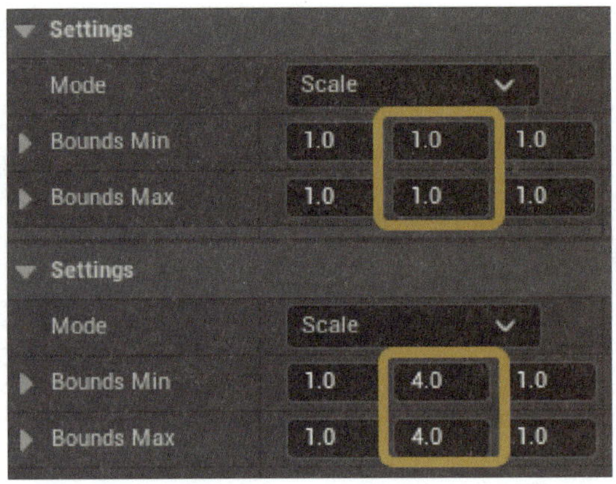

그림 5.72 Y축에서 Bounds 값을 1.0에서 4.0으로 변경하기

9. 메인 뷰포트로 돌아와 결과를 관찰해보자. 강에 사용할 수 있는 공간이 늘어난 것을 알 수 있으며, 강물을 재배치할 때마다 새로운 길을 만들면서 이전에 물이 차지했던 영역에서 풀이 다시 자라는 것을 볼 수 있다. 나무에 대해서도 같은 과정을 반복해보자!

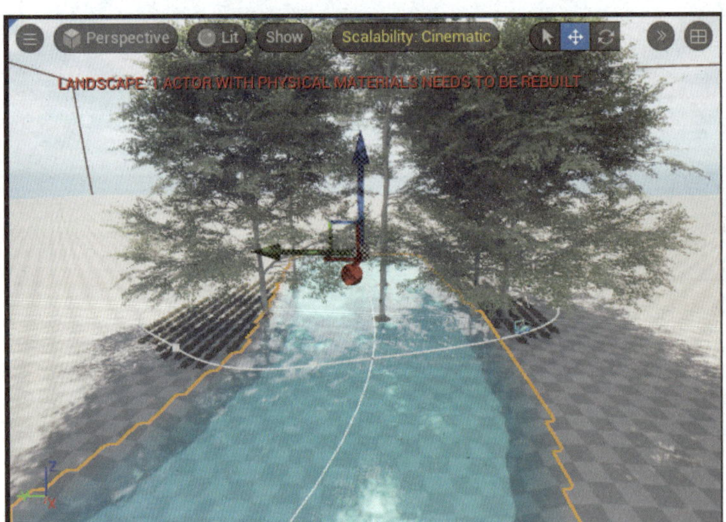

그림 5.73 강 주변의 불필요한 폴리지를 제거하는 데 도움이 되는 Bounds Modifier 노드

10. PCG_Forest 그래프로 돌아가서 **Bound Modifier** 및 **Difference** 노드를 아래 그림과 같이 복사한 후 서로 옆에 붙여놓는다. 잔디에서 했던 것과 유사하게 이번에는 나무에 대해 비슷한 과정을 수행한다.

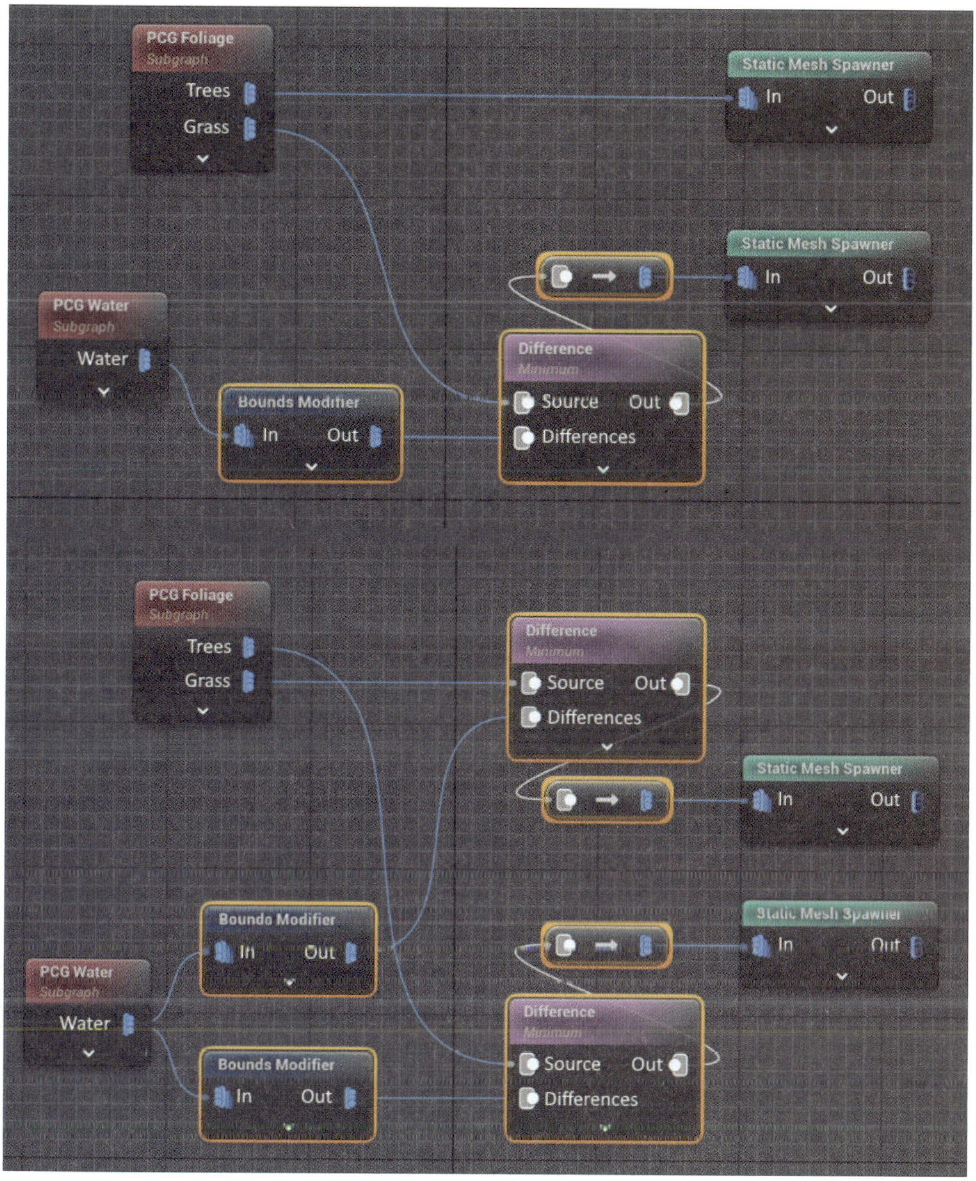

그림 5.74 폴리지 및 물 액터와 함께 작동하는 PCG 그래프

11. 메인 뷰포트를 살펴보고 모든 것이 어떻게 나타나는지 관찰해보자. 더 나은 결과를 얻으려면, 나무에 대한 **Bounds Modifier** 노드의 바운드 최소 및 최대 크기를 조정할 수 있다. 이제 결과가 훨씬 좋아졌다!

그림 5.75 강이 숲 사이를 가로지르고 있다.

NOTE

이와 같은 구성의 이점을 극대화하려면 블루프린트 안에서 노드를 활용하는 것이 좋다. **Bounds Modifier**, **Union**, **Self Pruning** 같은 노드들의 값을 조정하면 표면 전체에 모델이 스폰되는 방식에 큰 영향을 줄 수 있다. 이러한 방식은 모델 분포 결과와 변화를 관찰할 수 있게 해준다.

이 튜토리얼을 마무리하면서 PCG 그래프를 한 번 더 반복해 살펴보는 것이 좋다. 좀 더 세분화된 조정을 구현하면 표면 전체의 모델 분포 품질이 더욱 향상된다. 다음 절에서는 몇 가지 노드를 다시 검토하고 값을 조정해 더 나은 결과를 얻을 수 있는 방법을 살펴보자.

더 나은 결과를 위해 조정하기

이 절에서는 PCG 그래프 중에서 `PCG_Foliage` 그래프를 살펴보자. 이 그래프에서 중요한 부분은 표면에 스폰된 폴리지 모델의 트랜스폼을 무작위로 변경하는 것이다. 이 단계는 풀과 나무 배치의 획일성을 줄여 씬의 자연스러운 다양성과 사실감을 향상시키는 데 도움이 되므로, 좀 더 사실적인 외관을 구현하는 데 핵심적인 부분이다.

1. Content 폴더에서 `PCG_Foliage` 그래프를 연다. 그래프에서 **Trees** 출력 노드와 연결되는 **Transform Points** 노드를 선택한다.

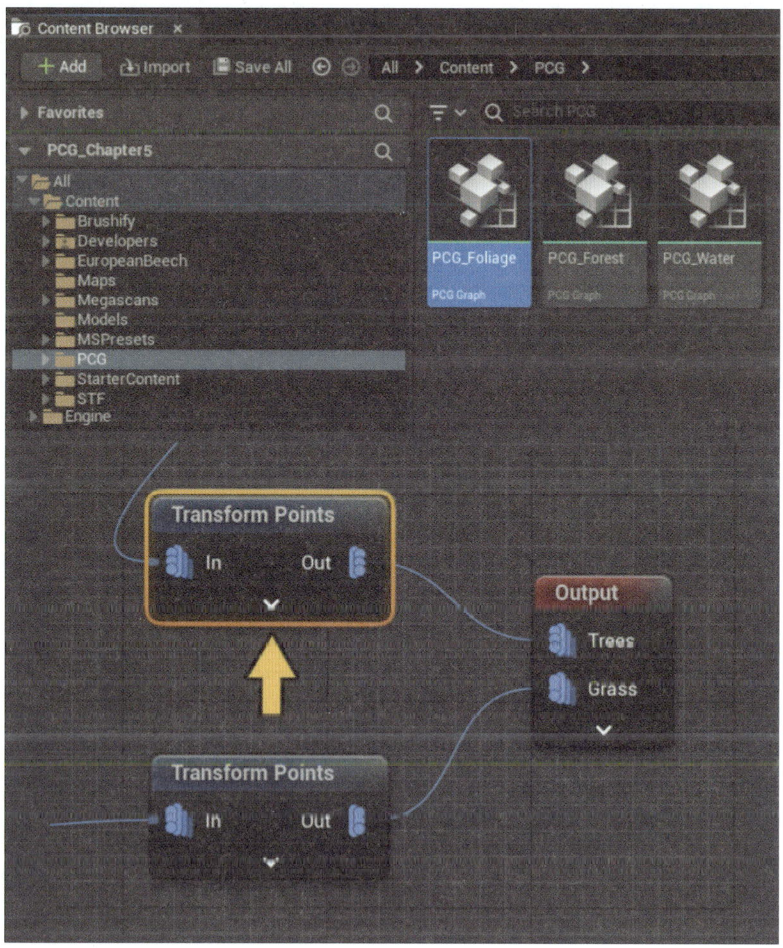

그림 5.76 Transform Points 노드를 추가해 나무의 트랜스폼 조정하기

2. 이 **Transform Points** 노드를 선택한 상태에서 오른쪽에 있는 **Settings** 패널의 **Offset**, **Rotation**, **Scale** 값을 표 5.1과 같이 변경한다. 이렇게 하면 트리의 트랜스폼을 무작위로 만드는 데 도움이 된다. **Absolute Rotation**을 활성화한다.

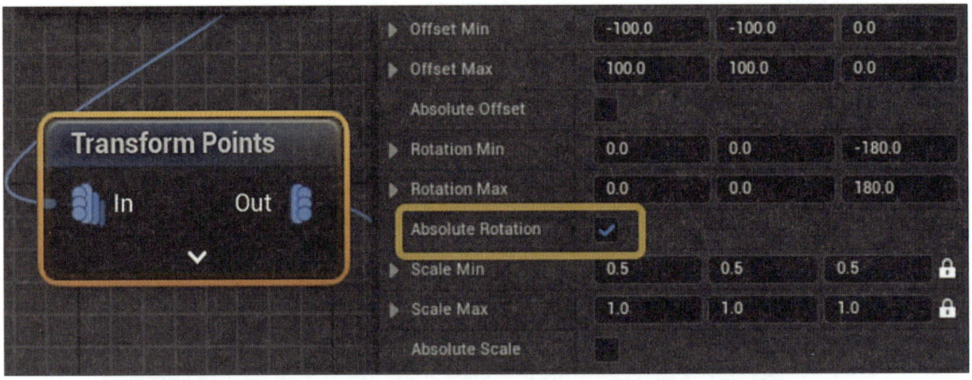

그림 5.77 Transform Points 노드 내에서 Absolute Rotation 활성화하기

다음 표는 **Transform Points**의 **Settings** 패널에서 추가할 값을 보여준다.

표 5.1 Transform Points의 Settings 패널 값

Transform Points	X	Y	Z
Offset Min	–100.0	–100.0	0.0
Offset Max	100.0	100.0	0.0
Rotation Min	0.0	0.0	–180.0
Rotation Max	0.0	0.0	180.0
Scale Min	0.5	0.5	0.5
Scale Max	1.0	1.0	1.0

3. 이 과정을 반복하되, 이번에는 **Grass** 출력 노드의 **Transform Points**를 업데이트할 것이다. 표 5.2에서 **Transform Points**의 값을 찾을 수 있다.

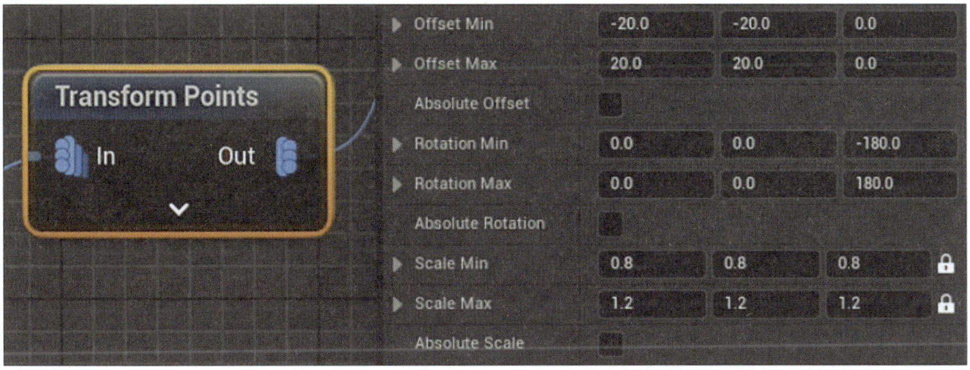

그림 5.78 Settings 패널 내 Transform Points 값

다음 표는 **Transform Points**의 **Settings** 패널에 추가할 값을 보여준다.

표 5.2 Transform Points의 Settings 패널 값

Transform Points	X	Y	Z
Offset Min	−20.0	−20.0	0.0
Offset Max	20.0	20.0	0.0
Rotation Min	0.0	0.0	−180.0
Rotation Max	0.0	0.0	180.0
Scale Min	0.8	0.8	0.8
Scale Max	1.2	1.2	1.2

4. 메인 뷰포트로 돌아오면 모든 나뭇잎, 풀, 나무 모델이 무작위 방향으로 변화된 것을 확인할 수 있다.

그림 5.79 BP_Forest 액터 블루프린트의 최종 결과물

모든 수정 사항을 적용한 후 주위를 둘러보고, **WaterBodyRiver**를 이동하면서 실험해보자. 이렇게 하면 변경 사항이 씬에 미치는 영향을 관찰하고, 다양한 배치가 환경의 전체적인 모양과 사실감에 어떤 영향을 미치는지 확인할 수 있다.

요약

이 장에서는 스플라인 컨트롤을 활용해 PCG 그래프를 관리하는 중요한 지식을 습득했다. 액터 블루프린트가 Spline 컴포넌트로 작동하도록 구성하는 방법을 알아봤고, 액터 블루프린트 내에서 일부분으로 사용할 수 있도록 다양한 PCG 그래프를 기본 PCG 그래프로 병합하는 방법을 배웠다.

이 방식은 뷰포트 내에서 작업하면서 실시간으로 에셋을 유연하게 조정할 수 있어 랜드스케이프 전체에 걸쳐 생성되는 여러 오브젝트를 작업할 때 매우 효과적이다.

다음 장에서는 랜드스케이프 툴과 랜드스케이프 머티리얼을 활용해 지형 전반에 콘텐츠를 절차적으로 생성하는 방법을 살펴보자. 이 기법은 작업 중인 영역에 따라 PCG 볼륨을 생성하는 동시에 페인팅이 가능하므로, 랜드스케이프를 다루는 매력적인 방법이 될 것이다. 또한 랜드스케이프 디자인에 창의적이고 역동적인 접근 방식을 제공하며, 수동 커스터마이징과 자동 생성을 원활하게 결합해 환경의 디테일을 향상시킬 것이다.

06

랜드스케이프 머티리얼로 PCG 그래프 만들기

지금부터 흥미진진하고 몰입되는 장을 시작해본다. 5장에 이르기까지 PCG 그래프의 정의와 다른 PCG 툴과의 유연한 적용에 대해 자세히 살펴봤으며, PCG 프레임워크 자체의 복잡한 기능을 숙달함으로써 상당한 발전을 이뤘다. 이 장에서는 오두막집을 임의로 배치하고 강과 같은 수역을 포함한 건축 구조물 주변에 폴리지를 절차적으로 생성할 수 있는 자신만의 툴을 만들 기회를 제공한다!

이 장에서는 랜드스케이프 머티리얼을 활용해 랜드스케이프 전체에 스태틱 메시의 배치를 제어하는 절차적 콘텐츠 생성^{PCG}의 새로운 면을 소개한다. 이 접근 방식은 특히 지정된 머티리얼 셋업으로 칠해진 영역에 집중해 PCG 시스템을 유도하는 독특한 방법을 제시한다. 5장에서 Spline 컴포넌트 사용을 살펴본 지식을 바탕으로 이 장에서는 같은 메커니즘을 랜드스케이프 머티리얼에 적용한다.

이를 통해 Spline 컨트롤러의 경로 정의 기능과 랜드스케이프 머티리얼의 환경 신호를 모두 활용함으로써 스태틱 메시의 생성 및 배치를 미세하게 조정할 수 있다. 이러한 적용을 통해 랜드스케이프의 페인팅된 요소에 동적으로 적응하는 정교한 머티리얼 인식 PCG 시스템을 구현함으로써 일관되고 상황에 맞는 콘텐츠를 생성할 수 있다.

이 장은 랜드스케이프 머티리얼, 랜드스케이프 머티리얼과 연관된 PCG 그래프, 다이내믹 랜드스케이프 상호작용을 위한 액터 블루프린트 제작을 다루는 섹션으로 구성돼 있다. 다양한 랜드스케이프 머티리얼을 다루고 PCG 그래프와 효과적으로 적용할 수 있도록 PCG를 사용하는 새로운 기법을 숙련할 수 있다.

또한 이 장의 내용은 '기술적 요구 사항' 절에 제공된 깃허브 링크를 통해 액세스할 수 있다.

이 장에서 다루는 주요 주제는 다음과 같다.

- 랜드스케이프Landscape에 익숙해지기
- Landscape Pro 2.0 Auto-Generated Material 에셋과 랜드스케이프 머티리얼의 텍스처 설정하기
- 스플라인 컨트롤spline control로 액터 블루프린트 개발 및 구성하기
- 액터 블루프린트에 PCG 그래프 구성 및 적용하기

이 튜토리얼을 통해 PCG 볼륨을 정밀하게 형성하고 랜드스케이프 전체에서 절차적으로 모델을 생성할 수 있는 능력을 갖추게 될 것이다. 이 장을 마치고 나면, Spline 컨트롤러와 랜드스케이프 머티리얼을 통해 제어할 수 있는 PCG 툴 개발에 대한 새로운 기술과 귀중한 통찰력을 습득하게 될 것이다.

그럼 시작해보자!

기술적 요구 사항

이 장을 완료하려면 다음과 같은 준비가 필요하다.

- PCG 프레임워크를 실행할 수 있는 좋은 컴퓨터. 이상적으로는 멀티코어 CPU(AMD Ryzen 7/9, Intel i7/i9), GPU(NVIDIA RTX, 8GB 이상의 VRAM을 갖춘 AMD Radeon RX), 최소 16GB의 RAM이

필요하다.

- 언리얼 엔진 5의 블루프린트 제작에 대한 기본 지식. 이 장은 블루프린트 개발에 대한 기초적인 이해만 있어도 쉽게 접근할 수 있도록 구성돼 있다.
- 템플릿 프로젝트는 에셋 없이 제공되므로 마켓플레이스에서 다운로드한다. 언리얼 마켓플레이스에서 Landscape Pro 2.0 Auto-Generated Material 프로젝트 파일을 다운로드하자. 모든 에셋은 무료다.

이 장에서 사용된 언리얼 엔진 버전은 UE 5.4 버전이다. PCG 툴은 언리얼 엔진 5.2에 도입됐지만 일부 노드는 언리얼 엔진 5.4에서 더 이상 지원하지 않으므로, 이 장에서는 최신 버전의 언리얼 엔진이 가장 유용하다.

이 프로젝트에서는 깃허브 리포지터리에서 제공되는 템플릿 프로젝트를 사용한다. 깃허브 링크(https://github.com/PacktPublishing/Procedural-Content-Generationwith-Unreal-Engine-5)에서 템플릿을 다운로드할 수 있다.

이 장의 코드가 실행되는 모습을 보여주는 동영상은 웹 사이트(https://packt.link/61it0)에서 확인할 수 있다.

모델에 익숙해지기

이번 작업에서는 Landscape Pro 2.0 Auto-Generated Material 패키지의 기존 에셋을 활용한다. Content 폴더에서 트리 모델을 선택해 예제를 풍부하게 함으로써 책 전체에서 동일한 에셋을 사용하지 않도록 할 것이다.

1. **STF ➤ Pack03-LandscapePro ➤ Environment ➤ Foliage ➤ GreenTrees**로 이동해 **SM_dead-tree05**와 **SM_green-tree01**이라는 두 가지 트리 모델을 검색한다.

그림 6.1 두 가지 트리 에셋: SM_dead–tree05와 SM_green–tree01

2. **STF > Pack03-LandscapePro > Environment > Foliage > Bush**로 이동해 **SM_bush01** 에셋을 검색한다.

그림 6.2 수풀 에셋: SM_bush01

3. **STF > Pack03-LandscapePro > Environment > Foliage > Clover**로 이동해 **SM_clover01** 에셋을 검색한다.

그림 6.3 잔디 에셋: SM_clover01

4. 다음 단계는 각 메시의 **Nanite** 모드를 켜는 것이다. 모델들을 선택한 상태에서 모델 중 하나를 우클릭하고 메뉴 상단의 **Nanite** 체크박스에 체크한다.

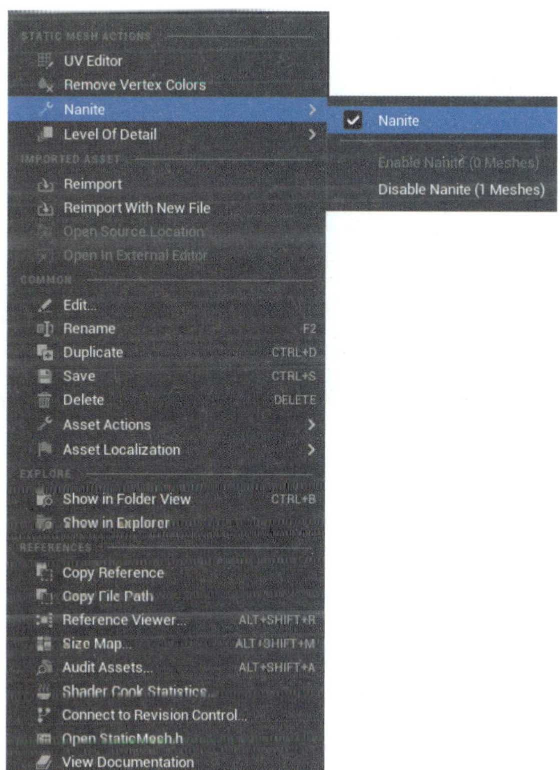

그림 6.4 모든 폴리지 모델에 Nanite 모드 활성화하기

이제 좀 더 실용적인 부분으로 넘어가보자. 다음 절에서는 이 예제에 사용할 랜드스케이프 머티리얼을 제작하고 PCG 그래프 내의 절차적 콘텐츠와 상호작용할 수 있도록 할 것이다.

랜드스케이프 머티리얼

이 절에서는 특정 유형의 머티리얼 중 하나인 랜드스케이프 머티리얼을 만드는 방법에 대해 자세히 알아보자. 랜드스케이프 머티리얼은 다용도로 사용할 수 있으므로 다양한 환경 제작 툴, 특히 PCG 그래프에 적용할 때 좋은 선택이 될 수 있다. 따라서 이 절에서는 PCG 툴과 호환되는 간단한 머티리얼을 제작하는 방법을 설명할 것이다. 다음 과정을 따른다.

1. Content ➤ Materials 폴더에서 마우스 오른쪽 버튼을 클릭하고 **Material**을 추가한 다음, 이름을 `M_LandscapePCG`로 바꾼다.

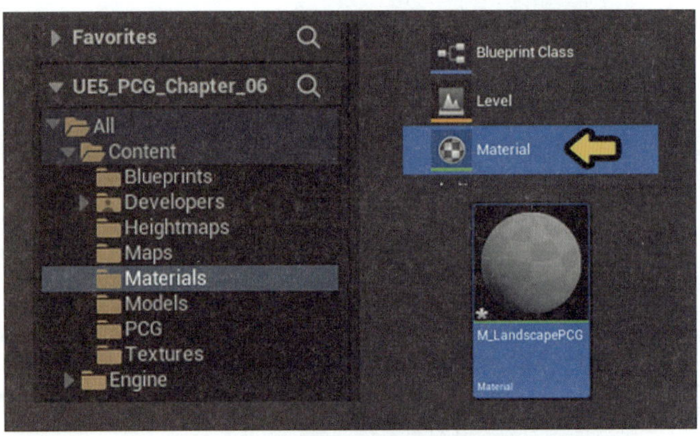

그림 6.5 새 머티리얼을 생성하고 이름을 M_LandscapePCG로 지정하기

2. 새로 생성된 머티리얼을 더블 클릭해 이 머티리얼에 적합한 텍스처를 추가할 수 있다. 텍스처는 Content ➤ Textures에서 찾을 수 있다.

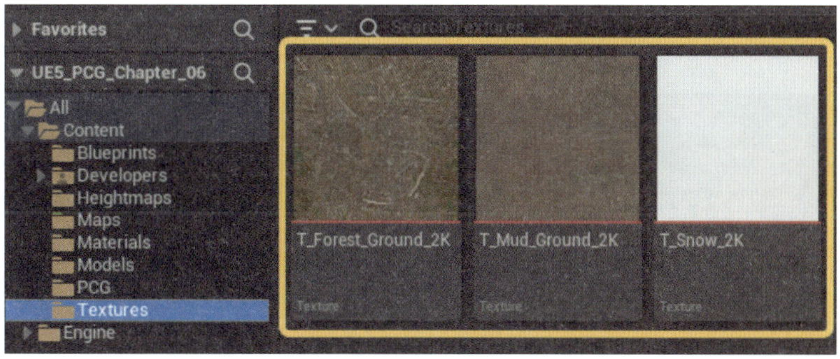

그림 6.6 프로젝트 내 텍스처 위치

텍스처를 열로 구성해 각 텍스처가 머티리얼의 올바른 입력에 연결되도록 해보자.

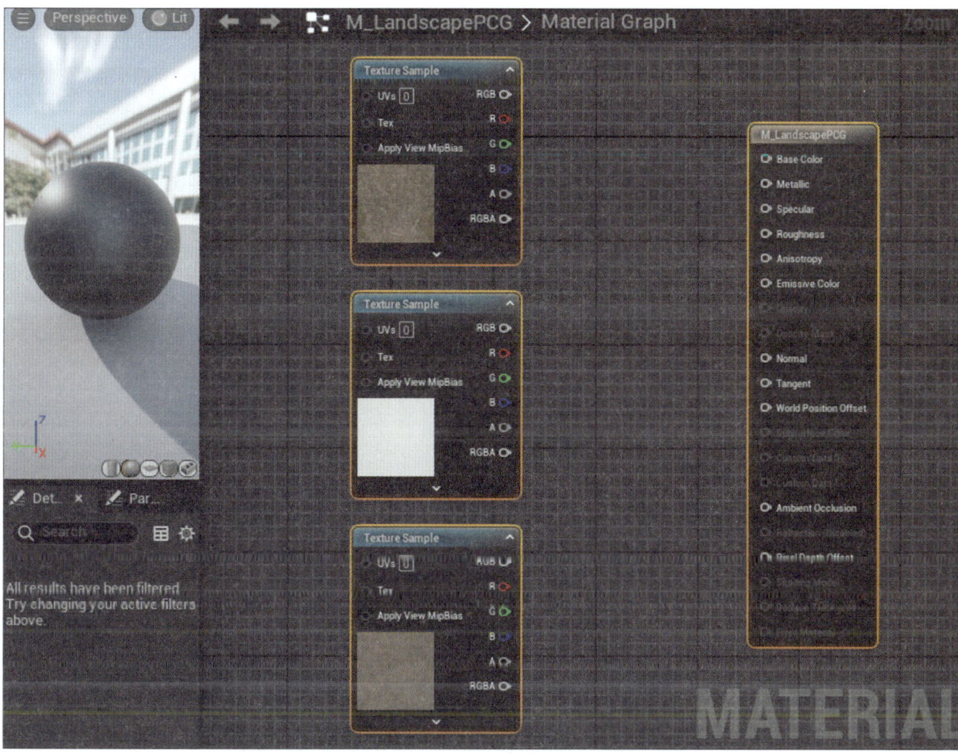

그림 6.7 머티리얼 그래프 내부의 텍스처 구성

3. 머티리얼 그래프 영역 내에서 우클릭하고 LandscapeLayerBlend를 검색한다. 이 노드

를 사용하면 텍스처와 노드를 랜드스케이프 툴에 있는 레이어에 적용할 수 있다.

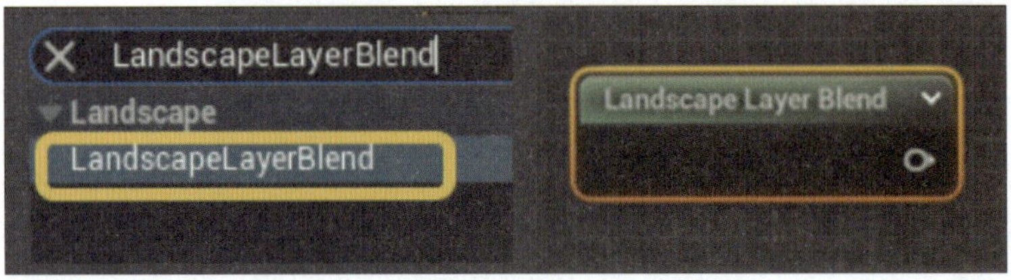

그림 6.8 LandscapeLayerBlend 노드 추가하기

4. **LandscapeLayerBlend**를 사용해 텍스처를 랜드스케이프 표면에 그릴 수 있도록 한다. **LandscapeLayerBlend** 노드를 선택하고 그에 따라 각 배열에 요소를 추가해보자. 각 **Index** 섹션에서 레이어 이름을 각각 `Ground`, `Mud`, `Snow`로 변경한다.

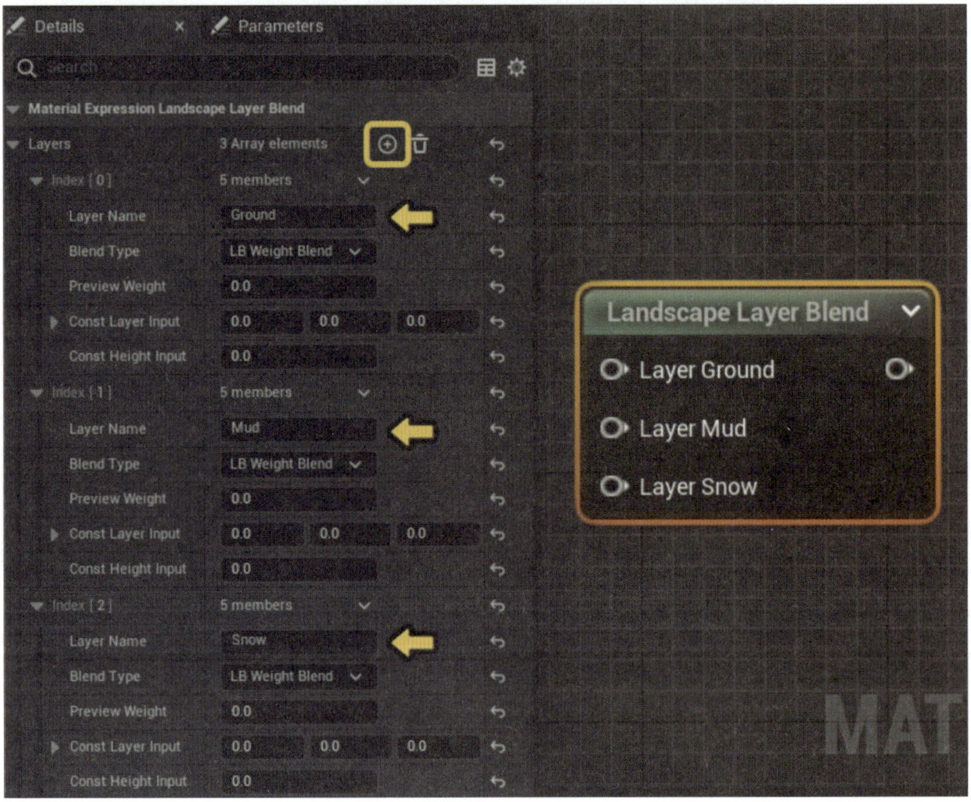

그림 6.9 LandscapeLayerBlend 노드에 레이어를 추가하고 이름 바꾸기

5. 모든 레이어가 구성되면, 다음 단계는 각 텍스처를 **LandscapeLayerBlend** 노드의 각 입력에 연결하는 것이다. 그런 다음, 기본 **LandscapeLayerBlend** 노드를 다음과 같이 머티리얼 속성의 **Base Color** 입력에 연결한다.

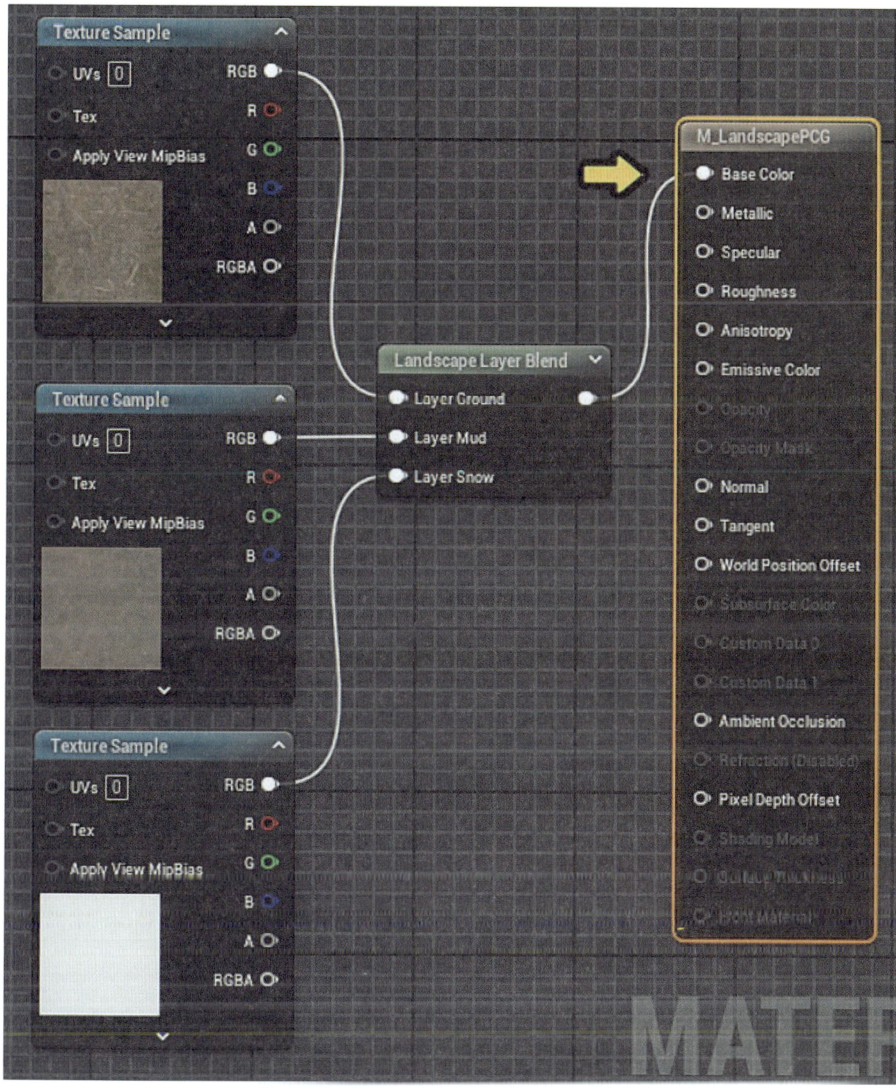

그림 6.10 Base Color에 연결하기

6. 이 정도면 PCG 그래프 구성 작업에 충분하지만, 텍스처 크기를 설정하고 조정할 수 있다면 훨씬 더 좋을 것이다. 이를 위해 **TextureCoordinate**, **Constant**, **Multiply** 노드를 추가해보자! 다음 그림은 올바른 구조를 보여준다.

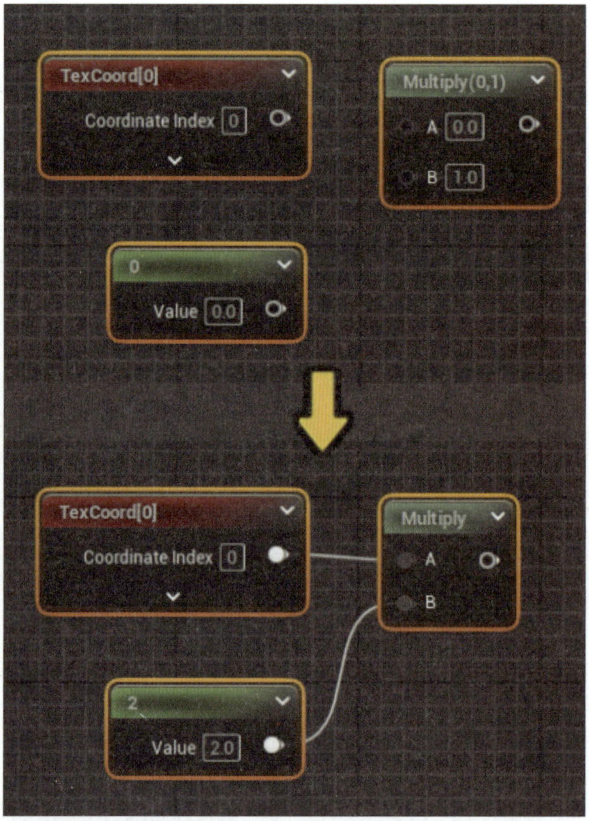

그림 6.11 텍스처 크기를 제어하는 변수 추가하기

7. 그림 6.12에 표시된 노드 연결을 각 **Texture Sample** 노드의 **UVs** 입력에 연결해보자. 이 튜토리얼에서는 이 정도로 충분하니 이제 랜드스케이프 머티리얼을 닫아도 된다.

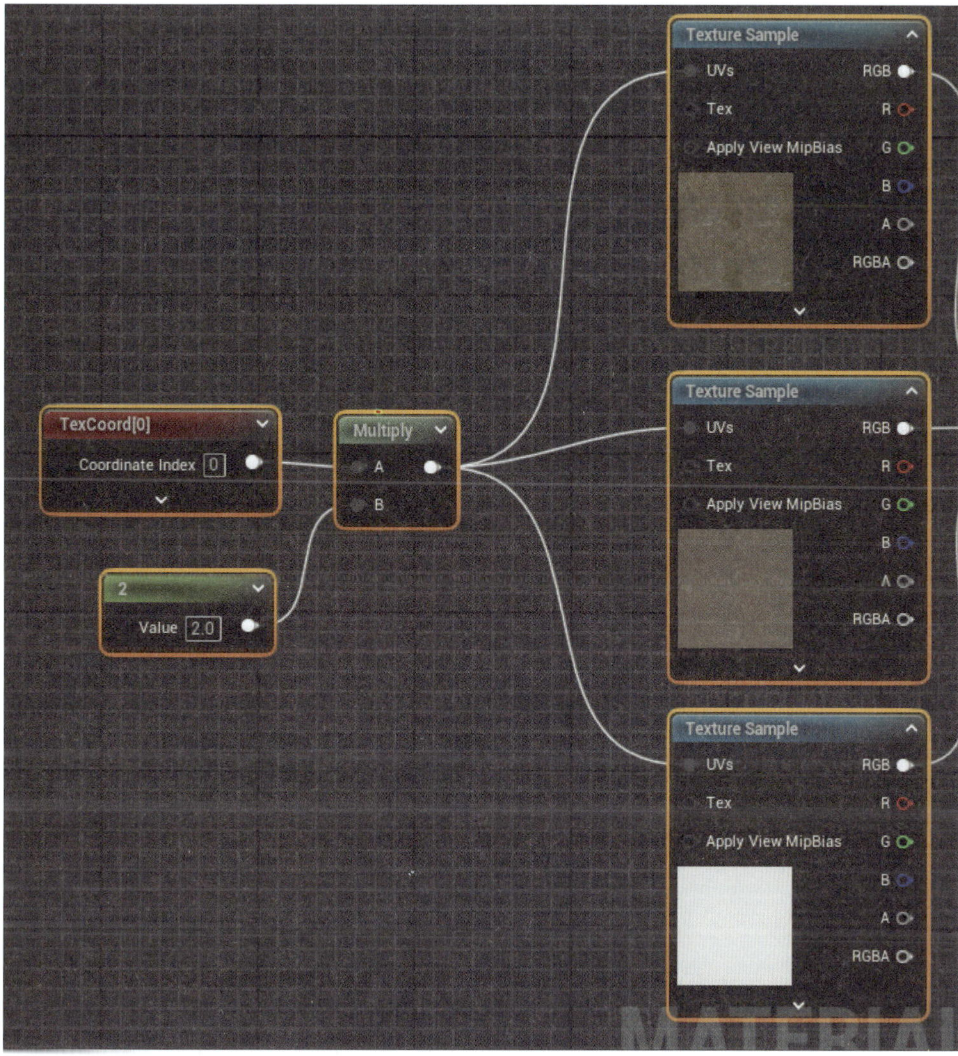

그림 6.12 모든 텍스처에 대한 변수의 연결

8. 머티리얼이 너무 반짝거리므로 **Specular** 속성을 0으로 줄일 것이다. 이번에는 0 값을 가진 다른 상수를 **Specular** 입력 노드에 연결해보자.

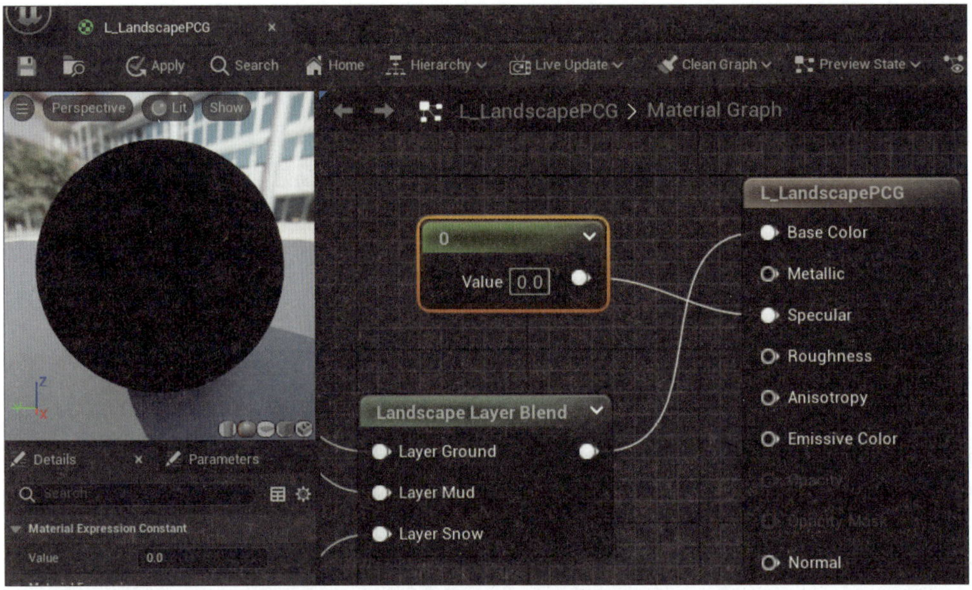

그림 6.13 Specular 속성을 꺼서 광택 제거하기

이 절에서는 머티리얼에 대해 살펴봤는데, 그 과정은 매우 간단했고 큰 주의를 기울일 필요가 없었다. 다음 절에서는 랜드스케이프 머티리얼을 할당하는 방법을 소개하고, 레이어를 사용해 다양한 텍스처로 랜드스케이프를 칠하는 방법을 알아본다.

Landscape 도구

이 절에서는 **Landscape** 도구를 사용해 랜드스케이프를 그리는 방법에 대해 알아본다. 이전에 만든 머티리얼 덕분에 이 예제에 적합한 간단한 풍경을 만들 수 있다. 그럼 시작해 보자.

1. 오른쪽의 아웃라이너 창으로 이동해 **Landscape** 에셋을 선택한다. **Landscape** 에셋을 선택한 상태에서, **Landscape** 탭 아래에 있는 새로 만든 머티리얼을 **Landscape** 에셋에 할당한다.

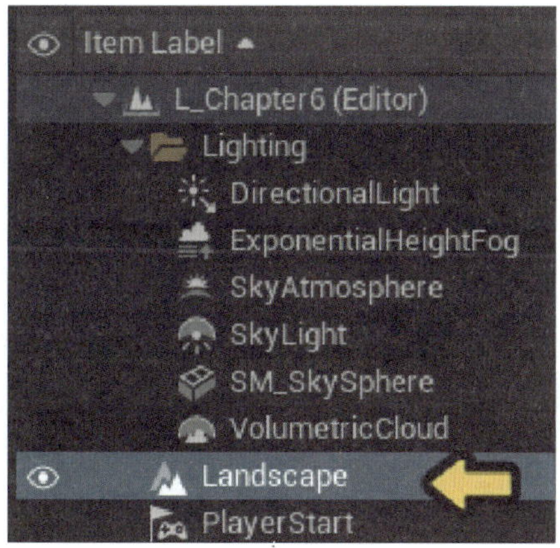

그림 6.14 아웃라이너에서 Landscape 에셋 선택하기

2. 머티리얼을 선택한 상태에서 **Landscape** 액터의 **Landscape Material** 슬롯으로 끌어온다.

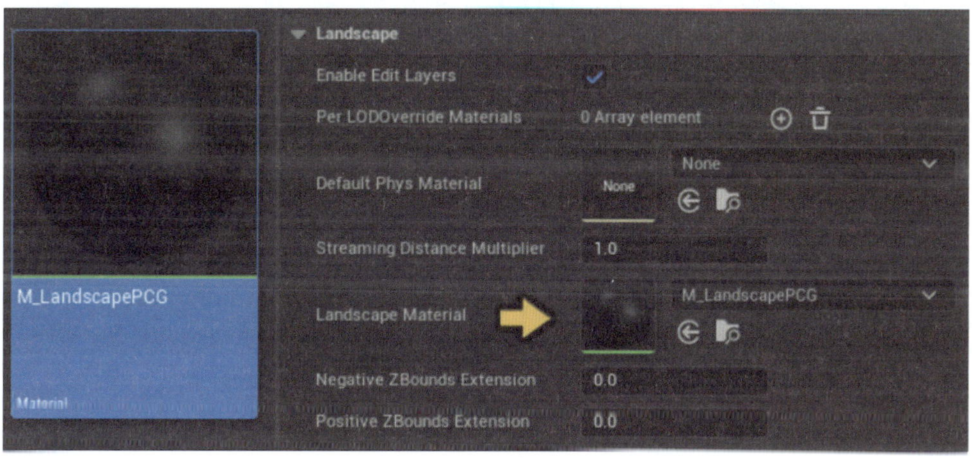

그림 6.15 Landscape에 Landscape Material 할당하기

3. 각 하위 머티리얼에 아직 레이어를 할당하지 않았기 때문에 풍경이 검은색으로 표시된다. 이렇게 하려면, 왼쪽 상단의 **Landscape Mode**를 선택한 다음 **Paint**를 선택한다.

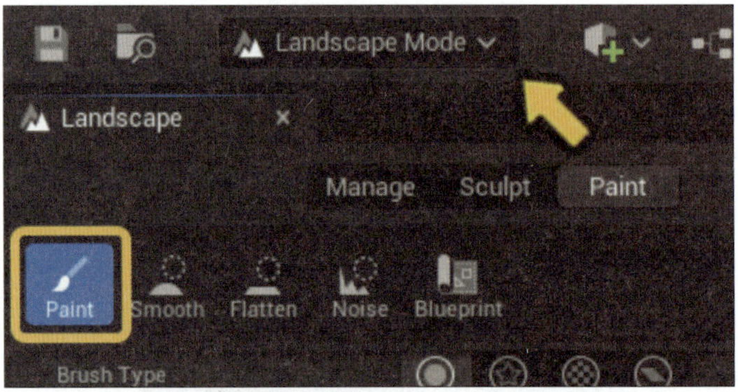

그림 6.16 Landscape Mode 활성화 및 Paint 모드 선택

4. **Target Layers**로 이동하면 **Layers** 탭에서 3개의 개별 머티리얼이 표시되는 것을 확인할 수 있고, 아직 레이어가 할당되지 않았다. 첫 번째 레이어 옆의 더하기(+) 버튼을 클릭하고 각 레이어에 **Weight-Blended Layer**를 추가해보자.

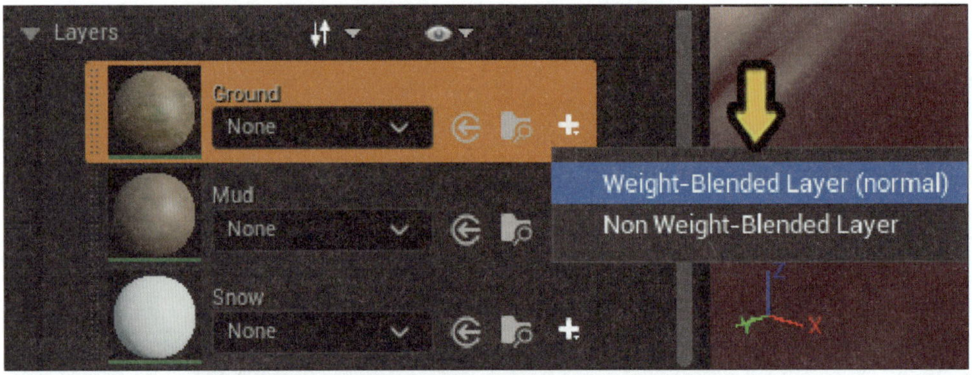

그림 6.17 각 레이어 머티리얼에 Weight-Blended Layer 정보 추가하기

5. Content 폴더 내의 기본 위치에 저장하라는 메시지가 표시된다. 그대로 저장하고 다른 레이어에 대해서도 동일한 과정을 반복한다.

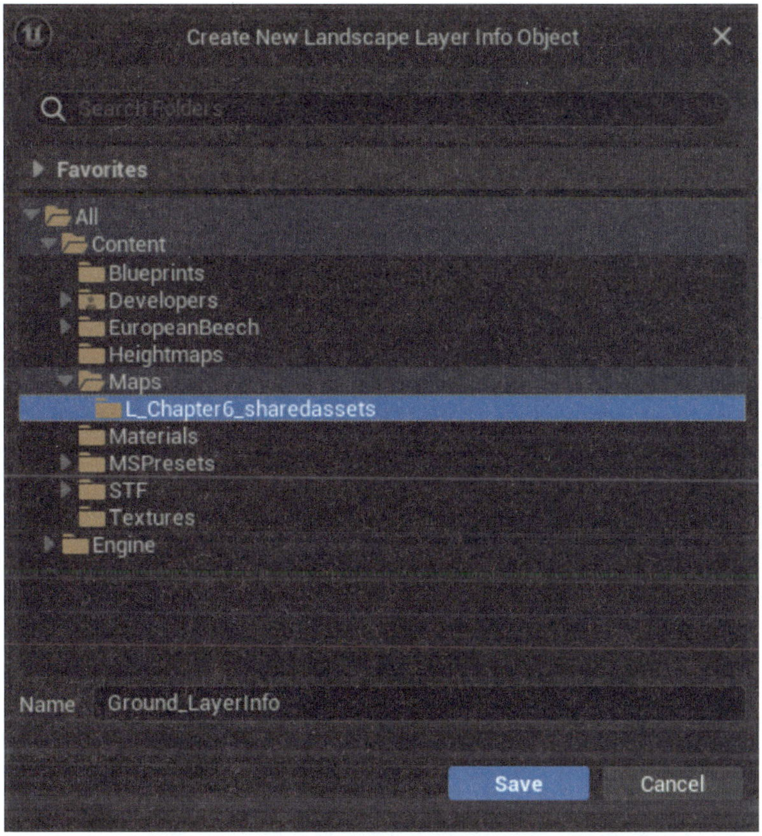

그림 6.18 각 레이어를 프로젝트 내 기본 폴더에 저장하기

6. 필요한 레이어 정보를 할당하고 랜드스케이프 페인팅을 시작할 준비가 되면, **Paint** 툴이 빨간색으로 표시되고 '이 레이어에는 아직 레이어 정보가 할당되지 않았다[This layer has no layer info assigned yet]'라는 메시지와 함께 문제가 발생할 수 있다. 이 현상은 언리얼 사용자 사이에서 잘 알려진 문제이며, 일반적으로 랜드스케이프 생성 초기에 레이어 세팅이 설정되지 않았을 때 발생한다. 하지만 이 문제를 해결할 수 있는 해결 방법이 있으며, 다음 절에서 자세히 설명할 것이다.

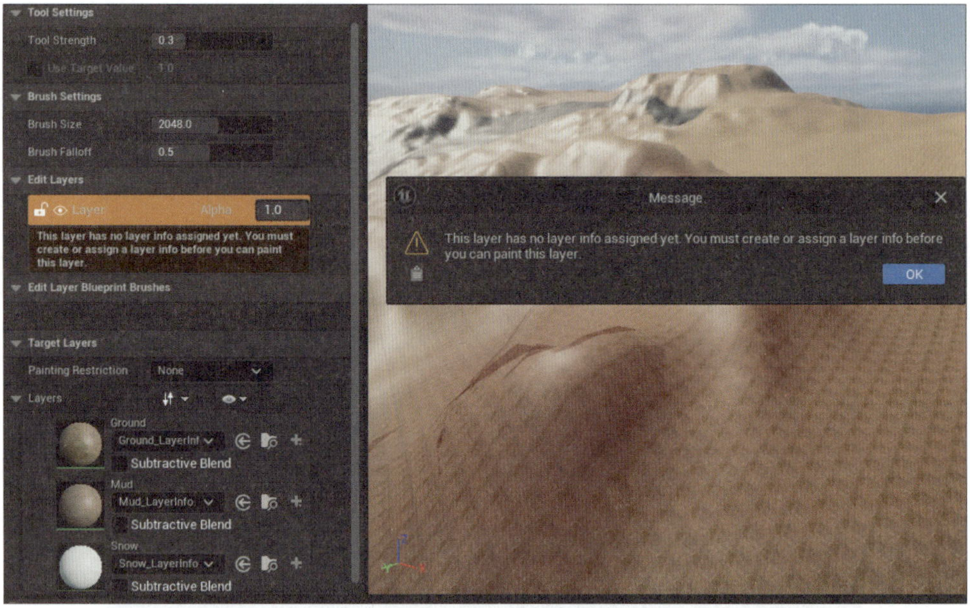

그림 6.19 누락된 레이어 정보 메시지

7. 왼쪽의 **Edit Layers** 탭에서 **Layer**를 마우스 오른쪽 버튼으로 클릭하고 **Clear > All**을 선택한다.

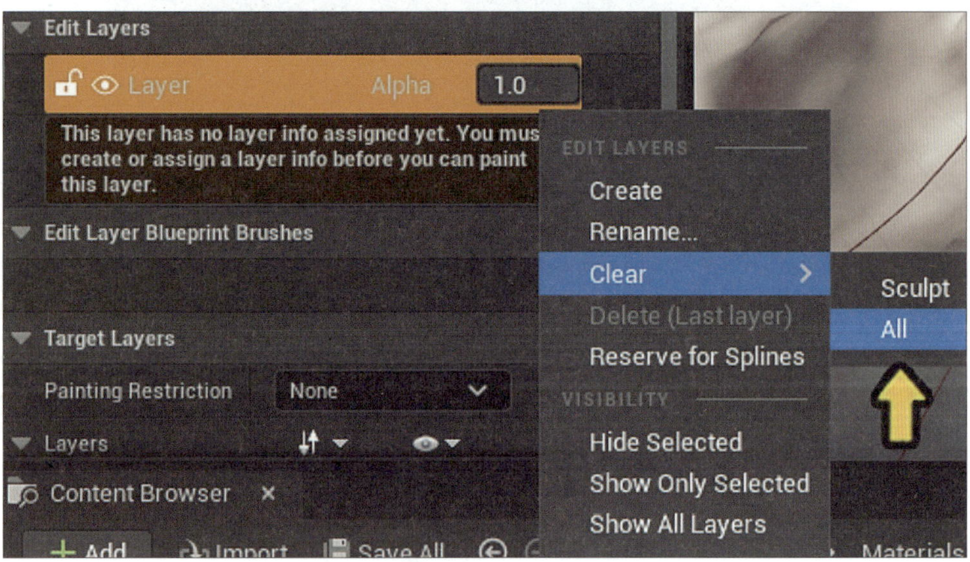

그림 6.20 모든 레이어의 정보 지우기

8. 레이어 콘텐츠가 완전히 지워진다는 메시지가 나타난다. **Yes**를 눌러 계속한다.

그림 6.21 레이어에 포함된 내용을 지우는 메시지

9. 이 작업을 수행하면 레이어에서 **Landscape** 에셋이 지워지고 에디터에서 랜드스케이프가 사라진다. 방금 작업의 실행을 되돌릴 것이므로 당황할 필요는 없다. **Ctrl** + **Z**를 누르면 **Edit Layers** 아래의 **Layer** 정보가 수정돼 있다!

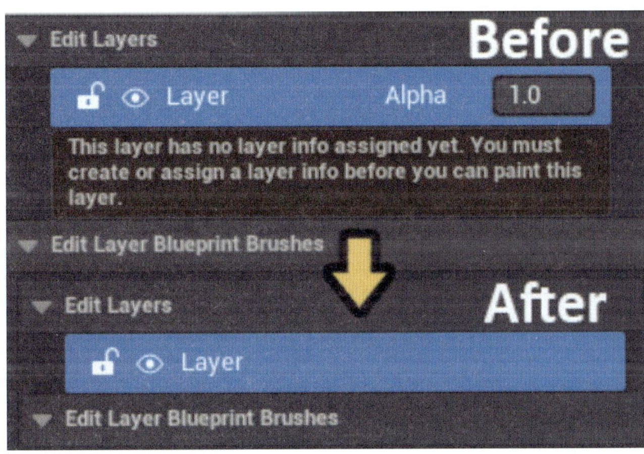

그림 6.22 Edit Layer의 레이어 수정하기

10. 현재 랜드스케이프에 타일링이 눈에 띄게 반복되는 단일 머티리얼이 있는 것이 정상이다. 이 예제는 PCG를 랜드스케이프 머티리얼과 병합하는 방법을 보여주기 위한 의도적인 연습용 시나리오다. 원하는 대로 자유롭게 풍경을 그려도 좋지만, 이 예제에서는 내 방법론으로 진행해보자. 이 장의 뒷부분에서 PCG 그래프의 형식을 보여줄 때 간단하고 충분히 설명 가능한 방법이다.

그림 6.23 세 가지 컬러 머티리얼로 풍경 그리기

이로써 **Landscape** 툴에 대한 절을 마친다. 이 절에서는 PCG 제작을 진행하기 위한 탄탄한 토대를 마련했다. 이어지는 절에서는 액터 블루프린트에 대해 자세히 알아본 다음, PCG 그래프를 살펴보자.

액터 블루프린트

연습을 계속하면서 랜드스케이프 머티리얼을 만들고 필요에 맞게 랜드스케이프를 칠하는 두 가지 핵심 단계를 이미 완료했다. 이제 이전 장들에서 사용한 방식에 따라 액터 블루프린트의 준비로 넘어가보자.

1. **Content ➤ Blueprint**를 우클릭하고 **Blueprint Class**를 선택한다. 새 **Actor** 블루프린트를 생성하고 이름을 `BP_PCGLandscape`로 짓는다.

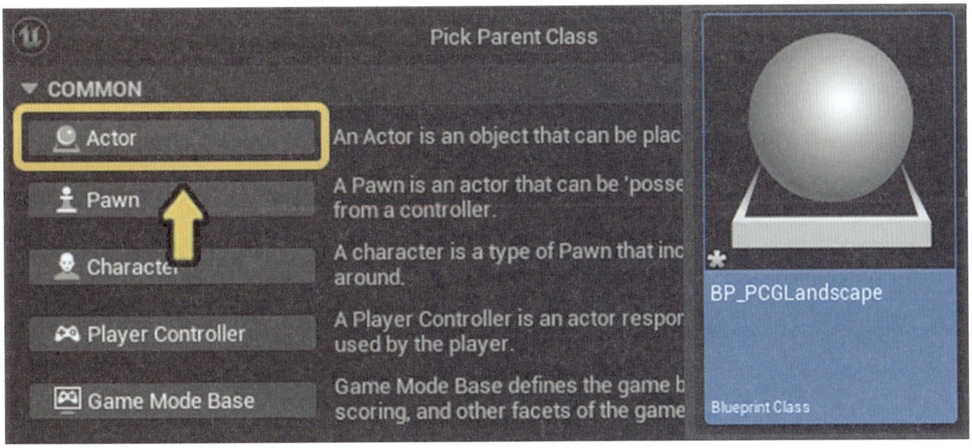

그림 6.24 액터 블루프린트 생성

2. **BP_PCGLandscape** 액터 블루프린트를 열고, 왼쪽의 **Components** 탭에서 **+ Add** 버튼을 클릭해 **Spline** 및 **PCG** 컴포넌트를 추가한다.

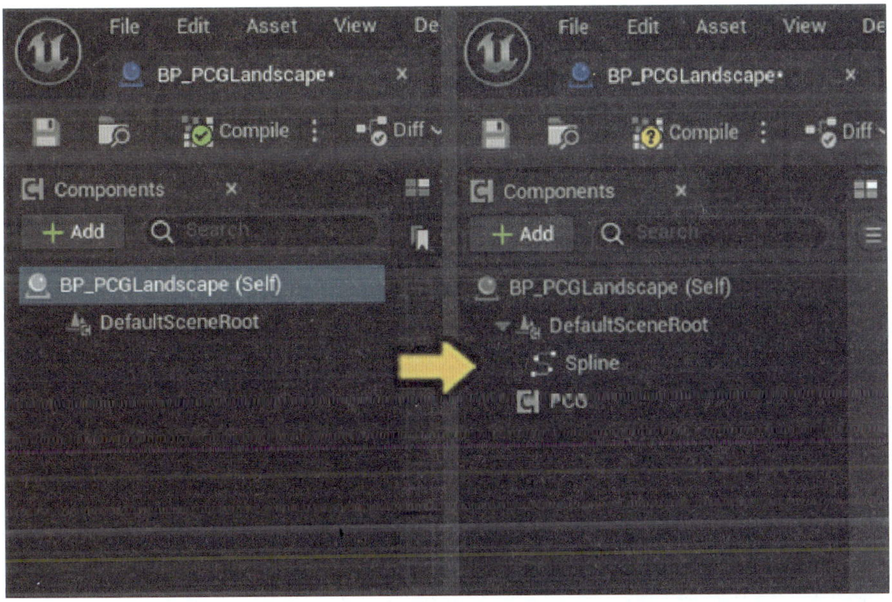

그림 6.25 Spline 및 PCG 컴포넌트 추가하기

3. **Spline** 컴포넌트를 선택하고 5장에서 했던 방법과 유사하게 루프 모양을 만든다. 아래는 우리가 예제에 사용하려는 모양(그림 6.26)이다.

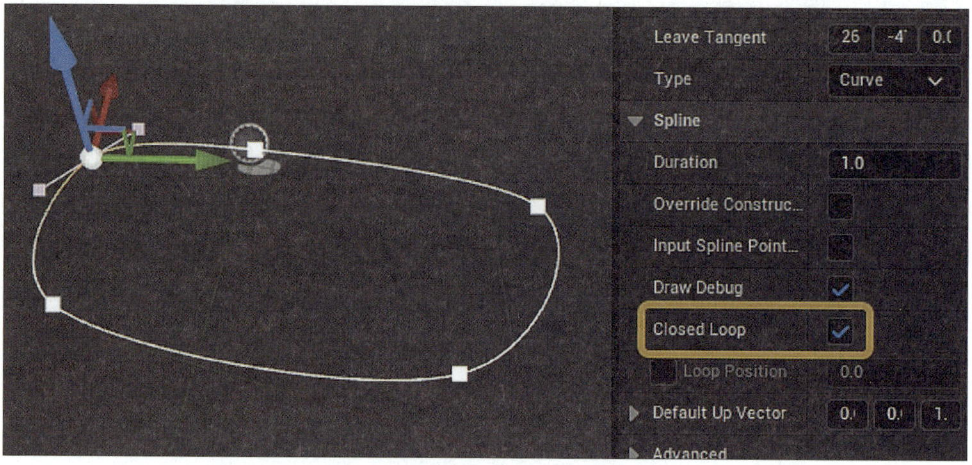

그림 6.26 Spline 컨트롤러를 형성하고 루프 완성하기

다음 단계는 액터 블루프린트에 몇 가지 변수를 추가하는 것으로, PCG 그래프 내에서 액터 속성으로 나타날 것이다. 2개의 **Float** 변수를 추가하고 이름을 `TreesSpacing`과 `PlantsSpacing`으로 지정한다. 다음 그림에 표시된 예시처럼 이 변수가 에디터 창의 **Details** 패널에 보이도록 설정한다.

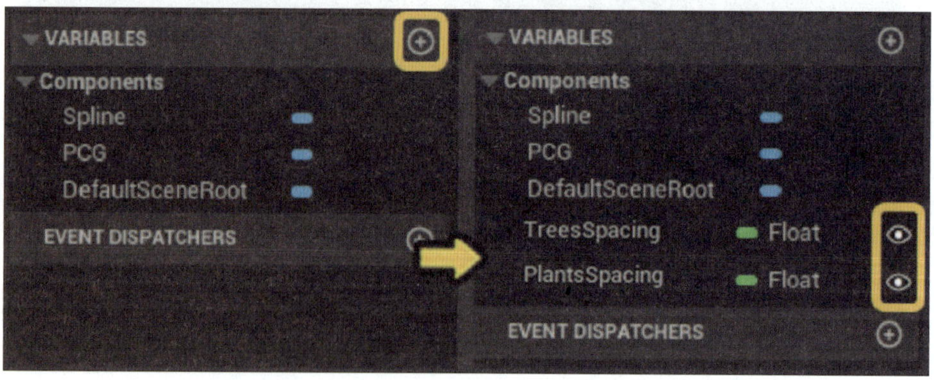

그림 6.27 Float 변수를 추가해 스태틱 메시의 스폰 수량 제어하기

다음 단계로 진행하기 전에 액터 블루프린트를 컴파일한다. 두 변수의 기본 숫자 값을 조정하자. 오른쪽의 **Details** 패널로 이동해 각 변수의 **Slider Range**와 **Value Range** 값을 `50`에서 `2000` 사이로 설정한다. 각 변수의 **Default Value**를 `200`으로 설정하자(그림 6.28). 기본값을 `0`으로 설정하면 나중에 PCG 그래프 내에서 성능 문제가 발생해 프로젝트가 다운될 수 있다.

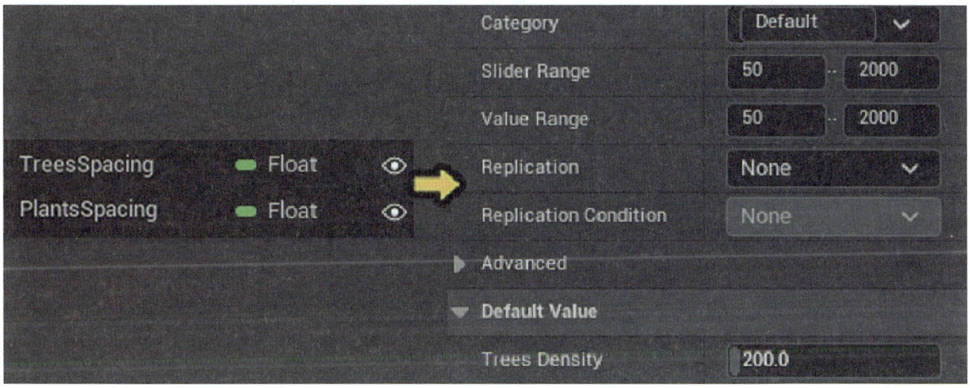

그림 6.28 각 변수에 대한 값 설정

4. 이제 **Compile** 버튼을 누르고 **BP_PCGLandscape** 액터 블루프린트를 닫으면 된다!

이제 액터 블루프린트에 관한 절을 마무리한다. 이 블루프린트는 다음 절의 플레이스홀더로 사용할 것이다. 이어지는 절에서는 PCG 그래프 구성에 대해 자세히 살펴보고, 액터 블루프린트 **Landscape** 툴이 효과적으로 작동하도록 그래프를 구성하는 과정에 대해 자세히 알아본다.

PCG 그래프

이 절은 이 책의 실습에서 매우 중요한데, PCG 그래프를 활용해 랜드스케이프에 에셋을 투영하고 스폰할 것이기 때문이다. 콘텐츠를 균등하게 분배하고 에셋이 랜드스케이프 머티리얼에 할당된 색에 맞게 배치되도록 하는 몇 가지 새로운 노드를 소개해본다. 그럼 시작해보자!

1. **Content > PCG**에서 마우스 오른쪽 버튼을 클릭하고 새 **PCG Graph**를 만든다. 새 PCG 그래프의 이름을 PCG_Landscape로 변경한다.

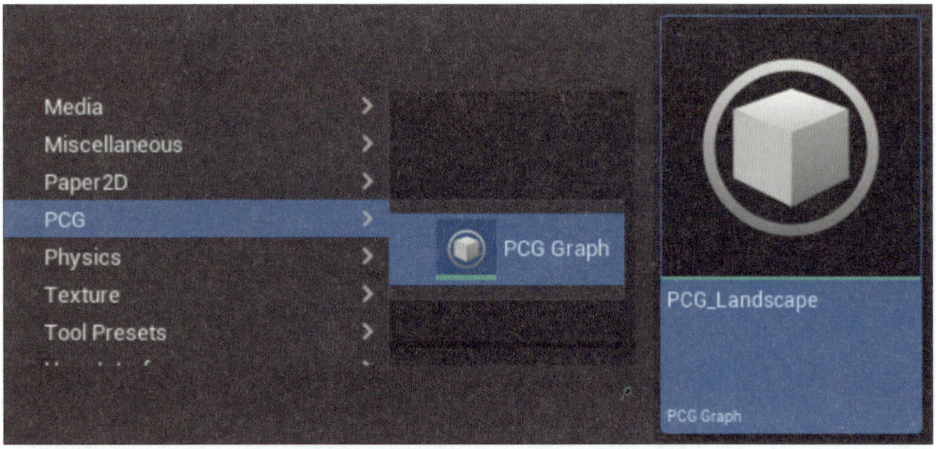

그림 6.29 PCG 폴더에 PCG 그래프 추가하기

2. **PCG_Landscape** 그래프를 열고 그 안에 **Get Spline Data**, **Projection**, **Spline Sampler** 노드를 추가한다. 노드들을 복제해 동일한 노드들로 이뤄진 2개의 세트가 서로 수직으로 정렬되도록 한다.

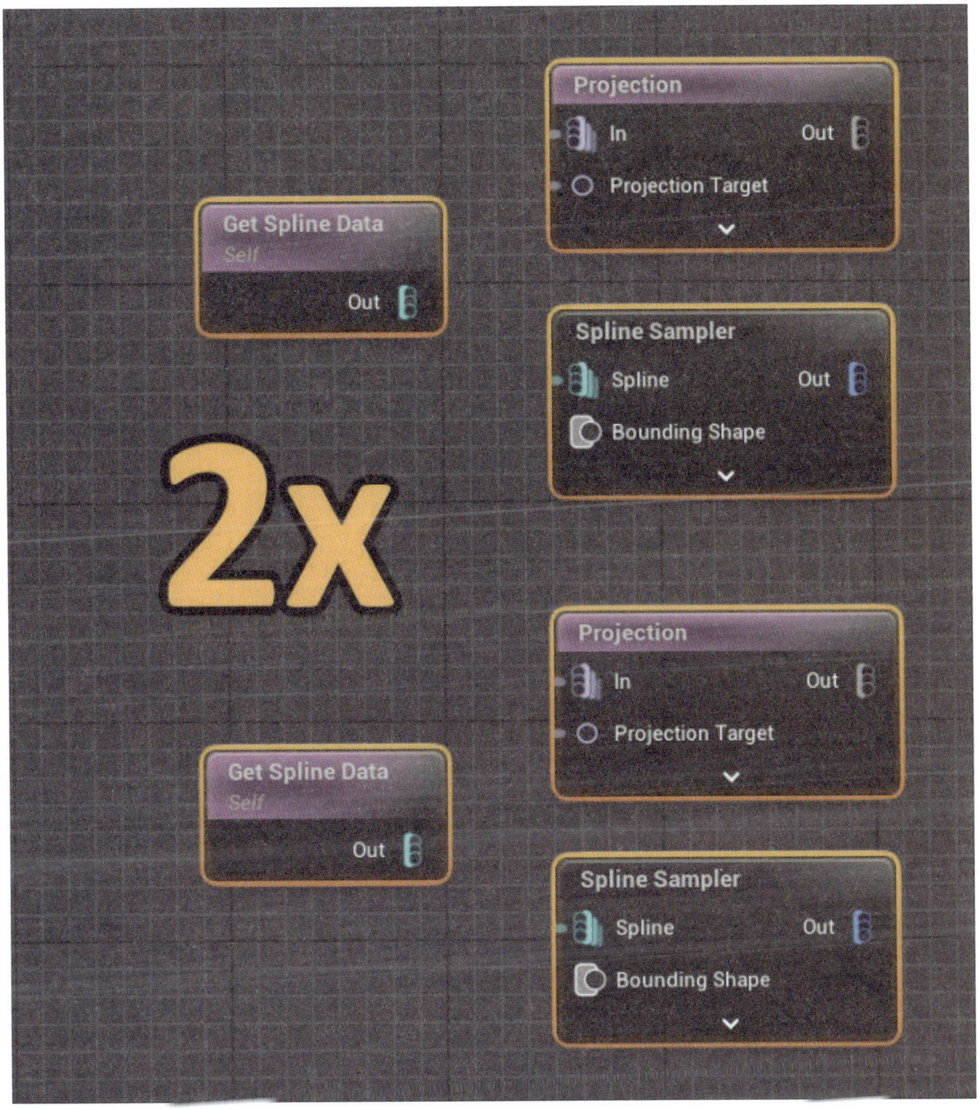

그림 6.30 노드 그래프 생성 및 복제

3. 두 Spline Sampler 노드에 대해 다음과 같은 설정을 사용해보자.

- Dimension: On Interior
- Unbounded: 체크

- **Interior Sample Spacing**: `200`

이렇게 하면 **Spline** 컨트롤러 영역 내부 공간 내에서 스태틱 메시를 절차적으로 생성할 수 있는 올바른 설정이 만들어진다.

그림 6.31 Spline Sampler 노드 구성

4. 다음 그림과 같이 노드를 연결한다. **Get Spline Data** 노드를 **Spline Sampler** 노드에 연결하고, **Spline Sampler** 노드를 **Projection** 노드에 연결한다. 복제된 노드에 대해서도 동일한 과정을 반복한다.

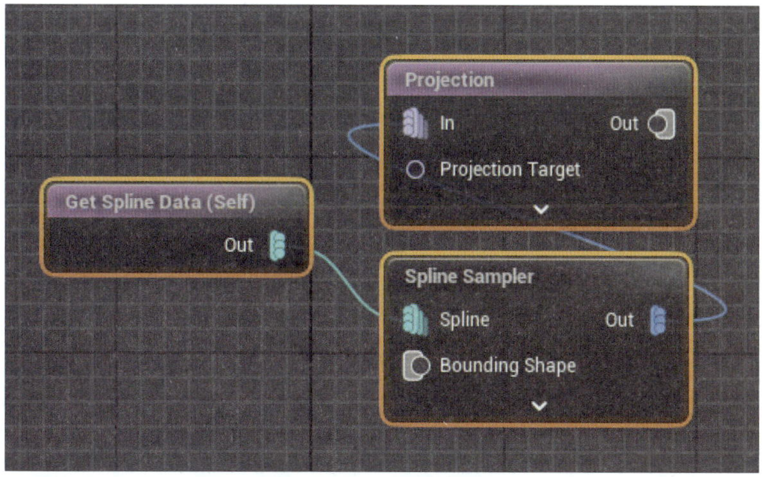

그림 6.32 모든 노드를 연결하기

5. 완료되면, **Input** 노드를 선택하고 하단에 있는 화살표 모양의 버튼을 클릭해 확장한다. 노드에 모든 입력이 표시되지만, 여기서는 **Landscape** 입력에 집중해본다.

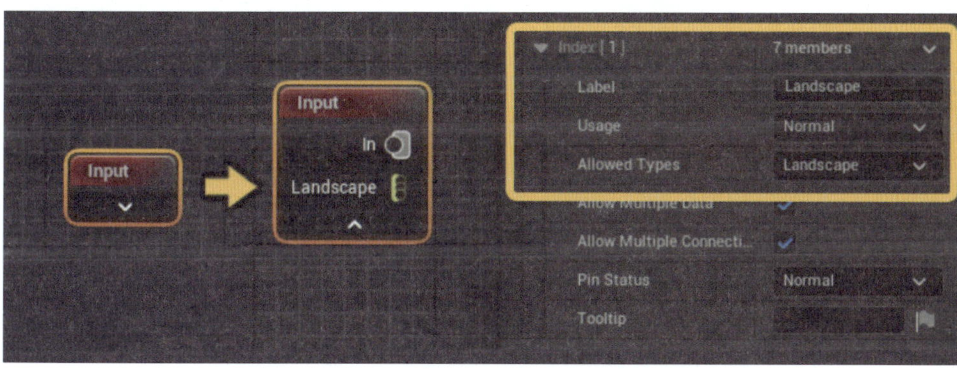

그림 6.33 Input 노드를 확장하고 Landscape 유형의 입력 추가하기

6. **Input** 노드의 **Landscape** 입력을 **Projection** 노드의 **Projection Target**에 직접 연결한다. 다른 노드에 대해서도 동일한 과정을 반복한다.

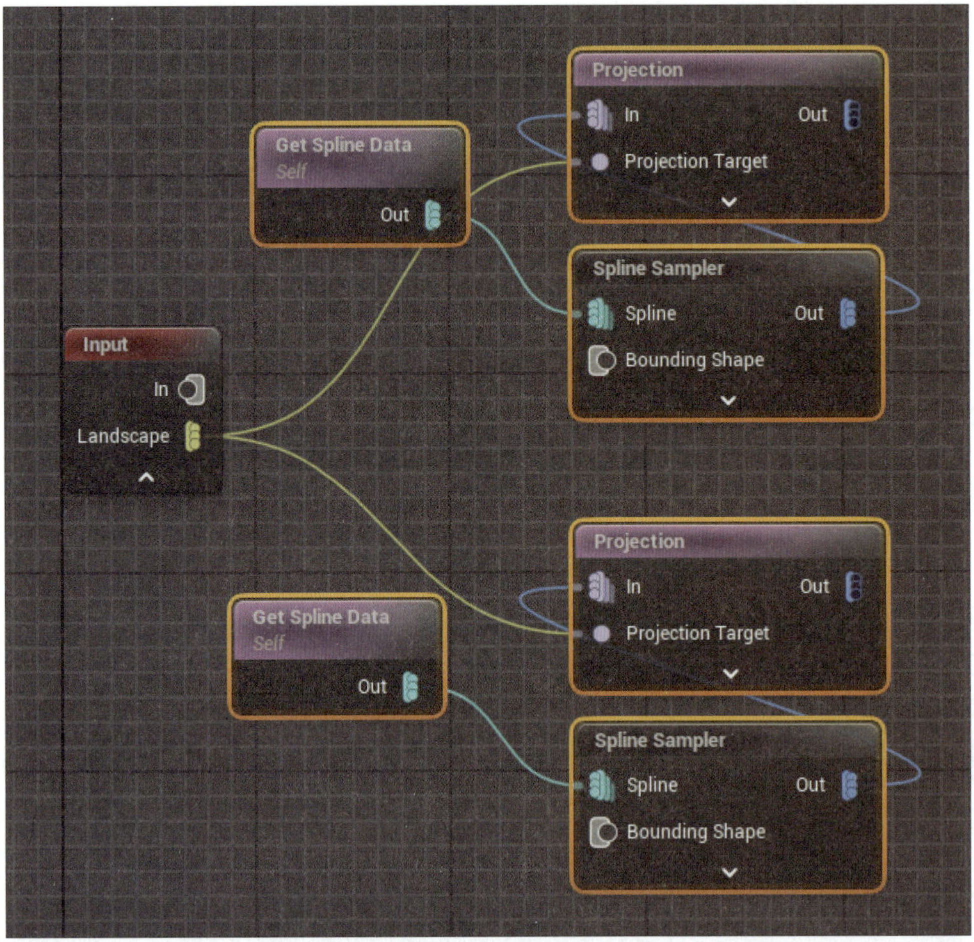

그림 6.34 Landscape 속성을 통해 Input 노드에 노드 연결하기

이 절을 요약해보면, **Spline Sampler**를 통해 랜드스케이프에 투영할 수 있도록 **Spline** 데이터를 **Projection** 노드에 적용했다. 이렇게 2개의 **Spline Sampler** 노드를 사용하면 메시 스폰의 다양성이 향상된다. 이 예제에서 하나의 **Projection** 노드를 사용할 수도 있지만, 2개를 사용하면 기존 그래프에 다양한 효과를 추가할 수 있다.

이제 특별한 노드를 추가해보자. 이 노드는 랜드스케이프에 스폰되는 메시의 배열을 좀 더 정밀하게 필터링하고 정하는 데 도움이 된다.

Attribute Filter

아래 그림의 **Attribute Filter** 노드는 특정 기준이나 조건에 따라 포인트 데이터를 조작하고 세분화하는 데 필수적인 노드다.

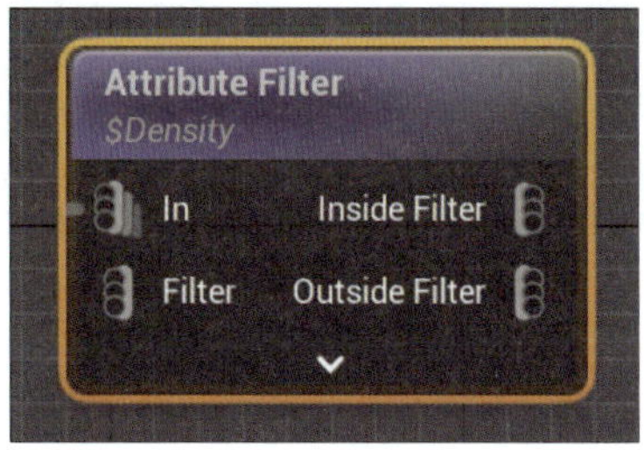

그림 6.35 Attribute Filter 노드

이 노드는 랜드스케이프 전체에 스태틱 메시를 스폰하는 데 중요한 역할을 하며, 정의된 규칙이나 필터에 따라 그래프 내에서 포인트를 선택적으로 처리하거나 제외할 수 있는 기능을 제공한다. 우리 시나리오에 맞는 **Inside Filter**와 **Outside Filter**는 설정된 조건에 따라 연산을 실행한다. 예를 들어, **Inside Filter** 필드 내의 특정 위치에서 스태틱 메시가 절차적으로 생성되도록 구성할 수 있다. 반대로 **Outside Filter**는 필터 영역 외부에 오브젝트를 스폰하는 작업을 수행한다.

이 지식을 염두에 두고, 튜토리얼을 계속 진행하면서 이 노드를 사용해 PCG 그래프 내에서 어떻게 활용할 수 있을지 살펴보자!

Mud 레이어

이번에는 **Mud** 레이어 머티리얼을 사용해 식물을 절차적으로 스폰해본다. 이를 위해 랜드스케이프의 콘텐츠를 생성할 수 있는 조건을 준비할 것이다. 다음 과정을 진행해보자.

1. PCG 그래프 에디터에서 마우스 오른쪽 버튼을 클릭하고 **Attribute Filter** 노드를 검색한다.

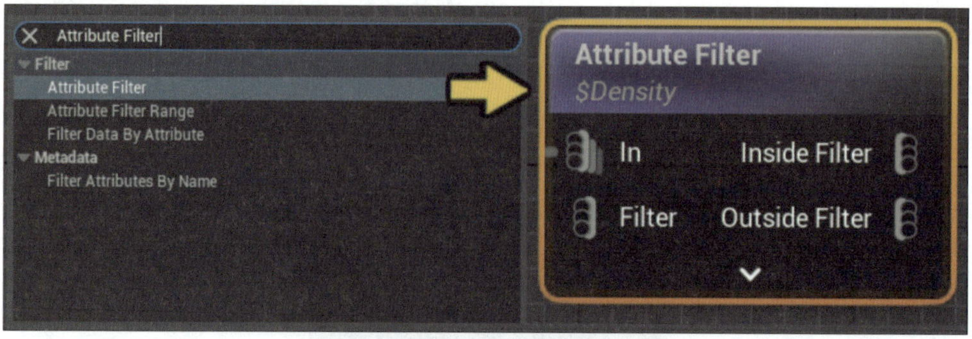

그림 6.36 그래프에 Attribute Filter 노드 추가하기

2. **Projection** 노드를 **Attribute Filter** 노드의 **In** 입력에 연결해보자. 지금은 **Spline Sampler** 노드와 **Projection** 노드를 함께 사용하는 그래프 상단에만 집중해본다. 이번에는 **Attribute Filter** 노드를 사용해서 스태틱 메시를 머티리얼의 어느 섹션에 스폰할지 결정하는 조건을 만들겠다. 이 노드는 `if` 문과 유사하게 작동하며, **Attribute Filter** 노드에서 나오는 두 출력인 **Inside Filter**와 **Outside Filter** 중 하나를 결정한다.

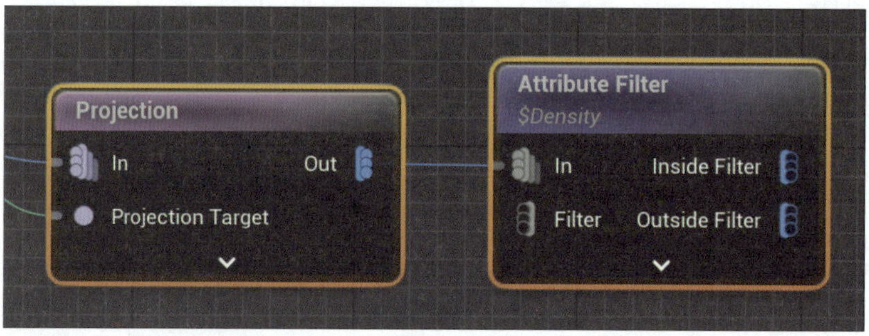

그림 6.37 Projection 노드와 Attribute Filter 노드 연결하기

3. **Attribute Filter** 노드를 선택하고, 오른쪽에 있는 **Settings** 탭의 **Operator**를 `>=` 조건으로 설정한다. **Target Attribute**에 `Mud`라는 단어를 입력한다. 이 조건은 스태틱 메시가 랜드스케이프를 덮는 **Mud** 머티리얼보다 크거나 같은 경우에만 절차적으로 생성된다는 것을 의미한다.

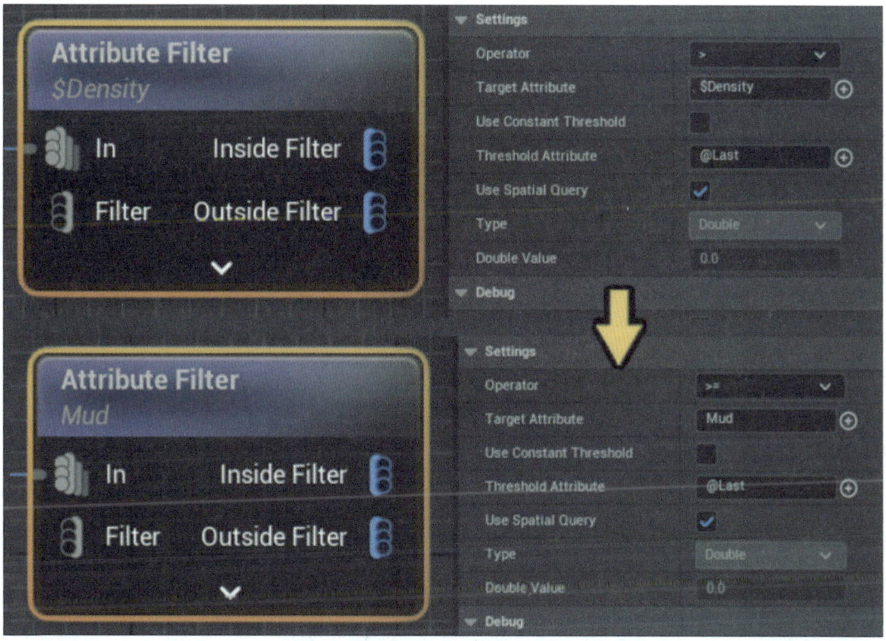

그림 6.38 Attribute Filter 노드 구성

4. 다음 단계로 넘어가기 전에 **Attribute Filter** 노드의 **Filter** 입력 노드를 제거하고 대신 **Use Constant Threshold**를 사용해보자. 이렇게 하려면, 오른쪽의 **Settings** 패널에서 **Use Constant Threshold** 상자를 선택한다. 그러면 조건을 조정하고 제어하는 데 도움이 되는 변수를 노출할 수 있다. **Type**을 **Float**으로 설정하고 값을 `1.0`으로 설정하자.

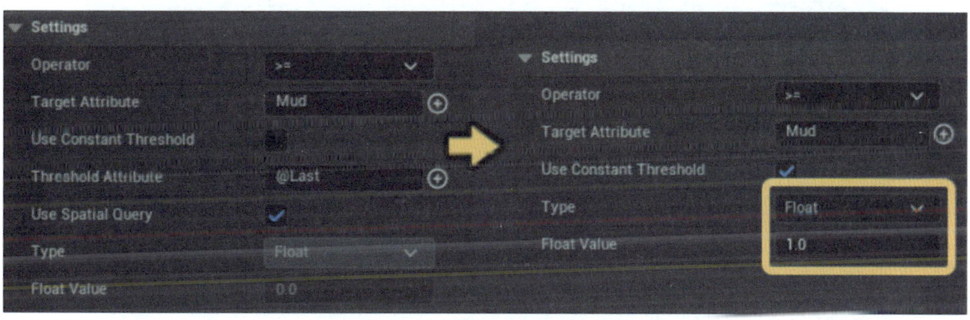

그림 6.39 Settings 패널에서 설정 활성화하기

5. **Attribute Filter** 노드가 준비되면, **Transform Points**와 **Static Mesh Spawner** 노드를

그래프에 추가해보자. **Inside Filter** 출력을 통해 **Attribute Filter** 노드를 포함한 모든 노드를 연결한다.

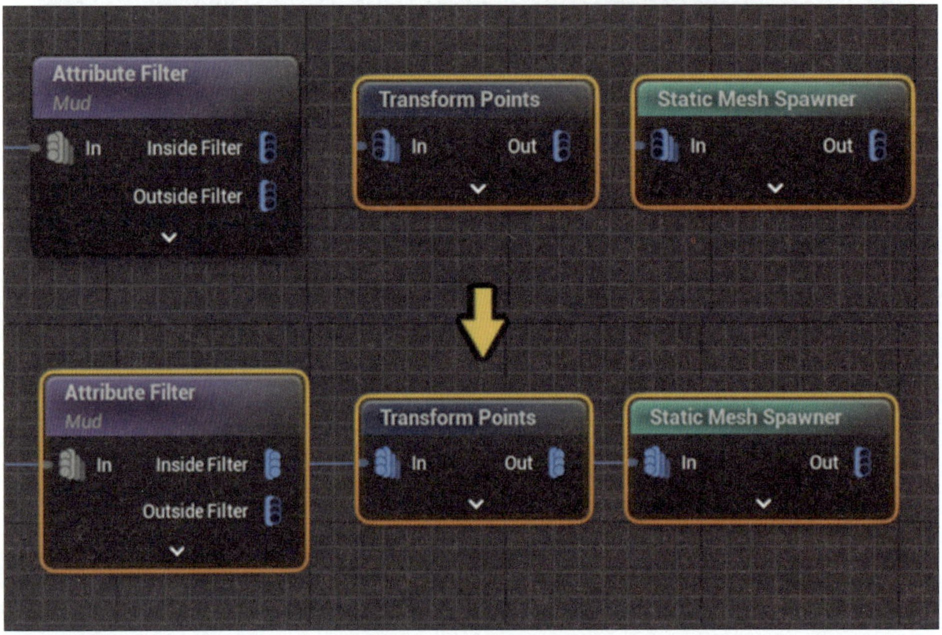

그림 6.40 모든 노드를 연결하기

6. **Transform Points** 노드를 선택하고 **Settings** 패널에서 그림 6.41과 같이 설정한다.

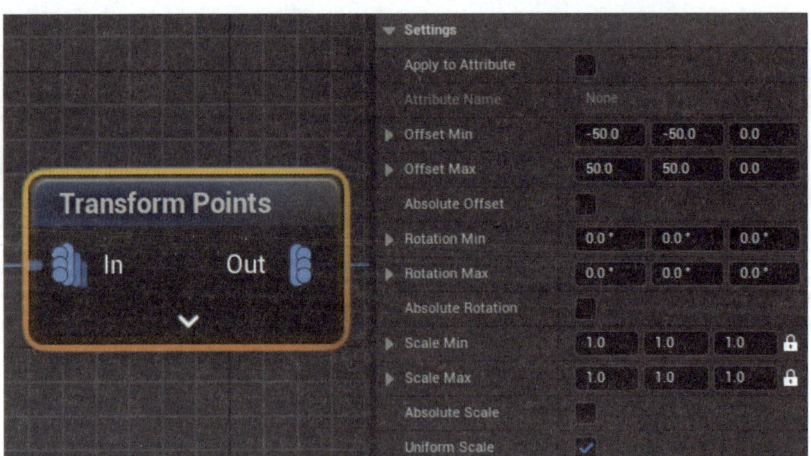

그림 6.41 Transform Points 노드 구성하기

7. 다음 표는 **Transform Points** 노드에 사용한 값을 보여준다.

표 6.1 Transform Points 노드에 대한 구성 설정

Transform Points	X	Y	Z
Offset Min	-50.0	-50.0	0.0
Offset Max	0.0	0.0	0.0
Rotation Min	0.0	0.0	0.0
Rotation Max	0.0	0.0	0.0
Scale Min	1.0	1.0	1.0
Scale Max	1.0	1.0	1.0

8. 다음 노드로 넘어가기 전에 PCG 도구에서 현재 진행 상황을 테스트해보자! **Transform Points** 노드를 선택한 상태에서 키보드의 **D** 키를 눌러 디버그 모드를 활성화한다. 노드의 왼쪽 상단 모서리에 하늘색 팔각형 아이콘이 활성화돼 있어야 한다.

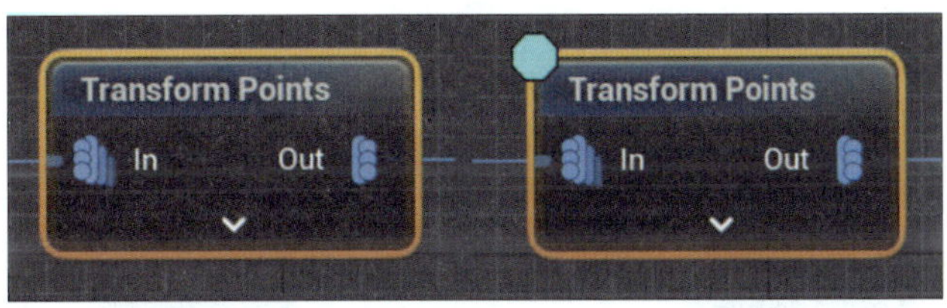

그림 6.42 Transform Points 노드에서 디버그 모드 활성화하기

9. Content ➤ Blueprints 폴더로 이동해 **BP_PCGLandscape** 액터 블루프린트를 연다. **PCG** 컴포넌트를 선택한 상태로 오른쪽의 **Instance** 패널에서 **PCG_Landscape** 그래프를 추가한다.

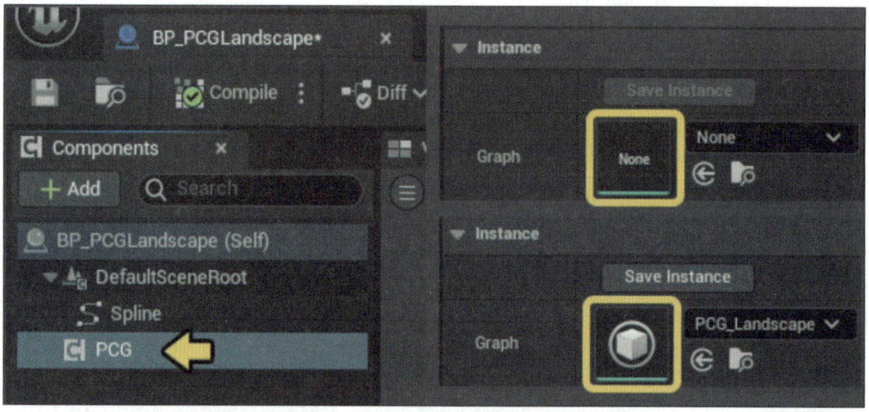

그림 6.43 PCG 컴포넌트 내부에 PCG 그래프 추가하기

10. 다음 단계는 **BP_PCGLandscape** 액터 블루프린트를 씬, 특히 진흙이 있는 짙은 갈색 영역에 끌어다 놓는 것이다. Spline 컨트롤러를 전체 머드 영역에 맞게 확장하면 랜드스케이프 표면에 흰색 디버그 큐브가 스폰되는 것을 볼 수 있다.

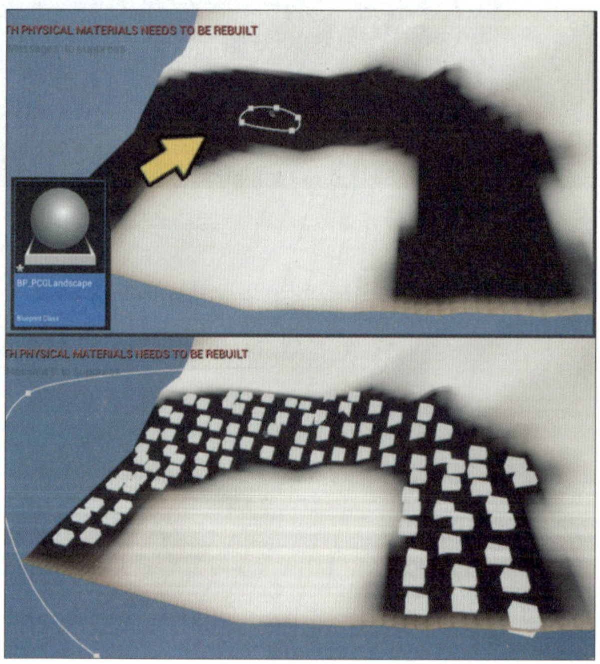

그림 6.44 디버그 모드가 활성화된 씬에 BP_PCGLandscape 추가하기

11. 툴을 테스트한 후 PCG 그래프로 돌아가서 **Transform Points** 노드를 선택하고, 키보드의 **D** 키를 눌러 디버그 모드를 해제한다. **Static Mesh Spawner** 노드를 선택하고 **Mesh Entries** 아래에 배열 하나를 추가한 다음, **SM_clover01**을 검색한다.

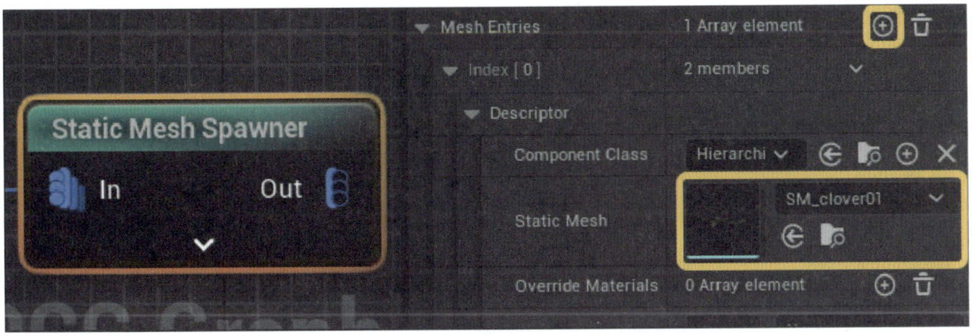

그림 6.45 Static Mesh Spawner 노드 안에 스태틱 메시 추가하기

12. 에디터 창으로 돌아가서 실시간으로 변경 사항을 확인해보자. 눈치챘겠지만, 이제 **Mud** 표면에 식물이 스폰된다!

그림 6.46 머티리얼이 Mud 섹션에서 스폰 메시 테스트하기

13. **Mud** 표면의 식물 스폰을 향상시키려면 속성 변수 노드를 적용해야 한다. **Get Actor**

Property 노드를 추가하고 오른쪽의 Settings 패널에서 속성 이름 값을 PlantsSpacing으로 변경해 BP_PCGLandscape 액터 블루프린트의 변수 이름과 일치하도록 변경해 보자.

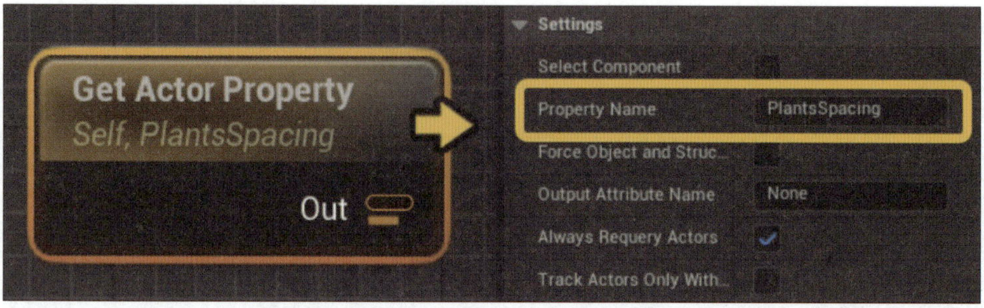

그림 6.47 Get Actor Property 변수 노드 추가 및 구성

14. **Spline Sampler** 노드 하단의 화살표를 클릭하고 노드 내부의 모든 변수를 확장한다. **Interior Sample Spacing**을 검색하고 해당 입력을 **Get Actor Property** 노드에 연결한다(그림 6.48). **Get Actor Property** 노드를 오른쪽 채널에 연결했으면 **Spline Sampler** 하단의 화살표를 다시 클릭해 전체 노드를 닫는다.

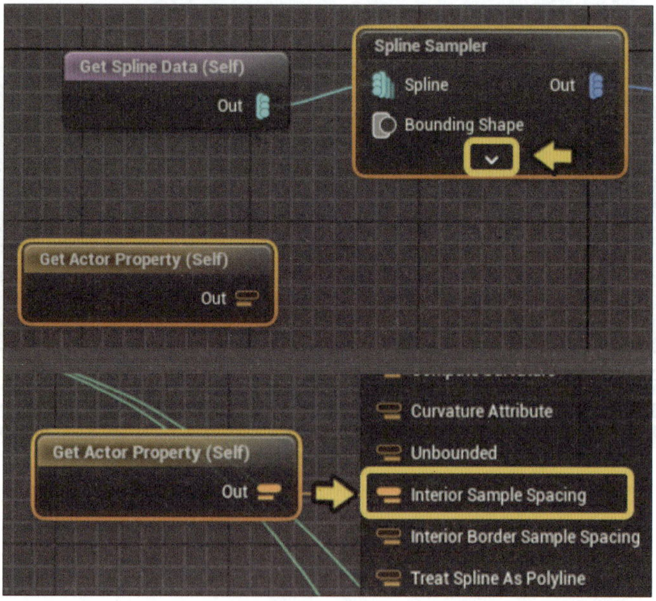

그림 6.48 Interior Sample Spacing에 Get Actor Property 노드 변수 연결하기

15. 이제 Mud 표면에서 식물의 절차적 생성을 관리할 수 있는 기능이 생겼다. 아웃라이너 창에서 **Default** 탭까지 아래로 스크롤해 **BP_PCGLandscape** 액터 블루프린트를 살펴보고 테스트한다. 다음 예시(그림 6.49)와 같이 다양한 숫자를 사용해 PCG 툴을 실험해보자. 이 접근 방식은 **Settings** 패널을 통해 상당한 제어를 제공하므로 큰 도움이 된다.

그림 6.49 다양한 값으로 식물 속성 변수 테스트하기

다음 절에서는 더 많은 포인트 필터를 살펴보고, 랜드스케이프 머티리얼의 **Ground** 및 **Snow** 레이어에 다른 스태틱 메시를 스폰할 수 있도록 다른 조건을 추가해본다.

Ground 레이어

이 절에서는 **Mud** 텍스처 머티리얼 레이어에 사용한 것과 동일한 방식을 사용한다. 기존 설정을 복제하고 새로운 **Attribute Filter** 노드를 사용해 몇 가지 조건을 바꾸겠다. 시작해보자!

1. PCG 그래프 내에서 그림 6.50에 표시된 노드를 선택한다. 노드를 복제하고(Ctrl + D 누르기) 그림과 같이 노드를 배치한다.

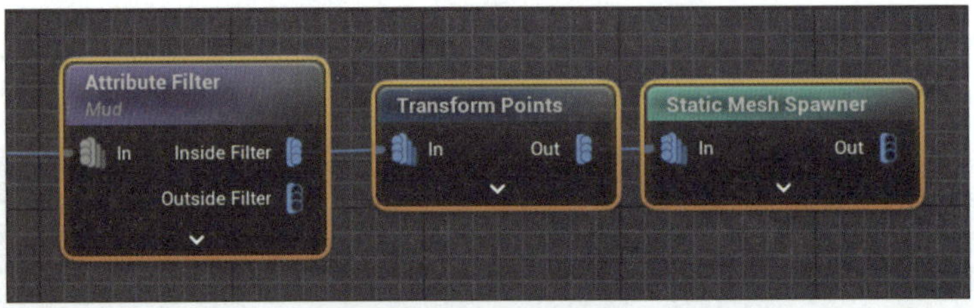

그림 6.50 모든 노드 복제하기

2. 복제된 노드를 두 번째 **Projection** 노드에 연결한다(그림 6.51).

그림 6.51 Projection 노드를 사용해 복제된 노드를 두 번째 분기에 연결하기

3. 두 번째 **Projection** 노드에 연결된 새 **Attribute Filter** 노드를 선택한다. 이번에는 **Target Attribute** 이름을 Ground로 설정한다.

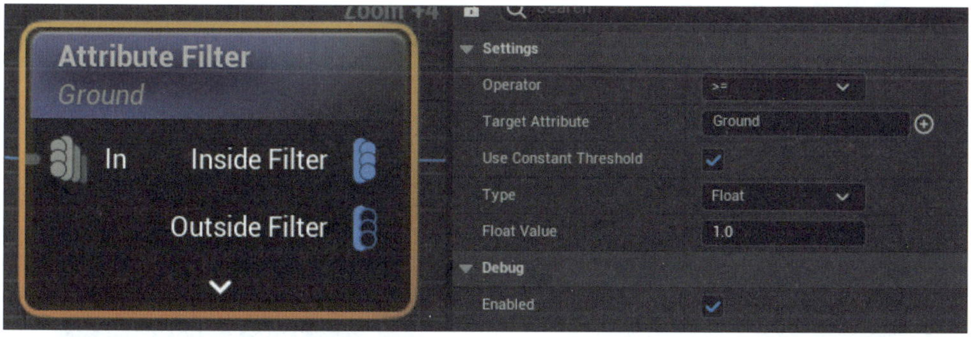

그림 6.52 Ground를 Target Attribute 이름으로 추가하기

4. 이 시점에서 **Ground** 레이어 머티리얼에 트리 스태틱 메시를 활용해본다. 그래프 끝에 있는 **Static Mesh Spawner** 노드로 이동해 **Mesh Entries** 값을 조정한다. **Index[0]**의 경우 스태틱 메시 모델을 **SM_green-tree01**로 변경한다. 그런 다음, **Index[1]**을 추가하고 **SM_dead-tree05** 스태틱 메시 모델을 선택한다.

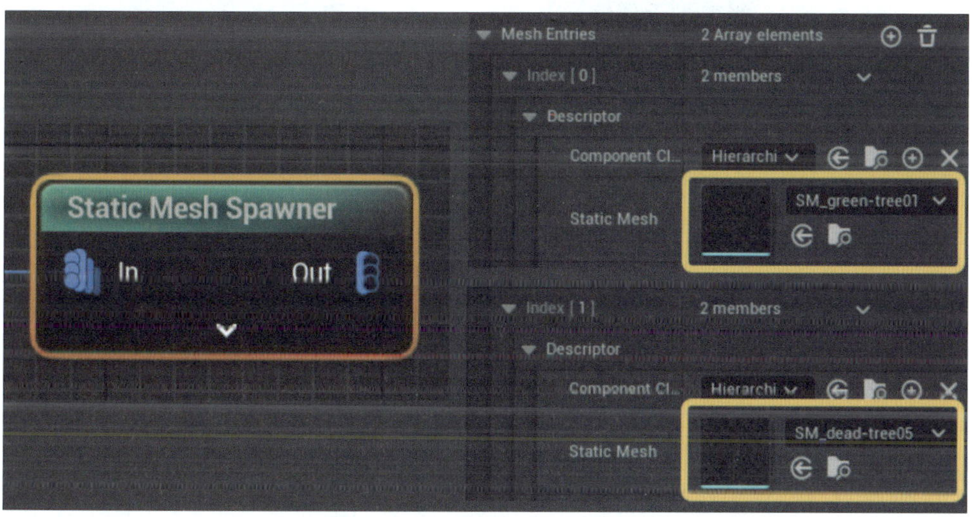

그림 6.53 Mesh Entries에 트리 모델 추가하기

5. 뷰포트를 살펴보고 씬에서 어떻게 보이는지 알아보자. 원하는 결과를 얻고 있는 것 같다. 특히 예상했던 대로 모든 나무가 **Ground** 레이어 머티리얼 위치에서만 스폰되고 있다!

그림 6.54 Ground 레이어 테스트

머티리얼 레이어를 사용해 랜드스케이프의 콘텐츠를 절차적으로 생성할 수 있는 가능성을 탐구한 결과, 놀라운 성과를 거뒀다.

다음 절에서는 **Snow** 머티리얼을 사용해 씬에 입체감을 더할 수 있는 덤불을 생성해본다!

Snow 레이어

이 부분에서도 이전 절에서 작업한 노드를 선택한 후 다시 복제하는 과정을 반복할 것이다. 이번에는 랜드스케이프의 **Snow** 레이어 머티리얼 표면에 영향을 주도록 설정된 조건을 활용하겠다. 시작해보자.

1. 이전 예제에서 사용한 노드를 선택하고 **Ctrl** + **D**를 사용해 복제한 다음, 원래 세트 아래에 배치한다. 이 단계에서는 **Outside Filter** 출력을 사용해 동일한 영역 내에서 스폰되는 콘텐츠의 배치를 구분하되, 반대되는 방식으로 작동한다.

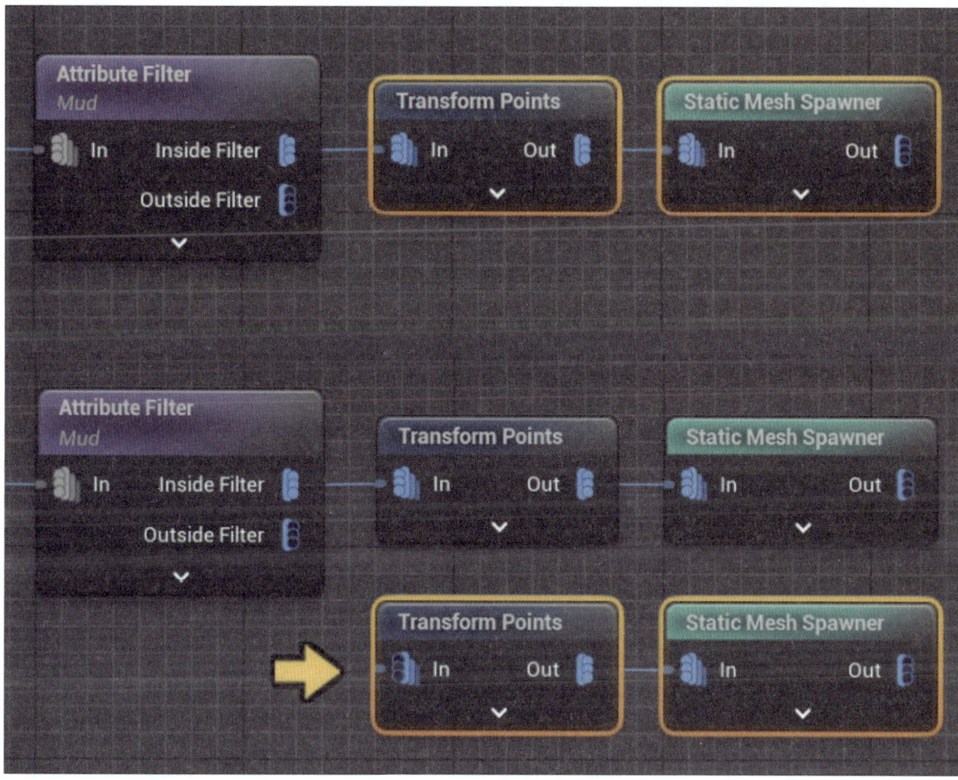

그림 6.55 다른 노드 세트 복제하기

2. 다른 **Attribute Filter** 노드를 추가하고 랜드스케이프의 **Snow** 레이어 표면에서만 작동하도록 조건을 변경해보자! 그림 6.56은 이 예제에 사용할 설정을 보여준다.

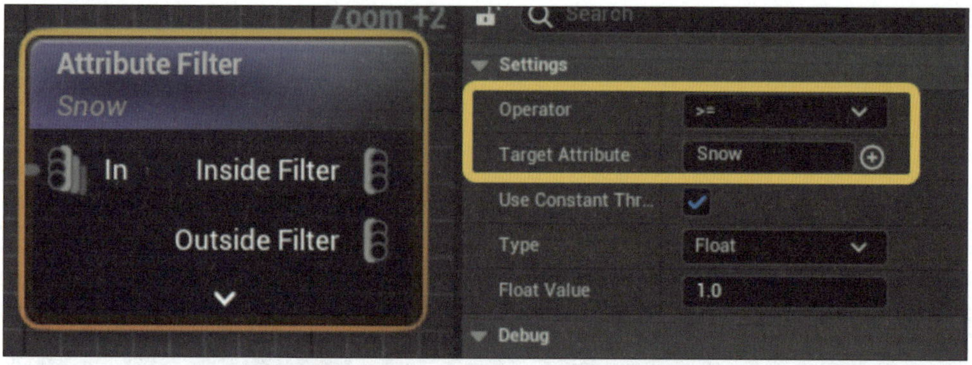

그림 6.56 Attribute Filter 노드의 Settings 패널 설정

3. 이 단계에서는 **Mud**에 대한 **Attribute Filter** 노드 바로 옆에서 모든 노드를 서로 연결해 연속적인 체인을 구성한다.

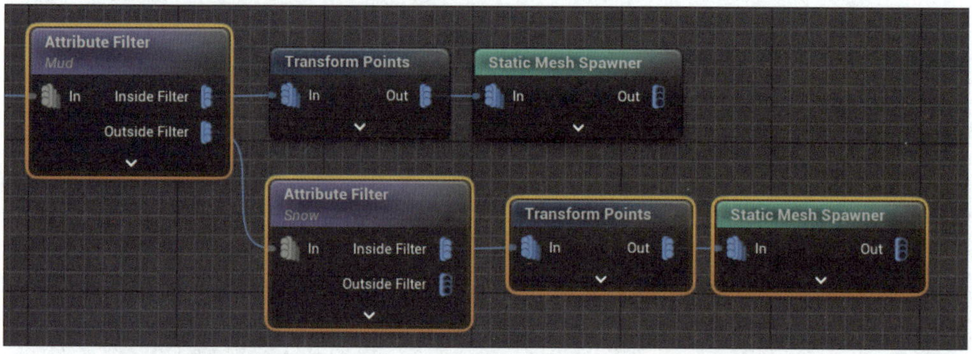

그림 6.57 새 Attribute Filter 노드를 확장된 노드 체인으로 연결하기

4. 노드 체인의 마지막 노드인 **Static Mesh Spawner** 노드를 선택한다. **Mesh Entries**에서 **Index** 배열 하나를 삭제하고 하나만 사용해보자. 이 **Index** 배열 하나에 **SM_bush01** 스태틱 메시 모델을 추가한다.

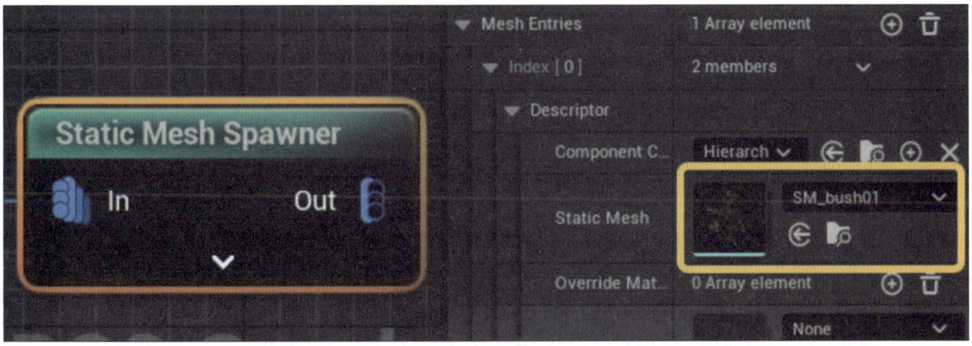

그림 6.58 Mesh Entries 배열에 SM_bush01 모델 추가하기

5. **Snow** 레이어 표면에 모델을 절차적으로 스폰하기 위해 다른 **Attribute Filter** 브랜치를 구현한 후 결과를 살펴보고 수정 사항을 검토해본다. 뷰포트로 돌아가 결과를 확인해보자.

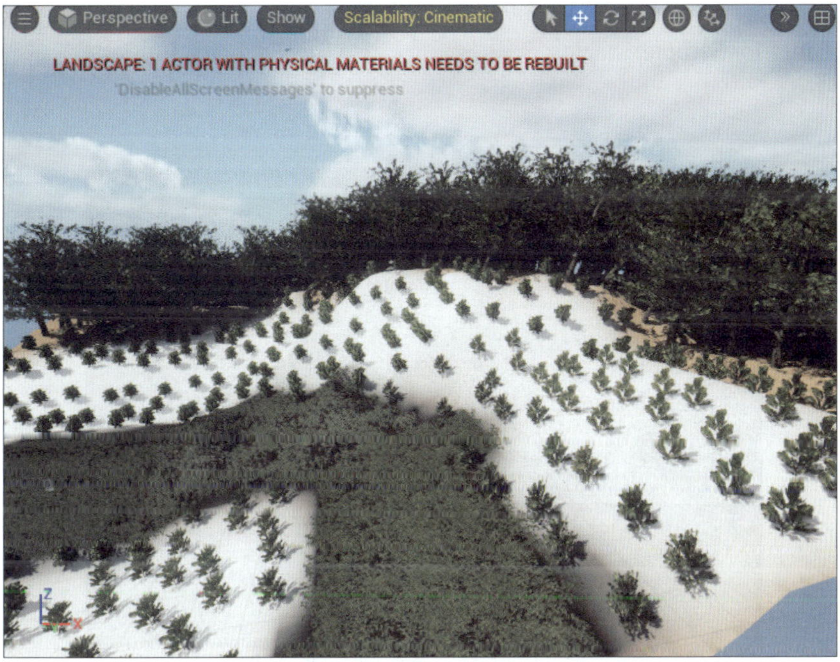

그림 6.60 덤불 플랜트로 Snow 레이어 정보 테스트하기

6. 이 랜드스케이프 안에 다양한 식물과 나무가 섞여 있어 확실히 더 좋아 보인다. 나무와 작은 덤불의 수를 제어하는 데 도움이 되는 다른 속성을 추가해보자. 이를 위해 속성 변수 노드를 추가한다. 그래프에 **Get Actor Property** 노드를 추가하고 속성 이름 값을 `TreesSpacing`으로 설정한다.

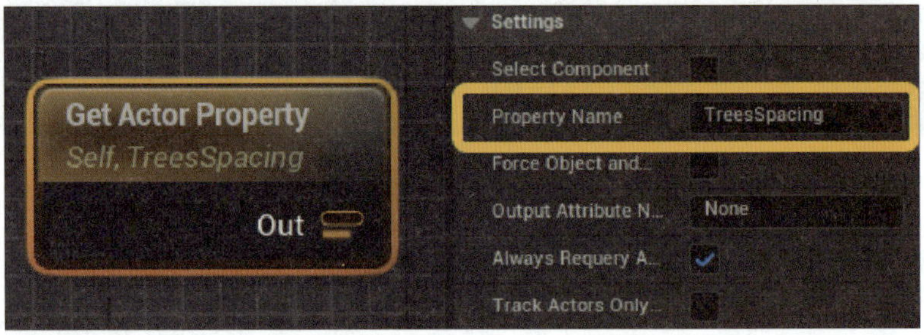

그림 6.60 Get Actor Property 변수를 추가하고 속성 이름 값을 TreesSpacing으로 설정하기

7. 노드 하단의 화살표를 클릭해 **Spline Sampler** 노드를 확장한다. 이전 절과 마찬가지로 **Interior Sample Spacing** 입력 노드를 검색하고 **Get Actor Property** 노드와 연결한다.

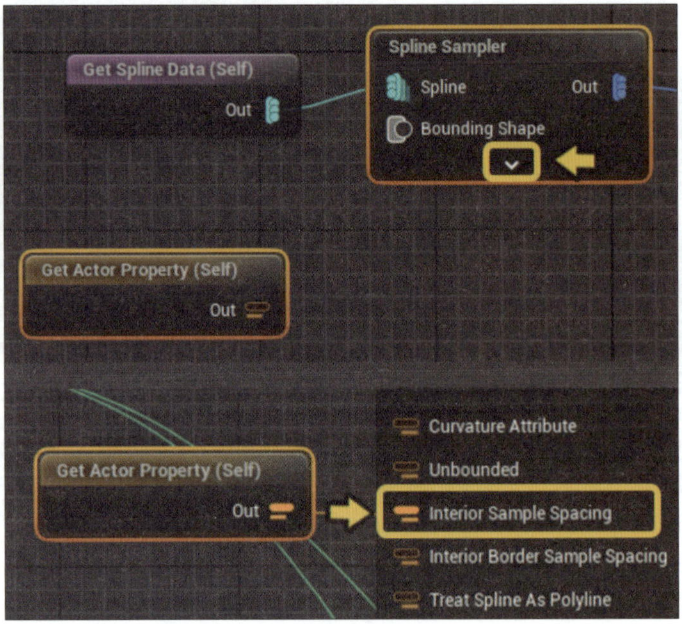

그림 6.61 Interior Sample Spacing에 Get Actor Property 노드 연결하기

8. 거의 모든 것이 준비됐으며 뷰포트에서 툴을 테스트해볼 수 있다. 이제 **BP_PCGLandscape** 액터 블루프린트를 선택하고 **Trees Spacing** 값을 변경해 결과를 비교해볼 수 있다.

그림 6.62 각 변수에 다른 값을 사용해 BP_PCGLandscape 액터 블루프린트 테스트하기

랜드스케이프 머티리얼만 사용해 PCG 도구를 효율적으로 만드는 방법을 배우면서 6장을 마쳤다. 이제 당신의 PCG 지식 라이브러리에 또 하나의 유용한 기술이 추가됐다.

요약

이 장에서는 스플라인 컨트롤을 사용해 PCG 그래프와 **Landscape** 레이어 머티리얼 정보의 상호작용에 영향을 주는 방법에 대해 알아봤다. 이는 5장에서 Spline 컴포넌트와 함께 작동하도록 액터 블루프린트를 구성해 **Landscape** 머티리얼 레이어의 기능을 PCG 그래프와 혼합하는 방법을 바탕으로 한다. 이 방법은 제어된 환경에서 PCG가 필요한 **Landscape** 툴과 머티리얼을 사용할 때 매우 효율적이라는 것이 입증됐다. 이 방법은 자신만의 랜드스케이프 머티리얼을 생성하고 PCG 그래프 내에서 올바른 속성에 연결해 머티리얼의 레이어 색상에 따라 다양한 유형의 폴리지를 스폰할 수 있는 방법을 보여줬다.

다음 장에서는 PCG Spline 컨트롤러에 대해 자세히 알아보자. 스플라인을 사용해 구조를 구성하는 방법을 알아보고, PCG 그래프 내의 로직 노드를 사용해 간단한 건물을 설계할 수 있는 기술을 익히게 될 것이다. 이 방법은 PCG 프레임워크 내에서 특정 노드로 구동되는 건물을 만들 때 특히 유용하다. 또한 **Transform Points**와 **Spline Sampler** 노드를 사용해 스플라인을 따라 스태틱 메시를 배치하고 액터 블루프린트에 내장된 Spline 컴포넌트를 사용해 구조물의 형태를 만드는 데 무엇이 필요한지도 살펴본다.

07

PCG Spline 컨트롤러를 사용해 빌딩 만들기

7장에 온 것을 환영한다! 6장에서 랜드스케이프 머티리얼을 살펴보고 폴리지를 절차에 따라 배포하는 방법을 재미있게 배웠을 것이다. 이제는 새로운 도전에 나선다. 이 장에서는 PCG를 사용해 건물을 만드는 방법을 배운다. 그렇다. 바로 건물이다! 해당 내용은 지금부터 소개할 원리를 이용해 자신만의 도시를 만들고 싶은 독자들에게는 훌륭한 출발점이 될 것이다.

이 장에서는 창문이 달려 있었을 빈 공간까지 있는 벽을 가진 건물을 절차적으로 생성하는 방법에 대해 자세히 알아보자. 그런 다음, PCG 그래프 내에서 층 수를 제어하고 늘릴 수 있는 알고리듬을 개발해보자. PCG로 나만의 도시 건물 구조를 만드는 흥미로운 여정이 될 것이다!

이 장은 간단한 정육면체 모양을 사용해 구성되는 벽을 사용하는 섹션으로 구성돼 있다. 모든 작업은 액터 블루프린트와 연동해 건물 및 관련 기능의 건설을 용이하게 하는 PCG 그래프 내에서 수행된다.

스태틱 메시를 일관된 구조로 조립하고 적용하는 데 도움이 되는 다양한 알고리듬을 관리하는 방법을 배우며, 새로운 PCG 기법을 숙달할 수 있다.

이 장을 마치고 나면, Spline 컨트롤러를 통해 제어할 수 있는 PCG 툴을 개발하는 데 필요한 새로운 기술과 귀중한 통찰력을 습득하게 된다. 또한 건물의 크기에 따라 구조 설계를 생각해내는 방법도 배운다.

이 장에서 다루는 주요 주제는 다음과 같다.

- 커스텀 벽 모델과 메가스캔 에셋에 익숙해지기
- 스플라인 컨트롤로 액터 블루프린트 개발 및 구성하기
- 액터 블루프린트에 PCG 그래프 생성 및 적용하기
- 액터 블루프린트의 그래프 구조 단순화하기

이제 시작해보자!

기술적 요구 사항

이 장을 완료하려면 다음 하드웨어와 소프트웨어가 필요하다.

- PCG를 실행할 수 있는 좋은 컴퓨터는 필수다. 컴퓨터는 멀티코어 CPU(AMD Ryzen 7/9, Intel i7/i9), GPU(NVIDIA RTX, 8GB 이상의 VRAM을 갖춘 AMD Radeon RX)를 사용해야 하며 최소 16GB의 RAM이 있어야 한다.
- 템플릿 프로젝트에는 수정된 메가스캔 에셋이 포함돼 있다. 그 외에도 퀵셀 메가스캔 라이브러리의 건물 구조 에셋을 비롯한 즐겨 사용하는 에셋을 편리하게 다운로드할 수 있다. 이 모든 에셋은 무료로 제공된다.
- 이 장에서 사용된 언리얼 엔진 버전은 UE 5.4 버전이다. 이 버전에 PCG 툴이 도입됐다.

이 프로젝트에서는 깃허브 리포지터리에서 사용할 수 있는 템플릿 프로젝트를 사용한다. 템플릿은 깃허브(https://github.com/PacktPublishing/Procedural-Content-Generation-with-Unreal-Engine-5)에서 다운로드할 수 있다.

이 장의 코드가 실행되는 모습을 보여주는 동영상은 웹 사이트(https://packt.link/8HSP3)에서 확인할 수 있다.

퀵셀 메가스캔 모델

이 장을 진행하면서 이 실습을 위해 특별히 준비한 메가스캔 에셋을 활용해본다. 이 예제에서는 크기에 맞는 빌딩 블록을 만들기 위한 계산을 이미 고려했으므로 정확한 치수가 있는 에셋으로 작업할 것이다. 관련 정보는 이 장의 뒷부분에서 검토할 것이다. 이제 이 예제를 위해 이미 준비한 모델을 살펴보자.

1. Models 폴더로 이동한다. 거기서 `SM_WallCube`라는 모델을 찾을 수 있다.

그림 7.1 SM_WallCube 스태틱 메시 모델

이 예제에서 제공된 각 메시마다 **Nanite** 모드를 활성화한다. 항상 하던 것처럼 각 메시를 우클릭하고 **Nanite** 모드를 활성화한다.

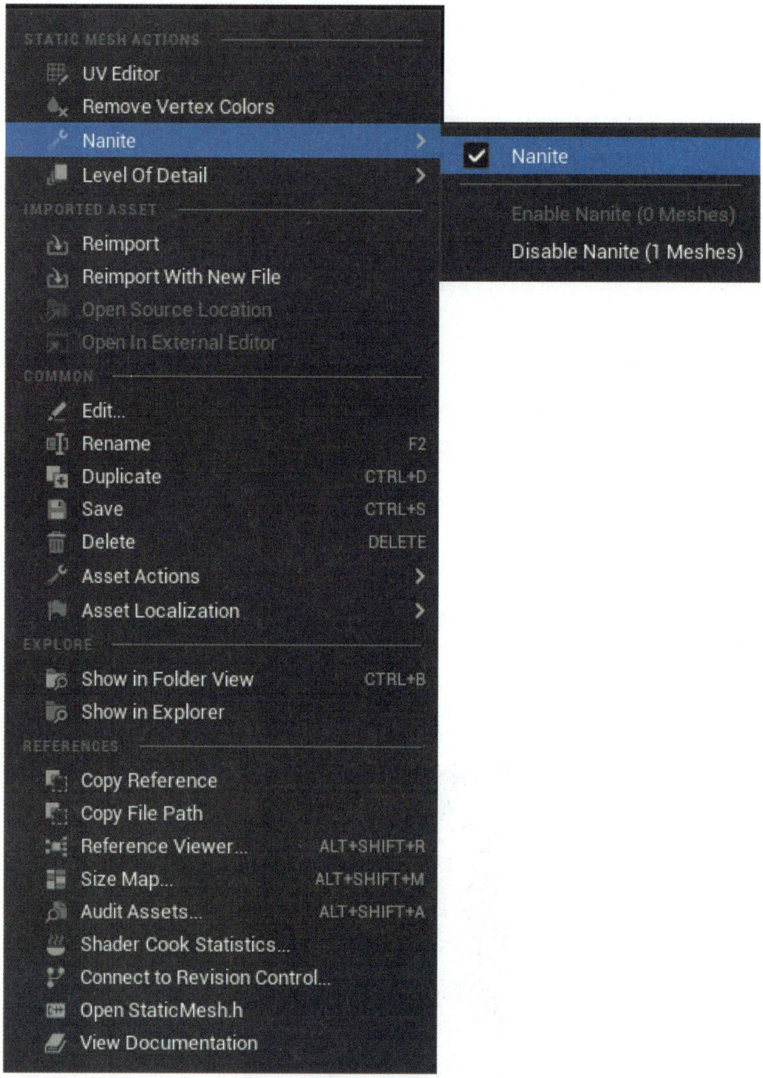

그림 7.2 Nanite 모드 활성화하기

2. 이어서 이 예제에 필요한 에셋과 블루프린트를 살펴보자. 그런 다음, 건물 구조의 기초가 될 액터 블루프린트를 만들겠다.

프로젝트를 살펴보다가 `SetToPoints`라는 PCG 블루프린트가 있다는 것을 눈치챘을 수도 있다. 이 블루프린트는 PCG ➤ Blueprint 폴더에 있다.

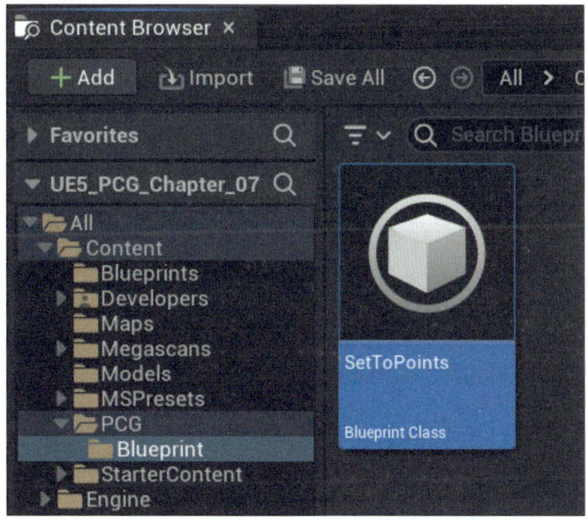

그림 7.3 SetToPoints PCG 블루프린트

여러분을 위해 이미 PCG 블루프린트를 커스터마이징했다. 1층의 위치를 정확히 파악하고 문과 같은 모델을 임의로 배치할 수 있도록 도와준다.

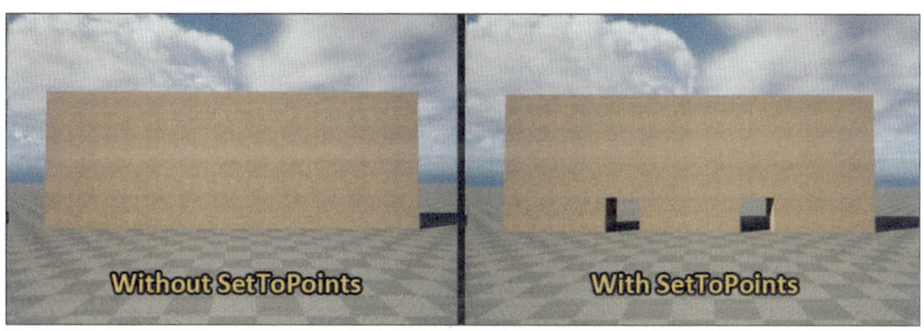

그림 7.4 이 장에서 준비된 SetToPoints PCG 블루프린트 사용 예제

또한 창문의 위치를 무작위로 설정하는 데도 사용될 것이다. 향후 작업을 더 쉽고 빠르게 진행하는 것은 물론, 더 효율적이고 효과적으로 작업할 수 있도록 돕기 위해 이 블루프린트를 만들었다.

다음 절에서는 이러한 모델을 선택한 이유를 알아보고, 다양한 크기로 인해 모델을 사용할 때 주의해야 할 점을 설명한다. 이 예제에서는 이를 위해 특별히 제공된 모델을 사용해 구조물을 구성해보자.

건물 구조 액터 블루프린트 설정

이 장의 튜토리얼에서는 PCG 컴포넌트를 사용해 건물을 제어하고 절차적으로 생성하기 위한 주요 액터 블루프린트를 만드는 데 시간을 할애해보자.

프로젝트 내에서 첫 번째 액터 블루프린트를 생성하고 나중에 제어할 컴포넌트를 PCG 그래프에서 구성하는 것부터 시작해본다.

1. Blueprints 폴더의 Content Drawer에서 마우스 오른쪽 버튼을 클릭하고 **Blueprint Class**를 검색한다.

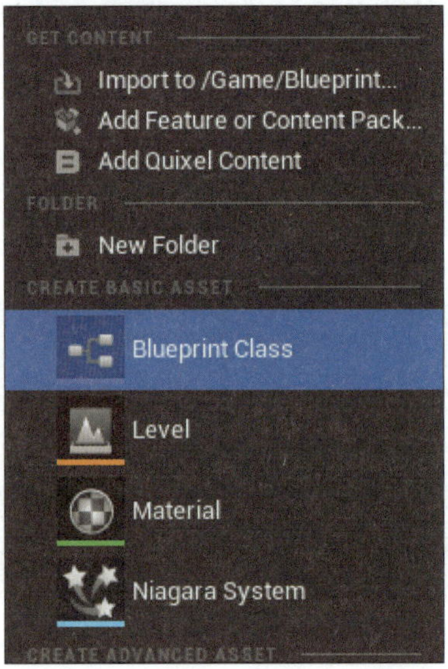

그림 7.5 Blueprint Class를 선택하기

2. **Blueprint Class**를 선택한 상태로 메뉴에서 **Actor** 클래스를 선택하고, 이름을 `BP_BuildingStructure`로 변경한다.

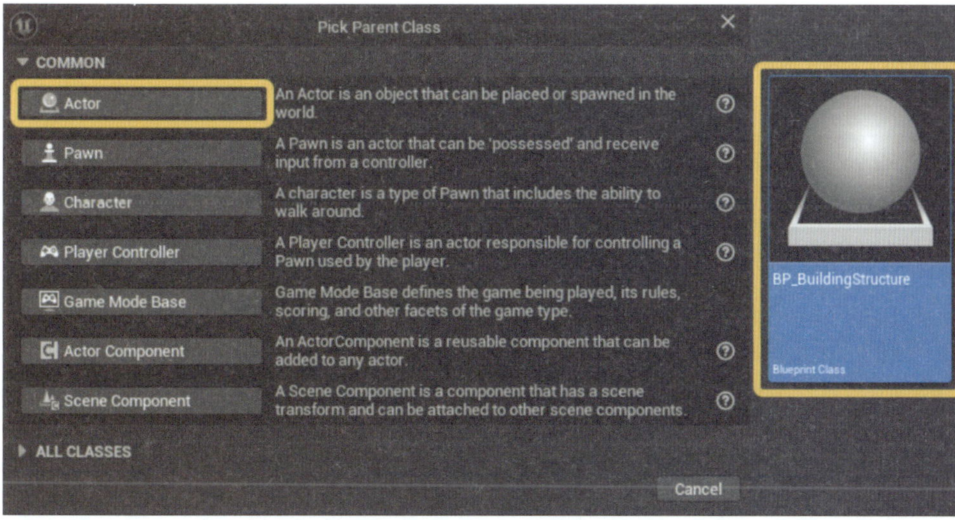

그림 7.6 BP_BuildingStructure 액터 블루프린트 생성

3. 이제 새로 생성한 `BP_BuildingStructure` 액터 블루프린트를 더블 클릭한다. 그런 다음, **+Add** 메뉴에서 **Spline** 및 **PCG** 컴포넌트를 액터 블루프린트에 추가한다.

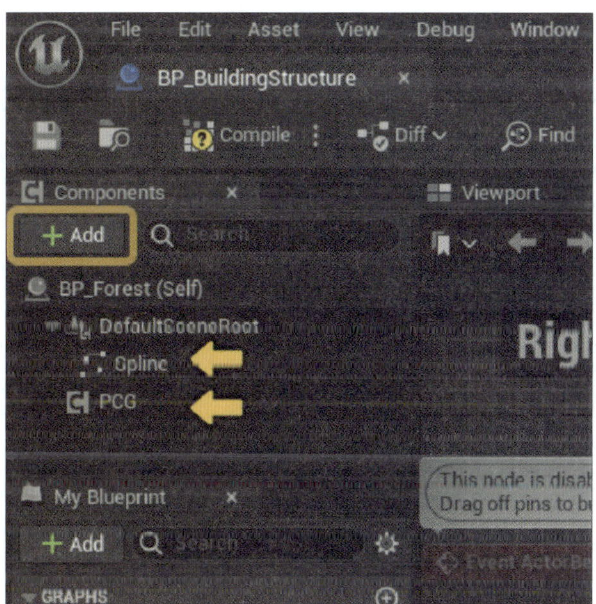

그림 7.7 BP_BuildingStructure에 Spline 및 PCG 컴포넌트 추가하기

4. **Spline** 컴포넌트를 선택한다. 뷰포트에서 스플라인의 마지막 점을 선택하고, 키보드의 **Delete** 키를 눌러 해당 점을 제거한다. 이렇게 하면 스플라인의 한 점만 남게 된다.

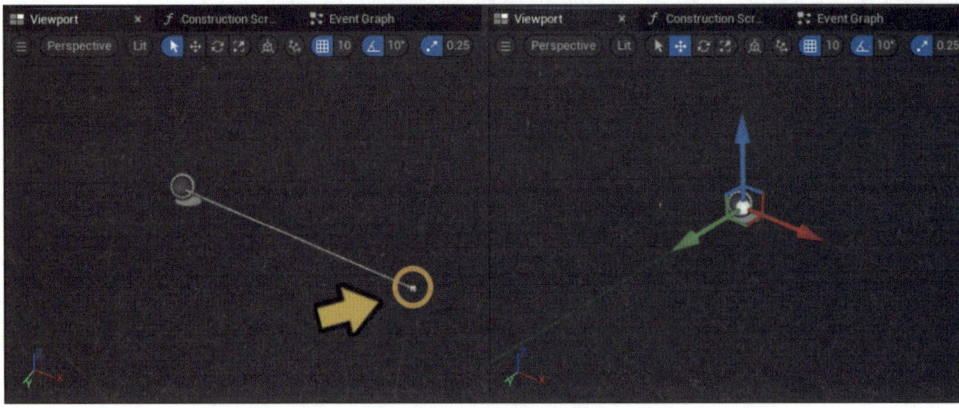

그림 7.8 불필요한 스플라인 포인트 삭제하기

5. 이제 뷰포트 안에서 사각형 모양의 스플라인 루프를 만들어야 한다. 유일하게 남은 스플라인 포인트를 선택하고 해당 스플라인 포인트 위에서 마우스 오른쪽 버튼을 클릭한다. 메뉴가 나오면 **Spline Generation Panel** 옵션을 선택한다.

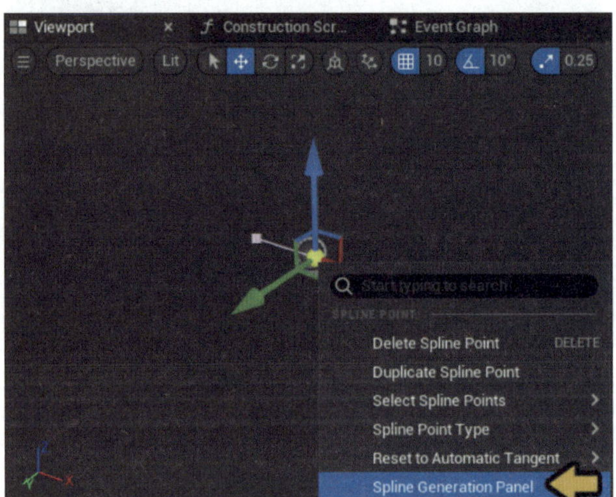

그림 7.9 Spline Generation Panel 옵션 선택

6. **Spline Generation** 메뉴가 나타나고 어떤 모양을 선택할지 묻는다. 우리의 경우 **Rectangle** 모양을 선택한다. **Rectangle** 모양을 사용하면 새 건물의 모양을 쉽게 설정할 수 있으며, 네 벽 모두 명확한 아웃라인을 그릴 수 있다. **Shape Parameters**의 **Length**와 **Width**를 각각 `1000.0`으로 변경한다.

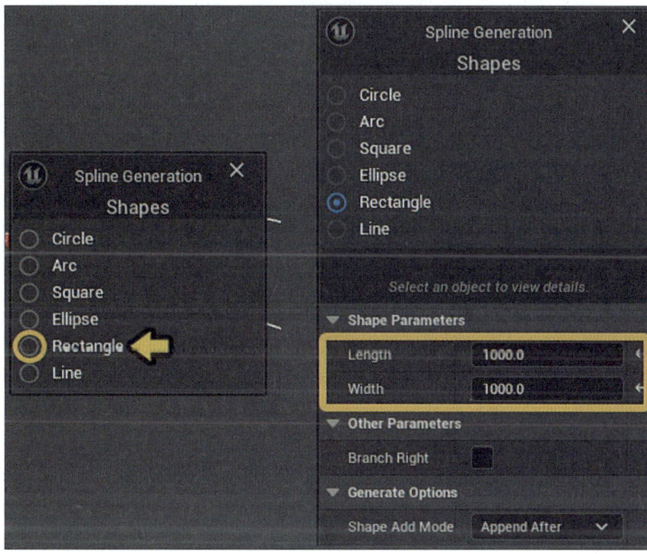

그림 7.10 Rectangle 모양을 선택하고 Length와 Width 설정하기

NOTE

언리얼 엔진 5 최신 버전에는 Spline Generation Shape 툴을 비롯한 여러 가지 새로운 기능이 도입됐다. 이 툴은 Spline 컴포넌트를 사용해 다양한 모양을 빠르고 쉽게 제작하는 데 유용하다.

7. 스플라인의 **Details** 패널의 오른쪽에 있는 **Closed Loop** 박스를 사용해 루프를 닫는다.

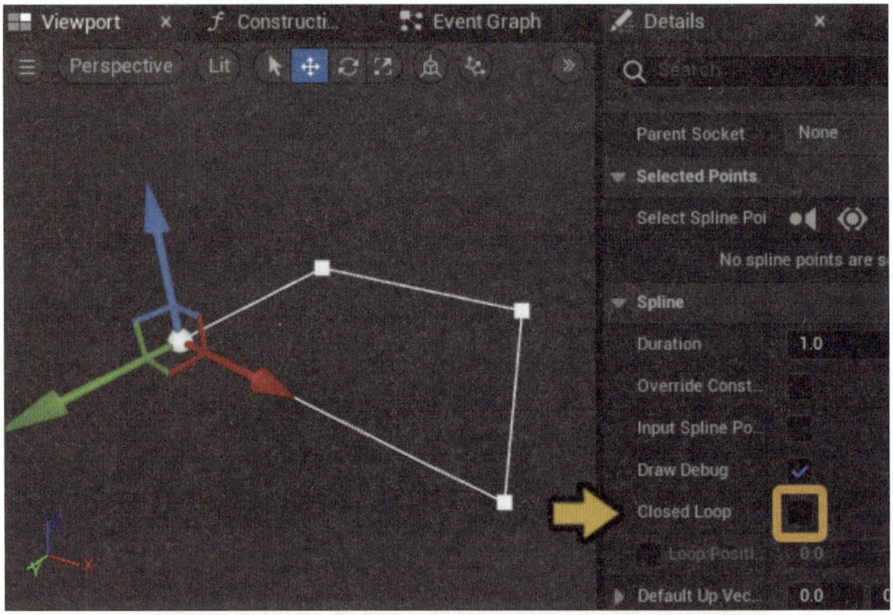

그림 7.11 Closed Loop 옵션을 선택해 스플라인 닫기

8. **Closed Loop** 박스를 선택하고 나면, 선택한 포인트가 뒤틀린 스플라인이 되는 것을 볼 수 있다. 이는 마지막으로 선택한 포인트가 원래 설정인 Curve 모양으로 되돌아가기 때문에 발생한다. 이 문제를 해결하려면 스플라인에서 네 번째 포인트를 선택하고 키보드의 **Delete** 키를 눌러 제거한다. 또한 마지막 포인트를 다시 추가하고 위치를 `0`, `0`, `0`으로 변경하면 완벽한 정사각형이 된다.

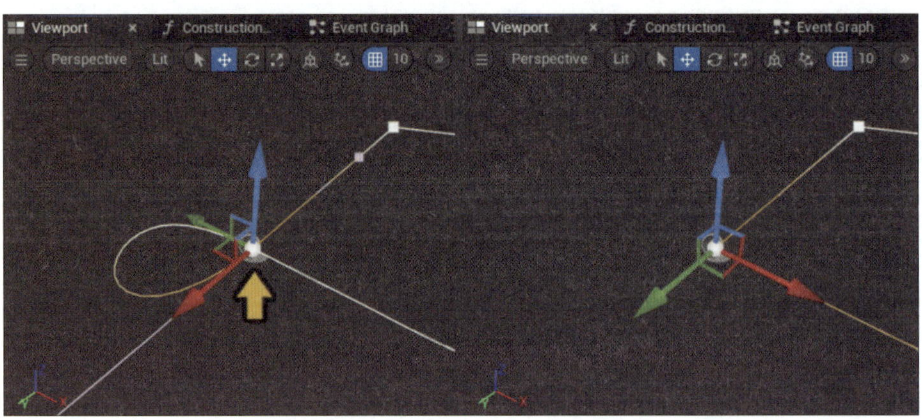

그림 7.12 스플라인 시작 부분의 꼬인 루프 수정하기

9. 다음은 PCG 그래프의 구성 요소를 제어하고 관리할 변수를 구성하는 중요한 단계다. 이 그래프는 벽 사이의 간격과 PCG 볼륨 내의 층 수와 같은 요소를 관리한다. 필요한 변수를 만들어보자.

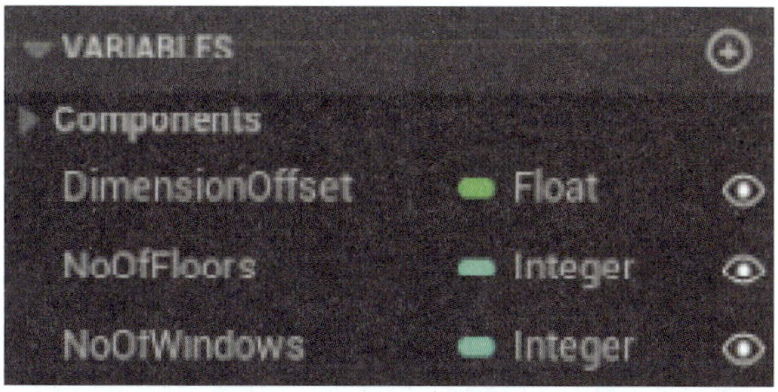

그림 7.13 DimensionOffset과 NoOfFloors에 대한 변수 만들기

- **Float 변수**: `DimensionOffset` 변수 생성
- **Integer 변수**: `NoOfFloors` 변수 생성

각 변수의 값은 다음 그림에 나와 있다. 모두 퍼블릭으로 설정한다.

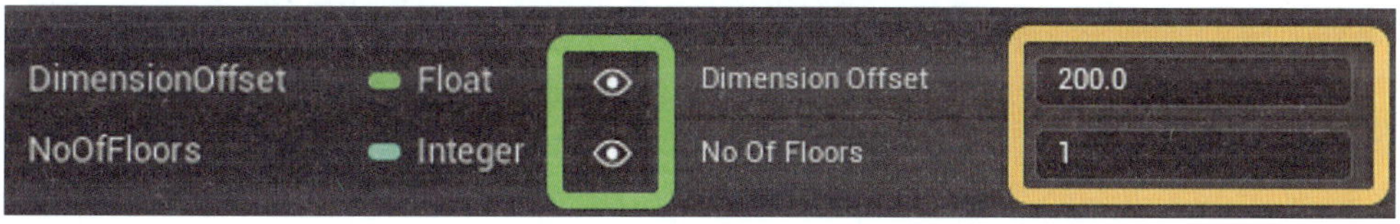

그림 7.14 변수 이름 및 해당 값

첫 번째 그래프를 계속 만들기 전에 몇 가지 매크로 함수를 만들어보자. 이는 계산 패널로 사용되며 이후 예제에 필요할 것이다. 매크로 함수는 피벗pivot을 계산하는 데 필요한 특정 측정 값과, 각 빌딩 블록 스태틱 메시 위치의 오프셋을 계산하는 데 중요한 역할을 할 것이다!

오프셋 매크로 만들기

매크로를 만들기 전에 매크로의 목적과 우리 작업과의 관련성을 이해하는 것이 중요하다.

처음에 생성하는 벽은 정렬과 위치가 잘못될 수 있다. 여기서 오프셋 매크로offset macro(자세한 내용은 https://dev.epicgames.com/documentation/en-us/unreal-engine/macros-in-unreal-engine을 참조한다)는 이러한 잘못된 위치를 수정하고 모델이 올바르게 정렬되도록 하는 중요한 역할을 한다. 이러한 이해를 바탕으로 진행해보자.

1. 액터 블루프린트의 **Event Graph** 탭 옆에 있는 **Construction Script** 탭을 사용해본다. 이 탭은 게임플레이 모드에 있지 않아도 에디터 레벨에서 블루프린트와 상호작용할 수 있게 지정된 영역이다.

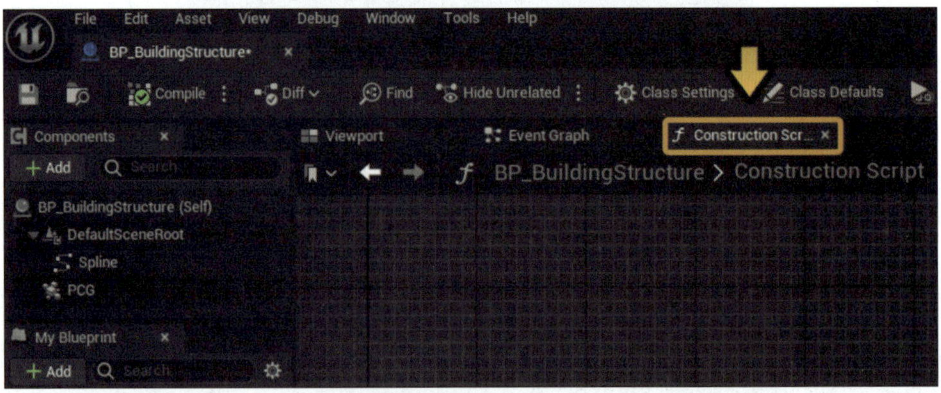

그림 7.15 Construction Script 탭 선택

2. **Construction Script** 그래프에서 그래프 공간을 마우스 오른쪽 버튼으로 클릭하고 2개의 연산자 노드 **Divide**와 **Multiply**를 검색한다.

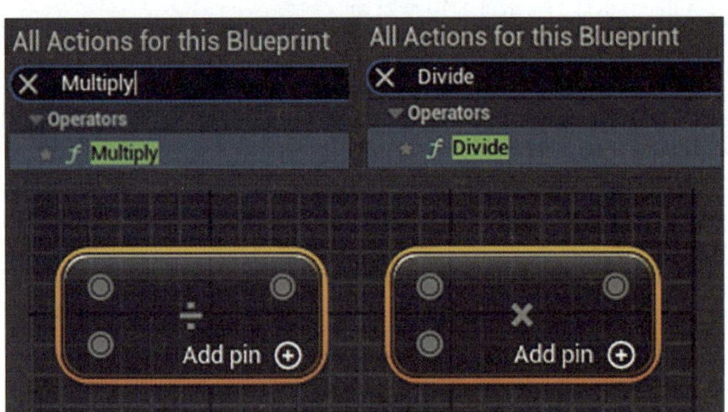

그림 7.16 두 연산자 추가하기

3. 다음 단계는 **Variables** 탭에서 **DimensionOffset** 변수를 끌어와 **Divide** 노드에 연결하고 그림 7.17에 표시된 것과 같이 나머지 노드를 연결하는 것이다.

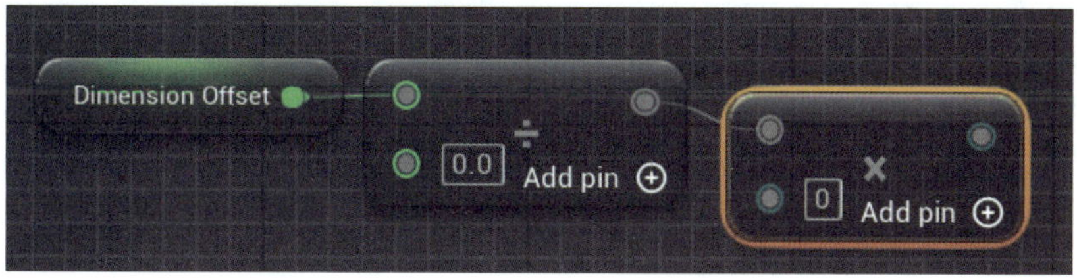

그림 7.17 Dimension Offset과 함께 작동하도록 노드 구성하기

4. 보다시피 float 변수를 연결하자 **Divide** 노드가 float 값을 읽도록 변경됐다. **Multiply** 노드도 똑같이 해보자. **Multiply** 노드를 선택한 상태에서 0이 있는 입력 핀을 마우스 오른쪽 버튼으로 클릭하고 **Float (single-precision)**으로 변경한다. 각 노드에서 나머지 모든 입력 및 출력 핀을 **Float (single-precision)**으로 변경한다.

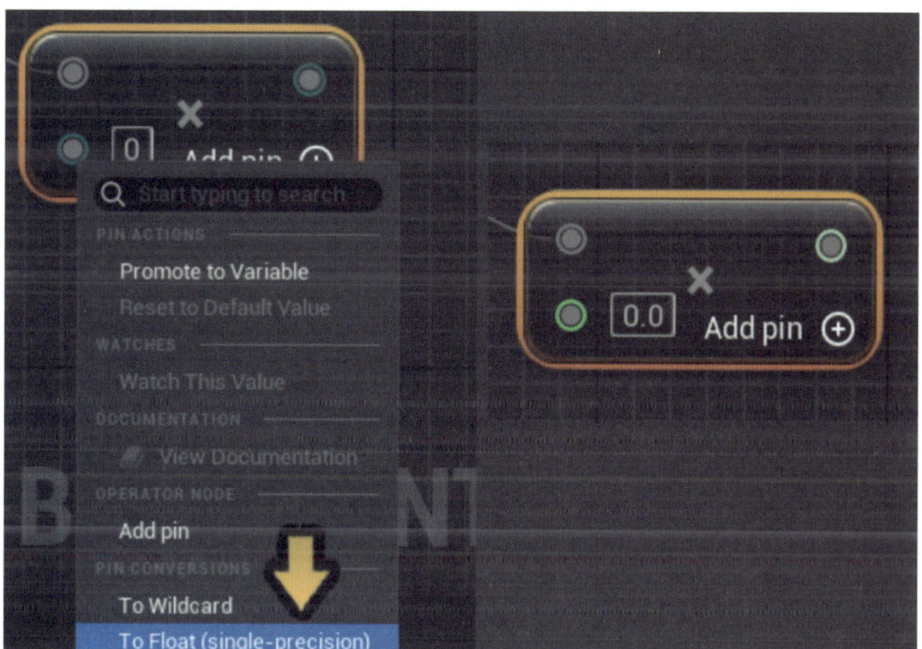

그림 7.18 Integer에서 To Float (single–precision)으로 변환

5. 그림 7.19와 같은 방식으로 모든 노드를 연결한다.

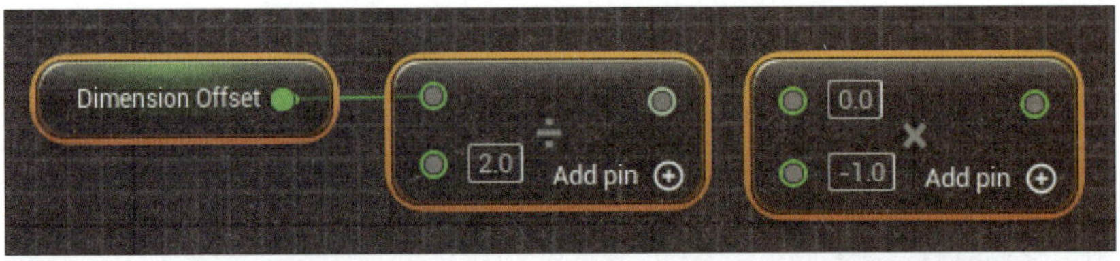

그림 7.19 Dimension Offset의 노드 구조

6. 다음 단계는 기존 노드를 매크로 함수로 변환하는 것이다. 매크로 함수는 블루프린트 내에서 계산하는 데 재사용할 수 있는 함수형 노드를 만드는 과정에서 매우 중요한 역할을 한다. 이 경우, 특정 계산을 수행하는 기본 노드를 사용하는 대신 필요에 맞는 사용자 정의 함수를 만들 수 있다! **Divide** 및 **Multiply** 노드를 선택하고, 선택한 노드를 마우스 오른쪽 버튼으로 클릭한 다음, **Collapse to Macro**를 선택한다.

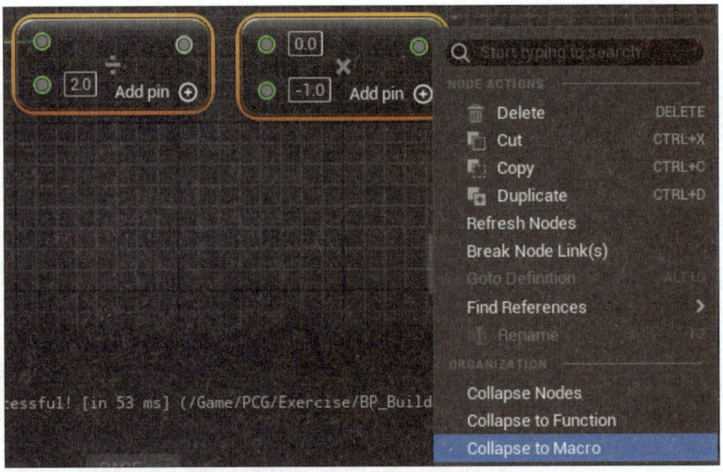

그림 7.20 오퍼레이터 노드를 선택하고 매크로 함수로 변환하기

7. 새로운 매크로 함수가 생성됐다. 이름을 `Offsetter`로 변경하자. 이 노드는 스폰된 벽의 위치를 설정하는 데 중요한 역할을 하며, 각 스태틱 메시의 중간 지점 위치와 일치하도록 위치를 설정한다.

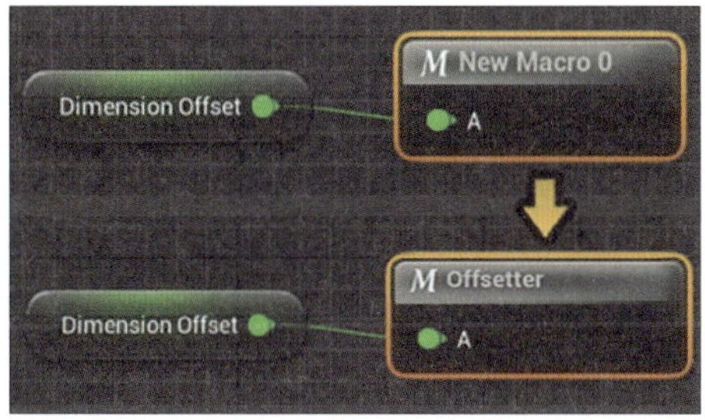

그림 7.21 매크로 이름 바꾸기

새로 만든 **Macro** 노드를 두 번 클릭하고 출력을 몇 개 더 추가해보자.

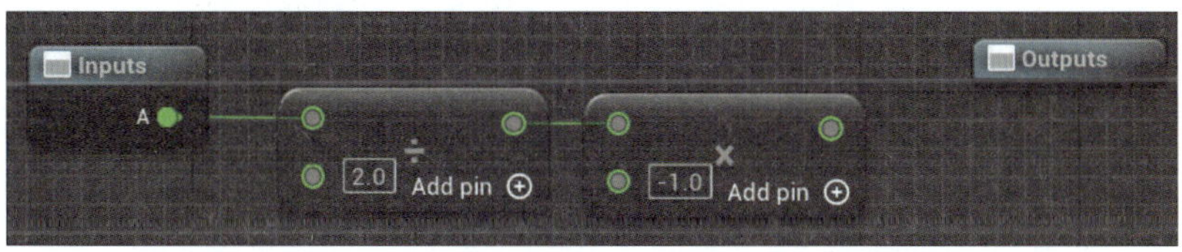

그림 7.22 Offsetter 매크로 준비하기

8. **Output** 노드를 클릭하고 오른쪽의 **Inputs** 및 **Outputs** 탭으로 이동한다. 다음 그림과 같이 + 아이콘을 클릭하고 **Offset**, **OffsetPosition**, **ReverseDirection** float 변수들을 추가한다.

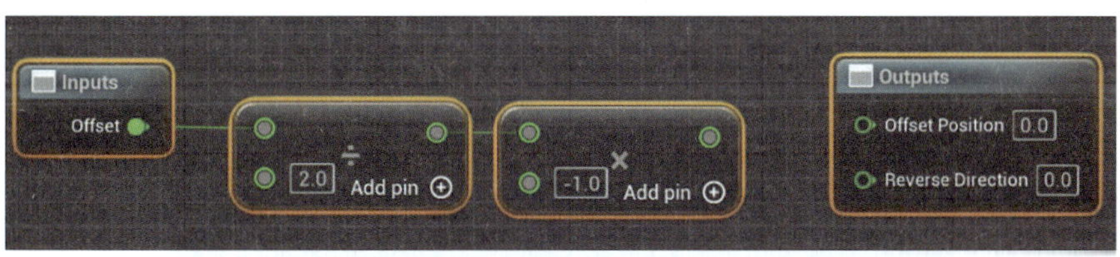

그림 7.23 float 노드들에 오프셋 입력 연결하기

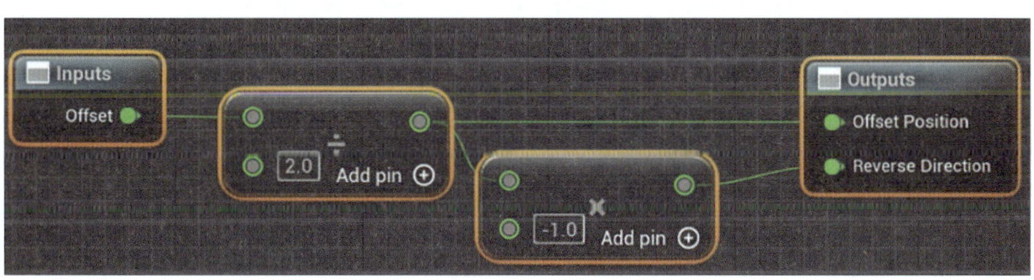

그림 7.24 Outputs 속성을 추가하고 float 노드에 연결하기

9. 다음 단계로 진행하기에 앞서, 제공된 그림에 설명된 대로 각 핀이 해당 변수에 올바르게 연결돼 있는지 확인한다. 이 연결은 스태틱 메시의 스폰에 영향을 미치는 계산이 올바르게 작동하는 데 매우 중요하다. 각 오프셋의 위치를 세심하게 정렬해 씬 내에서 메시가 정확하고 일관되게 스폰되도록 한다. 그래프를 올바르게 구성하려면 이 과정을 자세히 따른다.

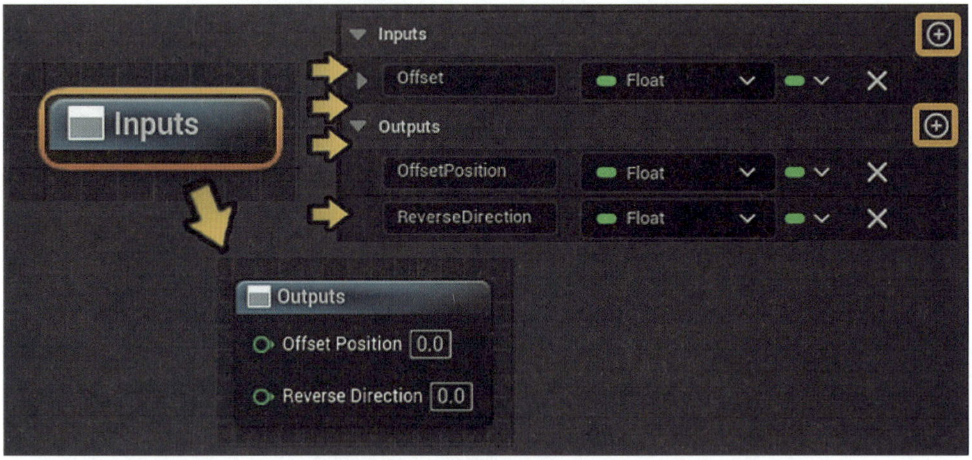

그림 7.25 Inputs 및 Outputs float 변수 만들기

이제 **Offsetter** 매크로가 그래프 에디터 내에서 생성된다.

그림 7.26 Offsetter 매크로 노드

이제 **Offsetter** 매크로를 사용할 준비가 됐다. 매크로 함수가 준비됐으므로 프로젝트를 진행할 충분한 준비를 마쳤다. 다음으로는 건물 구성에 대한 PCG 그래프를 만들어보자.

다음 절에서는 건물을 기초부터 구성하는 데 도움이 되는 연결 노드 네트워크를 살펴본다.

이 단계는 전체 구조가 동적으로 결합되는 방법의 토대를 마련하기 때문에 매우 중요하다. 이제 PCG 그래프 구성을 시작해보자!

PCG 그래프 구성하기

여기서는 이 예제의 주요 부분을 만드는 방법에 대해 알아보자. 이 모든 작업은 PCG 그래프 안에서 이뤄진다.

1. PCG 폴더에서 PCG 그래프를 생성한다. 이름을 `PCG_BuildingStructure`로 변경한다.

그림 7.27 PCG 그래프의 이름을 PCG_BuildingStructure로 바꾸기

2. 다음 단계로 넘어가기 전에 PCG 그래프를 저장하고 **Instance > Graph**의 `BP_BuildingStructure` 액터 블루프린트 내부의 PCG 컴포넌트에 추가한다.

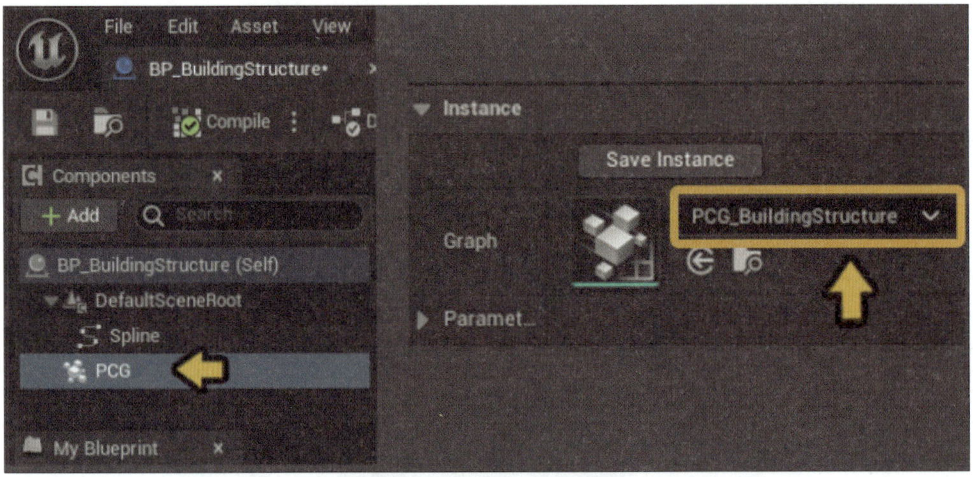

그림 7.28 PCG 컴포넌트에 PCG_BuildingStructure 그래프 할당하기

3. 이제 Content Browser로 돌아간다. `PCG_BuildingStructure`를 더블 클릭해 PCG 그래프를 연다. 그래프 안에서 건물 구조물 주변의 벽을 만드는 데 사용할 노드 몇 개를 추가해보자. 이 노드는 **Get Spline Data**, **Spline Sampler**, **Get Actor Property**이다.

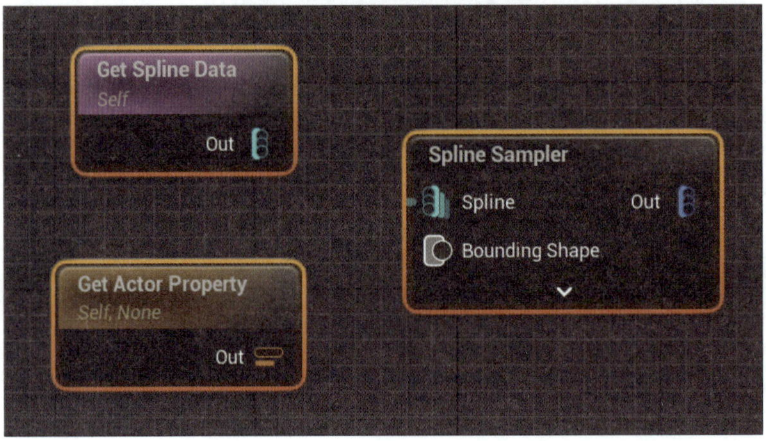

그림 7.29 PCG 그래프 내부의 노드 준비하기

4. 노드 연결을 시작하기 전에 노드를 살펴보고 몇 가지 값을 입력해보자. 가장 중요한 **Spline Sampler** 노드부터 시작해본다. **Spline Sampler** 노드에서 **Dimension** 설정을

On Interior로 변경한다. 설정 메뉴 하단에서 **Unbounded**를 체크한다.

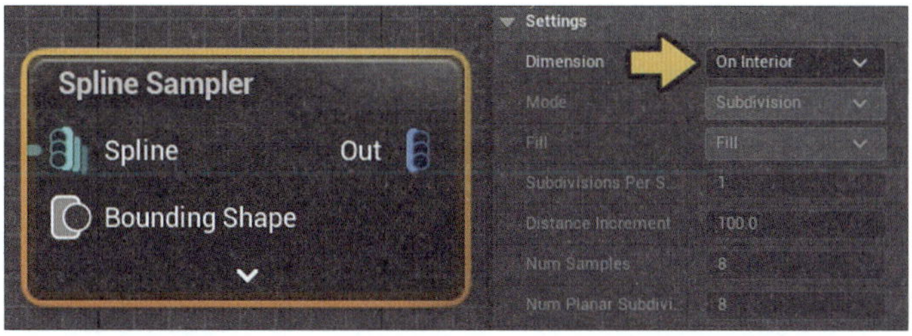

그림 7.30 Spline Sampler의 Dimension을 On Interior로 설정하기

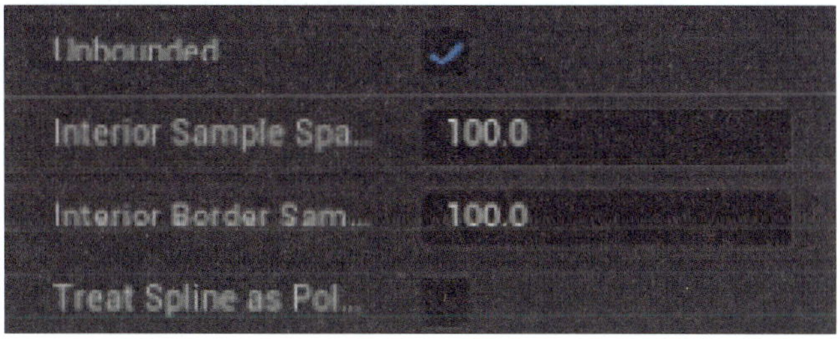

그림 7.31 Spline Sampler 설정에서 Unbounded 기능 활성화하기

5. 다음 단계는 기본 `BP_BuildingStructure` 블루프린트에서 **Get Actor Property** 노드 안에 올바른 변수를 연결할 올바른 이름을 설정하는 것이다. 이 노드에서는 액터 블루프린트에서 이미 사용한 **Dimension Offset** float 변수를 사용해본다. **Get Actor Property**를 선택하고 **Property Name**의 이름을 `DimensionOffset`으로 변경한다.

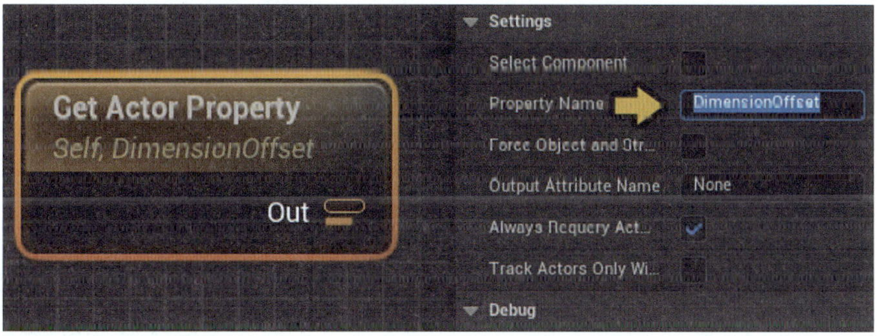

그림 7.32 Property Name 필드에 DimensionOffest 추가하기

6. 노드들이 준비됐으니 이제 연결해보자. **Get Actor Property**가 **Spline Sampler** 노드 내부의 **Interior Sample Spacing** 입력 노드에 연결돼 있는지 확인하면 된다.

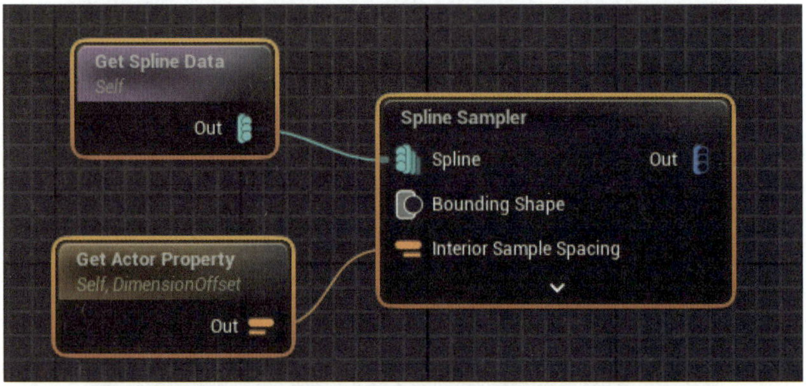

그림 7.33 Spline Sampler로 노드 연결하기

7. 다음 단계는 **Transform Points** 노드를 네 번 복제해 추가하는 것이다. 모두 **Spline Sampler** 노드에 연결한다.

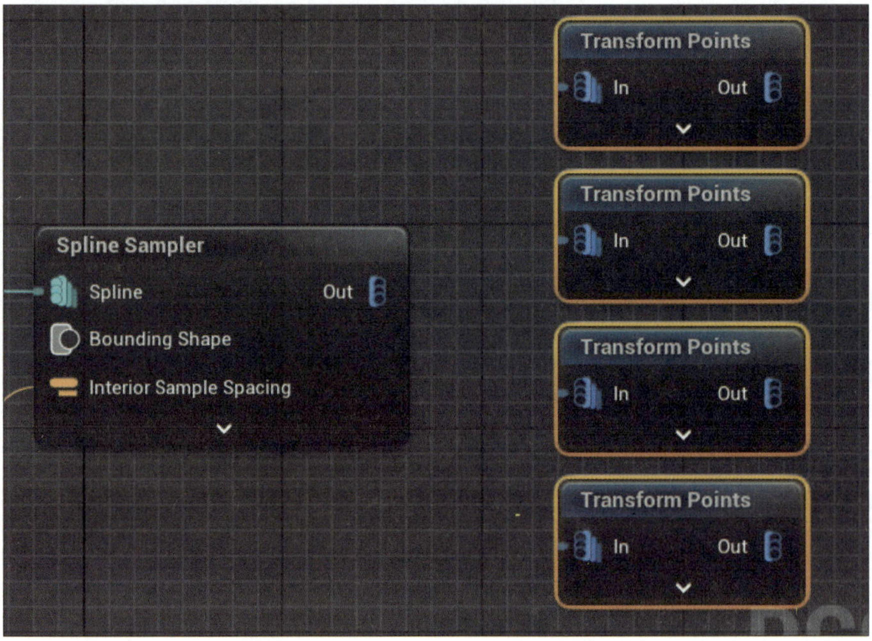

그림 7.34 Transform Points 노드 4개 추가하기

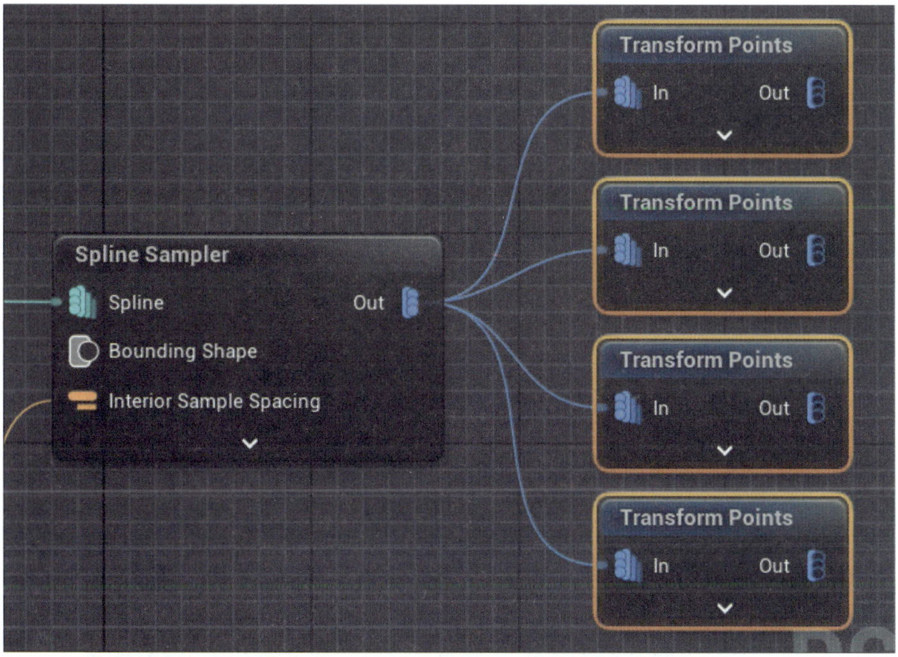

그림 7.35 Transform Points 노드 4개를 모두 Spline Sampler Output 노드에 연결하기

8. 노드를 올바르게 구성했다. 이제 **Difference** 노드를 사용해 불필요한 내부 벽을 제거하자. 그러지 않으면 건물 내부에 미로와 같은 구조가 만들어진다. **Difference** 노드를 추가하고 네 번 복제하자.

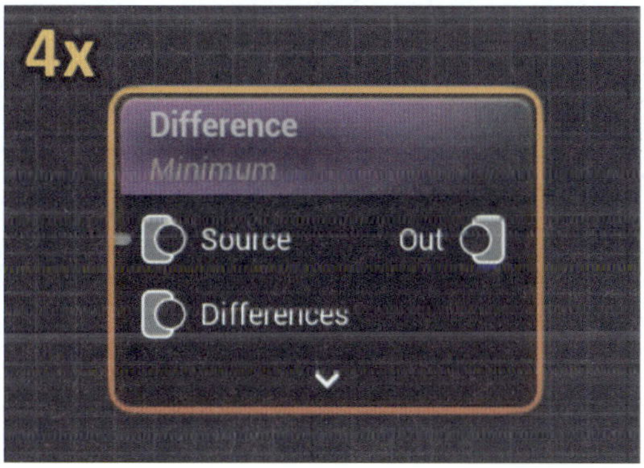

그림 7.36 PCG 그래프에 Difference 노드 추가하기

9. 4개의 **Difference** 노드를 **Transform Points** 노드 근처에 배치한다. 그림 7.37을 참조해 노드를 연결하는 방법을 확인하자. 이 노드 구조의 목적은 **Source**(이 예제의 경우는 벽)를 식별하고 건물의 반대쪽에서 겹치는 벽을 제거하는 것이다.

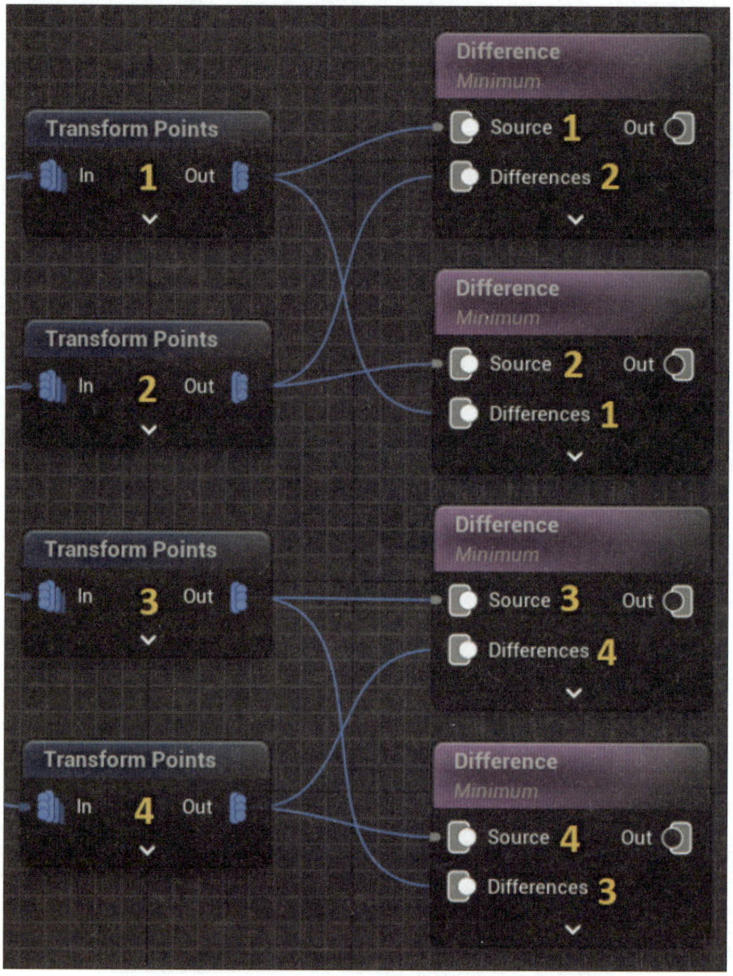

그림 7.37 번호가 매겨진 출력 및 입력 노드를 적절히 연결해 올바른 연결 지점과 일치하는지 확인한다.

10. 전체 그래프의 한 섹션을 완성했다. 이제 4개의 **Transform Points** 노드를 모두 선택해 PCG 그래프를 디버그해보자. 키보드의 **D** 키를 눌러 디버그 모드를 활성화하기만 하면 된다.

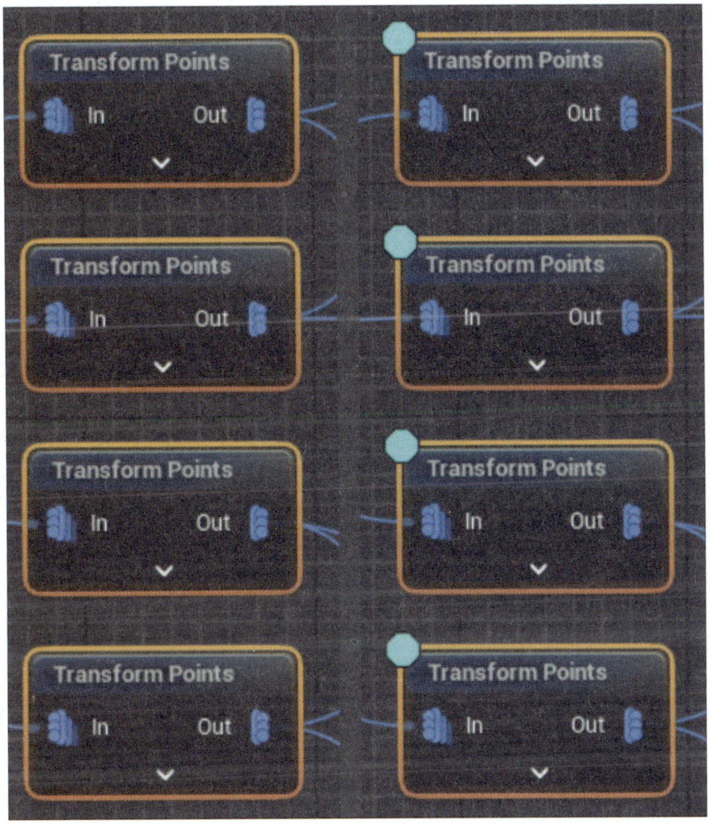

그림 7.38 디버그 모드를 활성화해 현재 진행 상황 시각화하기

11. 각 **Transform Points** 노드에 대해 다음 그림과 같이 Z축의 **Min** 값과 **Max** 값을 조정한다. 이렇게 하면 최종 구조물을 구성하기 위한 각 벽을 회전할 수 있다.

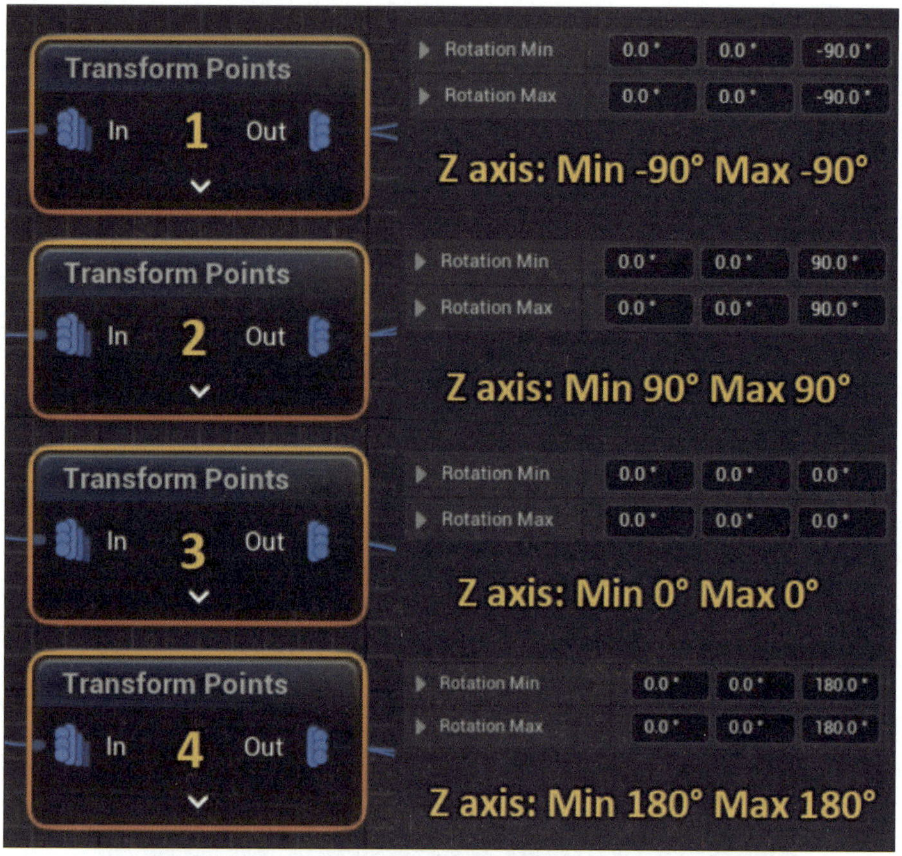

그림 7.39 각 Transform Points 노드에 대한 Z축 회전(Rotation) 값 설정하기

12. Content Browser로 이동해 **BP_BuildingStructure** 블루프린트를 선택한다. 지금은 `BP_BuildingStructure` 블루프린트를 씬에 끌어다 놓기만 하면 액터 블루프린트를 테스트할 수 있다. 지금까지의 구성에 따라 그리드 모양의 큐브들이 나타나는 것을 볼 수 있다. 예제 뒷부분에서 액터 블루프린트에 몇 가지 기능을 추가할 것이므로 지금은 이대로 두자.

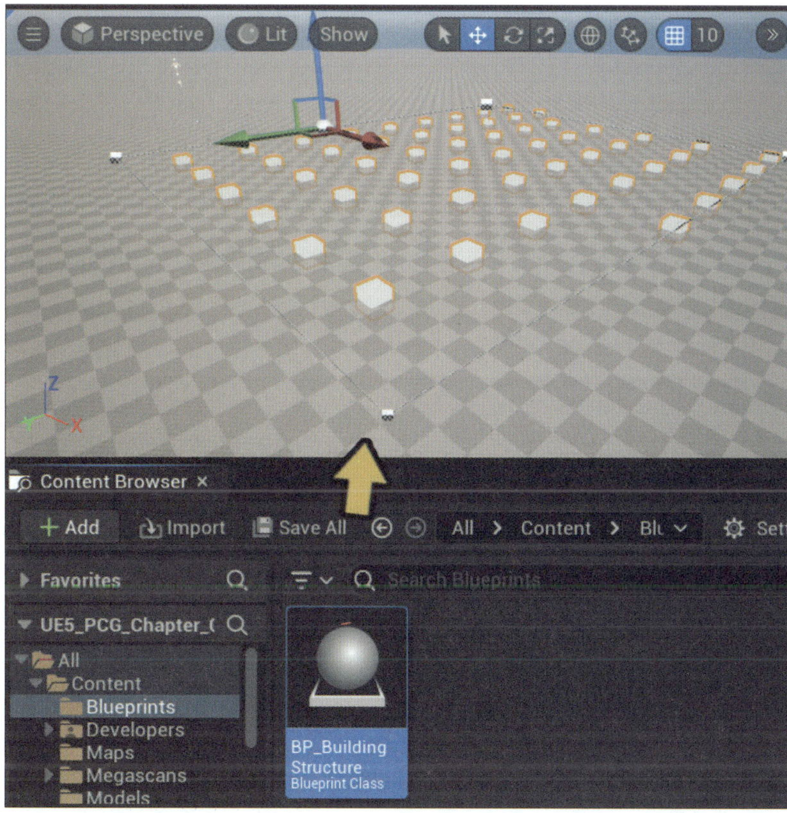

그림 7.40 Transform Points 노드의 현재 구성을 미리 보고 스폰 위치를 시각화한다.

13. PCG 그래프로 돌아가서 **Transform Points** 노드에 연결할 변수를 몇 개 더 추가해보자. PCG 그래프의 오른쪽 상단에는 **Graph Settings**라는 탭이 있다. 이 탭을 클릭하면 그래프 오른쪽에 메뉴가 열린다. **Instance** 탭에서 4개의 파라미터를 추가한다.

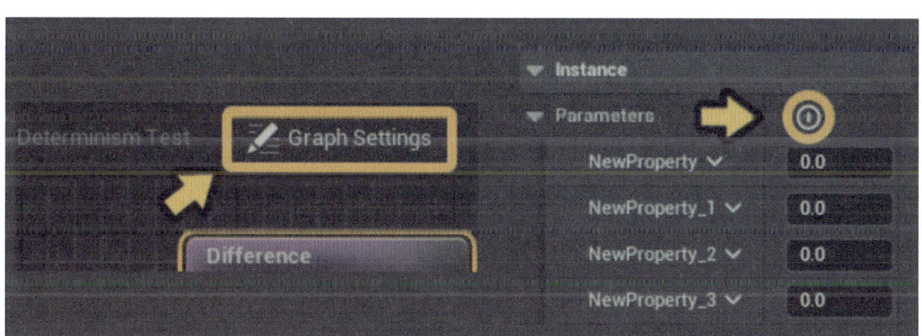

그림 7.41 Graph Settings 패널을 클릭하고 Instance 탭에서 파라미터 추가하기

NOTE

Graph Settings는 언리얼 엔진 5의 5.3 및 5.4 버전 출시와 함께 PCG 그래프에 새로운 기능으로 도입됐다. 이 기능은 액터 블루프린트 내에서 외부와 통신할 수 있는 내부 변수를 생성하는 데 도움이 된다.

14. 새 파라미터가 목록에 추가될 때마다 하나씩 **Float** 변수에서 **Vector**로 변경한다. 그런 다음, 이름을 그림 7.42 및 7.43에서와 같이 **WallWest**, **WallEast**, **WallNorth**, **WallSouth**로 변경한다.

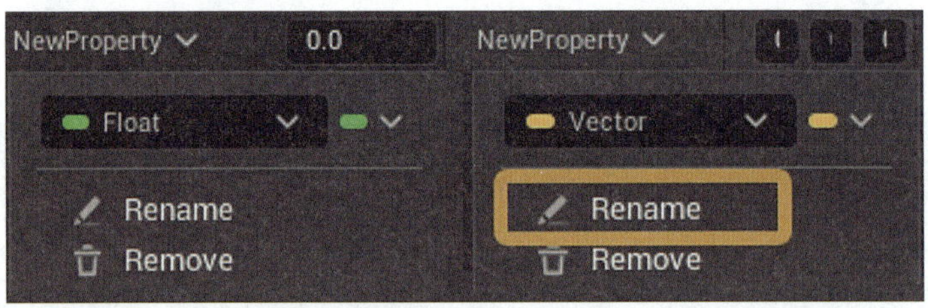

그림 7.42 파라미터를 Float에서 Vector로 변경하고 변수 이름을 변경한다.

15. 각 **Vector** 변수의 이름이 변경됐다.

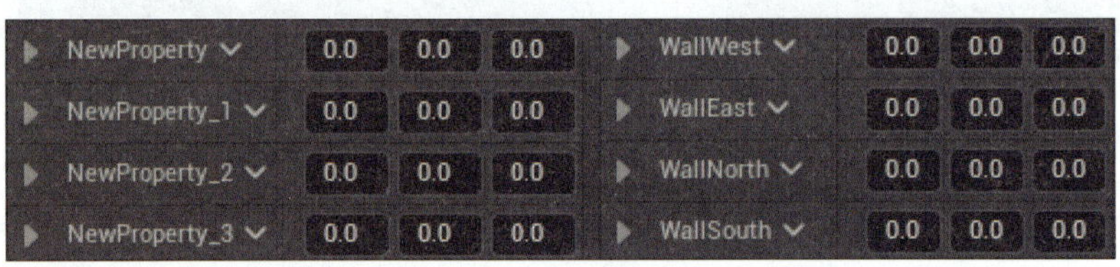

그림 7.43 변수 이름을 WallWest, WallEast, WallNorth, WallSouth로 변경한다.

16. 목록에 추가된 파라미터를 이제 PCG 그래프 내에서 사용할 수 있다. 각 방향 오프셋에 해당하는 각 **Transform Points** 노드에 파라미터들을 개별적으로 연결할 것이다. 그래프를 마우스 오른쪽 버튼으로 클릭하고 모든 파라미터를 검색한다.

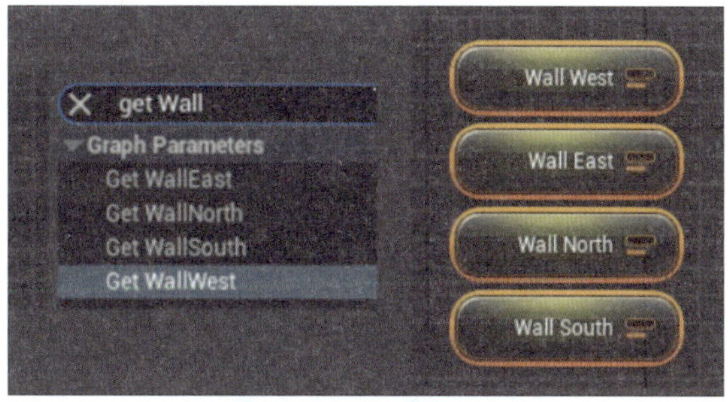

그림 7.44 PCG 그래프에 파라미터 추가하기

17. **Transform Points** 노드를 **Graph Settings** 탭의 인스턴스 파라미터와 연결한다. **Transform Points** 노드에서 화살표를 선택하고 **Offset Min** 및 **Offset Max** 입력에 모두 연결한다.

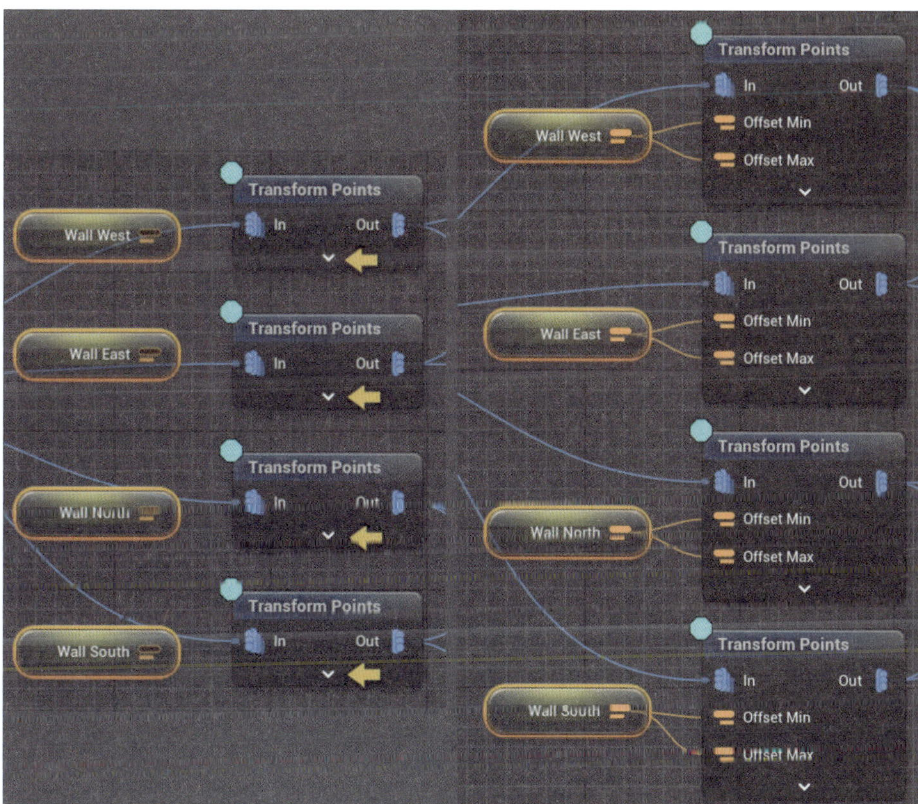

그림 7.45 Transform Points 노드와 일치하도록 각 파라미터를 연결한다.

18. 모든 **Transform Points** 노드는 PCG 그래프 구조 안에서 **Difference** 노드를 통과해 한 지점으로 진행한다. 모든 포인트가 모이는 구조로 만들려면 **Merge Points** 노드를 사용한다.

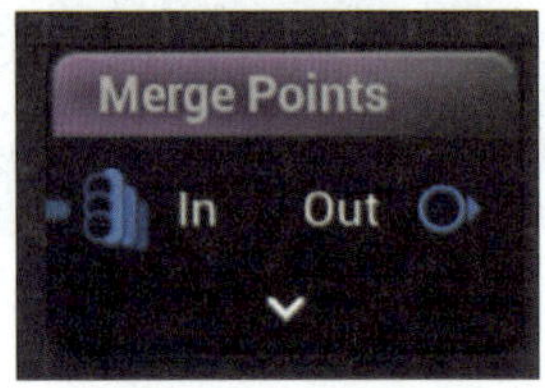

그림 7.46 Merge Points 노드

19. 그래프 내부에 이 노드를 적용하고 **To Point** 링크 노드를 통해 모든 **Difference** 노드를 연결해보자.

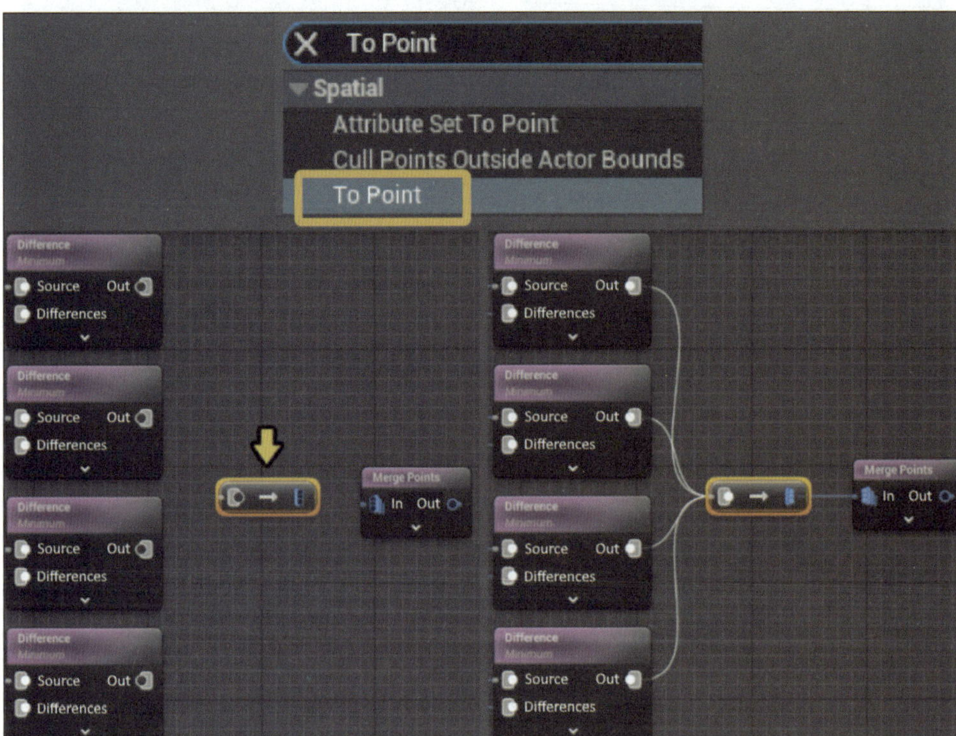

그림 7.47 그래프에 To Point 노드를 추가하고,
To Point 노드를 통해 Difference 노드를 Merge Points 노드에 연결한다.

20. 마지막으로, **Transform Points** 노드를 추가하고 **Merge Points** 노드와 연결해보자. 이는 이 장의 뒷부분에서 피벗 오프셋 위치를 수정하는 데 사용된다.

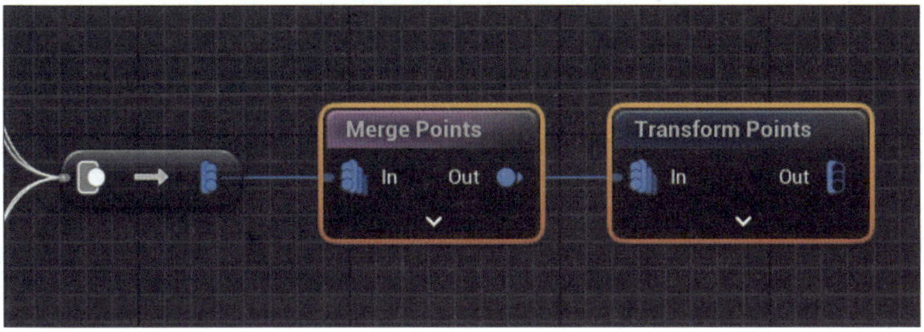

그림 7.48 Merge Points 노드를 Transform Points 노드에 연결하기

벽을 스폰하기 위한 PCG 그래프를 성공적으로 구성했다. 다음 절에서는 `BP_BuildingStructure` 액터 블루프린트를 다시 살펴보고 스폰된 벽 스태틱 메시를 제어할 수 있는 추가 기능을 적용해보자.

액터 블루프린트의 PCG 파라미터

`PCG_BuildingStructure` PCG 그래프 내의 노드를 성공적으로 설정해 네 방향 모두 벽 구조를 만들 수 있게 됐다. 이제 PCG 그래프 인스턴스 파라미터를 적용하고 이 장의 이전 절에서 개발한 매크로 함수에 연결해보자.

먼저 `BP_BuildingStructure` 액터 블루프린트를 열고 이 예제에 필요한 노드를 추가해보자.

1. 액터 블루프린트의 **Components** 탭에서 **PCG** 컴포넌트를 **Construction Script** 그래프 공간으로 끌어온다.

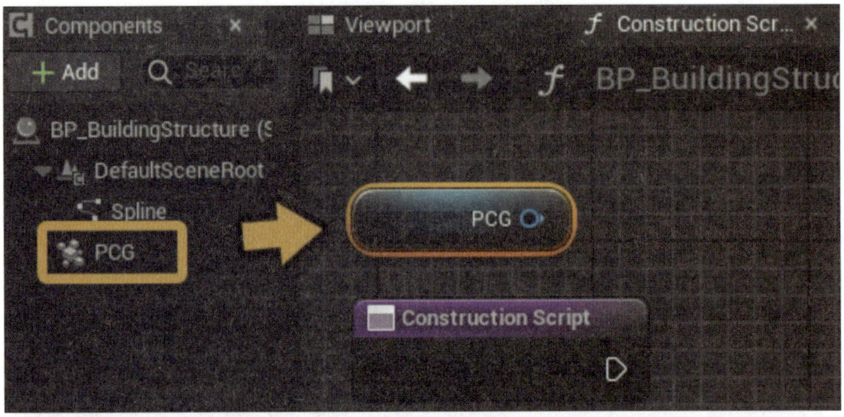

그림 7.49 Components 창에서 Construction Script 그래프로 PCG 컴포넌트 이동하기

2. **PCG** 컴포넌트에서 핀을 끌어와 **Get Graph Instance** 노드를 검색한다.

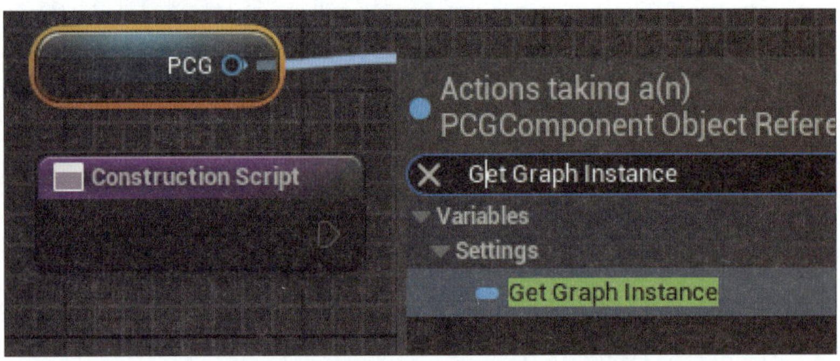

그림 7.50 Get Graph Instance 노드에 접근하기

3. **Get Graph Instance** 노드에서 다른 핀을 끌어온다. 이번에는 **Set Vector Parameter** 노드를 검색한다. 이 노드를 선택하고 네 번 복제한다. 복제된 노드를 **Get Graph Instance** 노드에 연결한다.

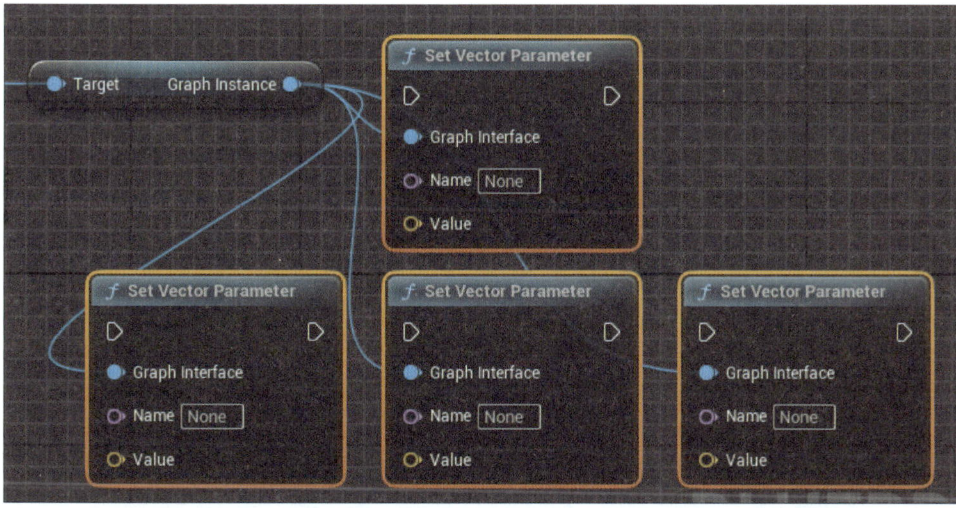

그림 7.51 Set Vector Parameter 노드를 네 번 추가하고 Graph Instance 노드에 연결한다.

4. **Name** 파라미터 안에 각 노드의 이름을 `WallWest`, `WallEast`, `WallNorth`, `WallSouth`와 같이 추가해보자.

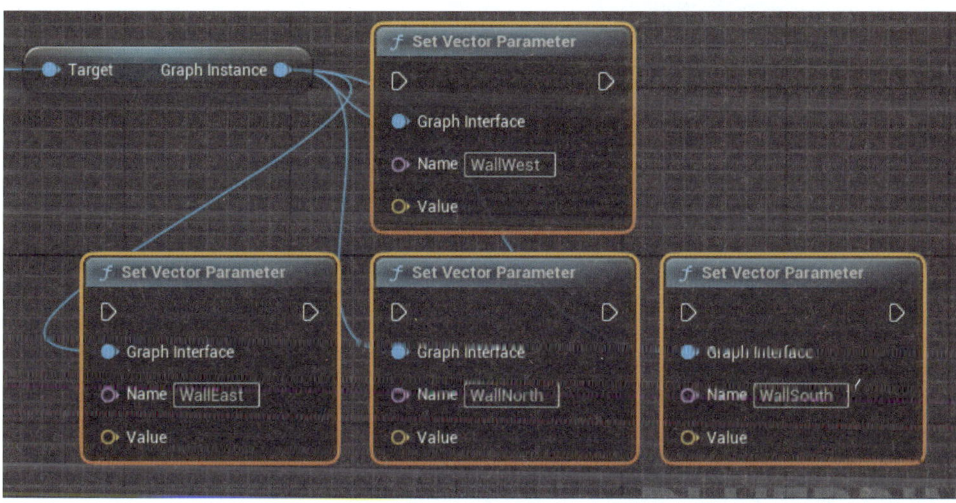

그림 7.52 각 Set Vector Parameter 노드에 이름 추가하기

5. 벡터 파라미터이므로 X 및 Y float 입력 변수에만 접근해야 한다. 따라서 각 파라미터 노드에 대해 **Split Struct Pin**을 사용해야 한다. 이렇게 하려면 노드의 **Value** 입력에 있

는 노란색 기호를 마우스 오른쪽 버튼으로 클릭한다. 다른 모든 벡터 파라미터 노드에 대해 이 과정을 반복한다.

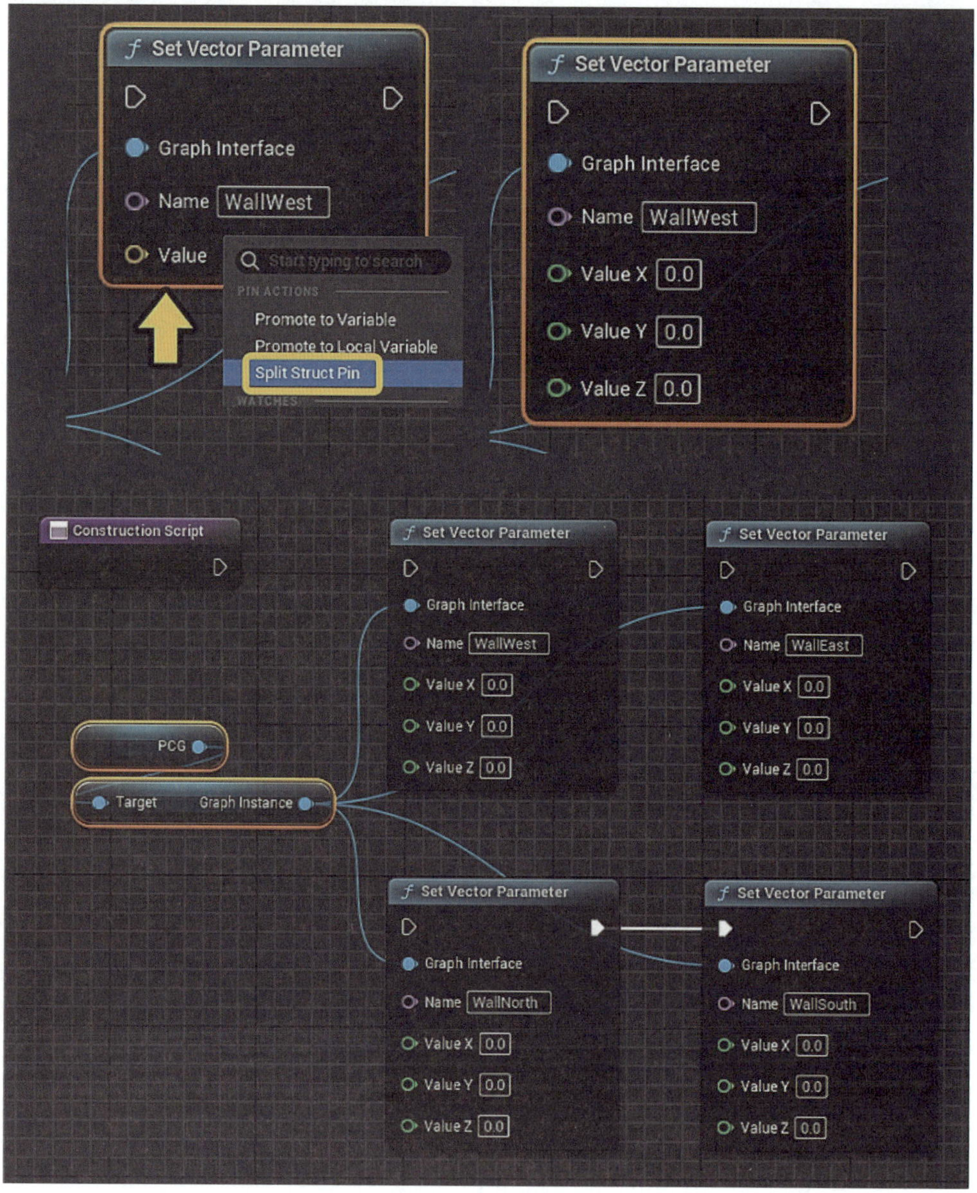

그림 7.53 Value 입력 속성의 Split Struct Pin

6. **Offset** 매크로를 드래그 앤 드롭하고 그림 7.54와 같이 필요에 따라 모든 **Set Vector Parameter** 노드와 연결한다.

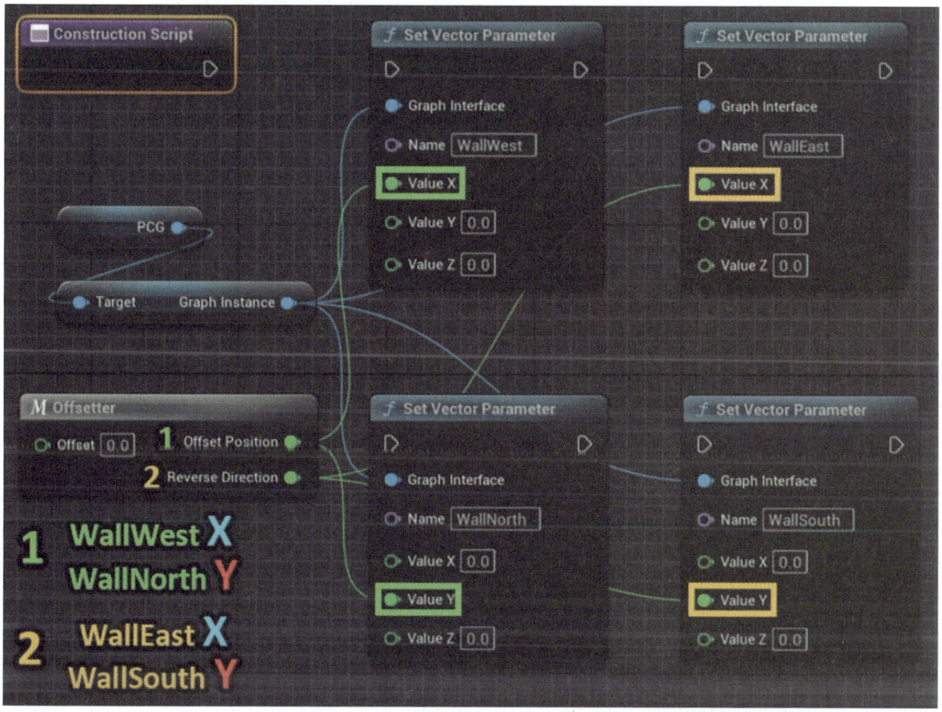

그림 7.54 Macro Offsetter 출력 속성을 각 Set Vector Parameter의 값 입력 속성에 연결한다.

7. **Reverse Direction**을 사용하는 주된 이유는 벽을 다른 방향으로 향하게 하면서 복제하기 위해서다. 그렇지 않으면 새로 생성된 벽이 원래 벽과 동일한 위치 선을 따라 정렬된다. 그림과 같이 모든 것이 연결돼 있는지 확인한다.

8. 다음 단계는 **Dimension Offset** 변수를 **Offsetter** 매크로 **Offset** 입력 핀에 연결해 마무리하는 것이다.

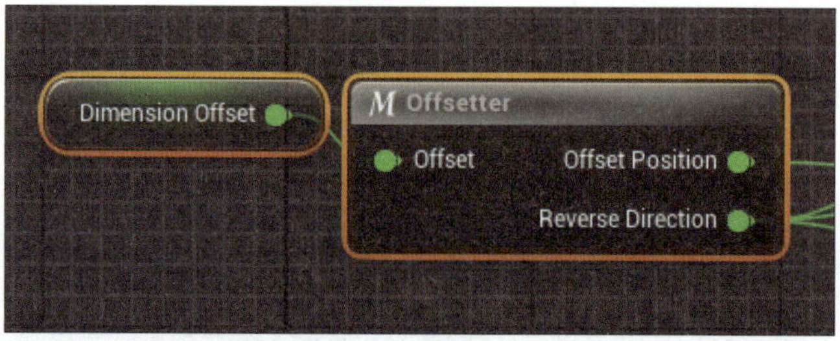

그림 7.55 Dimension Offset float 변수를 Offsetter 매크로에 연결한다.

9. 벡터 파라미터의 모든 실행 핀을 **Construction Script** 탭에 연결한다. 블루프린트를 컴파일하고 진행 상황을 저장한다.

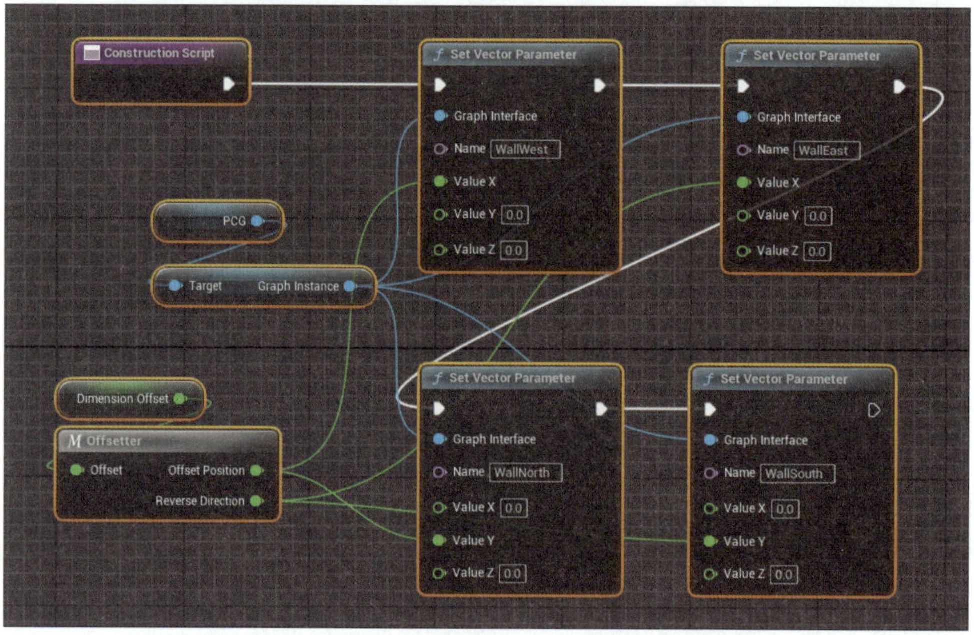

그림 7.56 Construction Script 그래프 내부에서 연결된 노드들의 최종 구조 살펴보기

10. `PCG_BuildingStructure`의 PCG 그래프로 돌아간다. **Merge Points** 노드에 연결된 **Transform Points** 노드에서 **D** 키를 눌러 디버그 모드를 활성화한다.

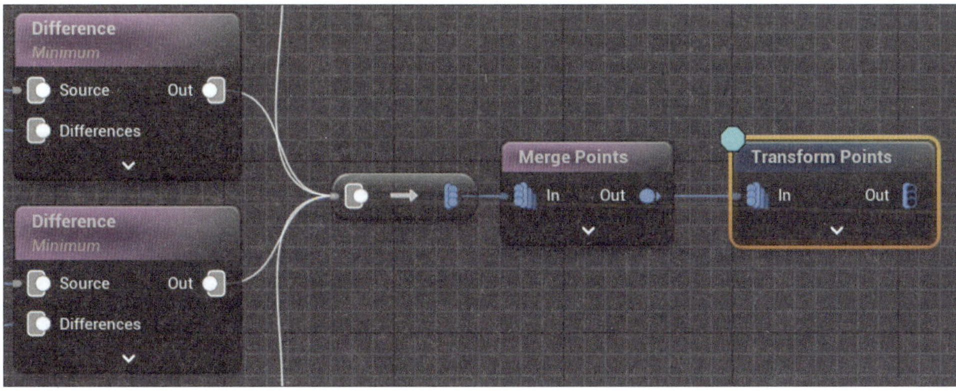

그림 7.57 디버그 모드를 활성화해 진행 상황을 씬에서 미리 보기

11. 흰색 큐브가 각 면에 올바르게 나타나기 시작했다. 이제 네 면에 모두 벽이 생성되는 기반을 만들었다!

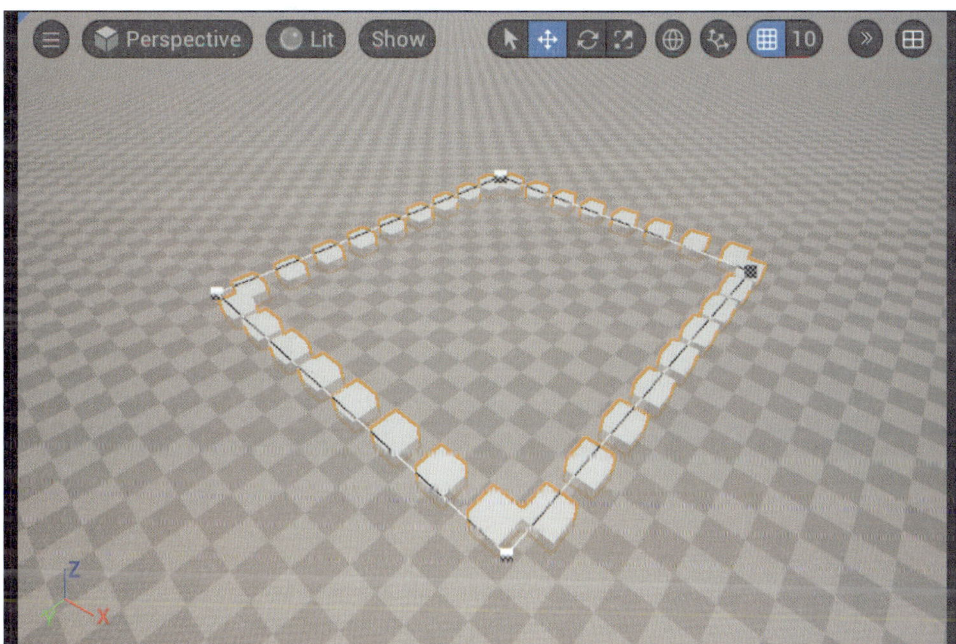

그림 7.58 씬에서 4개의 벽면 미리보기

12. **Transform Points** 노드에서 디버그 모드를 끄자. 또한 PCG 그래프의 그래프 끝에 **Static Mesh Spawner** 노드를 추가하자.

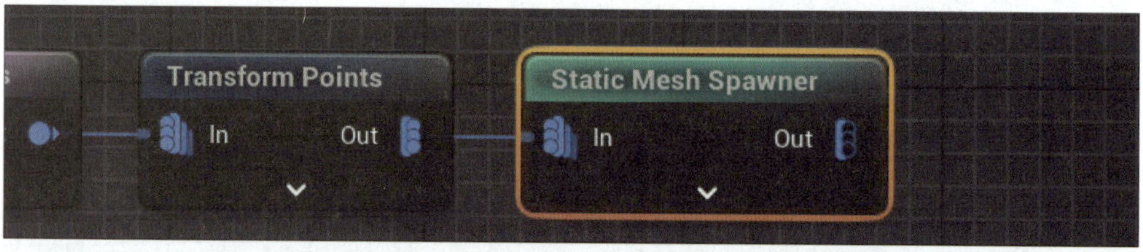

그림 7.59 Static Mesh Spawner 노드를 Transform Points 노드에 연결하기

13. **Static Mesh Spawner** 노드를 선택한 상태에서 오른쪽 패널로 이동한다. **Mesh Selector ➤ Mesh Entries**에서 배열 요소를 추가하고 `SM_WallCube` 스태틱 메시를 삽입한다.

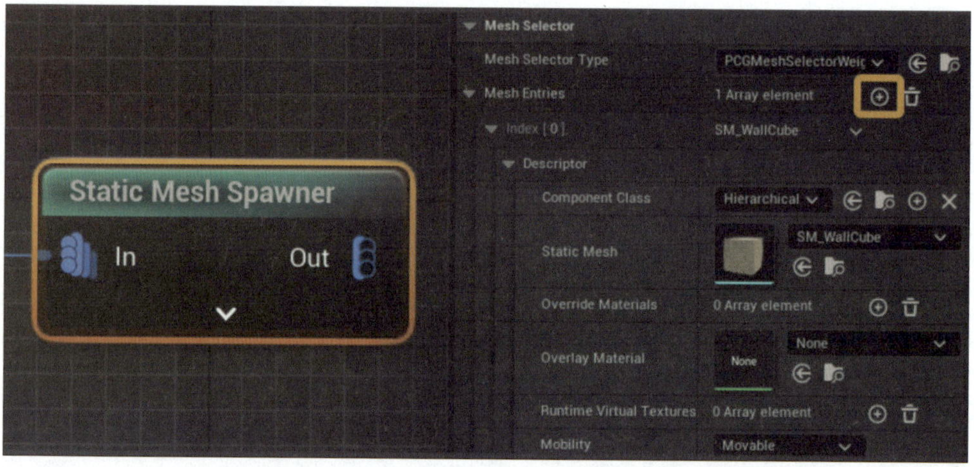

그림 7.60 Mesh Entries 하나를 추가하고 SM_WallCube 스태틱 메시를 지정한다.

14. 뷰포트 씬에 4개의 벽면이 모두 만들어졌다! 물론 단계가 더 남아 있지만, 올바른 방향으로 나아가고 있다는 좋은 신호다!

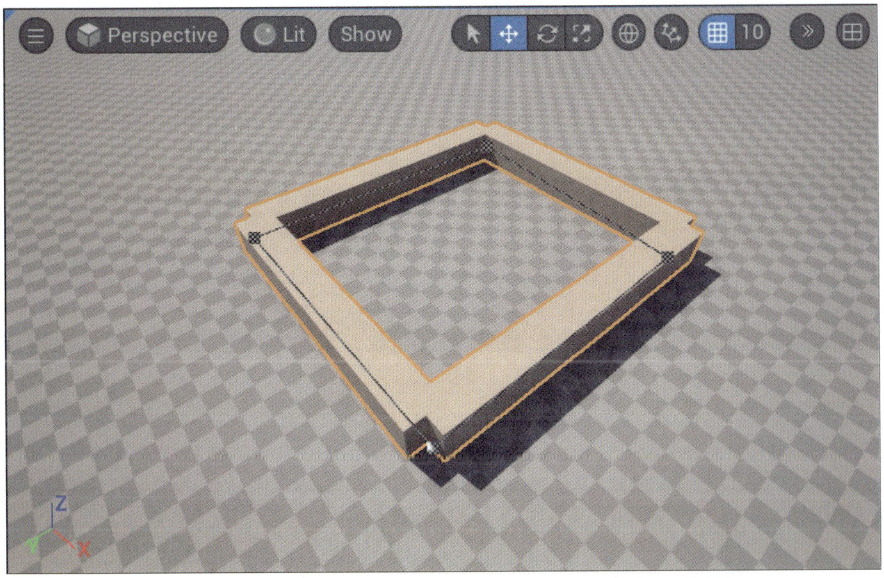

그림 7.61 Static Mesh Spawner 노드에 SM_WallCube를 지정한 후의 결과

오프셋 지오메트리 수정

구조물의 모서리를 수정하자. 다시 말해 Spline 컨트롤러의 오프셋 지오메트리를 수정하는 것이다. 아주 간단한 수정이므로, PCG 그래프로 돌아가서 파라미터를 하나 더 추가해보자.

1. PCG 그래프의 오른쪽 상단에서 **Graph Settings**를 클릭하고, 오른쪽 패널의 **Instance** 탭에서 새 파라미터를 추가한다. **Vector** 변수인지 확인한 다음, 이름을 `FixingPivot`으로 변경한다.

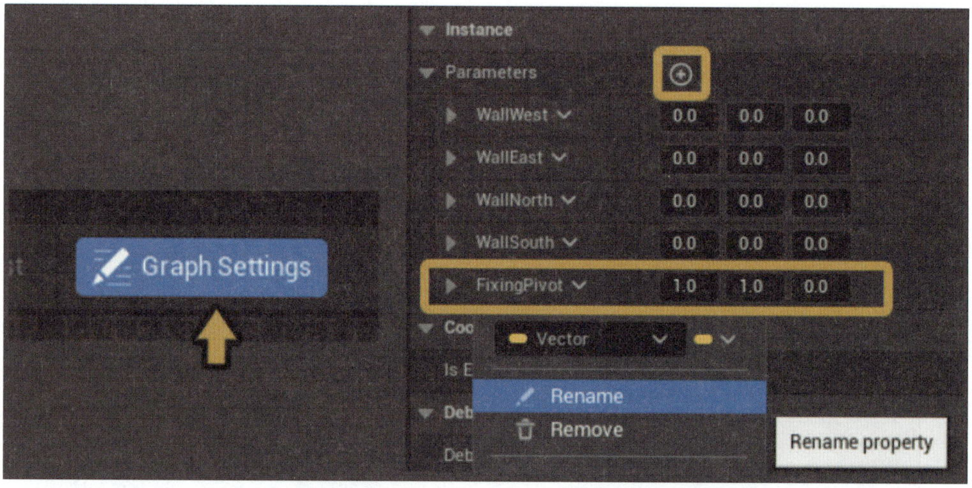

그림 7.62 Graph Settings 패널에 FixingPivot 벡터 파라미터 추가하기

2. 다음 단계는 `FixingPivot` 변수를 그래프에 적용하는 것이다. 이 변수를 **Transform Points** 노드의 **Offset Min** 및 **Offset Max** 입력에 모두 연결한다.

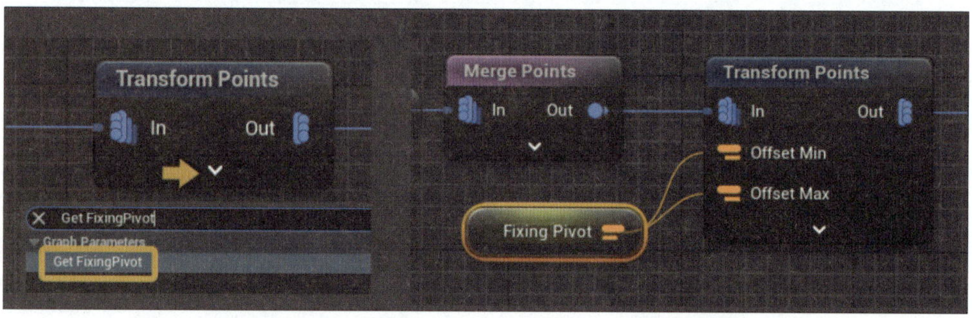

그림 7.63 FixingPivot 노드를 Transform Points 노드에 연결하기

3. `BP_BuildingStructure` 액터 블루프린트로 돌아가서 **Construction Script** 그래프 안에 **Set Vector Parameter** 노드를 하나 더 추가해보자. 노란색 **Value** 입력 핀을 마우스 오른쪽 버튼으로 클릭하고 **Split Struct Pin**을 선택한다. **Name** 핀 탭에서 `FixingPivot`을 입력한다.

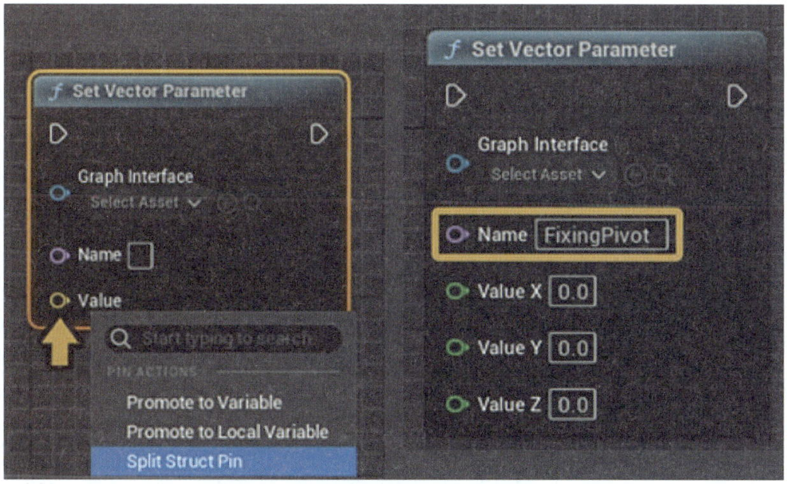

그림 7.64 Name 섹션에 Set Vector Parameter 노드와 FixingPivot을 추가한다.

4. **Offsetter** 매크로를 사용해 **DimensionOffset** 변수와 연결해보자. **Set Vector Parameter**에 X 값을 사용할 예정이므로 **Offsetter**의 **ReverseDirection** 출력을 X 값에 연결한다.

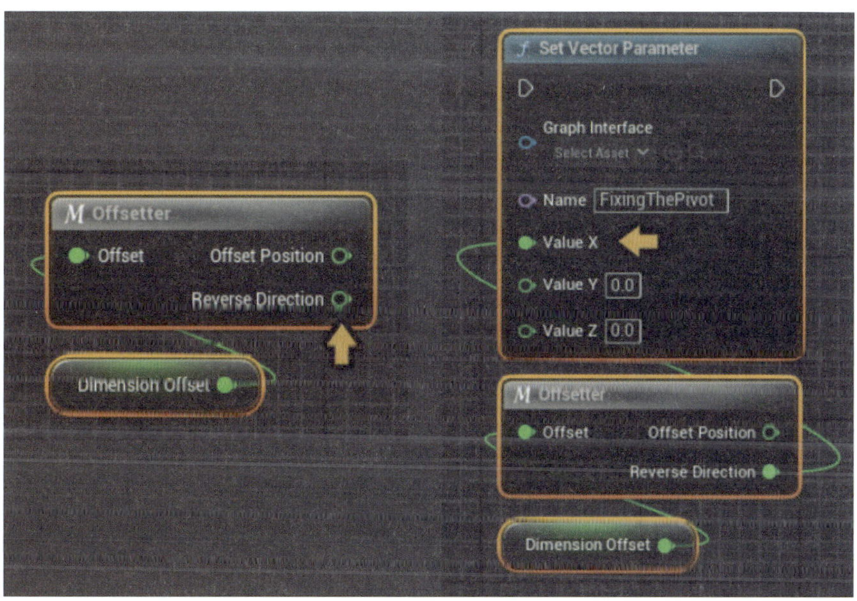

그림 7.65 Offsetter 매크로의 ReverseDirection 출력을 Set Vector Parameter의 X 값에 연결한다.

5. **Graph Instance** 노드를 **Set Vector Parameter** 노드에 연결하고 **Set Vector Parameter** 노드를 실행 핀에 연결한다.

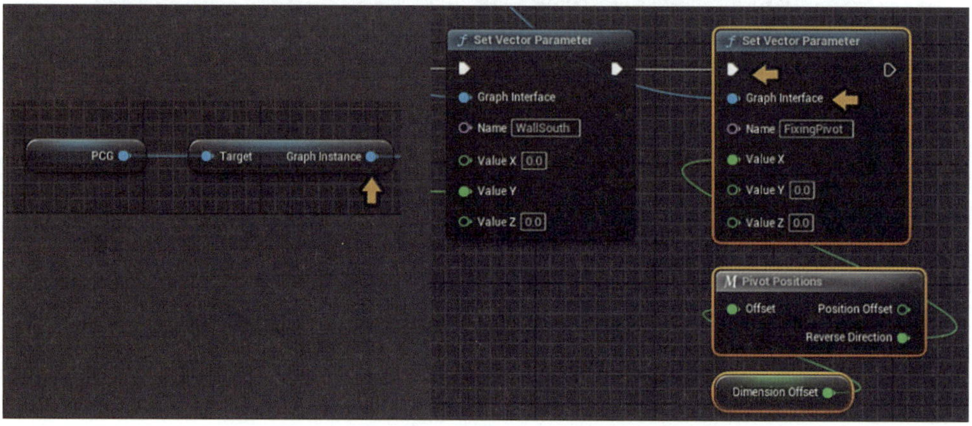

그림 7.66 Graph Instance 노드를 Set Vector Parameter 노드의 Graph Instance 입력에 연결한 다음, 실행 핀을 연결한다.

현재 벽의 모양은 여전히 정렬이 잘못돼 건물 모서리에 틈이 남아 있다. 이 문제를 해결하기 위해 PCG 그래프에 다른 명령을 추가하겠지만, 이 장의 마지막 부분에서 처리할 것이다. 다음으로는 이 명령을 PCG 그래프와 `BP_BuildingStructure` 액터 블루프린트에 추가해 본다.

1. PCG 그래프에서 오른쪽 상단으로 이동해 **Graph Settings**를 클릭한다. 벡터 변수 파라미터 하나를 추가하고, 이름을 `WallOffset`으로 바꾼다. 값은 `0`으로 설정한다.

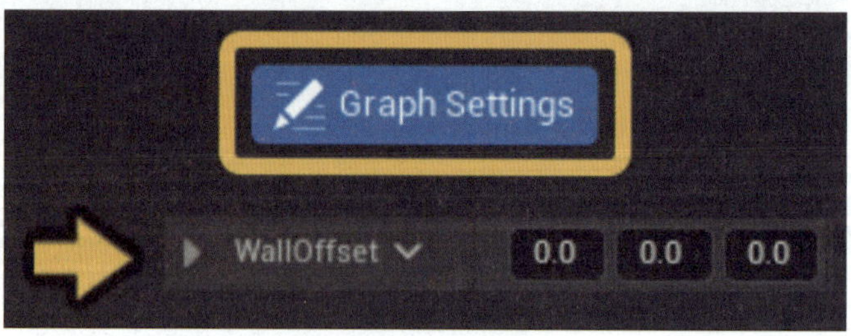

그림 7.67 Vector 변수를 추가하고 WallOffset 파라미터 이름을 바꾸기

2. 이제 그래프에 **WallOffset** 파라미터와 **Transform Points** 노드를 추가할 수 있다. **WallOffset**을 각각 **Offset Min**과 **Offset Max**에 연결한다.

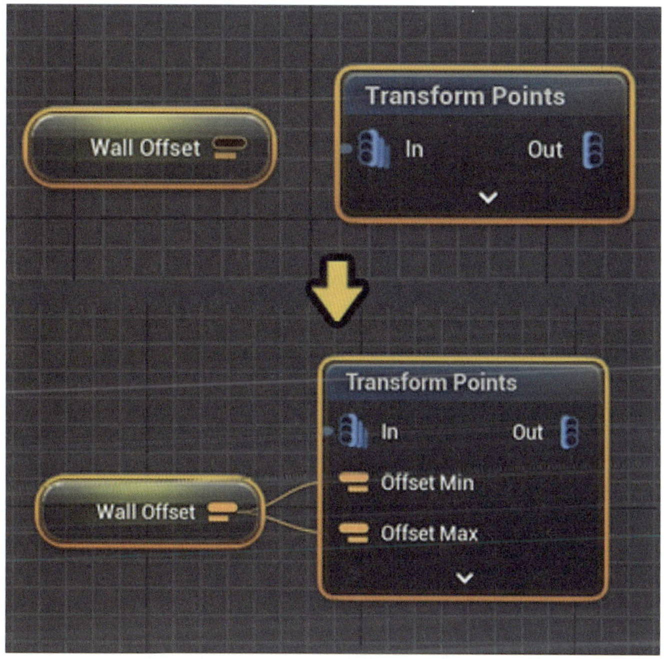

그림 7.68 WallOffset 벡터 파라미터를 Transform Points 노드의 Offset Min 및 Offset Max 입력에 연결하기

이 노드 구조를 나중에 **Static Mesh Spawner** 노드에 연결하겠다. 일단 지금은 다음 절로 넘어가서 수직 확장vertical expansion을 다룰 것이다.

우리는 빠르게 진전하고 있다! 튜토리얼의 다음 절에서는 PCG 그래프에 추가적으로 노드를 적용해본다. 이 노드들을 사용하면 층 수에 따라 건물 구조를 수직으로 구성할 수 있다.

수직 확장

이 절에서는 액터 블루프린트에서 사용할 PCG 그래프 내의 **Graph Settings** 탭에서 파라미터를 추가하는 방법을 살펴본다. 액터 블루프린트로 들어가기 전에 PCG 그래프에 노드를 몇 개 더 추가하고 기존 그래프와 연결해보자.

1. PCG 그래프 내에서 **Graph Settings**로 이동한다. **Height**와 **CopyTransform** 변수라는 2개의 파라미터를 추가해보자. 두 변수를 모두 **Vector**로 설정한다. 이 변수는 위쪽으로 구성되는 새 벽을 만드는 데 중요한 역할을 한다!

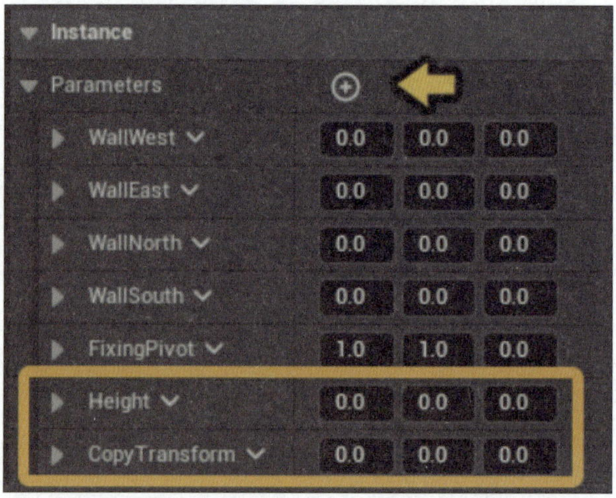

그림 7.69 Height와 CopyTransform 파라미터 추가하기

2. `BP_BuildingStructure` 액터 블루프린트를 열고 **Set Vector Parameter** 노드 2개를 추가한다. 노드 안의 **Name** 필드에 올바른 이름인 `Height`와 `CopyTransform`을 입력한다.

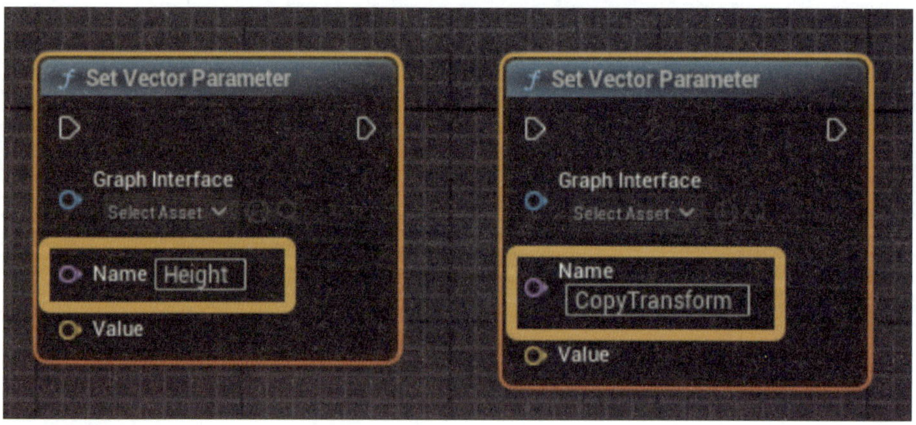

그림 7.70 각 Set Vector Parameter 노드에 대한 Height 및 CopyTransform 이름 추가하기

3. **Set Vector Parameter** 노드에서 **Height** 변수를 담당하는 섹션을 찾는다. **Value**를 마우스 오른쪽 버튼으로 클릭하고 **Split Struct Pin** 옵션을 선택한다. 구조물의 높이는 수직이므로 **Z** 값만 사용한다!

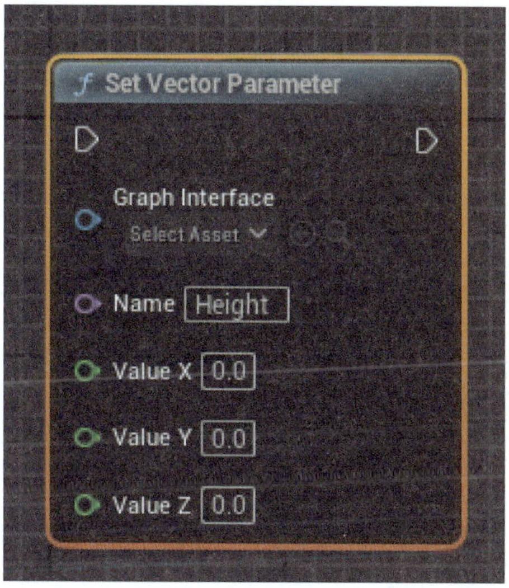

그림 7.71 Height Set Vector Parameter 노드의 Split Struct 핀

4. 두 변수(Dimension Offset과 NoOfFloors)를 그래프로 끌어다 놓는다. 마우스 오른쪽 버튼을 클릭하고 **Multiply** 노드를 추가한 다음, 다른 두 노드와 연결한다. 이렇게 하면 벽 구조를 복제하고 위로 쌓을 수 있다!

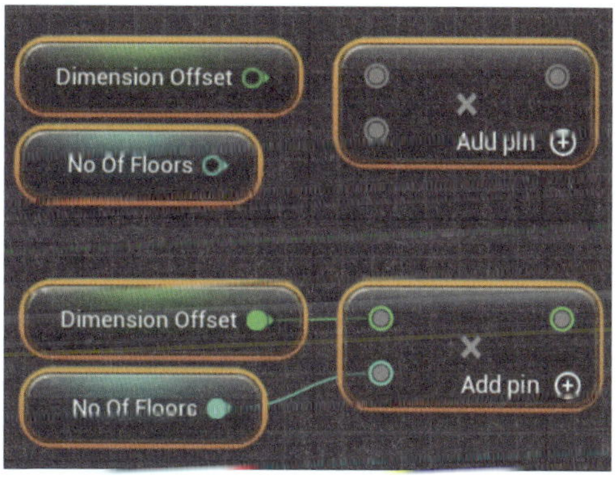

그림 7.72 Dimension Offset float 변수와 No Of Floors integer 변수 노드를 추가한 후 Multiply 노드의 입력에 연결한다.

5. 이제 그림 7.73에 표시된 것처럼 해당 노드를 **Set Vector Parameter** 노드의 **Z** 값에 연결해보자!

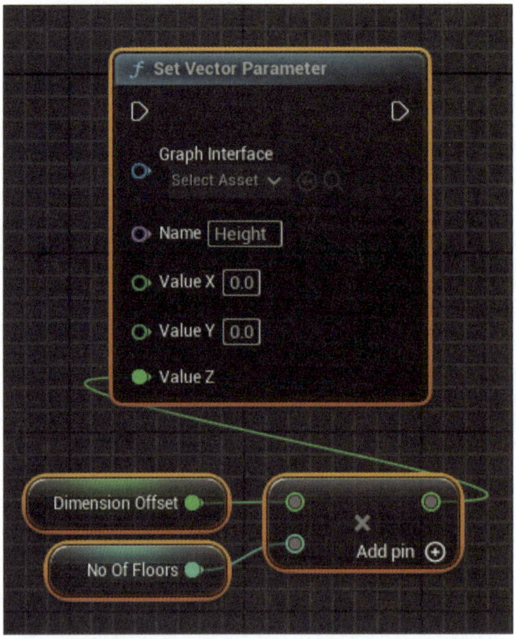

그림 7.73 새로 생성된 노드 구성을 Height Set Vector Parameter 노드의 Value Z 입력에 연결한다.

6. 위로 이동할 때 흩어져버리는 벽을 수정하려면, **GetActorLocation** 노드와 **Multiply** 연산자를 **CopyTransform**이라는 이름으로 **Set Vector Parameter** 노드에 추가한다. **Multiply** 노드에서 두 번째 입력 핀을 우클릭하고 **To Float (single-precision)** 입력 값으로 변경한다. 이렇게 하면 `BP_BuildingStructure` 액터 블루프린트에서 여러 층을 다룰 때 벽이 일직선을 유지한다. **Multiply** 노드 안에는 `-1.0` 값(float)을 넣어야 한다. 이제 이 노드를 **Set Vector Parameter** 노드의 **Value** 입력에 연결해보자!

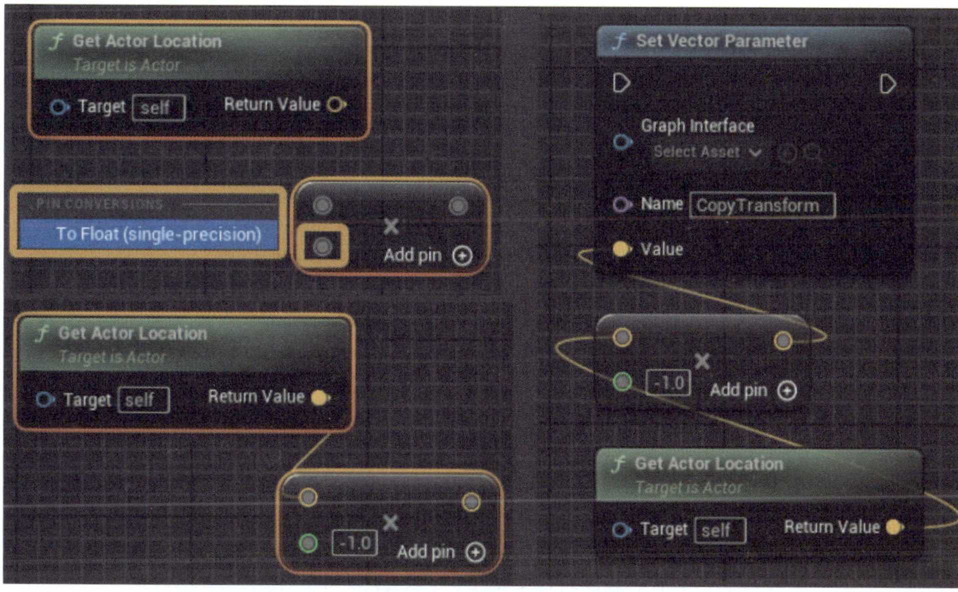

그림 7.74 입력 노드를 To Float (single–precision) 노드로 변환해 Get Actor Location 반환 값에 연결한 다음, Multiply 노드를 Value 입력에 연결한다.

7. **Height** 변수를 사용하는 **Set Vector Parameter** 노드를 앞선 예제의 **Set Vector Parameters** 노드와 액터 블루프린트 내의 **PCG Graph Instance** 노드에 연결해 그래프의 흐름을 유지한다. 이 구성을 통해 **Height** 변수가 그래프 시퀀스에서 올바르게 적용되고 활용된다. **CopyTransform** 벡터 파라미터에 대해서도 동일한 과정을 반복한다.

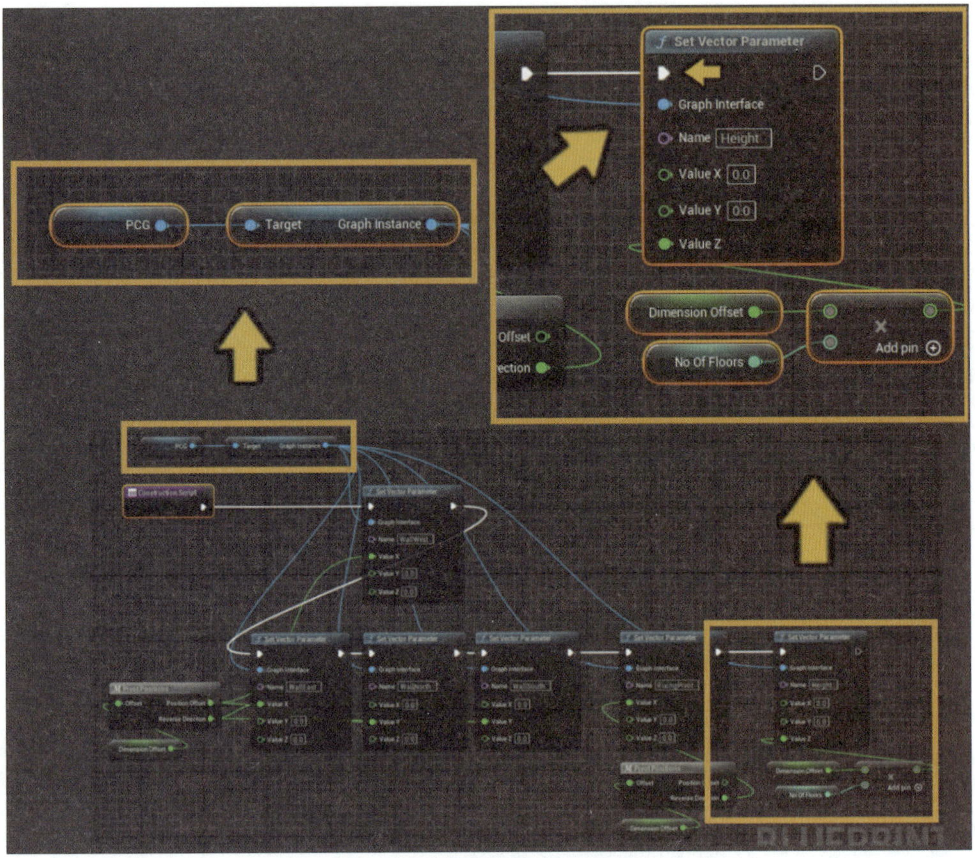

그림 7.75 Height Set Vector Parameter 노드에 대한
Graph Instance 노드의 올바른 연결을 나타내는 단순화된 그래프 구조

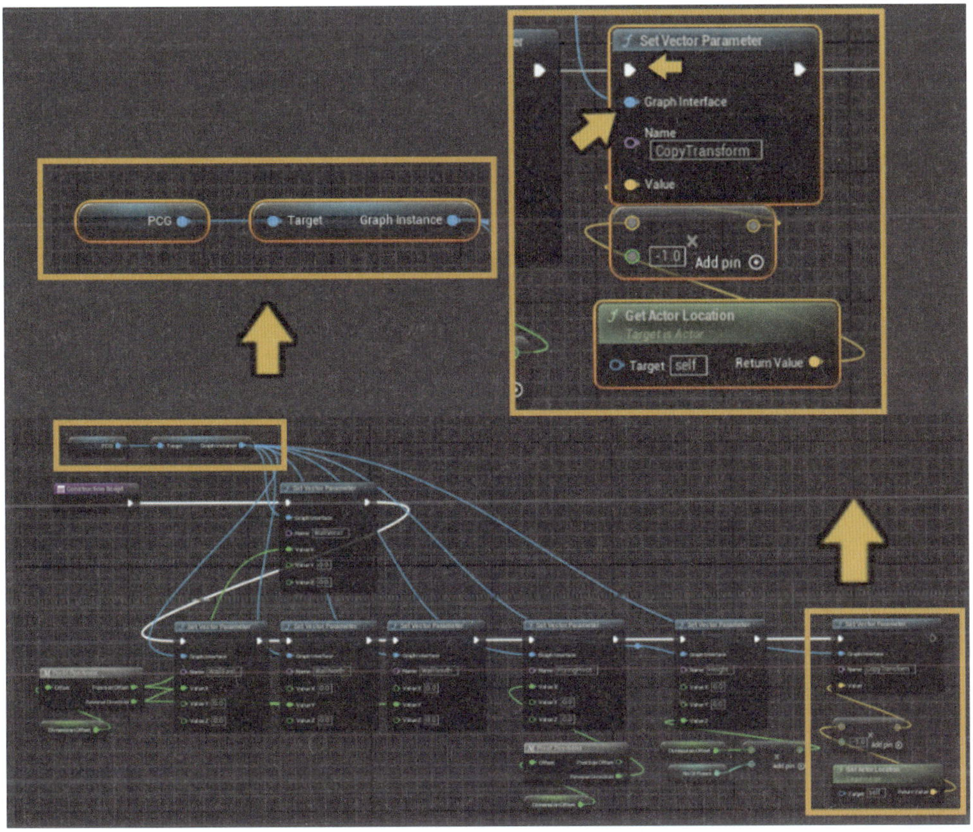

그림 7.76 CopyTransform Set Vector Parameter 노드에 대한
Graph Instance 노드의 올바른 연결을 나타내는 단순화된 그래프 구조

8. **Set Vector Parameter** 노드를 하나 더 추가해보자. **Value** 입력을 마우스 오른쪽 버튼으로 클릭하고 **Split Struct**를 **Float**으로 설정한다. **Name** 필드에 PCG 그래프의 파라미터 이름과 일치하는 `WallOffsetPivot`을 입력한다

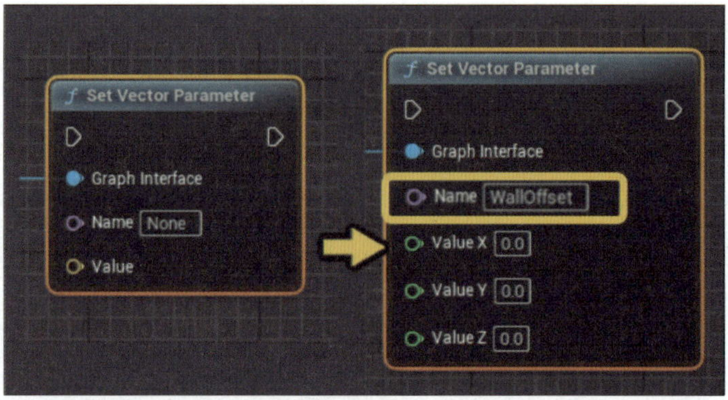

그림 7.77 Name 입력을 None에서 WallOffset으로 변경하기

9. 2개의 새 변수를 추가하고, 이름을 **HeightGap**과 **WallOffset**으로 지정한 후 퍼블릭으로 설정한다. **HeightGap** 변수는 수직 확장될 때 바닥 사이의 간격을 메우는 데 사용된다.

그림 7.78 2개의 float 변수를 추가하고 값 바꾸기

10. **Offsetter** 매크로 함수를 드래그하고 **WallOffset** 변수를 **Offset** 입력에 연결한다. 그런 다음, **Offset Position** 출력을 **Set Vector Parameter** 노드의 **Value X** 입력에 연결한다.

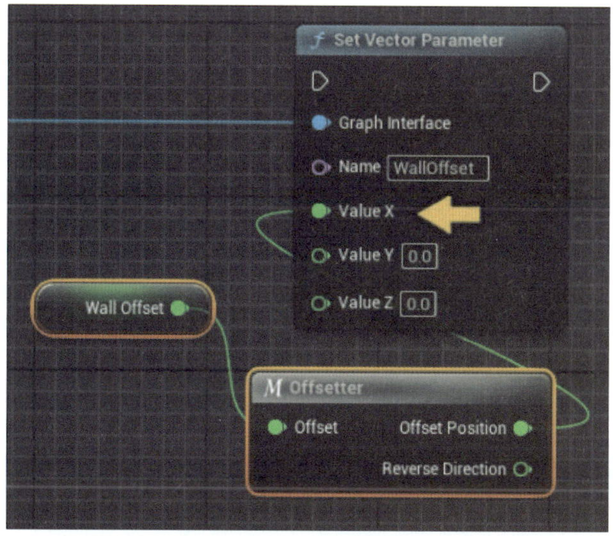

그림 7.79 Offsetter의 Offset Position 출력을 Value X에 연결한다.

11. 마지막 단계는 다음 그림과 같이 **Copy Transform** 명령에 대한 **Set Vector Parameter** 노드의 바로 뒤에 있는 나머지 연속 체인에 **Set Vector Parameter** 노드를 연결하는 것이다. 연결이 완료되면 `BP_BuildingStructure` 블루프린트를 저장하고 컴파일한다.

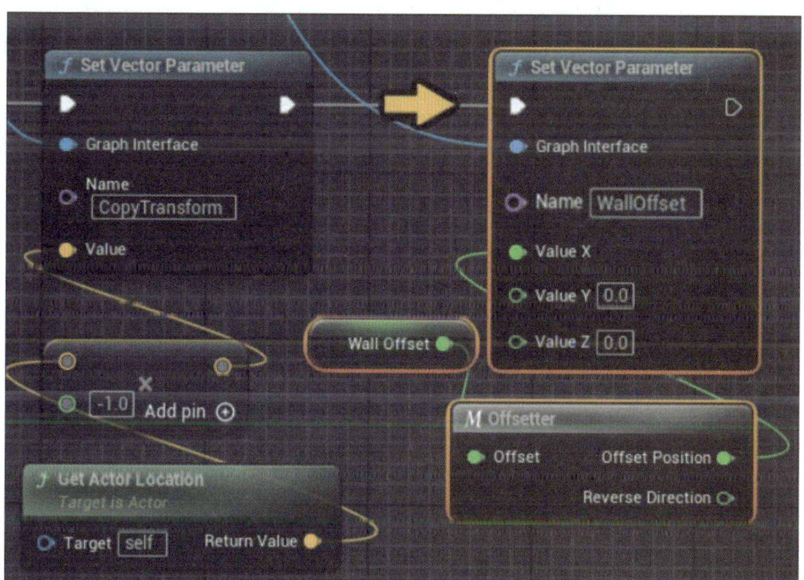

그림 7.80 Set Vector Parameter 노드를 서로 연결해 연속 체인 형성하기

벽 복제하기

`PCG_BuildingStructure` 그래프에서 작업을 재개해 구성해보자. 그래프의 다른 부분을 개발하는 데 집중할 것이다.

이번에는 층 수에 따라 벽을 수직으로 복제하는 데 중점을 둘 것이며, 이는 PCG 그래프를 사용해 구현할 수 있다. 이 기능을 구현하기 위해 PCG 그래프에 대한 작업을 진행해보자.

1. PCG 그래프에 **GetActorData**, **MergePoints**와 2개의 **TransformPoints** 노드를 추가한다.

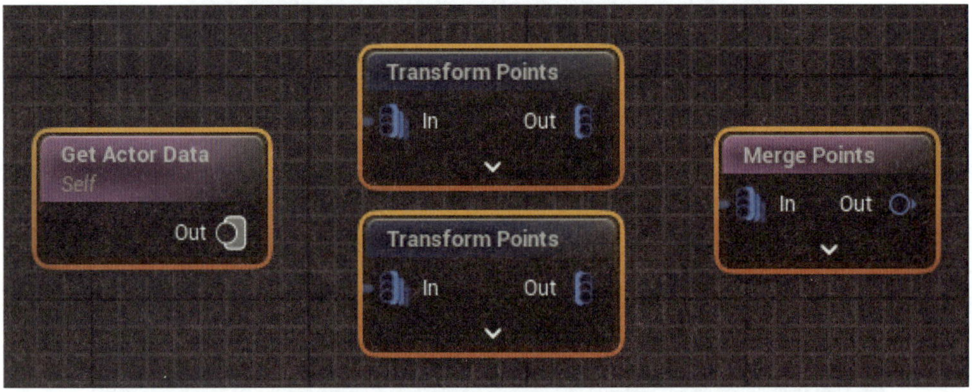

그림 7.81 PCG 그래프 내부에 노드 추가하기

2. **Get Actor Data** 노드를 선택하고, 오른쪽의 **Data Retrieval Settings** 아래에서 **Mode**를 **Get Single Point**로 변경한다. 이렇게 하면 액터 트랜스폼과 바운드가 있는 액터 하나당 하나의 포인트를 생성하는 데 도움이 된다.

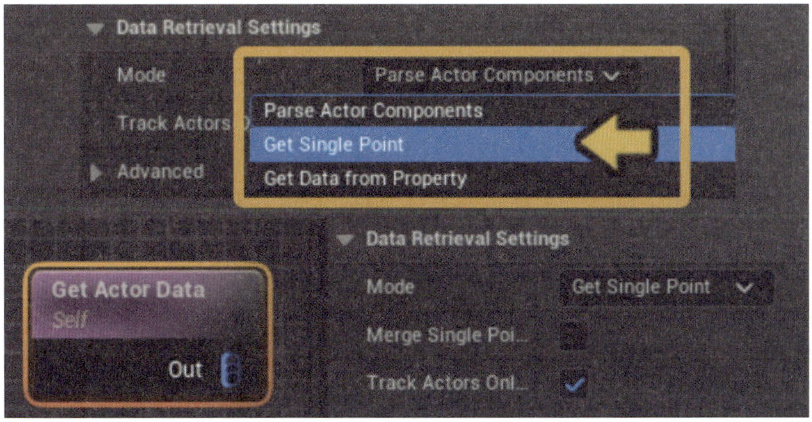

그림 7.82 Get Actor Data 노드에서 Get Single Point로 모드 변경하기

3. 모든 노드를 연결해 미니 그래프를 만든다. 이 그래프에 **Height** 벡터 파라미터를 추가하고 하단 **Transform Points** 노드의 **OffsetMin** 및 **OffsetMax** 입력에 연결해보자.

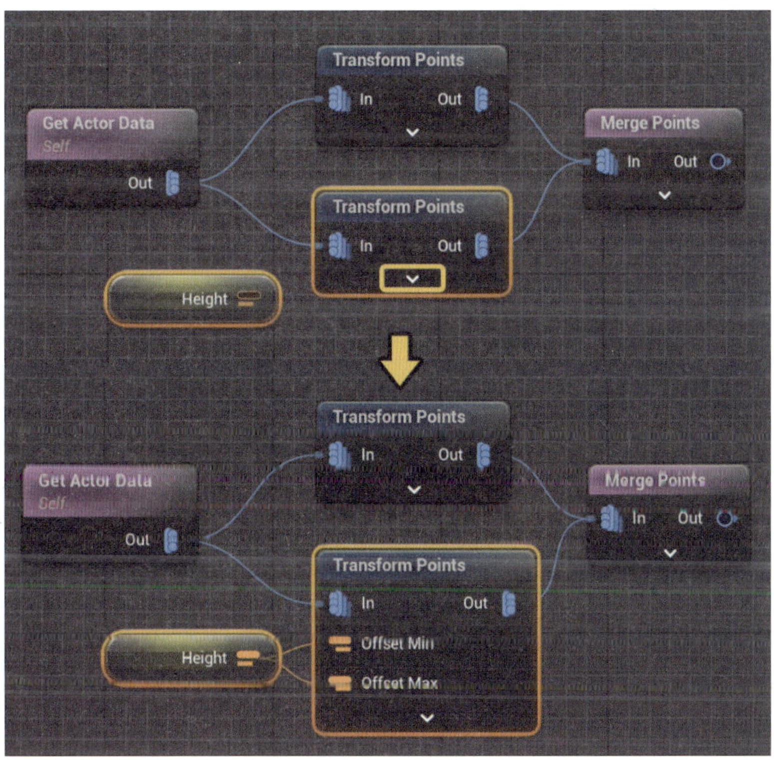

그림 7.83 Transform Points 노드 내부의 OffsetMin 및 OffsetMax 입력 속성에 Height 속성 노드를 연결한다.

4. 그래프에 노드를 몇 개 더 추가해보자. 그래프에 **Create Spline** 및 **Spline Sampler** 노드를 추가한다.

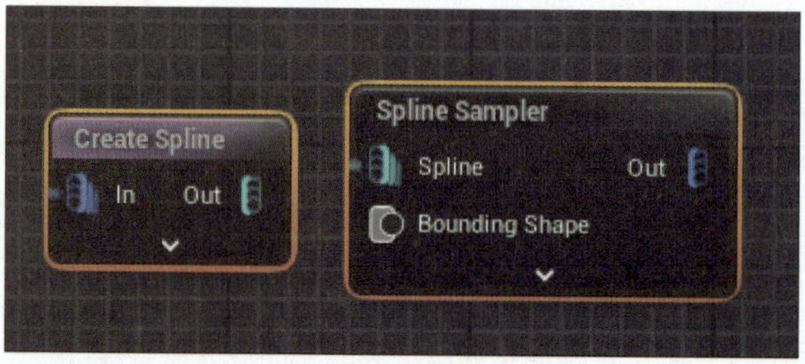

그림 7.84 PCG 그래프 안에 Create Spline 및 Spline Sampler 노드를 추가한다.

NOTE

일부 노드에서 가끔 오류나 경고 메시지가 나타날 수 있다. 이는 언리얼 엔진이 노드를 제대로 새로 고침하지 못하는 결함 때문인 경우가 많다. 일반적으로 이러한 문제는 그래프에 해를 끼치지 않으며, 노드를 수동으로 새로 고침하거나 필요한 경우 에디터를 재시작하면 해결할 수 있다.

5. **Spline Sampler** 노드를 선택하고, **Settings** 패널에서 **Dimension**을 **On Spline**으로 변경한다. **Mode** 설정을 **Distance**로 변경하고 **Distance Increment** 값을 `200`으로 설정한다. 이 값은 각 층에 수직으로 생성된 새 벽 사이의 간격이다. **Unbounded** 설정도 반드시 활성화한다.

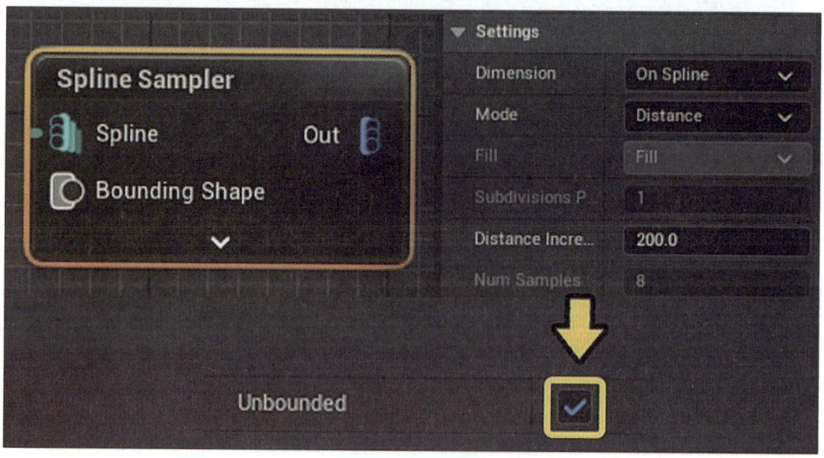

그림 7.85 Dimension을 On Spline으로 설정하고 Mode를 Distance로 설정한다.

6. 그림 7.86과 같은 방식으로 모든 노드를 연결한다!

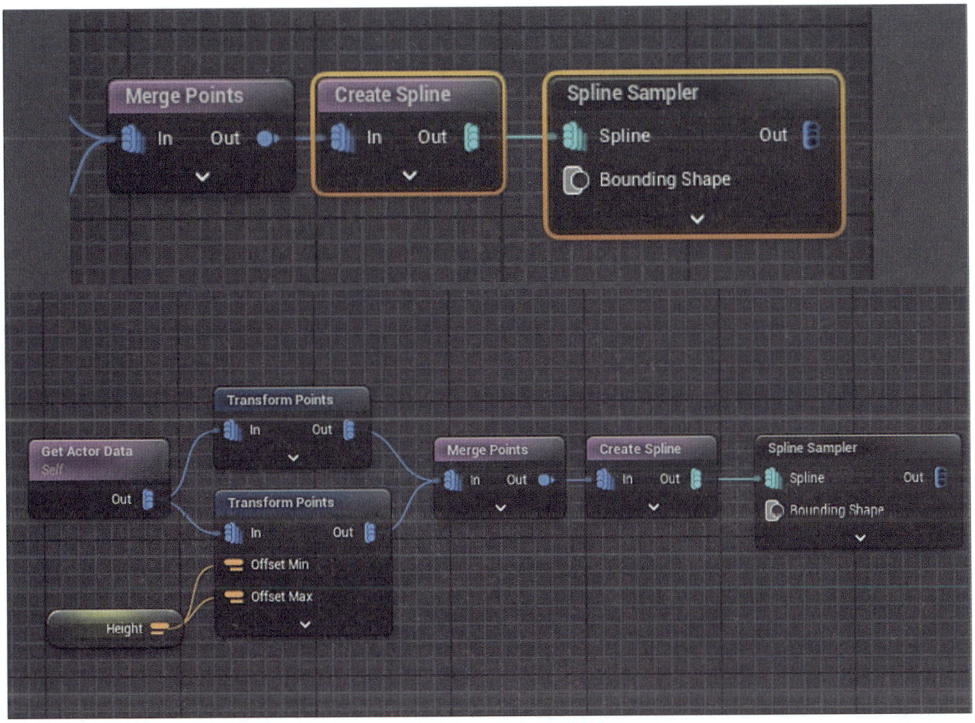

그림 7.86 Merge Points, Create Spline, Spline Sampler의 연결

7. 마무리를 위해 PCG 그래프에 파라미터를 하나 더 추가해보자. PCG 그래프에서 마우스 오른쪽 버튼을 클릭하고 **Get Actor Property** 노드를 추가한다. 오른쪽의 **Settings** 아래에서 **Property Name**을 **HeightGap**으로 변경해 `BP_BuildingStructure` 블루프린트에서 생성한 변수 이름과 일치하도록 한다.

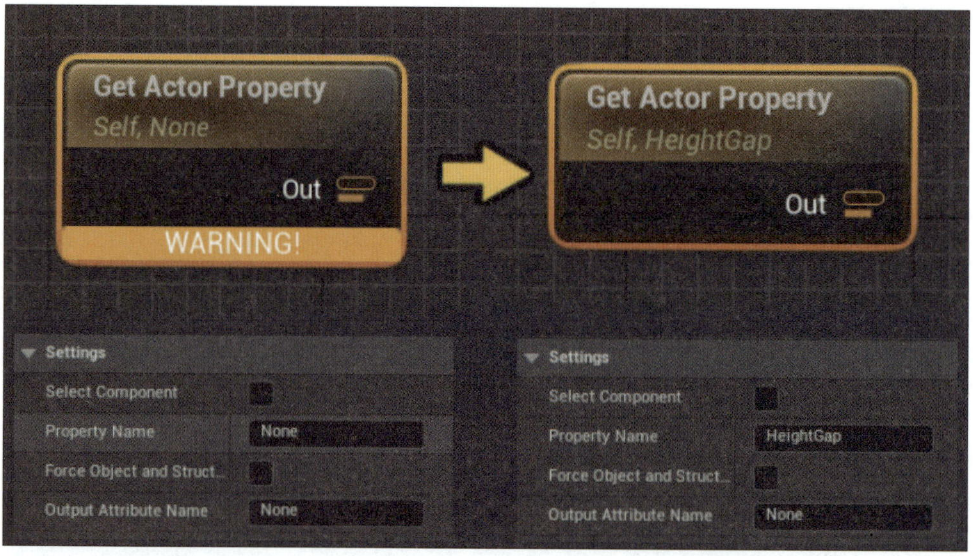

그림 7.87 Get Actor Property를 추가하고 Property Name을 HeightGap으로 변경하기

Spline Sampler의 **Distance Increment** 입력에 **GetActorProperty** 노드를 연결한다.

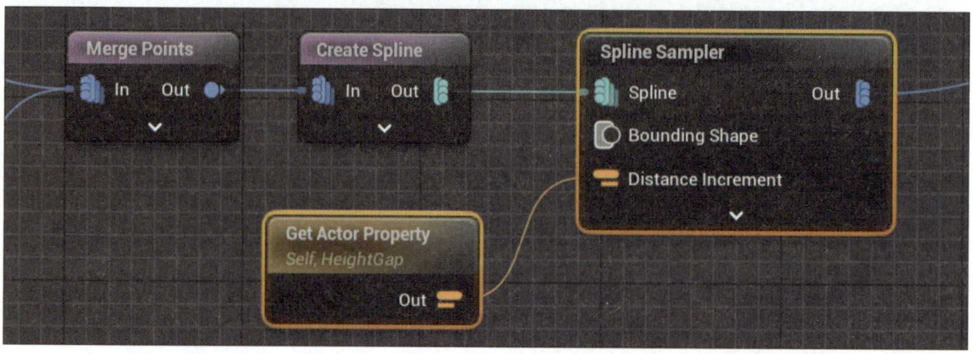

그림 7.88 Spline Sampler 노드의 Distance Increment 출력에 Get Actor Property를 연결하기

이제 건물의 높이 간격을 제어하는 것뿐 아니라, 새로운 스태틱 메시가 스폰될 때 높이 차이를 더 잘 조정할 수 있도록 하기 위한 작업을 마쳤다. 다음 파트에서는 벽을 구현해 건물 구조에 생명을 불어넣는 단계를 진행해보자!

벽면 메시 적용

이번 단계에서는 높이(height) 포인트를 복사한 후 포인트에 벽 메시를 적용하는 데 중점을 둔다. 이렇게 하면 지정된 층 수에 따라 벽을 수직으로 스폰할 수 있다. 높이 데이터를 사용해 벽 메시의 수직 복제를 결정하고, PCG 그래프에서 이를 효과적으로 쌓아 올려 건물의 층을 형성할 것이다.

1. 그래프에 **Copy Points** 및 **Transform Points** 노드와 **Copy Transform** 파라미터를 추가한다. **Copy Transform** 파라미터는 위쪽으로 스폰되는 벽의 위치를 결정하는 데 중요한 역할을 한다.

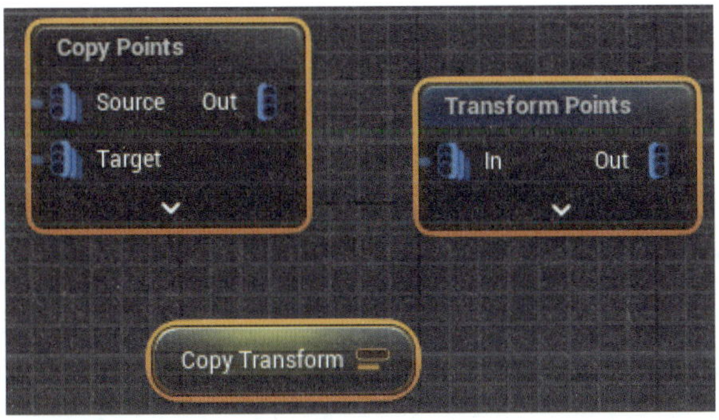

그림 7.89 PCG 그래프 안에 Copy Points와 Transform Points, Copy Transform 속성 노드를 추가한다.

2. **Copy Points** 노드를 선택한다. **Settings** 패널의 오른쪽에서 **Rotation Inheritance**를 **Target**으로 변경한다.

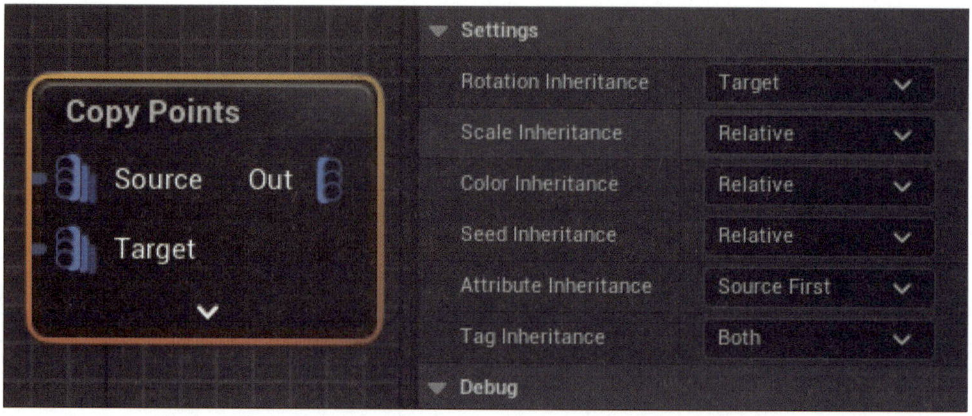

그림 7.90 Copy Points 노드의 Rotation Inheritance 설정을 Target으로 변경한다.

3. **Copy Transform** 파라미터를 **Transform Points** 노드의 **OffsetMin** 및 **OffsetMax** 입력에 연결한다.

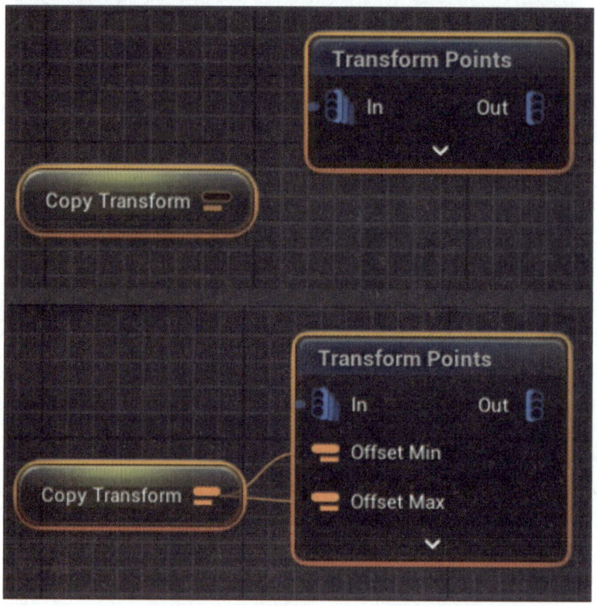

그림 7.91 Copy Transform 속성 노드를 Transform Points 노드의 OffsetMin 및 OffsetMax 입력에 연결한다.

준비가 완료되면 **Copy Points** 노드를 **Transform Points** 노드에 연결한다.

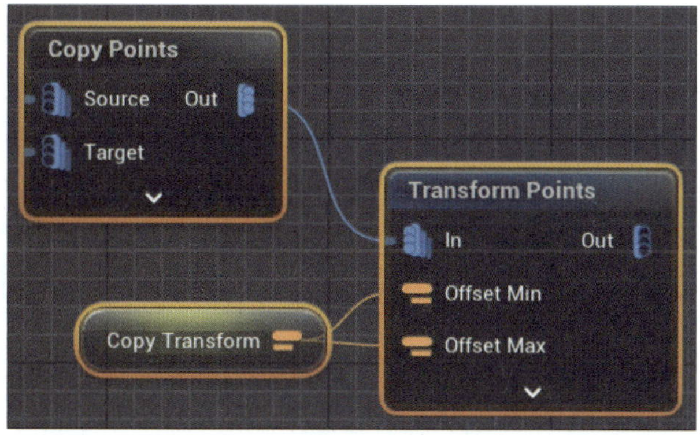

그림 7.92 Copy Points 출력을 Transform Points 입력에 연결한다.

4. 새 노드인 **Switch** 노드를 추가해보자! **Switch** 노드는 제어 흐름 메커니즘으로 작동한다. 특정 속성과 일치하는 선택에 따라 입력 데이터를 특정 출력으로 전달한다. 이 노드는 가변적인 조건이나 기준에 따라 그래프 내에서 데이터의 흐름을 동적으로 변경하는 데 필수적이다.

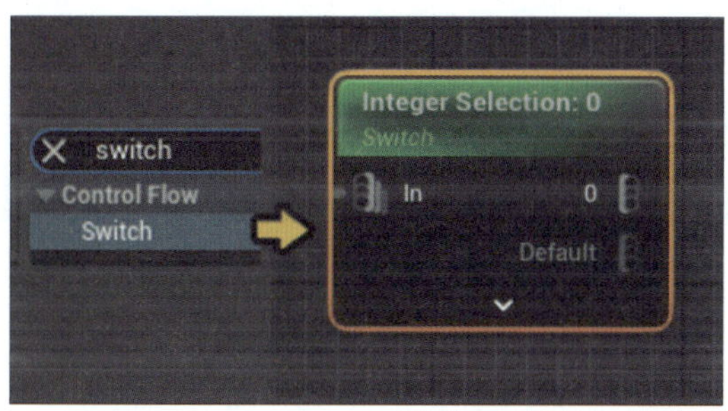

그림 7.93 PCG 그래프에 Switch 노드를 추가한다.

5. 앞서 **Fixing Pivot** 파라미터를 사용해 **Static Mesh Spawner** 노드를 **Transform Points**에 연결했던 섹션에서, 이제 **Static Mesh Spawner** 노드를 분리하고 그 부분에 **Switch** 노드를 추가해보자. **Switch** 노드는 여러 개의 브랜치와 중복 노드의 필요성을 줄여 복잡한 PCG 그래프를 관리하는 데 도움이 된다.

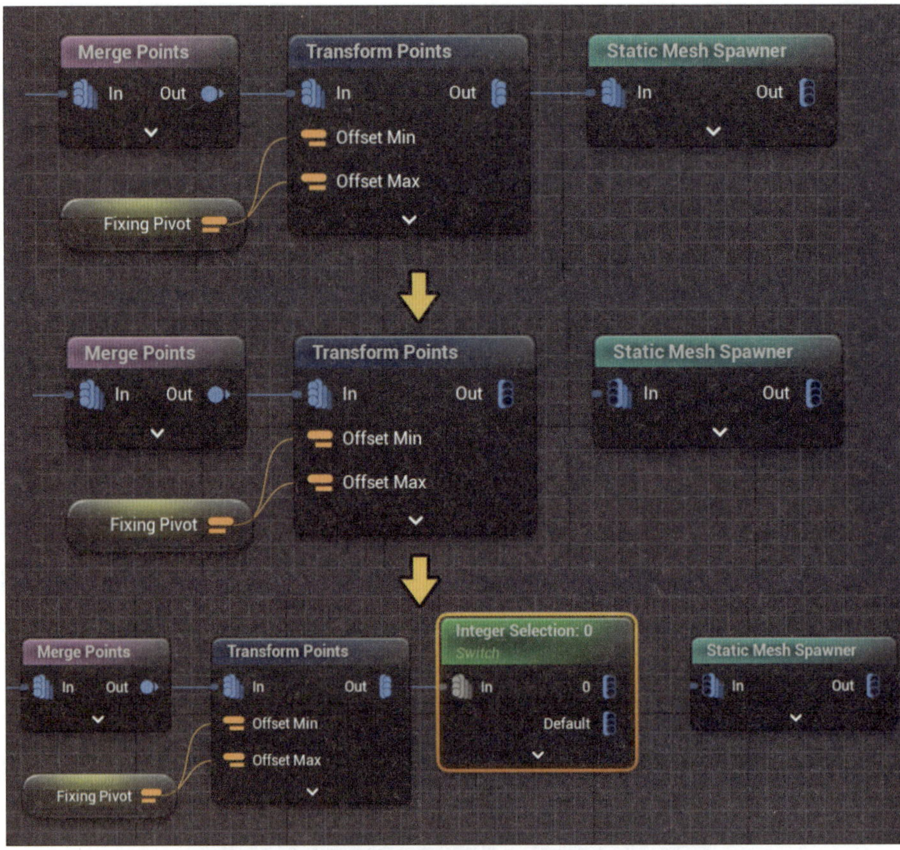

그림 7.94 Static Mesh Spawner 노드를 Transform Points 노드에서 분리하고 Switch 노드를 Transform Points 노드의 출력에 연결한다.

6. **Copy Points** 노드 섹션을 **Switch** 노드에 더 가까이 가져온다. **Switch** 노드의 0 출력을 **Copy Points** 노드의 **Target** 입력에 연결한다.

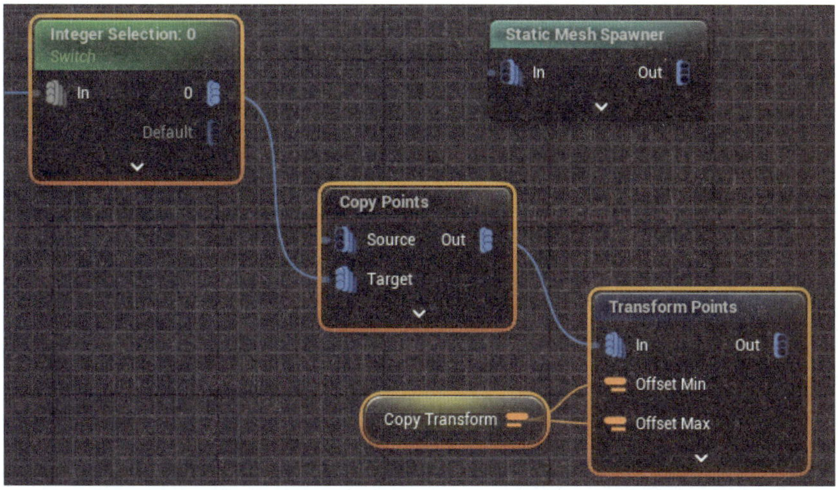

그림 7.95 Switch 노드의 출력을 Copy Points 노드의 Target 입력에 연결한다.

7. 그림 7.86으로 돌아가서 높이와 수직 구조를 위해 만든 그래프의 **Spline Sampler** 출력을 **Copy Points** 노드의 소스 입력과 연결한다.

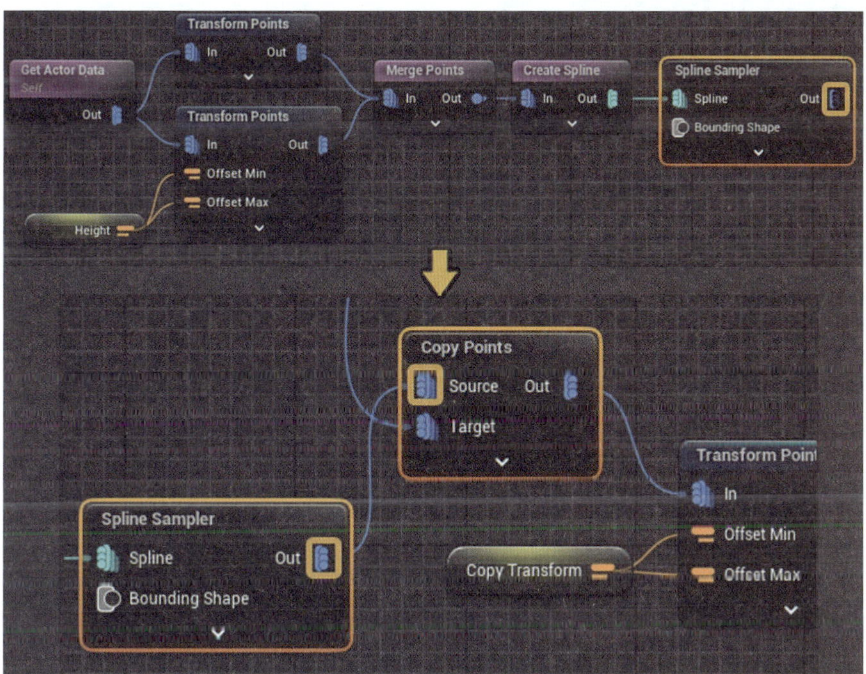

그림 7.96 Spline Sampler 노드의 출력을 Copy Points 노드의 소스 입력에 연결한다.

여기까지 연결된 모든 노드를 요약하면 다음과 같다. 층 수에 따라 포인트를 수직으로 복제하고, **Spline Sampler**의 **Distance Increment**에서 지정된 높이 값에 맞춰 포인트들을 정렬한다.

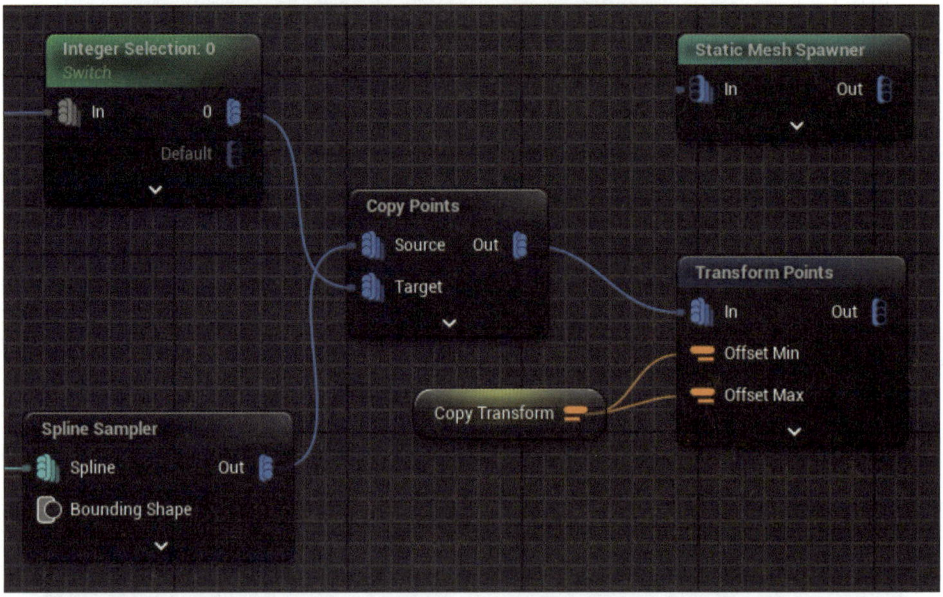

그림 7.97 PCG 그래프 내 Copy Points 구성의 최종 레이아웃

구조 마무리하기

다음 파트에서는 벽 사이에 창문을 위한 간격을 생성하는 데 도움이 되는 노드를 몇 개 추가함으로써 건물 예제 전체를 마무리한다. 이 경우 전체 그래프를 연결해 정리된 연결과 흐름을 형성하고, **Static Mesh Spawner** 노드를 그래프에 다시 연결할 것이다.

1. 그래프에 **Difference** 노드와 **Density Filter** 노드를 추가해보자.

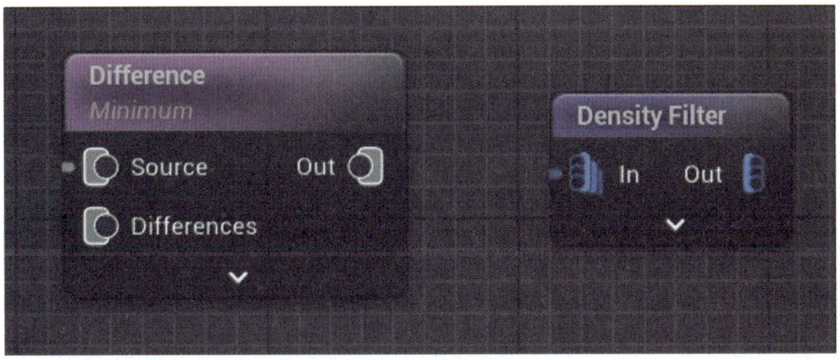

그림 7.98 PCG 그래프에 Difference 및 Density Filter 노드를 추가한다.

2. Content Browser의 PCG ➤ Blueprint 폴더에서 **SetToPoints** 블루프린트를 PCG 그래프 공간으로 끌어온다. 위 예제의 노드 옆에 배치한다.

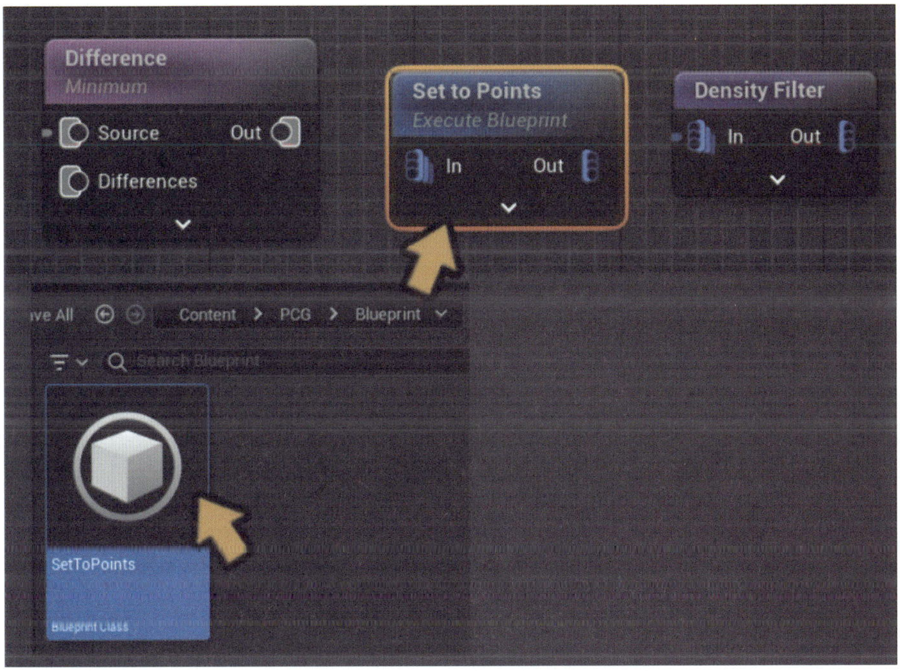

그림 7.99 PCG 그래프의 Difference 노드와 Density Filter 노드 사이에 SetToPoints PCG 블루프린트를 추가한다.

3. 모든 노드가 직선을 형성하도록 그림 7.100과 같이 노드를 연결한다.

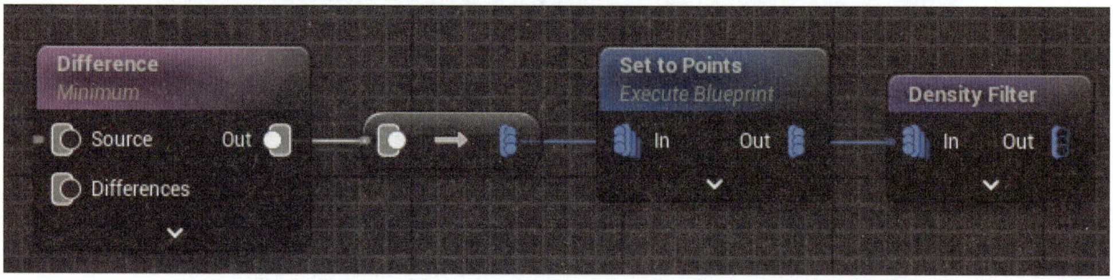

그림 7.100 Difference 노드의 출력을 SetToPoints 노드의 입력에 연결한 다음, SetToPoints 노드의 출력을 Density Filter 노드의 입력에 연결한다.

4. **SetToPoints** 노드를 사용하면, 창 포인트와 밀도 설정을 조정해 각 벽면의 창 주변 간격을 더 크게 만들 수 있다. **Density Filter** 노드도 비슷하게 작동하기 때문에 창 간격이 나타나는 빈도를 제어할 수 있다. **Lower Bound** 값을 `0.2`로 설정한다.

그림 7.101 SetToPoints 및 Density Filter 노드에 대한 설정 변경

5. 완료되면, 이전 예제에서 연결 해제했던 **Static Mesh Spawner** 노드를 **Density Filter** 출력에 연결한다.

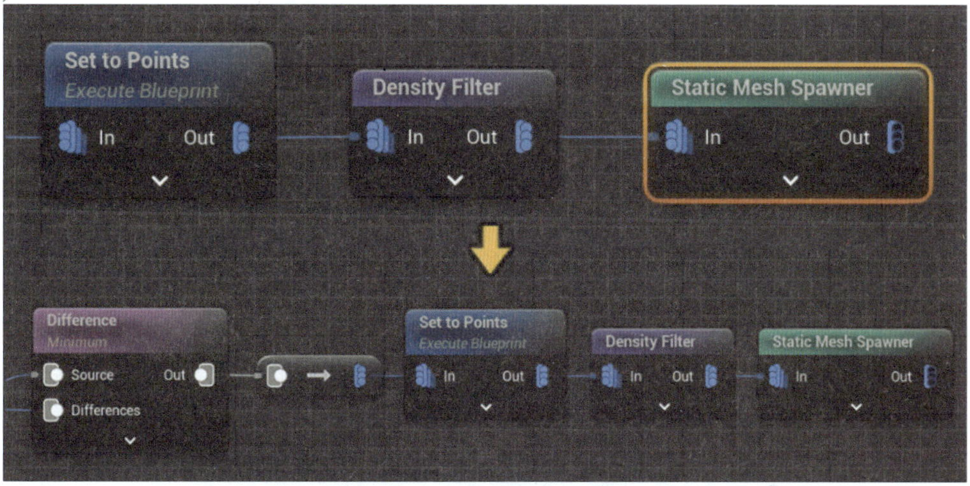

그림 7.102 Static Mesh Spawner를 Density Filter 노드에 연결한다.

6. 이전 절의 **Fixing Geometry Offset**에서 생성한 노드가 하나 남아 있다. **Static Mesh Spawner** 노드와 **Density Filter** 노드 사이에 연결해보자.

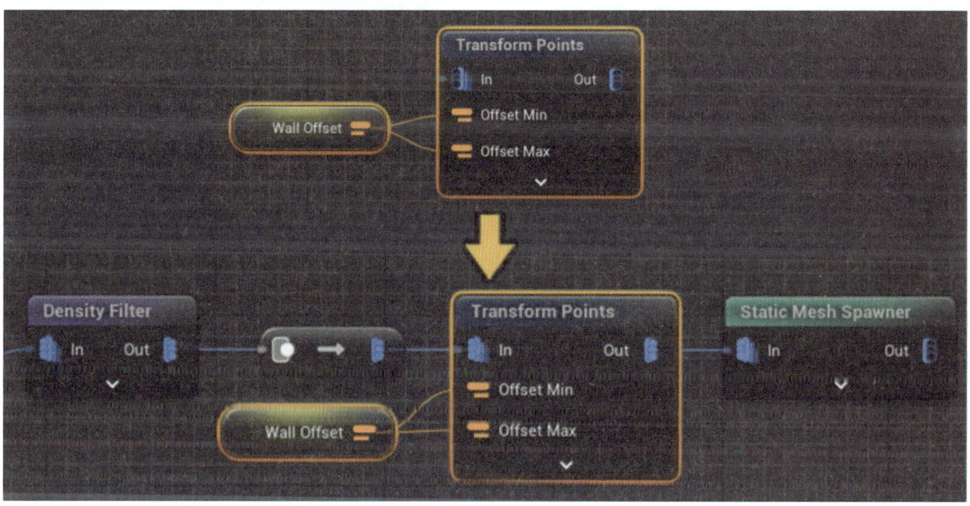

그림 7.103 Density Filter 노드와 Static Mesh Spawner 노드 사이에
이전에 형성된 WallOffset Transform Points 노드를 연결하기

모든 노드를 한 줄로 정렬하는 데 성공했으니, 이제 앞의 모든 그래프 노드를 **Difference** 노드의 **Source** 및 **Differences** 입력에 연결할 것이다. 이 단계가 핵심적인데, `BP_BuildingStructure` 액터 블루프린트와 동기화되는 기능적인 PCG 그래프로 만들 수 있기 때문이다. 이제 시작해보자.

1. **Switch** 노드의 **Default** 출력을 **Difference** 노드의 **Differences** 입력에 연결한다. 그런 다음, **Transform Points** 노드의 출력을 **Difference** 노드의 **Source** 입력에 연결한다. 이렇게 하면 노드 변환이 올바르게 적용된다.

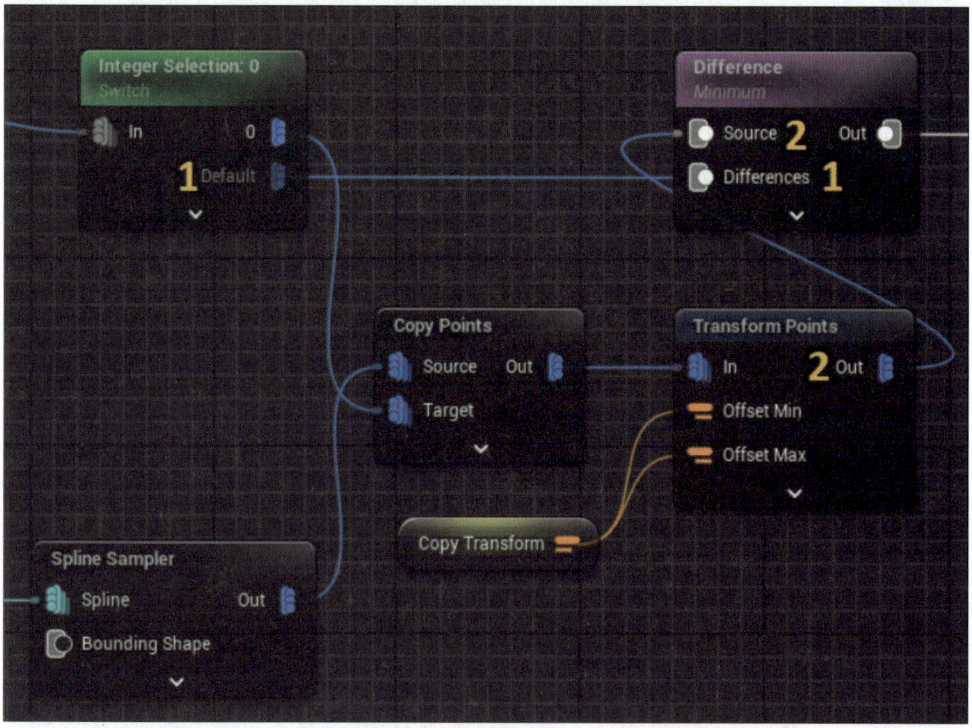

그림 7.104 Transform Points 및 Switch 노드의 출력을 Difference 노드의 입력에 연결한다.

2. 씬에서 `BP_BuildingStructure` 액터 블루프린트를 테스트하고 결과를 확인해보자. 또한 **Details** 패널에서 층 수에 대한 값을 변경하고 변경 사항을 관찰한다.

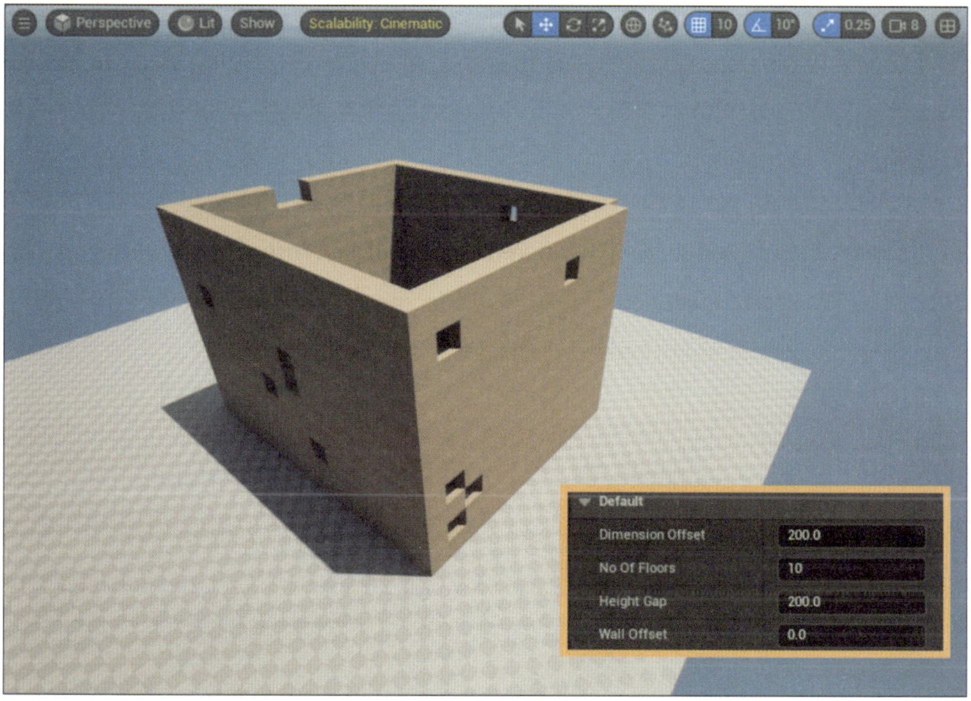

그림 7.105 씬에서 BuildingStructure 액터 블루프린트 테스트하기

지금까지 다소 어려운 과정을 통해 인상적인 진전을 이뤄냈다! 관련 내용은 특히 이 예제를 더 복잡한 구조로 만들 때 기반이 되는 템플릿으로 사용할 것이므로 잘 숙지해두자. 이 모든 과정에서 귀중한 지식을 얻었길 바란다.

요약

이 장에서는 스플라인 컨트롤을 사용해 PCG 그래프를 관리하기 위한 필수 기술을 배웠다. PCG 그래프를 사용해 건물 구조를 효과적으로 구성하도록 액터 블루프린트를 구성하는 방법도 배웠다. 이 방식은 랜드스케이프에 수많은 건물을 만들 때 특히 유용하며, 도시를 건설하면서 뷰포드에서 실시간으로 에셋 수량을 조정할 수 있다.

다음 장에서는 언리얼 엔진 5에서 랜드스케이프용으로 특별히 디자인된 텍스처와 무리 없이 적용되는 커스텀 PCG 그래프를 사용해 PCG Biome을 만드는 방법을 살펴보자!

08

바이옴 구성하기: 풍부한 환경을 위한 PCG 마스터하기

8장에 온 것을 환영한다! 7장에서 Spline 컨트롤러를 사용한 구조물 만들기를 마스터했다면, 이제 새로운 도전을 할 준비가 됐다. 이 장에서는 절차적 생성 기법으로 풍부하고 다양한 랜드스케이프를 디자인하고 싶은 독자들에게 적합한 PCG Biome 플러그인을 사용해 다양하고 역동적인 바이옴biome[1]을 만드는 방법을 배운다.

데이터 세트와 텍스처 정보를 사용해 지형 변화와 폴리지 분포를 형성함으로써 다양한 바이옴 환경을 생성하는 방법을 살펴본다. 이러한 요소를 제어하고 커스터마이징하는 방법을 개발하면 PCG 그래프에만 의존하지 않고도 독특하고 몰입감 있는 바이옴을 제작할 수 있다

이 장은 텍스처 정보를 기반으로 폴리지 배치를 다루는 절들로 나뉜다. 에셋을 사실적인 바이옴으로 구성하는 PCG 기능을 관리하는 방법을 배우면서 새로운 PCG 기법을 직접 경험해볼 수 있다.

1 기후적으로 또는 지리적으로 유사한 환경에 있는 생물 군계를 의미한다. – 옮긴이

또한 모든 장의 콘텐츠는 튜토리얼 마지막에 있는 깃허브 링크를 통해 이용할 수 있다. PCG Biome 플러그인과 텍스처 정보로 랜드스케이프 디자인을 향상시키는 흥미진진한 바이옴 제작의 세계로 뛰어들자!

이 장에서 다루는 주요 주제는 다음과 같다.

- 폴리지 에셋에 익숙해지기
- PCG Biome 플러그인 이해
- 데이터 에셋을 사용해 PCG Biome 블루프린트와 나만의 PCG Biome 만들기
- 텍스처 지형 정보를 기반으로 생물 군계 생성하기

이 장이 끝나면, 나만의 PCG Biome을 설정하고 데이터 에셋을 사용해 폴리지의 흐름을 제어하는 새로운 기술과 귀중한 지식을 얻을 수 있다.

기술적 요구 사항

이 장을 완료하려면 다음과 같은 준비가 필요하다.

PCG를 실행할 수 있는 컴퓨터는 필수다. 이 컴퓨터는 멀티코어 CPU(AMD Ryzen 7/9, Intel i7/i9), GPU(NVIDIA RTX, 8GB 이상의 VRAM을 갖춘 AMD Radeon RX), 최소 16GB의 RAM을 갖춰야 한다.

- 언리얼 엔진 5에서의 블루프린트 구성에 관한 기본적인 이해
- 템플릿 프로젝트에는 PCG Plugins 폴더의 수정된 모델이 포함돼 있다. 또한 씬에 다양한 폴리지가 필요한 경우 메가스캔에서 좋아하는 에셋을 다운로드할 수 있다.

이 장에서 사용된 언리얼 엔진 버전은 UE 5.4 버전이다. PCG Biome은 이 언리얼 버전으로 도입됐으므로, 이 장에서는 최신 버전의 언리얼 엔진이 가장 유용하다.

이 프로젝트에서는 깃허브 리포지터리에서 사용할 수 있는 템플릿 프로젝트를 사용하며,

깃허브 링크(https://github.com/PacktPublishing/Procedural-Content-Generationwith-Unreal-Engine-5/tree/main/Chapter_8/UE5_PCG_Chapter_08)에서 템플릿을 다운로드할 수 있다.

이 장의 코드가 실행되는 모습을 보여주는 동영상은 웹 사이트(https://packt.link/fiOoY)에서 확인할 수 있다.

폴리지 에셋에 익숙해지기

이 예제를 위해 특별히 준비한 PCG 모델 에셋을 사용해본다. 이 모델들은 PCGPplugin 폴더에서 가져왔지만, 필요에 맞게 수정했다.

1. Models 폴더로 이동하면 `PCG_Bush_01`과 `PCG_Tree_02`라는 두 가지 모델을 찾을 수 있다.

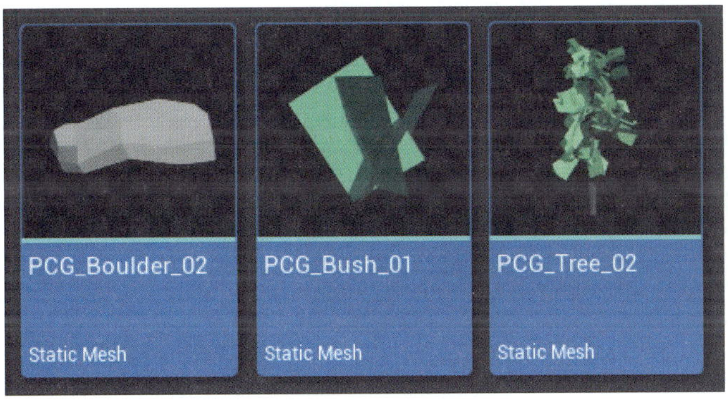

그림 8.1 PCG 모델에 익숙해지기

2. 모델 준비 과정의 일부로서 항상 하는 것처럼 메시마다 **Nanite** 모드를 활성화한다. 각 메시를 우클릭하고 **Nanite** 모드를 활성화한다.

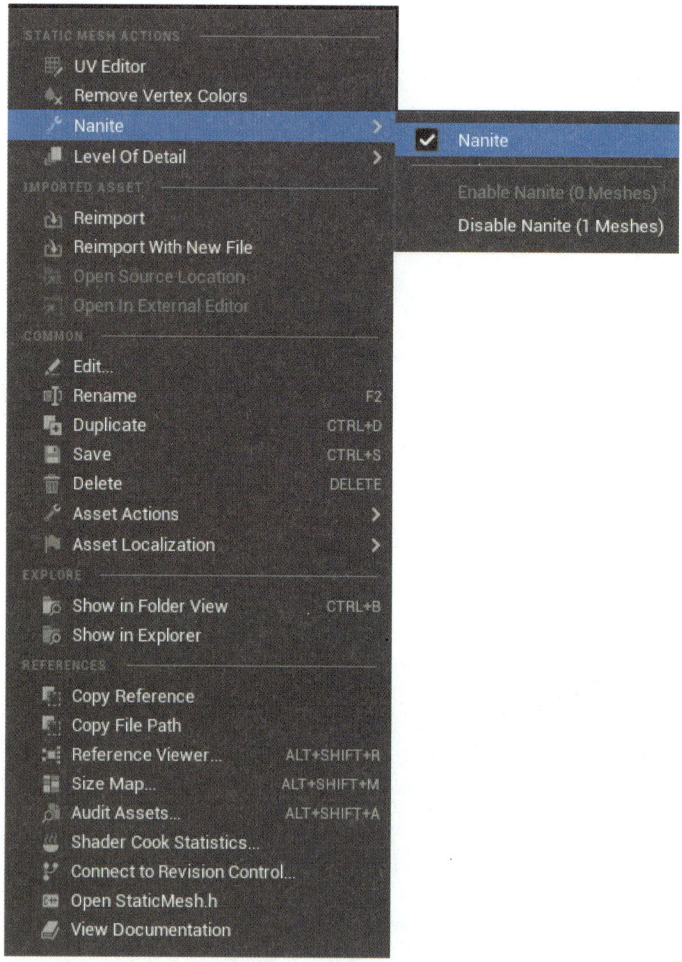

그림 8.2 각 스태틱 메시에서 Nanite 모드를 활성화한다.

랜드스케이프 텍스처

이 예제에서는 특정한 접근 방식을 사용해 랜드스케이프 전체에 폴리지 스폰을 배포하는 데 중점을 둔다. 흥미로운 점은 플러그인을 사용하면 텍스처 정보를 랜드스케이프에 투영해 텍스처의 색상을 기반으로 모델을 생성할 수 있다는 것이다. 텍스처의 각 색상은 특정 모델 정보와 매칭돼 해당 모델을 배치할 수 있게 한다. 이 예제에서는 포토샵에서 빠르게 만든 간단한 텍스처를 사용해본다.

그림 8.3 PCG Biome 연습을 위한 랜드스케이프 텍스처

다음 절에서는 이 프로젝트의 색상이 각기 다른 모델들에 어떻게 연결되는지를 설명한다.

프로젝트 랜드스케이프 개요

이 프로젝트는 미리 만들어진 랜드스케이프 지형과 함께 제공되며 랜드스케이프 머티리얼이 이미 할당돼 있다.

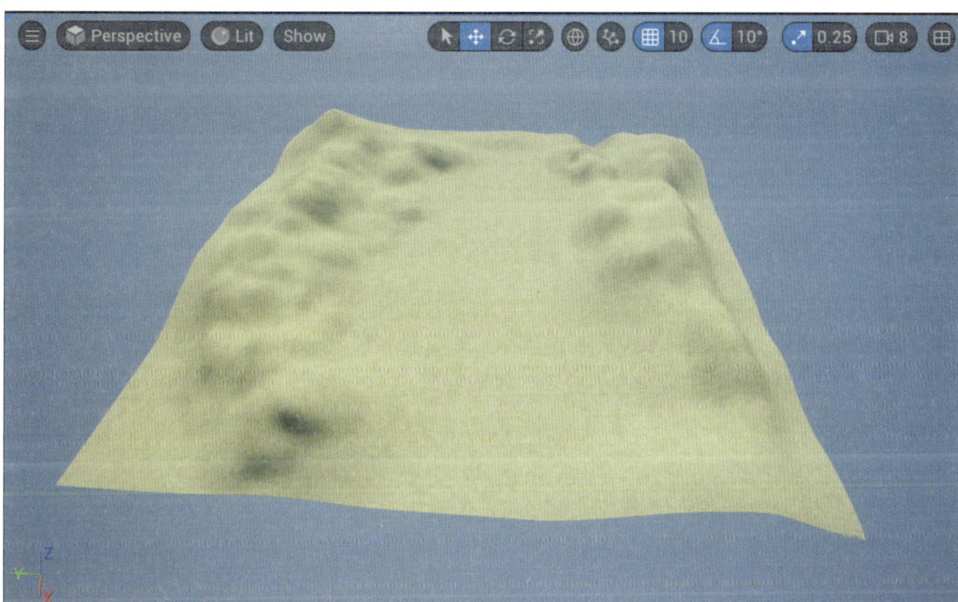

그림 8.4 Landscape 액터

다음 절에서는 랜드스케이프 텍스처와 연동되도록 특별히 설계된 PCG 그래프를 사용해 PCG Biome 플러그인을 구성하고 텍스처를 설정해본다.

PCG Biome 플러그인 설정하기

PCG Biome 플러그인은 언리얼 엔진 5.4 최신 버전과 함께 제공되는 별도의 확장 기능으로, 랜드스케이프에 폴리지 분포를 빠르게 생성할 수 있도록 도와준다! 따라서 프로젝트에서 이 플러그인을 활성화해보자.

1. 창 상단에서 **Edit > Plugins**로 이동한다. **Plugins** 창에서 **PCG Biome Core** 플러그인을 검색한다. 프로젝트를 다시 시작하라는 메시지가 표시되면 **Restart**를 클릭한다.

그림 8.5 PCG Biome Core 플러그인 활성화

2. 이 예제에서는 PCG 에셋 중 하나를 사용하며, Biome Plugins 폴더에서 찾을 수 있다. 먼저 프로젝트 내부의 Plugin Content와 Engine Content를 보이게 하자. **Settings** 버튼을 클릭하고 Plugin Content 및 Engine Content 폴더를 활성화한다.

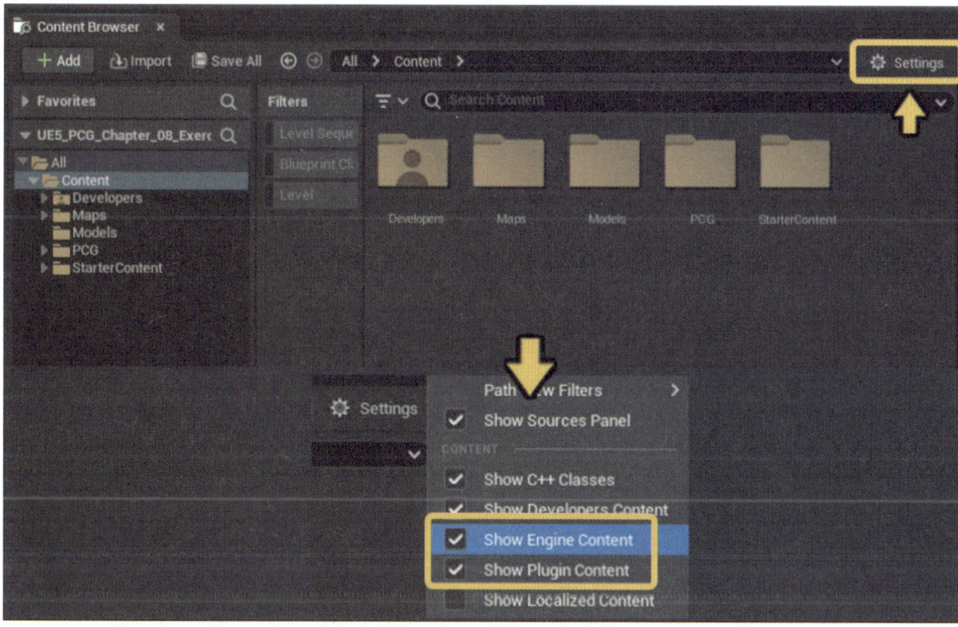

그림 8.6 Show Plugin Content 및 Show Engine Content 옵션 활성화

3. 다음은 이 예제에 사용할 PCG 그래프를 검색하는 것이다. Engine ➤ Plugins ➤ PCG Biome Core Content ➤ Core 폴더로 이동해 **BiomeCore_ProjectTexture** PCG 그래프를 검색한다.

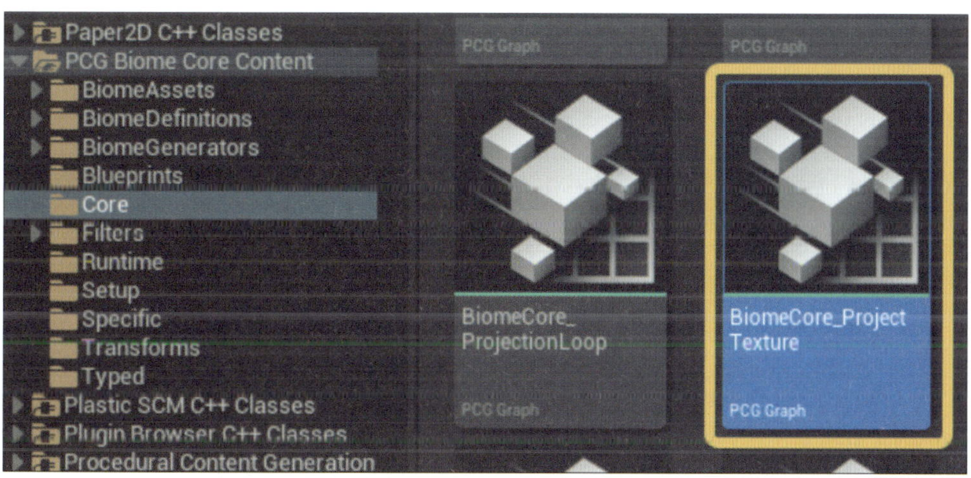

그림 8.7 BiomeCore_ProjectTexture 텍스처 찾기

4. **BiomeCore_ProjectTexture** PCG 그래프를 선택한 상태에서 PCG 그래프를 Plugins 폴더에서 PCG ➤ TextureBiome 폴더로 이동한다.

그림 8.8 Plugins 폴더에서 TextureBiome 폴더로 BiomeCore_ProjectTexture PCG 그래프 이동하기

Plugins 폴더의 PCG 그래프가 해결됐으므로, 이제 이 장을 본격적으로 살펴볼 준비가 됐다. 이 절에서는 프로젝트를 살펴보고 포함된 데이터 에셋과 블루프린트 설정을 시작해본다. 먼저 랜드스케이프에 텍스처를 적용해 모델을 투영하는 것부터 살펴본다. 그럼 시작해보자!

바이옴 코어

PCG Biome 플러그인 작업을 시작하기 전에 먼저 바이옴 생성을 담당하는 PCG 컴포넌트로 구성된 블루프린트 액터를 만들어야 한다. 이를 Content 폴더에 추가한다.

1. Content ➤ PCG 폴더에서 마우스 오른쪽 버튼을 클릭하고 **Blueprint Class**를 선택한다. **Blueprint Class** 메뉴에서 검색창을 선택하고, `BP_PCGBiomeCore`를 검색한 후 PCG 폴더에 추가한다.

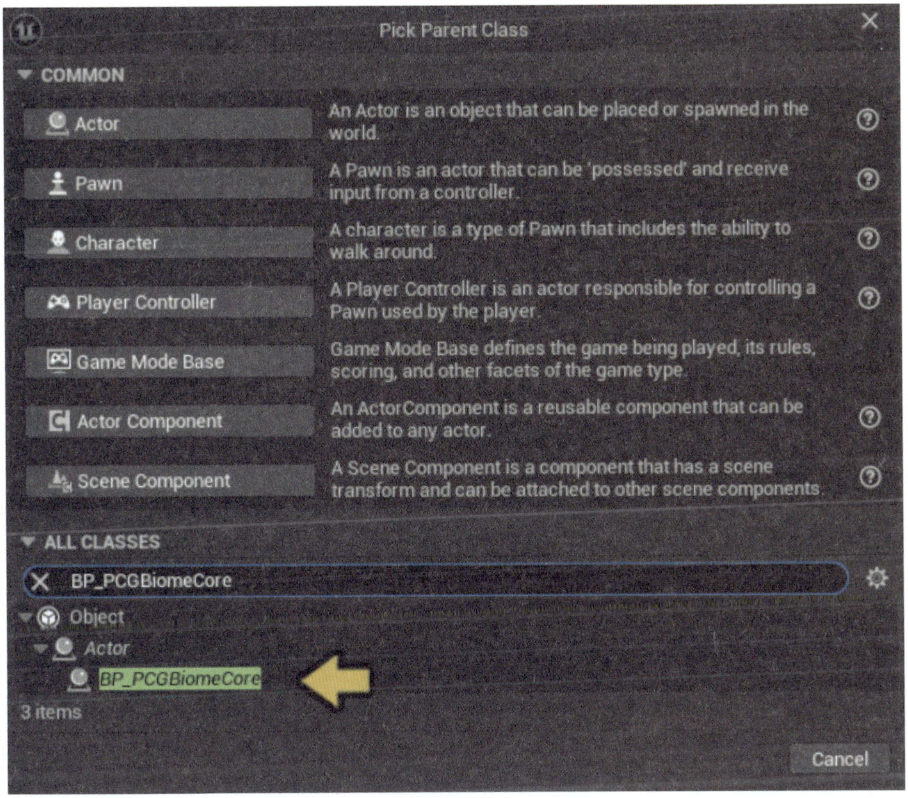

그림 8.9 BP_PCGBiomeCore 블루프린트를 추가한다.

2. 새로 생성한 블루프린트를 선택하고 BP_BiomeCore로 이름을 바꾼다. 이제 **BP_BiomeCore** 블루프린트를 씬에 끌어다 놓고 씬을 저장한다.

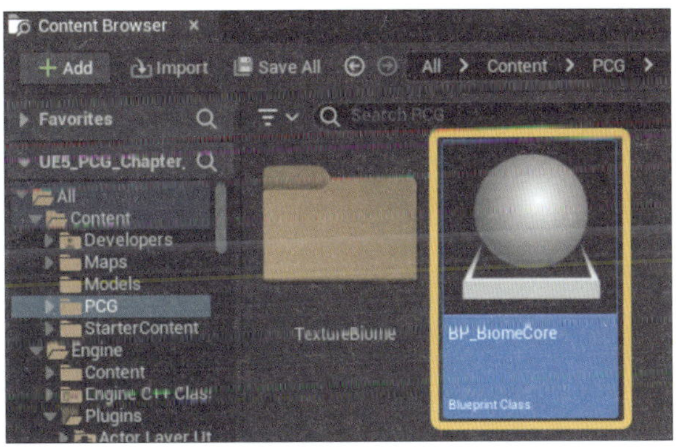

그림 8.10 BP_BiomeCore 액터 블루프린트를 씬에 끌어다 놓는다.

BP_BiomeCore 블루프린트를 성공적으로 생성하고 씬에 배치했다. 다음 단계는 프로젝트와 함께 제공한 텍스처 샘플을 투영하는 데 사용할 PCG 인스턴스 그래프를 만드는 것이다.

바이옴 텍스처 투영

PCG에서 이 부분은 랜드스케이프에 텍스처 정보를 할당하는 것만으로 랜드스케이프에 폴리지와 기타 메시를 절차적으로 생성할 수 있어 매우 유용하다. 이미 눈치챘겠지만, 6장에서 했던 것과 비슷하다. 이번에는 PCG Biome 플러그인 템플릿에서 미리 만들어진 Biome Plugins 폴더에서 가져온 PCG 그래프를 사용할 것이다. 시작해보자!

1. PCG ➤ TextureBiome 폴더에서 마우스 오른쪽 버튼을 클릭하고 **PCG** 탭으로 이동한 다음, **PCG Graph Instance**를 추가한다. 이름을 `PCG_TextureBiome`으로 변경한다.

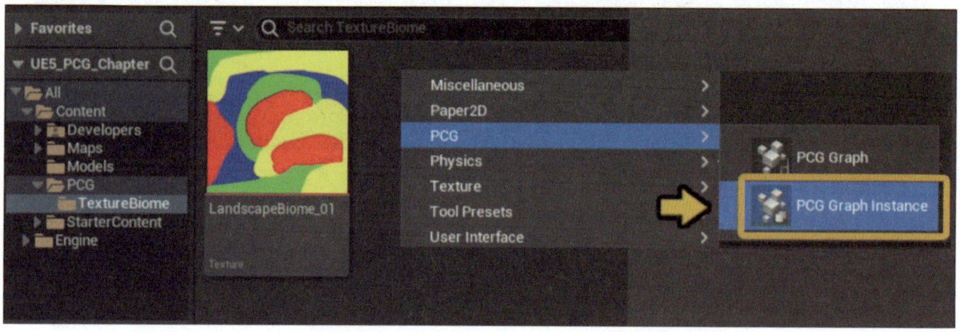

그림 8.11 PCG Graph Instance 추가

2. 새로 생성한 **PCG Graph Instance**를 더블 클릭하고 TextureBiome 폴더에서 `BiomeCore_ProjectTexture` PCG 그래프를 추가하자.

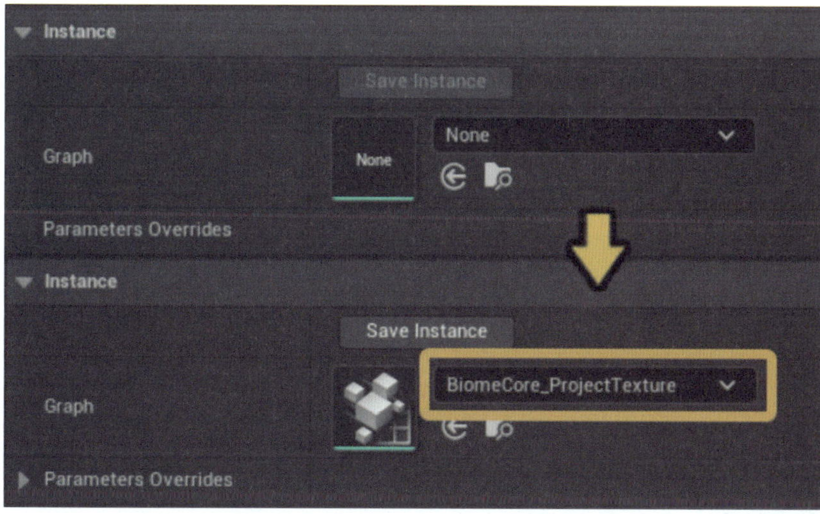

그림 8.12 PCG_TextureBiome 그래프 인스턴스 안에 BiomeCore_ProjectTexture PCG 그래프를 할당한다.

3. 모든 설정이 완료되면, **Parameters Overrides** 패널을 클릭해 **PCG Graph Instance** 설정에 사용할 수 있는 모든 옵션을 볼 수 있게 한다.

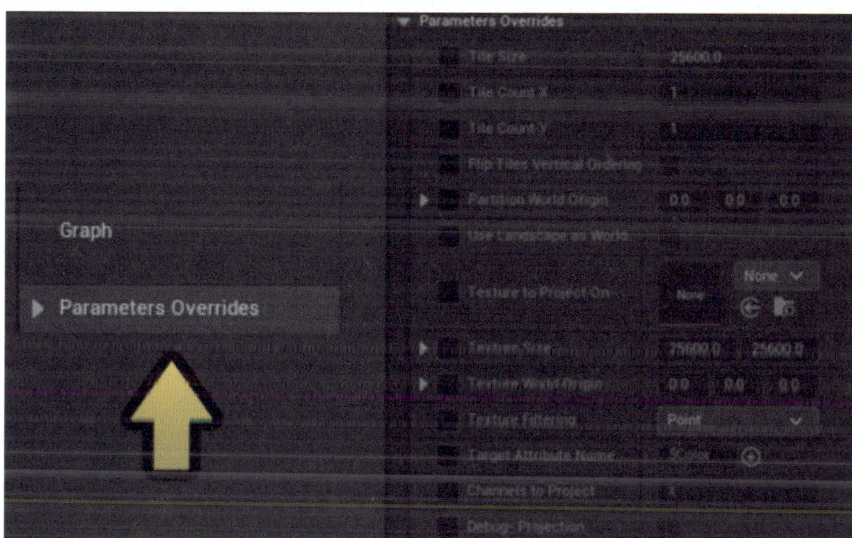

그림 8.13 Parameters Overrides 확장

4. 먼저 텍스처 크기가 랜드스케이프의 면적과 일치해야 한다. 다시 말해 텍스처는 랜드스케이프와 비례해야 한다는 뜻이다. 예를 들어 랜드스케이프 해상도가 505×505인 경우 **PCG Graph Instance**의 텍스처 크기는 두 배가 돼야 한다. 체크하려면, 아웃라이너에서 **Landscape**를 선택하고 **Details** 패널에서 **Resolution (Verts)**를 확인하면 된다.

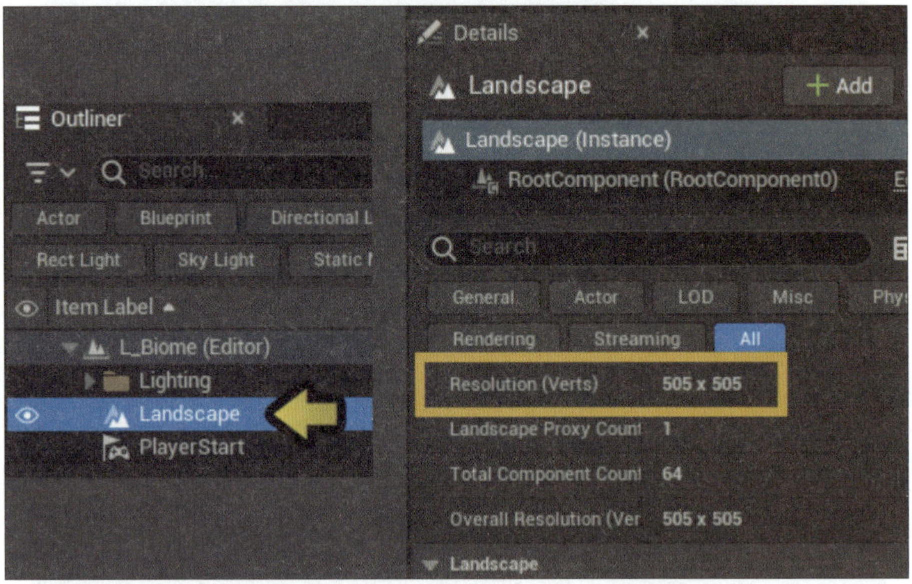

그림 8.14 Landscape 액터의 Resolution (Verts) 값 확인

그림 8.15 Texture Size 확인

5. 다음 단계는 **Texture to Project On** 및 **Texture Size** 파라미터를 활성화하는 것이다. 사용 가능한 슬롯에 **LandscapeBiome_01** 텍스처를 추가해보자. 그런 다음, **Texture Size** 값을 각각 `51200.0`과 `51200.0`으로 설정한다.

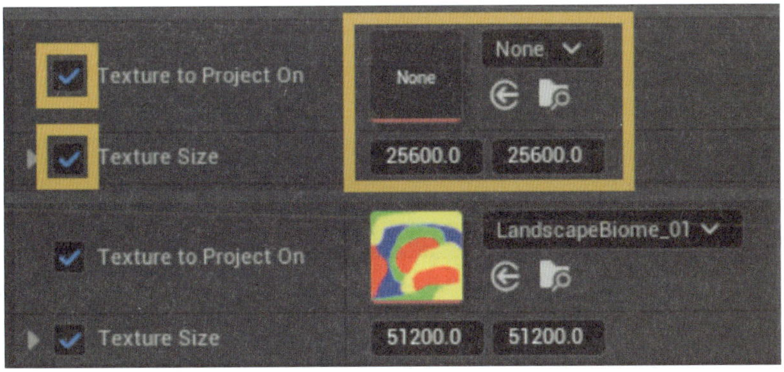

그림 8.16 Texture to Project On 및 Texture Size 옵션을 활성화하고 Texture Size를 51200.0으로 변경한다.

6. 중요한 파라미터를 설정했으므로, 텍스처가 랜드스케이프와 함께 작동하도록 몇 가지 설정을 더 활성화해야 한다. **Use Landscape as World Origins**와 **Channels to Project**를 활성화한다. 이 설정은 텍스처 정보가 3차원 공간에서 랜드스케이프 지형 지오메트리에 올바르게 정렬되도록 하는 데 도움이 된다.

그림 8.17 Use Landscape as World Origins 및 Channels to Project 설정 활성화

7. **Channels to Project**가 x 값으로 설정돼 있다. 즉, *x*축에서만 작동한다는 의미다. 모든 축에서 작동하도록 하려면 이미 존재하는 x 옆에 y와 z 값을 추가한다!

그림 8.18 Channels to Project를 xyz 값으로 변경한다.

이제 `PCG_TextureBiome` 그래프 인스턴스를 저장하고 **BP_BiomeCore** 블루프린트에서 그래프 인스턴스를 활성화하는 단계로 넘어갈 수 있다. 다음 절에서는 이 단계를 단계별로 설명해본다.

바이옴 텍스처 설정

이 절에서는 텍스처 투영에 대해 살펴보자. 이 기능을 활성화하고 랜드스케이프 텍스처 형성을 시각적 효과와 함께 디버깅하는 방법을 보여줄 것이다. 아웃라이너에서 **BP_BiomeCore** 블루프린트를 가져와 몇 가지 설정을 활성화해보자.

1. 아웃라이너에서 **BP_BiomeCore** 블루프린트를 선택한다. **Details** 패널의 **BP_BiomeCore (Self)** 액터 아래에서 **BiomeCore** PCG 컴포넌트를 검색해 선택한다.

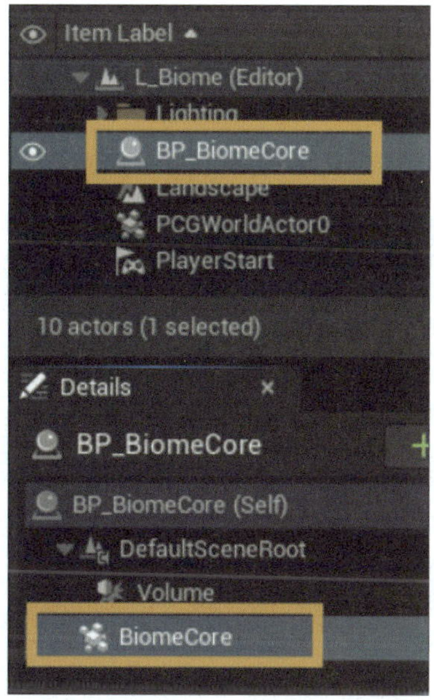

그림 8.19 BP_BiomeCore 블루프린트의 Details 패널에서 BiomeCore를 선택한다.

2. **BiomeCore** PCG 컴포넌트를 선택한 상태에서 **Instance** 탭으로 이동해 **Parameters Overrides** 탭을 연다. 이어서 **Biome Texture Projection Instance**를 활성화한다. 이를 위해 이전 절에서 생성한 **PCG_TextureBiome** 그래프를 선택한다.

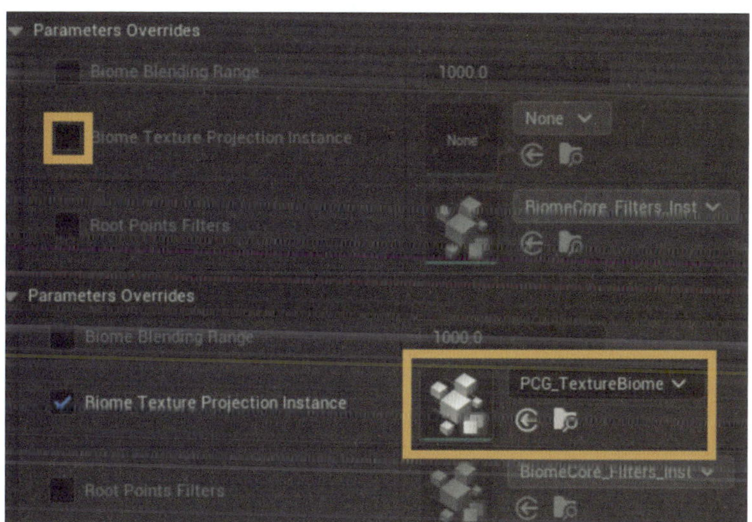

그림 8.20 Biome Texture Projection Instance를 활성화하고 PCG_TextureBiome 그래프를 추가한다.

3. 첫 번째 **BiomeCore** 블루프린트를 테스트하려면 디버그 모드를 활성화하는 것이 좋다. 동일한 **Instance** 탭에서 **Debug- Display Biome Cache**를 검색하고 다음 스크린샷과 같이 활성화한다.

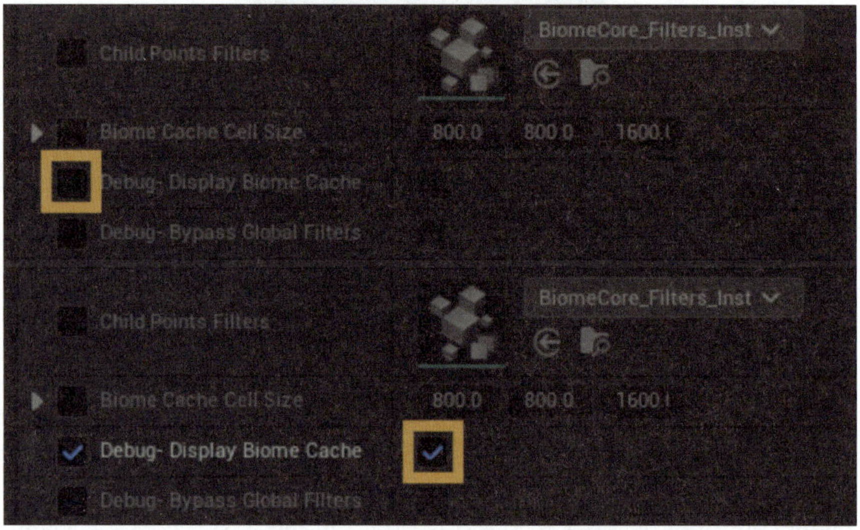

그림 8.21 Debug– Display Biome Cache를 켠다.

4. **Details** 패널에서 **PCG** 섹션까지 스크롤한 다음, **Generate** 버튼을 클릭해 원하는 결과를 생성한다.

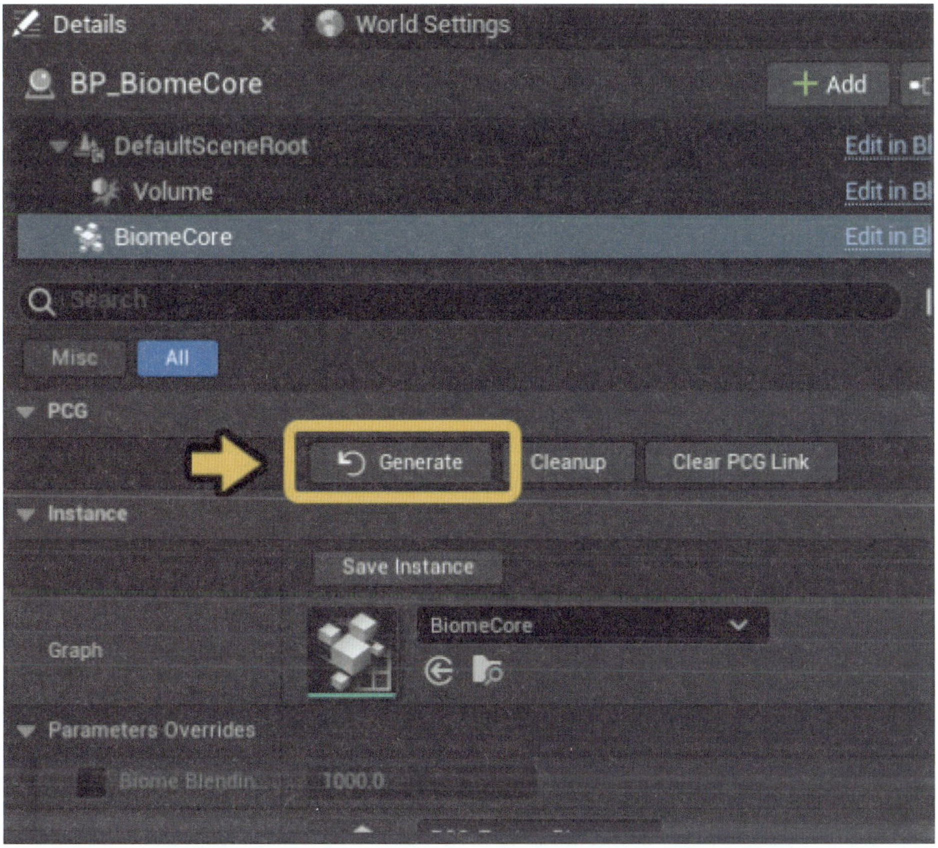

그림 8.22 Generate 버튼은 Details 패널에 있는 BiomeCore 컴포넌트의 PCG 섹션 아래에 위치한다.

이제 텍스처가 각 색상 요소에 따라 특정 영역을 스폰하는 데 어떻게 사용되는지를 직접 확인할 수 있다. 다음 단계에서는 각 색상을 별도의 영역으로 정의해 다른 메시를 스폰하는 방법을 배우게 될 것이다.

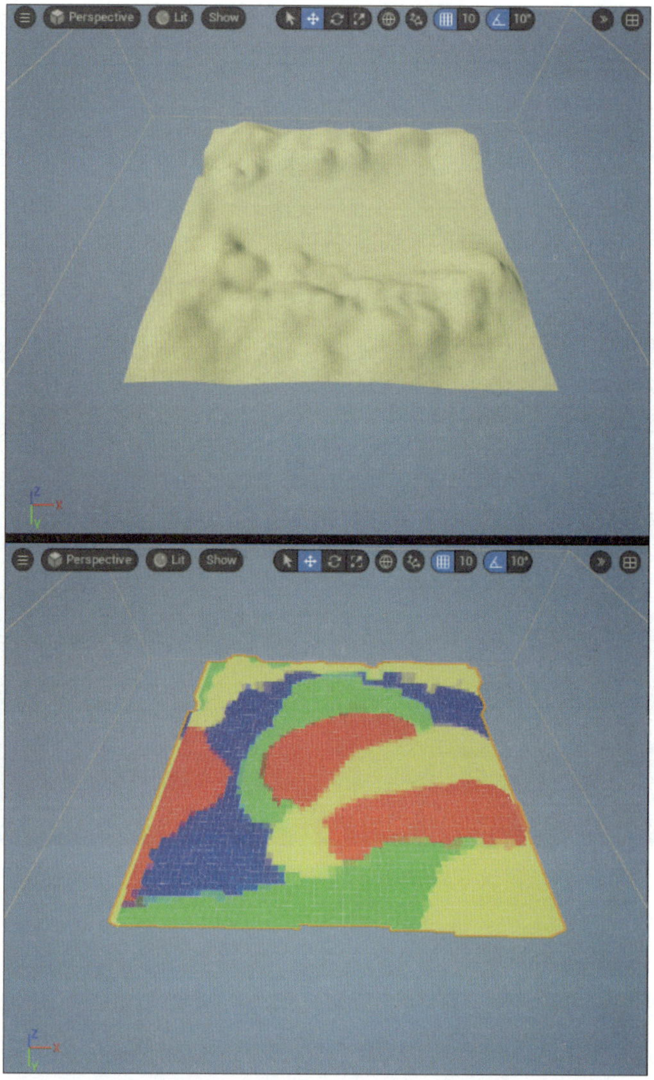

그림 8.23 Debug 모드를 통한 랜드스케이프 텍스처 미리보기

이제 텍스처를 투영한 Biome 프로젝트를 완료했으며, 랜드스케이프 지형에서 이러한 형태의 PCG 구성을 사용하는 방법을 배웠다. 다음 절에서는 데이터 에셋과 Biome 설정 블루프린트를 사용해 채색 태그를 기반으로 랜드스케이프에 다양한 메시를 스폰하는 방법을 알아보자.

바이옴에 나무 구성하기

이 절에서는 바이옴 구성에 메시를 추가하는 방법을 살펴보자. 우리의 예제는 각 메시가 다른 바이옴으로 나뉘어 할당돼야 한다. 일단 나무부터 시작해본다.

1. Content ➤ PCG 폴더로 이동해 해당 폴더 안에 다른 하위 폴더를 만든다. 이 폴더의 이름을 `TreeBiome`으로 지정한 다음, 이 폴더 내에서 마우스 오른쪽 버튼을 클릭하고 **Miscellaneous ➤ Data Asset**을 검색한다.

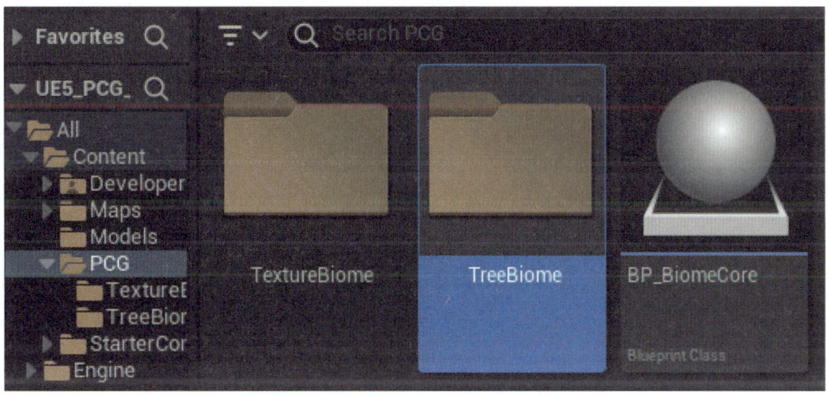

그림 8.24 폴더를 생성하고 TreeBiome이라고 지정한다.

2. 검색 메뉴에서 **Data Asset** 인스턴스를 추가한다.

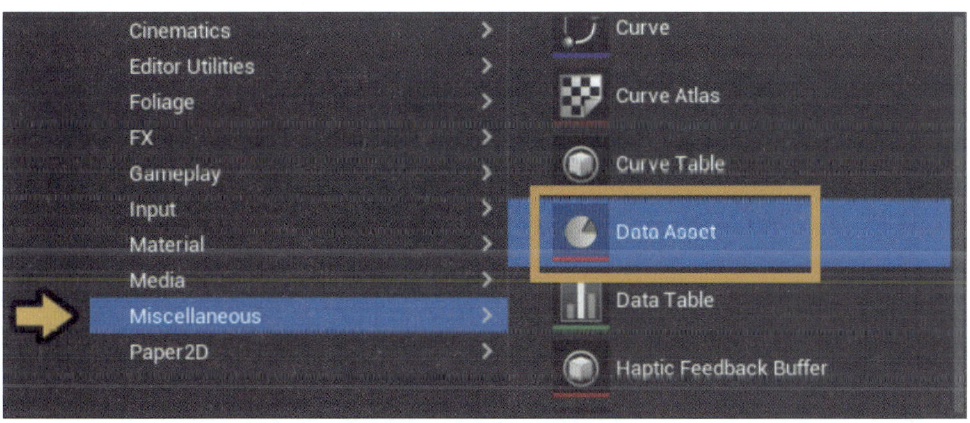

그림 8.25 Data Asset 추가하기

3. 그러면 각 데이터 세트에 대해 다른 유형의 클래스가 있는 선택 창이 열린다. 여기서는 **BiomeAssetTemplate**을 선택한다. 이 클래스는 씬에 트리 메시를 스폰하는 데 사용된다.

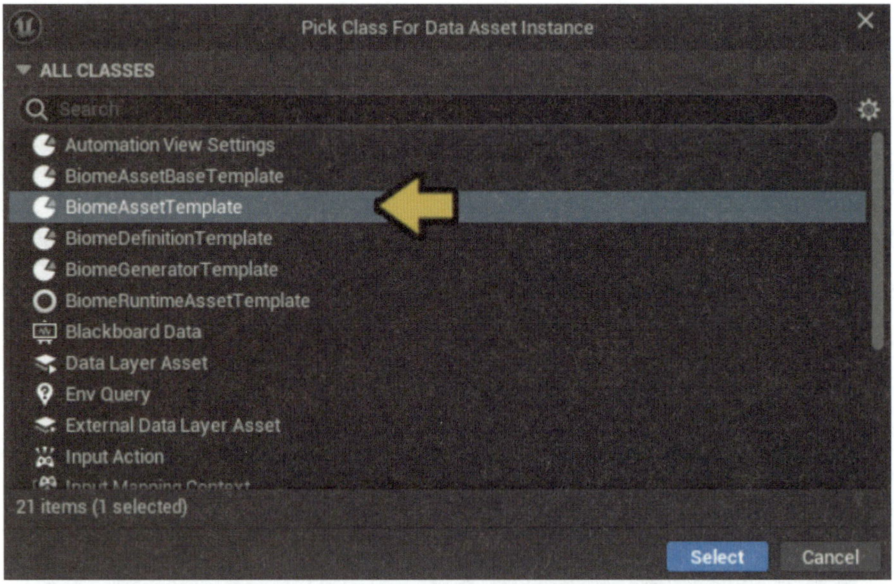

그림 8.26 BiomeAssetTemplate 검색

4. 데이터 에셋의 이름을 `DA_BiomeATrees`로 변경한다. 에셋을 열고 **Biome Assets** 옆에 있는 + 버튼을 클릭해 새 배열을 추가한다. 그러면 작업에 필요한 설정들이 표시될 것이다.

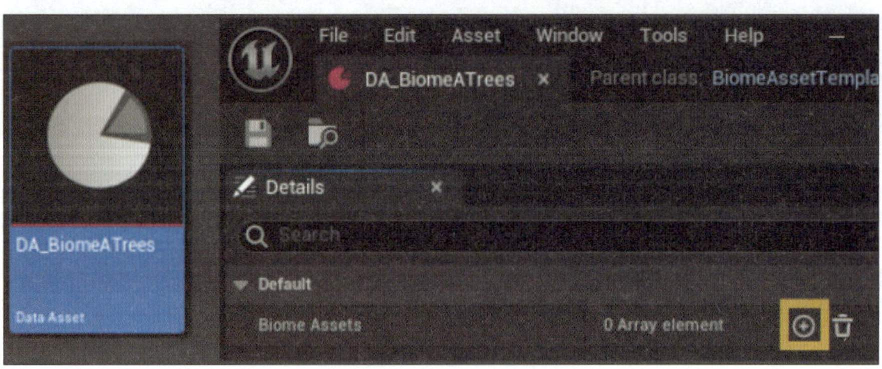

그림 8.27 Data Asset 인스턴스의 이름을 DA_BiomeATrees로 바꾸기

5. **Biome Assets** 메뉴에서 **Generator** 슬롯 아래의 드롭다운 메뉴에 표시되는 **Default Generator**를 추가한다. 이어서 **Mesh** 슬롯 아래에 **PCG_Tree_02** 메시 모델을 추가한다.

그림 8.28 Generator 및 Mesh 슬롯에 DefaultGenerator 및 PCG_Tree_02 할당

6. 아래로 스크롤해 **AssetOptions** 메뉴를 열고 **SelfPrune** 옵션을 선택한다. 이 옵션은 옆에 있는 바이옴의 에셋과 겹치는 다른 에셋을 제거하는 기능이다.

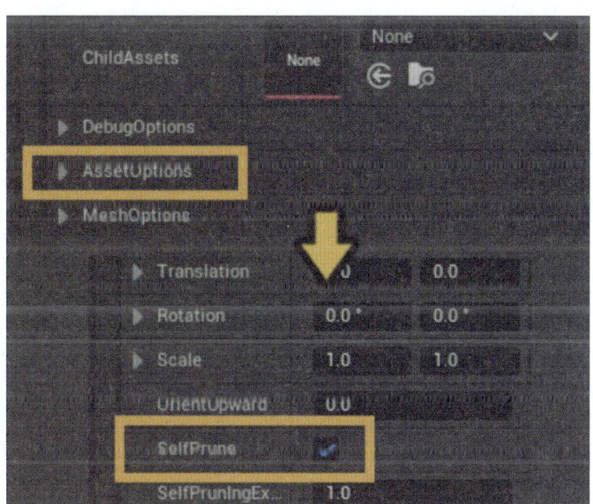

그림 8.29 AssetOptions의 SelfPrune 기능 활성화

이제 데이터 에셋을 닫고 다음 부분을 계속 진행해도 좋다. 향후 또 다른 데이터 에셋을 만들겠지만, 이번에는 랜드스케이프 텍스처의 색상을 사용해 스폰되는 나무에 할당할 에셋을 정의하는 데 사용해본다.

1. TreeBiome 폴더로 돌아가서 마우스 오른쪽 버튼을 클릭하고 **Miscellaneous ➤ Data Asset**을 선택한다.

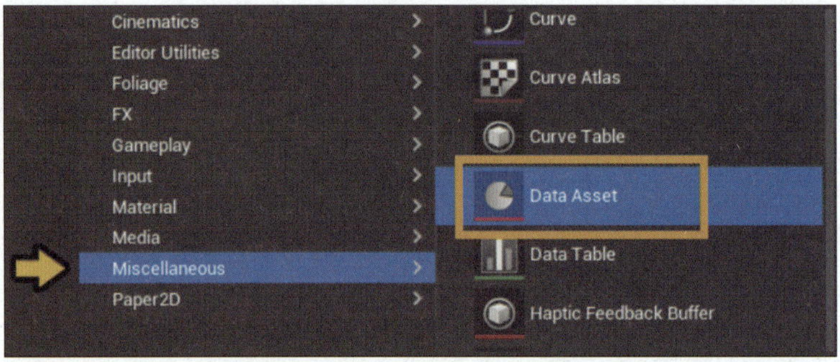

그림 8.30 Miscellaneous 카테고리에서 Data Asset 선택

2. **Data Asset Instance** 드롭다운 메뉴에서 **BiomeDefinitionTemplate** 클래스를 선택한다.

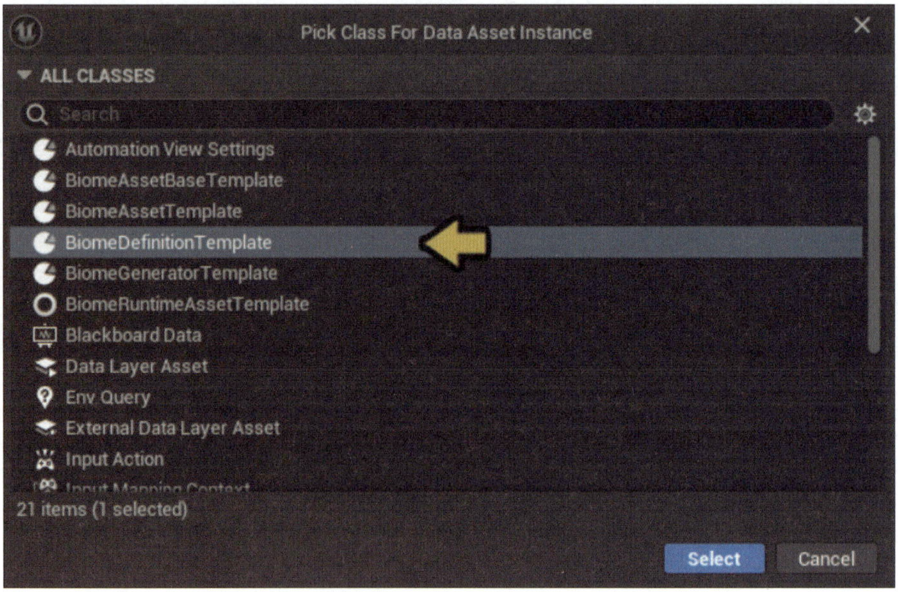

그림 8.31 Data Asset에서 BiomeDefinitionTemplate 선택

3. **Data Asset**의 이름을 `DA_BiomeDTrees`로 변경한다. 데이터 에셋을 열고 **Biome Definition** 왼쪽에 있는 화살표 버튼을 클릭한다. 그러면 색상 할당을 기반으로 하는 랜드스케이프 텍스처에 대한 간단한 설정이 열린다.

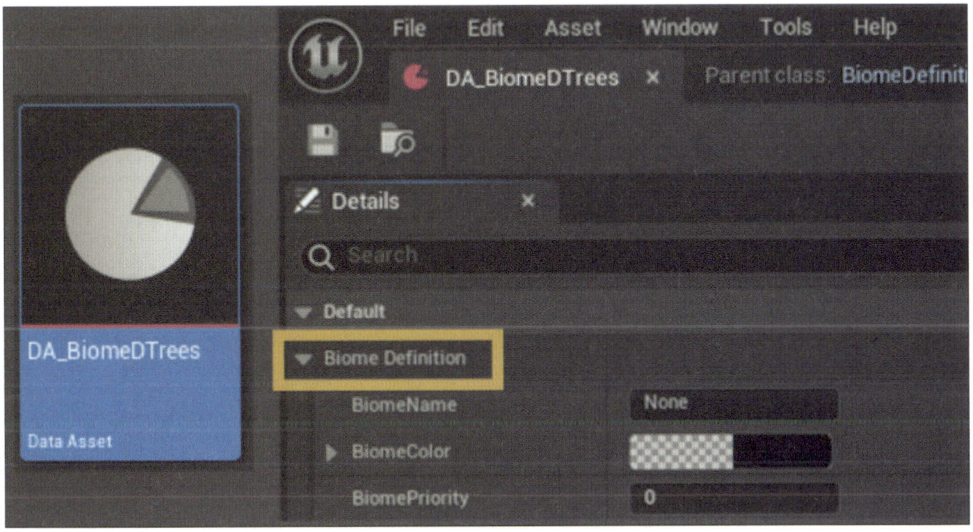

그림 8.32 DA_BiomeDTrees 에셋 내 Biome Definition 접근하기

4. 다음 스크린샷과 같이 **BiomeName**의 이름을 `Trees`로 바꾸고 **BiomeColor**를 밝은 녹색(`R: 0.0, G: 1.0, B: 0.0, A: 1.0`)으로 변경해보자.

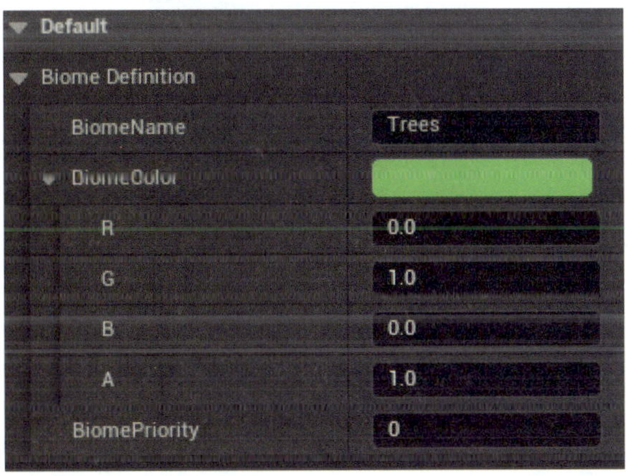

그림 8.33 BiomeColor를 밝은 녹색으로 변경 – R: 0.0, G: 1.0, B: 0.0, A: 1.0

DA_BiomeDTrees 데이터 에셋 설정을 마쳤으므로 이제 PCG Biome 블루프린트 설정을 시작할 수 있다. 랜드스케이프에 나무를 형성해보자.

1. TreeBiome 폴더로 돌아가서 마우스 오른쪽 버튼을 클릭한 다음, 메뉴에서 **Blueprint Class**를 선택한다. `BP_PCGBiomeSetup`을 검색해 선택하고, 블루프린트 이름을 `BP_TreesBiome`으로 변경한다.

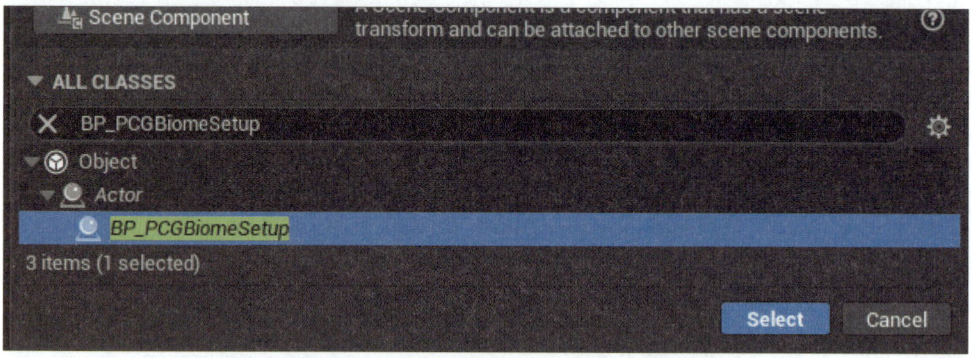

그림 8.34 BP_PCGBiomeSetup 액터 블루프린트 검색 및 추가

이제 PCG Biome 블루프린트를 **BP_TreesBiome**으로 설정했다.

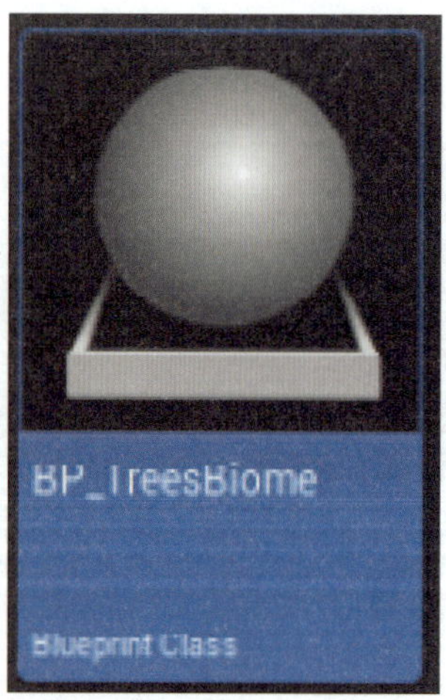

그림 8.35 액터 블루프린트 이름을 BP_TreesBiome으로 변경하기

2. 가장 먼저 눈에 띄는 것은 액터 블루프린트라는 사실이며, 주요한 차이점은 PCG 전용 데이터 에셋으로 사용하도록 프로그래밍돼 있다는 점이다.

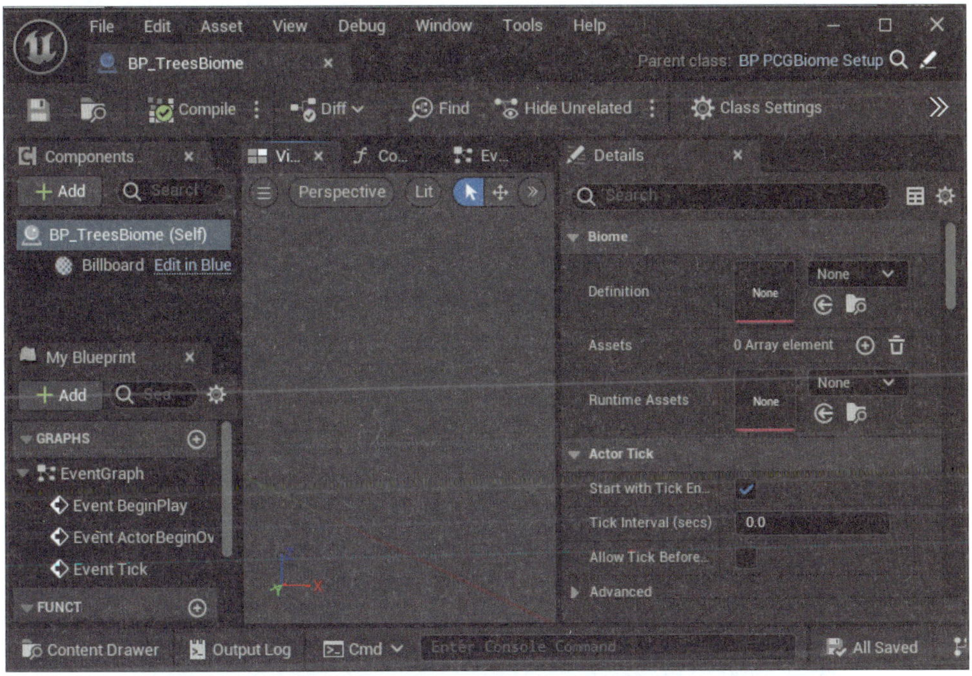

그림 8.36 BP_TreesBiome 액터 블루프린트 열기

3. 왼쪽의 **Details** 패널에서 **Definition**을 **DA_BiomeDTrees**로 지정한다.

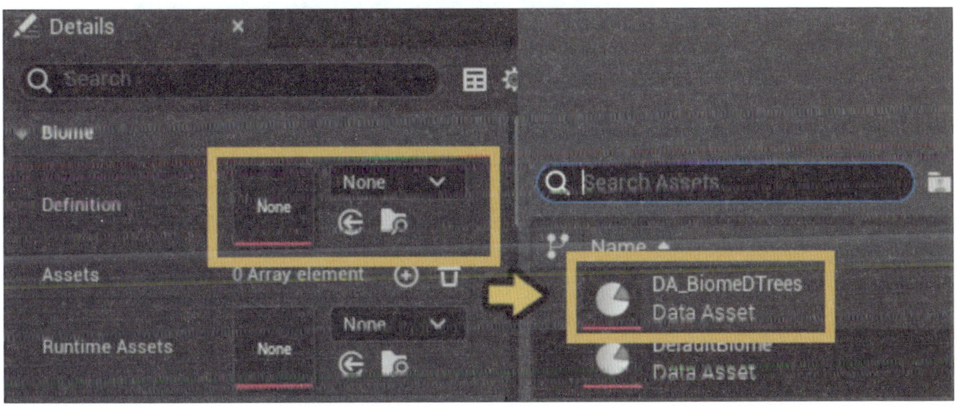

그림 8.37 Details 패널의 Definition에서 DA_BiomeTrees Data Asset을 검색한다.

4. **Definition** 바로 아래의 **Assets** 탭에서 데이터 에셋에 사용할 배열 요소를 추가한다.

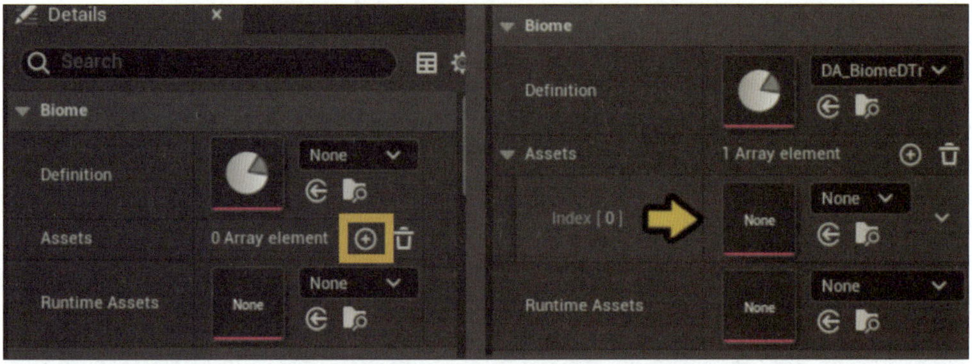

그림 8.38 새 데이터 에셋에 대한 Index[0] 배열 추가

5. 이 인덱스 배열에서는 **DA_BiomeATrees** 에셋을 선택한다.

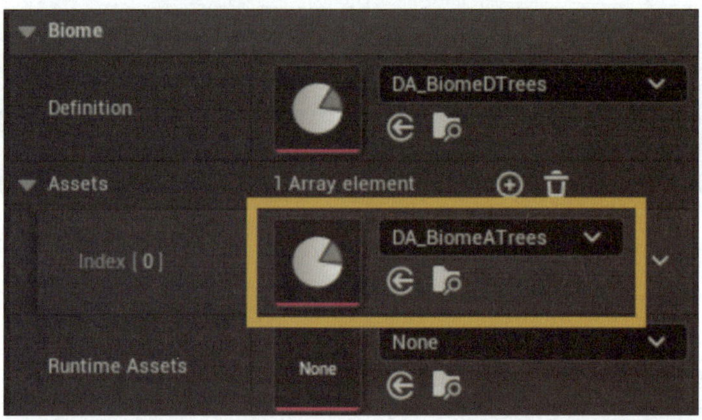

그림 8.39 DA_BiomeATrees 에셋을 배열에 할당하기

6. 액터 블루프린트를 컴파일하고 메인 뷰포트로 돌아가서 **BP_TreesBiome**을 씬에 끌어다 놓는다. 그러면 디버그 모드에서 녹색 영역에 나무가 나타나기 시작하는 것을 볼 수 있다. 멋지지 않은가?

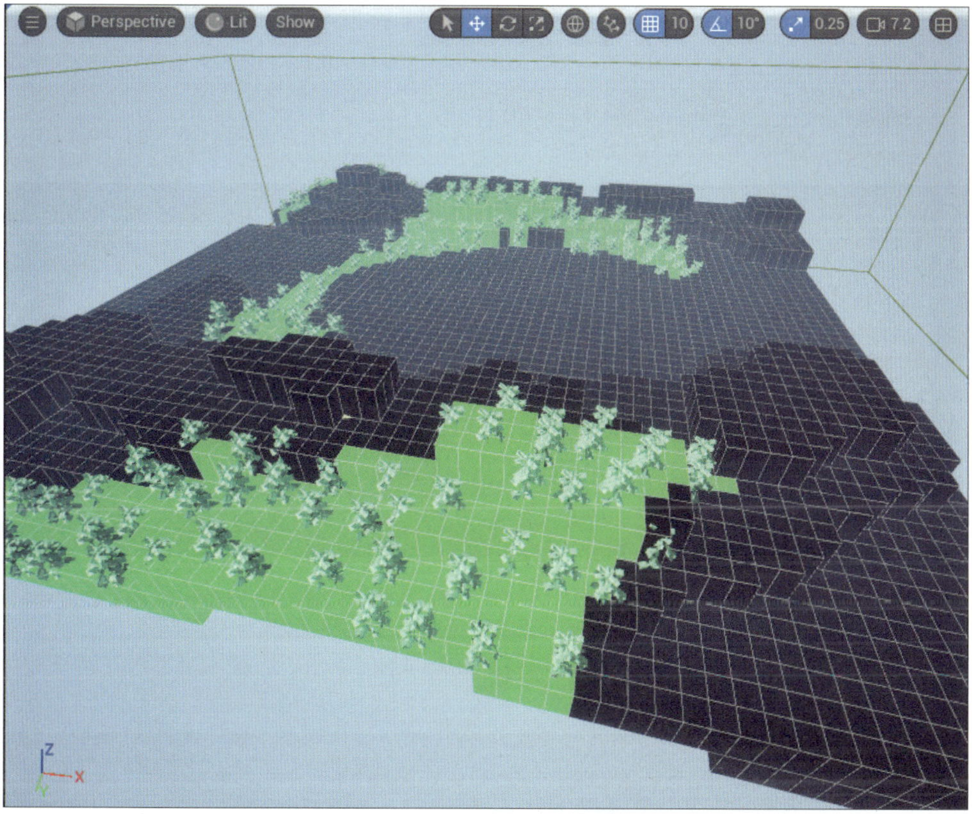

그림 8.40 녹색 영역에서 나무를 스폰한 결과

이제 첫 번째 트리 바이옴 설정을 완료했으며, 다음 절의 다른 예제에도 매우 유용할 것이다. 다른 바이옴이 어떻게 동작하는지 보기 위해 지금은 디버그 모드를 활성화한 상태로 유지한다. 마지막 작업에 대해서도 동일한 과정을 반복해보자.

덤불 바이옴 구성

이전 절과 동일한 과정을 거치겠지만, 이번에는 나무 모델 대신 덤불 모델을 사용해본다! 시작해보자.

1. Content ➤ PCG 폴더로 이동해 해당 폴더 안에 다른 하위 폴더를 만든다. 이 폴더의 이름을 `BushBiome`으로 지정한 다음, 이 폴더 내에서 마우스 오른쪽 버튼을 클릭하고 **Miscellaneous ➤ Data Asset**을 검색한다.

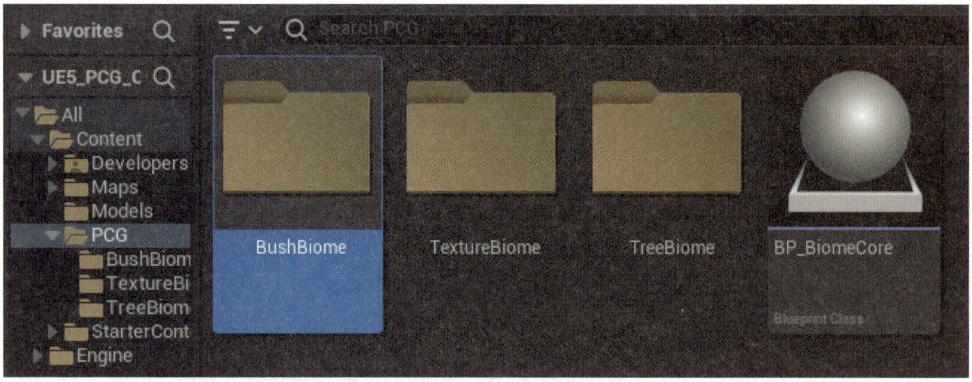

그림 8.41 새 하위 폴더를 만들고 이름을 BushBiome으로 지정한다.

2. 다음으로는 **Miscellaneous** 카테고리에서 **Data Asset** 인스턴스를 선택한다.

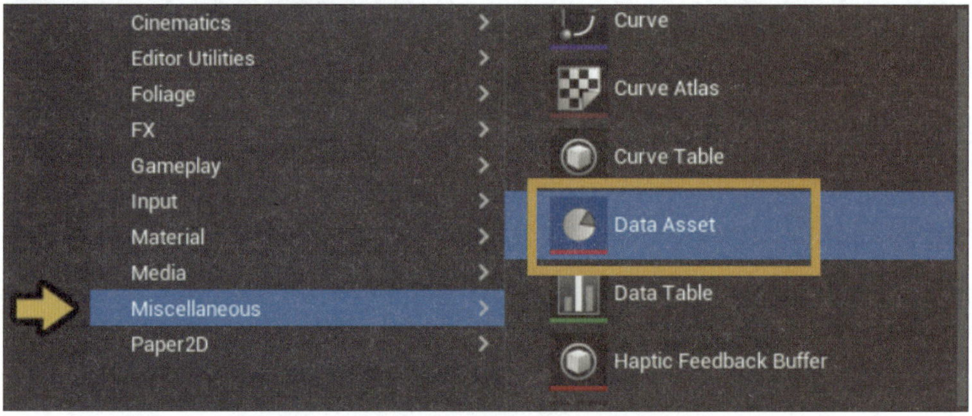

그림 8.42 Miscellaneous 카테고리에서 새 Data Asset을 추가한다.

3. 그러면 각 데이터 세트에 대해 서로 다른 유형의 클래스가 있는 선택 창이 열린다. 여기서는 **BiomeAssetTemplate**을 선택한다. 이것은 씬에서 덤불 메시를 스폰하는 데 사용된다.

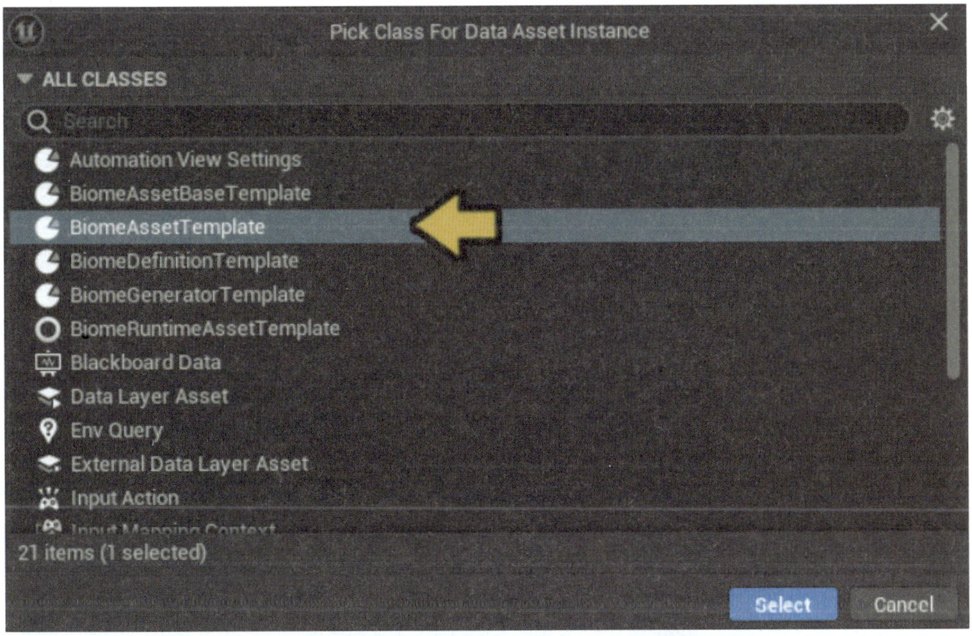

그림 8.43 BiomeAssetTemplate 검색 및 선택

4. **Data Asset**의 이름을 DA_BiomeABushes로 변경한다. 이어서 에셋을 열고 **+** 버튼을 선택해 **Biome Assets** 옆에 있는 새 배열을 추가한다. 그럼 작업하는 데 필요한 구성이 표시될 것이다.

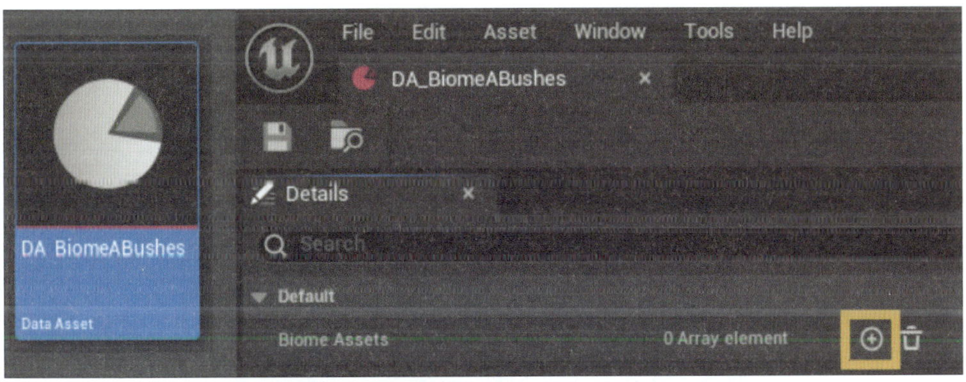

그림 8.44 DA_BiomeABushes 내부에 Biome 에셋을 위한 배열을 추가한다.

5. **Biome Assets** 메뉴의 **Generator** 슬롯에서 드롭다운 메뉴에 표시되는 **DefaultGenerator**를 추가한다. **Mesh** 슬롯에 **PCG_Bush_01** 메시 모델을 추가한다.

그림 8.45 Generator 및 Mesh 슬롯에 DefaultGenerator와 PCG_Bush_01을 할당한다.

6. 아래로 스크롤해 **AssetOptions** 메뉴를 열어보자. 이 절에서는 외부 바이옴 설정에서 에셋과 겹치는 에셋을 제거하는 **SelfPrune** 옵션을 선택한다.

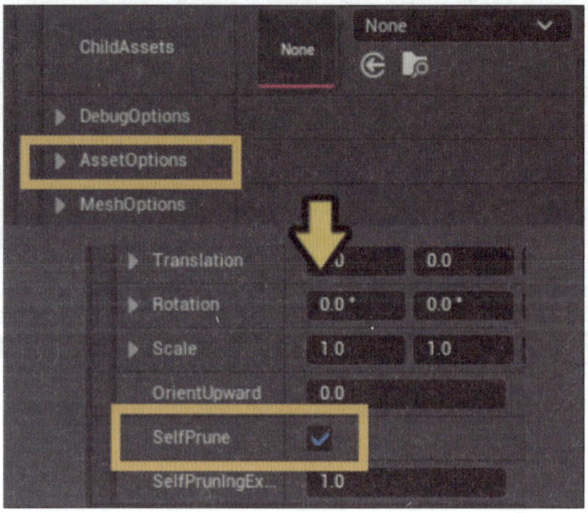

그림 8.46 AssetOptions에서 SelfPrune 기능 활성화

이 부분에서는 할 일이 많지 않으므로, 데이터 에셋을 닫고 다음 부분으로 넘어가겠다. 또 다른 데이터 에셋을 만들겠지만, 이번에는 랜드스케이프 텍스처의 색상을 사용해 스폰되는 덤불에 할당할 에셋을 정의하는 데 사용해본다.

1. BushBiome 폴더로 돌아가서 마우스 오른쪽 버튼을 클릭하고 **Miscellaneous > Data Asset**을 선택한다.

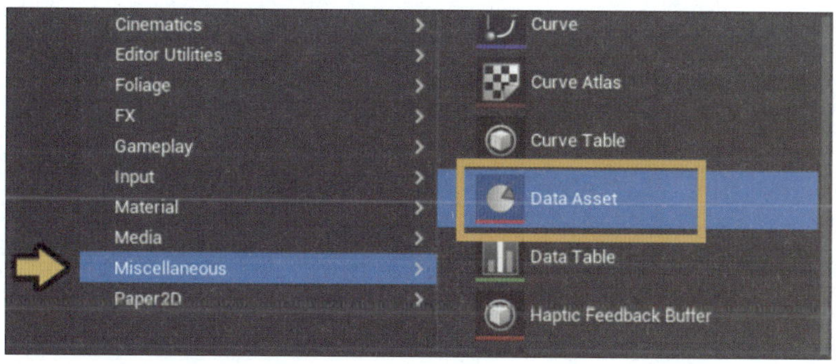

그림 8.47 Miscellaneous 카테고리에서 새 Data Asset을 추가한다.

2. **Data Asset Instance**의 드롭다운 메뉴에서 **BiomeDefinitionTemplate** 클래스를 선택한다.

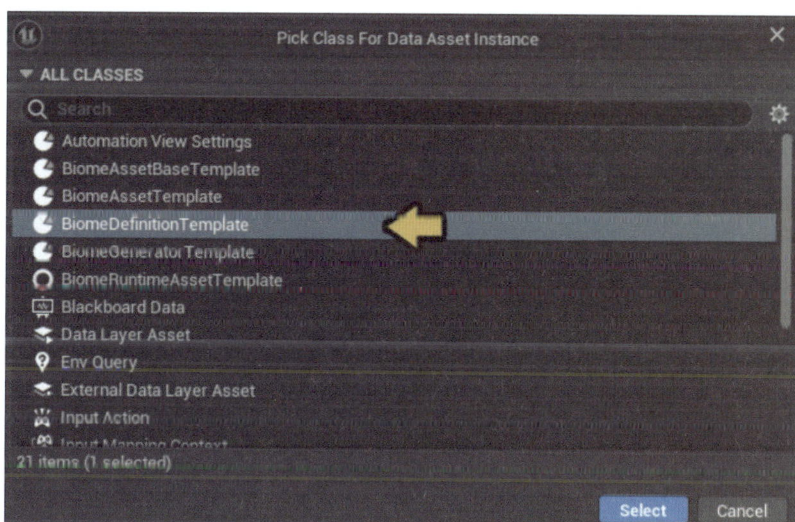

그림 8.48 BiomeDefinitionTemplate 검색 및 선택

3. **Data Asset**의 이름을 `DA_BiomeDBushes`로 변경한다. 에셋을 열고 **Biome Definition** 왼쪽에 있는 화살표 버튼을 클릭한다. 그러면 색상 할당을 기반으로 한 랜드스케이프 텍스처에 대한 간단한 설정이 열린다.

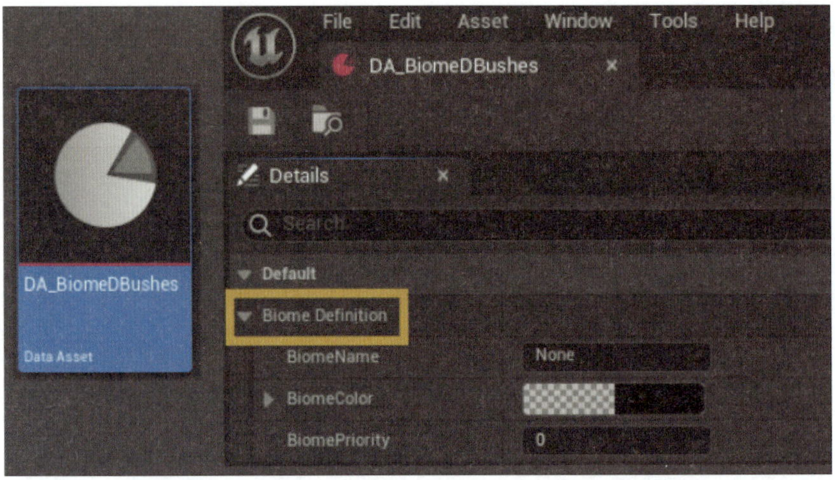

그림 8.49 DA_BiomeDBushes 에셋에서 Biome Definition을 검색한다.

4. 다음 스크린샷과 같이 **BiomeName**의 이름을 `Bushes`로 바꾸고 **BiomeColor**를 밝은 빨간색(R: `1.0`, G: `0.0`, B: `0.0`, A: `0.0`)으로 변경한다.

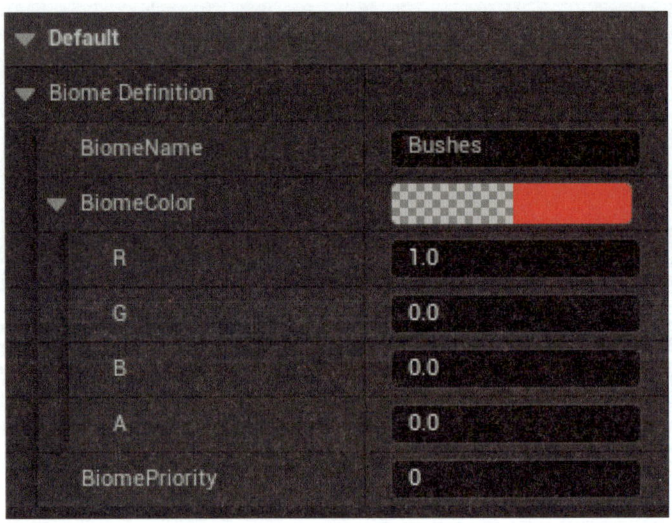

그림 8.50 BiomeColor를 밝은 빨간색으로 변경한다(R: 1.0, G: 0.0, B: 0.0, A: 0.0).

DA_BiomeDBushes 데이터 에셋 설정을 마쳤으므로, 이제 PCG Biome 설정 블루프린트 구성을 시작할 수 있다. 이번에는 랜드스케이프에 덤불을 만들기만 하면 된다! 시작해보자.

1. BushBiome 폴더로 돌아가서 마우스 오른쪽 버튼을 클릭하고, 메뉴에서 **Blueprint Class**를 선택한다. **BP_PCGBiomeSetup**을 검색하고 선택한 다음, 블루프린트 이름을 BP_BushBiome으로 변경한다.

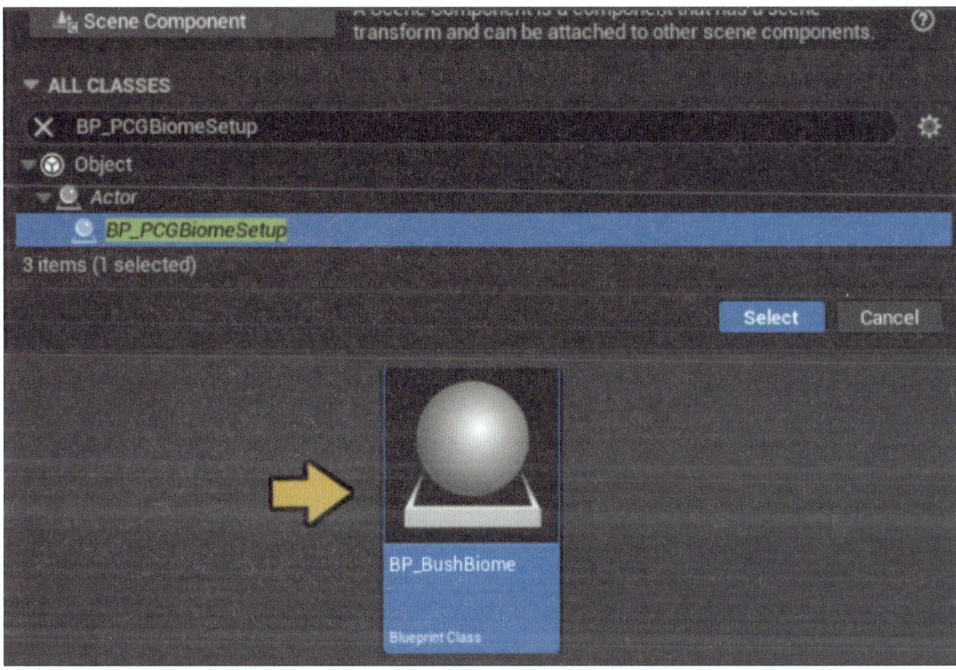

그림 8.51 새 액터 블루프린트인 BP_PCGBiomeSetup을 추가하고, 이름을 BP_BushBiome으로 변경한다.

2. 가장 먼저 눈에 띄는 것은 액터 블루프린트라는 사실이며, 유일한 차이점은 PCG용 데이터 에셋과만 작동하도록 프로그래밍돼 있다는 점이다.

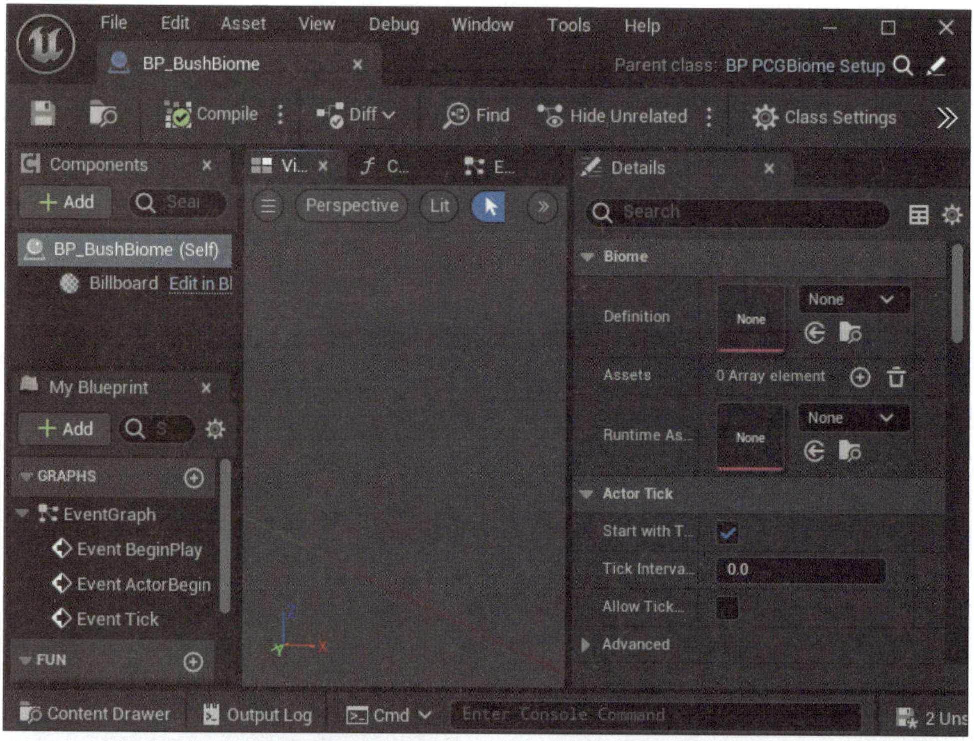

그림 8.52 BP_BushBiome 액터 블루프린트 열기

3. 왼쪽의 **Details** 패널에서 **Definition**을 **DA_BiomeDBushes**로 선택한다.

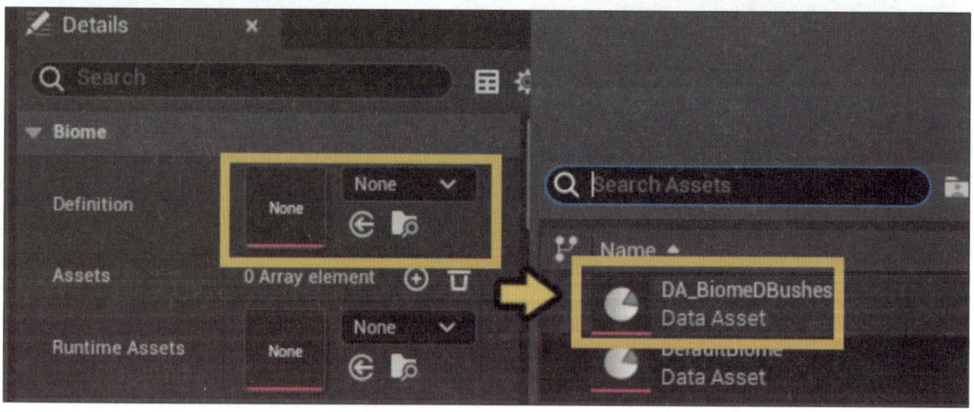

그림 8.53 Details 패널의 Definition 슬롯에 있는 Biome 아래에 DA_BiomeDBushes 데이터 에셋을 추가한다.

4. **Definition** 바로 아래의 **Assets** 탭에서 배열 요소를 추가한다. 이렇게 하면 **Data Asset**에 사용할 배열 요소가 추가된다.

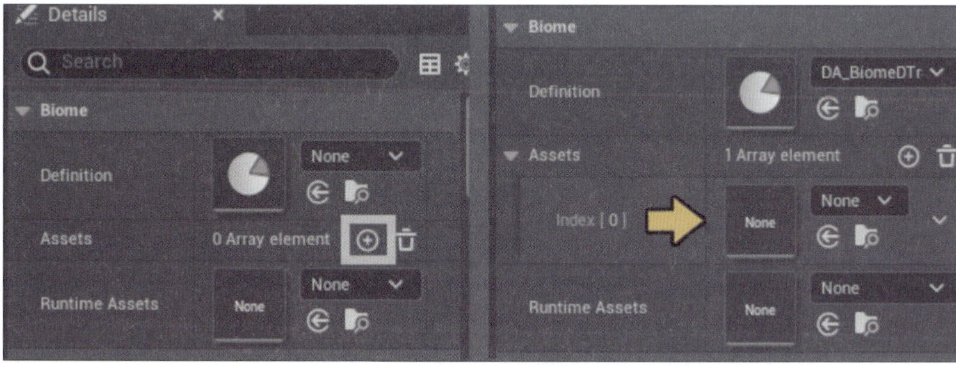

그림 8.54 Assets 패널에서 Index[0] 배열을 추가한다.

5. 이 인덱스 배열에는 **DA_BiomeABushes** 에셋을 선택한다.

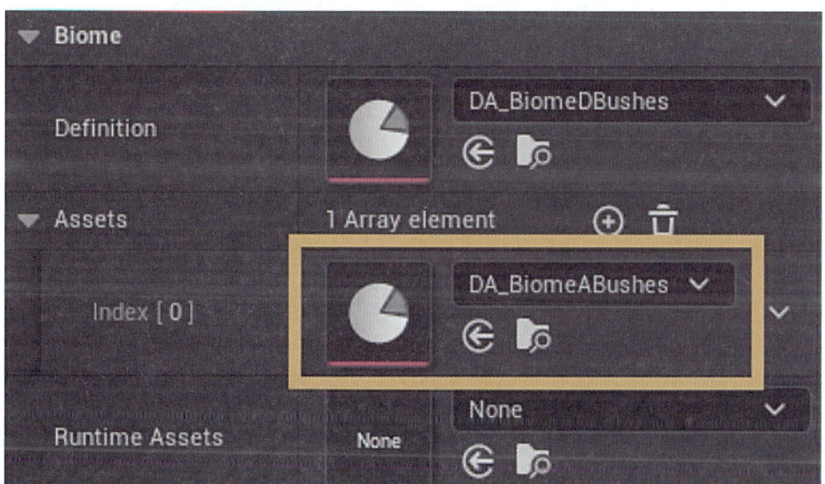

그림 8.55 Index[0]에서 DA_BiomeABushes를 할당한다.

6. 액터 블루프린트를 컴파일하고 메인 뷰포트로 돌아가보자. 이제 **BP_BushBiome**을 씬에 끌어다 놓는다. 그러면 디버그 모드에서 녹색 영역에만 나무가 나타나는 것을 볼 수 있다.

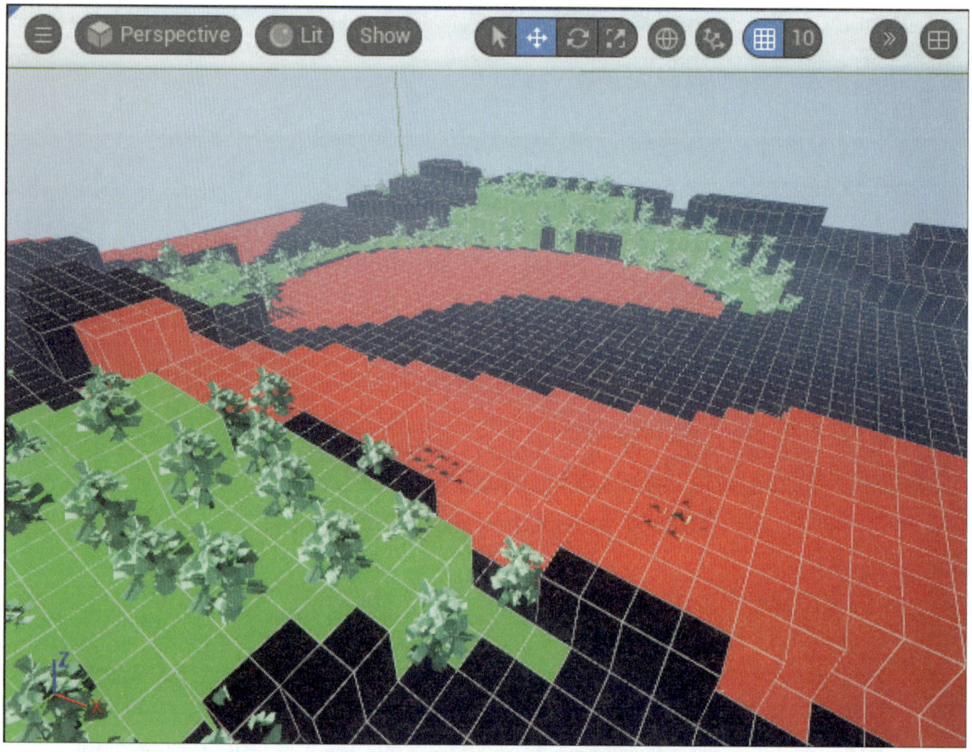

그림 8.56 Landscape 액터의 빨간색 결과 미리보기

빨간색이 시야를 가리고 덤불 모델을 숨기고 있다. 이제 디버그 모드를 꺼야 할 때다. **BP_BiomeCore** 블루프린트를 선택한 상태에서 **Details** 패널로 이동해 **BiomeCore** 컴포넌트를 선택한다. 그런 다음, **Debug- Display Biome Cache**를 완전히 끈다.

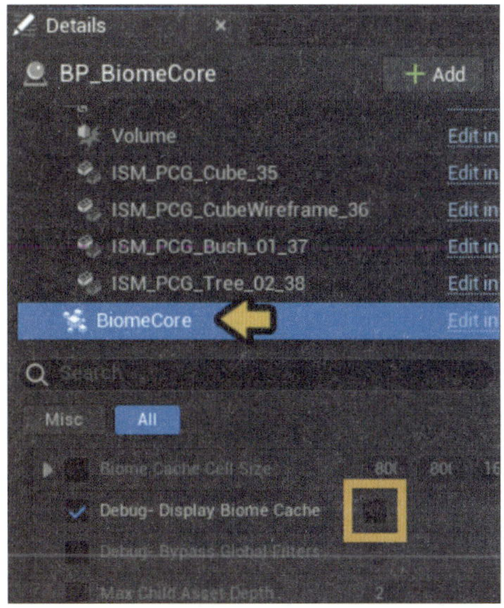

그림 8.57 Details 패널에서 BiomeCore를 선택하고 Debug– Display Biome Cache를 비활성화한다.

다음은 랜드스케이프의 최종 결과물로, 텍스처가 적용된 랜드스케이프 내의 컬러에 따라 해당 메시가 분포된 모습을 보여준다.

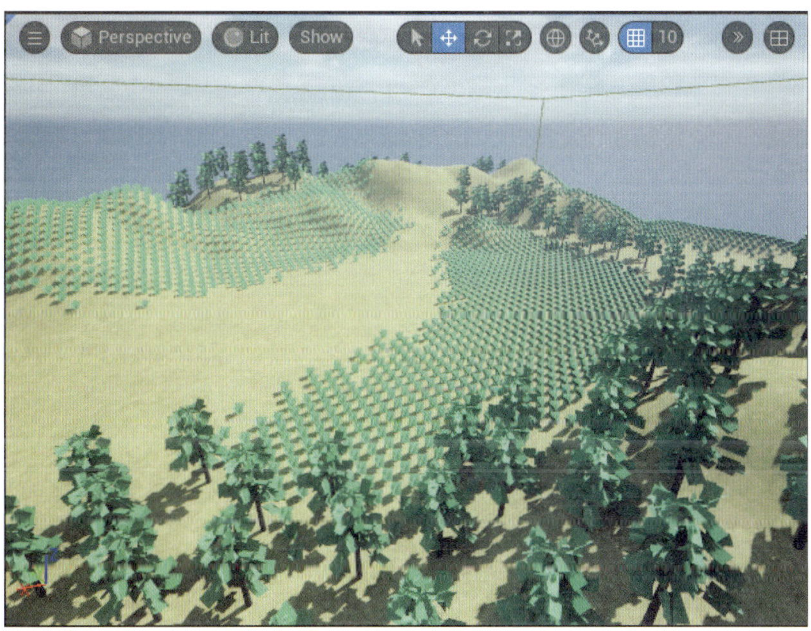

그림 8.58 Landscape 액터에 대한 PCG Biome의 최종 결과

이제 8장의 마지막에 이르렀으니, PCG Biome의 폴리지에 대한 다양한 스태틱 메시를 실험해보면서 본인의 지식을 시험해볼 차례다.

요약

이 장에서는 PCG 그래프를 깊이 이해하지 못하더라도 편리하게 사용할 수 있는 방식을 알아봤다. 최신 PCG Biome 플러그인을 사용해 랜드스케이프에 폴리지를 배포하는 방법을 배웠는데, 지금까지 얼마나 많은 것을 성취했는지 생각하면 정말 놀랍다! 다른 PCG 구성에 비해 작업하기 쉬운 최신 PCG Biome 플러그인의 사용법을 배웠고, 이 플러그인을 통해 텍스처의 색상에 따라 폴리지 분포를 커스터마이징할 수도 있다. 또한 PCG를 구성할 때 처음으로 데이터 세트를 사용하는 방법도 알게 됐다. PCG Biome과 PCG 그래프를 결합하면 작업의 품질이 더욱 향상된다.

다음으로는 애니메이션에 대해 알아보자. PCG 프레임워크를 사용해 애니메이션 캐릭터나 오브젝트를 씬에 가져오는 방법을 살펴볼 것이다.

09

PCG로 역동적인 애니메이션 군중 만들기

지금까지 많은 것을 이뤘고, 이제 막 9장에 도달했다! 지난 장에서는 새로운 Biome 플러그인을 살펴봤고, 데이터 에셋을 사용해 자신만의 PCG Biome을 만들고 Biome 플러그인 내에서 이를 평가하는 방법을 구현했다. 이번에는 애니메이션 캐릭터를 스폰하고 군중으로 구현하는 방법을 배워보자! 이 장에서는 PCG 플러그인을 사용해 군중을 만드는 방법에 대한 지식을 얻을 수 있다!

이 장에서는 캐릭터에 대한 액터 블루프린트 설정하기, 액터 블루프린트에 PCG 컴포넌트 적용하기, 캐릭터 블루프린트 설정을 지원하는 PCG 그래프 만들기 등의 주제를 살펴본다. Mixamo 애니메이션 모델을 사용하고, 각 액터 블루프린트 내에 설정된 간단한 AI 컴포넌트를 사용해 닫힌 스플라인 루프 내에서 각 캐릭터가 독립적으로 걸을 수 있도록 캐릭터를 스폰하는 방법을 구현해보자.

PCG 툴의 고급 기능을 직접 경험하고 이를 활용하는 방법을 배우면서 사실적인 군중 시뮬레이션을 제작하기 위한 솔루션을 발견할 수 있다.

이 장에서 다루는 주요 주제는 다음과 같다.

- Mixamo 캐릭터와 애니메이션에 익숙해지기
- 캐릭터 액터 블루프린트 설정
- PCG 액터 블루프린트 생성
- 군중을 생성하는 PCG 그래프 만들기

이 장이 끝나면, 나만의 PCG 군중 시뮬레이션을 구성하는 데 필요한 새로운 기술과 귀중한 통찰력을 얻게 될 것이다.

기술적 요구 사항

이 장을 완료하려면 다음 하드웨어와 소프트웨어가 필요하다.

- PCG를 실행할 수 있는 컴퓨터. 이는 멀티코어 CPU(AMD Ryzen 7/9 또는 Intel i7/i9), GPU(NVIDIA RTX 또는 8GB 이상의 VRAM이 탑재된 AMD Radeon RX), 최소 16GB의 RAM 등을 갖춰야 한다.
- 언리얼 엔진 5에서의 블루프린트 구성에 관한 기본적인 이해
- 템플릿 프로젝트에는 이미 준비된 Mixamo 모델과 애니메이션이 포함돼 있다. 또한 Mixamo 캐릭터를 다운로드해 원하는 용도에 맞게 설정할 수 있다. 하지만 이 장에서 준비한 예제를 사용해 먼저 튜토리얼을 따라 하는 것이 좋다!

이 프로젝트에서는 깃허브 리포지터리에서 제공되는 템플릿 프로젝트를 사용하며, 해당 템플릿은 깃허브(https://github.com/PacktPublishing/Procedural-Content-Generation-with-Unreal-Engine-5)에서 다운로드할 수 있다.

이 장의 코드가 실행되는 모습을 보여주는 동영상은 웹 사이트(https://packt.link/VSZOM)에서 확인할 수 있다.

Mixamo 캐릭터로 작업하기

이 예제를 위해 준비한 Mixamo 캐릭터를 사용해본다. 애니메이션이 포함된 더 많은 캐릭터는 웹 사이트(https://www.mixamo.com/#)에서 찾을 수 있다.

애니메이션과 함께 제공되는 Mixamo 캐릭터를 살펴보자.

Mixamo 폴더로 이동하면, 각 캐릭터의 애니메이션과 모델이 있는 Male 및 Female 폴더를 찾을 수 있다(그림 9.1 참조). 짐작할 수 있듯이 두 명의 캐릭터가 있으며, 남성과 여성 각각 한 명씩이다. 이 예제에서는 두 캐릭터만 사용하며, 캐릭터 블루프린트를 생성하고 PCG 그래프 안에 할당할 것이다.

그림 9.1 애니메이션이 포함된 Mixamo 스켈레탈 메시 복록

다음 절에서는 각 캐릭터에 대한 액터 블루프린트를 만들고, 각 캐릭터에 적합한 AI를 만드

는 방법을 소개한다.

Mixamo 캐릭터 블루프린트 개발

이 절에서는 새 캐릭터 블루프린트를 생성해 액터 캐릭터 블루프린트를 설정하는 방법을 살펴보자. 임의의 스켈레탈 메시를 선택한 다음, 해당 스켈레탈 메시에 임의의 애니메이션을 할당하는 기능을 만들 것이다.

1. Blueprints 폴더에서 마우스 오른쪽 버튼을 클릭하고 **Blueprint Class**를 선택한다. **Pick Parent Class** 메뉴에서 **Character** 블루프린트를 선택한다. 그림 9.2와 같이 캐릭터 블루프린트 이름을 `AI_Player`로 변경한다.

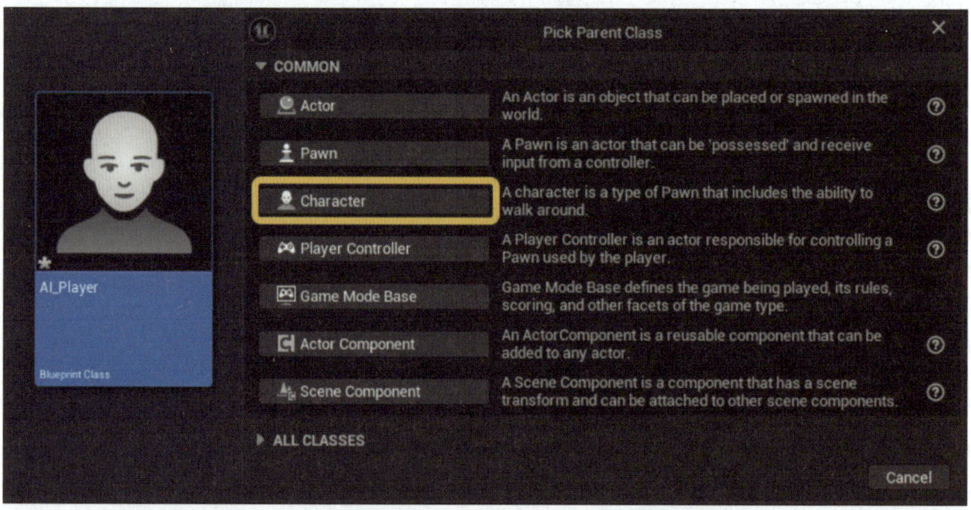

그림 9.2 Character 블루프린트를 추가하고 이름을 AI_Player로 변경한다.

2. `AI_Player` 블루프린트를 열고 **Variables** 섹션으로 이동한다. 2개의 변수를 새로 생성하고 이름을 `SkeletalMeshes`와 `AnimSequences`로 지정한다. 그림 9.3과 같이 `Skeletal Meshes` 변수의 경우 **Variable Type**을 **Skeletal Mesh**로 설정하고, `AnimSequence` 변수의 경우 **Variable Type**을 **Anim Sequence**로 설정한다. 바로 옆의 컨테이너 유형을 **Single**에서 **Array**로 변경한다.

그림 9.3 Skeletal Mesh로 Variable Type을 선택하고 Single에서 Array로 변경한다.

3. 오른쪽의 각 변수에 대해 더하기(+) 버튼을 눌러 2개의 배열 요소를 추가한다. 스켈레탈 메시와 애니메이션 시퀀스를 각각 2개씩 사용해본다.

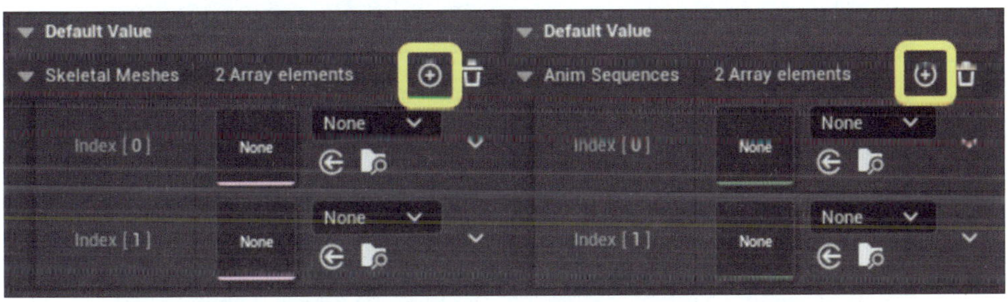

그림 9.4 Skeletal Mesh 및 Anim Sequence 배열에 2개의 배열 요소 추가하기

4. **SkeletalMesh** 변수에 **BizMale**과 **Remy**를 추가한다. `AnimSequence` 변수에 그림 9.5와 같이 **Walking_M**과 **Texting_Idle** 애니메이션을 추가한다.

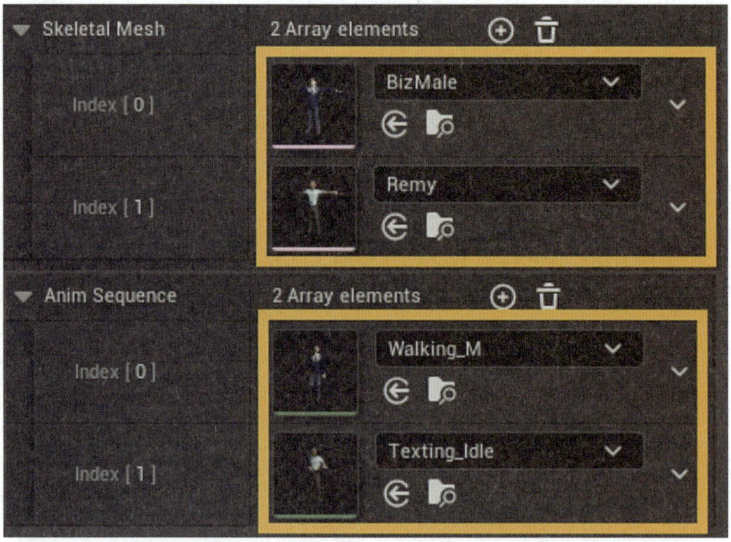

그림 9.5 Skeletal Mesh 인덱스에 BizMale과 Remy를 할당하고, Anim Sequence 인덱스에 Walking_M 및 Texting_Idle 애니메이션을 할당한다.

5. **Event Graph** 공간에서 마우스 오른쪽 버튼을 클릭하고, 검색 메뉴에서 **Custom Event** 노드를 찾는다. 그림 9.6과 같이 해당 노드를 추가하고 이름을 `AIWalk`로 변경한다.

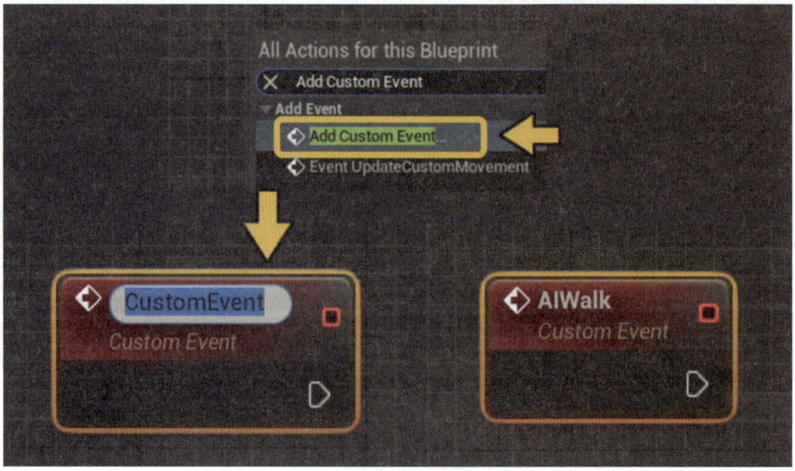

그림 9.6 CustomEvent를 추가하고 이름을 AIWalk로 변경한다.

6. 눈치챘겠지만, 왼쪽에는 플레이어 캐릭터가 플레이 모드에서 움직이는 데 필수적인 **Character Movement** 컴포넌트가 있다. 이 컴포넌트를 **Event Graph** 영역으로 끌어와 **AIWalk** 실행 노드 옆에 배치한다.

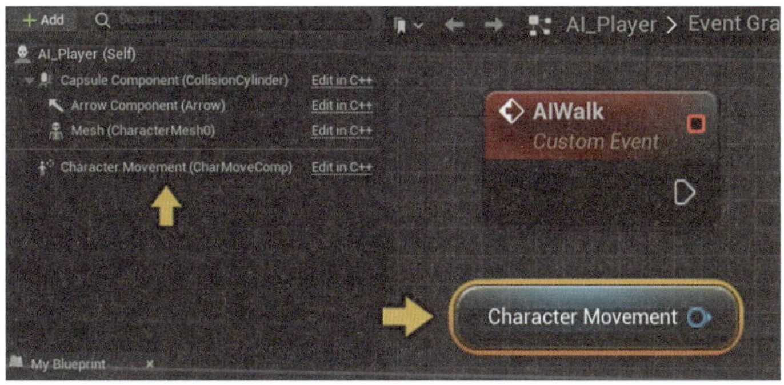

그림 9.7 Character Movement 컴포넌트를 Event Graph에 끌어다 놓기

7. **Character Movement** 컴포넌트에서 핀을 끌어와 `Set Max Walk Speed` 변수를 검색한다. 그림 9.8과 같이 그래프에 추가하고 **AIWalk** 실행 노드에 가깝게 배치한다.

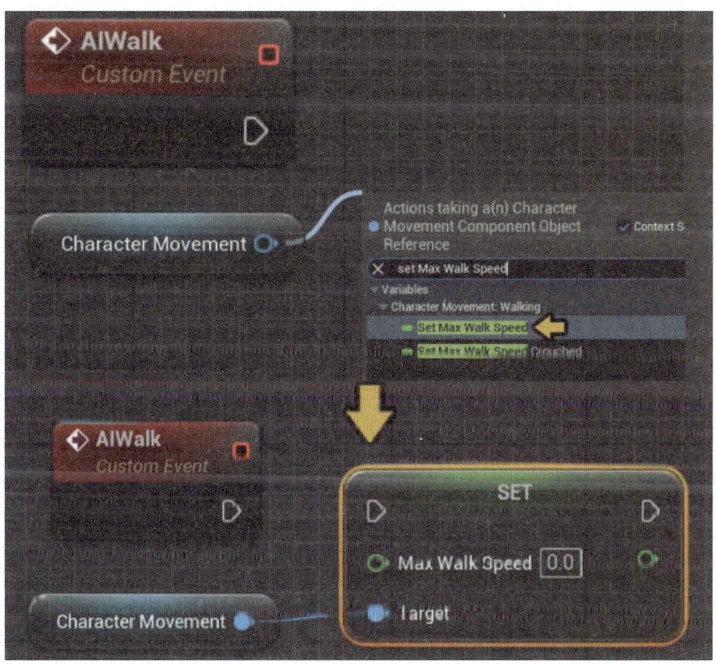

그림 9.8 Character Movement 컴포넌트에서 핀을 끌어와 Set Max Walk Speed 변수를 검색한다.

8. **SET**에서 **Max Walk Speed**를 `100.0`으로 변경해보자. 이렇게 하면 캐릭터가 원하는 속도로 걷게 되며, 나중에 이 속도 값을 AI 이동에도 사용할 것이다. 그러고 나서 **AIWalk** 실행 핀에 연결한다.

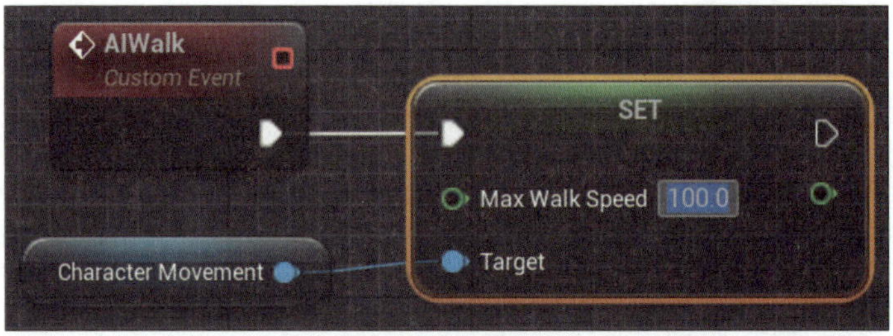

그림 9.9 Max Walk Speed를 100.0으로 설정하기

9. 다음 단계는 이 시퀀스에 `AI MoveTo` 기능을 도입하는 것이다. 이렇게 하면 내비게이션 볼륨navigation volume(이 장 후반부의 그림 9.61에서 구성한다)을 감지해 환경에서 돌아다닐 수 있게 된다.

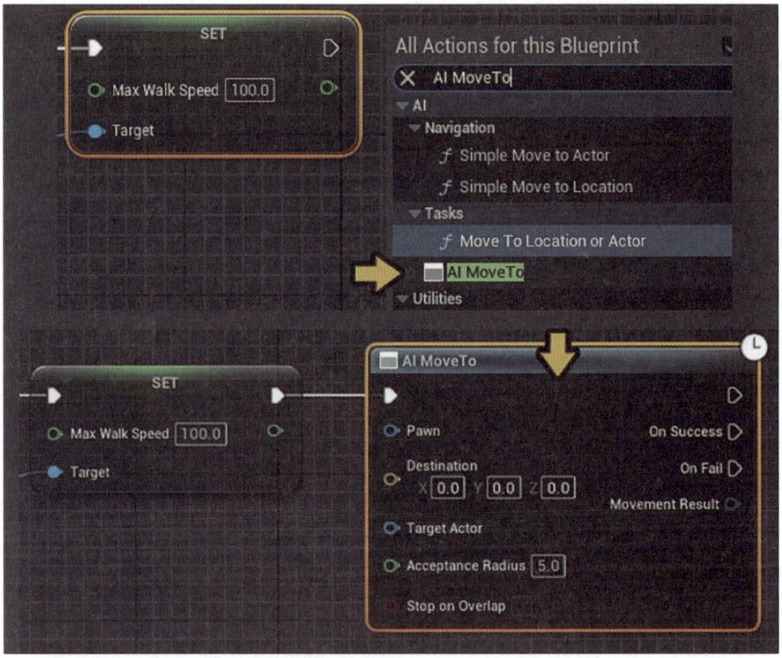

그림 9.10 Event Graph에 AI MoveTo 컴포넌트를 추가하고 Set Max Walk Speed 변수에 연결한다.

10. Get a reference to self 노드를 추가하고 `AI MoveTo` 함수의 Pawn 입력에 Get a reference to self 노드를 연결해보자.

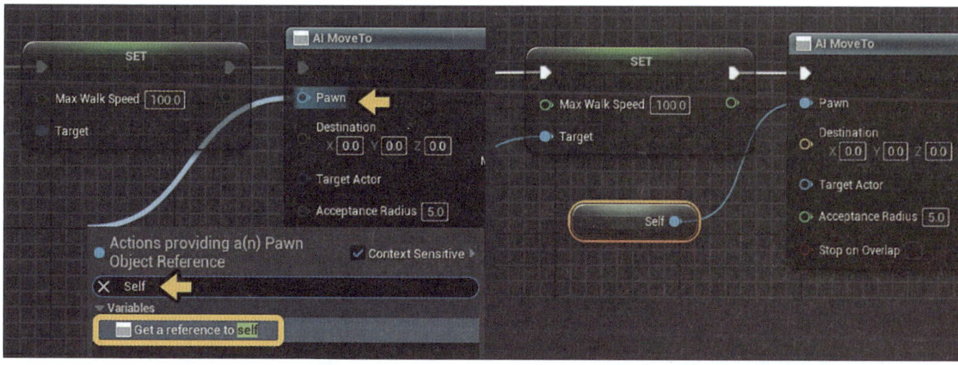

그림 9.11 Get a reference to self 노드를 AI MoveTo 함수의 Pawn 입력에 연결한다.

11. 현재 설정된 캐릭터는 정해진 목적지가 없어 정지된 상태로 유지되므로 별다른 동작을 하지 않는다. 이 문제를 해결하기 위해 액터의 위치, 그리고 도달 가능한 반경 내의 임의의 위치를 결정하는 두 가지 컴포넌트를 추가해보자. 그래프에서 마우스 오른쪽 버튼을 클릭하고 `Get Actor Location` 및 `GetRandomReachablePointInRadius` 함수를 검색한다. 두 함수를 그래프에 추가하고 그림 9.12와 같이 연결한다.

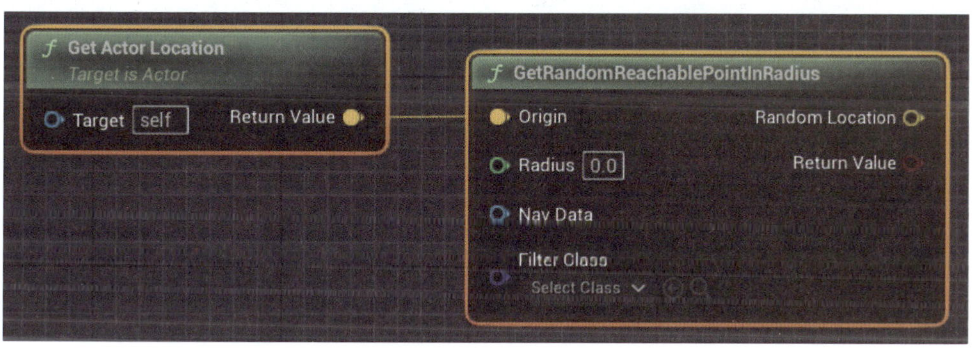

그림 9.12 Origin 입력을 사용해 Get Actor Location 함수를 GetRandomReachablePointInRadius 함수와 결합하고 연결한다.

12. `GetRandomReachablePointInRadius`의 **Radius**를 `1000.0`으로 설정하고 `AI MoveTo`의 **Destination** 입력에 연결한다.

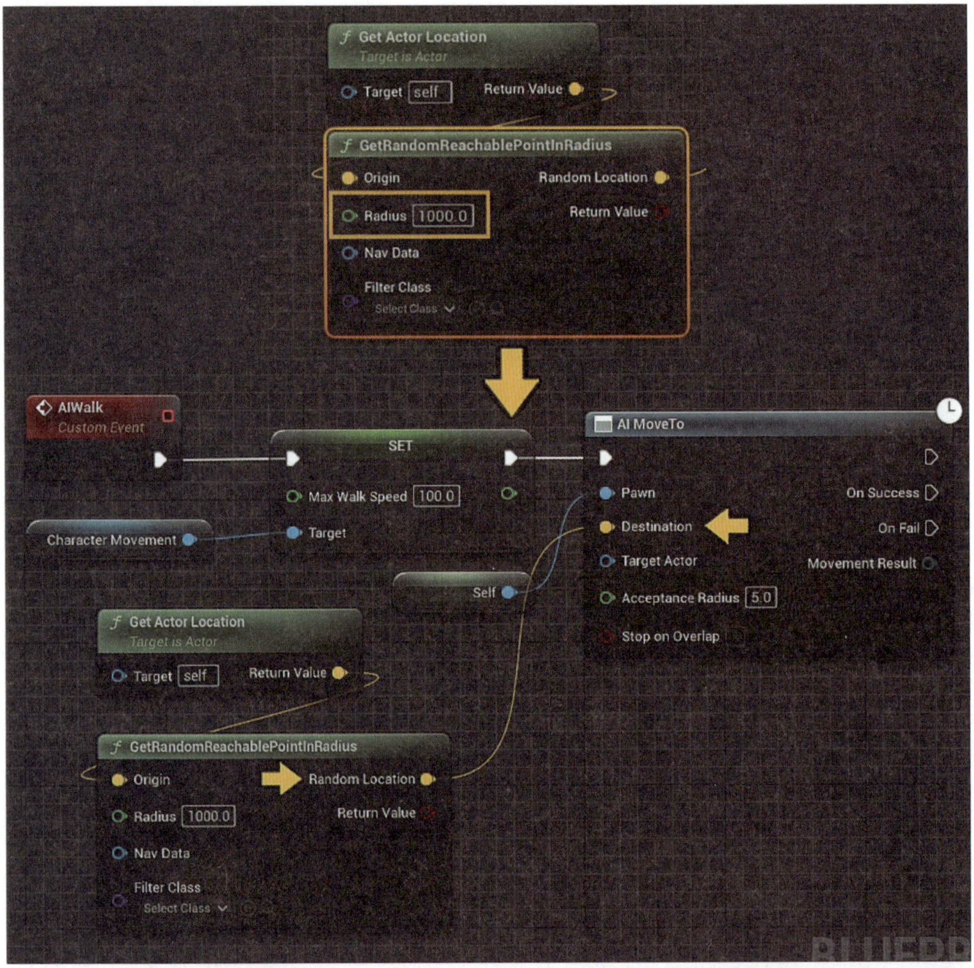

그림 9.13 1000.0 값으로 GetRandomReachablePointInRadius 설정하기

13. `GetRandomReachablePointInRadius` 함수 내에서 **Radius**를 `1000.0` 단위로 설정한다. 이렇게 하면 캐릭터가 원래 위치에서 1000.0 단위 떨어진 영역 내에서 이동한다. 그런 다음, **Random Location** 출력을 `AI MoveTo` 함수의 **Destination** 입력에 연결한다.

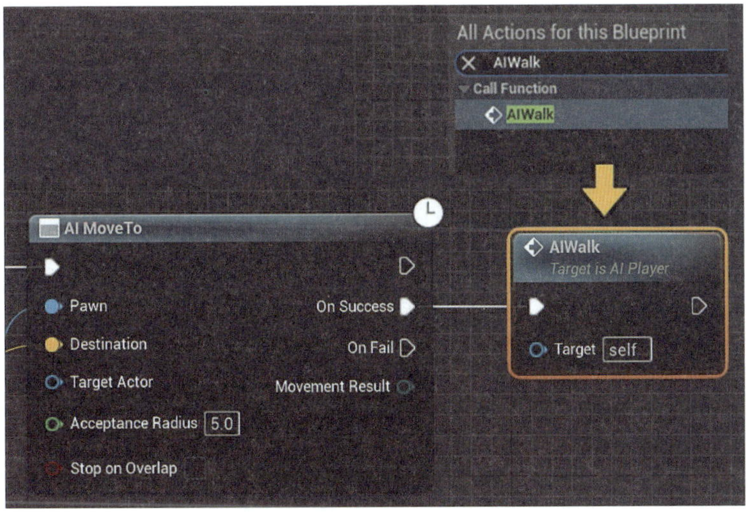

그림 9.14 AIWalk 함수를 추가하고 AI MoveTo 함수의 OnSuccess 출력에 연결한다.

14. 거의 완성 단계다. 이제 이 사이클의 마지막에 **AIWalk** 이벤트를 추가해 이 AI 동작을 반복하게 만든다. **AIWalk** 이벤트를 별도의 함수로 사용하고 이 체인의 끝에서 해당 프로세스를 반복하도록 호출함으로써 이 동작을 반복할 수 있다. 그래프를 마우스 오른쪽 버튼으로 클릭하고 `AIWalk` 함수를 검색해 추가한 다음, 해당 함수 노드를 `AI MoveTo` 함수의 **On Success** 출력 노드에 연결한다. 이렇게 하면 AI 이동이 올바르게 관리돼 나중에 발생할 수 있는 루핑 문제를 방지할 수 있다.

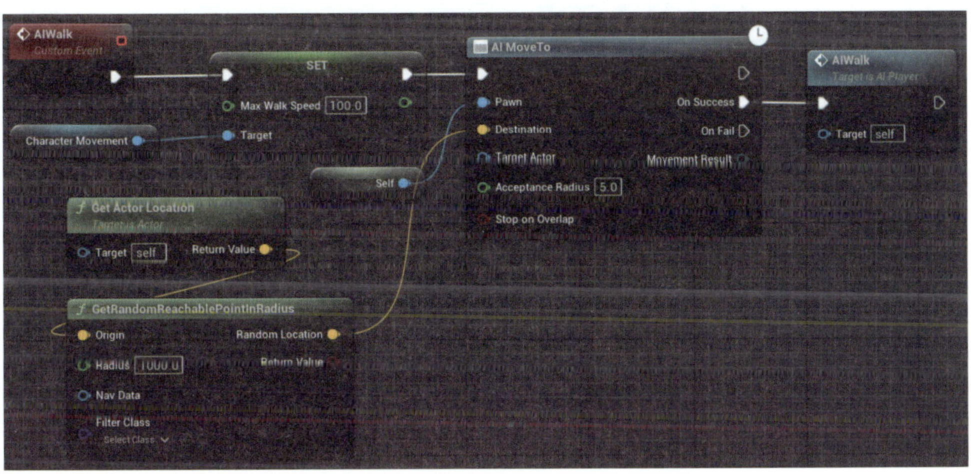

그림 9.15 모든 노드가 연결된 Event Graph의 최종 모습

그림 9.15는 모든 노드가 연결된 상태에서 그래프가 어떤 모습인지를 보여준다!

다음 단계는 플레이 모드에서 작동하는지를 확인하는 것이다. 이를 구성하기에 앞서, 2개의 서로 다른 캐릭터를 무작위로 생성하고 애니메이션을 무작위로 할당해야 한다. 다음 절에서는 다양한 애니메이션이 포함된 무작위 캐릭터 스폰 메커니즘을 구성해본다.

랜덤 정수 함수를 사용해 Skeletal Mesh 교환하기

이 절에서는 캐릭터 블루프린트 내부의 로직을 구성해 Skeletal Mesh 캐릭터를 임의로 교체해본다. 이렇게 하면 PCG 그래프 내에서 스폰된 액터가 생성된 후 다양성을 도입해 무작위로 선택된 애니메이션으로 다양한 캐릭터를 표현할 수 있다.

이제 단계별 가이드를 자세히 살펴보자.

1. **VARIABLES** 섹션에서 **Skeletal Mesh**와 **Anim Sequence**라는 2개의 배열을 선택하고 끌어온다. 두 배열을 **Get** 변수로 설정하고 **Event Graph**에 추가한다.

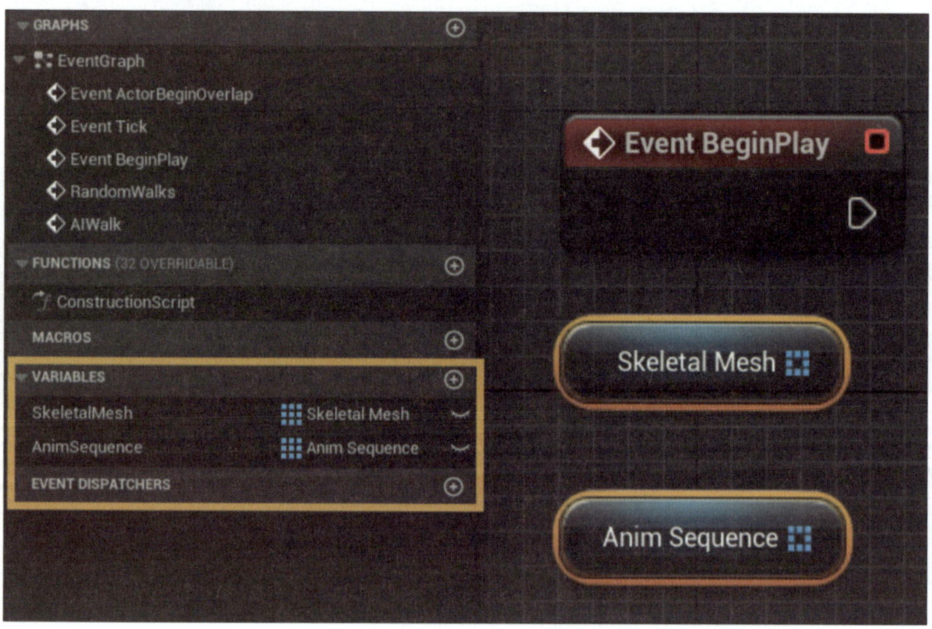

그림 9.16 Skeletal Mesh 및 Anim Sequence 배열을 Event Graph에 끌어다 놓기

2. 다음 단계는 **Event Graph**에 각 배열 변수에 대한 두 가지 함수를 추가하는 것이다. 두 함수는 **Set Skeletal Mesh Asset**과 **Play Animation**이다. 이미 눈치챘겠지만, 이 함수들은 **Mesh** 컴포넌트에 이미 할당돼 있으므로 시간을 절약하는 데 도움이 된다.

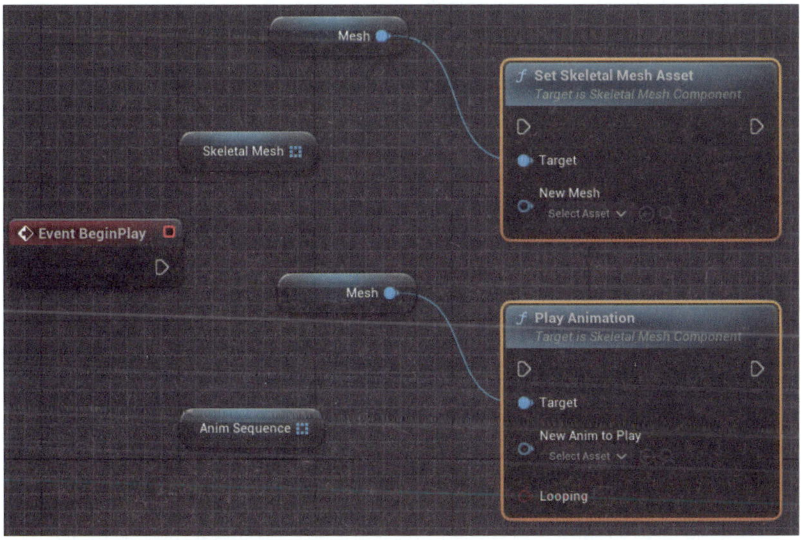

그림 9.17 Event Graph에 Set Skeletal Mesh Asset 및 Play Animation 함수 추가하기

3. **Skeletal Mesh** 배열 변수부터 시작해보자. **Skeletal Mesh** 변수를 선택한 상태에서 핀을 끌어온 후 `Get (a copy)` 노드를 검색한다. 이것은 배열이므로, 인덱스 0을 사용하면 배열의 첫 번째 요소를 가져온다. 따라서 값은 **0**으로 남겨둔다.

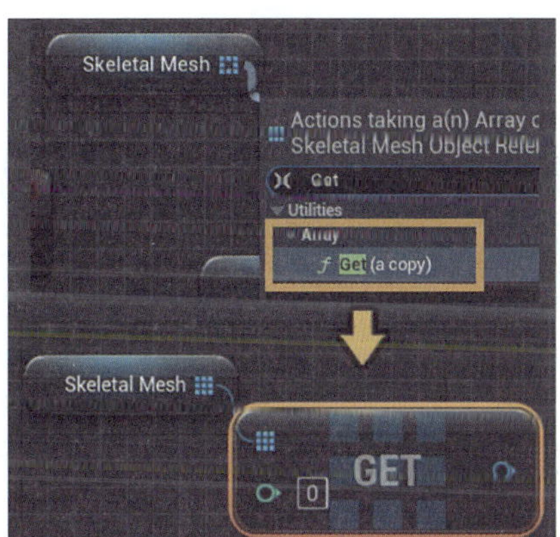

그림 9.18 Skeletal Mesh 배열에서 핀을 끌어온 후 Get (a copy) 노드를 검색한다.

4. 파란색 **GET** 노드 출력 핀에서 **Set Skeletal Mesh Asset** 함수의 **New Mesh** 입력 노드에 연결한다. **Set Skeletal Mesh Asset**을 **Event BeginPlay**에 직접 연결한다.

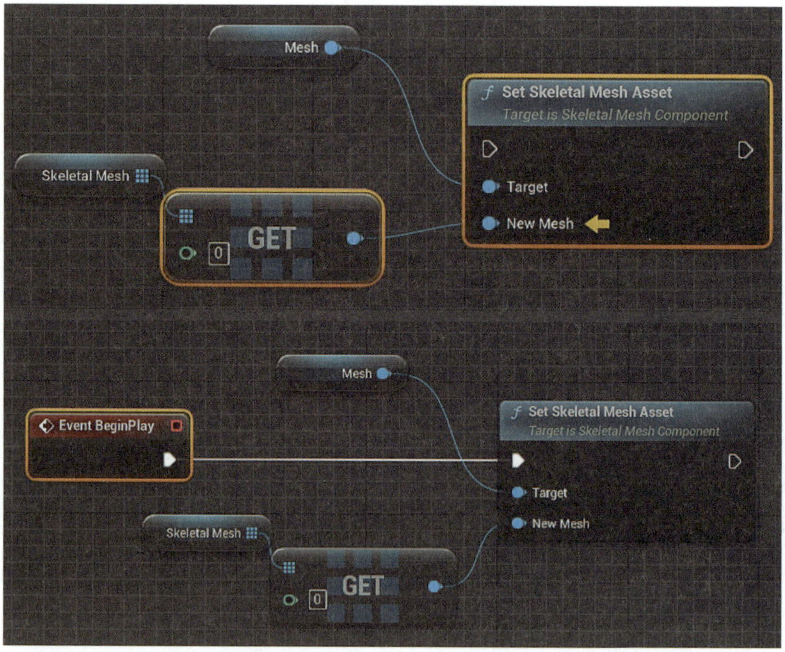

그림 9.19 Skeletal Mesh 배열을 SetSkeletalMeshAsset 함수의 New Mesh 입력에 연결하고, Event BeginPlay 노드를 SetSkeletalMeshAsset 함수에 연결한다.

5. **Play Animation** 함수를 진행하기 전에 애니메이션을 임의로 선택하고, 씬에서 스폰된 Skeletal Mesh로 할당하는 간단한 조건을 설정해보자. 그래프에서 마우스 오른쪽 버튼을 클릭하고 Branch라는 **Flow Control** 노드를 검색한다.

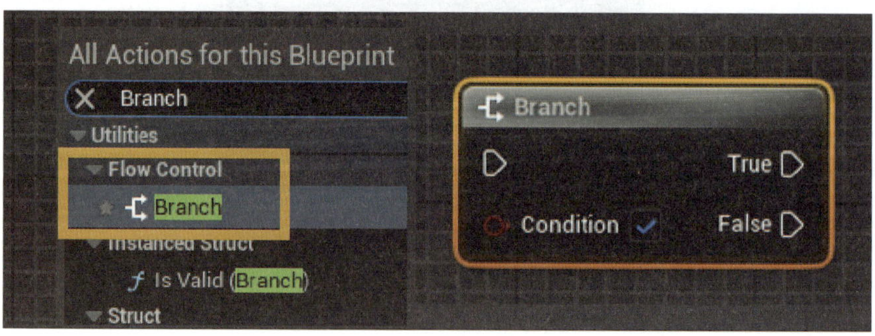

그림 9.20 Branch Flow Control 노드 추가

6. **Random Integer in Range** 및 **Equal** 연산자 노드를 추가해보자. **Random Integer in Range** 노드는 배열의 최소값과 최대값 사이에서 숫자를 선택하는 데 사용된다. 그런 다음, **Equal** 연산자는 무작위로 선택한 숫자가 배열 내에 지정된 숫자와 일치하는지 확인한다.

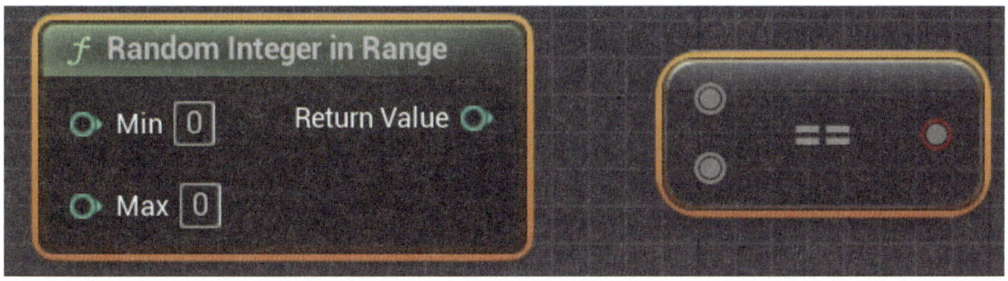

그림 9.21 Event Graph에 Random Integer in Range 함수와 Equal 연산자를 추가한다.

7. 이 예제를 위해 설정한 노드를 모두 연결해 스켈레탈 메시와 애니메이션 스포너animation spawner의 논리적 조건을 만들어보자. **Random Integer in Range** 노드의 **Return Value**를 **Equal** 연산자의 첫 번째 슬롯 위치에 연결한다.

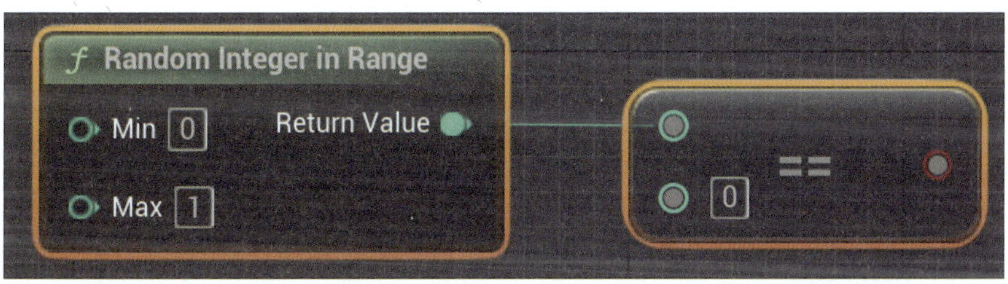

그림 9.22 Random Integer in Range의 반환 값을 Equal 연산자 첫 번째 입력에 연결한다.

8. **Random Integer in Range** 노드에서 **Min** 값이 `0`으로 설정되고 **Max** 값이 `1`로 설정됐는지를 확인한다. 그런 다음, **Equal** 연산자의 두 번째 슬롯을 `0`으로 설정한다. 이 조건은 첫 번째 Skeletal Mesh가 스폰되면 두 애니메이션 중 하나가 새로 스폰된 Skeletal Mesh로 할당되도록 한다. **Condition**을 **Branch**의 **Condition** 값 입력에 연결한다.

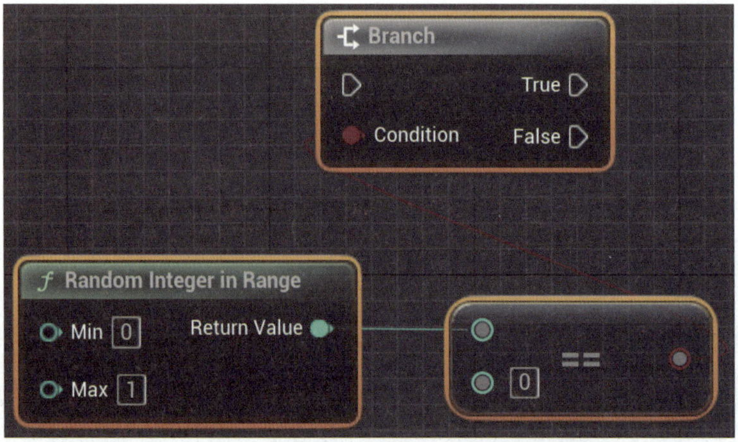

그림 9.23 Equal 연산자를 Branch의 Condition에 연결한다.

9. 이제 **Condition**을 그래프 상단의 **Set Skeletal Mesh Asset** 함수 옆에 배치해 **Event BeginPlay** 실행 노드의 흐름을 이어갈 수 있다. 기존 노드에 연결한다.

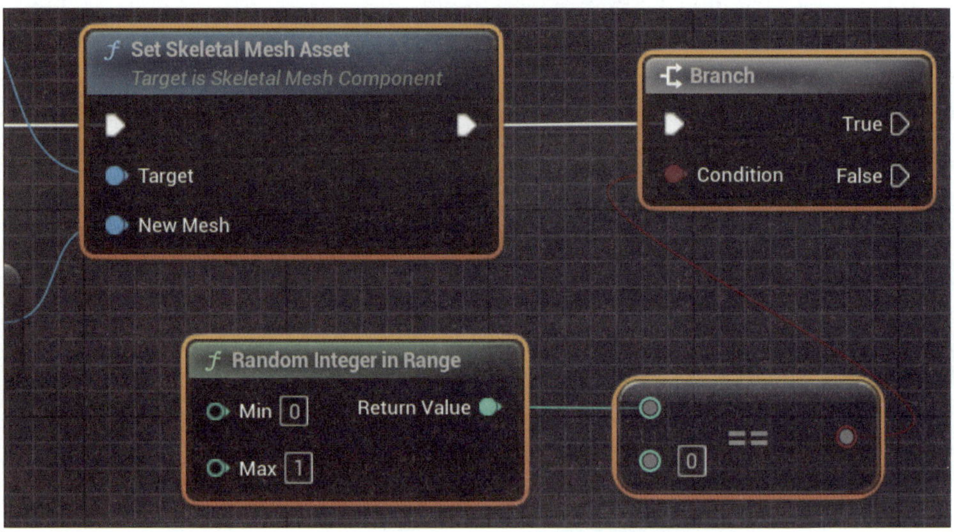

그림 9.24 Branch를 Set Skeletal Mesh Asset 함수에 연결한다.

10. **Random Integer in Range** 함수 노드를 그래프 시작 부분의 **Skeletal Mesh** 배열 변수에 이미 연결돼 있는 **GET** 노드에 연결한다. 이렇게 하면 먼저 메시를 가져온 다음, 두 애니메이션 중 하나를 얻기 위해 다른 임의의 정수를 가져온다.

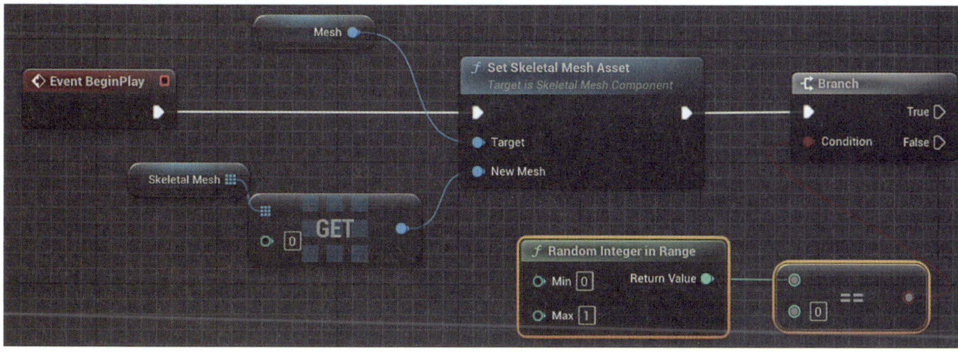

그림 9.25 Event BeginPlay에 대한 노드 연결의 최종 모습

11. 이제 **Random Integer in Range** 노드를 **Skeletal Mesh** 배열 변수의 **GET** 노드에 연결해 정수 입력에 연결해보자.

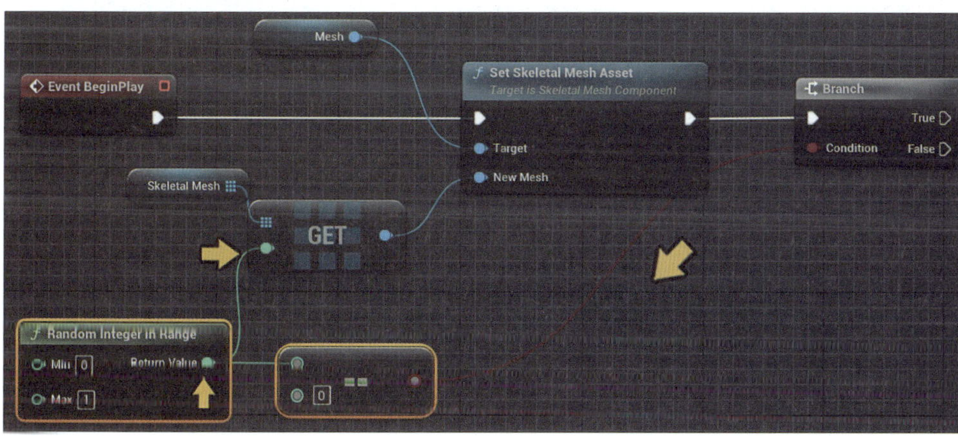

그림 9.26 Random Integer in Range 함수의 Return Value를 GET 노드에 연결한다.

12. 나음으로, 애니메이션 시퀀스 중 하나를 재생하는 **Play Animation**을 구성하자. **Anim Sequence** 배열 변수를 선택한 상태에서 핀을 끌어와 **Get (a copy)** 노드를 추가한다.

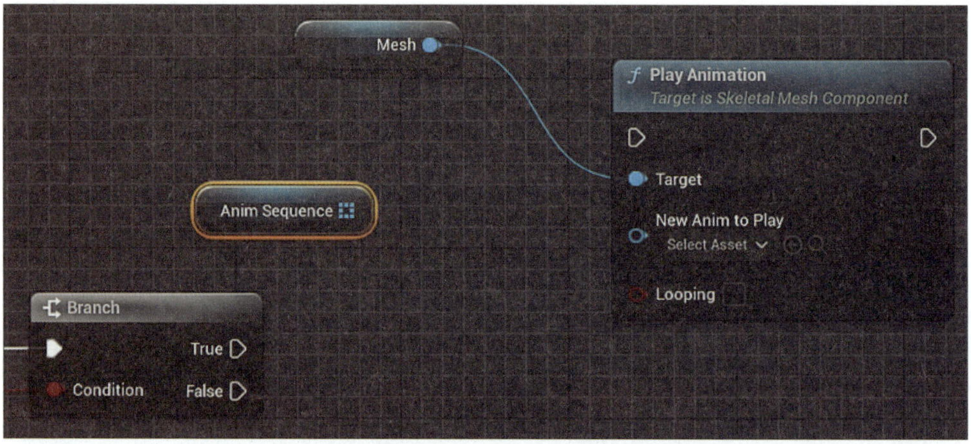

그림 9.27 Anim Sequence 노드 선택

13. **GET** 노드를 **Play Animation** 함수의 **New Anim to Play** 입력에 연결한다.

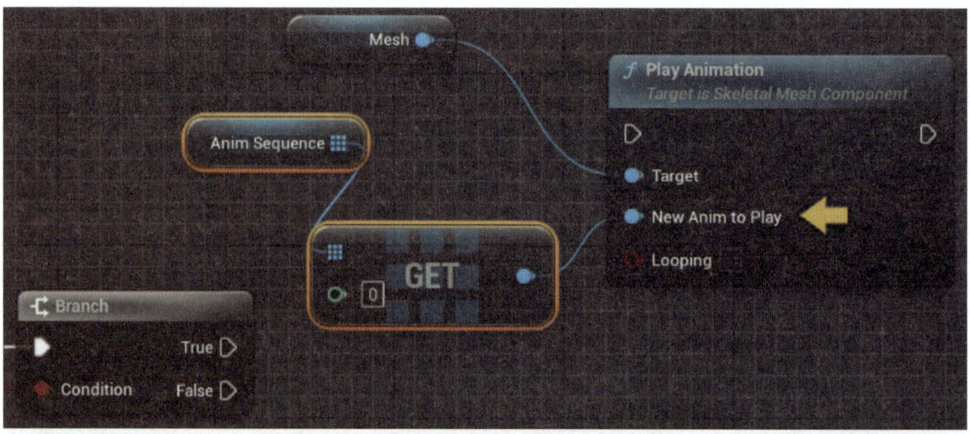

그림 9.28 Anim Sequence 변수에서 노드를 끌어와 Play Animation 함수의 New Anim to Play 입력에 연결한다.

14. 이제 **Play Animation** 함수를 **Branch** 노드의 **True** 문 출력에 연결한다. **GET** 노드가 인덱스 1 값을 읽도록 설정하자. 즉, 임의의 정수가 1로 설정되면 **Anim Sequence** 배열 변수의 인덱스 1에 해당하는 저장된 애니메이션을 재생한다. **Play Animation** 함수 내에서 **Looping**을 활성화한다.

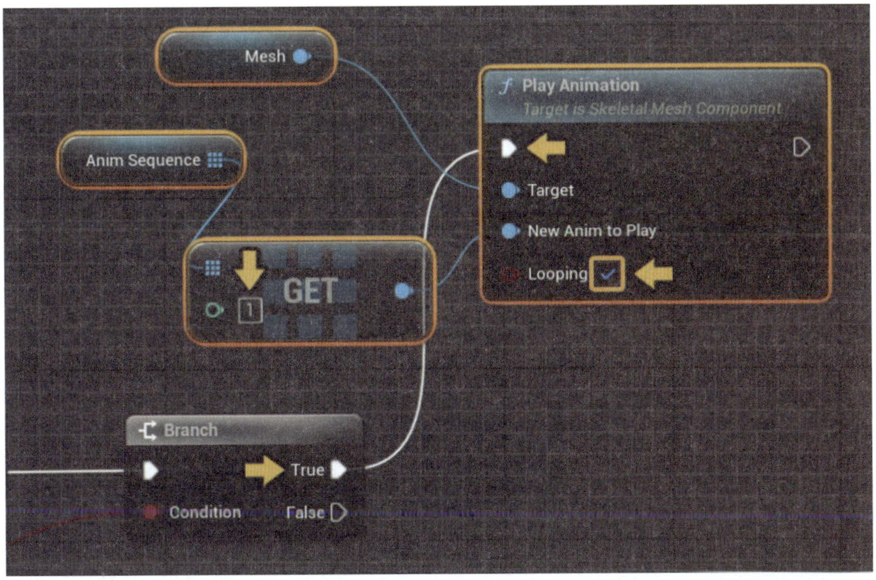

그림 9.29 True 문에 대해 GET 노드에서 배열 값을 1로 설정하고, Play Animation 함수 내에서 Looping을 활성화한다.

15. 전체 **Play Animation** 함수 그래프를 복사해 **Branch** 노드 아래에 붙여 넣는다. 이번에는 복제된 노드를 **False** 문에 연결한다.

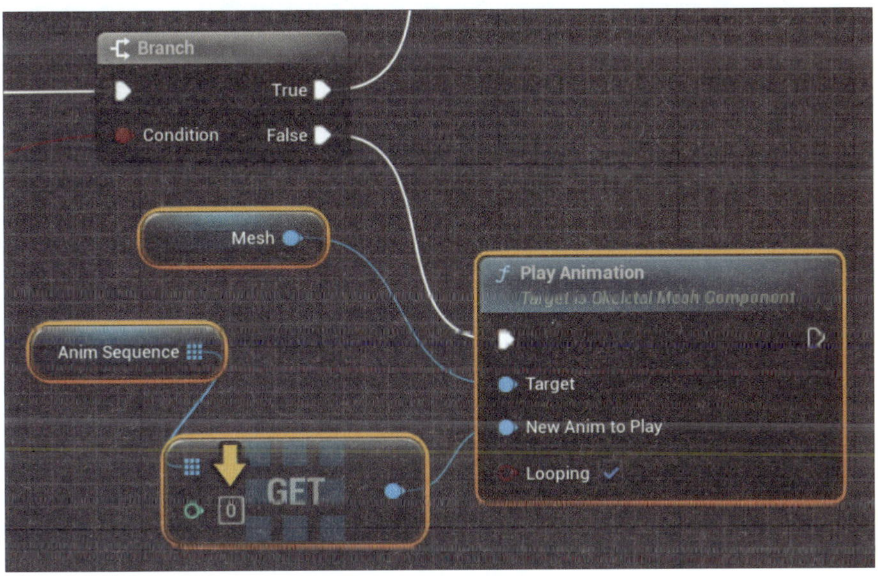

그림 9.30 False 문에 대해 GET 노드에서 배열 값을 0으로 설정하고,
Play Animation 함수 내에서 Looping을 활성화한다.

다시 말해, 배열의 수가 `0`으로 설정돼 있으면 인덱스 1의 애니메이션이 재생되지 않고 대신 **Anim Sequence** 배열 변수의 인덱스 0에 해당하는 애니메이션이 재생된다. **GET** 노드가 배열 값 `0`으로 설정돼 있는지 확인한다.

16. 마지막 부분은 걷기 애니메이션이 선택되면 AI 캐릭터가 지형을 계속 돌아다니며 걸을 수 있도록 하는 것이다. **Anim Sequence** 변수에서 볼 수 있듯이, 걷기 사이클 애니메이션은 배열 변수의 첫 번째 인덱스에 설정돼 있다(그림 9.31 참조).

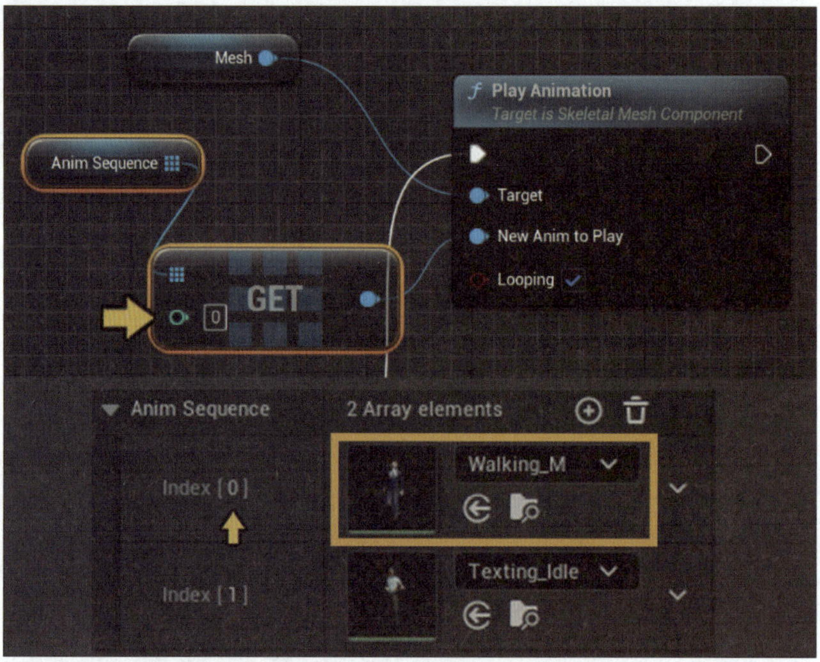

그림 9.31 각 Anim Sequence 애니메이션 에셋에 해당하는 인덱스

17. **Play Animation** 함수의 끝에 `AIWalk` 함수를 추가하고, 인덱스가 0인 **Anim Sequence** 변수를 **False** 문에 할당해보자.

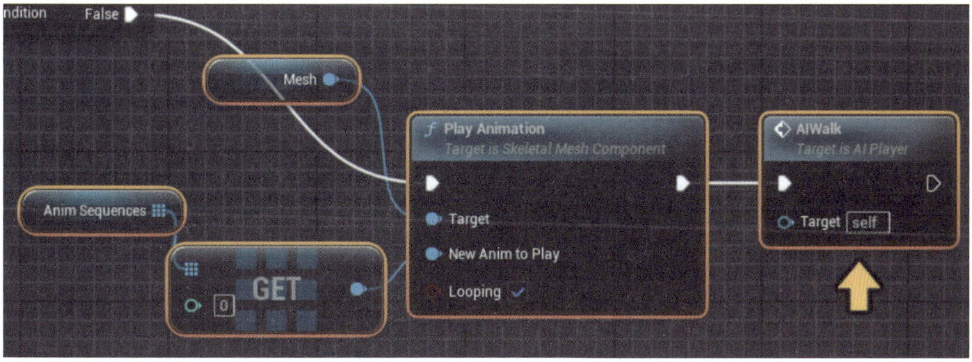

그림 9.32 AIWalk 함수를 추가하고 Play Animation 함수에 연결한다.

PCG 그래프 내에서 작동할 첫 번째 캐릭터 블루프린트를 완성했으며, 자체적인 AI 움직임을 사용해 반응한다.

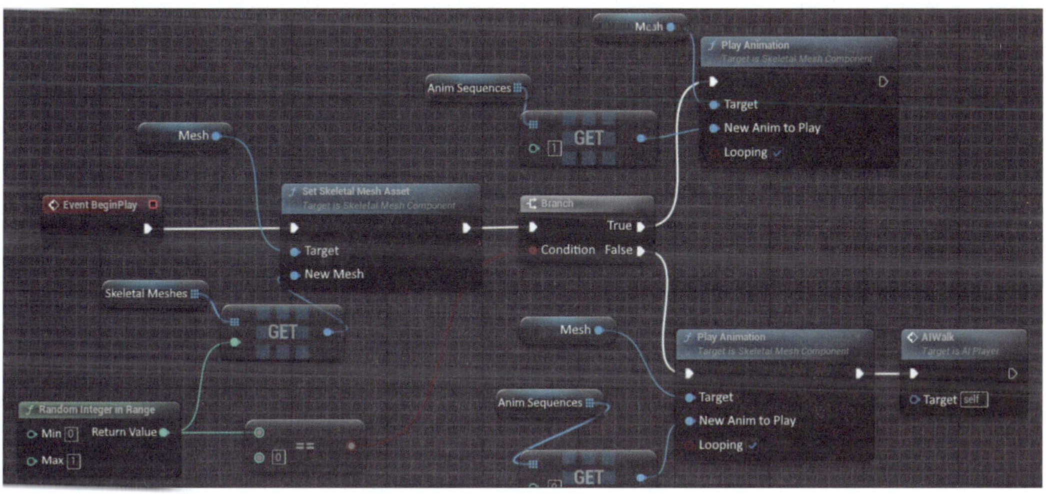

그림 9.33 Event Graph 노드 구조의 최종 모습

다음 절에서는 캐릭터 설정을 위한 나머지 요소를 적용하는 데 중점을 둔다.

캐릭터 구성

퍼즐의 마지막 부분은 캐릭터에 붙어 있는 Skeletal Mesh의 참조를 확실하게 하는 것이다. 캐릭터를 Skeletal Mesh로 추가해야 나중에 스폰 위치를 쉽게 확인할 수 있다. 이번 경우에는 캐릭터 메시가 올바른 방향을 가리키도록 적절하게 배치했다. 이제 캐릭터 메시에 Mixamo 캐릭터를 추가해보자.

왼쪽 상단의 **Components** 창에서 **Mesh** 컴포넌트를 선택한다. 그런 다음, 오른쪽의 **Mesh** 탭으로 이동해 `BizMale` 스켈레탈 메시를 검색하고 선택한다.

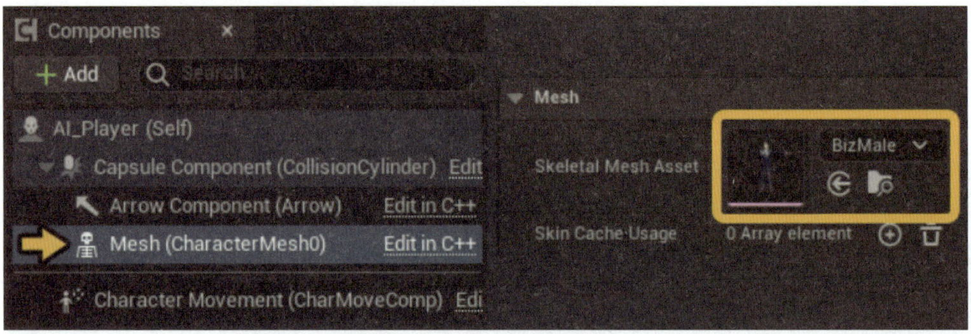

그림 9.34 Mesh (CharacterMesh0) 컴포넌트를 선택하고 BizMale 스켈레탈 메시를 Skeletal Mesh Asset에 할당한다.

Viewport 창을 보면, 캐릭터가 살짝 어긋나 있어 약간의 주의가 필요하다는 것을 알 수 있다. 캐릭터가 캡슐 안에 있는 파란색 화살표 방향을 가리키고 있는지 확인한다.

왼쪽에서 Z축(파란색)의 값을 `-80.0`으로 변경한 다음, 캐릭터를 Z축을 중심으로 `-90.0`도(요Yaw) 만큼 회전시킨다.

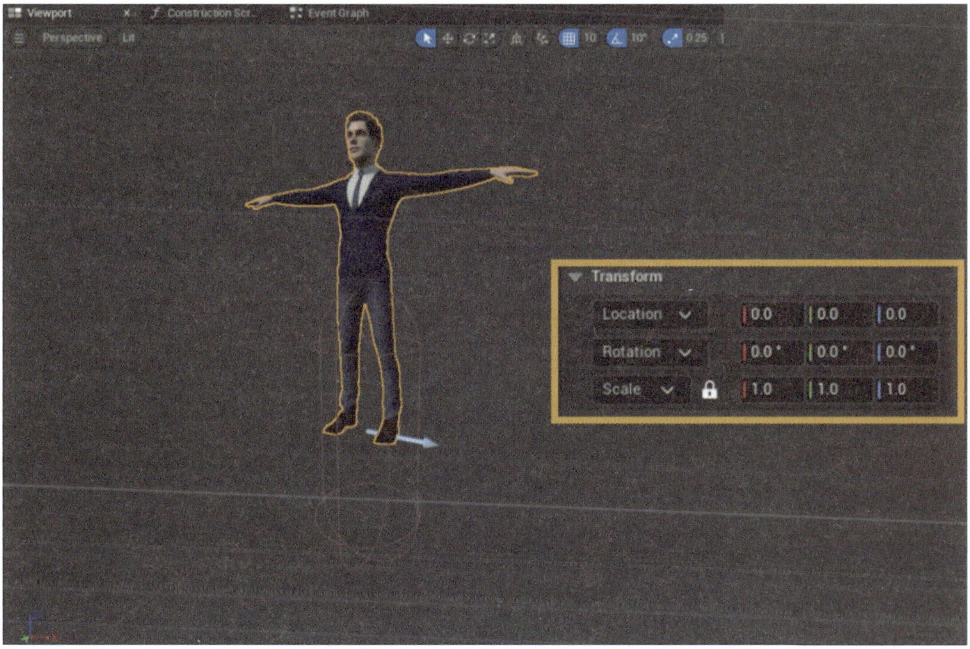

그림 9.35 Skeletal Mesh의 Transform 설정

가독성을 위해 다음 표를 살펴보고 값을 복사하자.

표 9.1 Transform 설정

Location	0.0	0.0	−80.0
Rotation	0.0	0.0	−90.0
Scale	1.0	1.0	1.0

이 표의 값을 사용해 캐릭터 메시의 **Transform** 값을 업데이트했다.

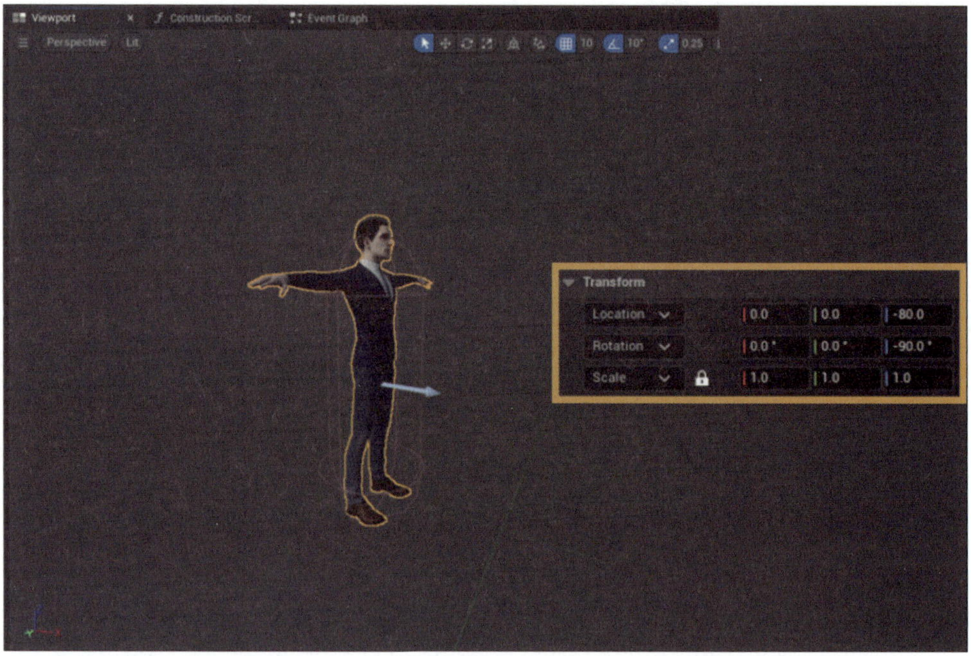

그림 9.36 Z축에서 Skeletal Mesh의 방향을 90도로 변경하기

게임플레이 모드에서 캐릭터가 축을 중심으로 부드럽게 전환되지 않고 매우 빠르게 회전하는 경우가 있다. 이는 다시 말해 회전을 제대로 계산하지 않아 부드러운 전환을 건너뛰고 축을 중심으로 빠르게 회전하는 것이다. 이 문제를 해결하려면 캐릭터 블루프린트 내에서 몇 가지 옵션을 선택해야 한다.

1. **Components** 창에서 상단의 메인 **AI_Player** 컴포넌트를 선택한다. 그런 다음, 오른쪽 **Details** 패널의 상단 검색창에서 `Controller Desired Rotation`을 입력한다.
2. 상자를 체크해 활성화한다. 이렇게 하면 캐릭터가 최소 및 최대 각도 범위 내에서 원하는 방향으로 회전할 수 있다.

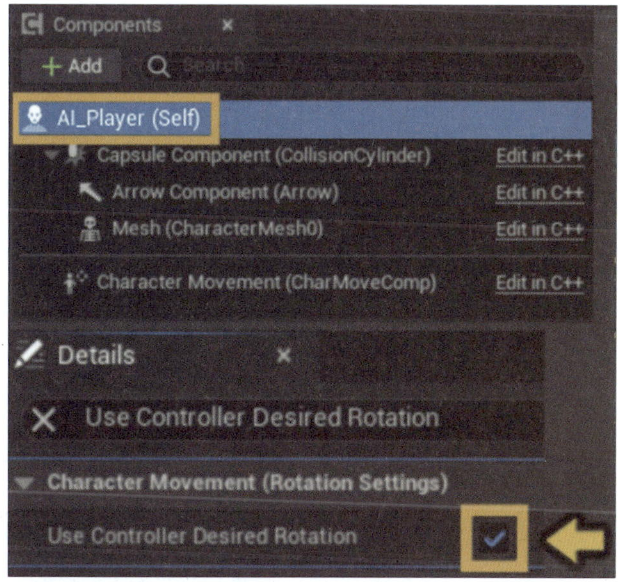

그림 9.37 AI_Player를 선택하고 Details 패널로 이동한 후 Use Controller Desired Rotation을 활성화한다.

3. 다른 설정도 확인해보자. 검색창에 `Controller Rotation Yaw`를 입력한다. 이어서 체크 박스를 사용해 완전히 비활성화한다. 그러면 캐릭터의 축을 중심으로 하는 스냅 회전이 꺼진다.

그림 9.38 Use Controller Rotation Yaw 검색 및 비활성화

이제 캐릭터 블루프린트를 컴파일하고 저장한다. 언리얼 엔진 5에 내장된 간단한 AI 기능을 사용해 스스로 걷는 기능을 갖춘 캐릭터 메시를 설정하는 부분을 방금 완료했다!

이 장의 다음 부분에서는 Spline 컨트롤러로 액터 블루프린트를 준비해 그 안에 PCG 그래프를 담고, 스폰되는 사람 수에 대한 몇 가지 변수 컨트롤을 포함하도록 할 것이다.

PCG 크라우드 블루프린트 설정

이 절에서는 Spline 컨트롤러의 반경 내에 정해진 수의 **AI_Player** 캐릭터들을 분산시키는 액터 블루프린트를 구성해본다.

이제 단계별 구현에 대해 자세히 알아보자.

1. Blueprints 폴더에서 **Actor** 블루프린트를 생성하고 이름을 `BP_PCGCrowd`로 변경한다.

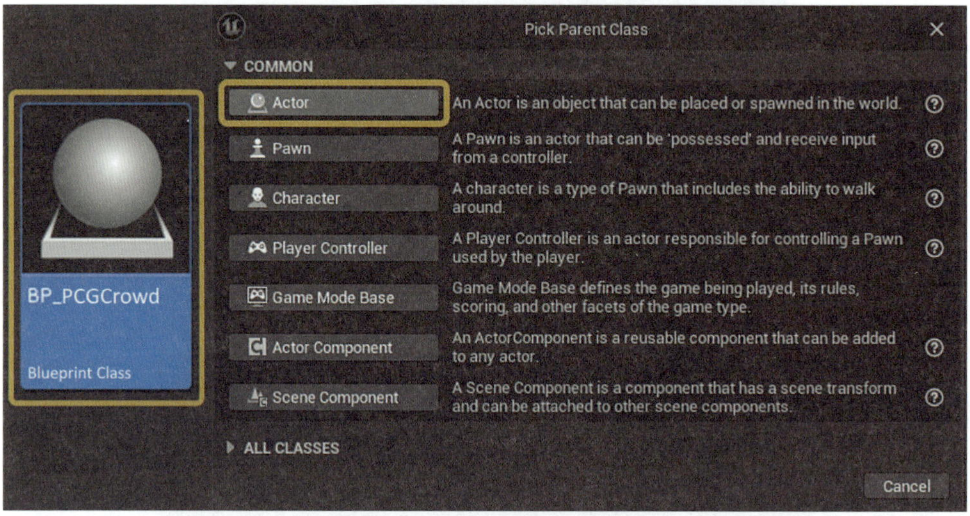

그림 9.39 새 Actor 블루프린트를 생성하고 이름을 BP_PCGCrowd로 변경한다.

2. 새 액터 블루프린트를 열고 **VARIABLES** 탭에서 float 변수를 추가한 다음, 이름을 `SpawningDistance`라고 지정한다. 이 변수는 새로 스폰된 **AI_Player** 액터들 사이의 거리를 제어한다. 변수를 퍼블릭으로 설정한다.

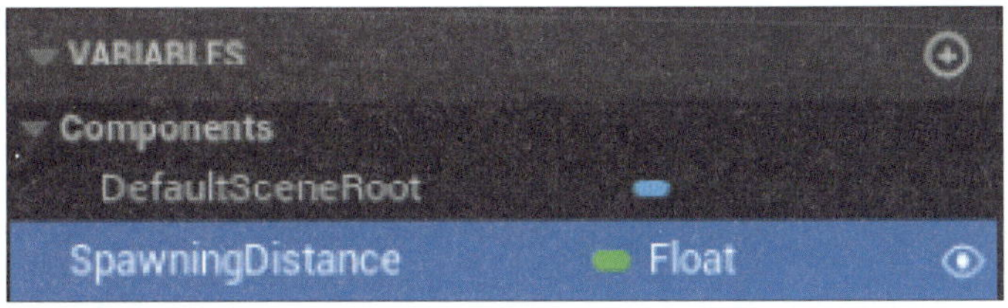

그림 9.40 새 float 변수를 추가하고 이름을 SpawningDistance로 변경한다.

3. **SpawningDistance** 변수를 선택한 상태에서 오른쪽의 **Details** 패널에 있는 **Slider Range**와 **Value Range**를 `100`과 `500`으로 설정한다. 나중에 PCG 그래프로 작업할 때 크래시crash를 방지하기 위해 **Spawning Distance**의 값은 `100.0`으로 설정한다. **Compile** 버튼을 누르고 저장한다.

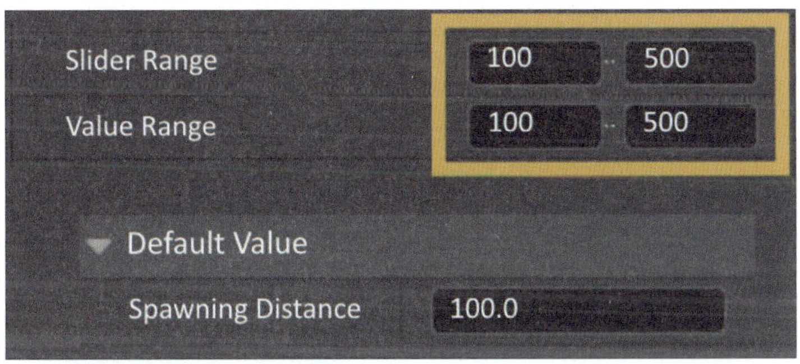

그림 9.41 Slider Range와 Value Range를 각각 100과 500으로 설정한다.

4. **Components** 패널에서 **Spline**을 추가한다.

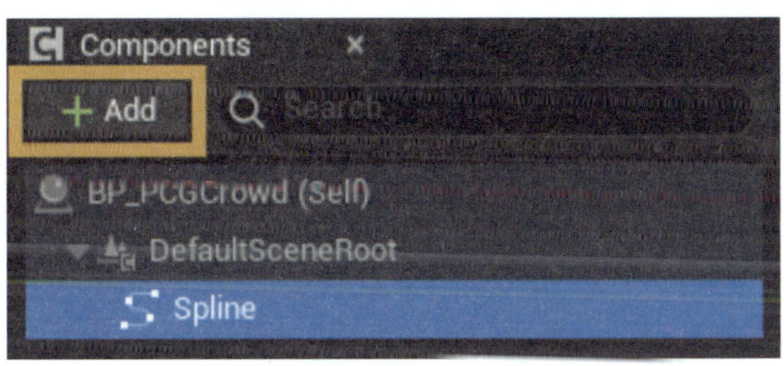

그림 9.42 Spline 컴포넌트 추가하기

5. **Spline** 컨트롤러를 선택한 상태로 **Viewport** 메뉴에서 기즈모 선택 항목을 마우스 오른쪽 버튼으로 클릭하고, 메뉴에서 **Spline Generation Panel**을 선택한다.

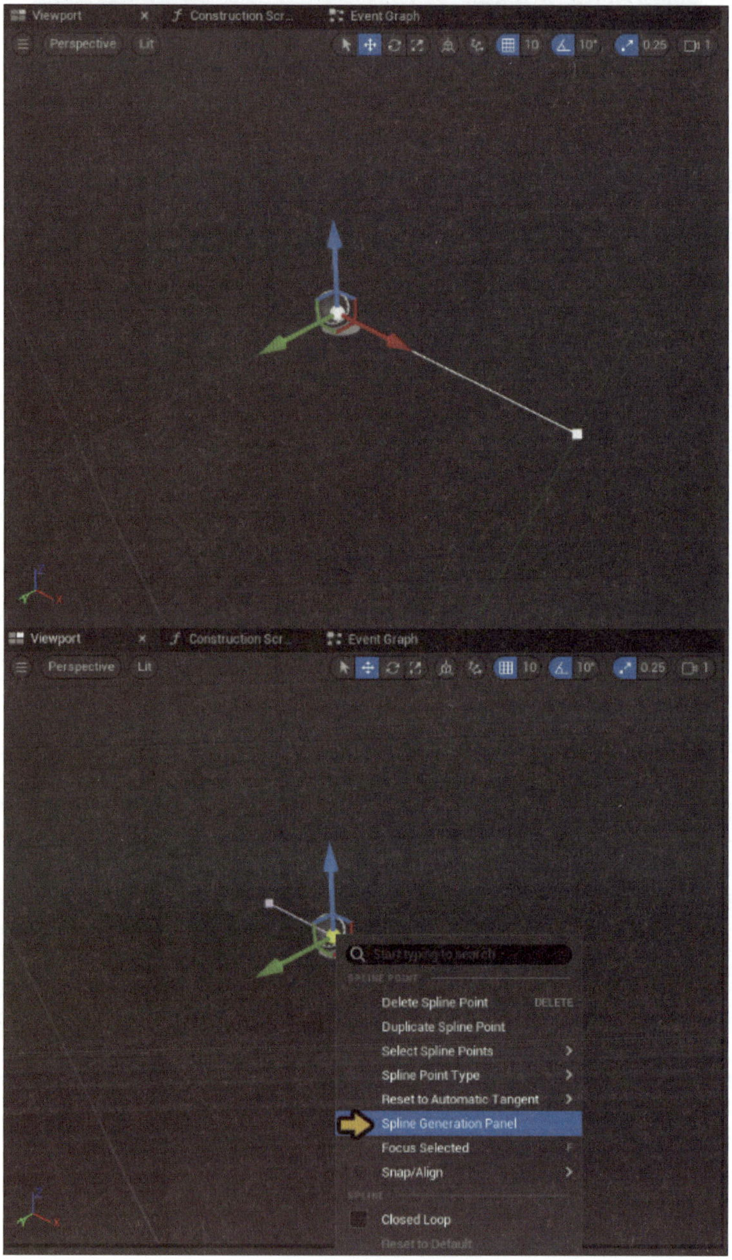

그림 9.43 스플라인 포인트를 마우스 오른쪽 버튼으로 클릭하고 Spline Generation Panel을 선택한다.

6. **Spline Generation** 패널에서 **Circle**을 선택한다. 창을 닫는다.

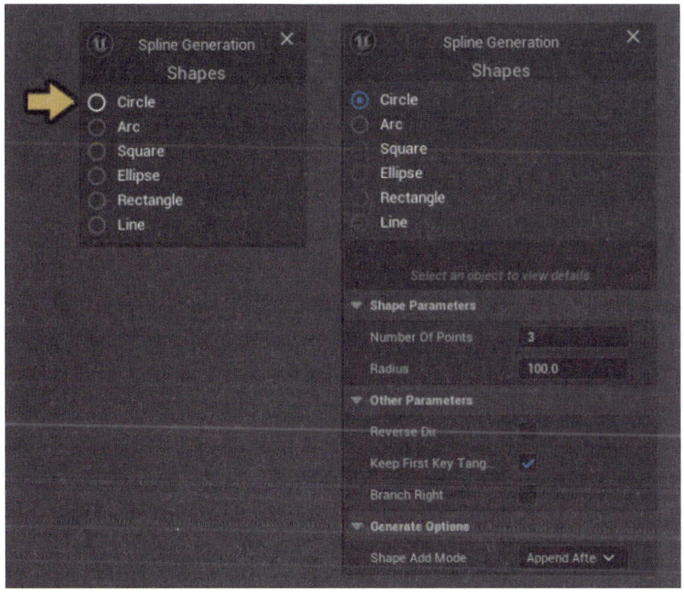

그림 9.44 Spline Generation 패널에서 Circle을 선택한다.

7. 스플라인에 첫 번째 배열이 선택돼 있을 것이다. 키보드의 **Delete** 키를 눌러 첫 번째 인덱스 스플라인 포인트를 제거한다.

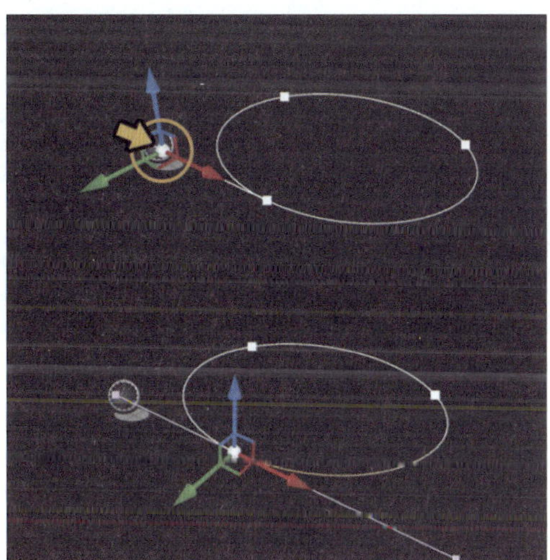

그림 9.45 첫 번째 스플라인 포인트 제거

8. **Details** 패널에서 **Closed Loop** 설정을 선택했는지 확인한다.

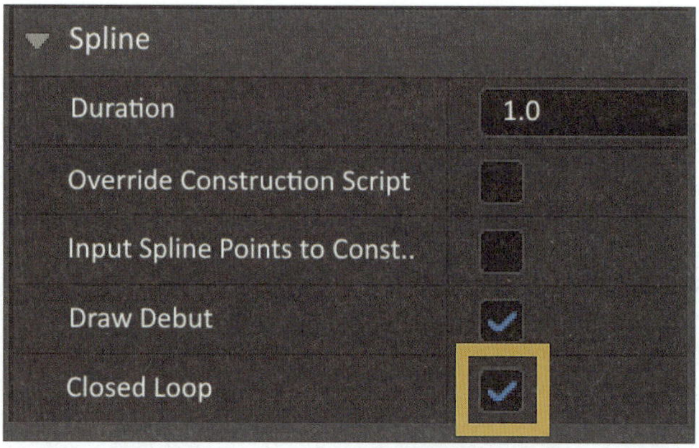

그림 9.46 Spline 패널에서 Closed Loop 활성화

9. 마지막으로, **Components** 패널에 **PCG** 컴포넌트를 추가해보자. 지금은 PCG 그래프가 준비되지 않았지만, 이 장의 마지막 부분에서 액터 블루프린트를 다시 다룰 것이다.

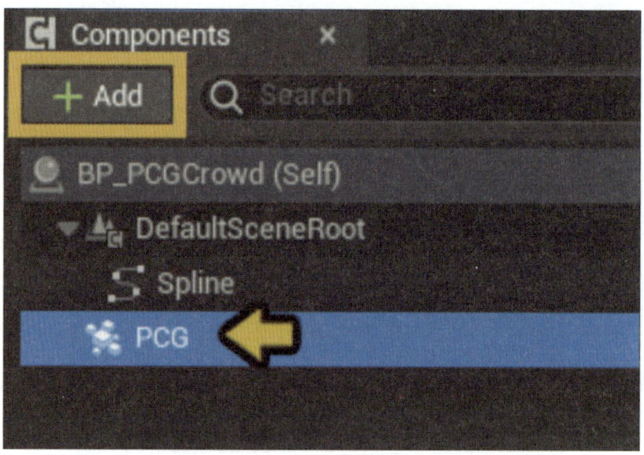

그림 9.47 PCG 컴포넌트 추가

10. 액터 블루프린트를 컴파일하고 저장한 후 씬에 끌어와 보자.

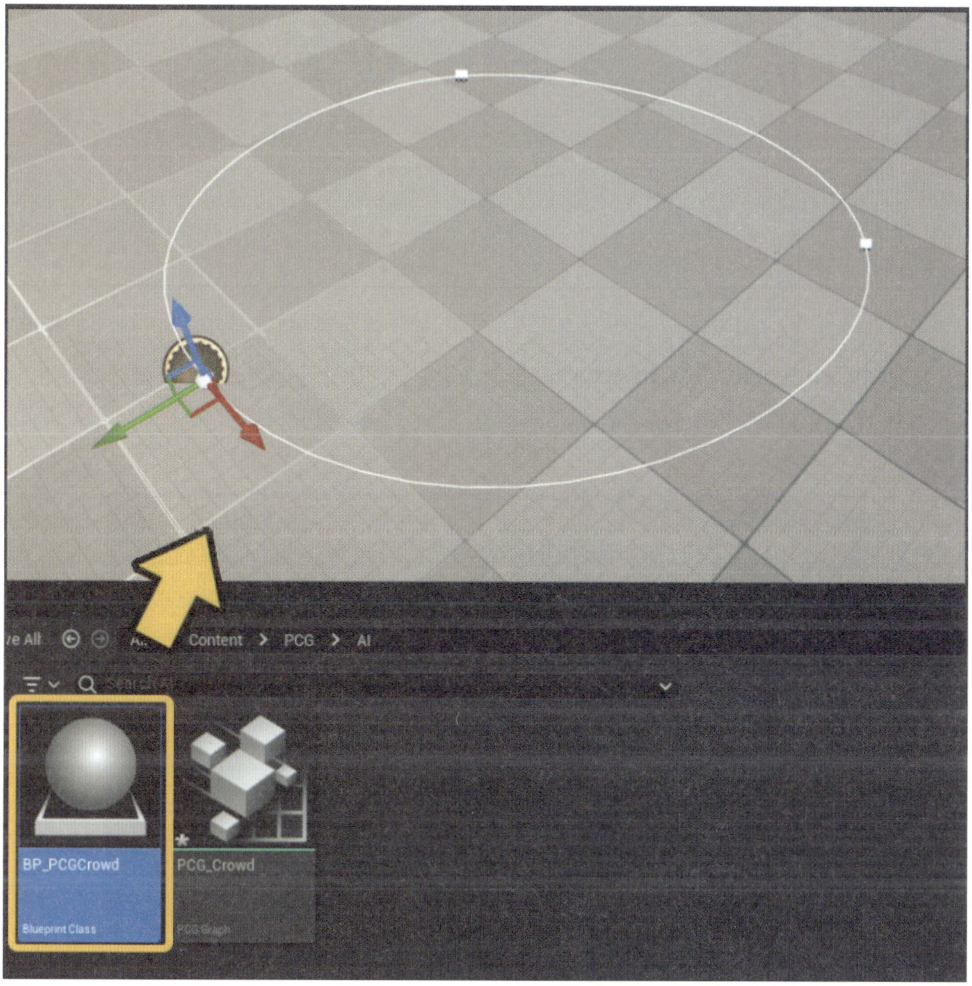

그림 9.48 BP_PCGCrowd 액터 블루프린트를 씬에 끌어다 놓기

이제 곧 작업할 PCG 크라우드crowd를 위한 액터 블루프린트 설정을 마쳤다. 다음 절에서는 PCG 그래프를 만드는 데 집중하면서, Spline 컨트롤러 안에 모든 캐릭터 메시 액터를 스폰할 수 있는 그래프 구성을 시작해본다.

PCG 크라우드 그래프 설정

이 장의 마지막 부분에서는 레벨 전체에 액터 캐릭터를 스폰할 수 있는 PCG 그래프를 만들어본다. PCG 그래프에서 액터를 스폰하기 위한 로직 시스템을 설정하는 방법을 보여줄 것이다.

1. PCG 폴더에서 마우스 오른쪽 버튼을 클릭하고 새 PCG 그래프를 생성한 다음, 이름을 `PCG_Crowd`라고 지정한다.
2. 그래프를 열고, PCG 그래프에 노드를 추가해보자! **Get Actor Data**, **Spline Sampler**, **Transform Points**, **Spawn Actor** 노드를 추가한다. 마지막 노드는 액터 클래스와 연관된 모든 오브젝트를 생성하고 스폰한다.

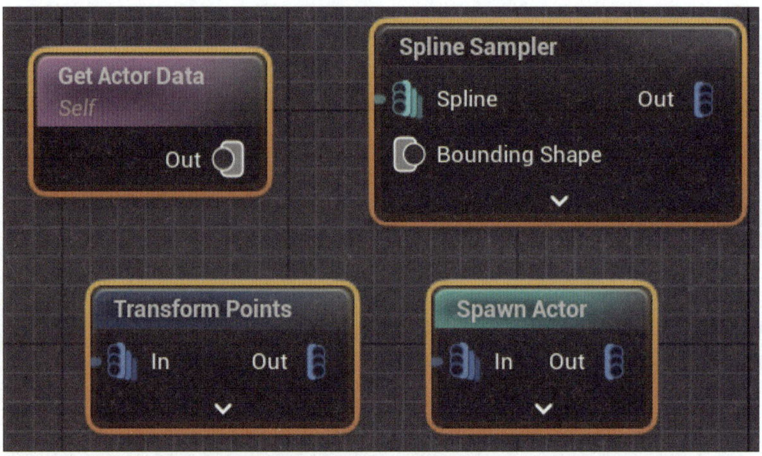

그림 9.49 Get Actor Data, Spline Sampler, Transform Points, Spawn Actor 노드를 PCG 그래프에 추가한다.

3. 먼저 **Get Actor Data** 노드를 **Spline Sampler**에 연결한 다음, **Spline Sampler**를 **Transform Points** 노드에 연결한다.

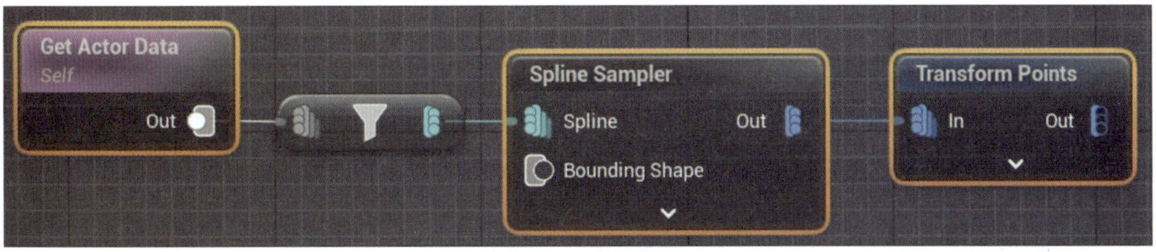

그림 9.50 노드 연결

4. **Spline Sampler** 노드를 선택하고, 오른쪽의 **Settings** 패널에서 **Dimension** 모드를 **On Interior** 모드로 변경한다. 같은 **Settings** 패널에서 아래로 스크롤해 **Unbounded** 박스를 선택한다.

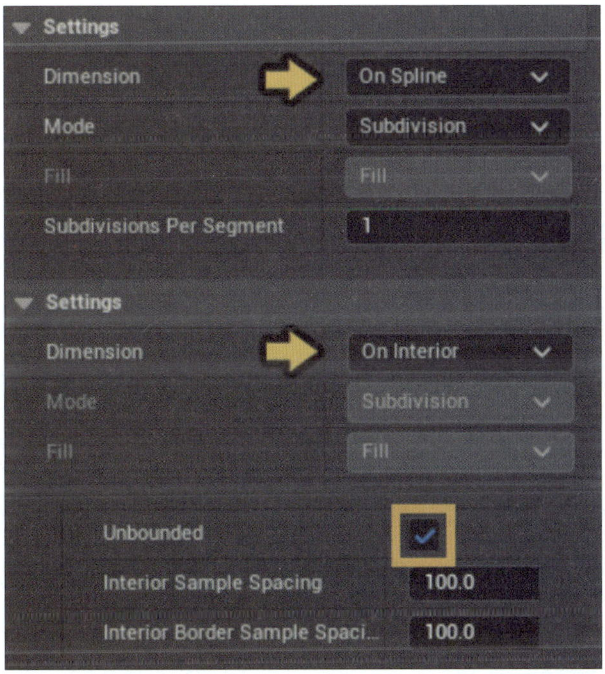

그림 9.51 Spline Sampler에서 Dimension을 On Interior로 변경하고 Unbounded를 활성화한다.

5. **BP_PCGCrowd** 액터 블루프린트에서 생성된 변수에 연결할 변수가 될 **Get Actor Property** 노드를 하나 더 추가해보자. 이 변수는 스플라인 내부의 스폰 분포를 제어하는 데 사용된다.

6. **Property Name**에 있는 변수 이름을 **BP_PCGCrowd** 블루프린트 안에 생성한 변수인 **SpawningDistance**와 같게 입력한다.

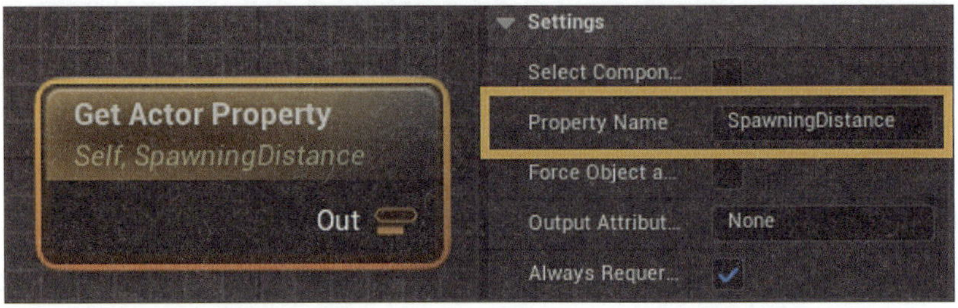

그림 9.52 Get Actor Property를 추가하고 속성 이름을 SpawningDistance로 변경한다.

7. **Spline Sampler** 노드의 아래쪽 화살표를 클릭하면 목록 하단에서 찾을 수 있는 **Interior Sample Spacing** 입력에 **Get Actor Property**를 연결한다.

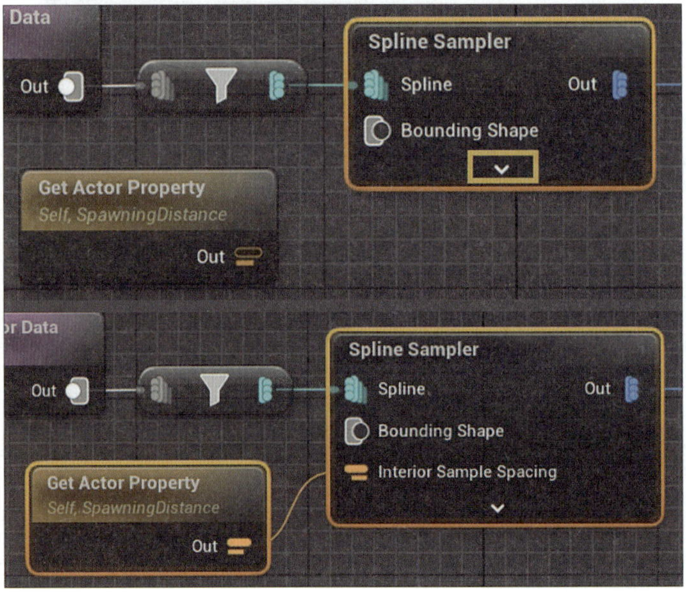

그림 9.53 Get Actor Property Spawning Distance 노드를 Interior Sample Spacing에 연결한다.

8. **Transform Points**를 선택하고 회전 및 배율 파라미터에 대한 몇 가지 트랜스폼 값을 추가한다. 이렇게 하면 캐릭터의 높이와 크기를 구분하는 데 도움이 된다.

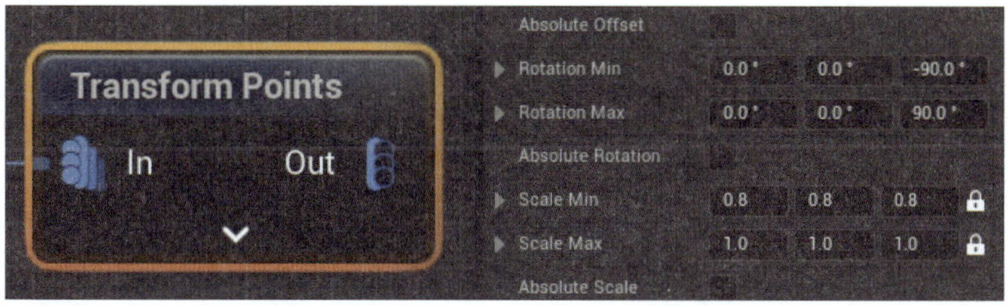

그림 9.54 Transform Points 노드에서 값을 조정한다.

다음 표에서 트랜스폼 값을 복사하자.

표 9.2 Transform Points 값

Rotation Min	0.0	0.0	−90.0
Rotation Max	0.0	0.0	90.0
Scale Min	0.8	0.8	0.8
Scale Max	1.0	1.0	1.0

9. 이제 PCG 그래프를 통해 씬에 액터를 추가할 차례다. **Spawn Actor** 노드를 선택하고, 오른쪽의 **Settings** 패널에서 **Option**을 **Merge PCGOnly**로 변경한다. 이렇게 하면 스폰된 액터가 PCG 내에서 작동할 수 있다.

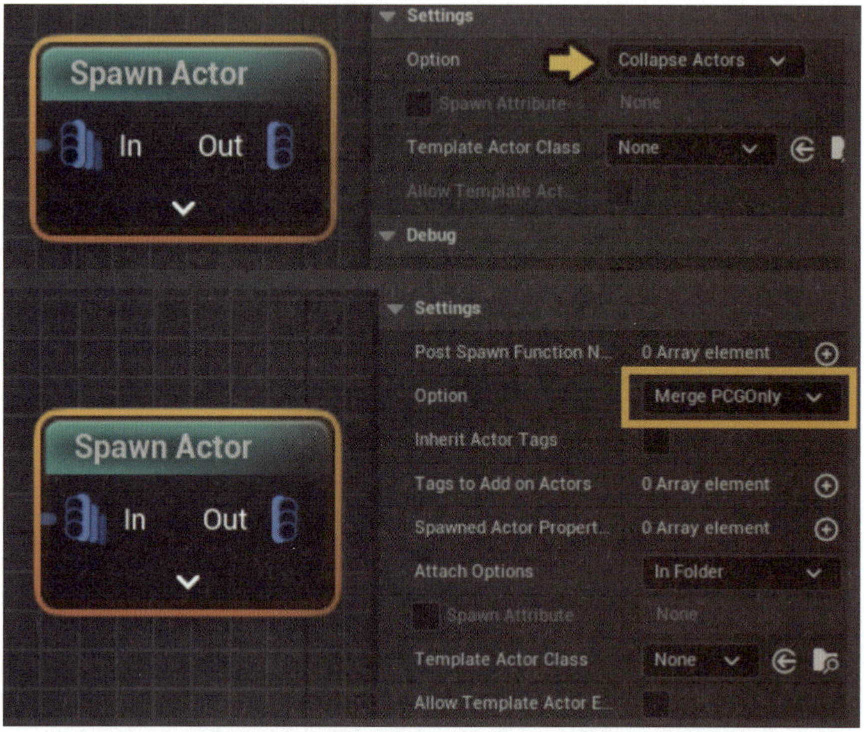

그림 9.55 Spawn Actor 세팅에서 Option을 Collapse Actors에서 Merge PCGOnly로 변경한다.

10. 마지막 단계는 **Template Actor Class** 아래에 적합한 액터를 지정하는 것이다. 이를 위해 **AI_Player** 캐릭터 액터를 사용해본다.

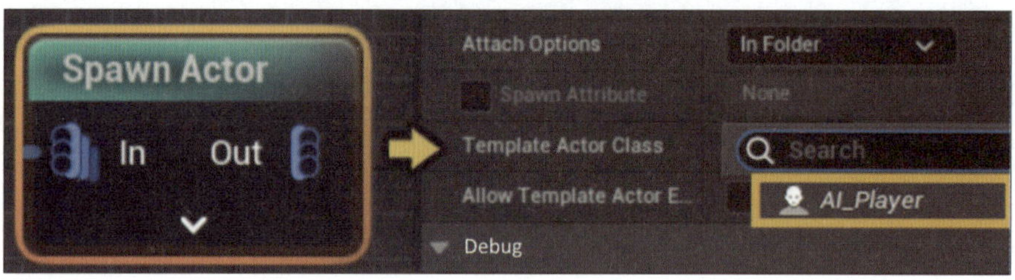

그림 9.56 Template Actor Class에서 AI_Player 캐릭터 블루프린트를 검색해 선택한다.

11. **Spawn Actor** 노드를 **Transform Points** 노드에 연결해 PCG 그래프 노드 구조를 완성한다.

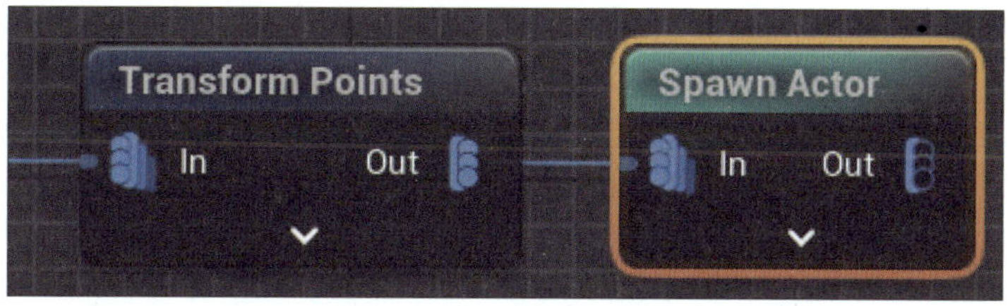

그림 9.57 마지막으로, Spawn Actor를 Transform Points 노드에 연결한다.

12. 이제 PCG 그래프를 테스트할 차례다. 그러기 위해 **BP_PCGCrowd** 액터 블루프린트를 다시 연다. **Components** 창에서 **PCG** 컴포넌트를 선택하고, 오른쪽의 **Instance** 패널에서 **PCG_Crowd** 그래프를 지정한다.

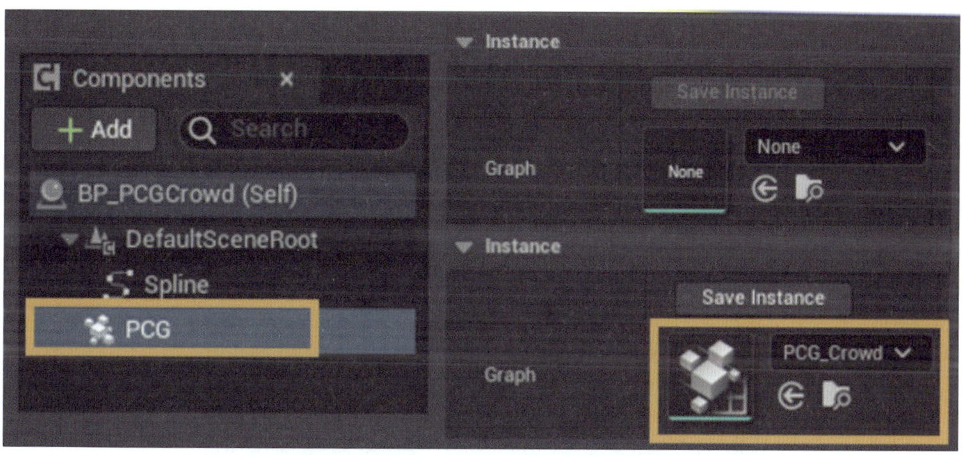

그림 9.58 PCG 컴포넌트를 선택하고 Instance 탭에서 PCG_Crowd 그래프를 추가한다.

13. **Compile** 버튼을 누르고 진행 상황을 저장한다. 이제 씬에서 액터 블루프린트를 테스트해볼 수 있다. 캐릭터가 지정된 일부 애니메이션을 재생하지만, 아직 씬에 에셋을 더 추가해야 하므로 걸어 다니지는 않는다.

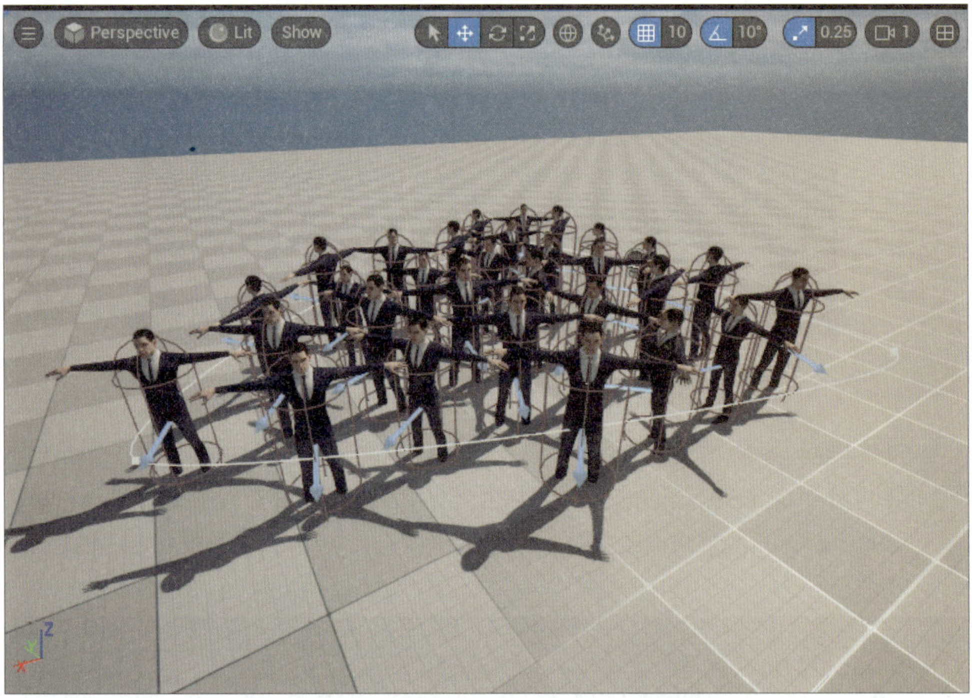

그림 9.59 씬에서 BP_PCGCrowd 액터 블루프린트 미리보기

14. 뷰포트 창의 왼쪽 상단에서 더하기(+) 버튼을 클릭하고 `Nav Mesh Bounds Volume`을 검색한다. 이어서 씬에 추가하고 전체 바닥을 덮을 수 있도록 크기를 조정한다.

그림 9.60 Nav Mesh Bounds Volume 검색

15. **Nav Mesh Bounds Volume**의 크기를 조정한 다음, 디버그 모드를 확인하려면 **P** 키 버튼을 눌러 전체 바닥의 범위를 시각화한다. 그러면 투명한 녹색으로 덮여 있는 것을 볼 수 있다. 이는 **BP_PCGCrowd** 블루프린트의 AI 기능으로 인해 캐릭터가 돌아다닐 내비게이션이 존재한다는 것을 나타낸다!

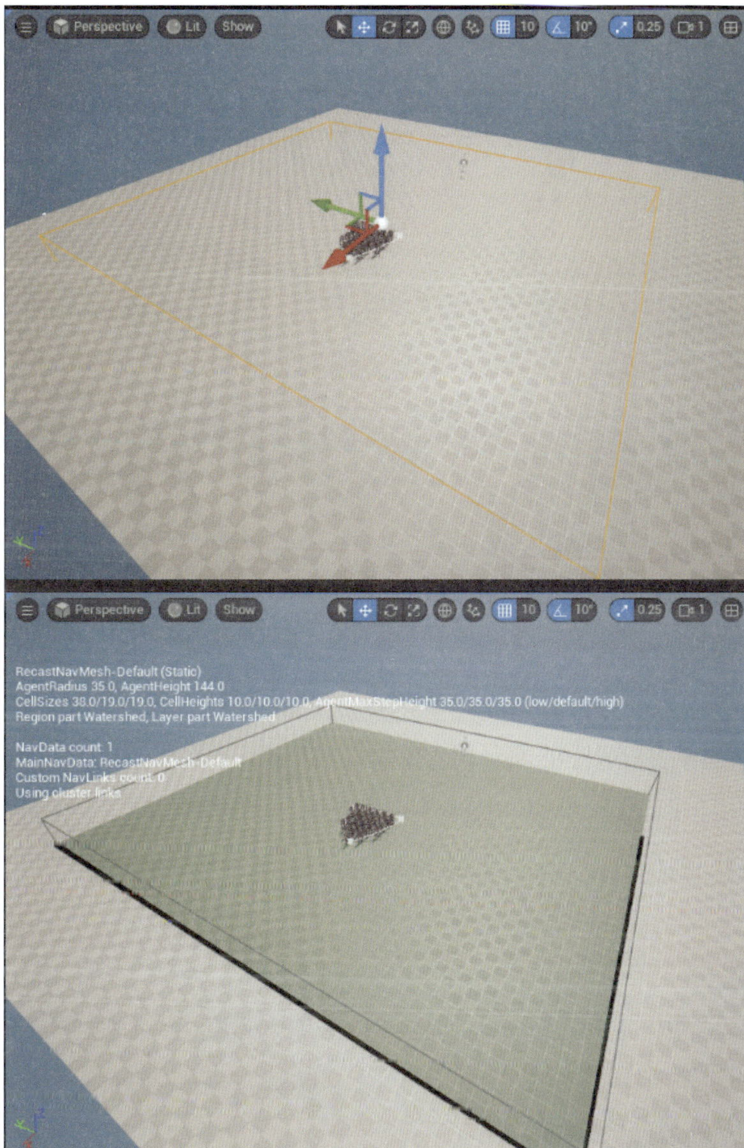

그림 9.61 BP_PCGCrowd 액터 블루프린트와 함께 작동하도록 Nav Mesh Bounds Volume을 구성한다.

이제 메인 씬에서 결과를 확인해보자. 레벨에서 캐릭터가 자신의 패턴을 수행하는 것을 볼 수 있다.

그림 9.62 씬에서 작동 중인 BP_PCGCrowd 액터 블루프린트의 최종 결과물

이 장의 마지막에 도달했으며, 재생 버튼을 눌러 블루프린트가 실제로 작동하는지 확인할 수 있다. 디버그 모드를 끄려면 **P** 버튼을 다시 누른다.

요약

이제 9장을 완료했으며, 커스텀 액터 블루프린트를 생성하고 PCG 그래프 내에서 적용하는 방법에 대한 귀중한 지식을 얻었다. 이 장에서는 액터 블루프린트와 PCG 플러그인을 효과적으로 결합하는 방법을 살펴봤다.

이제 간단한 크라우드 시뮬레이션을 위한 기능적인 PCG를 제작하는 데 필요한 기술을 확실히 이해했으므로, 다양한 유형의 군중을 반복해서 테스트하고 만들 수 있다. 이 장에서 준비한 템플릿을 사용해 나만의 캐릭터 메시를 자유롭게 만들어보자!

다음 장에서는 PCG 그래프 내 최적화 및 디버깅 기법을 알아보자. 언리얼 엔진 5에서 PCG 그래프를 사용해 성능을 극대화하고, 드로우 콜 횟수를 줄이고, 무거운 지오메트리와 에셋을 관리하는 방법을 배운다.

3부

최적화 마스터하기 및 PCG 환경 개선하기

이 책의 막바지에 접어들면서, 지금부터는 여러분이 만든 PCG 환경 툴을 최적화하고 미세 조정하는 방법을 살펴본다. 레벨과 환경의 성능을 향상시켜 원활하게 실행되도록 하는 솔루션을 발견하게 될 것이다. 또한 PCG 환경을 시각적으로 향상시키는 노드를 추가하는 창의적인 기법을 살펴보고, 실용적인 간단한 방법들도 소개한다.

3부는 다음과 같은 장들로 구성돼 있다.

- 10장. 최적화, 디버깅 및 성능 도구 살펴보기
- 11장. 치트 시트, 추가 팁 및 바로 가기

10

최적화, 디버깅 및 성능 도구 살펴보기

지금까지 대단한 여정이었으며, 이제 성능 최적화를 주로 다룰 10장에 도달했다. 이 장에서는 프로젝트 내에서 PCG 툴의 유연성을 더욱 향상시키는 방법을 안내한다.

PCG를 사용해 프로젝트를 시작하는 방법과 성능 문제가 없는 멋진 PCG 환경을 구성하는 방법에 대해 논의할 것이다. 프로젝트 성능을 개선하기 위해 고안된 다양한 예시와 방법을 살펴보고, PCG 툴을 사용해 절차적으로 생성되는 에셋 작업에 필수적인 솔루션을 제공한다.

이 장에서는 Plugins 폴더의 간단한 예제를 사용해 메가스캔 퀵셀 에셋을 더욱 최적화하는 방법에 대해 설명한다. 또한 보는 PCG 툴에서 에셋을 효율적으로 동작시키는 데 유용한 지식을 제공할 것이다.

이 장에서 다루는 주요 주제는 다음과 같다.

- 다양한 최적화 기법 살펴보기
- 디버깅 도구 살펴보기

- 성능 도구

기술적 요구 사항

다음 하드웨어와 소프트웨어가 필요하다.

- PCG를 실행할 수 있는 좋은 컴퓨터. 이상적으로는 멀티코어 CPU(AMD Ryzen 7/9, Intel i7/i9), GPU(NVIDIA RTX, 8GB 이상의 VRAM이 탑재된 AMD Radeon RX), 최소 16GB의 RAM을 갖춰야 한다.
- 언리얼 엔진 5에서의 블루프린트 구성에 관한 기본적인 이해

이 장에서는 PCG Plugins 폴더의 템플릿 프로젝트(Engine > Plugins > Procedural Content Generation Framework (PCG) Content > SampleContent > SimpleForest > Meshes)를 사용해본다. 또한 Megascans European Trees 패키지에 있는 **Trees: European Beech** 에셋을 사용할 것이다.

이 장의 코드 파일은 깃허브(https://github.com/PacktPublishing/Procedural-Content-Generation-with-Unreal-Engine-5)에 있다.

다양한 최적화 기법 살펴보기

이 절에서는 PCG 프레임워크 내에서 구현할 수 있는 다양한 최적화 기법을 살펴보자. 먼저 지오메트리와 그 속성에 중심을 두고 프로젝트의 프레임 속도 성능을 향상시킬 수 있는 다양한 옵션을 소개할 것이다. 메시 지오메트리는 언리얼 엔진 5의 PCG 플러그인에서 중요한 역할을 한다.

최적화, 복잡성 및 성능

좀 더 단순한 메시를 사용하면 더 적은 계산이 필요하므로 성능이 향상될 수 있다. 이는 성능이 중요한 대규모 절차적 생성에 이상적이다. 단순한 메시를 사용하면, 최대 120fps를 달성해 전체 게임플레이에서 안정적인 성능을 보장할 수 있다. 다음은 폴리곤 수가 가장 적은 폴리지 메시를 사용하는 예시다.

그림 10.1 간단한 메시를 사용하는 PCG 구성

그림 10.2는 PCG 프레임워크의 Plugins 폴더에서 사용할 수 있는 기본 메시를 보여준다. 이러한 모델은 게임플레이 퍼포먼스를 향상시키는 데 이상적이다.

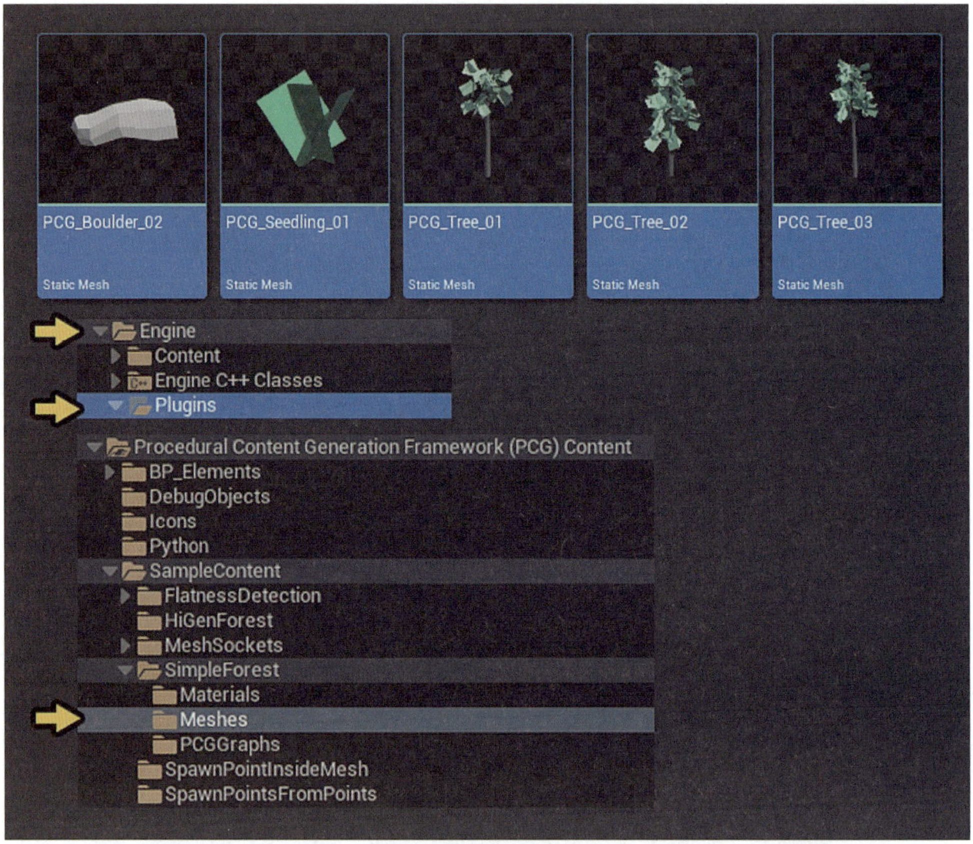

그림 10.2 단순한 메시 모델

그림 10.3의 예에서 볼 수 있듯이, 메시가 복잡할수록 시각적 풍부함을 더할 수 있지만 계산 비용이 증가할 수 있다. 단순한 지오메트리 모델을 메가스캔 트리 에셋으로 대체하자 성능이 약 70fps로 떨어졌다. 이러한 현저한 성능 저하는 전반적인 게임플레이 경험에 영향을 미칠 수 있으며, 특히 포토리얼한photorealistic 하이 폴리곤 카운트 에셋을 사용할 때 더욱 그렇다. 언제나 복잡성과 성능 간의 균형을 맞추는 것이 핵심이다.

다음 그림은 동일한 PCG 볼륨이지만 메가스캔 에셋으로 대체한 모습이다.

그림 10.3 메가스캔을 사용하는 PCG 볼륨

다음은 그림 10.3의 PCG 볼륨 예제에 사용한 메가스캔 에셋이다.

그림 10.4 언리얼 마켓플레이스 트리 메가스캔 에셋

다음 단계에서는 콜리전에 대해 알아보고, 콜리전을 단순화해 성능을 향상시키는 방법도 함께 설명한다.

콜리전

정확한 콜리전[collision] 메시는 게임플레이 메커니즘에 필수적이며, 캐릭터가 환경과 올바르게 상호작용할 수 있도록 한다. 하지만 디테일이 높은 콜리전 메시는 성능에 영향을 줄 수 있으므로, 단순화된 콜리전 메시를 사용하는 것이 유리한 경우가 많다. 콜리전 설정을 조정해 씬에서 생성된 메시의 성능을 향상시킬 수 있다.

스태틱 메시 뷰포트에서 모델을 보는 동안, 뷰 모드를 **Visibility Collision**으로 전환해 콜리전을 표시한다.

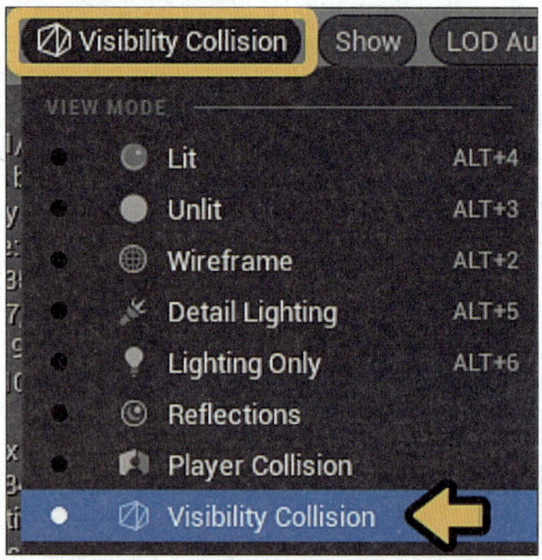

그림 10.5 Lit 모드를 Visibility Collision 모드로 변경하기

그림 10.6은 복잡한 콜리전과 단순한 콜리전의 차이를 보여준다.

그림 10.6 복잡한 콜리전과 단순한 콜리전의 차이점

Collision Complexity의 값을 Project Default에서 Use Simple Collision As Complex로 설정해 콜리전 설정을 변경하고 비용을 절감하는 것이 좋다.

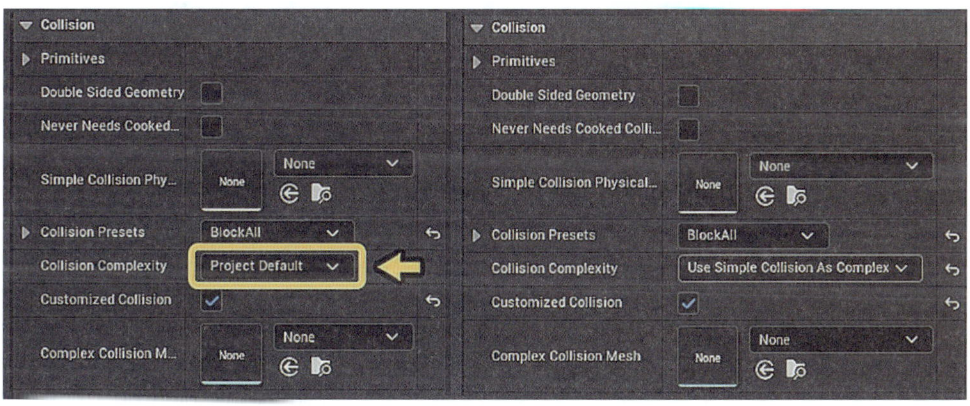

그림 10.7 Collision Complexity 설정을 더 단순한 콜리전으로 변경하기

다음 절에서는 모듈형 피스[piece]의 개념을 소개하고, 프로젝트에서 이를 활용해 PCG 프레임워크를 사용할 때 효율성을 극대화하는 방법을 살펴본다.

모듈화 및 재사용성

모듈화 메시 피스를 사용하면 좀 더 유연하고 다양한 절차적 생성을 할 수 있다. 이러한 피스를 여러 가지 방식으로 결합해 다양한 환경을 만들 수 있고, 재사용 가능한 메시는 일반적이면서도 다양한 지오메트리로 다양한 시나리오에 맞게 조정해 시간과 리소스를 절약할 수 있다. 예를 들어 그림 10.8의 왼쪽에 있는 기본 버전은 왼쪽 모서리에 피벗이 있고, 오른쪽에 있는 버전은 피벗이 가운데로 돼 있는 전형적인 모듈형 에셋을 보여준다. 두 버전 모두 잘 작동하지만, PCG 그래프 내에서 모듈형 메시 조각의 스폰 위치를 염두에 두고 계산하는 것을 잊지 말자.

그림 10.8 모듈형 스태틱 메시의 피벗 위치 변경하기

언리얼 엔진 5에서 메시의 피벗을 변경하려는 경우 활용 가능한 트릭이 있다. 다음 예제에서 이를 설명해본다.

1. 모델을 선택한 상태로 뷰포트 상단에서 **Selection Mode**로 이동하고 **Modeling**을 선택한다.

그림 10.9 Selection Mode 메뉴에서 Modeling 선택하기

2. 왼쪽 패널에서 **XForm** 탭을 선택하고, 그 안에서 **Edit Pivot**을 선택한다.

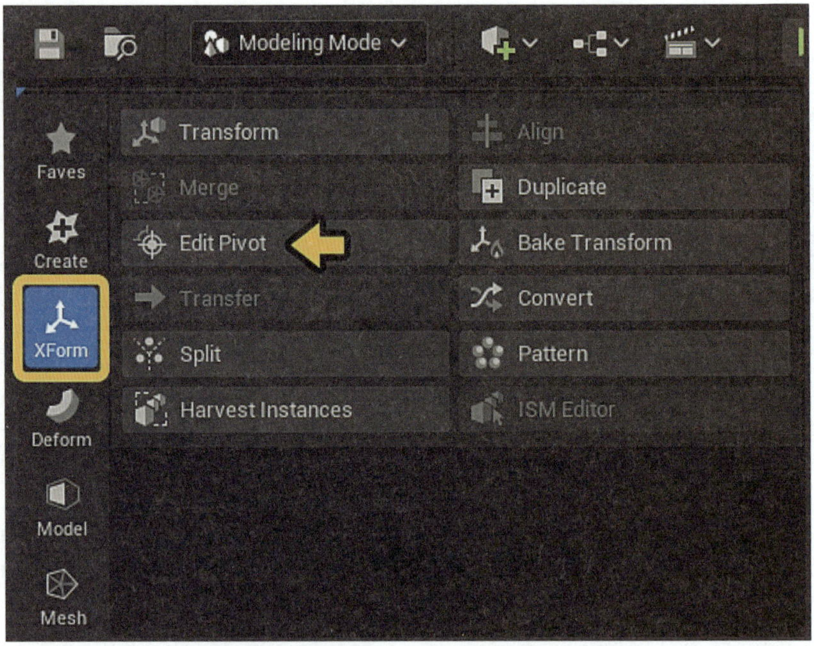

그림 10.10 XForm 패널에서 Edit Pivot 기능 선택하기

3. 이렇게 하면 피벗 모드가 활성화돼 필요에 맞게 조정할 수 있다. 이 경우, 피벗을 오른쪽으로 200만큼 이동해 가운데 방향으로 옮긴다. 다음 그림과 같이 피벗 기즈모의 빨간색 선을 선택해 수동으로 이동할 수도 있다.

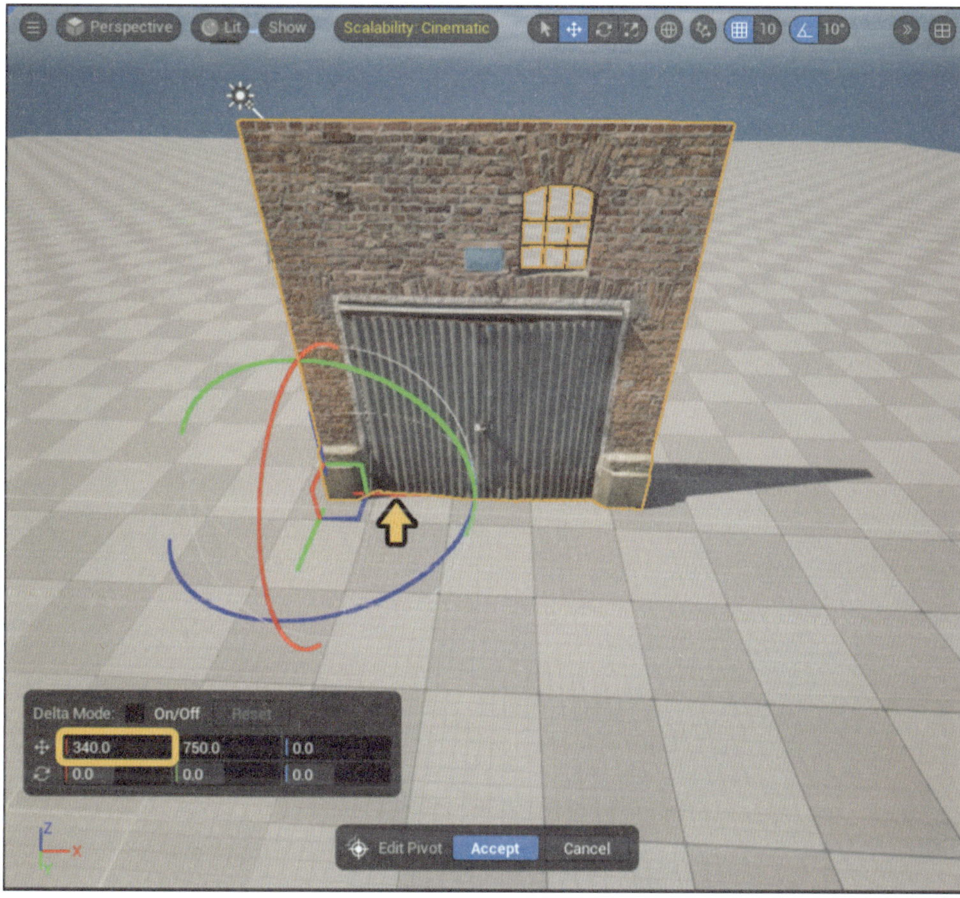

그림 10.11 편집 모드에서 기즈모 선택하기

4. 기즈모를 중간 위치로 이동한 후 화면 하단의 **Accept** 버튼을 누른다. 그러면 피벗이 모델의 중간 위치에 자동으로 지정된다.

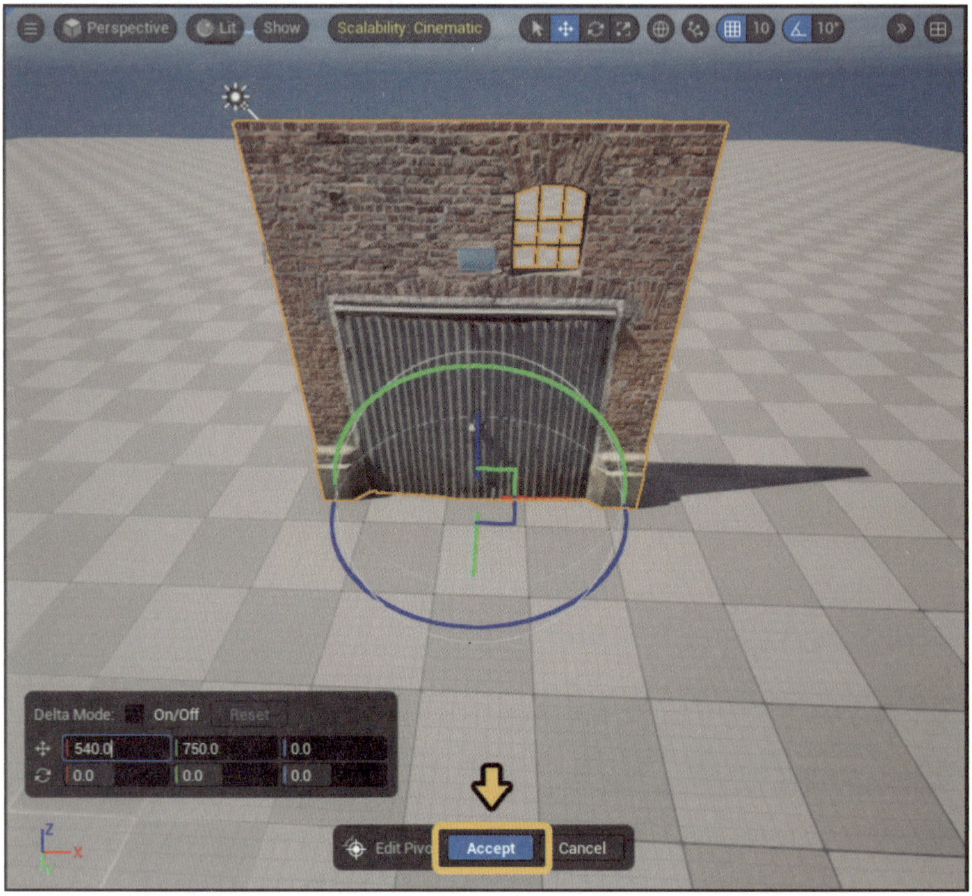

그림 10.12 피벗을 중앙으로 조정하고 Accept 버튼으로 변경 사항을 확인하기

이 방법을 사용하면 시간을 절약할 수 있으며, 피벗을 조정하기 위해 다른 DCC 프로그램을 사용하고 모델을 다시 가져오는 수고를 하지 않아도 된다.

다음 절에서는 나나이트 가상화 지오메트리 시스템의 중요성과 사용 방법을 살펴보고, 스폰된 스태틱 메시를 렌더링하는 워크플로를 개선하는 방법에 대해 알아보자.

나나이트

나나이트Nanite는 랜드스케이프 전체에 걸쳐 절차적으로 스폰되는 많은 수의 메시를 최적화하는 데 가장 효과적인 솔루션이다. 일반적인 다른 최적화 기법은 드로우 콜draw call을 줄이기 위해 추가적인 노력이 필요하며, 이 과정에서 성능이 저하될 수 있다. 하지만 나나이트를 사용하면 수백만 개의 폴리곤이 존재하는 매우 디테일한 모델을 효율적으로 렌더링할 수 있다. 절차적 생성 환경에서는 서로 다른 에셋과 복잡한 디테일이 많으므로, 지오메트리 수를 성능 저하 없이 관리할 수 있는 기능이 필수적이다.

고품질 에셋으로 작업할 때는 모델이 넓은 영역에서 효과적으로 동작하는지 검사하는 것이 중요하다. 이러한 에셋은 메시 복잡성으로 인해 드로우 콜 횟수가 증가하므로 성능에 영향을 미칠 수 있다. 바로 이 부분에서 나나이트가 유용한 솔루션임이 증명된다.

언리얼 마켓플레이스에서 찾을 수 있는 메가스캔 라이브러리의 에셋을 예로 들어 나나이트가 어떻게 퍼포먼스를 최적화할 수 있는지 알아보자.

1. 메가스캔 라이브러리에서 고품질 트리 모델을 선택한다. 우리는 `SM_EuropeanBeech_Field_01` 메시를 선택했다.

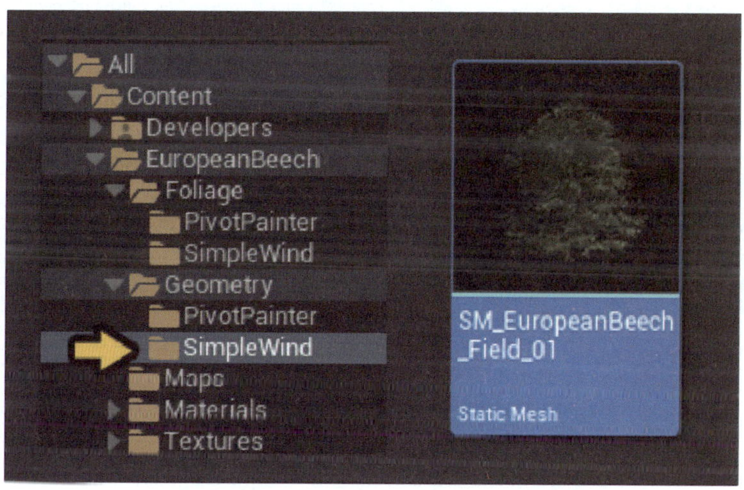

그림 10.13 SM_EuropeanBeech_Field_01 스태틱 메시 찾기

2. 트리 스태틱 메시를 더블 클릭한다. 모델 내 오른쪽 패널의 **Nanite Settings** 아래에서 **Enable Nanite Support**를 선택한다. 이렇게 하면 이 모델에 나나이트를 활성화할 수 있다.

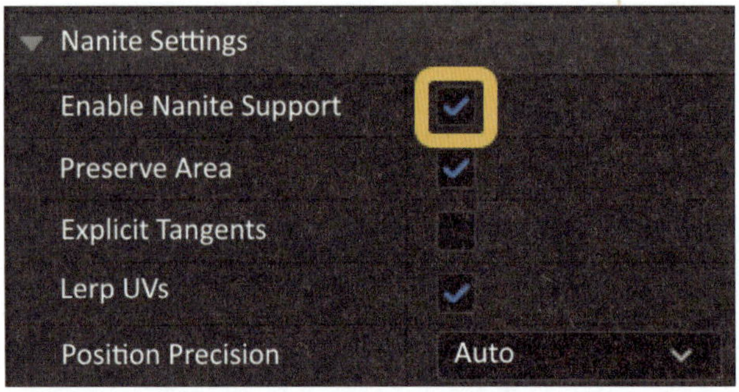

그림 10.14 Nanite Settings에서 Enable Nanite Support 선택하기

3. 모든 모델에 나나이트를 동시에 활성화할 수도 있다. 이렇게 하려면 동일한 폴더 내의 모든 모델을 선택하고, 선택한 모델을 마우스 오른쪽 버튼으로 클릭한 다음, **Enable Nanite**를 클릭한다. 그러면 선택한 모든 메시에서 나나이트가 활성화된다.

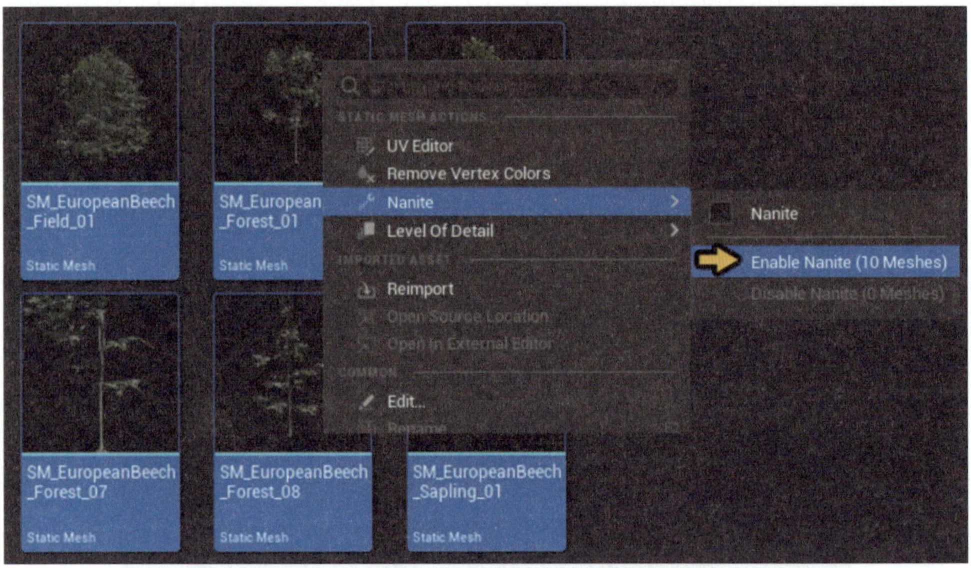

그림 10.15 선택한 모든 오브젝트에 나나이트 활성화하기

다음 절에서는 인스턴스 스태틱 메시를 최적화할 수 있는 추가적인 기능을 살펴보자.

PCG 스탬프 만들기

PCG 시스템은 씬 내에서 퍼포먼스 흐름을 유지하는 데 도움이 되는 또 다른 유용한 기능을 제공한다. 이 기능은 **PCG Stamp**를 생성해 레벨 내에서 PCG 볼륨을 더 이상 사용할 필요가 없도록 한다. PCG Stamp는 모든 PCG 데이터를 패키징하고, 메시를 지속적으로 생성하는 볼륨의 모든 링크를 제거해 프로세스를 최적화한다. 다시 말해, 레벨에서 PCG 볼륨을 이동할 때마다 재생성되지 않는다는 뜻이다. 현재 결과를 유지할지, 아니면 PCG Stamp를 생성하지 않고 볼륨 내에서 새로운 변경 사항을 생성할지는 사용자가 결정할 수 있다. 여기서는 6장의 프로젝트 예제를 사용해 설명한다.

1. **Details** 패널 아래에서 PCG 컴포넌트를 갖고 있는 BP_PCGLandscape라는 액터 블루프린트를 선택한다.

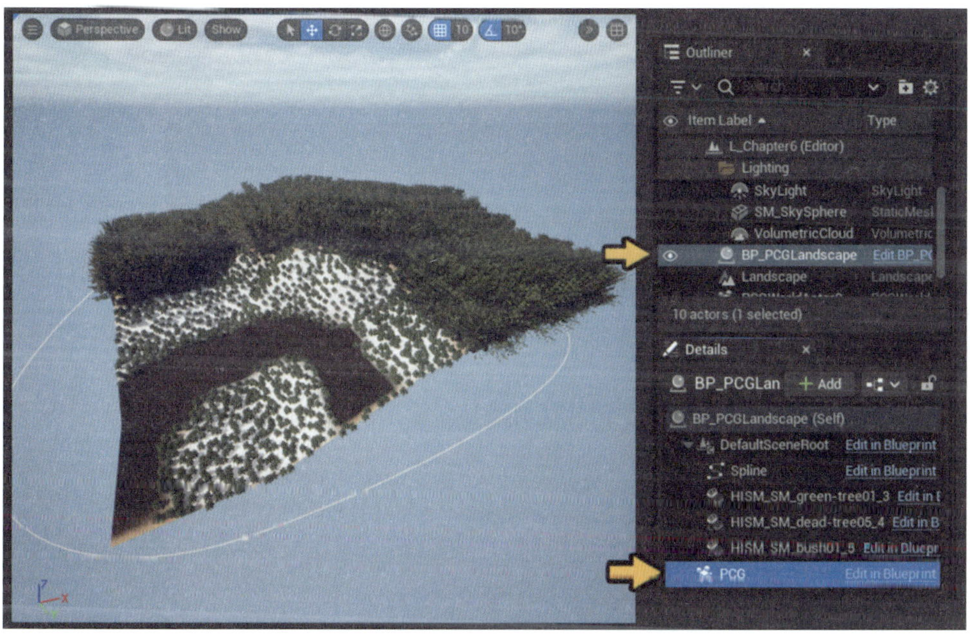

그림 10.16 BP_PCGLandscape 내 PCG 컴포넌트 선택

2. PCG 컴포넌트를 선택한 상태로 PCG 탭 패널에서 **Clear PCG Link**를 클릭한다.

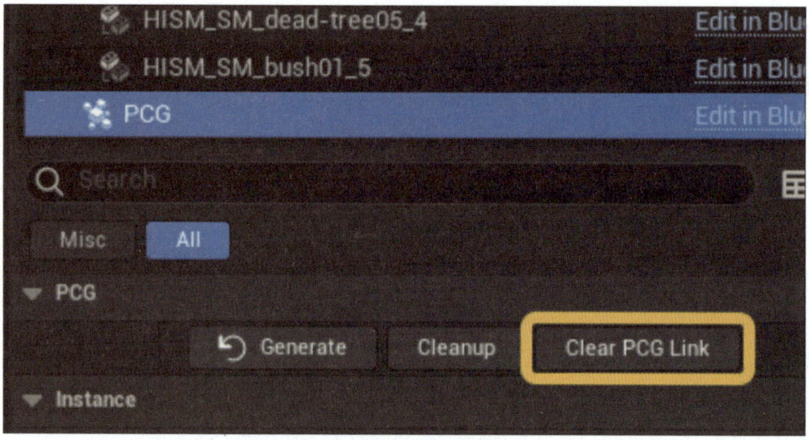

그림 10.17 Clear PCG Link 버튼 누르기

3. 이 방법은 아웃라이너에 PCG Stamp 액터를 생성한다. 이 PCG Stamp를 사용하면, 아웃라이너에서 원본 `BP_PCGLandscape` 액터를 제거하고 씬에 PCG Stamp만 남길 수 있다.

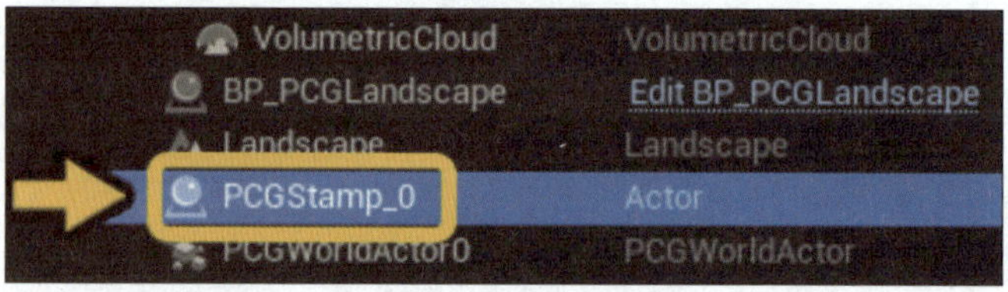

그림 10.18 PCG Stamp 액터 생성하기

이제 PCG Stamp 액터를 선택하면 씬에서 성능 차이를 관찰할 수 있다.

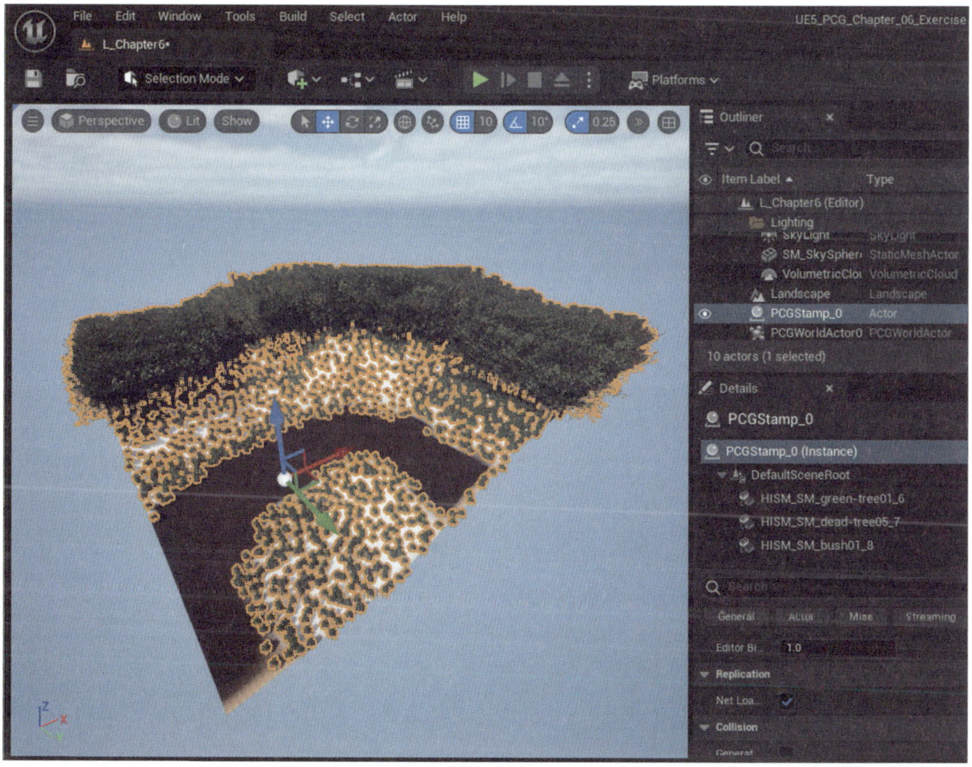

그림 10.19 새로 생성된 PCG Stamp의 결과 확인

다음 절에서는 메시 스폰의 효율성을 더욱 향상시키는 **Static Mesh Spawner**의 숨겨진 최적화 세팅에 대해 자세히 알아보자.

스태틱 메시 스포너

PCG 그래프의 **Static Mesh Spawner** 노드에 있는 WPO[World Position Offset]는 언리얼 엔진에서 퍼포먼스 최적화를 위한 중요한 세팅이다. 이를 통해 카메라로부터 지정된 거리 이후부터 버텍스 애니메이션이나 오프셋을 비활성화해 가장 중요한 부분의 비주얼 품질을 희생하지 않고도, 연산 부하를 줄이고 성능을 향상시킬 수 있다. 다음은 실제 예시다.

1. PCG 그래프 내에서 **Static Mesh Spawner** 노드가 선택돼 있는지 확인한다. **Mesh Selector** 패널의 **Mesh Entries ➤ Index[] ➤ Descriptor** 아래에서 아래로 스크롤해 **Evaluate World Position Offset** 파라미터를 찾는다. 현재 이 파라미터는 기본적으로 활성화돼 있지만, 체크박스의 선택을 해제해 비활성화할 수 있다. 비활성화하면, 월드 포지션World Position에 의존하는 모든 머티리얼이 비활성화돼 움직이는 나뭇가지, 풀, 바람, 나뭇잎과 같은 요소에 영향을 미치므로 초당 10~20프레임까지 성능을 향상시키는 데 도움이 된다.

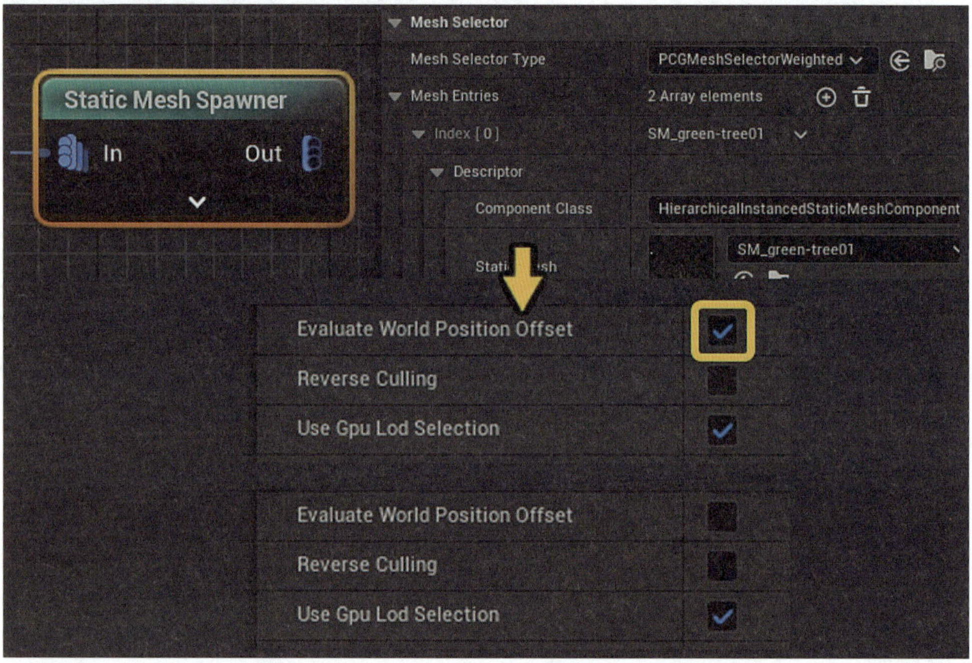

그림 10.20 Evaluate World Position Offset 설정 비활성화하기

2. 메인 뷰포트로 돌아간 후 **Lit** 모드에서 **Virtual Shadow Map ➤ Cached Page** 모드로 변경한다(그림 10.21). 그러면 특히 프레임 속도를 켰을 때 차이를 확인할 수 있을 것이다. 녹색은 꺼짐을 나타내고, 파란색은 켜짐을 나타낸다!

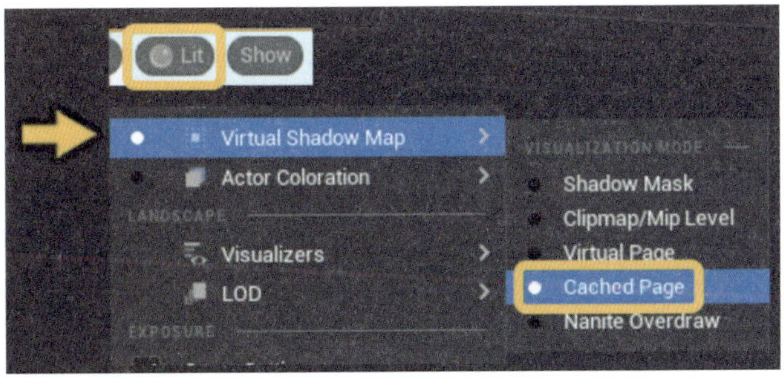

그림 10.21 Cached Page 시각화 모드 설정하기

두 가지 설정을 사용하면 녹색과 파란색을 사용해 표시되는 눈에 보이는 WPO와 눈에 보이지 않는 WPO 간의 차이를 관찰할 수 있다.

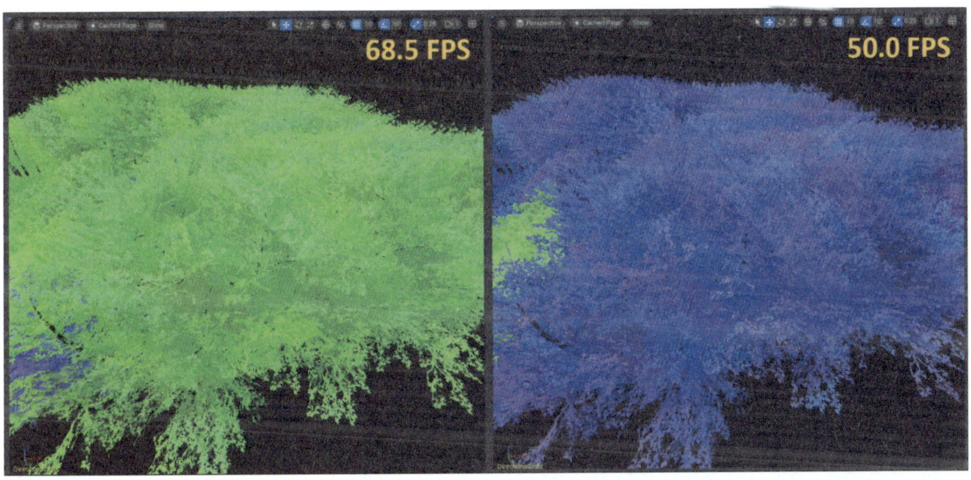

그림 10.22 가시적 WPO 거리 범위

다음 절에서는 WPO 거리를 구성하는 방법에 대해 자세히 알아본다. **Static Mesh Spawner Settings** 패널에서 설정하는 방법을 살펴보자.

WPO 거리 활성화

월드 포지션을 사용하는 또 다른 방법은 월드 포지션을 활성화하되, 폴리지로부터 얼마나 멀리 떨어져 있는지에 따라 WPO의 효과를 줄이는 것이다. 이 경우, WPO 비활성화 거리를 사용해 카메라에서 멀리 떨어진 오브젝트에 대해 이러한 계산을 중지한다. 이렇게 하면 WPO 효과의 시각적 영향이 거리에 따라 감소해 멀리 있는 오브젝트에 대해서는 계산할 필요가 없으므로, 성능이 크게 향상될 수 있다. 다음은 이를 설정하는 방법의 예시다.

Static Mesh Spawner를 선택한 상태로 오른쪽에서 **World Position Offset Disable Distance**를 검색한다. 이어서 값을 `0`에서 `1000` 단위로 설정한다. 다시 말해, WPO는 카메라 액터와의 거리가 `0`에서 `1000` 사이일 때 정상적으로 작동한다. 즉, 캐릭터가 카메라로부터 0~1,000 단위/센티미터cm 범위 내에 있을 경우에만 이펙트를 관찰하게 된다.

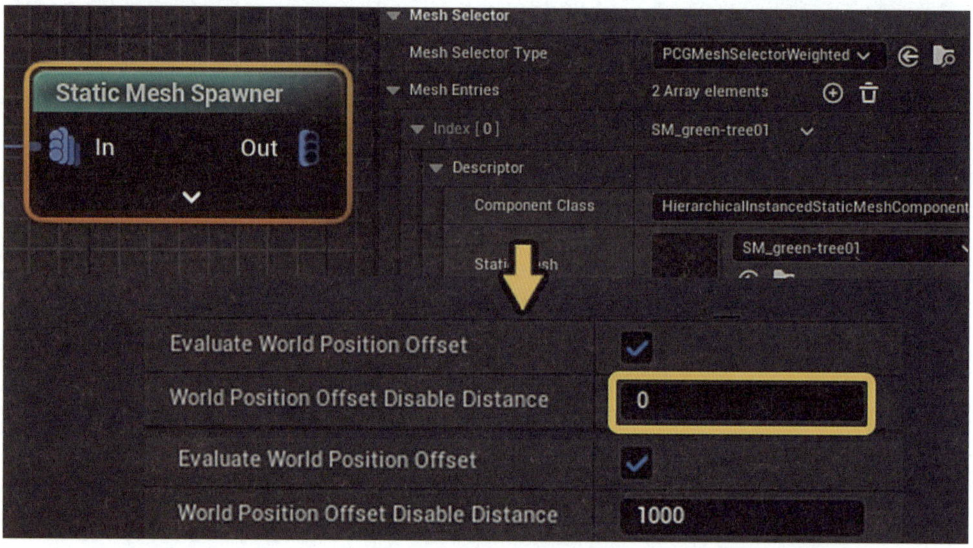

그림 10.23 World Position Offset Disable Distance 값을 0에서 1000으로 설정하기

그림 10.24에서는 카메라의 액터 위치와 WPO를 생성하는 에셋 사이의 거리에 따라 WPO가 활성화되거나 비활성화되는 것을 볼 수 있다.

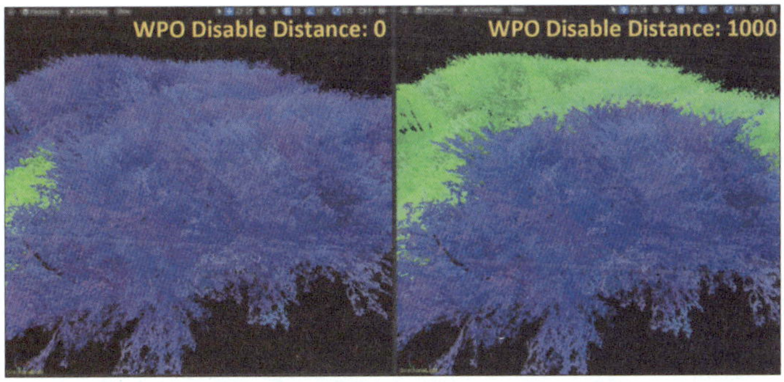

그림 10.24 다른 값에서의 WPO 비활성화 거리

다음 절에서는 PCG 구성을 더욱 향상시키는 데 도움이 되는 다른 최적화 기법을 살펴보자.

디스턴스 필드 조명

프레임 속도를 높이는 또 다른 최적화 방법은 원거리에 있는 오브젝트에만 영향을 미치는 특정 조명을 비활성화하는 것이다. **Settings** 패널에서 **Affect Distance Field Lighting**을 검색하고 비활성화한다.

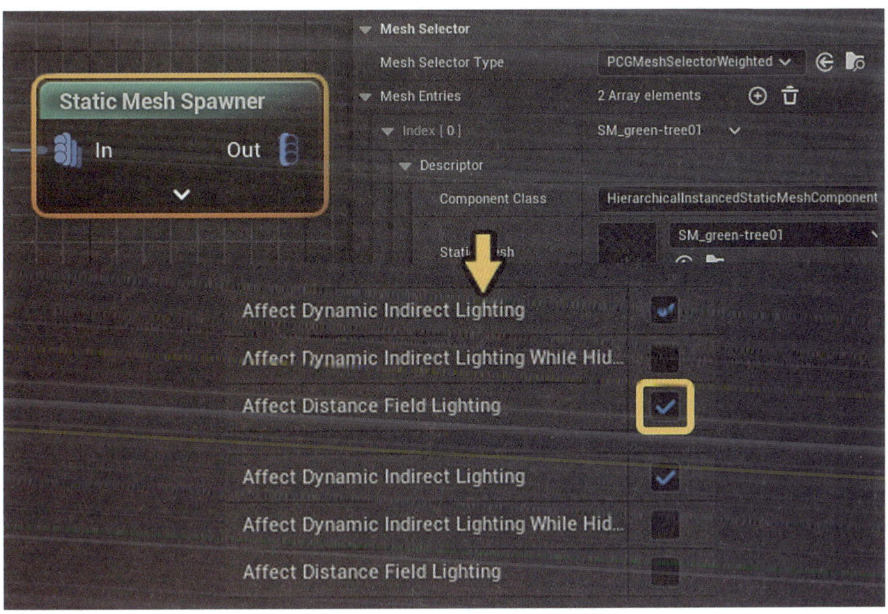

그림 10.25 Affect Distance Field Lighting 비활성화하기

이렇게 하면 다음 그림에서 볼 수 있듯이 지정된 에셋의 그림자가 부드러워지고 내부 품질이 저하된다.

그림 10.26 폴리지 내부에 보이는 품질이 저하된 그림자

지금까지 **Static Mesh Spawner** 설정을 사용해 PCG 워크플로를 최적화하는 방법에 대해 알아봤다. 이제 프로젝트에서 광범위한 PCG 기반 폴리지에 적용하며 이러한 변경 사항을 테스트할 수 있다. 다음 절에서는 압축 손실 없이 동일한 품질을 유지할 수 있도록 텍스처 설정 내에서 텍스처를 최적화하는 방법을 살펴보자.

텍스처 최적화

적절한 텍스처 크기는 PCG 환경에서 게임플레이의 전반적인 성능에 큰 영향을 미칠 수 있다. 따라서 랜드스케이프에 스폰되고 배포되는 메시의 텍스처 해상도를 최적화하는 것이 중요하다.

이 예제에서는 설정을 조정해 텍스처의 크기를 줄이는 방법을 보여준다.

1. Content Browser에서 최적화하려는 텍스처를 찾고 두 번 클릭해 연다. 우리는 EuropeanBeechTrees 폴더에 있는 나뭇잎 중 하나의 텍스처를 사용하겠다.

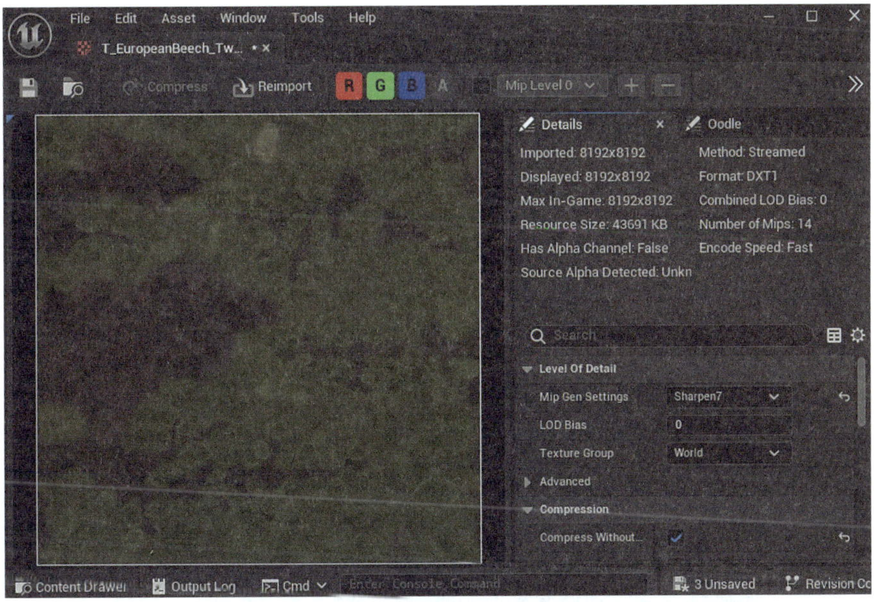

그림 10.27 텍스처 Details 패널

2. **Level Of Detail** 텍스처 설정은 오브젝트가 카메라에서 멀리 떨어져 있을 때 저해상도 텍스처를 사용해 성능을 향상시키는 데 도움이 된다. **Level Of Detail** 탭에서 **Mip Gen Settings** 설정을 **Sharpen7**에서 **FromTextureGroup**으로 재설정한다. 그런 다음, **LOD Bias** 설정을 `0`에서 `2`로 조정한다. 이렇게 하면 텍스처 품질이 낮아져 머티리얼 성능이 향상된다.

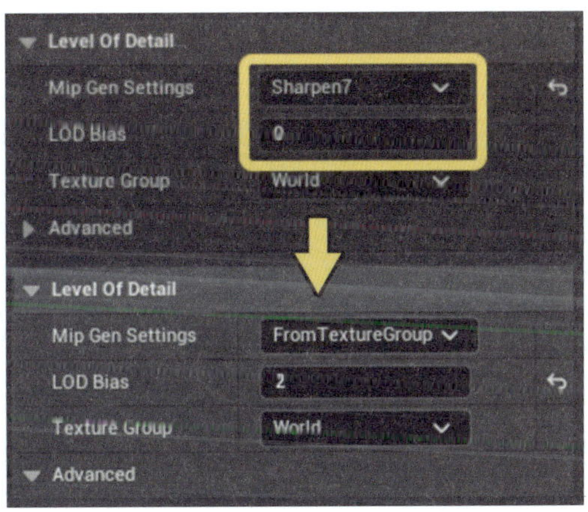

그림 10.28 Level Of Detail 설정 변경하기

3. 상황에 적합한 최대 텍스처 크기를 설정한다. 예를 들어, 멀리 있는 오브젝트에 사용되는 경우 최대 텍스처 크기를 줄여 메모리를 절약할 수 있다. 텍스처 크기와 설정을 신중하게 관리하면 PCG 환경에서 우수한 시각적 품질을 유지하면서 고성능을 유지할 수 있다. **Compression** 탭에서 **Maximum Texture Size**로 이동해 값을 **8192**에서 **1024**로 변경한다.

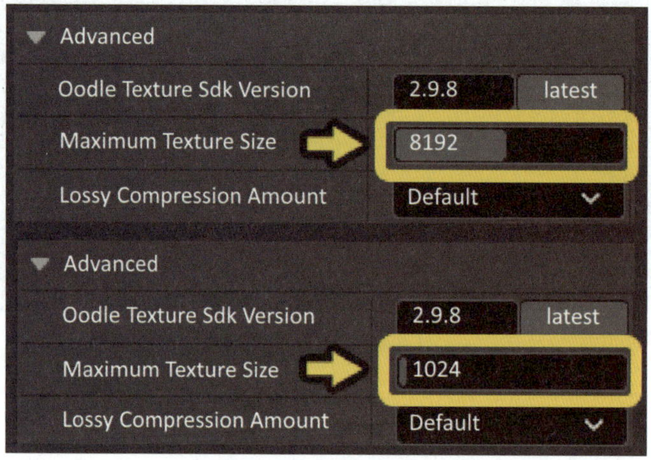

그림 10.29 텍스처 크기 해상도 낮추기

설정에서 해상도를 변경한 후 정보 패널에서 차이를 확인할 수 있다. 이를 통해 텍스처의 해상도가 얼마나 크게 변경됐는지를 보여준다. PCG 내부에서의 디버깅은 시각적 출력 기능을 제공하며, 이 방법은 메인 스태틱 메시가 랜드스케이프에 그려지기 전에 각 노드가 특정 작업을 수행하는 방법을 식별하는 데 도움이 된다.

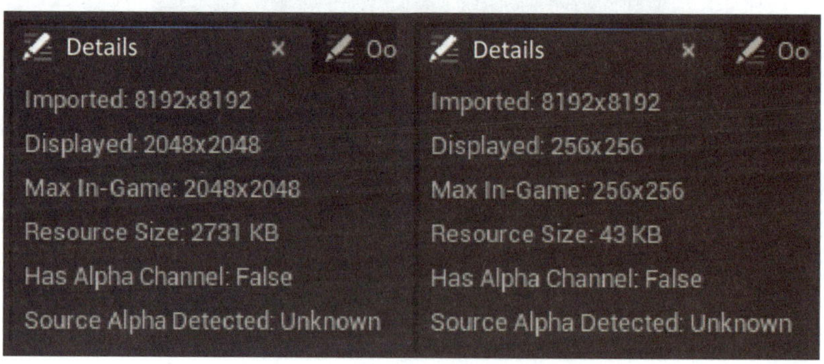

그림 10.30 Details 정보 보기 비교 – 변경 사항 적용 전과 후

다음 절에서는 디버깅 도구와 워크플로에 대해 자세히 알아보자. 또한 테스트 목적으로 각 노드를 테스트하고 디버깅하는 방법도 살펴본다.

디버깅 도구 살펴보기

이 과정은 이 책의 이전 장들에서 이미 언급했지만, 이 주제에 대해 더 자세히 논의하고 더 많은 관심을 가지면 좋을 것이다. PCG 내부에서 디버깅은 시각적 출력을 제공하며, 이 방법은 주요 스태틱 메시가 랜드스케이프에 그려지기 전에 각 노드가 특정 작업을 수행하는 방법을 식별하는 데 도움이 된다. 이러한 이유로 다른 노드 구조를 가진 PCG 그래프 예제를 살펴보자.

1. 그래프 내에서 **Surface Sampler** 노드를 선택하고 **D**를 눌러 디버그 모드를 활성화한다. PCG 그래프에서 **Get Landscape Data** 노드와 함께 작동하는 **Surface Sampler** 노드만의 현재 활동이 표시된다.

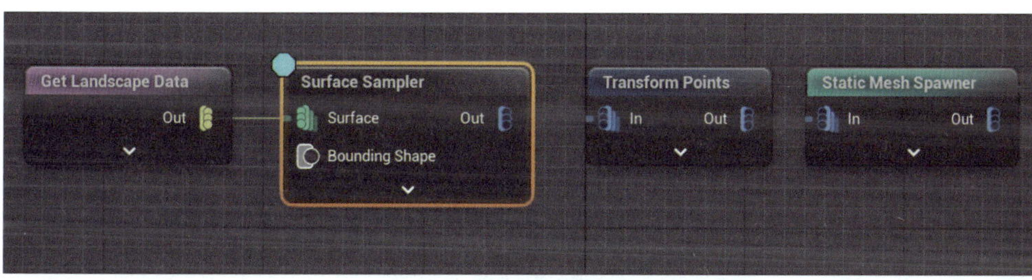

그림 10.31 Surface Sampler 디버깅

Surface Sampler의 디버깅 툴을 테스트하면 다음 그림과 같이 작은 큐브가 랜드스케이프 표면에 나타난다.

그림 10.32 작은 큐브 형태로 표시되는 디버깅 시각화

2. 오른쪽 **Debug** 패널의 **Scale Method**를 사용해 PCG 볼륨 내에서 큐브 크기를 늘려보자. 먼저 **Scale Method** 설정을 **Extent**에서 **Absolute** 또는 **Relative** 중 하나로 변경한다. 그런 다음, **Point Scale** 값을 조정해 큐브의 크기를 수정한다. 내 경우에는 **Point Scale** 값을 `0.2`로 설정했다.

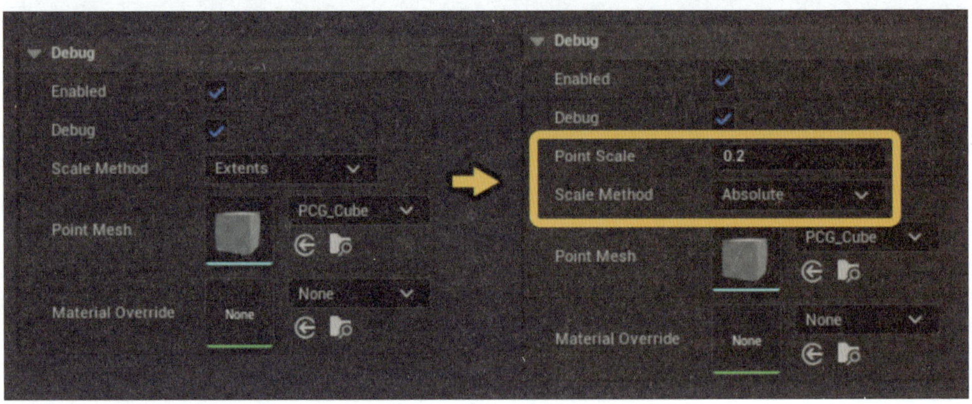

그림 10.33 0.2배로 커진 디버그 큐브

Scale Method를 **Absolute**로 변경한 후 스케일 값을 조정해 큐브가 랜드스케이프 표면에서 더 크게 보이도록 만들 수 있었다.

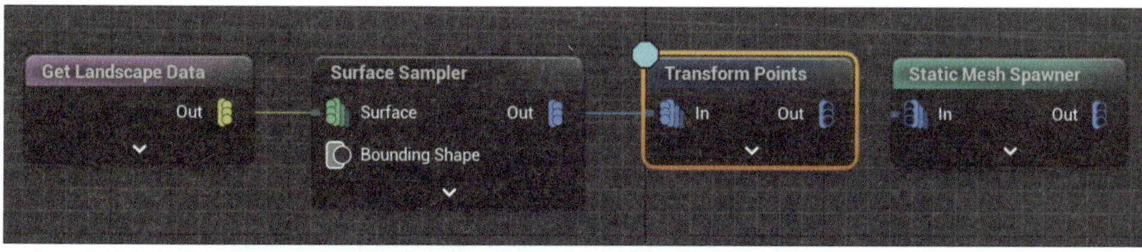

그림 10.34 디버그 모드의 Transform Points 노드

3. 그림 10.34에 따라 **Transform Points** 노드를 **Surface Sampler**의 출력에 연결해보자. **Surface Sampler**에서 디버그 모드를 비활성화하고 **Transform Points** 노드에서 활성화한다.

그림 10.35 Transform Points 디버그 모드 활성화

4. 이번에는 **Transform Points** 설정 중 몇 가지를 변경한다. **Scale Min**과 **Scale Max** 모두 `5.0`으로 설정한다. **Rotation Min**은 `-180`도, **Rotation Max**는 `180`도로 설정한다. 이렇게 하면 큐브가 무작위로 회전해 PCG 볼륨 전체에 부삭위석 효과를 만들 수 있다!

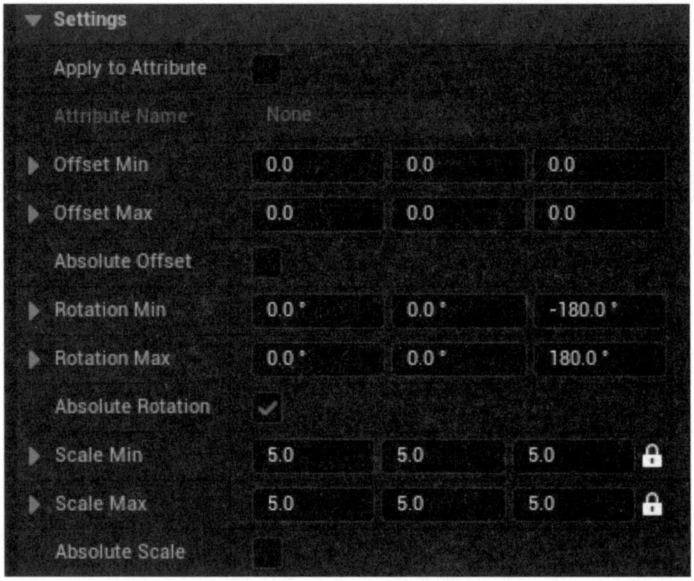

그림 10.36 Transform Points 노드 설정

Scale Min 및 **Scale Max**, **Rotation Min** 및 **Rotation Max**에 대한 수치 값을 입력하면 씬에 적용된 효과를 확인할 수 있다.

그림 10.37 Transform Points 노드에 적용되는 스케일 및 회전 값

5. 마지막으로, **Static Mesh Spawner**를 살펴보고 잔디 모델과 PCG 그래프를 연결해 테스트해보자. 이 예제에서는 Plugins 폴더의 `PCG_Seedling_01` 폴리지 모델을 사용했다.

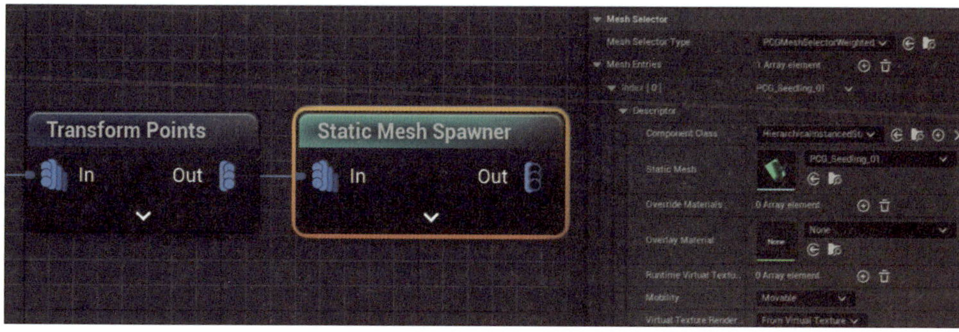

그림 10.38 Static Mesh Spawner의 Mesh Entries에 PCG_Seedling_01 메시 적용하기

6. 보다시피 잔디 모델은 **Transform Points** 스케일을 따르지 않기 때문에 크게 보인다. 잔디 모델 크기를 조정하려면 **Transform Points** 노드로 이동해 **Scale Min**을 1로, **Scale Max**를 2로 변경한다(그림 10.40).

그림 10.39 다른 Transform 값이 적용된 PCG_Seedling_01

Transform Points 노드에 설정된 값을 참조해 폴리지의 회전과 스케일을 무작위로 지정할 수 있다.

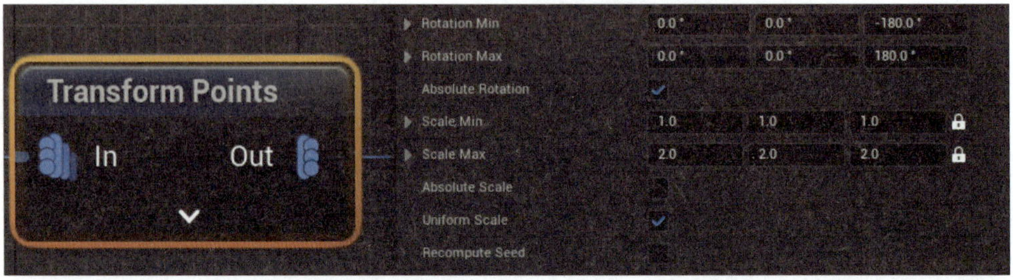

그림 10.40 Settings 패널의 Transform Points 값

7. 노드의 파라미터 변경 사항을 테스트하는 이 방법은 디버그 모드에서 유용하다. 또한 작은 조정만으로 전체 랜드스케이프에서 최종적으로 모델이 어떻게 스폰될지 결정하는 데 도움이 된다.

우리 예제에서는 랜드스케이프에 무작위로 잔디를 생성하고 있으며, 이는 각 잔디 사이의 간격을 조정하는 데 참고가 된다.

그림 10.41 잔디 모델이 서로 약간 떨어져서 스폰된다.

다음 파트에서는 언리얼 엔진과 함께 제공되는 몇 가지 퍼포먼스 툴과 이를 통해 PCG 퍼포먼스를 최적화하는 방법에 대해 알아보자.

성능 도구 사용

이 절에서는 씬을 검사하고 현재 실행 중인 씬의 성능을 분석하는 데 도움이 되는 몇 가지 툴에 대해 설명한다. PCG 플러그인으로 대규모 환경을 만들면서 프로젝트에 유용하게 사용할 수 있는 몇 가지 필수 툴을 테스트해보자!

CPU 프로파일링

CPU 프로파일링을 사용하면 PCG 프로세스가 가장 많은 시간을 소비하는 위치를 정확하게 파악할 수 있다. 이러한 병목 현상을 감지하면 PCG 그래프의 특정 부분을 최적화해 전반적인 성능을 향상시킬 수 있다. 이를 테스트하려면 화면 하단의 콘솔 명령줄에 `stat scenerendering`을 입력하자. 이 명령은 현재 레벨에서 활성화된 성능 지표와 드로우 콜을 표시한다.

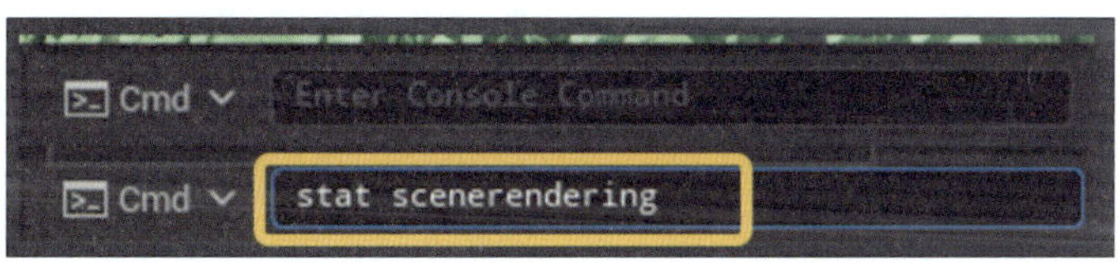

그림 10.42 stat scenerendering cvar 변수

이 그림은 프로젝트 레벨에 대한 퍼포먼스 결과를 생성하는 통계 메뉴 보고서를 보여준다. 이 통계 설정은 CPU와 GPU가 모든 드로우 콜과 포스트 프로세스 효과를 실시간으로 처리하는 현재 상태에 대한 포괄적인 정보를 제공한다.

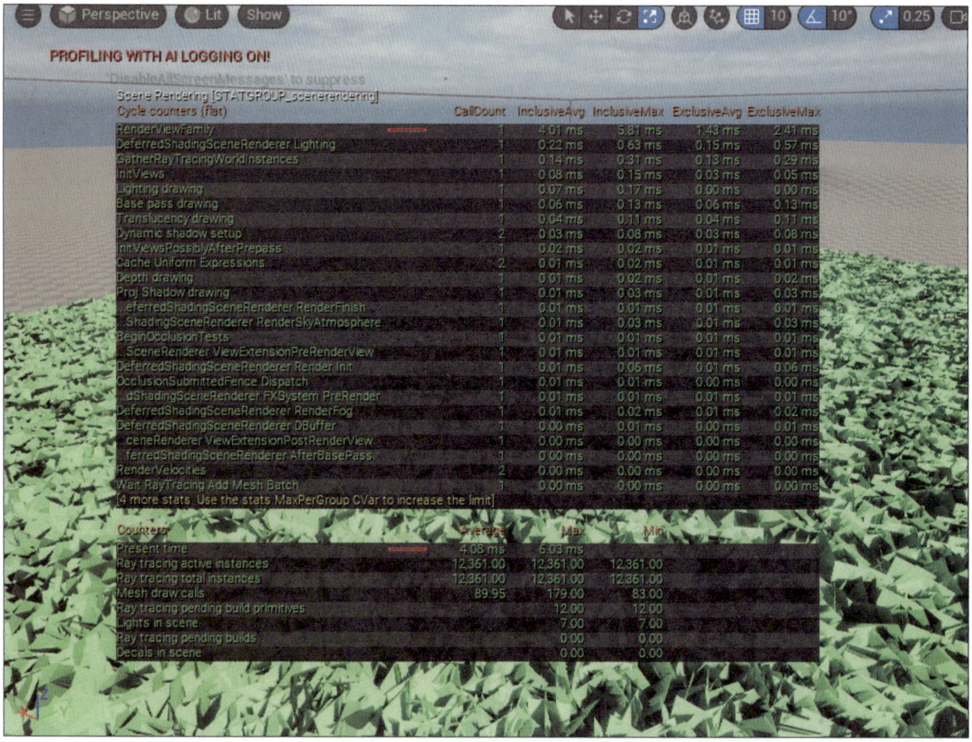

그림 10.43 CPU 프로파일링 활성화

다양한 유형의 프로파일링, 특히 CPU와 GPU에 대한 자세한 내용은 언리얼의 문서(https://dev.epicgames.com/documentation/en-us/unreal-engine/testing-and-optimizing-your-content)를 참고하자.

확장성 설정 선택

이 절에서는 프로젝트에서 PCG 프레임워크를 사용할 때 타깃 플랫폼에 따라 성능을 향상시킬 수 있는 옵션에 대해 소개한다. 대부분의 경우, 특히 게임을 개발할 때는 높은 수준의 그래픽을 유지하기 위해 **Cinematic** 또는 **Epic** 품질을 고수하는 것이 일반적이다. 그러나 모바일 또는 가상 현실 플랫폼과 같이 추가 최적화가 필요한 대규모 프로젝트를 진행할 때는 예외가 발생할 수 있다. 성능 병목 현상을 해결하기 위해 확장성scalability 설정을 조정하는 것은 그래픽 성능을 개선하는 데 널리 사용되는 기술이며, 특히 레벨 에디터 내에서 유용하다. 이 방법은 씬에서 렌더링되는 오브젝트의 전반적인 품질 중 특히 그림자, 글로벌 일루미네이션, 반사, 포스트 프로세싱 효과의 성능을 관리하고 최적화하는 데 도움이 된다. 작동 방식은 다음과 같다.

1. 메인 에디터를 연 상태에서 패널 오른쪽에 있는 **Settings** 버튼을 클릭한다. 그러면 **Settings** 창 메뉴가 열린다. **Engine Scalability Settings** 설정으로 마우스 커서를 가져간 후 **Medium** 열을 선택한다.

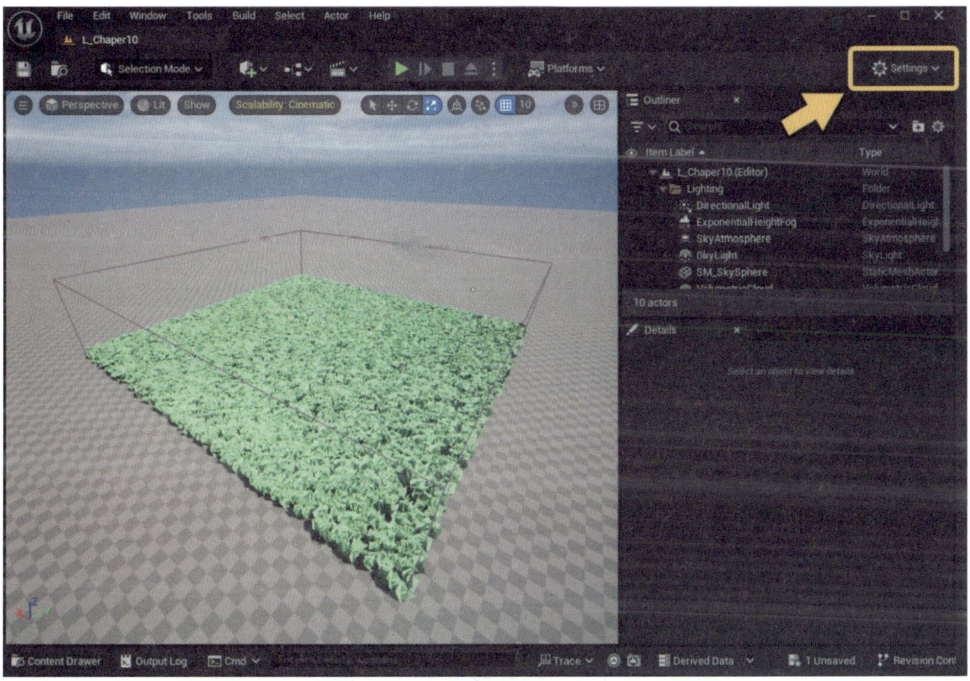

그림 10.44 아웃라이너 탭에서 Settings 옵션 선택하기

Settings 메뉴가 나타나면, **Engine Scalability Settings** 메뉴를 선택해 PCG 사용에 적합한 최적화 설정을 선택한다.

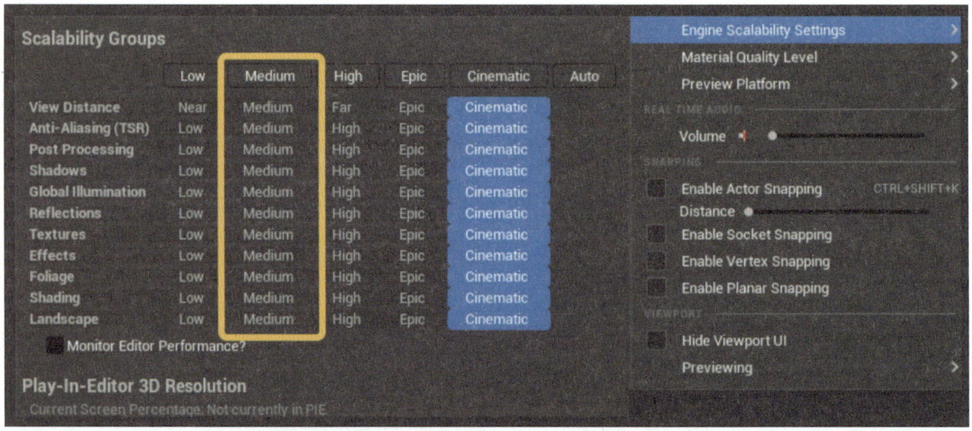

그림 10.45 가장 최적의 옵션인 Medium을 선택한다.

씬의 전반적인 품질에 약간의 변화가 있을 수 있지만, 이 접근 방식은 PCG 플러그인으로 대규모 작업을 할 때 발생할 수 있는 성능 문제를 해결하는 데 도움이 된다!

그림 10.46 Cinematic과 Medium의 차이점

이제 10장을 완료했다. PCG를 사용해 프로젝트를 효과적으로 최적화하는 방법을 배웠고, 성능을 더욱 향상시키는 데 도움이 되는 다른 최적화 도구에 대한 지식도 얻었다. 10장에서 설명한 최적화 방법은 PCG 프레임워크를 사용해 작업하는 모든 프로젝트에 유용하게 사용할 수 있다.

요약

드디어 PCG 플러그인을 최적화하는 방법을 배웠다. 이는 월드를 구성하는 프로젝트에서 발생하는 여러 상황에서 드로우 콜 횟수를 줄일 수 있는 귀중한 경험이었다. 이 장에서 배운 것처럼, PCG는 부하가 심할 수 있으므로 잠재적인 문제를 피하는 것이 중요하다. 이러한 최적화 팁을 적용하면 향후 개발 과정에서 이러한 위험을 완화할 수 있다.

다음 장에서는 PCG 그래프에 다양한 유형의 노드를 추가하는 팁과 가이드라인을 소개하고, 각 노드가 어떻게 PCG 워크플로를 향상시키는지를 알아본다.

11

치트 시트, 추가 팁 및 바로 가기

드디어 책의 마지막 장인 11장에 도착했다! 이 장에서는 노드에 대한 몇 가지 팁과 유용한 정보를 살펴보고, 이 지식을 활용해 PCG 그래프에 효과적으로 적용해보자.

이 장에서는 각 PCG 그래프의 다양한 노드 형식을 다루고, 시각적 예제를 통해 해당 기능을 알아볼 것이다.

또한 Plugins 폴더의 샘플 메시를 사용하며 대부분의 시각적 예제에서 디버그 모드를 활성화할 것이다. 이 장에서는 다양한 PCG 구조를 구성하는 데 적합한 공식에 대한 귀중한 지식을 제공한다. PCG 볼륨 샘플과 스플라인 샘플을 비교하고, 다양한 시나리오에서 사용할 수 있는 주요 용도를 설명한다. 볼륨과 스플라인은 프로젝트에서 PCG 그래프 구조를 구성할 때, 특히 생성될 환경의 유형을 설정할 때 필수적인 요소다. 이러한 부분은 절차적 생성 프로세스에 큰 영향을 미치며, 씬 내 에셋의 배치와 동작을 정밀하게 제어할 수 있도록 해준다. 이러한 툴의 용도를 살펴봄으로써, 원하는 환경 효과를 얻고 성능을 최적화하기 위해 이러한 툴을 활용하는 방법을 더 잘 이해해보자.

이 장에서 다루는 주요 주제는 다음과 같다.

- PCG 볼륨 샘플
- PCG 볼륨 스플라인

기술적 요구 사항

이 장을 완료하려면 다음 하드웨어와 소프트웨어가 필요하다.

- PCG를 실행할 수 있는 좋은 컴퓨터. 멀티코어 CPU(AMD Ryzen 7/9, Intel i7/i9), GPU(NVIDIA RTX, 8+GB VRAM이 탑재된 AMD Radeon RX), 최소 16GB의 RAM을 갖춰야 한다.
- 이 장에서 사용된 언리얼 엔진 버전은 UE 5.4 버전이다. PCG 툴은 언리얼 엔진 5.3에 도입됐지만 일부 노드는 언리얼 엔진 5.3에서 더 이상 사용되지 않으므로, 이 장에서는 최신 버전의 언리얼 엔진이 가장 유용하다.

모든 예제는 프로젝트 내부에 배치돼 있으며, 이 프로젝트는 깃허브 리포지터리에서 찾을 수 있고 깃허브 링크(https://github.com/PacktPublishing/Procedural-Content-Generation-with-Unreal-Engine-5)에서 다운로드할 수 있다.

이 장의 코드가 실행되는 모습을 보여주는 동영상은 웹 사이트(https://packt.link/JxEOL)에서 확인할 수 있다.

PCG 볼륨 샘플

이 예제들은 PCG 볼륨 내에서 PCG 그래프의 다양한 활용법을 시각적으로 표현해 쉽게 이해할 수 있도록 해준다. 개인 프로젝트에서 이러한 예제를 사용하면 온라인에서 해결책을 찾는 데 드는 시간과 노력을 절약할 수 있다.

이 절에서는 주로 PCG 볼륨 사용을 중심으로 한 PCG 그래프에 초점을 맞춰 이러한 예제들이 프로젝트에 어떻게 도움이 될 수 있는지를 알아본다.

Surface Sampler

Surface Sampler 노드의 주요 기능은 랜드스케이프 또는 지정된 지오메트리의 표면에 포인트들을 생성하는 것이다. 그런 다음, 씬에서 이 포인트들을 절차적 요소를 스폰할 위치로 사용할 수 있다. 다음 그림은 **Surface Sampler** 노드가 실제로 작동하는 모습을 보여준다.

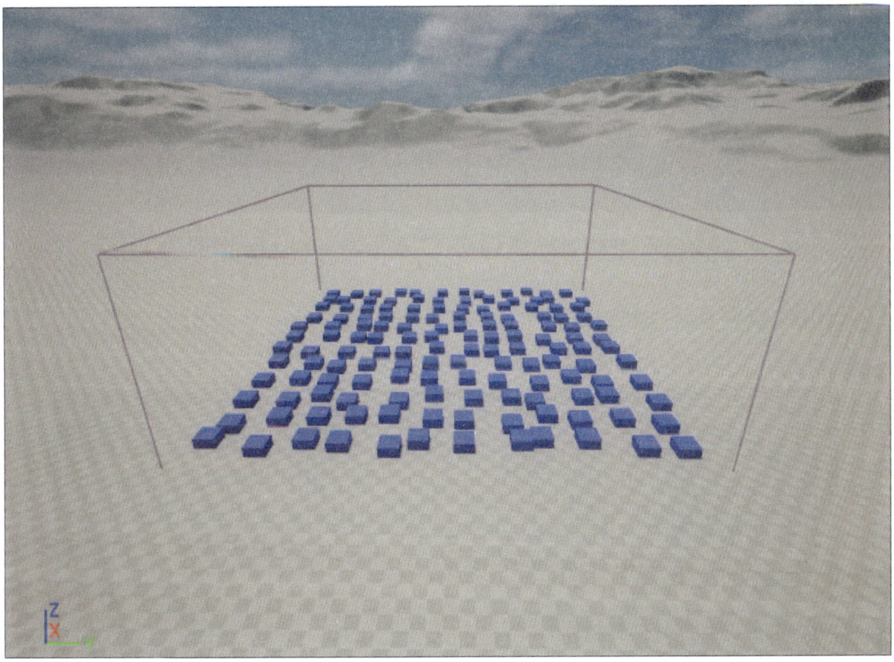

그림 11.1 Surface Sampler 사용

Surface Sampler 노드가 랜드스케이프에서 결과를 생성하는 기능을 활성화하려면 **Input** 노드를 선택한 후 오른쪽 **Settings** 패널 아래에 핀을 추가한다. 다른 인덱스 배열을 추가하고 **Allowed Types** 값을 **Surface**로 변경한 다음, 이름을 `Landscape`로 변경한다. **Surface Landscape**는 녹색 입력 핀으로 표시된다.

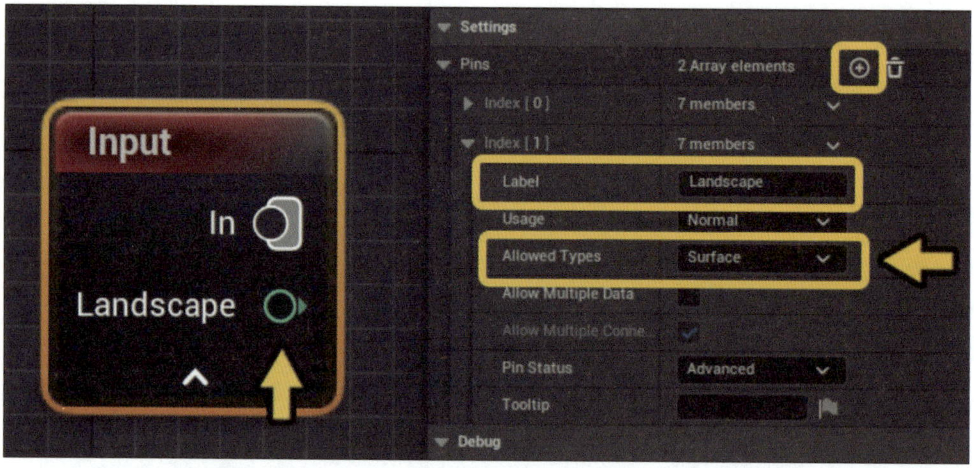

그림 11.2 Landscape 액터와 함께 작동하도록 Input 노드 구성하기

다음은 디버그 모드에서 실행되는 PCG 그래프 코드 예제의 일부분이다.

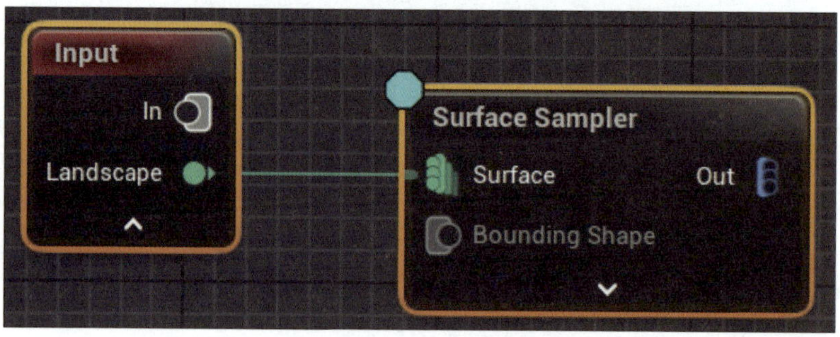

그림 11.3 디버그 모드의 Surface Sampler 노드

Volume Sampler

Volume Sampler 노드의 주요 목적은 주어진 3D 볼륨 내에서 포인트들을 생성하는 것이다. 그런 다음, 이 포인트를 사용해 볼륨적인volumetric 효과를 만들거나 절차적 요소를 채울 수 있다. 다음 그림은 **Volume Sampler** 노드의 사용을 보여준다.

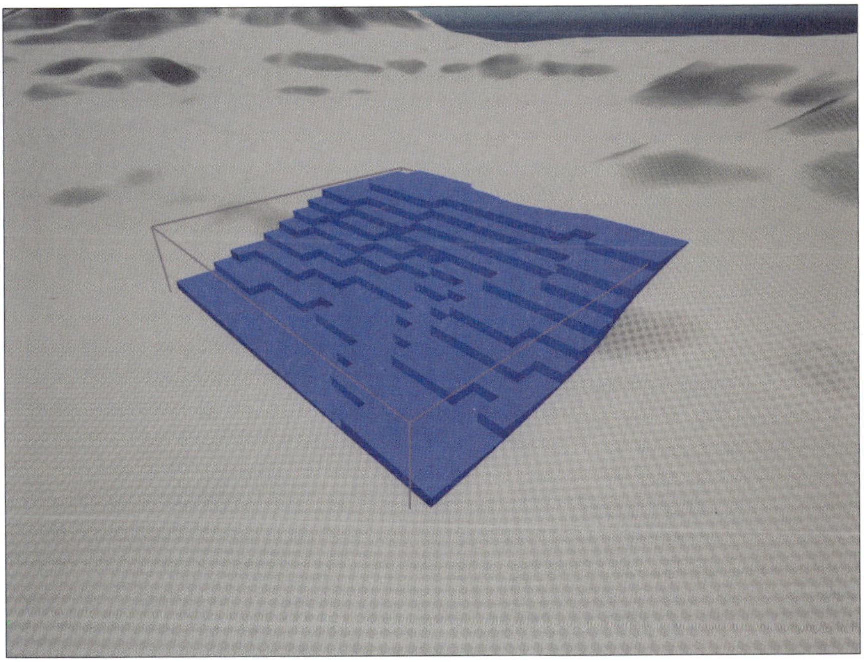

그림 11.4 볼륨 샘플러(Volume Sampler)

다음은 디버그 모드에서 실행되는 PCG 그래프 코드 예제의 일부분이다.

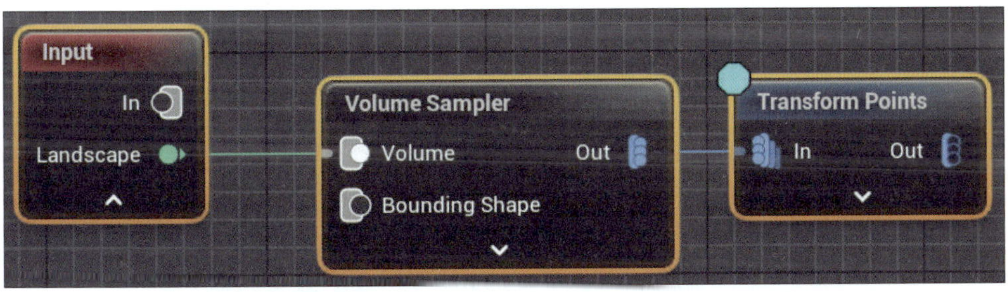

그림 11.5 Transform Points 노드와 함께 작동하는 Volume Sampler 노드

Create Points Grid

Create Points Grid 노드는 지정된 볼륨 또는 영역 내에 포인트 그리드를 생성하도록 설계됐다. 이 노드는 그리드 패턴으로 오브젝트를 배치하거나, 랜드스케이프 위에 샘플링 지점

을 정의하거나, 건축물의 규칙적인 레이아웃을 구성하는 등 구조적이고 균일한 간격의 포인트 정렬을 생성하는 데 특히 유용하다. 다음 그림은 Create Point Grid 노드가 실제로 작동하는 모습을 보여준다.

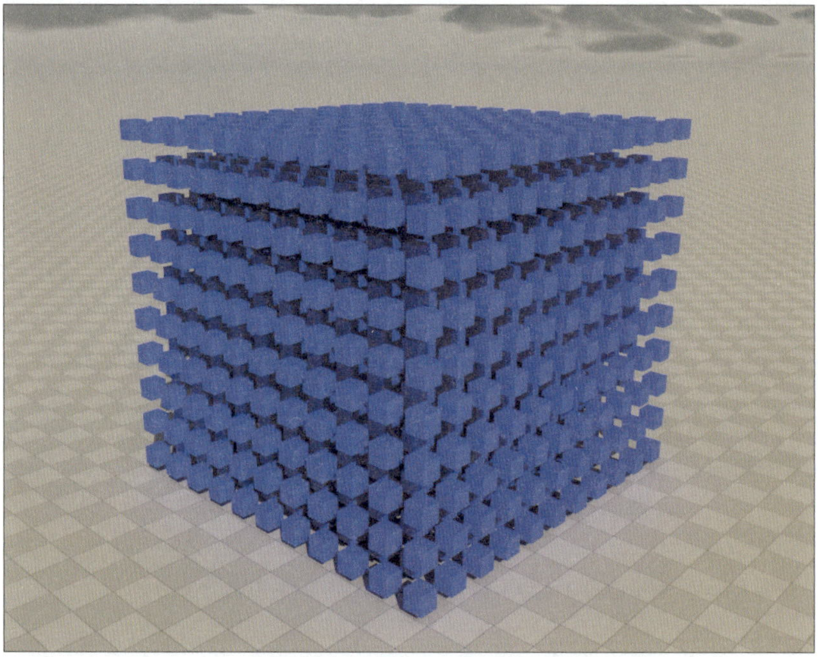

그림 11.6 포인트 그리드 생성 노드

다음은 디버그 모드에서 실행되는 PCG 그래프 코드 예제의 일부분이다.

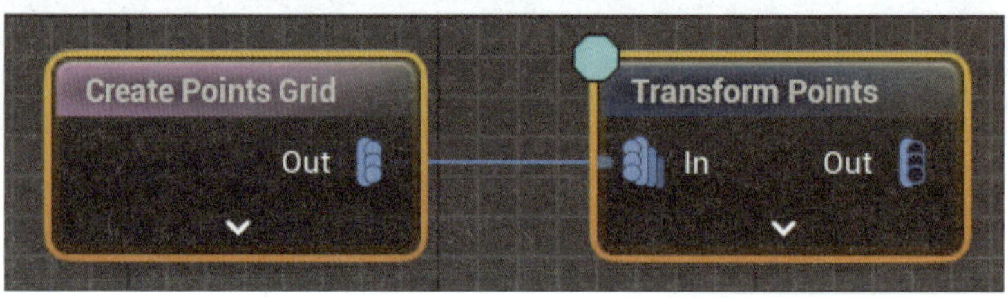

그림 11.7 Create Points Grid 노드와 Transform Points 노드

Get Texture Data

Get Texture Data 노드는 텍스처에서 데이터를 추출하고 해당 데이터를 사용해 절차적 생성 과정에 영향을 주는 유틸리티 노드다. 이 노드는 하이트맵heightmap, 마스크, 색상 그라데이션과 같은 텍스처 정보를 기반으로 절차적 콘텐츠를 작동시키는 데 특히 유용하다. 다음 그림은 **Get Texture Data** 노드의 결과를 나타내고, 텍스처 샘플과 함께 작동하는 방식을 보여준다.

그림 11.8 Get Texture Data 노드

텍스처 샘플을 포함한 **Get Texture Data** 노드의 설정은 다음과 같다.

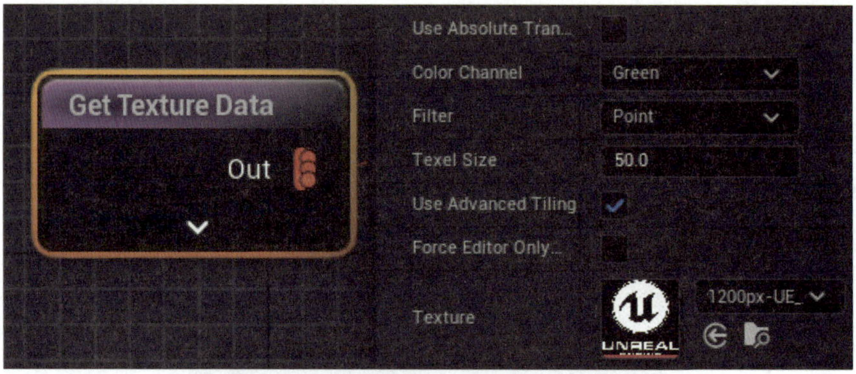

그림 11.9 텍스처 샘플과 함께 Get Texture Data 노드 설정

Sample Texture

Sample Texture 노드는 텍스처에서 정보를 추출하고 활용해 절차적 생성을 구동하는 강력한 툴이다. 이 노드를 사용하면 텍스처에서 색상, 높이, 알파 값 등 다양한 유형의 데이터를 샘플링하고 해당 데이터를 사용해 절차적 요소의 배치, 변환 또는 속성에 영향을 줄 수 있다. 다음 그림은 **Sample Texture** 노드가 **Get Texture Data** 노드와 함께 작동한 결과를 보여준다.

그림 11.10 Get Texture Data 노드와 함께 작동하는 Sample Texture 노드

Get Texture Data 노드에서 추출한 텍스처 정보를 기반으로 스태틱 메시를 스폰하는 전체 PCG 그래프 공식은 다음과 같다.

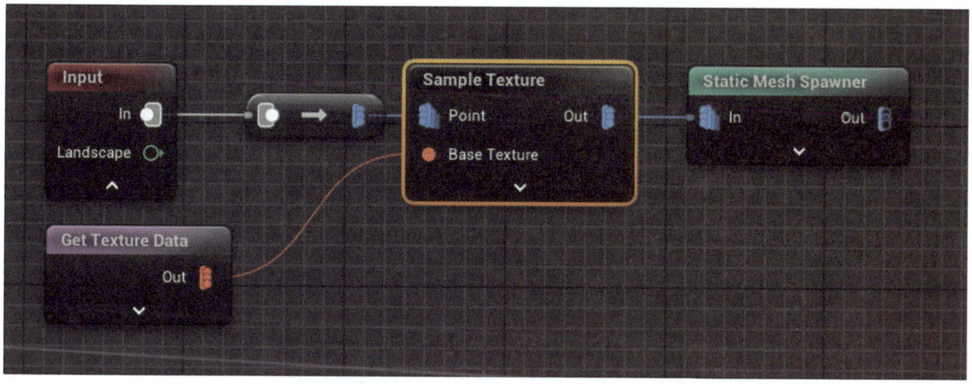

그림 11.11 Get Texture Data 노드와 함께 작동하는 Sample Texture 노드

Density Remap

Density Remap 노드는 정의된 리매핑remapping 함수에 따라 포인트의 밀도density 값을 조정하는 데 사용된다. 이 노드를 사용하면 밀도 값의 해석 및 적용 방식을 좀 더 세밀하게 제어할 수 있으므로 좀 더 정교한 절차적 콘텐츠 분포를 만들 수 있다.

그림 11.12에서는 **Density Remap** 노드에서 디버그 모드를 활성화해 **Surface Sampler** 노드와 함께 작동할 수 있도록 했다.

그림 11.12 Density Remap 노드 사용

그림 11.13은 **Density Remap** 노드를 두 가지 설정을 통해 활용하는 방법을 보여주는 예시로, 각각의 최소 및 최대 입력과 출력 범위에 따라 리매핑 분포를 다르게 설정할 수 있다.

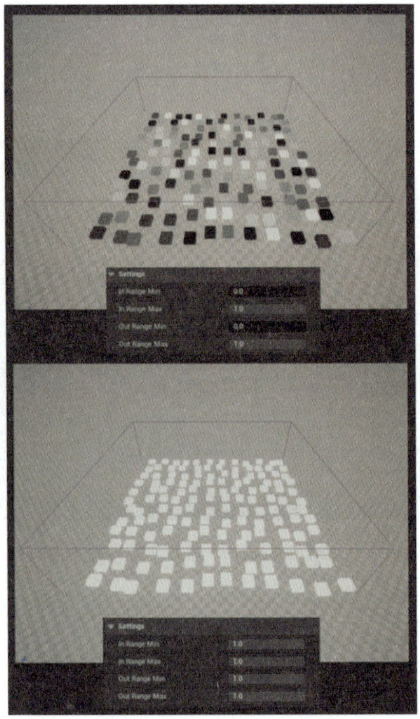

그림 11.13 Density Remap 노드의 두 가지 설정

Density Filter

Density Filter 노드는 밀도 값에 따라 포인트를 선택적으로 필터링하는 데 사용된다. 이 노드는 지정된 밀도 기준을 충족하지 않는 포인트를 제거해 절차적 생성 요소의 위치를 좀 더 정밀하게 제어할 수 있도록 도와준다.

다음은 PCG 그래프의 구성 예시다.

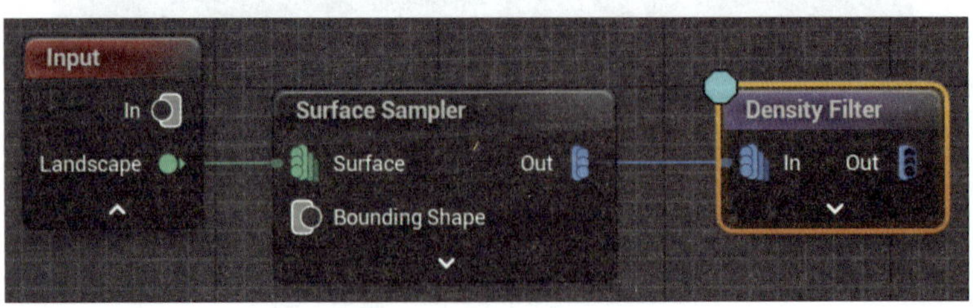

그림 11.14 Density Filter 노드 사용

다음 그림에서는 다른 Lower Bound 값과 Upper Bound 값에 따른 두 가지 Density Filter 예제를 확인할 수 있다.

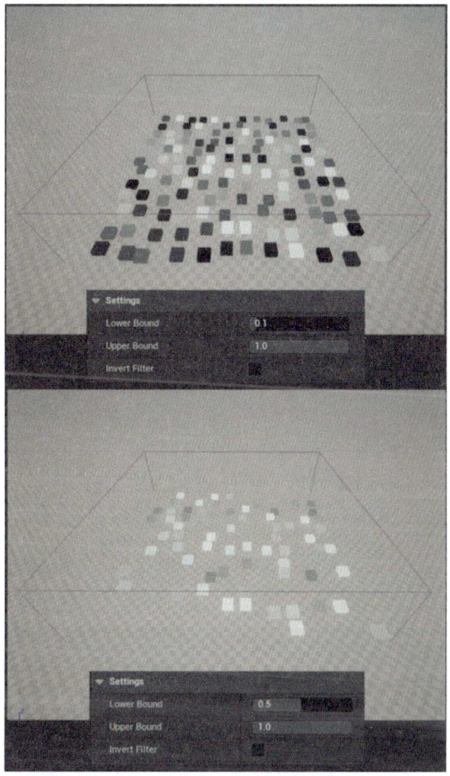

그림 11.15 Density Filter 노드에 대한 두 가지 구성

Self Pruning

Self Pruning 노드는 지정된 거리 임계값에 따라 서로 너무 가까운 점을 제거해 절차적 포인트의 분포를 최적화하고 세분화하는 데 사용된다. 이는 절차적 요소의 과밀화를 방지하고 좀 더 균일하면서 사실적인 분포를 만드는 데 도움이 된다. 다음 그림은 스폰된 스태틱 메시와 함께 **Self Pruning** 노드를 사용하는 것을 보여준다.

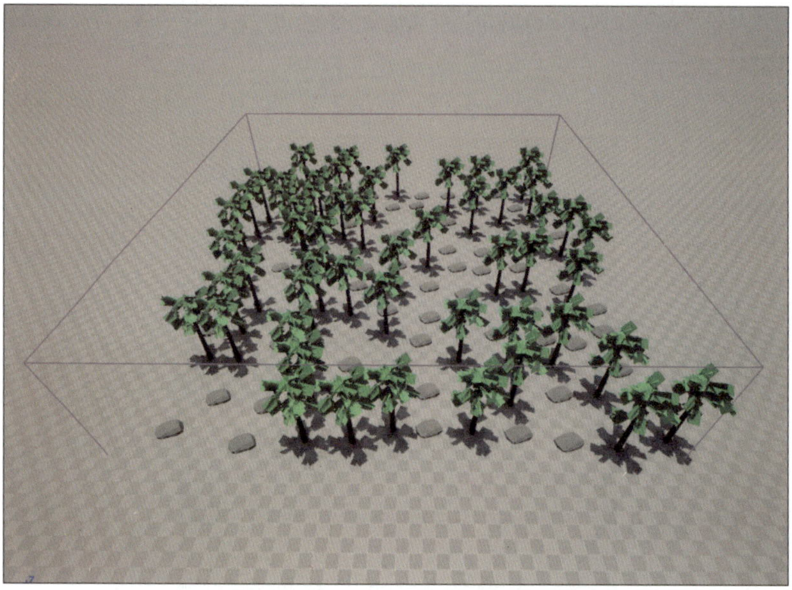

그림 11.16 Self Pruning 노드 사용

다음은 셀프 프루닝Self Pruning 사용 사례의 PCG 그래프 코드 예시다.

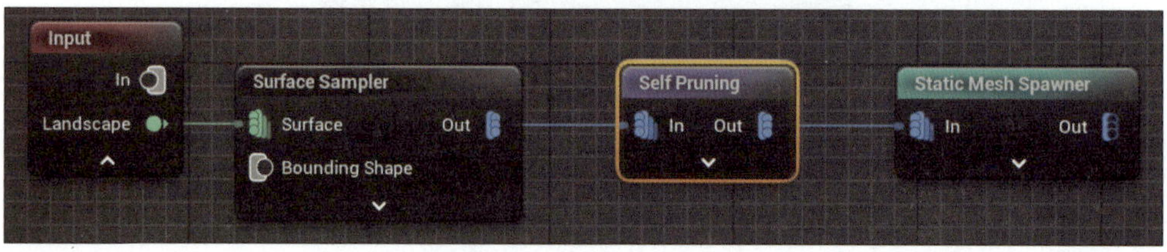

그림 11.17 PCG 그래프 내 Self Pruning 노드 사용 예시

Bounds Modifier

Bounds Modifier 노드는 절차적 포인트가 생성되거나 수정되는 공간의 경계를 조정하는 데 사용된다. 특별한 절차적 규칙이 적용되는 특정 영역을 정의하는 데 특히 유용하며, 좀 더 집중되고 효율적인 콘텐츠 생성을 가능하게 한다.

Bounds Modifier 노드와 **Self Pruning** 노드를 함께 사용하면 절차적 콘텐츠의 공간적 경계를 정의할 수 있을 뿐만 아니라 해당 경계 내에서 콘텐츠가 최적으로 배포되도록 할 수 있다.

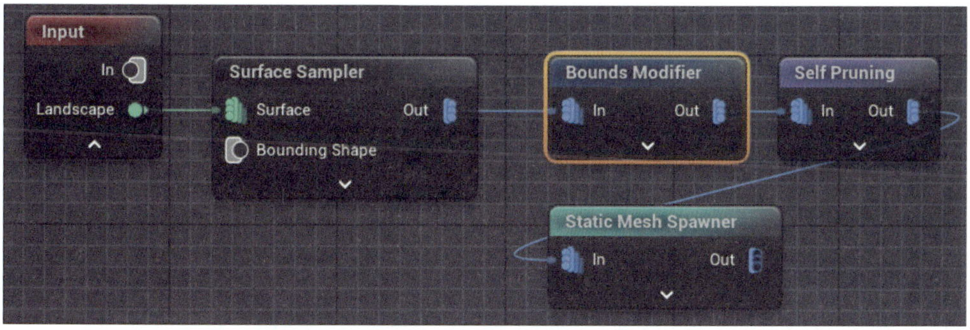

그림 11.18 Self Pruning 노드와 결합된 Bounds Modifier 노드의 사용

다음은 두 가지 구성의 예로, **Bounds Min** 및 **Bounds Max** 값에 따라 어떻게 달라지는지를 보여준다.

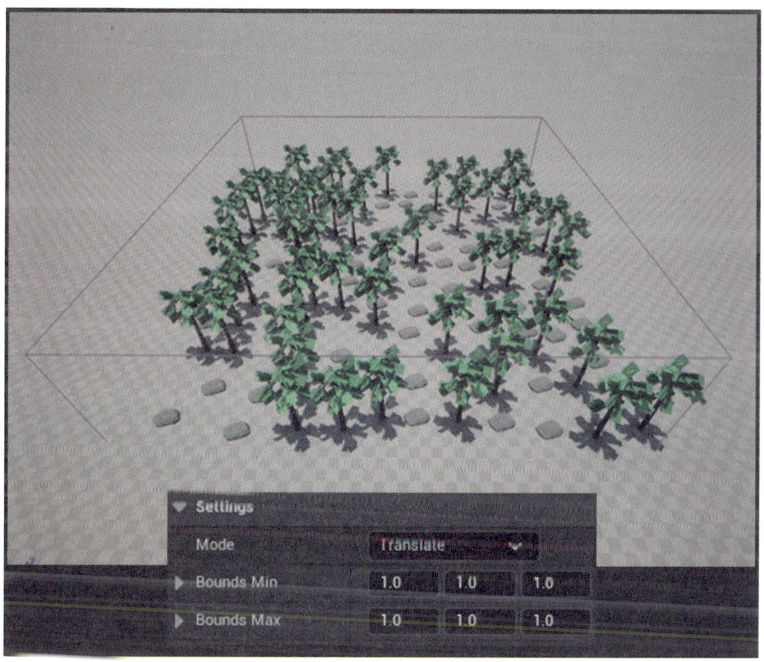

그림 11.19 Bounds Modifier 노드 설정 예시

다음 그림은 Bounds Modifier 노드의 또 다른 설정 모습을 보여준다.

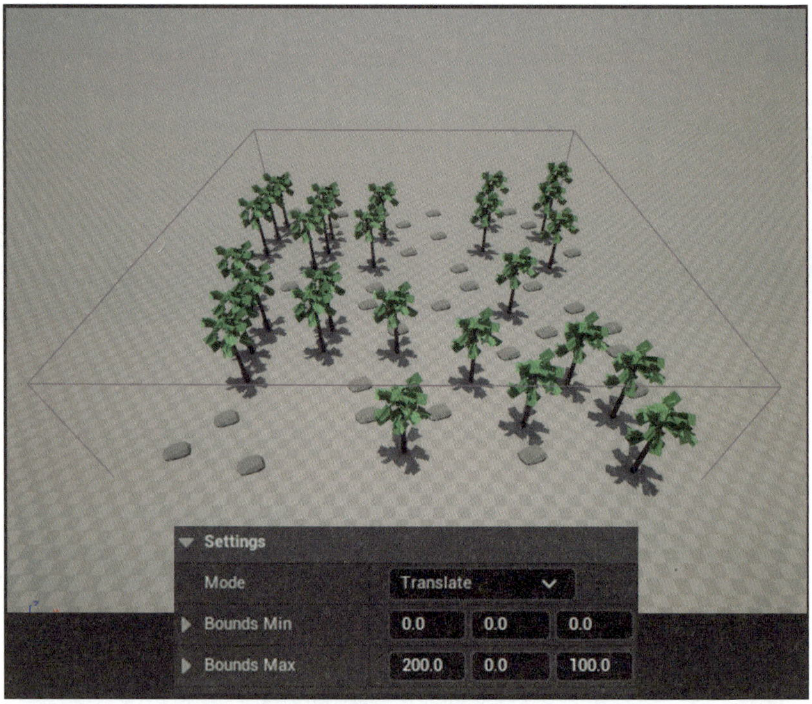

그림 11.20 Bounds Modifier 설정의 작동 모습

다음 절에서는 Spline 컴포넌트가 있는 액터 블루프린트를 중심으로 PCG 사용 사례의 추가 예제를 살펴보고, PCG 볼륨을 제어하는 방법에 대해 알아본다.

PCG 볼륨 스플라인

이 절에서는 액터 블루프린트를 통해 Spline 컨트롤러와 PCG 그래프를 연관시켜 사용하는 방법에 대해 설명한다. Spline 컨트롤러 액터 블루프린트는 11장의 깃허브 프로젝트에서 찾을 수 있다. 이어지는 절들에서는 스플라인을 사용하는 다양한 PCG 노드 구성의 Spline 컴포넌트 사용 예제를 소개한다.

Spline Sampler (On Interior)

Spline Sampler 노드는 스플라인 선상과 내부의 포인트를 샘플링하는 데 사용된다. 이 노드는 도로, 강, 환경 또는 기타 선형 및 닫힌 루프 모양처럼 스플라인으로 정의된 특정 경로 또는 모양을 따르는 절차적 콘텐츠를 제작할 때 특히 유용하다.

Spline Sampler 노드의 주요 목적은 스플라인 선상이나 닫힌 스플라인 루프 내부에 포인트를 생성하는 것이다. 그런 다음, 이 포인트를 사용해 스플라인의 경로를 따라 절차적 요소를 배치해 생성된 콘텐츠가 의도한 레이아웃과 디자인을 따르는지 확인할 수 있다. 다음 그림에서는 **Dimension**에 대해 **On Interior** 설정을 사용해 **Spline** 컴포넌트의 닫힌 루프 내에서 결과를 생성한다.

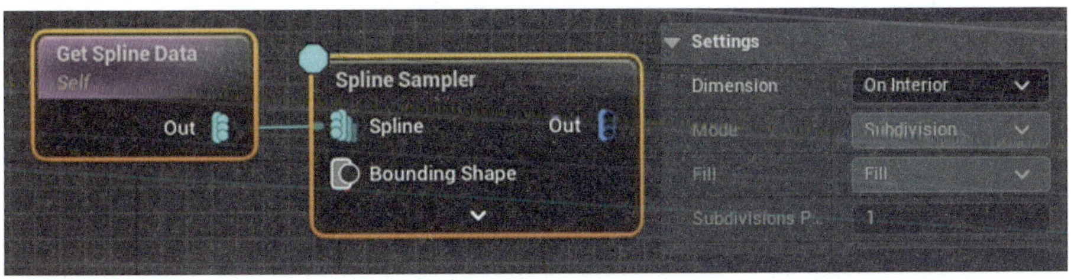

그림 11.21 Dimension을 On Interior로 설정하기

다음 그림은 씬상에서 닫힌 루프 내부에 배치된 스폰된 큐브를 보여준다.

그림 11.22 닫힌 루프 스플라인 내에서 스폰된 큐브

Projection

Projection 노드는 표면이나 지오메트리 위에 포인트를 투영하는 데 사용된다. 지형, 메시 또는 기타 3D 개체에 포인트를 투영하는 등 절차적 점point을 대상 표면에 배치하는 데 특히 유용하다.

Projection 노드의 주요 목적은 포인트들을 대상 표면이나 지오메트리에 투영하는 것이다. 이렇게 하면 포인트가 대상의 모양과 윤곽을 따르게 되므로, 고르지 않은 지형에 오브젝트를 배치하거나 복잡한 표면에 요소를 정렬하는 등의 작업에 이상적이다. 다음 그림은 다른 노드와 연결된 **Projection** 노드가 실제로 작동하는 모습을 보여준다.

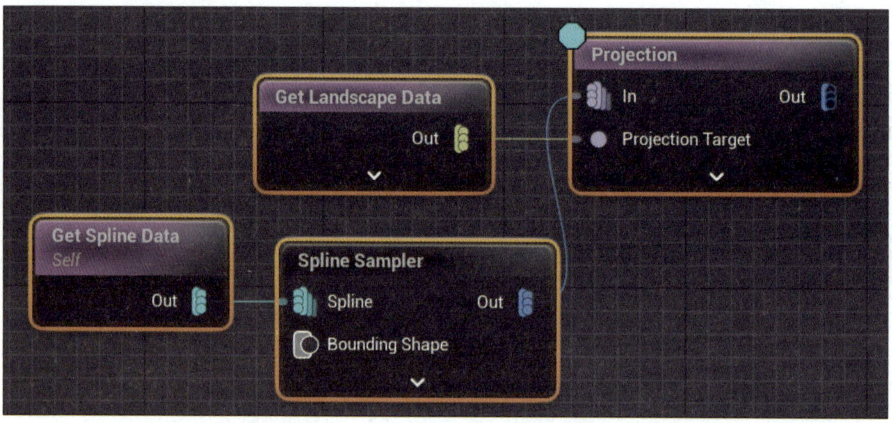

그림 11.23 Projection 노드 사용 예시

결과는 다음과 같으며, 랜드스케이프 표면 전체에 고르게 스폰된 큐브를 보여준다.

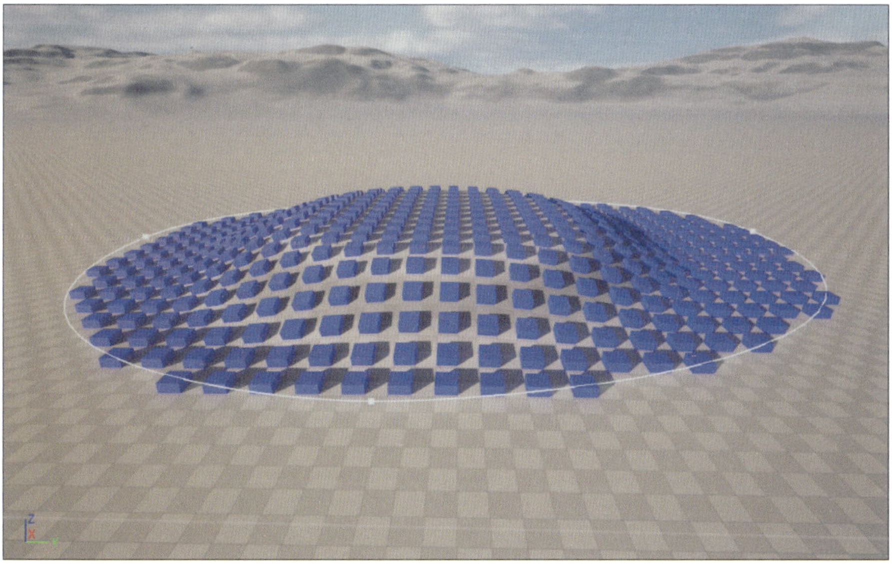

그림 11.24 디버그 모드의 Projection 노드

Spline Sampler (On Spline)

앞서 설명한 것처럼, **Spline Sampler** 노드는 스폰된 오브젝트가 따라갈 경로를 생성하는 데 중요한 역할을 한다. 이번에는 **On Spline** 설정(그림 11.25 참조)을 사용해 곡선형의 스플라인 경로를 따라간다. 지정된 거리 범위 내에서 스플라인 경로를 따라 큐브를 절차적으로 생성한다.

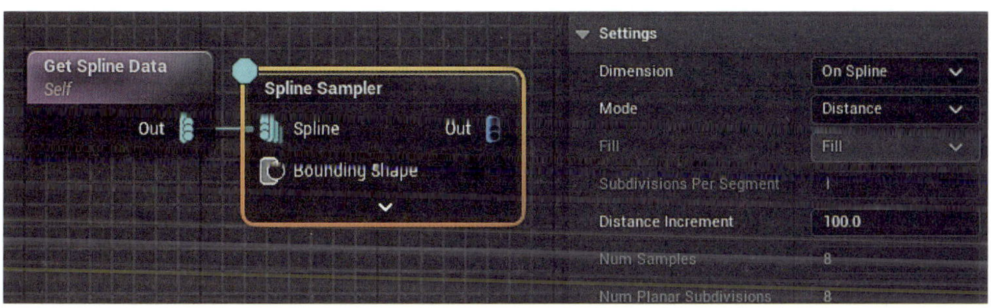

그림 11.25 Dimension 설정을 On Spline으로 변경하기

다음 그림은 스플라인 커브를 따라 생성된 큐브를 보여준다.

그림 11.26 스플라인 경로를 따라 스폰된 큐브

Difference

Difference 노드는 한 포인트 집합에서 다른 포인트 집합을 빼는 데 사용되며, 두 포인트 세트 간에 겹치거나 교차하는 포인트를 효과적으로 필터링한다. 이 작업은 기본 집합 내에 많은 보조 집합이 존재할 때, 원치 않는 포인트인지 여부에 따라 기본 집합에서 제거함으로써 복잡하고 정교한 절차적 분포를 만들 수 있다.

Difference 노드의 주요 목적은 두 세트의 포인트를 비교해 보조 세트의 포인트와 겹치거나 교차하지 않는 기본 세트의 포인트만 유지하는 것이다. 이렇게 하면 특정 기준에 따라 있어서는 안 되는 포인트를 제외함으로써 좀 더 정확한 절차 콘텐츠를 만드는 데 도움이 된다.

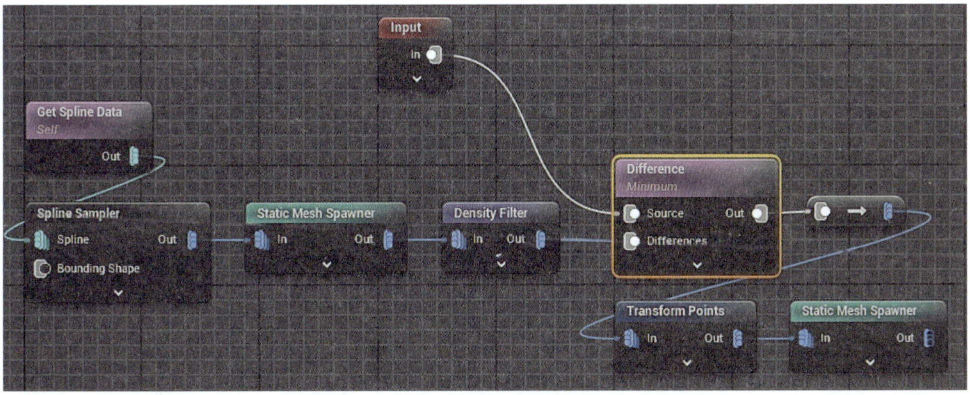

그림 11.27 PCG 그래프 내 Difference 노드 사용

다음 그림은 레벨 내부의 **Difference** 노드 사용을 보여준다.

그림 11.28 Spline 컨트롤러를 사용한 Difference 노드의 좋은 사용 사례

Copy Points

Copy Points 노드는 한 세트에서 다른 세트에 포인트를 복제하는 동시에 복사된 포인트에 선택적으로 변형 또는 수정을 적용하는 데 사용된다. 이 노드는 초기 포인트 세트를 기반으

로 절차적 요소의 변형 또는 여러 인스턴스를 만드는 데 특히 유용하다.

Copy Points 노드의 용도는 입력 세트에서 포인트의 복제본을 만들어 절차적 요소를 복제하는 동시에 선택적으로 이동, 회전 또는 크기 조정과 같은 변환을 적용할 수 있도록 하는 것이다.

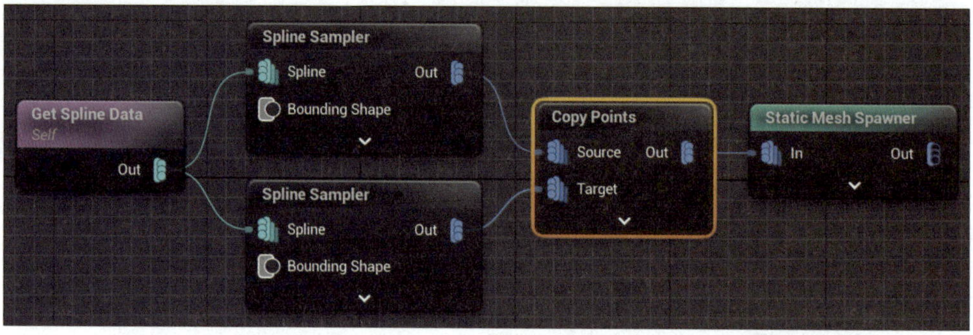

그림 11.29 PCG 그래프에서 Copy Points 노드의 좋은 사용 사례

다음 그림은 그림 11.29의 노드 구조로, **Copy Points**를 PCG 그래프 내에서 사용하는 예를 보여준다.

그림 11.30 레벨 내 Copy Points 노드의 좋은 사용 사례

Spawn Actor

Spawn Actor 노드는 절차적 포인트 데이터를 기반으로 게임 월드에 액터를 스폰하는 데 사용된다. 이 노드는 특히 캐릭터, 프롭[prop] 또는 인터랙티브 요소와 같은 액터를 PCG 그래프

내에 정의된 로직에 따라 동적으로 배치하는 데 유용하다.

Spawn Actor 노드의 주요 목적은 지정된 액터 클래스의 인스턴스를 절차적 포인트에 정의된 속성으로 해당 위치에 생성하는 것이다. 이를 통해 게임 월드에 액터를 절차적 생성 로직에 따라 동적이고 자동화된 방식으로 배치할 수 있다.

다음은 **Spawn Actor** 노드를 사용한 PCG 그래프 노드 구조의 일부분이다.

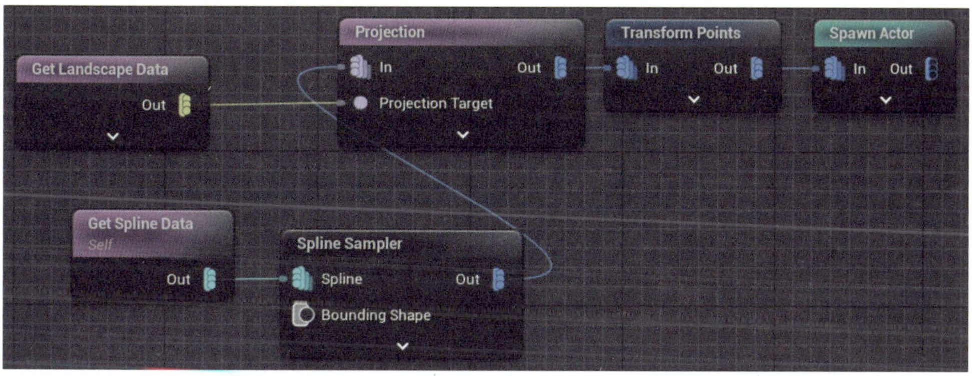

그림 11.31 다른 노드와 함께 Spawn Actor 노드 사용하기

다음 그림은 의자 모양의 기본 액터 블루프린트에서 **Spawn Actor** 노드를 사용한 결과다.

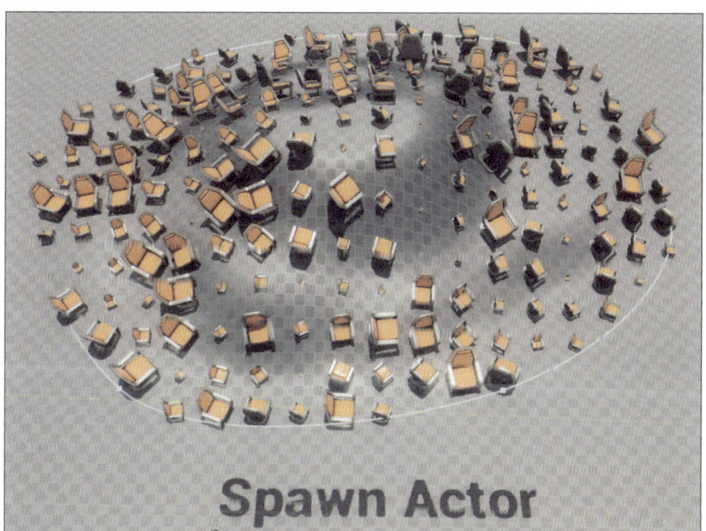

그림 11.32 랜드스케이프에 스폰되는 의자의 액터 블루프린트

Mesh Sampler와 Set Mesh As Attribute

다음은 PCG 볼륨 내 모든 메시의 각 버텍스 포인트에 생성되는 **Mesh Sampler**를 사용하는 예시다. 여기서 정말 멋진 점은 버텍스 또는 삼각형 위치를 사용해 기존 지오메트리 위에 추가 메시를 생성할 수 있다는 것이다.

그림 11.33 Set Mesh As Attribute 노드가 원본 스태틱 메시 위에 의자를 생성한다.

이 방법을 PCG 프레임워크의 마지막 트릭으로 소개해본다. 내가 어떻게 이 효과를 구현했는지 보여주고 작업 단계를 알려주겠다.

1. 이 예제에서는 프로젝트에 포함된 2개의 메시를 사용한다. 첫 번째는 Content ➤ PCG ➤ GeometryScript ➤ Meshes에서 찾을 수 있는 직접 만든 **SM_Mesh**이다. 두 번째는 Content ➤ StarterContent ➤ Props에 있는 **StarterContent** 팩의 의자 모델인 **SM_Chair**이다.

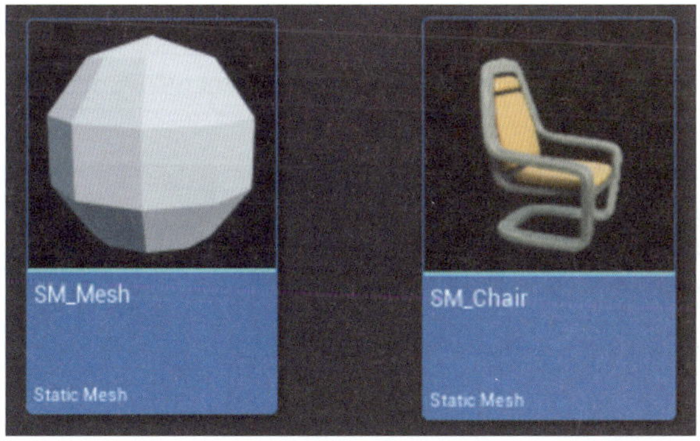

그림 11.34 스태틱 메시들

2. **Mesh Set Attribute Spawner**로 작업하려면, 먼저 **Edit > Plugins** 섹션에서 **Procedural Content Generation (PCG) Framework Geometry Script Interop**을 활성화한다. 실험적 기능이라는 메시지가 표시되면 **Yes**를 클릭한 다음, **Restart Now** 버튼을 선택해 프로젝트를 재부팅한다.

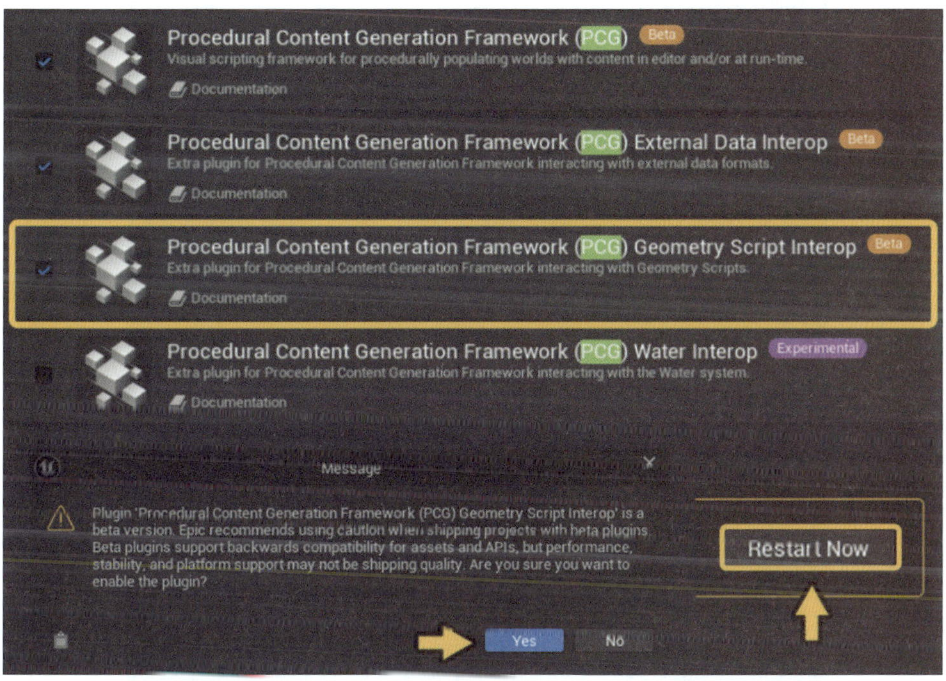

그림 11.35 Plugins 창에서 Procedural Content Generation (PCG) Framework Geometry Script Interop 활성화하기

3. Content ➤ PCG ➤ GeometryScript 폴더에서 2개의 **PCG Graph** 에셋을 생성한다. 이름을 `PCG_MeshSamplerGenerator`와 `xPCG_MeshSpawner`로 지정한다.

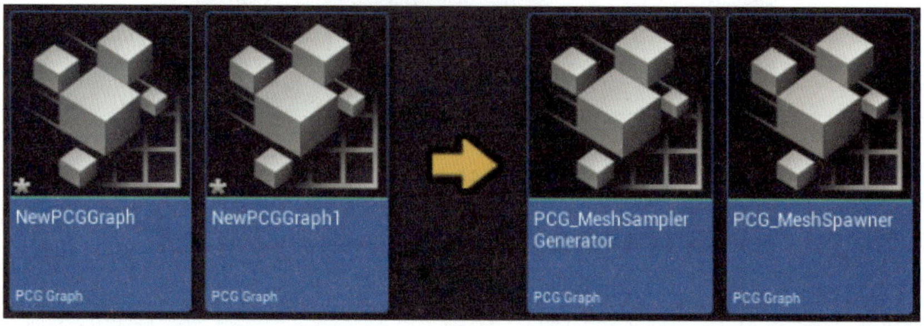

그림 11.36 2개의 새 PCG 그래프를 생성하고 PCG_MeshSamplerGenerator와 PCG_MeshSpawner로 이름을 지정하기

4. 같은 폴더에서 마우스 오른쪽 버튼을 클릭하고, **Blueprint** 탭에서 **Structure** 에셋을 검색한다. **Structure** 에셋 이름을 `S_Meshes`로 바꾼다.

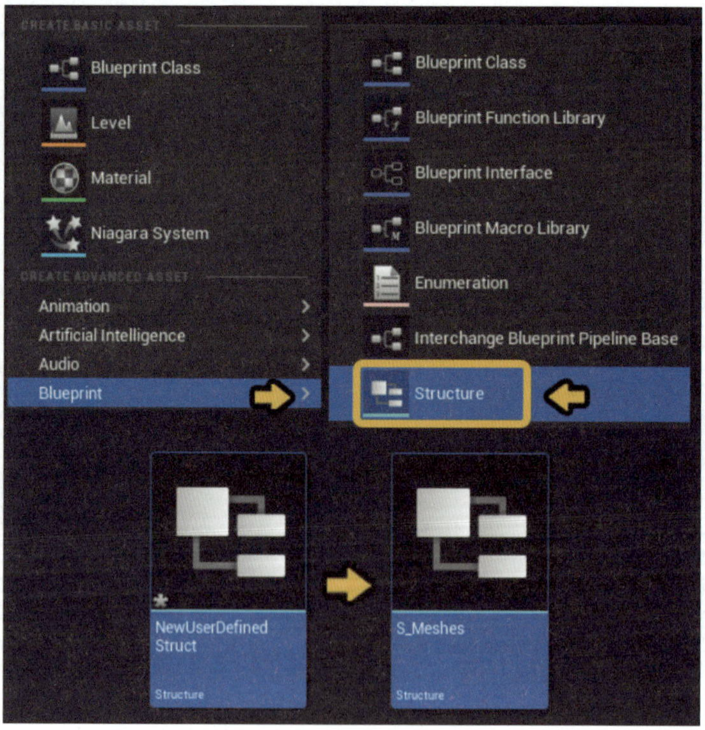

그림 11.37 Blueprint 메뉴에서 Structure 애셋 추가하기

5. **S_Meshes** 에셋을 더블 클릭한다. 에셋 내에서 **+Add Variable**을 두 번 클릭해 2개의 변수를 만든다. 첫 번째 변수를 **Static Mesh**로 설정하고 이름을 `Mesh`로 바꾼다. 두 번째 변수를 **Float** 유형으로 설정하고 이름을 `Weight`로 바꾼다.

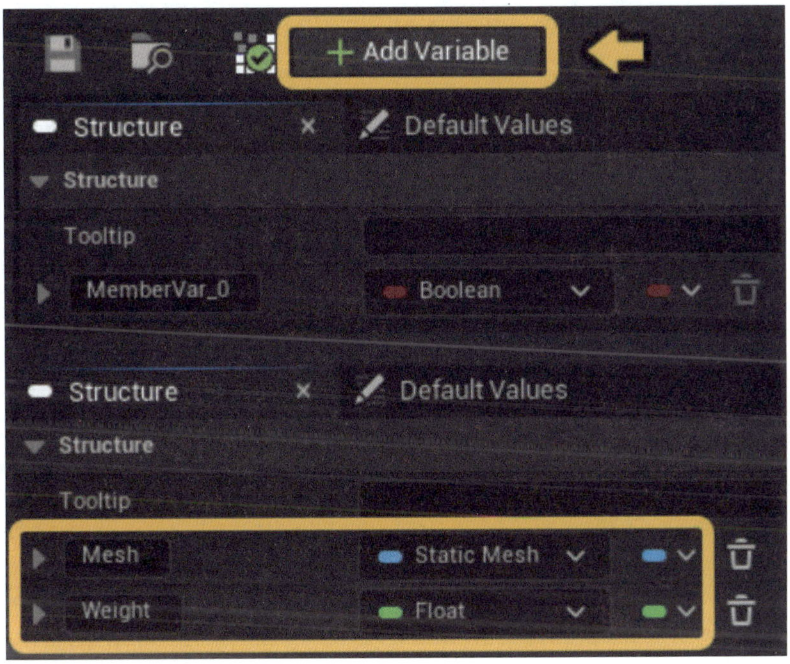

그림 11.38 Mesh(Static Mesh)와 Weight(Float) 변수 추가하기

6. **PCG_MeshSpawner** 그래프를 열어보자. PCG 그래프 에디터에서 **Input** 노드를 선택하고 오른쪽의 **Settings** 패널로 이동한다. **Usage** 값을 **Loop**로 변경하고 **Allowed Types**를 **Point** 유형으로 변경한다.

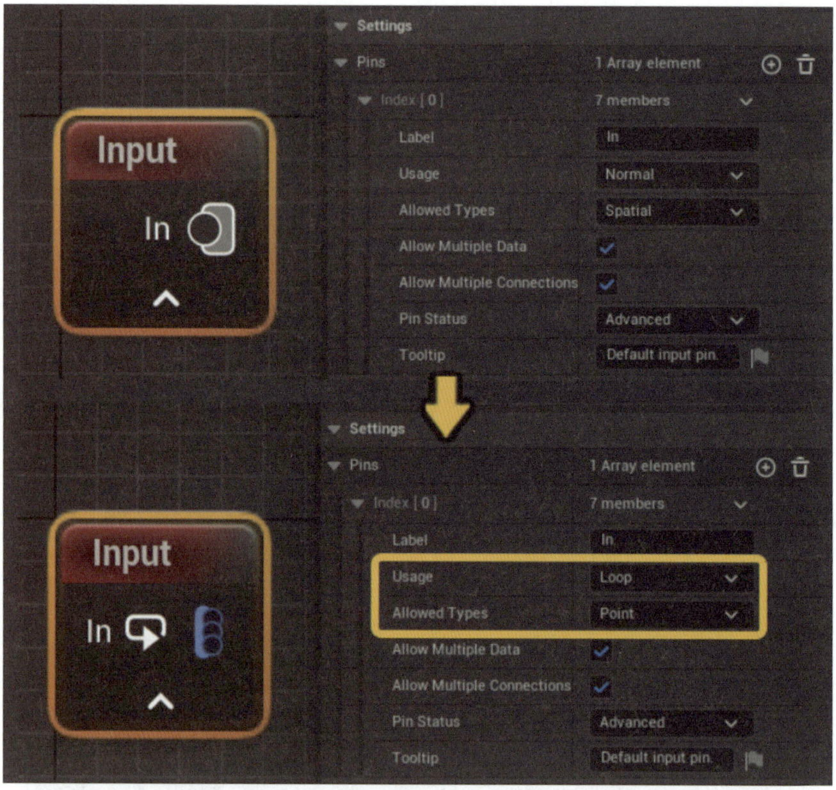

그림 11.39 Usage를 Loop로 변경하고 Input 노드의 Allowed Types를 Point로 변경하기

7. 다음 단계는 **Point Index**에서 **Attribute** 메시와 함께 메시를 스폰하는 데 사용할 노드들을 모두 추가하는 것이다. 추가할 노드는 **Get Attribute From Point Index**, **Transform Points**, **Mesh Sampler**, **Copy Points**이다.

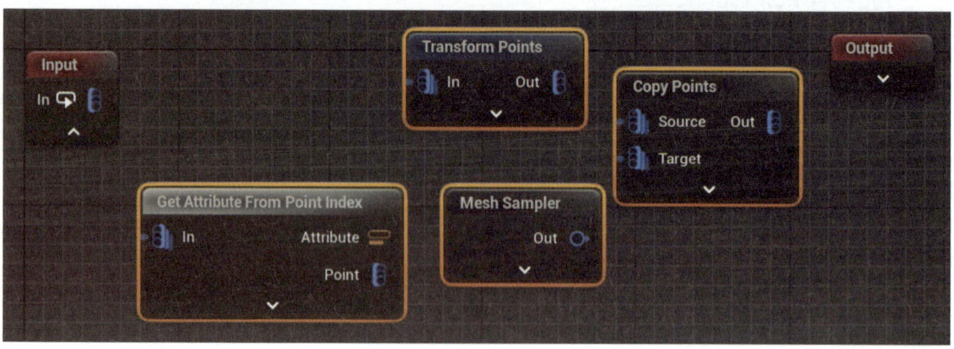

그림 11.40 PCG_MeshSpawner PCG 그래프 안에 노드 추가하기

8. 우선 **Get Attribute From Point Index** 노드를 설정하고 **Input Source**의 이름을 `Mesh`로 변경해보자.

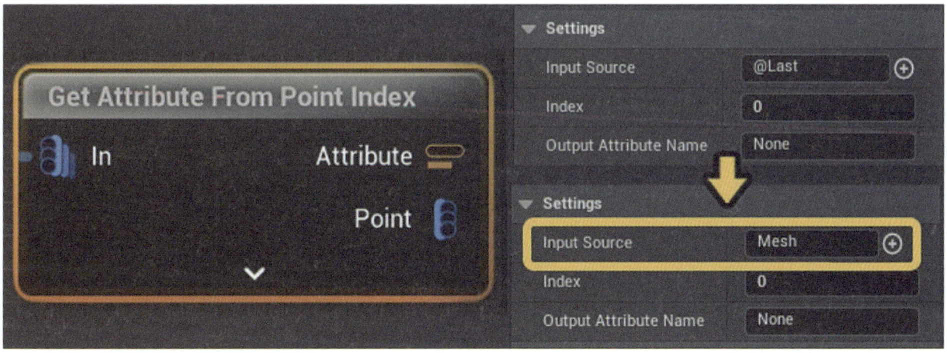

그림 11.41 Get Attribute From Point Index 노드 내에서 Input Source를 Mesh로 변경하기

9. **Mesh Sampler** 노드를 열고 **Get Attribute From Point Index** 노드의 **Attribute** 출력을 **Mesh Sampler** 노드의 **Static Mesh** 입력에 연결한다.

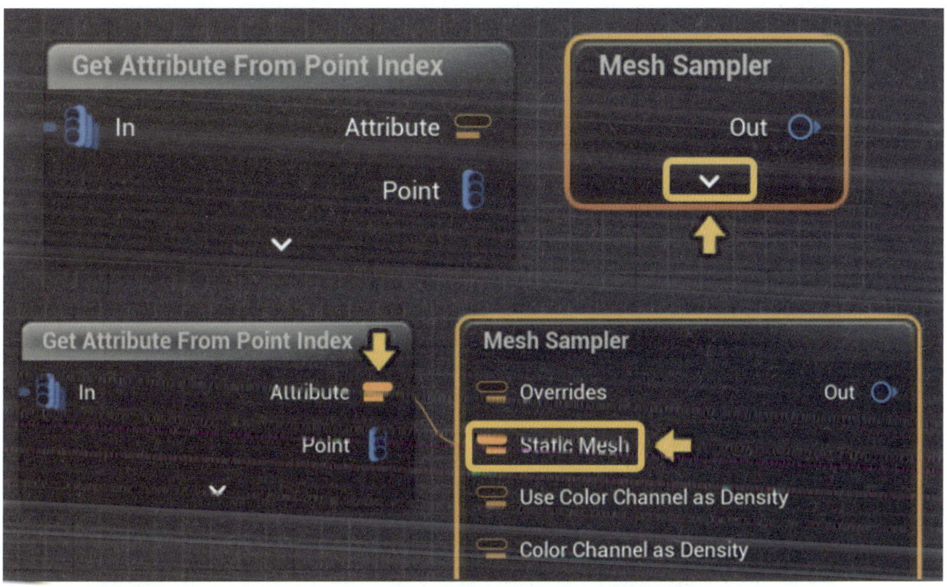

그림 11.42 Attribute 출력을 Static Mesh 입력에 연결하기

10. **Transform Points** 노드를 선택하고 **Z**축의 **Rotation Max** 값을 `90`도로 설정한다. 그런 다음, 모든 축의 **Scale Min**을 `0.5`로, **Scale Max**를 `0.8`로 조정한다.

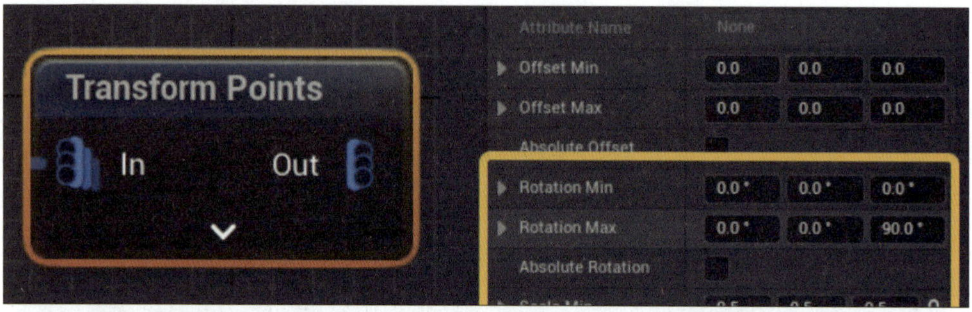

그림 11.43 Transform Points 노드 내에서 Rotation Max, Scale Min, Scale Max 값 변경하기

11. **Output** 노드를 선택하고 오른쪽의 **Settings** 탭으로 이동한다. **Allowed Types**를 **Point**로 변경한다.

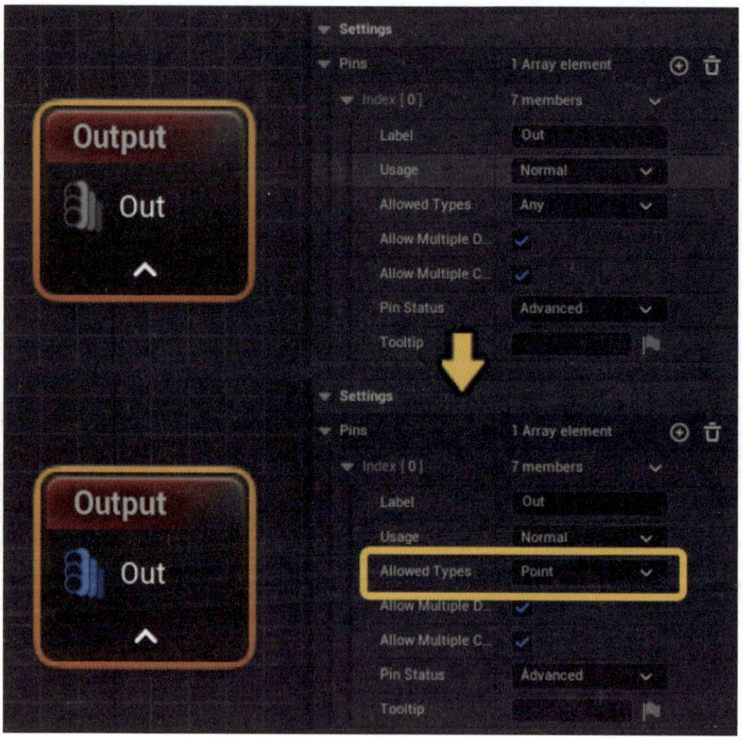

그림 11.44 Output 노드 내에서 Allowed Types를 Point로 변경하기

12. 다음 그림과 같이 번호 순서에 따라 모든 노드를 연결한다. 마지막으로, **Input** 노드를 **Copy Points** 노드의 **Target** 출력에 직접 연결한다.

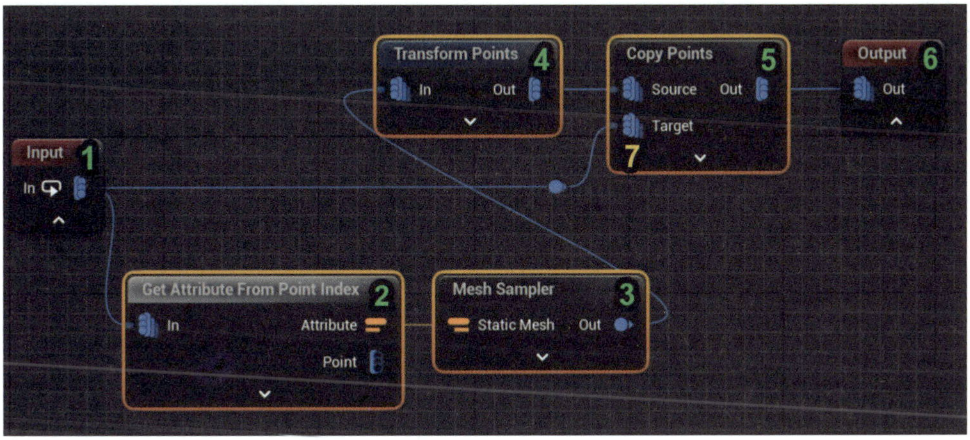

그림 11.45 번호 순서에 따라 모든 노드를 연결하기

이제 첫 번째 PCG 그래프인 **PCG_MeshSpawner**를 완료했다. 다음 섹션에서는 **PCG_MeshSamplerGenerator** 그래프를 만드는 데 집중해본다. 여기서는 서브그래프로서 **PCG_MeshSpawner**와 함께 작동하는 그래프를 구성할 것이다.

`PCG_MeshSpawner` 그래프를 `PCG_MeshSamplerGenerator`에 적용한 후 다른 노드들을 사용해 Content 폴더의 올바른 메시와 일치하는 속성을 사용하는 서브그래프에서 메시를 생성하는 방법을 알아보자.

1. `PCG_MeshSamplerGenerator` 그래프를 열고 PCG 그래프 에디터에 **Get Landscape Data**, **Surface Sampler**, **Match And Set Attributes**, **Attribute Partition**, **Add Attribute**, **Static Mesh Spawner** 노드를 추가한다.

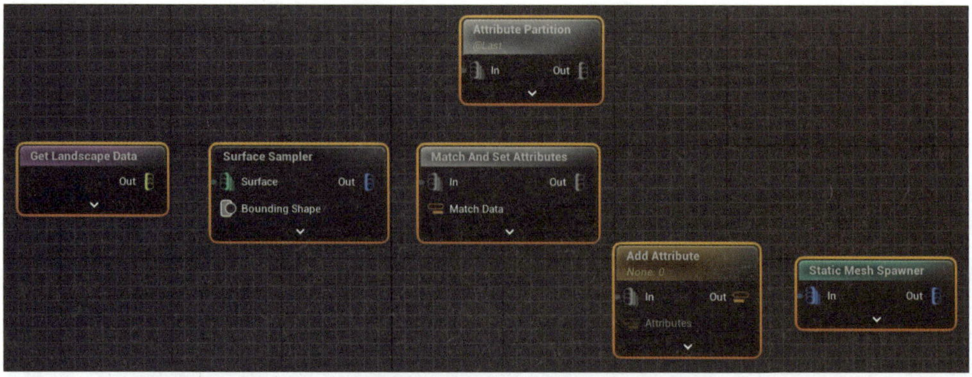

그림 11.46 PCG_MeshSamplerGenerator PCG 그래프에 필요한 모든 노드 추가하기

2. **Surface Sampler** 노드를 선택하고, 오른쪽의 **Settings** 탭에서 **X**와 **Y**의 **Point Extents** 값을 `200.0`으로 설정한다. 이렇게 조정하면 새로 생성된 메시가 서로 간격을 두게 된다.

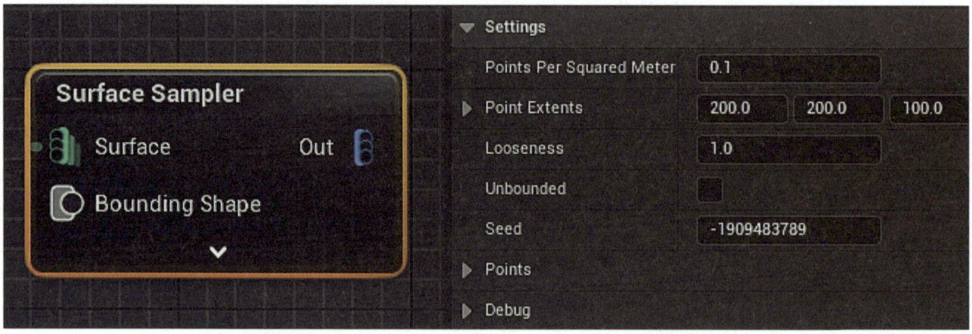

그림 11.47 Surface Sampler 노드의 Point Extents 값 변경하기

3. **Match And Set Attributes** 노드를 선택하고, 오른쪽의 **Settings** 탭에서 **Match Weight Attribute**를 활성화한 후 이름을 `Weight`로 변경한다. 그러면 **S_Meshes** 에셋에서 **Weight** 변수에 접근할 수 있다.

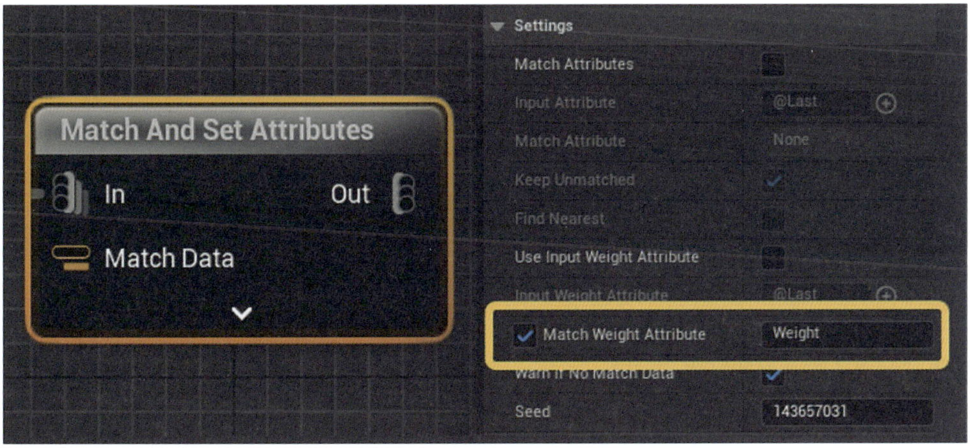

그림 11.48 Match Weight Attribute 설정을 활성화하고 속성 이름을 Weight로 변경하기

4. **Attribute Partition** 노드를 선택하고, 오른쪽의 **Settings** 탭에서 **Index[0]** 배열 이름을 `Mesh`로 변경한다. 이렇게 하면 **S_Meshes** 에셋에서 **Mesh**라고 부르는 모든 메시 에셋에 접근할 수 있다.

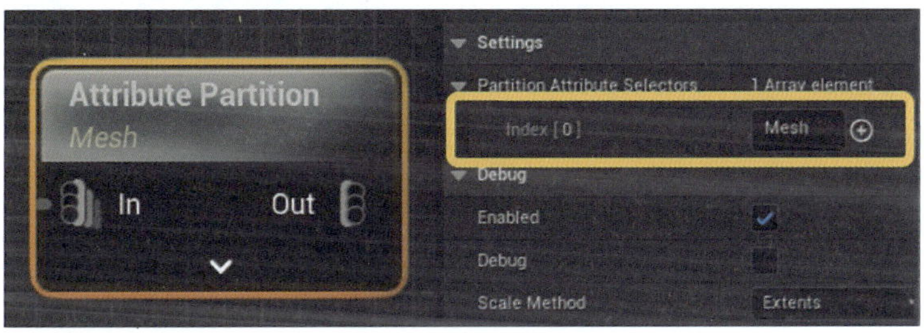

그림 11.49 Attribute Partition 노드에서 속성 이름을 Mesh로 변경하기

5. 나음으로, **Add Attribute** 노드를 선택하고 오른쪽의 **Settings** 탭에서 **Output Target** 이름을 `Mesh`로 변경한다. 이어서 **Type** 값을 **Soft Object Path**로 변경하고, 마지막으로 **SM_Chair** 모델을 **Soft Object Path Value**에 할당한다.

그림 11.50 SM_Chair 스태틱 메시에 접근하기 위해 Add Attribute 설정 변경하기

6. **Static Mesh Spawner** 노드를 선택하고, **Settings** 탭에서 **Mesh Selector** 탭으로 이동한다. **Mesh Selector Type**을 **PCGMeshSelectorByAttribute**로 설정하고 **Attribute Name**을 `Mesh`로 변경한다.

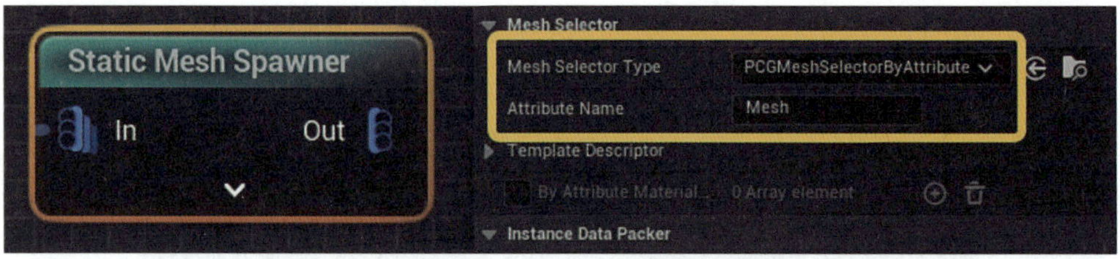

그림 11.51 Static Mesh Spawner 노드의 Mesh Selector Type을 PCGMeshSelectorByAttribute 유형으로 변경하기

7. 마지막 단계로, PCG 그래프에 노드를 하나 더 추가한다. PCG 그래프 에디터에서 마우스 오른쪽 버튼을 클릭하고, **SubGraph Loop**를 검색해 **Loop** 노드를 그래프에 추가한다.

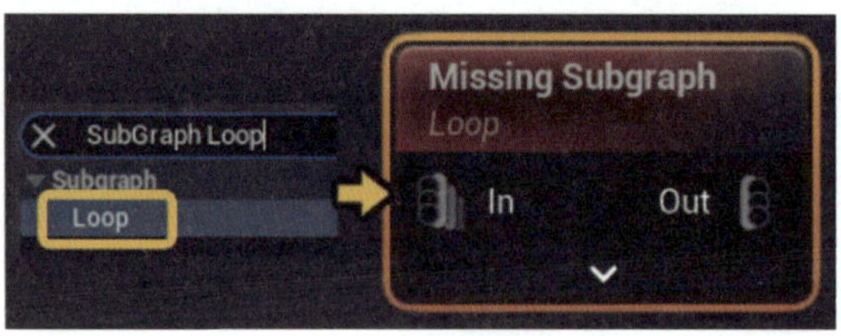

그림 11.52 PCG 그래프 안에 SubGraph Loop 노드 추가하기

8. **Loop** 노드를 선택하고, 오른쪽의 **Instance** 탭에서 **PCG_MeshSpawner** PCG 그래프를 검색해 추가한다.

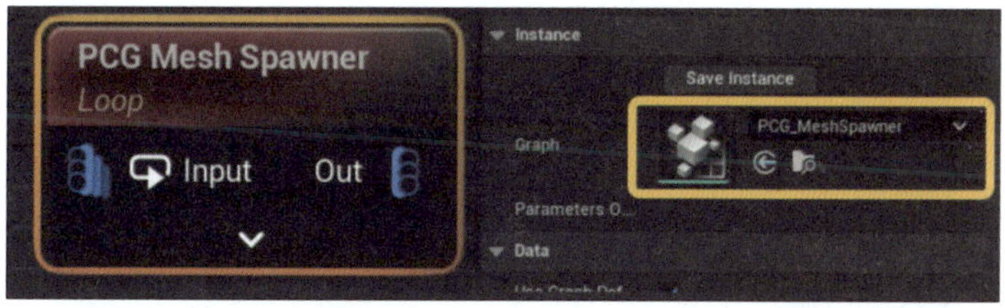

그림 11.53 SubGraph Loop 노드에 PCG_MeshSpawner PCG 그래프 인스턴스 추가하기

9. 이 모든 설정이 완료됐으면, 다음 그림에 표시된 번호 순서에 따라 모든 노드를 연결해보자.

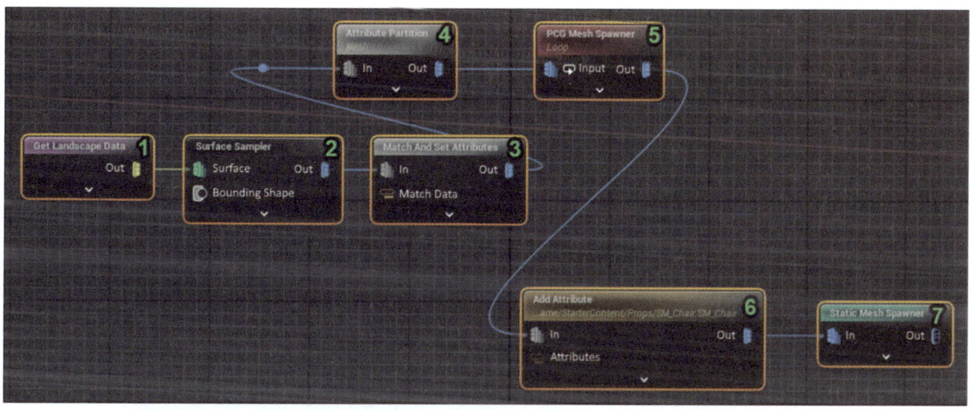

그림 11.54 번호 순서에 따라 모든 노드를 연결하기

10. 다음 단계는 또 다른 변수를 추가하는 것이다. PCG 그래프 상단에서 **Graph Settings** 버튼을 클릭하고 **Instance** 탭으로 이동한다. **Instance** 탭 옆의 **+** 기호를 클릭해 새 속성을 추가한 다음, `S Meshes` 변수를 검색한다. 마지막으로는 **SM_Mesh** 스태틱 메시를 **Mesh** 배열에 추가한다.

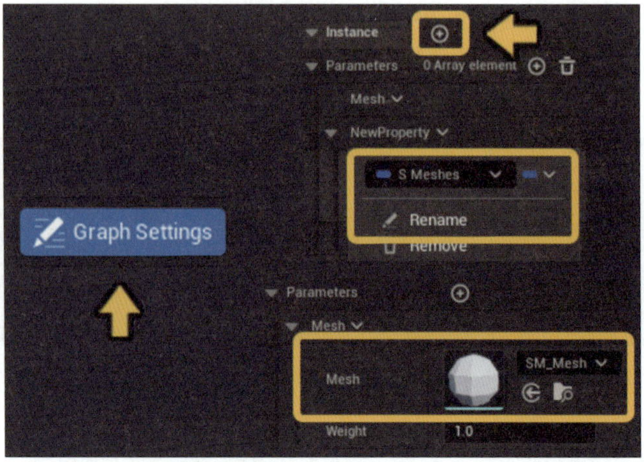

그림 11.55 S_Meshes 에셋에 연결되는 새 인스턴스 변수를 추가하고 Mesh 배열에 SM_Mesh 스태틱 메시를 추가하기

11. **Match And Set Attributes** 노드 옆의 그래프를 마우스 오른쪽 버튼으로 클릭하고 **Get Mesh** 변수를 검색한다. **Mesh** 변수를 **Match And Set Attributes** 노드의 **Match Data** 입력에 연결한다.

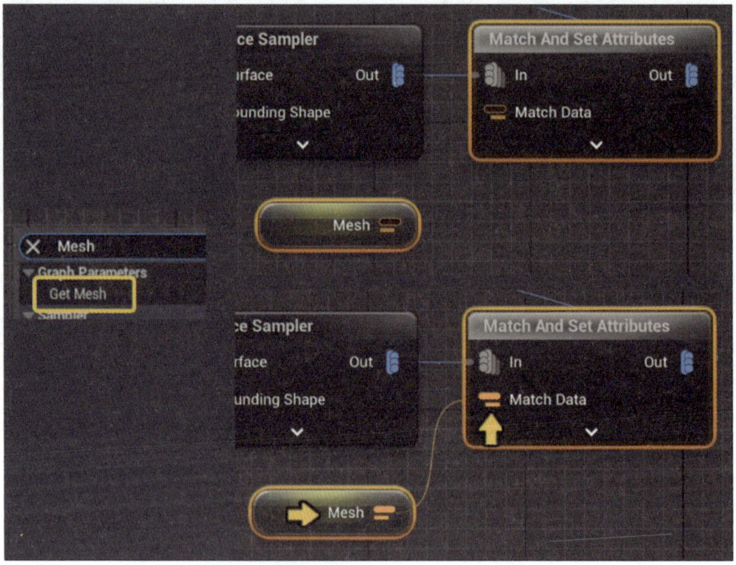

그림 11.56 그래프에 Mesh 변수를 추가하고 Match And Set Attributes 노드의 Match Data 입력에 연결하기

12. 마지막으로, **Match And Set Attributes** 노드의 출력을 **Static Mesh Spawner** 노드에 연결한다. 이렇게 하면 스폰된 스태틱 메시를 직접 제어할 수 있다.

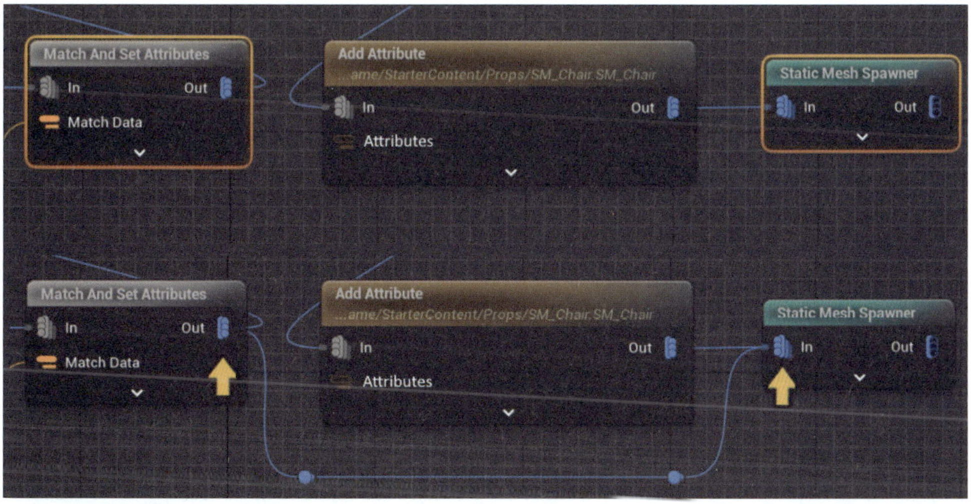

그림 11.57 Match And Set Attributes 노드를 Static Mesh Spawner 노드에 직접 연결하기

13. 다음 그림은 노드의 최종 구조를 보여준다.

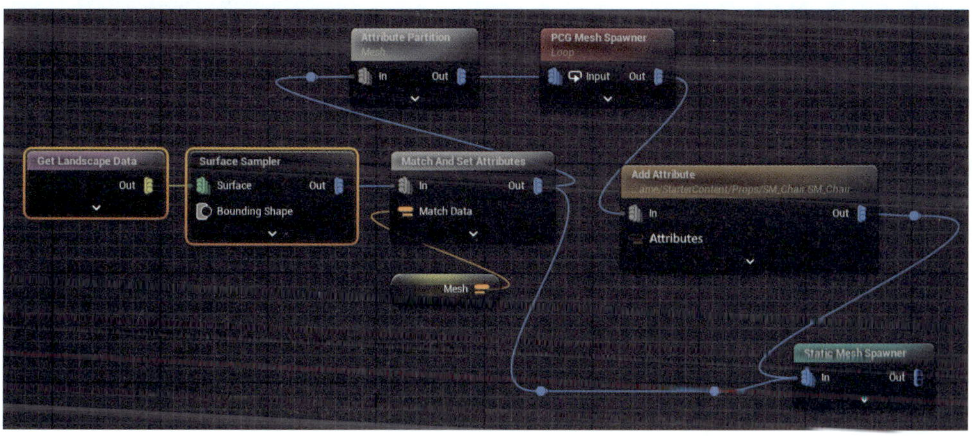

그림 11.58 최종 PCG_MeshSamplerGenerator PCG 그래프

이제 **PCG_MeshSamplerGenerator**를 씬에 끌어와 PCG 그래프를 테스트할 수 있다.

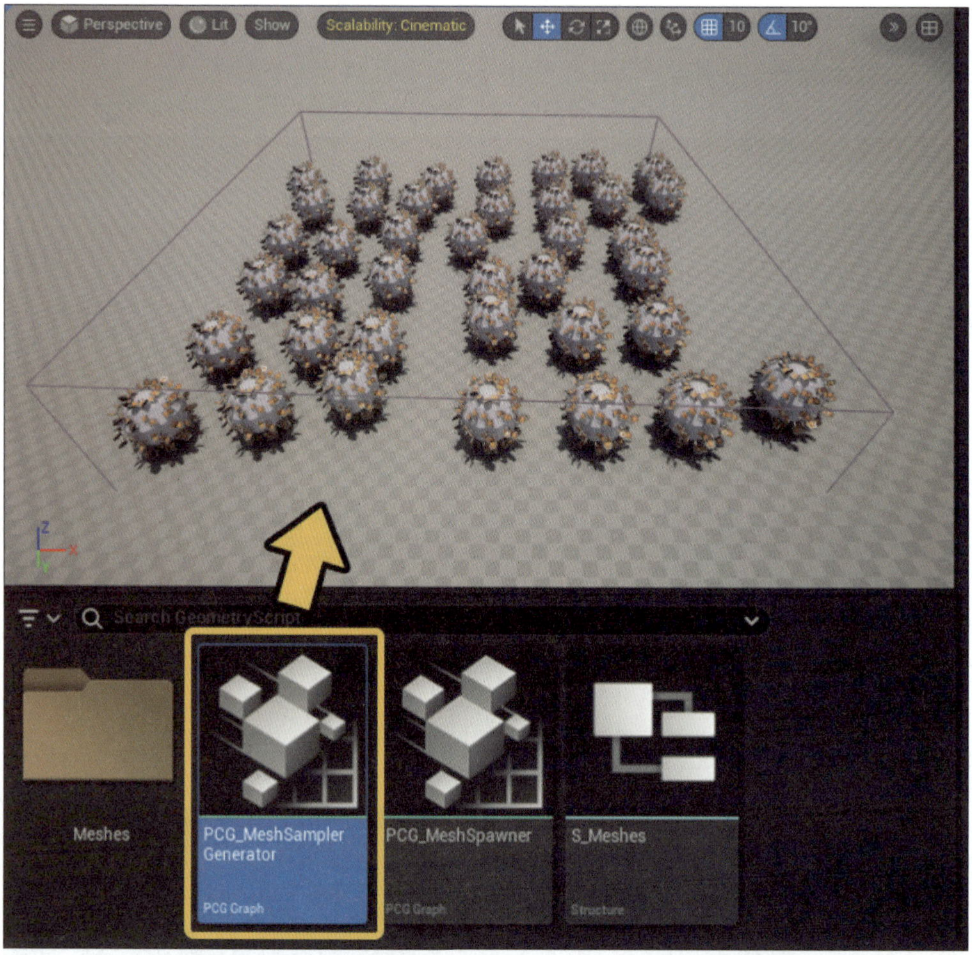

그림 11.59 최종 결과 확인을 위해 레벨에 PCG_MeshSamplerGenerator 추가하기

이것으로 11장을 마무리한다! PCG 프레임워크의 새로운 기능을 살펴보는 시간이 즐거웠길 바란다. 지금까지 기존 PCG 그래프에서 생성된 메시 위에 추가 스태틱 메시를 생성하기 위해 자신만의 PCG 그래프를 만드는 방법을 배웠다.

요약

이 책의 마지막 장까지 마친 것을 축하한다! 이 장에서는 각 노드의 추가 기능과 올바른 PCG 그래프 구성으로 다양한 결과를 만들어내는 방법에 대한 귀중한 지식을 얻었다. 이러한 기술은 개인 프로젝트와 전문 프로젝트 모두에 매우 유용할 것이다.

절차적 콘텐츠 제작의 핵심은 실험과 창의성에 있다는 점을 기억하자. 새로운 구성을 시도하고 가능성의 한계를 뛰어넘는 것을 두려워하지 말자. 제공된 예제들은 시작점에 불과하며, 이후 무엇이 가능하고 불가능한지는 오직 여러분의 상상력에 달려 있다!

각 프로젝트에서 디테일한 게임 환경을 제작하거나 자연 랜드스케이프를 시뮬레이션하거나 복잡한 건축 장면을 디자인할 때는 항상 신중하게 접근하자. 디테일에 주의를 기울이고, 기술을 지속적으로 개선하면서 강력하고 효과적인 PCG 플러그인을 사용해 놀랍고 몰입감 넘치는 PCG 환경을 제작해보자.

지금까지 나와 이 여정을 함께해줘서 감사하다. 이 책을 통해 멋진 작품을 만들 수 있는 지식과 영감을 얻었길 바란다. 또한 여러분의 행복한 창작 활동은 물론 앞으로의 모든 여정에 행운이 깃들길 기원한다!

찾아보기

T

U

V

W

PCG로 디자인하는 AAA급 게임 세계

언리얼 엔진 5로 개발하는 **절차적 콘텐츠 생성**

발행 · 2026년 1월 13일

지은이 · 폴 마틴 엘리아스
옮긴이 · 이진오

발행인 · 황영주
펴낸곳 · 에이콘출판 주식회사

주소 · 서울시 양천구 국회대로 287 (목동)
전화 · 02)2653-7600 | **팩스** · 02)2653-0433
홈페이지 · www.acornpub.co.kr | **독자문의** · www.acornpub.co.kr/contact/errata

책임편집 · 임지원 | **편집** · 강승훈, 임승경 | **디자인** · 윤서빈
홍보 · 박혜경, 백경화 | **경영지원** · 최하늘, 김희지

함께 만든 사람들
교정 · 교열 · 전도영 | **전산편집** · 황지영

깊이 있는 콘텐츠로 미래를 준비하는 지식 플랫폼, 에이콘출판사

인스타그램 · instagram.com/acorn_pub
페이스북 · facebook.com/acornpub
유튜브 · youtube.com/@acornpub_official

ISBN 979-11-6175-756-8
http://www.acornpub.co.kr/book/9791161757568

책값은 뒤표지에 있습니다.